Helmut Gründl/Helmut Perlet (Hrsg.)

Solvency II & Risikomanagement

Helmut Gründl/Helmut Perlet (Hrsg.)

Solvency II & Risikomanagement

Umbruch in der Versicherungswirtschaft

GABLER

Bibliografische Information Der Deutschen Bibliothek
Die Deutsche Bibliothek verzeichnet diese Publikation in der Deutschen Nationalbibliografie;
detaillierte bibliografische Daten sind im Internet über <http://dnb.ddb.de> abrufbar.

Dieser Ausgabe liegt ein Post-it® Beileger der Firma
3M Deutschland GmbH bei.

Wir bitten unsere Leserinnen und Leser um Beachtung.

1. Auflage September 2005

Alle Rechte vorbehalten
© Betriebswirtschaftlicher Verlag Dr. Th. Gabler/GWV Fachverlage GmbH, Wiesbaden 2005

Lektorat: Karin Janssen

Der Gabler Verlag ist ein Unternehmen von Springer Science+Business Media.
www.gabler.de

Umschlaggestaltung: Nina Faber de.sign, Wiesbaden
Druck und buchbinderische Verarbeitung: Wilhelm & Adam, Heusenstamm
Gedruckt auf säurefreiem und chlorfrei gebleichtem Papier
Printed in Germany

ISBN 3-409-03442-0

Vorwort

Die Insolvenz eines Versicherungsunternehmens könnte nicht nur zum wirtschaftlichen Ruin seiner Kunden führen, sondern sogar die Stabilität der gesamten Versicherungsbranche und der Finanzmärkte in Frage stellen. Des Weiteren wird die Sicherstellung der Solvenz von Versicherungsunternehmen als ein wesentliches Qualitätsmerkmal wahrgenommen und durch eine höhere Zahlungsbereitschaft der Versicherungsnehmer sowie wachsende Marktanteile honoriert, was wiederum die Wettbewerbsposition eines Versicherungsunternehmens festigt. Angesichts der aktuellen Entwicklungen auf den globalisierten Versicherungs- und Kapitalmärkten sind die gegenwärtigen gesetzlichen Normen zur Eigenmittelunterlegung in Versicherungsunternehmen jedoch kaum in der Lage, den Anforderungen an ein risikoadäquates Solvabilitätssystem gerecht zu werden.

Auf europäischer Ebene wurde von daher mit der Initiative „Solvency II" eine Neuausrichtung und Harmonisierung der Aufsichtsregelungen eingeleitet, die wettbewerbsneutrale Lösungen zur Eigenkapitalermittlung für Versicherungsunternehmen aller Größenordnungen bereitstellen und deren Risikosituation für die Öffentlichkeit transparenter darstellen soll. Diese Regulierung wird große Auswirkungen auf die Versicherungswirtschaft in Europa haben und jedes Versicherungsunternehmen unabhängig von seiner Rechtsform tangieren. Die unter Solvency II intendierten Vorschriften zum Einsatz interner akkreditierungsfähiger Risikosteuerungsmodelle werden zudem für viele Versicherungsunternehmen eine Motivation sein, ein unternehmensweites integriertes Risikomanagement aus- bzw. aufzubauen.

Obwohl mit dem Erlass der gesetzlichen Grundlagen von Solvency II frühestens im Jahr 2008 zu rechnen ist, empfiehlt es sich für Versicherungsgesellschaften, die verbleibende Zeit effektiv zu nutzen und mit den notwendigen Vorarbeiten heute zu beginnen, um sich einen langfristigen internationalen Wettbewerbsvorteil zu sichern. Bei der praktischen Umsetzung der neuen Solvenzvorschriften werden die Unternehmen mit zahlreichen Herausforderungen konfrontiert, eine detaillierte Diskussion und Fortentwicklung des Solvency-II-Rahmenwerks wird in den kommenden Jahren eine Kernaufgabe für die unternehmerische Praxis sowie die wissenschaftliche Forschung sein.

Für die Bewältigung dieser Aufgabe soll das vorliegende Buch eine wichtige Hilfestellung geben. Es fasst in den Beiträgen von Experten aus der Versicherungspraxis und -wissenschaft die zentralen Problemkreise des Solvency-II-Projekts zusammen, gibt einen Abriss des Status quo der Diskussion bzw. Umsetzung und erörtert den Handlungsbedarf im Vorfeld der umwälzenden Veränderungen. Des Weiteren werden theoretisch-konzeptionelle sowie praktischgestalterische Ansatzpunkte künftiger Reformen thematisiert. Gleichzeitig stellt das Buch die Vorschläge und Anforderungen der Betroffenen an die Regulierung vor und untersucht die künftigen Auswirkungen der Solvency-II-Harmonisierungsvorschriften.

Im ersten Abschnitt dieses Werks geht es primär um den Gegenstand und die Auswirkungen von Solvency II sowie die möglichen Berührungspunkte zu den etablierten internationalen Rechnungslegungsstandards (IFRS/IAS). Eine adäquate gegenseitige Abstimmung von Solvency II und IFRS/IAS würde den Aufwand der Versicherer bei der Umsetzung von Solvency-II-Vorschriften erheblich reduzieren und einen wesentlichen Beitrag zur Steigerung der Wettbewerbsfähigkeit leisten. Parallel dazu werden die Wünsche und Empfehlungen der Versicherer an die künftigen Regulierungsvorschriften vorgestellt. Im Mittelpunkt des zweiten Abschnitts stehen zentrale Aspekte einer wertorientierten Unternehmensführung, insbesondere die integrierten Risikomanagementsysteme und die konzeptionellen Methoden zur monetären Risikobewertung, die den Solvency-II-Anforderungen genügen sollen. Der dritte Abschnitt des Buchs beschäftigt sich mit den Auswirkungen der neuen Aufsichtsvorschriften auf die Versicherungswirtschaft. In diesem Abschnitt wird auch die zunehmende Rolle von Ratingagenturen aufgezeigt. Der vierte und der letzte Themenkomplex gibt einen Überblick über die Implikationen der neuen Eigenmittelvorschriften für globale Finanzkonglomerate, zieht Parallelen zum Bankensektor und schildert regulatorische Solvenzvorschriften außerhalb Deutschlands.

Bei der Erstellung dieses Werkes waren viele Autoren beteiligt. An dieser Stelle möchten die Herausgeber allen Autoren für die Mitwirkung ganz herzlich danken. Ein besonderer Dank gilt Frau Dipl.-Kffr. Marina Stukowa, die mit großer Präzision und Sachkenntnis die wissenschaftliche Redaktion übernommen und mit großem Einsatz die Fertigstellung des Buchs vorangetrieben hat.

Berlin und München, im Juli 2005

Prof. Dr. Helmut Gründl   Dr. Helmut Perlet

Inhalt

Teil III
Auswirkungen auf das Versicherungsgeschäft

Teil IV
Finanzkonglomerate, Banken und Entwicklungen im Ausland

Anhang

Teil I

Bedeutung und Implikationen des Projekts Solvency II

Systemwandel in der Finanzdienstleistungs- und Versicherungsaufsicht

Klaus-Wilhelm Knauth

1.   Einleitung

Solvency II wird häufig und mit Recht als Revolution und Beginn eines neuen Systems der Versicherungsaufsicht beurteilt. Obwohl nach heutiger Einschätzung frühestens 2008 die Richtlinie für das neue, qualitative Aufsichtssystem vorliegen dürfte, sind die Vorboten seit Jahren erkennbar und nicht erst seit Basel II. Gemeint sind nicht die sich ebenfalls abzeichnenden materiellen und organisatorischen Anforderungen von Solvency II. Vielmehr deuten auf den Wechsel im System der Banken- und Versicherungsaufsicht die seit rund zwanzig Jahren andauernden Diskussionen in einer Vielzahl internationaler Gremien hin. In deren Mittelpunkt steht die Suche nach einem wirksamen Aufsichtssystem, das die Sicherheit der internationalen Finanzplätze gewährleisten kann.[1] Unter diesem Gesichtspunkt und im Hinblick auf die tief greifenden Änderungen, die die Aufsichtssysteme bei der Schaffung des europäischen Binnenmarktes erfahren haben, erscheint es zutreffender, den grundlegenden Wandel weniger als Revolution denn als Evolution zu begreifen.[2]

Ziel der von Kreditinstituten und deren Aufsichtsbehörden beherrschten Erörterungen ist es, für Finanzinstitute weltweit ein adäquates Aufsichtssystem zu schaffen, das die Gefährdung der internationalen Finanzmärkte verringert. Da in den USA und bei den angelsächsisch geprägten Staaten Versicherungsunternehmen ohnehin als Kapitalsammelstellen und damit als „Financial Institutions" gelten, bestand für diese Gremien regelmäßig keine Veranlassung, der besonderen Geschäftstätigkeit der Versicherungsunternehmen durch spezielle aufsichtsrechtliche Regelungen Rechnung zu tragen. Die Tatsache, dass es durchaus versicherungstechnisch bedingte Besonderheiten gibt, wurde erst nach der Gründung der International Association of Insurance Supervisors (IAIS) im Jahre 1994 in Basel bemerkt, aber keineswegs stets anerkannt.[3] Die IAIS ist die Antwort der Versicherungsaufseher auf den Baseler Ausschuss für Bankenaufsicht bei der Bank für Internationalen Zahlungsausgleich, der bereits 1975 gegründet wurde.

Für das Verständnis von Solvency II und die in diesem Zusammenhang noch zu führenden Diskussionen ist es wichtig, die Vorgeschichte zumindest in groben Zügen zu kennen. Denn es besteht nicht allein begrifflich eine gewisse Nähe zu der als Basel II bezeichneten Neuorientierung der Bankenaufsicht, die für einen Teilbereich des Bankgeschäfts eine risikoadäquate Aufsicht, die unternehmensindividuelle interne (Risiko-) Modelle als Aufsichtsinstrument anerkennt, einführt. Dass Solvency II einen deutlich anspruchsvolleren Ansatz als Basel II

---

1   Vgl. Knauth (2001), S. 517 ff.
2   Vgl. Prölss (1997), Rn. 12 ff.; Boos/Fischer/Schulte-Mattler (2000), Rn. 25 ff., S. 99 ff.
3   Einzelheiten unter www.iaisweb.org.

hat, überrascht zunächst angesichts der bereits in den achtziger Jahren begonnenen bankaufsichtsrechtlichen Veränderungen, verdeutlicht aber auch, dass Versicherungsunternehmen auf Grund ihres Kerngeschäfts – der Umgang mit Risiken und deren Ausgleich im Kollektiv und in der Zeit – eine ältere, breitere und mathematisch fundierte Erfahrung mit der Steuerung von Risiken haben.[4]

2. Materielle Staatsaufsicht und Finanzaufsicht

2.1 Ende der Tarif- und Bedingungsgenehmigung – freierer Wettbewerb

1994 empfanden die Versicherungswirtschaft und auch die Versicherungsaufsicht die Schaffung des Versicherungsbinnenmarktes und speziell den damit einhergehenden Wechsel von der materiellen Staatsaufsicht zur Finanzaufsicht als revolutionär. Denn bis dahin hatte die Aufsichtsbehörde im Rahmen der Rechts- und Missbrauchsaufsicht die Interessen der Versicherten zu wahren, indem sie auf die Versicherungsunternehmen einwirkte. Diese Einwirkung erstreckte sich auf den gesamten Geschäftsbetrieb des Versicherers, und es spielte dabei keine Rolle, ob die vermutete Gefährdung der Interessen der Versicherten auf der Verletzung von Rechtsnormen, der Nichtbeachtung des zuvor von der Aufsicht geprüften und genehmigten Geschäfts- und Tätigkeitsplans oder auf sonstigen Umstände beruhte.[5]

Mit der Einführung der Finanzaufsicht wurden die Versicherer weitgehend von staatlicher Bevormundung bei der Produktgestaltung und der Prämienkalkulation befreit. Die Aufsicht verfolgt nun ihr Ziel der Interessenwahrung primär dadurch, dass sie entsprechend den Vorgaben der Dritten Versicherungsrichtlinien die Finanzsituation der Unternehmen vor allem mit den Mitteln der externen und internen Rechnungslegung beobachtet.[6] Das gilt für die Kontrolle der ausreichenden Solvabilität, die Bildung der versicherungstechnischen Rückstellungen sowie deren Bedeckung durch qualifizierte Vermögenswerte.

---

4 Vgl. Farny (2000), S. 21 ff.; Romeike/Müller-Reichhart (2005), S. 47 ff.; Schubert/Grießmann (2004c), S. 1399.

5 Vgl. Müller (1995a), Rn. 353 ff. m. w. N.

6 Aus diesem Grund hat gerade die Internationalisierung der Rechnungslegung für die Versicherer überragende Bedeutung, vgl. Meyer in diesem Band.

2.2   Versicherungsbinnenmarkt und Finanzaufsicht

Die Einführung des Versicherungsbinnenmarktes hatte weder in Deutschland noch in einem anderen Mitgliedstaat zur Folge, dass sich die Unternehmen plötzlich dem Wettbewerb ausländischer Konkurrenten und deren Produkten ausgesetzt sahen. Es entstand aber durch die weitgehende Produkt- und Preisfreiheit auf dem deutschen Versicherungsmarkt ein deutlich schärferer Wettbewerb. Vor allem durch den Preiswettbewerb rückte die finanzielle Ausstattung der Unternehmen stärker in den Blickpunkt der Aufsicht, der Ratingagenturen und der Öffentlichkeit. Seitdem bestimmt sich das Ansehen eines Versicherers auch danach, ob er über ausreichende finanzielle Mittel verfügt, die bei Verlusten eine Pufferfunktion ausüben können. Die deutsche Versicherungswirtschaft hat im Laufe ihrer langen Geschichte einige „Finanztöpfe" geschaffen, die ergänzend zum Eigenkapital dessen Pufferfunktion ebenfalls erfüllen.[7] Hierzu gehören Reservebemessungmöglichkeiten, Preiserhöhung und -sanierung, Schwankungsreserve, Bewertungsreserven der Kapitalanlage und Rückstellungen für Beitragsrückerstattung. In diesem Zusammenhang ist schließlich die im Kreditgewerbe unbekannte Sicherungsfunktion der Rückversicherung zu erwähnen.[8]

In der Vielfalt der Eigenmittel liegt ein wesentlicher Unterschied zur Kreditwirtschaft und der Bankenaufsicht, die auf Grund des andersartigen und meist kurzfristigen Geschäfts dem Eigenkapital die maßgebliche Pufferfunktion gegenüber eintretenden Verlusten eingeräumt hat. Deshalb hat auch bisher im Bankenbinnenmarkt das Eigenkapital die zentrale Bedeutung für die Finanzaufsicht gehabt.[9]

Spätestens seit den terroristischen Anschlägen vom 11. September 2001 und dem weltweiten Kursverfall an den Finanzmärkten mit seinen negativen Folgen besonders für Finanzdienstleister und Versicherungswirtschaft ist den Unternehmen und der Aufsicht deutlicher geworden, wie entscheidungsrelevant die Risikotragfähigkeit eines Unternehmens ist. Es ist daher wichtig, diese Größe möglichst genau zu kennen und sie bei geschäftspolitischen Entscheidungen zu berücksichtigen, die mit Risiken behaftet sind. Zum Beispiel können Kapitalanlagen statt erwarteter Gewinne Verluste einbringen, während der Abschluss von Versicherungsverträgen Verbindlichkeiten begründet, die unabhängig von der finanziellen Situation des Unternehmens zu erfüllen sind.

Die Versicherungsaufsicht stellt sich seit dem Verfall der Börsenkurse konkreter die Frage, ob das Gesamtversicherungsgeschäft – Risikogeschäft, Spar-/Entspargeschäft, Dienstleistungsgeschäft[10] – oder Teile davon die finanzwirtschaftliche Stabilität des Versicherungsunterneh-

---

7   Vgl. die Eigenmitteldiskussion zur Ersten Lebensversicherungsrichtlinie (79/267/EWG, 5.3.1979); Müller (1995a), S. 29 f.

8   Vgl. Farny (2000), S. 746 ff.

9   Ein Wandel zeichnet sich durch die Grundsätze von Basel II und durch die Erwägungen zu Solvency II ab, vgl. Europäische Kommission (2002), Ziffer 11 unter Hinweis auf den Sharma-Report; kritisch bereits Knauth (1996), S. 232, 240; Rudolph (1994), S. 117, 128; Schulte-Mattler/Traber (1995), S. 102 ff.

10 Vgl. Farny (2000), S. 22 f.

mens stärken oder schwächen.[11] Hierzu bewertet sie unter anderem die eingegangenen Risiken und setzt sie in Relation zu den Leistungsversprechen. Die Risikoeinschätzung geschieht jedoch weiterhin auf Grund quantitativer Aufsichtsvorschriften, die den Risikogehalt der einzelnen Anlage, Option oder Versicherungsvertrages nicht berücksichtigen.

2.3   Ergänzung des Zwecks der Versicherungsaufsicht

Unstreitig ist inzwischen, dass die verwendeten Bewertungsmethoden zu ungenau sind, um einer schweren Krise frühzeitig begegnen zu können. Die internationalen Finanzkrisen und ihre Auswirkungen auf Deutschland haben den Gesetzgeber veranlasst, darüber nachzudenken, ob die einseitige Ausrichtung der Aufsicht auf die Interessen der Versicherungsnehmer noch den Realitäten entspricht. Es hat den Anschein, als werde zukünftig neben den Schutzzweck Kundenschutz auch bei der Versicherungsaufsicht der bisher allein aus der Kreditwirtschaft bekannte Schutzzweck treten: die Stabilität des deutschen Finanzsystems zu sichern. Der Grund liegt in dem enormen finanziellen Gewicht, das die Versicherungswirtschaft als größter institutioneller Investor am deutschen Kapitalmarkt hat.[12] Er mag aber auch in einem beginnenden und durch ausländische Einflüsse gestärkten Verständniswandel liegen. Der Internationale Währungsfonds differenziert z. B. in seiner 2003 durchgeführten Untersuchung des deutschen Kapitalmarktes kaum zwischen Versicherungsunternehmen und Kreditinstituten.[13] Das entspricht internationalem Verständnis, nach dem Versicherungsunternehmen wie Banken, Wertpapierfirmen und Kapitalanlagegesellschaften als Finanzinstitutionen beurteilt werden, obwohl sich ihre Geschäftstätigkeit deutlich von der eines Kreditinstituts unterscheidet, wenn man sich etwa die eines Schadenversicherers ansieht.[14]

Mit der neuen Zielrichtung übernähme die Versicherungsaufsicht zusätzlich zu ihrer tradierten, allein dem Kundenschutz dienenden Aufgabe eine neue Rolle und müsste die Bedeutung der Versicherungswirtschaft als herausragender Kapitalgeber bedenken. Im Gegensatz zu den Banken ist die Versicherungswirtschaft allerdings kein geld- oder wirtschaftspolitisches Instrument, denn sie hat keinerlei Funktion bei der Beeinflussung der Wirtschaftspolitik durch die Mindestreserve- und Offenmarktpolitik der Deutschen Bundesbank.[15]

Die Erweiterung des Aufsichtzweckes dürfte das Denken und Handeln der Bundesanstalt für Finanzdienstleistungsaufsicht, kurz BaFin, beeinflussen, die sich vielleicht doch mit mehr Hintersinn als bisher angenommen diese Bezeichnung gegeben[16] und nicht allein dem inter-

---

[11] Vgl. Sanio (2002), S. 1831 ff.

[12] Ende 2004 betrug der Kapitalanlagebestand der deutschen Versicherungsunternehmen nach vorsichtiger Schätzung 1030 Milliarden Euro, GDV-Jahrbuch 2004, S. 125 ff., 133.

[13] Vgl. Financial System Stability Assessment unter www.imf.org/external/country/DEU/index.htm.

[14] Vgl. Knauth (2003a), S. 151, 171 f.

[15] Ausführlich zu den Zielen der Bankenaufsicht Boos/Fischer/Schulte-Mattler (2000), Rn. 46 ff., S. 107 ff.

[16] Vgl. Sanio (2004).

nationalen Sprachgebrauch angepasst hat, sondern eine gewisse Nähe zur angloamerikanischen Gleichbehandlung von Banken und Versicherern ausdrücken will. Jedenfalls bereitet sich auch hier ein kleiner Systemwechsel vor, indem sich Banken- und Versicherungsaufsicht unter dem einigenden Dach der BaFin angleichen. Bisher liegen keine Erfahrungswerte darüber vor, ob sich die beiden Aufsichtsziele stets ergänzen und welchem Ziel bei einem Kompetenzkonflikt der Vorzug gegeben wird. Nachdenklich stimmt jedoch die Antwort, die die Bundesregierung 1979 auf eine Kleine Anfrage im Parlament gegeben hat. Gefragt, welche Geltung der Verbraucherschutz beim damals zuständigen Bundesaufsichtsamt für das Kreditwesen habe, führte sie aus: „Eine Weiterentwicklung des Gesetzes über das Kreditwesen (KWG) unter dem Gesichtspunkt des Verbraucherschutzes wäre mit der gesamtwirtschaftlichen Zielsetzung dieses Gesetzes, die auf die Erhaltung der Funktionsfähigkeit des Kreditgewerbes und den Schutz der Bankgläubiger ausgerichtet ist, nicht vereinbar."[17]

Unabhängig von dieser neuen Aufgabenstellung steht jedoch fest, dass

- ◾ wegen der Abhängigkeit der Aufsicht von den Rechnungslegungsvorschriften die Prognose nicht schwer fällt, dass die Verabschiedung und Anwendung der Standards für die internationale Rechnungslegung (IAS) für die weitere Entwicklung der Aufsicht und der Unternehmen einschneidender sein und insbesondere deren Bewertungsregeln letztlich darüber entscheiden werden, was die Aufsicht als Eigenmittel anerkennen wird,

- ◾ die Stabilität eines Unternehmens und einer Gruppe heute danach bemessen werden muss, ob im Hinblick auf die eingegangenen Risiken ausreichende Eigenmittel und ein leistungsfähiges Risikomanagement für das Unternehmen bzw. die Gruppe vorhanden sind.

Mit der Internationalisierung der Rechnungslegung und der risikoadäquaten Betrachtung des Versicherungsgeschäfts ist die deutsche Versicherungswirtschaft nun bald auch aufsichtsrechtlich bei den international üblichen Messmethoden für die Stärke eines Finanzunternehmens angekommen. Erste Erfahrungen konnten die Versicherer im Umgang mit den internationalen Ratingagenturen und in der Diskussion über sinnvolle Corporate Governance sammeln, und auch der von der BaFin vorgeschriebene Stresstest im Kapitalanlagebereich basiert auf international anerkannten Grundlagen.

---

[17] BT-Drucks. 8/3047, Ziffer 3.

3.   Internationalisierung der Aufsicht

3.1   Internationale Akteure

In der Einleitung wurde bereits darauf hingewiesen, dass sich eine Vielzahl von Gremien seit Beginn der achtziger Jahre vor allem im Bankenbereich damit befasst, eine ausreichende Eigenkapitalausstattung zunächst von Bankengruppen, später auch von Finanzkonglomeraten sicherzustellen.[18] Ausgelöst wurden die Diskussionen durch die Feststellung der Bankenaufseher, dass Banken durch Gründung von Tochterunternehmen eine Mehrfachbelegung des Eigenkapitals (double gearing) und damit eine Ausweitung ihrer Geschäftstätigkeit erreichten.[19] Das Problem wurde zunächst durch international geltende Konsolidierungsvorschriften für Banken und eine Harmonisierung der Eigenmittelvorschriften gelöst.[20] Einige Jahre später folgte im Rahmen der EU die Gruppenaufsichtsrichtlinie, mit der die Versicherungsunternehmen den der Konsolidierungspflicht unterliegenden Banken gleichgestellt wurden.[21] Durch verbesserte Informationen über Versicherungsgruppen (Transparenzkontrolle), verstärkte Überwachung gruppeninterner Geschäfte (Transaktionskontrolle) und Maßnahmen zur Verhinderung der Doppelbelegung von Eigenmitteln (Finanzierungskontrolle) sollte der Verbraucherschutz verbessert werden. Im nächsten Schritt wurden die aufsichtsrechtlichen Erfahrungen mit der Konsolidierung durch die Richtlinie über Finanzkonglomerate zusammengeführt, die alle Finanzunternehmen (Banken, Versicherungsunternehmen, Wertpapierfirmen etc.) einer weitgehend einheitlichen Aufsicht unterwirft.[22] Mehr als Anekdote ist inzwischen interessant, dass mit dieser Richtlinie und ihrer derzeit stattfindenden Umsetzung in nationale Aufsichtsvorschriften der Baseler Ausschuss ein Ziel erreicht hat, das er bereits 1990 in einem internen Diskussionspapier formuliert hat.[23]

Seit einigen Jahren hat sich die früher zentrale Bedeutung des Problems der Mehrfachbelegung bzw. der Aufsichtsarbitrage abgeschwächt. Die schweren Finanzkrisen in Asien, Russland und Lateinamerika erschütterten nicht allein die Heimatmärkte. Ihre Ausstrahlung auf die internationalen Finanzmärkte sowie die weltweiten Folgen der Terroranschläge von New York haben die Frage nach den Möglichkeiten einer ausreichenden Stabilisierung der internationalen Finanzmärkte in den Vordergrund gestellt.

---

[18] Vgl. Knauth (2001), S. 517 ff.; Boos/Fischer/Schulte-Mattler (2000), Rn. 26 ff., S. 100 ff., Rn. 2 ff., S. 333 ff.; Schulte-Mattler/Traber (1995), S. 102 ff.

[19] Vgl. Koppensteiner (1991), S. 4; Bauer (1985), S. 160 ff.

[20] Vgl. Wagner (1982), S. 67 ff.; Boos/Fischer/Schulte-Mattler (2000) Rn. 1, 47 ff.

[21] Vgl. Richtlinie 98/78/EG; Schradin (2003), S. 611, 631 ff.

[22] Vgl. Richtlinie 2002/87/EG.

[23] Vgl. Schieber (1998), S. 25.

3.1.1 Baseler Ausschuss für Bankenaufsicht

Entstehung von Basel II

Der Baseler Ausschuss hat die Aufgabe, die internationalen Märkte zu stabilisieren und dazu die internationale Gesetzgebung zu harmonisieren.[24] Ihm gehören Vertreter der Zentralbanken, die Bankenaufseher der G10-Industriestaaten (Belgien, Deutschland, Frankreich, Großbritannien, Italien, Japan, Kanada, Niederlande, Schweden, USA), der Schweiz, Luxemburg und die EU-Kommission an. Der Ausschuss stellt Regeln für Banken auf, die an internationalen Finanzmärkten aktiv sind. Eines seiner Instrumente war bisher die Begrenzung der Kreditvergabe eines Kreditinstituts durch die Koppelung des Kreditvolumens an die Größe des zur Verfügung stehenden Eigenkapitals. Etwas pauschal betrachtet schreibt Basel I vor, dass ein Kreditinstitut jeden Kredit mit 8 Prozent Eigenkapital unterlegen muss.[25] Damit wird unterstellt, die Risiken der Kreditvergabe würden mit angemessenem Eigenkapital abgedeckt, aber das trifft aus heutiger Sicht keineswegs zu. Mit der 8-prozentigen Pauschale wird grundsätzlich unterstellt, jeder Kredit habe dasselbe Risiko oder jeder Kreditnehmer dieselbe Bonität, was offensichtlich nicht stimmt. Die Pauschale von 8 Prozent wurde nicht wissenschaftlich auf Grund der tatsächlichen Risikosituation ermittelt, sondern ist eher eine „gegriffene" Größe, die als Kompromiss verschiedener Interessen im Baseler Ausschuss zustande kam. Korrekter wäre wohl eine Pauschale von rund 6 Prozent gewesen.

Die internationalen Krisen zwangen erstmals 1996 den Ausschuss, die 1988 in Basel formulierten Grundsätze für die Bankenaufsicht (Basel I)[26] zu novellieren. Basel I diente der Stärkung der Stabilität der internationalen Finanzplätze sowie der Beseitigung der wettbewerbsrelevanten Unterschiede zwischen den nationalen Bankaufsichtssystemen. Seit der Überarbeitung werden die Marktpreisrisiken in die Eigenkapitalunterlegung einbezogen, und erstmals durften die Banken ihre internen Modelle zur Steuerung von Risiken anwenden.[27]

Bereits 1998 hielt der Ausschuss es für notwendig, das System vollständig zu überdenken. Die bisherigen Vorschriften wurden angesichts der Entwicklung als zu statisch, unflexibel und ungenau empfunden. Sorge bereitete auch die Erkenntnis, dass die Eigenkapitalanforderungen an die Kreditinstitute deren tatsächliches Risiko bei der Kreditvergabe nur annäherungsweise abdeckten und dem Gesamtrisiko der Bank nicht gerecht wurden. Auf Grund dieser Erkenntnis legte der Baseler Ausschuss im Juni 1999 das „Erste Konsultationspapier

---

24 Vgl. Manns/Schulte-Mattler in diesem Band.

25 Vgl. Grundsatz I, der insoweit Basel I in deutsches Aufsichtsrecht umsetzt; Boos/Fischer/Schulte-Mattler (2000), Rn. 6 ff., S. 1139 ff.

26 Vgl. Baseler Ausschuss für Bankenbestimmungen und -überwachung (1988); Basle Committee on Banking Supervision (1998); www.bis.org.

27 Vgl. Gesetz zur Umsetzung ... (6. KWG-Novelle) sowie Gesetz zur weiteren Fortentwicklung des Finanzplatzes Deutschland vom 24. März 1998.

zur Neuregelung der angemessenen Eigenkapitalausstattung" vor.[28] Ziel dieses als Basel II bekannt gewordenen Papiers war es, anstelle der bisher im Mittelpunkt stehenden rein quantitativen Eigenkapitalziffern mehr Gewicht auf qualitative Aufsichtsmerkmale zu legen. Dabei sollten die Kapitalanforderungen mehr als bisher vom ökonomischen Risiko abhängig gemacht und das Risikomanagement der Banken stärker für Aufsichtszwecke berücksichtigt werden. Den Kern dieses Konsultationspapiers bilden die drei Säulen Mindesteigenkapitalunterlegung, aufsichtliche Überprüfung und Marktdisziplin. Ergänzungen und Verbesserungen erfolgten 2001 und 2003 durch das zweite und dritte Konsultationspapier. Welche Entwicklung die aufsichtsrechtlichen Anforderungen inzwischen genommen haben, zeigt sich auch am Umfang der Konsultationspapiere. Während das erste noch 62 Seiten umfasste, war das dritte Konsultationspapier 251 Seiten lang!

Basel II soll nach dem Willen des Ausschusses die Grundlage für ein Weltaufsichtssystem der Banken legen und für eine neue Aufsichtsphilosophie stehen. Laut Sanio, dem Präsidenten der BaFin und langjährigem Mitglied des Baseler Ausschusses, drückt sich diese neue Philosophie in einer Abkehr vom quantitativen System der Zahlen und einer Hinwendung zu einer qualitativen, präventiv agierenden Aufsicht aus, die nah an die Banken und an deren Risikomanagement und Controlling heranrückt, ohne die quantitativen Aufsichtsnormen zu vernachlässigen.[29] Trotz grundsätzlicher Zustimmung der Kreditinstitute gab es in einigen Punkten heftige und erbitterte Diskussionen, die vor allem die Finanzierungsfunktion der deutschen Kreditwirtschaft für den Mittelstand betrafen.[30]

Umsetzung von Basel II in deutsches Recht

Für die rechtliche Einordnung von Basel II – und den Vergleich mit Solvency II – ist die Tatsache wichtig, dass es sich um ein Rahmenwerk handelt, das grundsätzlich nur für die international tätigen Kreditinstitute unmittelbar wirksam werden kann. Denn die Veröffentlichungen des Ausschusses sind allgemeine strategische Richtlinien, die von den einzelnen Staaten zur Grundlage eines entsprechenden Gesetzes gemacht werden können. Geschieht das z. B. in einem Staat der G10, so führen die internationalen Finanzverflechtungen dazu, dass die Richtlinien faktisch von den grenzüberschreitend tätigen Banken anderer Staaten beachtet werden müssen. Bisher hat die EU-Kommission die Empfehlungen stets durch eine EU-Richtlinie anerkannt, so dass durch deren Umsetzung in nationales Recht die Empfehlungen des Baseler Ausschusses auch für die Kreditinstitute rechtsverbindlich wurden, die ein lokales bzw. rein nationales Geschäft betreiben.

Gegenüber früher ist jedoch eine neue Situation entstanden. Basel II ist im Gegensatz zu Basel I kein festgeschriebener Akkord mehr, sondern kündigt selbst weitere Änderungen und

---

28　Vgl. Artopoeus (2000), S. 12, 16; Basel Committee on Banking Supervision (2003); Schulte-Mattler (2003), S. 386 ff.

29　Vgl. Lange/Höche (2003), S. 1645, 1647.

30　Vgl. Boehm-Bezing (2000), S. 1001; Boos/Schulte-Mattler (2001), S. 346; Arnold/Boos (2001), S. 712; Schulte-Mattler (2003), S. 386 ff.; Fischer (2004).

Anpassungen an. Das betrifft unter anderem die Definition des Eigenkapitals, die Zulassung interner Modelle für die Kreditrisikoermittlung sowie die endgültige Ausgestaltung der Risikogewichtungsfunktionen. Ein Wandel wird daher insoweit eintreten, als zukünftig kontinuierlich die aufsichtsrechtlichen Regeln an die sich ständig weiterentwickelnden Bankpraktiken und Risikomanagementverfahren angepasst werden sollen. In der EU wird das Committee of European Banking Supervisors (CEBS) für diesen Anpassungsprozess zuständig sein, das bereits im Mai 2004 ein Konsultationspapier zur Durchführung des bankaufsichtlichen Überprüfungsprozesses und im Januar 2005 sein Arbeitsprogramm für 2005 veröffentlicht hat.[31]

3.1.2   International Association of Insurance Supervisors

Im Gegensatz zum Baseler Ausschuss, dessen Mitglieder aus den großen Industrienationen kommen, ist die International Association of Insurance Supervisors (IAIS) wesentlich internationaler.[32] Ihr gehören Versicherungsaufsichtsbehörden aus rund 180 Staaten und Bundesstaaten an. Sie wurde 1994 mit dem Ziel gegründet, die Zusammenarbeit der Versicherungsaufseher weltweit zu fördern, internationale Grundsätze, Richtlinien und Standards für die Beaufsichtigung von Versicherungsunternehmen zu entwickeln und die Zusammenarbeit mit Aufsichtsbehörden für andere Finanzdienstleister, Banken oder Wertpapierfirmen sowie internationale Finanzinstitute zu koordinieren.[33] Insgesamt soll sie die Finanzstabilität fördern. Ihre Zielsetzung ist deutlich pragmatischer und „kommunikativer" als die des Baseler Ausschusses.

Inzwischen hat die IAIS viele Grundsätze zur Beaufsichtigung von international tätigen Versicherungsunternehmen erarbeitet, die in der Öffentlichkeit jedoch nicht dieselbe Beachtung wie die Empfehlungen des Baseler Ausschusses finden. Die Gründe hierfür sind vielfältig, einer der Hauptgründe ist aber wohl, dass die Veröffentlichung der Grundsätze wegen des weiterhin lokalen bzw. nationalen Geschäfts der Versicherer keine internationale Wirkung entfalten konnte. Mangels Nachfrage kam es nicht zu der bei den Banken befürchteten Situation, dass ein Geschäft im Ausland wegen der dort geltenden Grundsätze nicht getätigt werden konnte.

---

31 Vgl. www.c-ebs.org; www.bundesbank.de/bankenaufsicht/bankenaufsicht_cebs.php.
32 Vgl. Kawai in diesem Band.
33 Vgl. www.iaisweb.org; Müller (2004), S. 245 ff.; vgl. den Beitrag Kawai in diesem Band.

3.1.3   Europäische Kommission

Der Einfluss der EU-Kommission auf die Aufsichtssysteme der Banken und Versicherungsunternehmen ist an anderer Stelle ausführlich beschrieben worden.[34] Deshalb beschränkt sich die Darstellung auf die Funktion der Kommission bei Solvency II.

Eine sehr interessante Frage ergibt sich für die weitere Diskussion um Solvency II daraus, wer mit welcher Konsequenz die Vorschriften für eine qualitative Finanzaufsicht im Versicherungswesen formulieren wird. Diese Frage mag zunächst überraschen, zumindest auf den zweiten Blick fällt jedoch auf, dass die Akteure bei Basel II und Solvency II grundverschieden sind.

▪ Basel II wurde vom Baseler Ausschuss initiiert und veröffentlicht, nachdem das Papier zuvor mit den betroffenen Banken und anderen interessierten Kreisen im Konsultationsverfahren erörtert worden war. Wie bei den früheren Empfehlungen aus Basel ist die EU-Kommission nun dabei, Basel II in eine Richtlinie zu kleiden und – das ist neu – mit dem Lamfalussy-Verfahren[35] die geforderte Flexibilität zu gewährleisten.

▪ Solvency II hingegen wurde von der EU-Kommission initiiert, die weiterhin Herr des Verfahrens ist und 2006 den ersten Entwurf einer Richtlinie vorlegen will. Bei den Vorüberlegungen der ersten Stufe hat die Kommission die IAIS eingebunden und – wie andere Experten (z. B. KPMG) – um Gutachten gebeten.[36] Die IAIS hat in diesem Verfahren eher Beobachterstatus. Das überrascht etwas, wenn man bedenkt, dass Solvency II nach dem erklärten Willen der EU-Kommission über das Sprachliche hinaus an Basel II angelehnt werden soll.

Die EU-Kommission intensiviert seit Beginn der Phase II die Arbeiten am Projekt Solvency II. Das zu ihrer Unterstützung im Rahmen des Lamfalussy-Verfahrens eingesetzte Committee of European Insurance and Occupational Pensions Supervisors (CEIOPS) hat einen umfangreichen Aufgabenkatalog mit sehr konkreten Fragestellungen erhalten.[37] Das weitere Vorgehen ist zudem klar strukturiert und die Schwerpunkte der künftigen Diskussion werden aufgezeigt.

Die EU-Kommission legt in ihrem Arbeitspapier vom Februar 2004 nicht nur die Aufgaben für CEIOPS fest, sondern geht auch darauf ein, inwieweit sie die Arbeiten der IAIS berücksichtigen will.[38] So will sie sich bei der Ausgestaltung der qualitativen Aufsichtsregeln eng an den „IAIS Core Principles" orientieren. Diese Standards zur Verbesserung der Versicherungsaufsicht enthalten Hinweise auf regulierungsbedürftige Schwachstellen und deren Beseitigung. Sie sind weltweit gültig und sollen nach dem Willen der EU-Kommission in die Regelungen zu Solvency II eingebunden werden. In dem genannten Arbeitspapier wird daher der

---

[34] Vgl. ausführlich Müller (1995a), Rn. 13 ff., Boos/Fischer/Schulte-Mattler (2000), Rn. 46 ff., S. 107 ff.

[35] Zum Verfahren Schubert/Grießmann (2004a), S. 470 f.; Europäische Kommission (2004); www.ceiops.org.

[36] Vgl. Hinweise bei Knauth/Schubert (2003), S. 902, 905.

[37] Vgl. Schubert/Grießmann (2004a), S. 470 ff.; Schubert/Grießmann (2004b), S. 738 ff., beide m.w.N.

[38] Vgl. Europäische Kommission (2004).

Aussagegehalt der relevanten IAIS-Standards kurz wiedergegeben, z. B. zur Organisation von Versicherungsaufsichtsprozessen, zu Anforderungen an interne Kontrollen und den Risiko- managementprozess. Die Einbindung der Arbeiten der IAIS ist der richtige und wohl auch einzige Weg, um den europäischen Aufsichtsvorschriften Solvency II die weltweite Anerken- nung zu verschaffen, die Basel II automatisch durch die Urheberschaft des Baseler Ausschus- ses hat.

EU-Kommission und IAIS – ein positiver Kompetenzkonflikt?

Ob die „Globalisierung" von Solvency II gelingen wird, bleibt offen. Insbesondere die Vertre- ter der Aufsichtsbehörden in den großen Industriestaaten außerhalb Europas dürften wenig geneigt sein, ohne Mitwirkungsmöglichkeit die Regeln der EU zu übernehmen, zumal die Diskussion über eine qualitative Aufsicht in einigen dieser Staaten, z. B. in Australien und Kanada, bereits seit Jahren und mit Erfolg geführt wird. Deshalb stimmt es nachdenklich, dass im Oktober 2004 die IAIS ein Konsultationspapier mit dem Titel „A new framework for insurance supervisors"[39] veröffentlicht hat, in dem ein institutioneller, rechtlicher Rahmen als Voraussetzung für die Versicherungsaufsicht sowie eine gut entwickelte, effektive Infrastruk- tur der Finanzmärkte mit der Verfügbarkeit von aussagekräftigen Informationen (Ebene I) gefordert wird. Hierauf aufbauend sollen rechtliche Regelungen hinsichtlich der Finanzas- pekte der Geschäfte, der Unternehmensführung (Governance) und des Marktverhaltens der Versicherer getroffen werden (Ebene II). Die verfügbaren Informationen und die rechtlichen Regelungen sollen dann die Grundlage für die Versicherungsaufsicht bilden (Ebene III). Wie die EU-Kommission will auch die IAIS ihre bisher verabschiedeten „Core Principles" als Bausteine in dem geplanten umfassenden Aufsichtssystem einsetzen. Im Hinblick auf den Fortgang der Arbeiten an Solvency II irritiert auch, dass die IAIS für 2005 als „Ecksteine" ihres Aufsichtssystems Solvabilitätsanforderungen für Versicherer, Rückversicherer und Finanzgruppen ankündigt und zugleich auf die globale Implementierung ihrer Aufsichtsre- geln hinweist.[40] Wirklich beunruhigend, aber auch bezeichnend für das Selbstverständnis der IAIS ist aber, dass in dem Papier auf eine Reihe internationaler Organisationen[41] hingewiesen wird, deren Arbeiten berücksichtigt werden sollen. Jedoch werden weder die EU- Kommission noch Solvency II erwähnt. Es bleibt zu hoffen, dass es sich hier um ein Versehen handelt, zumal die EU-Kommission regelmäßig an den Sitzungen der IAIS teilnimmt.

Die Ausführungen haben deutlich gemacht, dass die Sicherheit der internationalen Finanz- märkte faktisch zum obersten Ziel der für die Aufsicht über Finanzdienstleistungsunterneh- men (Kreditinstitute, Versicherungsunternehmen, Wertpapierfirmen) verantwortlichen Behör- den, Zentralbanken und des Gesetzgebers geworden ist. Die Kapitalflüsse aber sind nicht auf

---

39 Vgl. IAIS (2004); www.iaisweb.org.

40 Vgl. IAIS (2004), Ziffer 22 f.

41 Vgl. IAIS (2004), Ziffer 9; z. B. Baseler Ausschuss, International Accounting Standards Board, Interna- tional Actuarial Association; IWF; International Organisation of Securities Commissions, Weltbank und OECD.

Europa beschränkt. Deshalb müssen Regelungen zum Schutz der Märkte gleichmäßig auf die Marktteilnehmer angewendet werden. Angesichts der Internationalität an den Finanzmärkten wäre es fatal, wenn durch unterschiedlich stark belastende aufsichtsrechtliche Anforderungen der Wettbewerb verfälscht würde. Das gilt insbesondere für die finanziellen Belastungen, die Solvenzanforderungen für ein Unternehmen bedeuten. Wegen des engen zeitlichen Zusammenhangs, in dem EU-Kommission und IAIS ihre Projekte zur Schaffung einer qualitativen Versicherungsaufsicht vorantreiben, bietet es sich an, hier zumindest eng zusammenzuarbeiten. Auf jeden Fall muss vermieden werden, dass sich die Aufsichtsregeln bei Solvency II mehr als nur marginal von den „Core Principles" unterscheiden, die von der IAIS mit dem Anspruch auf weltweite Anerkennung veröffentlicht werden. Ein Gleichklang der Vorschriften würde auch dem bewährten Vorgehen entsprechen, das zwischen dem Baseler Ausschuss und der EU-Kommission selbstverständlich geworden ist, nachdem eine „Kraftprobe" im Rahmen der Konsolidierungsvorschriften zugunsten des Baseler Ausschusses ausging.

3.1.4   International Accounting Standards Board

Die Bedeutung der Arbeiten des International Accounting Standards Board (IASB) für Solvency II wird an anderer Stelle ausgiebig gewürdigt.[42] Deshalb sei hier nur kurz herausgestellt, dass Solvency II ohne die Berücksichtigung der Internationalisierung der Rechnungslegung nicht möglich ist. Diese Entwicklung ist allerdings ebenfalls nicht neu, denn der Vorgänger des IASB, das International Accounting Standard Committee (IASC) wurde bereits 1973 gegründet und hat schon vor der Umstrukturierung und Neubenennung in IASB in 2001 Standards entwickelt, die als International Accounting Standards (IAS) allgemein bekannt sind. Die neuen Standards des IASB heißen stattdessen International Financial Reporting Standards (IFRS).[43]

Hauptaufgabe des IASB ist es, weltweit gültige Rechnungslegungsstandards zu erarbeiten, was natürlich auch eine Harmonisierung der bestehenden Regelungen voraussetzt. Dabei ist es bei einigen Aspekten durchaus zweifelhaft, ob der Begriff der Harmonisierung nicht gelegentlich durch Diktat ersetzt werden müsste. Auch die deutschen Rechnungsleger fühlen sich zeitweise und je nach Temperament in ihrem Glauben an die Richtigkeit des Vorsichtsprinzips ungehört, wenn der Hauptgrundsatz angelsächsischer Bilanzierung – „true and fair view" – trotz guter Gegenargumente seinen Siegeszug ungerührt fortsetzt.[44]

Insbesondere international tätigen Unternehmen ist es nicht mehr zumutbar, trotz weitgehend zentraler Leitung und der Pflicht zur Konzernrechnungslegung in den einzelnen Staaten nach unterschiedlichen Rechnungslegungsvorschriften ihre Töchter zu bilanzieren. Vergleichbares gilt für die unternehmensinternen Reportingsysteme, die möglichst auf eine einheitliche Da-

---

[42] Vgl. den Beitrag von Meyer in diesem Band sowie Knauth (2001), S. 498, 511.
[43] Ausführlich KPMG (2003), S. 1 ff.
[44] Hierzu bereits kritisch Konrath (1991), S. 257 ff.

tenbasis zurückgreifen sollten. Und schließlich profitieren auch Ratingagenturen, Analysten und Marktbeobachter von weltweit einheitlichen Rechnungslegungsstandards.[45]

Die jüngst erschienene Sigma-Studie[46] macht die Bedeutung der IFRS für die deutsche Versicherungswirtschaft deutlich. Primär entstehen die Probleme aus den Änderungen der Bewertungsvorschriften, weil durch die Fair-Value-Bewertung bei den langfristigen Verbindlichkeiten nicht mehr zum Nennwert, sondern zum aktuellen Wert bilanziert werden muss. Damit nimmt die Volatilität von Gewinn und Eigenkapital zu, ohne dass sich – außer bilanziell – wirtschaftlich etwas geändert hätte. Zum anderen werden die Versicherungsunternehmen dadurch belastet, dass bewährte Rückstellungen im internationalen Kontext nicht anerkannt werden, die Kapitalpuffer zur Abmilderung von eingetretenen Schäden bilden, ohne aus Eigenmitteln gespeist zu sein. Hier wird die Bedeutung für Solvency II evident, denn bei einem Wegfall der Rückstellungen wird zu prüfen sein, ob eine Kompensation durch Eigenkapital notwendig wird.

EU-Kommission und IASB

Angesichts der Zeitpläne der EU-Kommission zur Verabschiedung der Richtlinie zu Solvency II und des IASB zum Abschluss des Projekts „Versicherungsverträge – Phase II" kann ein Konflikt nicht ausgeschlossen werden. Die EU-Kommission will bereits Mitte 2006 den Entwurf einer Richtlinie vorlegen, das IASB plant die Vorlage eines Diskussionspapiers nicht vor Ende 2005, den Entwurf eines Standards nicht vor Mitte 2007 und den endgültigen Standard „Versicherungsverträge" nicht vor Mitte 2008. Angesichts der auch von der EU-Kommission hervorgehobenen Konvergenz zwischen den Arbeiten dürfte es kaum möglich sein, verlässliche Vorgaben zu Solvency II zu formulieren, ohne dass die Standards zur Rechnungslegung der Versicherungen vorliegen. Das IASB hat für die Diskussion elf gewichtige Problemkreise identifiziert, deren Behandlung angesichts der nationalen Unterschiede in der Rechnungslegung und auf Grund der Erfahrungen aus den bisherigen Diskussionen nicht schnell abgeschlossen werden kann.[47]

---

45 Vgl. Knauth (2003a), S. 151, 171 f.; Knauth (2001), S. 499; Fourie/Lang (2000), S. 246 ff.

46 Vgl. Swiss Re (2004).

47 Das IASB nennt Model, Measurement, Discounting, Asset/Liability interaction, Risk/Service adjustment, Gain or loss initial measurement/liability recognition, Policyholder behaviour, Acquisition costs, Unbundling, Participating contracts, Credit standing. Zudem sind für bestimmte Modelle relevant Attribution model und Changes in estimate; vgl. www.iasb.org/uploaded_files/documents/8_960_0105ob3.doc.

3.2 Sonstige an der Diskussion beteiligte internationale Institutionen

Neben den genannten Institutionen befassen sich oft seit vielen Jahren weitere internationale Vereinigungen mit der Sicherung der Finanzplätze durch ein Aufsichtssystem, das risikoadäquate Anforderungen an das Unternehmen stellt. Es würde hier zu weit führen, sie alle aufführen und erläutern zu wollen.[48] Gleichwohl ist es erhellend, sich vor Augen zu führen, welche Gruppierungen und Institutionen mit welcher mehr oder weniger offensichtlichen Zielsetzung das Thema behandeln. Ihre genaue Zahl ist wohl nicht festzustellen.[49] Gleichwohl sind einige im Folgenden aufgeführten Gruppen von nachhaltiger Bedeutung, über die Fachwelt hinaus bekannt und untereinander vernetzt.

- Das **Joint Forum on Financial Conglomerates**[50] ging 1996 aus der 1993 gegründeten Tripartite-Arbeitsgruppe hervor, die aus Vertretern des Baseler Ausschusses für Bankenaufsicht, der Internationale Vereinigung der Wertpapieraufsichtsbehörden und von Versicherungsaufsichtsbehörden bestand und 1995 den Tripartite-Bericht veröffentlicht hatte, der für nachhaltige Diskussionen sorgte. Konkret behandelte der Bericht bereits die Probleme der Eigenmittelausstattung sowie der Kontrolle der Eigenmittel in einer Finanzgruppe. 1999 hat das Joint Forum mit eigenen Grundsätzen den Gedanken einer einheitlichen Aufsichtsbehörde zurückgewiesen und plädiert stattdessen für enge Kooperation. Auch das Joint Forum forderte die Aufsichtsbehörden unter anderem auf, sicherzustellen, dass die Finanzgruppen (Finanzkonglomerate) über effiziente Risikomanagementsysteme verfügen.

- Beim **Institute of International Finance (IIF)**[51] handelt es sich um eine privatrechtliche Vereinigung mit Sitz in Washington, in der über 300 international tätige Finanzdienstleistungsgruppen zusammengeschlossen sind. Vor allem vertritt das IIF weltweit die Interessen der großen Bank- und Investmentgruppen. Das IIF führte die Diskussion über die Aussagen im Tripartite-Bericht an, indem es seit 1997 in mehreren Gutachten noch heute aktuelle Grundsätze für global operierende Finanzgruppen den Feststellungen des Joint Forums entgegenstellte:

    - Bildung eines einheitlichen aufsichtsrechtlichen Rahmenwerks für alle Finanzbranchen (Kreditinstitute, Versicherungsunternehmen, Wertpapierfirmen), das strikt risikoorientiert ist und interne Risikosteuerungsmodelle anerkennt,
    - bei einer konsolidierten Aufsicht über die Finanzgruppe ist die Einzelaufsicht über Unternehmen entbehrlich,
    - Einführung eines einheitlich hohen Transparenzstandards.

---

[48] Vgl. Knauth (2001), S. 519 ff.

[49] Vgl. bereits Schieber (1999), S. 2286.

[50] Einzelheiten vgl. www.bis.org/publ/bcbs47.htm.

[51] Einzelheiten vgl. www.iif.com.

■ Die **Group of Thirty**[52] ist eine private Organisation, ebenfalls mit Sitz in Washington, in der 30 sehr hochrangige Vertreter von Aufsichtsbehörden und privaten Finanzgruppen zusammengeschlossen sind. Vertreter der Versicherungswirtschaft nehmen nicht teil. Die Gruppe veröffentlichte bereits 1997 den Bericht „Global Institutions, National Supervision and Systemic Risks". Im Mittelpunkt des Berichts steht die Frage, durch welche Maßnahmen die Stabilität des internationalen Finanzsystems erhöht werden kann. Die früher primär interessierenden Themen der Eigenmittelausstattung von Finanzkonglomeraten werden nur noch im Kontext mit der Stabilitätsproblematik erörtert. Der Bericht fordert

- eine internationale Vereinheitlichung der nationalen Rechnungslegungs- und Aufsichtssysteme, weil diese Systemrisiken nicht eindämmen können und einem wirksamen Risikomanagement sogar entgegenstehen,
- die Schaffung eines globalen Regelwerkes für die international tätigen Finanzunternehmen, mit dem eine effektive Risikokontrolle und ein umfassendes Risikomanagement ermöglicht wird,
- die Bildung eines dem IASC (heute IASB) vergleichbaren Komitees, das ein globales Regelwerk entwickelt, dessen Empfehlungen entsprechend den Standards des IASC verbindlichen Charakter bekommen sollen.

■ Die Gründung des **Financial Stability Forum**[53] erfolgte 1998 im Zusammenhang mit der Finanzkrise in einigen asiatischen Staaten durch die Finanzminister und die Präsidenten der Zentralbanken der G7-Staaten. Seine Mitglieder bestehen aus Vertretern der G7-Staaten, Australiens, Hongkongs, Singapurs und der Niederlande, des IWF, der Weltbank, der OECD sowie dem Joint Forum. Ziel des Financial Stability Forums ist die Stärkung der Zusammenarbeit der Finanzaufsicht mit den nationalen und internationalen staatlichen Institutionen, die die Finanzmarktentwicklungen beobachten. Außerdem soll sich das Forum mit Fragen der weltweiten Stabilität der Finanzmärkte und eventuell notwendiger Aufsichtsmaßnahmen befassen. Das Forum hat dazu inzwischen Studien verfasst.

■ Der **Internationale Währungsfonds (IWF)**[54] wurde 1945 mit Sitz in Washington gegründet. Seine Aufgabe ist es, die Stabilität der Währungen zu fördern, ein multilaterales Zahlungssystem auf der Basis stabiler Wechselkurse zu errichten, Devisenbeschränkungen zu beseitigen und den 130 Mitgliedstaaten bei vorübergehenden Zahlungsschwierigkeiten Finanzhilfen zu geben. Bei der Durchsetzung der von den internationalen Organisationen wie Baseler Ausschuss und Joint Forum festgesetzten Standards kommt dem IWF eine große Bedeutung zu. Allerdings versteht er sich inzwischen auch selbst als Standardsetter. In einem 1999 vorgelegten Arbeitsbericht erfasst die Darstellung der bisherigen und der geplanten Aktivitäten praktisch das gesamte Spektrum der Finanzaufsicht. Inzwischen ist die Tätigkeit des IWF in Deutschland und bei den Versicherungsunternehmen bekannter

---

52 Einzelheiten vgl. www.group30.org/home.php.
53 Einzelheiten vgl. www.fsforum.org/home/home.html.
54 Einzelheiten vgl. www.imf.org; http://www.bundesfinanzministerium.de/cln_01/nn_1260/DE/Internationale
  __Beziehungen/Internationaler__Waehrungsfonds/1784.html.

geworden durch die Studie, die der Fonds 2003 zur Stabilität des deutschen Finanzsystems erstellt hat.[55]

Die Tätigkeit der hier skizzierten Organisationen und ihre Zusammensetzung zeigen, dass

- die Beschäftigung mit dem Phänomen Finanzkonglomerat, die in den achtziger Jahren begann, bereits relativ früh zu Forderungen geführt hat, die heute im Zusammenhang mit Basel II oder Solvency II umgesetzt werden sollen (es ist daher durchaus berechtigt, von einem evolutionären und nicht von einem revolutionären Systemwandel zu sprechen),

- sich seit Jahren eine Vielzahl von einflussreichen staatlichen und privaten Institutionen mit einer Vereinheitlichung der Aufsichtsvorschriften für international tätige Finanzgruppen befasst, ein Hintergrund, vor dem ein Kompetenzkonflikt zwischen IAIS und EU-Kommission deplatziert wirken würde, denn natürlich ist international tätigen Finanzgruppen nicht mit einem harmonisierten Aufsichtssystem geholfen, das nur in den Mitgliedstaaten der Europäischen Union Anwendung findet,

- die US-amerikanische Wirtschaft und die sie beaufsichtigenden Behörden ein überaus großes Gewicht in den maßgebenden Gremien haben, was auf die Kontakte zwischen den Gruppierungen durchschlägt (die europäischen und die weltweit tätigen Institutionen arbeiten unabhängig voneinander, es bestehen aber z. B. zwischen der Group of Thirty und dem IIF offizielle Verbindungen, und auf Grund der Funktionen der in den Gremien agierenden Personen dürften die inoffiziellen Kontakte weitaus häufiger sein),

- mit Ausnahme der IAIS alle Gruppierungen von Vertretern der Kreditwirtschaft oder deren Aufsichtsbehörden dominiert werden, was an Vorschlägen bemerkbar wird, in denen Regelungen für Finanzkonglomerate oder Finanzgruppen spezifisch versicherungstechnische Belange und Notwendigkeiten nicht berücksichtigen, meist schlicht aus Unkenntnis.[56]

3.3 Folgen der erweiterten Ziele der Versicherungsaufsicht

Es wurde bereits darauf aufmerksam gemacht, dass die Versicherungsaufsicht zusätzlich zum Schutz des Versicherungsnehmers seit den Finanzkrisen als neues Ziel die Sicherung der Stabilität der internationalen Finanzplätze genannt bekommen hat.[57] Unstreitig hat die Kapitalmarktsituation der letzten vier Jahre die Diskussion über notwendige aufsichtsrechtliche Maßnahmen zur Stabilisierung der Finanz- und Kapitalmärkte verschärft.

---

[55] Vgl. www.imf.org/external/country/DEU/index.htm.

[56] Vgl. Knauth (2003a), S. 151, 167 ff.; Knauth (1996), S. 232 ff.; Neumann (1998), S. 53 ff.; Hesberg/Karten (1994).

[57] Vgl. Abschnitt 2.3.

Für den deutschen Gesetzgeber ist der Bericht des IWF zur Stabilität des deutschen Finanzsektors mit Blick auf die Umsetzung der Richtlinie zu Solvency II und die hierzu geführten
Diskussion von besonderer Relevanz.[58] Als Fortsetzung und den Bericht des IWF aktualisie-
rend sind die neuerdings von der Deutschen Bundesbank veröffentlichten Stabilitätsberichte
zu verstehen.

3.3.1 Bericht des Internationalen Währungsfonds

Der IWF hat in seinem Bericht zur Stabilität des deutschen Finanzsektors auch die wirtschaftliche Situation der Versicherungswirtschaft beschrieben und eine Reihe von Empfehlungen
zur Beaufsichtigung und Regulierung im Versicherungsbereich ausgesprochen. Diese zeigen,
dass er auch in der Praxis seine Erwägungen umsetzt, denn die Hinweise sind geprägt von
dem Willen, die Einführung einer qualitativen Aufsicht zu fördern. Bundesfinanzministerium
und BaFin haben zu erkennen gegeben, dass sie diese Empfehlungen rasch umsetzen werden.
Aus diesem Grund ist es für die weitere Diskussion über die Ausgestaltung und Vorbereitung
auf Solvency II in Deutschland hilfreich, die wesentlichen Aspekte der Empfehlungen in die
Überlegungen einzubeziehen, gerade weil der IWF-Bericht bisher in der Diskussion um
Solvency II wenig öffentliche Beachtung gefunden hat. Es handelt sich konkret um die Forderung nach

- Stärkung der Versicherungsaufsicht und erhöhter Prüfungshäufigkeit der Unternehmen,

- Verwendung eines verfeinerten, risikobasierten Maßstabes bei der Bewertung der Solvabilität und entsprechend risikoorientierter Aufsicht,

- Regelungen für die BaFin, wonach sie Versicherungsunternehmen zu einer weiteren Kapi-
  talaufnahme zwingen und das Neugeschäft beschränken kann,

- Lockerung der Regelung zum Höchstrechnungs- bzw. Garantiezins bei Lebensversicherungen,

- Überprüfung der Verordnung über die Mindestbeitragsrückerstattung in der Lebensversicherung (ZRQuotenV), weil diese der Bildung von Eigenkapital entgegensteht,

- Verbesserung der Transparenz und des Verbraucherschutzes bei Lebensversicherungen,

- Stärkung der Aufsicht für die Rückversicherung, wobei wesentliche Elemente der geplanten EU-Rückversicherungsrichtlinie und des IAIS-Standards für die Rückversicherungsaufsicht bereits jetzt vorweggenommen werden sollen.

Weitere, auch für die Versicherungsunternehmen relevante Empfehlungen, sind

---

58 Vgl. www.imf.org, www. bundesfinanzministerium.de/cln_01/nn_1260/DE/Internationale_Beziehungen/
Internationaler_Waehrungsfond/1784.html.

- Veröffentlichung eines regelmäßigen Berichts zur Finanzmarktstabilität (dieser Empfehlung ist die Deutsche Bundesbank erstmals in ihrem Monatsbericht Dezember 2003 nachgekommen),

- Verbesserung der Berichterstattung im Derivate-Bereich,

- stärkere Überwachung von Finanzdienstleistungsgruppen und Aufbau einer Aufsicht über Finanzkonglomerate,

- Beachtung des Deutschen Corporate Governance Kodex durch VVaG.

3.3.2 Bericht der Deutschen Bundesbank zur Stabilität des deutschen Finanzsystems

In ihrem ersten Stabilitätsbericht[59] geht die Deutsche Bundesbank nicht sehr ausführlich und eher allgemein auf die Situation der Versicherungswirtschaft ein.[60] Ihre Ausführungen lassen aber erkennen, dass sie sich von dem Bericht und den Empfehlungen des IWF hat leiten lassen. Die Deutsche Bundesbank führt unter anderem aus:

- Der Versicherungssektor sei in den letzten fünf Jahren stärker gewachsen als der Bankensektor.

- In Deutschland dominierten nicht die Finanzkonglomerate, sondern „Allfinanz-Formen" der Kooperation und der Überkreuzbeteiligungen.

- Die rückläufigen Erträge aus Kapitalanlagen seien im Lebensversicherungsbereich unter Sicherheitsaspekten bedenklich, denn neben dem gesetzlichen Garantiezins würden Überschüsse aus den Kapitalanlagen gezahlt, die im Verhältnis zu den sinkenden Kapitalanlageergebnissen großzügig erscheinen und aus der Auflösung stiller Reserven und aus der eigentlich als Puffer dienenden Rückstellung für Beitragsrückerstattung finanziert werden.

- Es könne auf Grund des stark fragmentierten Marktes, der hohen Kapitalmarktverluste sowie des zunehmend anspruchsvoller werdenden Aktiv-Passiv-Managements nicht ausgeschlossen werden, dass sich der Konzentrationsprozess in der Lebensversicherungsbranche fortsetze.

- Sie bekräftige ihre sehr krische Haltung zu den Auswirkungen des Fair Value Accounting bzw. der Anwendung von IAS/IFRS auf das gesamte Finanzsystem. Problematisch seien auch die häufig fehlenden objektiven Marktwerte. Die durch IAS künstlich erhöhte Volatilität werde Marktausschläge prozyklisch verstärken und letztlich zu einem kurzfristigen Wirtschaftshandeln führen, zumindest für den Einzelabschluss seien die IAS/IFRS daher nicht zuzulassen.

---

[59] Vgl. Deutsche Bundesbank (2003), S. 5 ff.
[60] Vgl. Deutsche Bundesbank (2003), S. 48 ff.

■ Der Großteil des Kreditrisikotransfers vollziehe sich innerhalb des Bankensektors, daneben finde eine nennenswerte Übertragung von Kreditrisiken auf andere Marktteilnehmer statt, insbesondere auf Versicherungsunternehmen.

Die Deutsche Bundesbank geht in ihrem zweiten Stabilitätsbericht[61] intensiv auf die Einflussfaktoren für die Stabilität des deutschen Finanzsystems ein, betrachtet dabei auch die globale Entwicklung und kommt insgesamt zu dem Ergebnis, die Stabilität des deutschen Finanzsystems habe sich 2004 weiter gefestigt. Zur Situation der Versicherungswirtschaft merkt die Bundesbank positiv an, Ertragslage und Solvabilität hätten sich stabilisiert, die Eigenkapitalrentabilität verbessert.[62] Die künftigen Herausforderungen für die Versicherer entstünden durch die sich rasch ändernden Rahmenbedingungen, die dazu zwängen, die Eigenmittel deutlich zu erhöhen. Denn die 2005 schrittweise einzuführende Zeitwertbilanzierung nach IFRS nähere im Zusammenhang mit Solvency II das regulatorische Kapital stärker an das ökonomische an.[63] Neben der Internationalisierung der Rechnungslegung und Solvency II seien auch die Veränderung der Sterblichkeit in der Lebensversicherung sowie die sinkende Zahl der traditionellen Neugeschäftskunden durch die Alterung der Bevölkerung ein Problem. Um Gefahren für die Finanzstabilität zu vermeiden, sei es daher erforderlich, das Asset Liability Management weiterzuentwickeln und die angemessene Preis- und Leistungsgestaltung fortzusetzen. Schließlich erneuert die Bundesbank ihre Kritik an der IAS/IFRS-Bilanzierung und hier speziell an der Bewertung zum Fair Value.[64]

4. Perspektiven einer qualitativen Aufsicht

Das geltende Solvabilitätssystem der Versicherungsunternehmen wird trotz der fehlenden Insolvenzen seit vielen Jahren insbesondere von der Wissenschaft kritisiert. Die Vorbehalte richten sich vor allem gegen die aktuellen Solvabilitätsregeln, die sich nicht an der konkreten Risikostruktur des Unternehmens orientieren, sondern am Geschäftsvolumen.[65] Demgegenüber muss heute ein Solvabilitätssystem sicherstellen, dass die Eigenmittelausstattung der Versicherungsunternehmen den übernommenen Risiken gerecht wird.[66] Damit erhalten die Eigenmittel im System der qualitativen Aufsicht faktisch die maßgebende Funktion zur Steuerung des versicherungstechnischen Geschäfts und der Kapitalanlagen eines Versicherungs-

---

61 Vgl. Deutsche Bundesbank (2004), S. 5 ff.

62 Vgl. Deutsche Bundesbank (2004), S. 57.

63 Vgl. Deutsche Bundesbank (2004), S. 62.

64 Vgl. Deutsche Bundesbank (2004), S. 64.

65 Vgl. Hartung/Helten (2004), S. 293 ff., S. 296 m.w.N.; Farny (2000), S. 757 ff.; Gründl/Schmeiser (2004), S. 473 ff.

66 Vgl. Schmeiser (1997), S. 12.

unternehmens. Nicht mehr die von der Vertriebsstärke abhängige Umsatzgröße dürfte zukünftig im Mittelpunkt der geschäftspolitischen Entscheidung stehen, sondern die Frage, wie viel und welches Geschäft mit welchem Risiko gemessen an den vorhandenen Eigenmitteln zulässig ist.[67] Hierbei ist zu beachten, dass Eigenkapital teuer ist und die Anteilseigner – anders als noch vor einigen Jahren – neben konkreteren Gewinnerwartungen auch höhere Ansprüche an die Corporate Governance eines Unternehmens haben. Damit sind die wesentlichen Probleme und die Perspektiven umrissen, die sich aus dem Systemwandel in der Aufsicht ergeben: risikoadäquate Steuerung der Geschäftspolitik, Pflege der aktuellen und potenziellen Anteilseigner bzw. Kapitalgeber durch kapitalmarktgerechte Renditen und eine angemessene Informationspolitik.

4.1   Risikoadäquate Unternehmenssteuerung

Sanio hat im Zusammenhang mit der Altersvorsorge bemängelt, es fehle das Grundwissen über das Verhältnis von Risiko und Rendite. Nur mit risikohaltigen Produkten seien Renditen zu erwirtschaften, mit denen die Finanzierungslücke in der Altersversorgung geschlossen werden könne. Wer auf risikolose Produkte setze, benötige hohe Nominalbeträge, um dasselbe Ergebnis zu erzielen.[68] Im Hinblick auf die Situation bei den Banken warnt Sanio vor den wettbewerblichen Folgen einer zu geringen Eigenkapitalausstattung und verweist darauf, dass der deutsche Finanzmarkt in einigen wichtigen Geschäftsfeldern bereits von den großen Auslandsbanken beherrscht wird. Denn nur Banken mit einer hinreichend großen Kapitaldecke sei es möglich, die besonders ertragreichen Geschäfte mit Großrisiken zu tätigen.

Diese Folgen der qualitativen Aufsicht hatte wohl auch Thomas Fischer vor Augen, als er Basel II als notwendigen Baustein für die Strukturreform Deutschlands bezeichnete, der der deutschen Bankenlandschaft insgesamt gut bekommen werde, selbst wenn es nicht für jedes einzelne Unternehmen bekömmlich sein müsse. Das allerdings sei auch nicht die Aufgabe einer großen Strukturreform.[69]

Beurteilt man Basel II als Strukturreform, so gilt diese Einschätzung mit größerer Berechtigung noch für Solvency II. das in seinen Methoden und seiner Zielsetzung deutlich über Basel II hinausgeht.[70] Die Versicherungswirtschaft wird nach Jahrzehnten der materiellen Staatsaufsicht mit ihren Bedingungs- und Anlagegenehmigungen sowie nach einem Jahrzehnt der Finanzaufsicht, deren quantitative Vorschriften das tatsächlich eingegangene Risiko ebenfalls nicht adäquat berücksichtigen, in einigen Jahren mit Solvency II und seinen primär qualitativen Normen in eine weitgehend selbst gestaltete und -verantwortete Geschäftstätig-

---

67 Zu den Auswirkungen von Solvency II auf den Vertrieb vgl. Bittner/Trapp (2004), S. 815 ff.
68 Vgl. Sanio (2004).
69 Vgl. Fischer (2004).
70 Vgl. ausführlich Schubert/Grießmann (2004c), S. 1399 ff.

keit entlassen. Die dann geltende Selbstregulierung findet ihre Grenzen in dem international in der Finanzaufsicht geltenden Grundsatz, dass alle Geschäfte risikoadäquat mit Eigenmitteln unterlegt sein müssen. Ähnlich wie bei den Kreditinstituten wird die neue, relative Freiheit der Versicherungswirtschaft insgesamt gut tun, allerdings dürfte sie wegen der damit verbundenen Umstellungen und Anforderungen auch nicht für jedes einzelne Unternehmen bekömmlich sein.[71]

4.1.1 Bedeutung der Eigenmittel

Angesichts der sich abzeichnenden und auch durch Basel II im Bankenbereich vorgezeichneten Entwicklung scheint es auf der Hand zu liegen, was ein Versicherungsunternehmen jetzt tun kann, um in einigen Jahren mit der „kontrollierten Freiheit" von Solvency II umgehen zu können. Bereits heute lautet die Kernfrage der Unternehmensleitung: Hat das Unternehmen am Tag X genügend Eigenmittel, um das Unternehmensziel mit dem geplanten Versicherungs- und Kapitalanlagegeschäft zu erreichen? Hierfür sind die eingegangenen Risiken zu quantifizieren und in Relation zu den Eigenmitteln zu setzen.

Eine solche Vorausschau ist derzeit nur mit einigen Unterstellungen möglich. Die Konkretisierung der Ergebnisse der noch andauernden Diskussion über Solvency II in Aufsichtsvorschriften hat naturgemäß noch nicht begonnen. Außerdem ist weitgehend unbekannt, wie die Risiken auf der Aktiv- und Passivseite zu bewerten sind und welche Qualifikationen Mittel mit Pufferfunktion haben müssen, um nach Solvency II als Eigenmittel anerkannt zu werden. Nicht wirklich hilfreich ist die Erklärung der EU-Kommission, sie werde bei Solvency II die IAS berücksichtigen. Diese weisen für den Versicherungsbereich noch erhebliche Lücken auf.[72] Sicher ist nur, dass die Standards im Gegensatz zu den deutschen Rechnungslegungsvorschriften den Gedanken des Fair Value bzw. des Market Value in den Vordergrund stellen werden und nicht den der Gläubigersicherung und dass bei Solvency II andere Eigenmittelanforderungen gelten werden als heute. Da diese zudem abhängig sein sollen von den Ergebnissen der internen Risikomodelle der einzelnen Unternehmen, ist jede Summenangabe über einen etwaigen Eigenmittelbedarf der Branche unseriös.

Bereits heute lässt sich absehen, dass die Versicherer wie die Banken mit der EU-Kommission eine Diskussion über die Anerkennung der als Sicherheit zur Verfügung stehenden Finanzmittel als Eigenmittel führen werden. Hierbei mag den Außenstehenden die relativ späte Entdeckung der Eigenmittel bei den Versicherungsunternehmen in Deutschland als Aufsichtsinstrument überraschen. Tatsächlich ist das heutige System der Stabilitätsregeln nicht mit der Versicherungswirtschaft über ein Jahrhundert hinweg gewachsen, sondern erst bei der Herstellung des Versicherungsbinnenmarktes in der EU entstanden.[73] So regeln die Erste Richtli-

---

71 Hierzu aber Füser/Freiling/Hein (2005), S. 107 ff.

72 Vgl. hierzu Abschnitt 3.1.4.

73 Vgl. Müller (1995a), Rn. 661 ff., S. 240 ff. m.w.N.

nie zur Schadensversicherung[74] und die Erste Richtlinie zur Lebensversicherung[75] erst 1973 bzw. 1979 die Mindestkapitalausstattung eines Versicherungsunternehmens. Aufgabe der vorhandenen Eigenmittel ist es in erster Linie, den Versicherungsunternehmen die Möglichkeit zu geben, auftretende Verluste „abzupuffern" und dadurch die Sicherheit der Unternehmen weiter zu erhöhen. Gelingt das nicht und tritt die Insolvenz ein, dann erhält das Eigenkapital zusätzlich die Funktion, die Erfüllung der Verpflichtungen des Unternehmens gegenüber den Kunden und sonstigen Gläubigern zu gewährleisten. Im Unterschied zur Kreditwirtschaft, bei der die Pufferfunktion ausschließlich dem Eigenkapital zugemessen ist, wird die Erfüllbarkeit des Versicherungsvertrages zumindest faktisch primär durch das versicherungstechnische Fremdkapital sichergestellt. Das Eigenkapital von Versicherungsunternehmen übernimmt daher vor allem die Funktion, versicherungstechnische Verluste und Verluste aus Kapitalanlagen auszugleichen.[76]

Laut Farny ist das Solvabilitätssystem der Versicherungsunternehmen Teil der Erhaltungs-, Risiko- und Sicherheitspolitik.[77] Dazu gehören heute auch Funktionen, die die klassische Verlustausgleichs- und Haftungsfunktion der Eigenmittel ergänzen. Das ist einmal die keineswegs neue Finanzierungsfunktion. Denn viele Eigenmittelkomponenten erlauben renditeträchtige oder strategisch wichtige Investitionen, Kapitalanlagen oder die Finanzierung der laufenden Geschäftätigkeit. Anders als die Finanzierungsfunktion hat die Vertrauensfunktion der Eigenmittel unmittelbare Auswirkungen auf den Wettbewerb. Die Größe der Eigenmittel wird wegen ihrer Verlustausgleichs- und Haftungsfunktion stärker als früher in der Öffentlichkeit und bei den (potenziellen) Versicherungsnehmern als wichtiges Qualitätsmerkmal angesehen. Wesentlicher Auslöser für dieses neue Qualitätsbewusstsein waren sicherlich die wirtschaftlichen Schwierigkeiten der Mannheimer Lebensversicherungs-AG, die in einer freiwilligen Solidaraktion der Versicherungsunternehmen in Deutschland zum Wohl der Versicherten und ohne Nachteile für sie bereinigt werden konnten. Die Gründung z. B. der Sicherungseinrichtung Protektor Lebensversicherungs-AG[78] durch die Lebensversicherungsunternehmen und die Ergänzung des Versicherungsaufsichtsgesetzes um eine gesetzliche Sicherungseinrichtung für Lebens- und Krankenversicherungsunternehmen[79] haben wesentlich dazu beigetragen, den eingetretenen Vertrauensschaden wieder zu verringern. Die Pressemeldungen in diesem Zusammenhang sind jedoch nicht vergessen, und so bleibt bei den Kunden eine eher unsubstantiierte Unsicherheit, die sie nun auch auf die finanzielle Ausstattung eines Versicherers achten lässt. Aus dem Bankenbereich bekannt ist die Risikobegrenzungs- oder Bremsfunktion des Eigenkapitals. Gemeint ist die Koppelung des Umfangs der Geschäftätigkeit an die Höhe des Eigenkapitals bzw. der Eigenmittel. Unter Risikogesichtspunkten bedeutet das, durch die Eigenmittel wird die festgestellte Gesamtrisikoposition des Unternehmens oder der Gruppe begrenzt, die durch die Berücksichtigung aller wichtigen ge-

---

[74] Vgl. Erste Richtlinie 73/239/EWG.

[75] Vgl. Erste Richtlinie 79/267/EWG.

[76] Ausführlich Neumann (1998), S. 35 m.w.N.; Müller (1995b), S. 4.

[77] Vgl. Farny (2000), S. 500 ff., 747 ff., 760.

[78] Vgl. Knauth (2003b).

[79] Vgl. Gesetz zur Änderung des Versicherungsaufsichtsgesetzes … 15. Dezember 2004, §§ 124 ff. VAG.

schäftspolitischen Risikoarten ermittelt wird.[80] Bei den Versicherern hat diese Funktion wegen der andersgearteten Solvabilitätsvorschriften und der traditionellen deutlichen Überschreitung der Eigenmittelanforderungen bisher in der Praxis keine Rolle gespielt. Es ist jedoch wahrscheinlich, dass im Zusammenhang mit Solvency II, aber auch durch ein Asset Liability Management und eine höhere Kostensensibilität dieser Aspekt mehr Gewicht erhält.

In diesem Zusammenhang sind die Zweifel beachtlich, die inzwischen die EU-Kommission selbst an der Funktion der Eigenmittel als „Allheilmittel" hegt. In ihren Überlegungen zur Form eines künftigen Aufsichtssystems nimmt sie Bezug auf den Sharma-Report[81], wonach eine Versicherungsaufsichtsbehörde für eine wirksame Tätigkeit eine Reihe von gesetzlichen Eingriffsbefugnissen in allen Stadien eines Problems bei einem Unternehmen benötigt. Erfreulicherweise zieht die EU-Kommission hieraus den richtigen Schluss, dass „die Kapitalanforderung nur eines der notwendigen gesetzlichen Instrumente (ist), das zwar wichtig ist, aber für sich alleine nicht ausreicht, um ein Aufsichtssystem zu bilden".[82] Diese Erkenntnis lässt für die weitere Diskussion hoffen, denn niemand bestreitet heute ernsthaft, dass Eigenmittel eine Pufferfunktion haben, die dem Unternehmen Sicherheit bei auftretenden Verlusten gibt. Allerdings ist es sehr zu begrüßen, dass inzwischen Zweifel an der Richtigkeit des vor allem bei den Vertretern der Bankenaufsicht lange Jahre als Gesetzmäßigkeit verstandenen Glaubenssatzes bestehen, je höher die Eigenmittel desto sicherer sei das Unternehmen. Tatsache ist, dass die einseitige Betonung des haftenden Eigenkapitals als Sicherungsinstrument Bankinsolvenzen nicht verhindert hat. Im Gegenteil, die damit verbundenen hohen Kosten für die Bedienung des Kapitals dürften eher geschäftsschädigend gewirkt haben. Der jetzt verfolgte Weg erscheint dagegen deutlich Erfolg versprechender. Bei der qualitativen Aufsicht über Versicherer sollte daher das Gesamtrisiko des Versicherungsgeschäfts möglichst genau bestimmt und eine Eigenmittelunterlegung nur für das Risiko verlangt werden, das nicht auf andere Art und Weise abgesichert werden kann.

4.1.2   Kein identisches Risikoverständnis

Die veröffentlichten Überlegungen der EU-Kommission zu Solvency II zeigen weitgehende Übereinstimmungen mit Basel II bei der Organisation (3-Säulen-Ansatz) und bei der Alternative, anstelle des aufsichtsrechtlichen Standardmodells auch unternehmensinterne Risikosteuerungsmodelle als Aufsichtsinstrument zuzulassen. Die größere Genauigkeit dieser Modelle verbessert Erkennung und Steuerung der Risikosituation und vermindert damit zugleich das Risiko. Dieser Vorteil und der damit verbundene Gewinn an Sicherheit soll – auch das eine Parallele zu Basel II – durch geringere Eigenmittelanforderungen anerkannt werden. Es wäre jedoch verfehlt, aus diesen Übereinstimmungen auf ein identisches Risikoverständnis zu schließen. Tatsächlich ist bei Versicherungsunternehmen die Gesamtsolvabilität des Unter-

---

80   Vgl. Rudolph (1991), S. 32 ff., 40.

81   Sharma-Report (2002), http://europa.eu.int/comm/internal_market/insurance/docs/solvency/solvency2-conference-report_en.pdf; Erste Richtlinie 73/239/EWG; Erste Richtlinie 79/267/EWG.

82   Vgl. Europäische Kommission (2002), Ziffer 10 f.

nehmens entscheidend, während Kreditinstitute traditionell stärker auf ausgewählte Einzelrisiken achten. Dementsprechend soll bei Solvency II die Risikosteuerung durch einen integrierten Portfolioansatz auch Aussagen darüber ermöglichen, mit welcher Wahrscheinlichkeit ein Versicherungsunternehmen in einem bestimmten Zeitraum solvent bleiben wird. Bei Basel II fehlt dieser Ansatz, weil lediglich Teilaspekte risikoorientiert abgebildet werden und der ökonomische Kapitalbedarf des Kreditinstituts als Ganzes zu wenig berücksichtigt wird. Eine Ursache für diesen Unterschied mag darin liegen, dass bei Versicherern die Wahrscheinlichkeitsverteilung von Ergebnissen des wirtschaftlichen Handelns seit jeher wesentlicher Teil der Risikobetrachtung ist.[83]

4.1.3 Unternehmenssteuerung mit Asset Liability Management

Die sich abzeichnende aufsichtsrechtliche Risikobetrachtung in Solvency II findet ihre logische unternehmerische Entsprechung in einem Asset Liability Management, bei dem die Aktiv- und Passivseite eines Unternehmens in einem ganzheitlichen Ansatz modelliert und in die Unternehmensführung integriert wird. Das wiederum erfordert die Ausrichtung des Unternehmens bzw. der Gruppe an einem einheitlichen Ziel, das unter Einbeziehung der wertorientierten Unternehmenssteuerung auch die Erhöhung des Unternehmenswertes beinhaltet. Diese Form der Risikobehandlung wird auch von der EU-Kommission präferiert.[84] Es sollte daher bereits heute Teil der Unternehmenspolitik von Versicherern sein, das Risikomanagement kontinuierlich und in Richtung Asset Liability Management zu verbessern. Die Risikosituation und ihre Beherrschung müssen zu einem permanenten Bestandteil unternehmerischer Entscheidungen werden. Dabei sind die Eigenmittelanforderungen durch eine risikoertragsorientierte Steuerung zu optimieren. Das setzt voraus, dass die historisch gewachsenen bereichs- oder spartenbezogenen Risikomanagementsysteme durch die ganzheitliche Steuerung eines Versicherungskonzerns ersetzt werden.[85]

Hinter dieser schlicht erscheinenden Forderung verbirgt sich viel Sprengstoff, denn sie greift bei Versicherungsgruppen und Finanzkonglomeraten tief in das Unternehmensgefüge und das Selbstverständnis des Managements ein. Besonders bei spartengetrennten Versicherungsgruppen strapaziert die wirtschaftlich und aufsichtsrechtlich notwendige zentrale Risikobetrachtung und -steuerung der Gruppe das überkommene Verantwortungsbewusstsein des Vorstandes eines Tochterunternehmens. Andererseits ist diese Entwicklung nicht neu, sondern seit Jahren vorgezeichnet. Die Rechnungslegungsvorschriften für den Konzern sowie die aufsichtsrechtlich vorgeschriebenen Meldungen im Rahmen der Versicherungsgruppe oder des Finanzkonglomerats, ja sogar die Meldepflichten des Wertpapierhandelsgesetzes haben das Einzelunternehmen und seine konkrete Geschäftstätigkeit in eine Gesamtbetrachtung eingebettet, die faktisch eine zentrale Steuerung verlangt. Unter diesem Aspekt und in Zeiten

---

83 Vgl. Schubert/Grießmann (2004c), S. 1399, 1400.

84 Vgl. Schubert/Grießmann (2004b), S. 738.

85 Vgl. Faber (2002), S. 27 ff.

von „Chinese Walls" ist die frühere Berechtigung spartengetrennter Versicherungsunternehmen fragwürdig geworden.[86]

Die Auswirkungen der risikoertragsorientierten Steuerung einer Unternehmensgruppe werden am Beispiel einer Unternehmensführung mit Hilfe von vorgegebenen Zielrenditen deutlich. Hier teilt die optimierungswillige Konzernleitung die Eigenmittel den einzelnen Bereichen oder Tochterunternehmen danach zu, wie weit es ihnen gelungen ist, die Zielrendite in dem vereinbarten Zeitraum zu erreichen, zu über- oder auch zu unterschreiten. Folglich erhält die Tochter, die eine hohe Rendite erwirtschaftet, weiteres Kapital, um das gewinnträchtige Geschäft ausweiten zu können. Das Unternehmen aber, das die vorgegebene Zielrendite nicht erwirtschaftet, erhält im besten Fall kein zusätzliches Kapital mehr. Etwas anderes kann hier natürlich gelten, sofern „weiche Faktoren" es opportun erscheinen lassen, das Geschäft etwa wegen der davon ausgehenden Kundenbindung zu forcieren. Außerdem sind die versicherungs- bzw. spartenspezifischen Eigenmittel und ihre nicht stets gegebene „Fungibilität" im Konzern zu beachten. Generell gilt jedoch: Bei gleich bleibender Zielrendite muss das renditeschwache Unternehmen sein Risiko und damit die Eigenmittelanforderungen verringern, um zusätzliche Geschäfte im gewohnten Umfang tätigen zu können. Im Idealfall bedeutet diese Unternehmenssteuerung, dass bei gleichem Eigenmittelbestand im Konzern die Rendite steigt. Die an einer Zielrendite orientierte Steuerung wird die Versicherer daher zwingen, alle Produkte und Prämienzahlungen sowie die Kapitalanlagen und Renditen daraufhin zu überprüfen, welchen Einfluss sie auf die Rendite haben, und über eine Verbesserung der Gesamtrendite nachzudenken.

Sehr hohe Anforderungen an die technischen, personellen und finanziellen Möglichkeiten eines Versicherungsunternehmens stellen Asset Liability Management oder Risikosteuerungssystem wegen der Organisation der dafür notwendigen Datenströme im Unternehmen. Es bedarf einer Informationstechnologie, die es ermöglicht, alle für die Steuerung notwendigen Daten der Konzernunternehmen an einer Stelle zusammenzuführen und auszuwerten. Die Technologie dieser neudeutsch als Data Warehouse bezeichneten Sammelstelle muss neben dem reibungslosen Fluss vor allem die Sicherheit der Daten gewährleisten. Wegen deren besonderer Vertraulichkeit und ihrer Bedeutung für die Konkurrenz ist es angesichts der ständigen technischen Fortentwicklung eine permanente Herausforderungen für die IT-Spezialisten des Unternehmens, die Daten vor unbefugten Zugriffen zu schützen.[87] Daneben bedarf es klarer Regelungen für die Integration der Risikosteuerungsmodelle in Unternehmensabläufe, Managementstrukturen und für die qualitativen Anforderungen an die versicherungsmathematische Modellbildung.[88]

---

[86] Vgl. Knauth (2004), S. 203 ff.

[87] Vgl. http://www.bsi.bund.de/sichere_plattformen/trustcomp/infos/tcgi.htm.

[88] Vgl. Füser/Freiling/Hein (2005), S. 107, 109.

4.2 Solvency II: Vorteile für alle?

Die Unternehmenssteuerung, zu der Solvency II zwingen wird, schärft den Blick für das Gesamtrisiko und die Interdependenzen verschiedener Bereiche. Durch diesen holistischen Ansatz können Ressourcen und Ertragspotenziale besser genutzt werden. Die Vorteile sind für alle Betroffenen groß, wenn die Chancen konsequent genutzt werden. Der Anteilseigner kann eine marktgerechte Eigenkapitalrendite erwarten, das Unternehmen optimiert durch eine adäquate Eigenkapitalallokation die Risiko-Ertragssteuerung und erhält durch ein gutes Rating werbewirksames Ansehen und günstigere Konditionen am Kapitalmarkt. Der Versicherungsnehmer schließlich kann darauf vertrauen, Kunde bei einem sicheren Unternehmen zu sein, das dauerhaft seine Leistungsversprechen einhält. Gerade dieser letzte Aspekt wird bei den langfristig angelegten Versicherungsverträgen, insbesondere zur Altersversorgung, noch an Gewicht gewinnen.

Chancen nutzen heißt aber, dass ein Versicherer, der in einigen Jahren die Anforderungen von Solvency II und IAS/IFRS erfüllen und selbstständig bleiben will, nicht ruhig abwarten kann, bis die Richtlinie verabschiedet oder gar schon in deutsches Aufsichtsrecht umgesetzt ist. Er muss vielmehr heute mit den Vorbereitungen beginnen, um sich daher nicht nur eine gute Startposition in der Stunde Null sichern, sondern auch, um möglichst früh die Vorteile eines das gesamte Unternehmen erfassenden Risikomanagements nutzen zu können. Das setzt an erster Stelle eine realistische Einschätzung der eigenen Ressourcen voraus. Die Vorbereitung stellt erhebliche Anforderungen an die Unternehmensleitung, denn die praktische Umsetzung des Risikomanagements erfordert die Formulierung risikopolitischer Grundsätze, die in Einklang mit der Unternehmensstrategie, den Unternehmenszielen und den voraussichtlichen Vorschriften zu Solvency II stehen. Anhand dessen hat das Risikomanagement dann einen permanenten, aktiven und systematischen Prozess einzuleiten, der aus Risikoidentifikation, -bewertung, -steuerung und -kommunikation besteht und ständig operativ überwacht wird.[89]

Es ist evident, dass der Aufbau und die Unterhaltung eines umfassenden Risikomanagementsystems oder gar eines Asset Liability Managements nicht allein kostenintensiv ist. Aus dem angeführten Gründen benötigt der Versicherer auch hoch spezialisierte Mitarbeiter, die wegen der großen Nachfrage schwer zu bekommen sind. Außerdem lässt sich die holistische Risikosteuerung nicht ohne eine leistungsstarke Informationstechnologie bewältigen. Die Anforderungen steigen weiter dadurch, dass nahezu zeitgleich mit Solvency II die Umstellung auf IFRS zu bewältigen sein wird. Insbesondere die damit verbundene Ausweitung der Offenlegungspflichten und die notwendig werdende Fair-Value-Bewertung der finanziellen Vermögenswerte lassen sich nur erfüllen, wenn eine entsprechende Infrastruktur im Unternehmen besteht. Wo nicht bereits derartige Systeme vorhanden oder in einem planmäßigen Aufbau sind, werden bedrohliche Engpässe auftreten.

---

[89] Vgl. Gerke (2003).

Ob das zu der von einigen Marktbeobachtern vorausgesagten Konsolidierung führen wird, lässt sich schwer abschätzen, weil es für die Versicherer durchaus andere Möglichkeiten gibt, um die Voraussetzungen von Solvency II und IFRS ohne grenzwertige Belastungen zu erfüllen. Insbesondere kleinere und mittlere Versicherungsunternehmen können Kosten reduzieren, indem sie nicht unternehmensspezifische Prozesse auslagern. In Betracht kommen z. B. das Kapitalanlagenmanagement, die Informationstechnologie, die Bestandsverwaltung oder auch die interne Schadenbearbeitung.

Ausgelagert werden muss nicht notwendig auf versicherungsfremde Unternehmen. Mehrere Versicherer könnten gemeinsam ein entsprechendes Unternehmen gründen und betreiben. In der Industrie hat diese Entwicklung längst ihren Schrecken verloren und niemand findet etwas dabei, wenn Konkurrenten mit demselben Zulieferer zusammenarbeiten oder bei der Herstellung ihrer Produkte Bauteile eines Konkurrenten verwenden. In der Versicherungswirtschaft ist eine solche Arbeitsteilung ebenfalls vorstellbar, denn der Wettbewerb findet hier nicht primär über die abstrakten, schwer erklärbaren und in den Grundkomponenten zwangsläufig weitgehend gleichen Produkte statt, entscheidend für den Abschluss einer Versicherung bei einem bestimmten Unternehmen ist vielmehr dessen guter Ruf, gelegentlich auch die Tradition, meist aber der Service und der Preis.

Solvency II sollte von den Versicherungsunternehmen nicht in erster Linie als lästige und teure Zumutung und weiterer Eingriff in die unternehmerische Freiheit, sondern als willkommene Aufforderung verstanden werden, Positionen und Produkte mit der Bereitschaft zu überdenken, alte Zöpfe abzuschneiden. Das sollte insbesondere dann gelten, wenn die Überprüfung durch eine wertorientierte Steuerung ergibt, dass die bei einem Produkt eingegangenen Risiken einen so erheblichen zusätzlichen Kapitalbedarf erfordern, dass sich die unveränderte weitere Produktion nicht mehr „rechnet". Schradin weist zutreffend darauf hin, dass zukünftig sowohl die Asset-Allokation als auch der Diversifikationsgrad des Versicherungsportefeuilles erhebliche Bedeutung für die darzustellende Solvabilität besitzen werden. Wohl diversifizierte Geschäftsfelder und ein planmäßiges Asset Liability Management werden hingegen zu Vorteilen im Wettbewerb führen.[90]

Literatur

ARNOLD, W./BOOS, K.-H. (2001): Basel II: Einzel- und gesamtwirtschaftliche Aspekte, in: Die Bank 10/2001, S. 712–715.

ARTOPOEUS, W. (2000): Global Banking erfordert neues Aufsichtssystem, in: Die Bank 1/2000, S. 12–17.

BASELER AUSSCHUSS FÜR BANKENBESTIMMUNGEN UND -ÜBERWACHUNG (1988): Internationale Konvergenz der Eigenkapitalmessung und Eigenkapitalanforderungen, Basel Juli 1988.

---

[90] Vgl. Schradin (2003), S. 611, 660.

BASLE COMMITTEE ON BANKING SUPERVISION (1998): Consultative paper on the Basel Capital Accord, Basel, BIS Publication 37/1998.

BASEL COMMITTEE ON BANKING SUPERVISION, (2003): Consultativ Document, The New Basel Capital Accord, Basel 29.4.2003.

BAUER, K.-A. (1985): Das Recht der internationalen Bankenaufsicht, Baden-Baden 1985.

BITTNER, A. K./TRAPP, J. (2004): Die Mühen der Ebenen, in: Versicherungswirtschaft 11/2004, S. 815–818.

BOEHM-BEZING, C.-L. von (2000): Auswirkungen des Baseler Akkords auf das Finanzierungsverhalten der deutschen Industrie aus Sicht der Banken, in: WM 20/2000, S. 1001 f.

BOOS, K.-H./FISCHER, R./SCHULTE-MATTLER, H. (Hrsg.) (2000): Kreditwesengesetz: Kommentar zu KWG und Ausführungsvorschriften, München 2000.

BOOS, K.-H./SCHULTE-MATTLER, H. (2001): Basel II: Externes und internes Rating, in: Die Bank 2001, S. 346 ff.

BUNDESTAGS-DRUCKSACHE 8/3047, Ziffer 3, 9.7.1979.

DEUTSCHE BUNDESBANK (2003): Monatsbericht Dezember 2003.

DEUTSCHE BUNDESBANK (2004): Monatsbericht Oktober 2004.

ERSTE RICHTLINIE 73/239/EWG des Rates vom 24. Juli 1973 zur Koordinierung der Rechts- und Verwaltungsvorschriften betreffend die Aufnahme und Ausübung der Tätigkeit der Direktversicherung (mit Ausnahme der Lebensversicherung), in: ABl. EU L 228, 16.8.1973, S. 3–19.

ERSTE RICHTLINIE 79/267/EWG des Rates vom 5. März 1979 zur Koordinierung der Rechts- und Verwaltungsvorschriften über die Aufnahme und Ausübung der Direktversicherung (Lebensversicherung), in: ABl. EU L 63, 13.3.1979, S. 1–18.

EUROPÄISCHE KOMMISSION (2002): Überlegungen zur Form eines künftigen Aufsichtssystems, 28.11.2002, http://europa.eu.int/comm/internal_market/insurance/docs/markt -2535/markt-2535-02_de.pdf.

EUROPÄISCHE KOMMISSION (2004): Solvency II – Organisation of work, discussion on pillar I work areas and suggestions of further work on pillar II for CEIOPS, http://europa.eu.int/comm/internal_market/insurance/docs/markt-2543/markt-2543-03 _en.pdf.

FABER, J. (2002): Wertorientierte Unternehmensführung: Der Fall Allianz AG, in: Macharzina, K./Neubürger, H. J. (Hrsg.), Wertorientierte Unternehmensführung, Stuttgart 2002, S. 27–33.

FARNY, D. (2000): Versicherungsbetriebslehre, 3. Auflage, Karlsruhe 2000.

FISCHER, T. (2004): Basel II ist gut für die Banken und für die Wirtschaft, in: Börsen-Zeitung, 30.11.2004, Sonderbeilage, S. B 5.

FOURIE, D./LANG, C. (2000): Implementierung von IAS und US-GAAP in Versicherungskonzernen, in: Versicherungswirtschaft 4/2000, S. 246–249.

FÜSER, K./FREILING, A./HEIN, B. (2005): Keine Angst vor Solvency II, in: Versicherungswirtschaft 2/2005, S. 107–111.

GERKE (2003): Das Pflichtenheft des Risikomanagements, in: Frankfurter Allgemeine Zeitung, 28.04.2003, S. 26.

GESETZ zur Änderung des Versicherungsaufsichtsgesetzes und anderer Gesetze vom 15. Dezember 2004, in: BGBl. I, Nr. 68, 17.12.2004, S. 3416–3428.

GESETZ zur Umsetzung von EG-Richtlinien zur Harmonisierung bank- und wertpapieraufsichtsrechtlicher Vorschriften vom 22. Oktober 1997 (6. KWG-Novelle), in: BGBl I, Nr. 71 vom 28.10.1997, S. 2518 ff.

GESETZ zur weiteren Fortentwicklung des Finanzplatzes Deutschland vom 24.3.1998 (Drittes Finanzmarktförderungsgesetz), in: BGBl I S. 529.

GRÜNDL, H./SCHMEISER, H. (2004): Solvency II und interne Risikosteuerungsmodelle, in: Versicherungswirtschaft 7/2004, S. 473–474.

HARTUNG, T./HELTEN, E. (2004): Modernisierung versicherungswirtschaftlicher Eigenkapitalnormen durch Solvency II, in: Finanz Betrieb 4/2004, S. 293–303.

HESBERG, D./KARTEN, W. (1994): Supervision on Financial Conglomerates – Remarks on Solvency Control and Alleged Double Gearing, in: The Geneva Papers on Risk and Insurance, Bd. 19, 70/1994, S. 1–21.

IAIS (2004): A new framework for insurance supervision. Towards a common structure and common standards for the assessment of insurer solvency. Konsultationspapier vom 7.10.2004.

KNAUTH, K.-W. (1996): Effizienz und Wettbewerb der Aufsichtssysteme für Versicherungsunternehmen und Kreditinstitute, in: ZVersWiss 1996, S. 232–244.

KNAUTH, K.-W. (2001): Internationale Vermögensanlage unter nationaler Aufsicht, in: Schwebler/Knauth/Simmert, (Hrsg.): Kapitalmärkte: Aktuelle Anlage- und Absicherungsmöglichkeiten für Versicherungsunternehmen, Karlsruhe 2001, S. 469–544.

KNAUTH, K.-W. (2003a): Deregulierung im Versicherungssektor – Erfahrungen und Perspektiven, in: Leser, H./Rudolf, M. (Hrsg.), Handbuch Institutionelles Asset Management, Wiesbaden 2003, S. 151–177.

KNAUTH, K.-W. (2003b): Protektor – Sicherheit für die Altersvorsorge, in: Börsen-Zeitung, 22.03.2003.

KNAUTH, K.-W. (2004): Spartentrennungsgebot und Konzentration in der Versicherungswirtschaft, in: Bork, Reinhard (Hrsg.): Recht und Risiko, Festschrift für Helmut Kollhosser zum 70. Geburtstag, Bd. 1: Versicherungsrecht, Karlsruhe, S. 203 ff.

KNAUTH, K.-W./SCHUBERT, T. (2003): Versicherungsaufsicht vor Paradigmenwechsel, in: Versicherungswirtschaft 12/2003, S. 902–905.

KONRATH, N. (1991): Wettbewerbsaspekte der Rechnungslegungsharmonisierung in der EG, in: Hopp, F. W./Mehl, G. (Hrsg.): Versicherungen in Europa heute und morgen. Geburtstags-Schrift für Georg Büchner, Karlsruhe 1991, S. 257–264.

KOPPENSTEINER, H.-G. (1991): Bankenaufsicht und Bankengruppen, Heidelberg 1991.

KPMG DEUTSCHE TREUHAND-GESELLSCHAFT (Hrsg.) (2003): International Financial Reporting Standards: eine Einführung in die Rechnungslegung nach den Grundsätzen des IASB, 2. Auflage, Stuttgart 2003.

LANGE, C./HÖCHE, T. (2003): Basel II: Was verbirgt sich dahinter für Kreditinstitute und ihre Kunden? Bankgeheimnis und Bekämpfung von Geldwäsche, in: WM 34/2003, S. 1645–1696.

MÜLLER, H. (1995a): Versicherungsbinnenmarkt. Die europäische Integration im Versicherungswesen, München 1995.

MÜLLER, H. (1995b): Überlegungen zur Vereinheitlichung der aufsichtsrechtlichen Rahmenbedingungen für Versicherungsunternehmen und Kreditinstitute, Münsteraner Reihe 28, Karlsruhe 1995.

MÜLLER, H.: (2004): Die neuen Insurance Core Principles der IAIS, in: Bork, R. (Hrsg.): Recht und Risiko. Festschrift für Helmut Kollhosser zum 70. Geburtstag, Bd. 1: Versicherungsrecht, Karlsruhe, S. 245 ff.

NEUMANN, K. (1998): Die Aufsicht über Finanzkonglomerate, Berlin/New York 1998.

PRÖLSS, E. R. (1997): Versicherungsaufsichtsgesetz, hrsg. von Reimer Schmidt, 11. Auflage, München 1997.

RICHTLINIE 98/78/EG über die zusätzliche Beaufsichtigung der einer Versicherungsgruppe angehörenden Versicherungsunternehmen, in: ABl. EU L 330, 5.12.98, S. 1–12.

RICHTLINIE 2002/87/EG vom 16. Dezember 2002 über die zusätzliche Beaufsichtigung der Kreditinstitute, Versicherungsunternehmen und Wertpapierfirmen eines Finanzkonglomerats, in: ABl. EU L 35, 11.2.2003, S. 1.

ROMEIKE, F./MÜLLER-REICHHART, M. (2005): Risikomanagement in Versicherungsunternehmen, Weinheim 2005.

RUDOLPH, B. (1991): Das effektive Bankeigenkapital. Zur bankaufsichtlichen Beurteilung stiller Neubewertungsreserven, Frankfurt/Main 1991.

RUDOLPH, B. (1994): Kapitaladäquanzrichtlinie: Zielsetzung und Konsequenzen der bankaufsichtlichen Regulierung im Wertpapierbereich, in: ZBB 1994, S. 117–130.

SANIO, J. (2002): Eine wahre Aufsicht verlässt Dich nie!, in: Versicherungswirtschaft 23/2002, S. 1831–1835.

SANIO, J. (2004): Eine starke Volkswirtschaft braucht eine starke Finanzwirtschaft, in: Börsen-Zeitung, 30.11.2004, Sonderbeilage, S. B 2.

SCHIEBER, J. (1998): Die Aufsicht über Finanzkonglomerate, Berlin 1998.

SCHIEBER, J. (1999): Entwicklungslinien des internationalen Finanzrechts, in: WM 46/1999, S. 2286–2298.

SCHMEISER, H. (1997): Risikotheoretisch fundierte Ansätze zur Neugestaltung des europäischen Solvabilitätssystems für Schadenversicherer, Karlsruhe 1997.

SCHRADIN, H. R. (2003): Entwicklung der Versicherungsaufsicht, in: ZVersWiss 4/2003, S. 611–664.

SCHUBERT, T./GRIEßMANN, G. (2004a): Solvency II – Die EU treibt die zweite Phase des Projekts voran, in: Versicherungswirtschaft 7/2004, S. 470–472.

SCHUBERT, T./GRIEßMANN, G. (2004b): Solvency II – Die EU treibt die zweite Phase des Projekts voran (II), in: Versicherungswirtschaft 10/2004, S. 738–739.

SCHUBERT, T./GRIEßMANN, G. (2004c): Solvency II = Basel II + X, in: Versicherungswirtschaft 18/2004, S. 1399–1402.

SCHULTE-MATTLER, H. (2003): Basel II: Das Dritte Konsultationspapier (CP 3), in: Die Bank 6/2003, S. 386–393.

SCHULTE-MATTLER, H./TRABER, U. (1995): Marktrisiko und Eigenkapital, Wiesbaden 1995.

SHARMA REPORT (2002): Prudential supervision of insurance undertakings. Conference of insurance supervisory services of the member states of the European Union, Dezember 2002.

SWISS RE (Hrsg.) (2004): Die Auswirkungen der IFRS auf die Versicherungswirtschaft, sigma 7/2004, Zürich 2004.

WAGNER, K. (1982): Die internationale Tätigkeit der Banken als aufsichtsrechtliches Problem, Baden-Baden 1982.

Stand der Diskussion und Tendenzen im Projekt Solvency II der EU-Kommission

Thomas Schubert

1.   Einleitung

Das Aufsichtsrecht für Versicherungen befindet sich gegenwärtig in einem tief greifenden Wandel.[1] Verantwortlich sind insbesondere zwei internationale Entwicklungen. Das Aufsichtsrecht wurde im Zuge der Schaffung des Binnenmarktes für Versicherungen harmonisiert. Dieser auch als Deregulierung bezeichnete Prozess ist keineswegs abgeschlossen. Zusätzlich ist mit dem Zusammenwachsen der internationalen Finanzmärkte und dem zunehmenden Einfluss der Finanzmathematik auf Produktgestaltung und Risikomessung auch bei den Aufsichtsbehörden eine deutlich höhere Sensibilität für die Risiken des eingegangenen Geschäfts entstanden. Im Vordergrund dieser internationalen Diskussion stehen inzwischen nicht mehr nur die Sicherheit der Kunden oder eines einzelnen Unternehmens, sondern auch die Sicherung und die Stabilität der internationalen Finanzplätze.

Die EU-Kommission und auch die International Association of Insurance Supervisors (IAIS) arbeiten seit einigen Jahren intensiv an einem neuen Aufsichtsmodell für Versicherungen.[2] Das 1999 von der EU-Kommission initiierte Projekt trägt die Arbeitsbezeichnung Solvency II. Nicht zufällig ist die begriffliche Parallele zu dem vom Baseler Ausschuss für die Bankenaufsicht entwickelten Modell Basel II. Beide Projekte verfolgen das Ziel, die bestehenden quantitativen Aufsichtssysteme durch risikoorientierte Elemente zu ergänzen und letztlich durch ein primär qualitatives System zu ersetzen, das sich durch den Einsatz unternehmensinterner und -individueller Risikosteuerungsmodelle auszeichnet.[3] Schon zum jetzigen Zeitpunkt zeichnet sich ab, dass das neue Versicherungsaufsichtssystem keine Modifikation des bisherigen Aufsichtssystems sein wird, sondern das sich die Branche auf einen Umbruch der bisher geltenden Regelungen einstellen muss.

Das Projekt Solvency II wurde in zwei Phasen geteilt. In Phase I des Projekts formulierte die EU-Kommission die allgemeinen Rahmenbedingungen des neuen Aufsichtssystems für die europäische Versicherungswirtschaft. In der gegenwärtig laufenden Phase II werden die Anforderungen an das neue System konkretisiert und die Regelungen im Detail ausgearbeitet.

---

[1]   Vgl. Knauth in diesem Band.
[2]   Vgl. Schanté/Caudet in diesem Band.
[3]   Vgl. Arnold/Boos (2001), S. 712 ff.

2. Phase I: Festlegung der Rahmenbedingungen

Phase I des Projekts Solvency II schloss die EU-Kommission mit der Veröffentlichung eines Dokuments im März 2003 ab.[4] In diesem Papier sind die Eigenschaften und die generelle Vorgehensweise als Basis für weitere Diskussionen festgehalten. Das neue System beruht auf Risikoorientierung und 3-Säulen-Ansatz und wird nach dem Lamfalussy-Verfahren bestimmt.

2.1 Risikoorientierter Ansatz

Die künftigen Eigenmittelanforderungen werden auf Basis der Gesamtsolvabilität des Unternehmens berechnet, d. h. die Höhe der vorzuhaltenden Eigenmittel entspricht einer noch festzusetzenden Ausfallwahrscheinlichkeit des Unternehmens über einen zu definierenden Zeitraum. Das neue Aufsichtssystem wird alle für ein Versicherungsunternehmen relevanten Risikokategorien einbeziehen und diese, soweit quantifizierbar, entweder mit Eigenmitteln hinterlegen lassen oder im Rahmen der neuen qualitativen Bestimmungen berücksichtigen.

Anreize zum Ausbau des internen Risikomanagements wird es damit beispielsweise durch qualitative Anforderungen an den Risikomanagementprozess geben, die jedes Versicherungsunternehmen künftig erfüllen muss. Darüber hinaus sollen Investitionen in das interne Risikomanagementsystem gefördert werden, indem die Eigenmittelanforderungen sinken können, wenn Versicherer mittels eines internen Modells einen niedrigeren Eigenmittelbedarf nachweisen.

2.2 3-Säulen-Ansatz

Der aufsichtsrechtliche Fokus verschiebt sich also mit Solvency II, ähnlich wie in Basel II, von einem quantitativen, enumerativen Vorgehen zu einem qualitativen Verständnis. Ausreichende Eigenmittel werden als notwendiger, aber nicht als hinreichender Solvenzschutz betrachtet. Aus diesem Grund werden die Eigenmittelbestimmungen zukünftig durch Anforderungen an das Risikomanagement und durch Vorschriften zur Markttransparenz ergänzt. Ein so genannter 3-Säulen-Ansatz kennzeichnet das neue Aufsichtssystem (Abbildung 1).

---

4   Vgl. Europäische Kommission (2003).

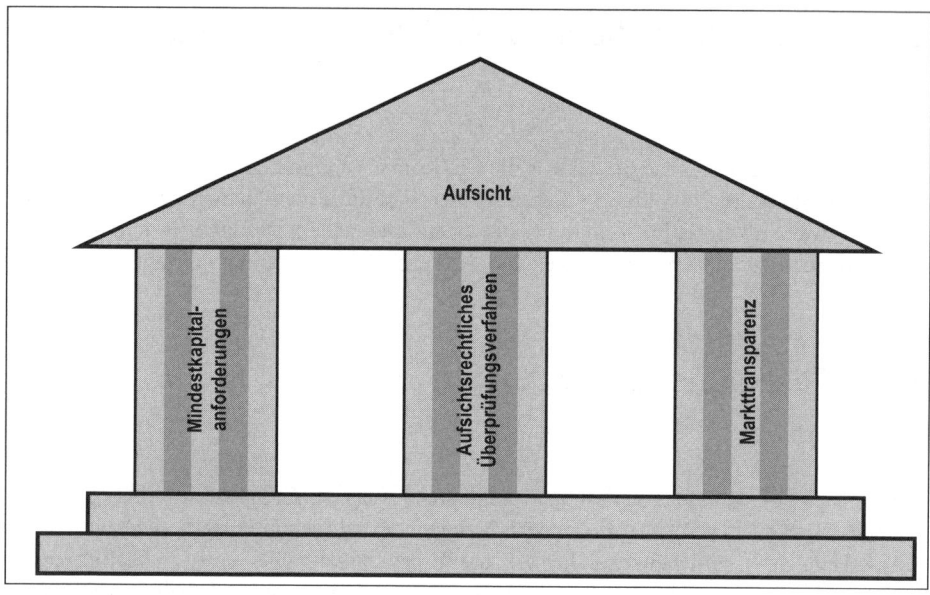

Abbildung 1: *3-Säulen-Ansatz*

2.2.1   Säule 1: Eigenmittelanforderungen

Die Eigenmittelanforderungen in Säule 1 werden künftig zwischen ökonomischem Kapital (SCR, abgeleitet von „solvency capital requirements") und absolutem Mindestkapital (MCR, abgeleitet von „minimum capital requirements") unterscheiden. Das absolute Mindestkapital bildet eine untere Grenze. Die wünschenswerte Kapitalausstattung ist mit dem ökonomischen Kapital vergleichbar. Wird sie unterschritten, ist ein abgestufter Maßnahmenkatalog bis zum aktiven Eingreifen der Aufsicht in die Unternehmensführung vorgesehen.

In Säule 1 soll auf zwei Wegen die Erfüllung aufsichtsrechtlicher Anforderungen nachgewiesen werden können. Einerseits soll ein risikobasierter Standardansatz konzipiert werden. Andererseits können Unternehmen mit einem entwickelten Risikomanagement auch ihre internen Modelle von der Aufsicht anerkennen lassen.[5] Diese beiden Ansätze berücksichtigen, dass kleine Unternehmen hinsichtlich der Komplexität des Modells und Kapitalanforderungen nicht überfordert werden und dennoch ein aktives Risikomanagement als bester Insolvenzschutz gefördert wird.

---

5   Vgl. Gründl/Schmeiser (2004), S. 473 ff.

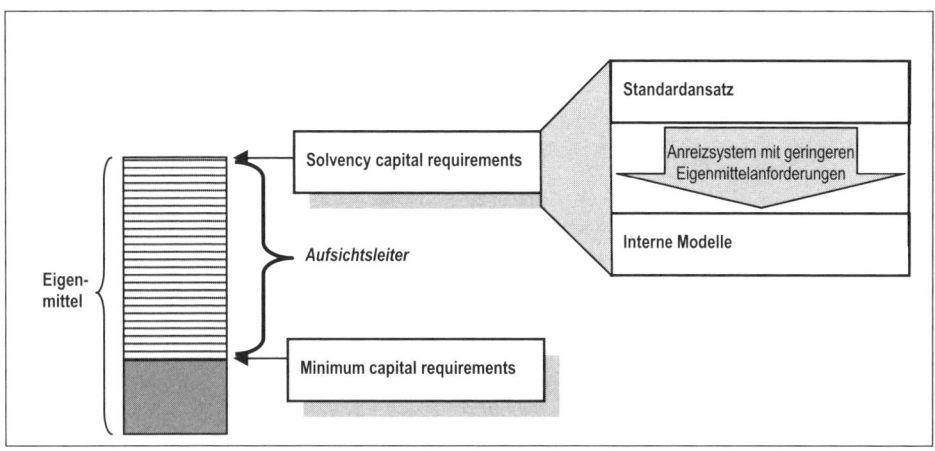

Abbildung 2:   *Mindestkapitalanforderungen (Säule 1)*

Die aktuellen Überlegungen zum Standardansatz laufen auf eine ganzheitliche Methode hinaus, welche die wesentlichen Risiken der Aktiv- und Passivseite zusammenführt. Eine Untergliederung in voneinander losgelöste Teilrisiken – wie bei den Banken vorgesehen[6] – unterbleibt. Nach Solvency II sollen alle Risiken mit allen Wirkungen auf das Gesamtunternehmen erfasst werden. Das Modell[7] des Gesamtverbands der Deutschen Versicherungswirtschaft eV (GDV) oder die Überlegungen der Internationalen Aktuarsvereinigung (IAA)[8] zeigen bereits jetzt, wie ein Standardmodell nach Solvency II aussehen könnte.

Mit der Zulassung interner Modelle wird außerdem am Zusammenwachsen von internen und externen Risikomanagement gearbeitet. Verschiedene Untersuchungen belegen, dass ein aktives internes Risikomanagement, wie es bei der Entwicklung interner Modelle notwendig ist, einen sehr wirksamen Solvenzschutz darstellt. Mit Einführung des neuen Solvabilitätssystems wird also die Qualität des unternehmensinternen Risikomanagements mehr noch als bisher zu einem relevanten Wettbewerbsfaktor.

Die Arbeiten in Solvency II stehen in engem Zusammenhang mit den Diskussionen des International Accounting Standards Board (IASB), das gegenwärtig an einem Standard zur Bilanzierung der versicherungstechnischen Rückstellungen arbeitet.[9] Die Diskussionen innerhalb von IASB bzw. Projekt Solvency II werden in Bezug auf diesen Punkt parallel zueinander ablaufen. Wichtig ist es hier, zu konsistenten Lösungsansätzen zu kommen, da ein einheitliches Rahmenwerk (single set of accounts) sowohl für Rechnungslegungs- als auch für Solvabilitätszwecke den Aufwand der Unternehmen reduziert. Ohnehin baut eine risikoorientierte

---

6   Vgl. Schulte-Mattler/Manns in diesem Band.
7   Vgl. GDV-Modell (2002) und Grießmann/Krüger/Oehlenberg in diesem Band.
8   Vgl. IAA (2004).
9   Vgl. Meyer in diesem Band.

Unternehmensführung nur auf einer marktorientierten Betrachtung der Aktiva und Passiva auf. Diese marktorientierte Perspektive ist auch die Grundlage für IAS/IFRS.

2.2.2 Säule 2: Aufsichtsrechtliches Überprüfungsverfahren

Die Säule 2 wird zu einer überwiegend qualitativen Überprüfung des Risikomanagements durch die Aufsicht führen.[10] Diese findet heute eine gewisse Entsprechung in der nach dem Gesetz zur Kontrolle und Transparenz im Unternehmen (KonTraG) vorgeschriebenen Überprüfung des Risikomanagements durch den Wirtschaftsprüfer. So genannte weiche Faktoren, z. B. Prozessabläufe im Risikomanagement, werden für die Aufsicht an Bedeutung gewinnen. In Abhängigkeit von qualitativen Ergebnissen werden durch die Anerkennung interner Modelle erhöhte oder auch verminderte Anforderungen an die Eigenmittelausstattung möglich. Damit wird der Einsatz von Risikomanagementmodellen zukünftig wettbewerbsrelevant, weil mit deren Qualität die Höhe der Eigenmittelanforderungen verknüpft ist und sie damit die Kosten beeinflusst. Im Ergebnis wird das aufsichtsrechtliche Überprüfungsverfahren im Versicherungsbereich dem bei Kreditinstituten ähneln.

Eine künftige Ausgestaltung des Aufsichtsprozesses ist ein weiteres wichtiges Thema, das es in Säule 2 zu klären gilt. In diesem Zusammenhang ist sicherzustellen, dass aufsichtsrechtliche Überprüfungsverfahren in allen europäischen Ländern nach denselben Kriterien ablaufen. Um die Aufsichtspraxis in den verschiedenen Ländern zu vereinheitlichen, beabsichtigen die Aufsichtsbehörden eine Peer-Review-Praxis zu installieren.

2.2.3 Säule 3: Markttransparenz

Die Säule 3 will durch verstärkte Publizitätsanforderungen die Markttransparenz und damit die Marktdisziplin erhöhen.[11] Die Marktkräfte sollen gezielt als Korrektiv eingesetzt werden. Die Versicherungsunternehmen werden verstärkt wirtschaftliche Informationen bzw. Daten offen legen müssen, um den übrigen Marktteilnehmern frühzeitige Reaktionen zu ermöglichen. Bei der Ausgestaltung besonders dieser Bestimmungen ist eine enge Verknüpfung mit den Diskussionen und Entwicklungen bei den International Accounting Standards (IAS) zwingend notwendig, um einen zusätzlichen Berichtsaufwand zu vermeiden. Auch hier liegt die Parallelität zwischen Basel II und Solvency II klar zu Tage.

---

10 Vgl. Hartung in diesem Band.
11 Vgl. Meyer in diesem Band.

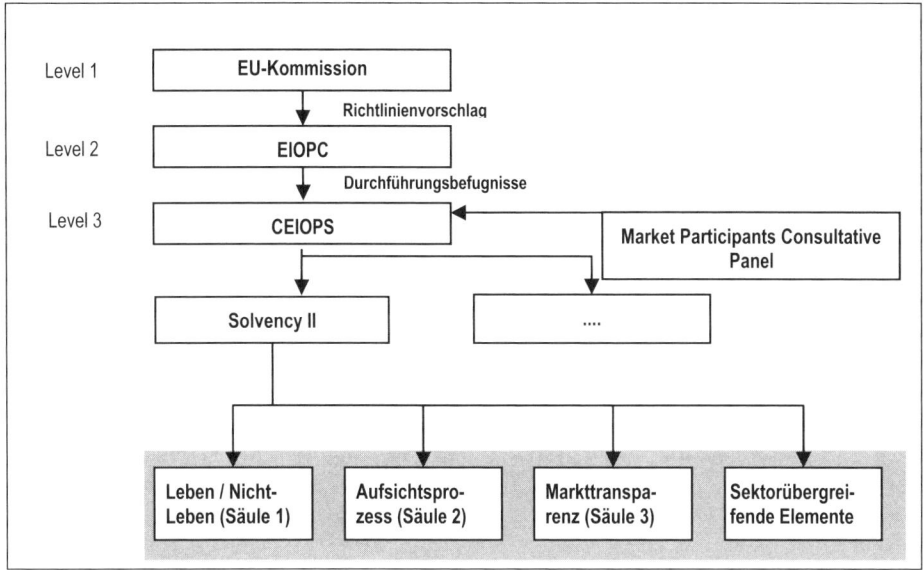

Abbildung 3: *Strukturen des Lamfalussy-Verfahrens*

2.3 Lamfalussy-Verfahren

Das so genannte Lamfalussy-Verfahren soll im Projekt Solvency II erstmalig im Versicherungsbereich angewendet werden. Um Effizienz und Geschwindigkeit der Gesetzgebung zu steigern, sollen – basierend auf einer Rahmenrichtlinie (Stufe 1) – in enger Konsultation mit den betroffenen Kreisen verstärkt die Ausschüsse der Gesetzgeber[12] (Stufe 2) und der Aufsichtsbehörden[13] (Stufe 3) genutzt werden.[14] Die EU-Kommission hat vier (ursprünglich fünf) CEIOPS-Arbeitsgruppen eingesetzt: Leben/Nicht-Leben (Säule 1), Qualitative Finanzaufsicht (Säule 2), Markttransparenz (Säule 3) und Sektorübergreifende Fragen. In diesen Gruppen, die mit Vertretern der nationalen Aufsichtsbehörden besetzt sind, sollen in Stufe 2 gemeinsam mit dem EIOPC technische Detail- bzw. Umsetzungsregelungen ausgearbeitet und an die EU-Kommission übermittelt werden.

CEIOPS führt dabei einen intensiven Dialog mit einem beratenden Gremium aus Marktteilnehmern (Market Participants Consultative Panel), damit deren Belange gehört werden und die Arbeiten in einem offenen und transparenten Prozess ablaufen. Das beratende Gremium

---

12 European Insurance Occupational Pension Committee (EIOPC).
13 Committee of European Insurance and Occupational Pensions Supervisors (CEIOPS).
14 Vgl. Schanté/Caudet in diesem Band.

soll sicherstellen, dass CEIOPS in ausreichendem Maße die Marktteilnehmer konsultiert und Prioritäten richtig setzt. Dienstleister (Versicherer, Pensionsvereine, Gegenseitigkeitsvereine), Verbraucher (Intermediäre, Industrie, kleine und mittlere Unternehmen, Endverbraucher) und Dritte (Aktuare, Wirtschaftsprüfer) beteiligen sich an diesem Panel.

3. Phase II: Konkretisierung der Rahmenbedingungen

3.1 Zeit- und Projektplan für Phase II

Die EU-Kommission hat Mitte 2004 einen ersten Zeit- und Projektplan für Solvency II veröffentlicht, der inzwischen bereits angepasst wurde.[15] Die Kommission will bis Ende 2007 einen Richtlinienentwurf vorlegen. Die Adjustierung des Zeitplans gibt der Kommission ein Jahr mehr Zeit als ursprünglich geplant, an dem Vorschlag für eine Richtlinie zu arbeiten. Die Kommission will sich vorab mit den diesbezüglichen Fragen vertieft beschäftigen, unter anderem in ausführlichen Feldtests. Die Arbeiten der CEIOPS-Gruppen und das gesamte Gesetzgebungsverfahren auf europäischer Ebene sollen Ende 2008 abgeschlossen werden. Dieser Zeitplan für die CEIOPS-Gruppen wurde nicht angepasst. In drei so genannten Wellen wird die EU-Kommission die zu klärenden Fragen bearbeiten. Die Phase der Konsultationen von CEIOPS eröffnete die EU-Kommission im Juni 2004 durch die Veröffentlichung des ersten „specific Call for Advice" zu Säule 2 (Aufsichtsprozess), der zweite zu den Themen von Säule 1 (Mindestkapitalanforderungen) und Säule 2 wurde im Oktober 2004 herausgegeben. Im Februar 2005 folgte zu weiteren Themen der dritte Call for Advice.

---

15   Vgl. Europäische Kommission (2004b) und (2005b).

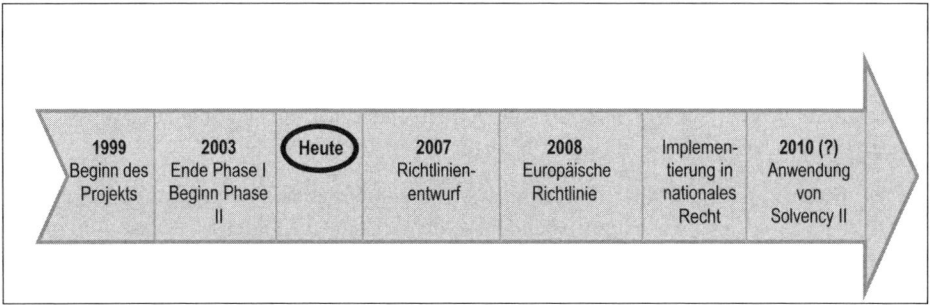

1999	2003	Heute	2007	2008	Implemen-	2010 (?)
Beginn des Projekts	Ende Phase I Beginn Phase II		Richtlinien- entwurf	Europäische Richtlinie	tierung in nationales Recht	Anwendung von Solvency II

Abbildung 4:   *Zeit- und Projektplan für Solvency II*

3.2   Arbeiten der CEIOPS-Gruppen

Zur Vorbereitung der Arbeiten der CEIOPS-Gruppen hat die EU-Kommission Anfang 2004 zwei Papiere[16] veröffentlicht, die die Diskussionspunkte für die CEIOPS-Gruppen Leben/Nicht-Leben (Säule 1) und Qualitative Finanzaufsicht (Säule 2) vorstrukturieren. Die Kommission stellt dabei alternative Lösungsvorschläge zu verschiedenen Fragestellungen zusammen und verdeutlicht an einigen Punkten, in welche Richtung sie tendiert, ohne damit Entscheidungen zu Details des Versicherungsaufsichtssystems vorzugreifen. In den Dokumenten werden zudem Themen für die künftige Gruppenarbeit zusammengestellt, beispielsweise zur Bewertung der versicherungstechnischen Rückstellungen, zu Asset-Management und Asset Liability Management sowie zum Aufsichtsprozess.

Die EU-Kommission will die Rückstellungspraxis der europäischen Versicherer im Zuge von Solvency II harmonisieren. Dabei soll, aufbauend auf den Überlegungen des IASB, ein einheitliches „Level of Prudence" definiert werden. Wichtig ist in diesem Zusammenhang, dass die neuen Regelungen nicht das Betreiben bestimmter Versicherungszweige verhindern.

Die EU-Kommission diskutiert zudem künftige Vorschriften für das Asset-Management. Sie erwägt, die „Prudent Person Rule" – qualitative Vorgaben für die Kapitalanlage, die bisher für die die versicherungstechnischen Rückstellungen bedeckenden Eigenmittel galten – auf die zu Solvabilitätszwecken gehaltenen Eigenmittel auszudehnen. Das ist aus Sicht der deutschen Versicherungswirtschaft abzulehnen, eine Anwendung des Anlageklassenkatalogs auf diesen Teil der Eigenmittel würde die unternehmerischen Spielräume in der Kapitalanlagepolitik unangemessen einschränken. Diskutiert werden sollte vielmehr, ob quantitative Anlagevorschriften generell kompatibel mit einem qualitativen, risikoorientierten Aufsichtssystem sein können.

---

16   Vgl. Europäische Kommission (2004d) und (2004a).

Das Asset Liability Management wird für Lebens- und auch für Schadenversicherer an Bedeutung gewinnen. In ein Standardmodell, das auch kleine und mittlere Unternehmen anwenden können sollten, dürfen keine zu schwierigen Techniken einbezogen werden. Komplexe stochastische Verfahren beispielsweise sollten nicht Teil eines solchen Standardansatzes sein, sondern internen Modellen vorbehalten bleiben.

Neben diesen wendet sich die EU-Kommission in den Veröffentlichungen auch Fragen des Aufsichtsprozesses und der Eingriffsbefugnisse der Aufsichtsbehörden zu. Diese Befugnisse sind in Abhängigkeit der jeweiligen Solvabilitätssituation eines Versicherungsunternehmens klar zu definieren. Die aufsichtsrechtlichen Prozesse sollen transparent und nachvollziehbar ablaufen. Außerdem ist sicherzustellen, dass die neuen Regelungen, besonders die qualitativen Bestimmungen, in allen Ländern der mittlerweile 25 Mitgliedsstaaten umfassenden EU gleich interpretiert werden. Nur so können Wettbewerbsverzerrungen vermieden werden.

Die EU-Kommission ordnet den angesprochenen Themen jeweils Veröffentlichungen anderer Institutionen zu, die als Grundlage und Anregung dienen können, auch um sicherzustellen, dass die neuen europäischen Versicherungsaufsichtsregeln in die internationale Diskussion eingebettet sind. Bezug genommen wird so auf die Überlegungen zur Versicherungsaufsicht der Internationalen Aktuarsvereinigung und die Arbeiten der IAIS. Außerdem sollen die internationalen Rechnungslegungsvorschriften des IASB als wichtige Grundlage des neuen Systems dienen, und aus Konsistenzgründen innerhalb des Aufsichtsrechts für Finanzdienstleister werden die neuen Aufsichtsregeln nach Basel II in die Diskussion im Projekt Solvency II einbezogen.

Die drei Calls for Advice mit dem Arbeitsplan für die CEIOPS-Gruppen nehmen diese bereits vorab diskutierten Themen auf und spezifizieren sie weiter. Im ersten Call for Advice werden in Bezug auf die zweite Säule folgende Punkte benannt:[17]

- interne Steuerung und Risikomanagement,

- aufsichtsrechtliches Überprüfungsverfahren (Grundlagen),

- aufsichtsrechtliches Überprüfungsverfahren (quantitative Instrumente),

- Transparenz der aufsichtsrechtlichen Maßnahmen,

- Prinzipien zum Anlagenmanagement.

Folgende Themen werden im zweiten Call for Advice zur ersten und zweiten Säule genannt:[18]

- versicherungstechnische Rückstellungen Leben,

- versicherungstechnische Rückstellungen Nicht-Leben,

- Safety Measures,

---

[17] Vgl. Europäische Kommission (2004b).
[18] Vgl. Europäische Kommission (2004c).

- Standardansatz (Leben und Nicht-Leben),

- interne Modelle (Leben und Nicht-Leben),

- Rückversicherung und andere Formen der Risikomitigation,

- quantitative Auswirkungsstudien,

- Befugnisse der Aufsicht,

- Solvency Control Levels,

- Fit- und Proper-Kriterien,

- Peer Reviews der Aufsichtsbehörden,

- gruppen- und sektorübergreifende Aspekte.

Der dritte Call for Advice stellt in Bezug auf Säule 3 folgende Themen zusammen:[19]

- verfügbare Eigenmittel,

- Kooperation zwischen den Aufsehern,

- Veröffentlichungsanforderungen gegenüber Aufsicht und Öffentlichkeit,

- Prozyklität,

- kleine Unternehmen.

Die EU-Kommission stellt jeweils heraus, zu welchen Unterpunkten sie Vorschläge von CEIOPS erwartet und auf welche Vorarbeiten von IAA, IAIS, Baseler Ausschuss und IASB die CEIOPS-Gruppen zurückgreifen können.

Die CEIOPS Arbeitsgruppen haben in 2005 bereits erste Zwischenberichte bzw. den Entwurf von Antworten zur ersten und zweiten Welle veröffentlicht.[20] Damit wird der Stand der CEIOPS-Überlegungen allgemein zugänglich. Einerseits definieren die Gruppen in den Dokumenten ihren Arbeitsauftrag näher und konkretisieren, welche Detailfragen im Zuge der weiteren Arbeiten geklärt werden sollten. Andererseits werden aber auch bereits die konkreten Ausgestaltungen des zukünftigen Aufsichtssystems deutlich. Die in den Dokumenten aufgezeigten Positionen entsprechen in den grundsätzlichen Aussagen den zuvor skizzierten Ausgestaltungen eines modernen Risikomanagements. Es wird aber auch deutlich, dass im Zuge der Konkretisierung der Regelungen auf eine praxisorientierte und konsequent risiko-orientierte Ausgestaltung der Vorschriften zu achten sein wird. Dabei sollte es vermieden werden, dass das neue Aufsichtsverständnis lediglich eine Erweiterung des alten Konzepts um neue risikoorientierte Elemente ist, ohne die bestehenden Vorschriften auf ihre Kompatibilität zu einem qualitativen Aufsichtsprozess kritisch zu hinterfragen.

---

19 Vgl. Europäische Kommission (2005a).
20 Vgl. CEIOPS (2005a), (2005b).

4.   GDV begleitet das Projekt Solvency II

4.1   GDV vertritt die Anforderungen der Branche an das neue Aufsichtssystem

Die deutsche Versicherungswirtschaft begrüßt die weitreichende Reform der Versicherungs-aufsicht, setzt sich aber dafür ein, dass bei der Ausgestaltung des neuen Systems einige Be-dingungen erfüllt werden. So ist aus ihrer Sicht sicherzustellen, dass die Bestimmungen von Basel II nicht unkritisch für den Versicherungssektor übernommen werden: Banken und Versicherungen haben ein unterschiedliches Risikoprofil und Basel II geht bei weitem nicht so weit wie Solvency II.[21] Zudem sollten keine zu hohen, risikotheoretisch nicht zu rechtfer-tigenden Eigenmittelanforderungen gestellt werden, weil Versicherer mit anderen Wirt-schaftszweigen im Wettbewerb um Kapital stehen. Bei der Berechnung dieser Eigenmittel ist außerdem wichtig, dass für kleine und mittlere Unternehmen ein einfacher Standardansatz konzipiert wird, und dass interne Modelle, in die große Versicherer schon investiert haben, zeitgleich mit dem Standardansatz zugelassen werden können. Aus Sicht der deutschen Versi-cherungswirtschaft müsste im Projekt Solvency II aus Gründen der Wettbewerbsgleichheit auf eine möglichst einheitliche Interpretation der qualitativen Regelungen europaweit geach-tet werden. Das Lamfalussy-Verfahren sollte zudem offen und transparent ablaufen und das Wissen der Branche frühzeitig und umfassend integrieren.

4.2   GDV unterstützt seine Mitglieder bei der Vorbereitung auf Solvency II

Der GDV unterstützt seine Mitglieder bei der Vorbereitung auf Solvency II aktiv. Zur Koor-dination der vielfältigen Fragestellungen wurde ein Ausschuss Risikomanagement eingerich-tet, dem vier Kommissionen – Lebensversicherung, Schadenversicherung, Krankenversiche-rung und Querschnittsthemen – zugeordnet sind. In diesen Kommissionen sollen die voraus-sichtlichen spartenspezifischen Auswirkungen von Solvency II untersucht und die Arbeit von CEIOPS-Arbeitsgruppen und EU-Kommission zeitnah diskutiert und kommentiert werden.

Der GDV hat zudem das so genannte GDV-Modell als Koeffizientenansatz zur risikoorien-tierten Berechnung der notwendigen Eigenmittel erstellt und der Öffentlichkeit zur Verfügung gestellt. Die erste, 2002 veröffentlichte Fassung wurde vor dem Hintergrund der aktuellen

---

21   Vgl. Schulte-Mattler/Manns in diesem Band; Schubert/Grießmann (2004), S. 1399 ff.

internationalen Diskussion einer kritischen Durchsicht unterzogen. Eine überarbeitete Version des Ansatzes für Lebens- und für Schaden-Unfall- und Krankenversicherer, die von Versicherungswirtschaft, Aufsicht und Aktuaren entwickelt wird, wird demnächst herausgegeben.[22] Ebenfalls der Unterstützung der Mitglieder in Vorbereitung auf Solvency II dienen die zahlreichen Veröffentlichungen des GDV zum Thema Risikomanagement.[23]

5. Zusammenfassung und Ausblick

Im Zuge von Solvency II kommen umfangreiche Herausforderungen auf die deutsche Versicherungswirtschaft zu. Die neuen Regelungen wirken dabei auf viele verschiedene Teilbereiche im Unternehmen. So wird das spezifische Risiko einer bestimmten Sparte mehr als bisher beachtet werden. Bezogen auf die Prozessabläufe im Unternehmen sei auf einige mögliche Auswirkungen von Solvency II detaillierter eingegangen.

Die weitreichendsten Änderungen von Solvency II werden bei der Kapitalanlagepolitik gesehen. Danach folgen die Bereiche Eigenmittelausstattung, Asset Liability Management, Rückversicherungspolitik, Zeichnungstätigkeit und Grundsätze des Schadens- und Vertragsmanagements. Dass der Punkt Kapitalanlagepolitik am häufigsten genannt wird, ist verständlich, hier wird das Thema einer risikoorientierten Steuerung am deutlichsten sichtbar. Die in Kauf genommenen Risiken sind unterschiedlich, je nachdem, ob ein Versicherungsunternehmen in Staatsanleihen investiert oder sich in Nebenwerten des Aktienmarktes engagiert. Die Kapitalanlagepolitik wird sich in Zukunft voraussichtlich noch stärker als bisher an den Anforderungen der Versicherungstechnik orientieren.

In Vorbereitung auf Solvency II wird eine risikoorientierte Eigenmittelausstattung neu diskutiert. Dabei ist zu bedenken, dass Solvency II auf einem anderen Bewertungskonzept aufbaut. Die IAS/IFRS-Regelungen, die von ihren prinzipiellen Überlegungen zugrunde gelegt werden, sind von dem so genannten Fair Value oder Market Value geprägt, was unter anderem bedeutet, dass bei einer Umwandlung oder einer Übertragung einer Bilanz von den bisherigen Regelungen in IAS/IFRS Eigenmittel in einem anderen Umfang zur Verfügung stehen werden.

Das Asset Liability Management führt den Solvency-II-Gedanken konsequent fort. Dabei werden Aktiv- und Passivseite in einem ganzheitlichen Ansatz modelliert. Deswegen spricht man hier von holistischem Risikomanagement. Es wird hier noch einmal deutlich, dass es um eine Risikosteuerung für das gesamte Unternehmen geht, die den Solvenzschutz des Unternehmens in den Vordergrund stellt.

---

22 Vgl. Grießmann/Krüger/Oehlenberg in diesem Band.
23 Vgl. GDV (2002), (2003), (2004a) und (2004b).

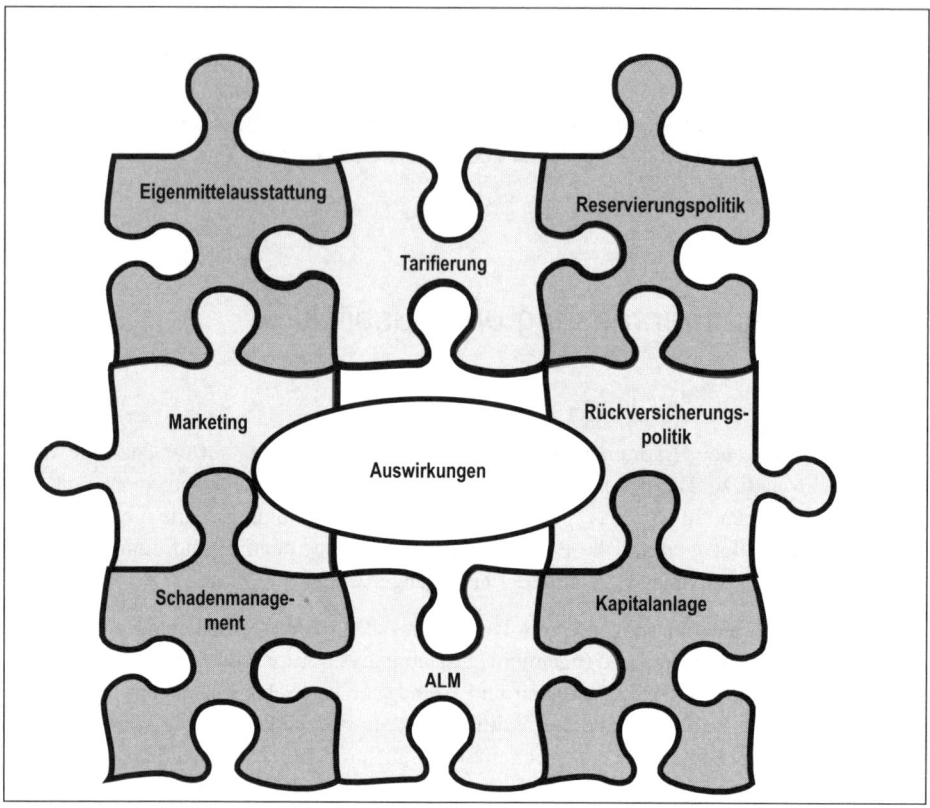

Abbildung 5:   *Mögliche Auswirkungen von Solvency II*

Die Qualität der Rückversicherungspolitik wird in Zukunft an Bedeutung gewinnen, wenn das tatsächliche Risikoprofil des Unternehmens zu Solvabilitätszwecken erfasst wird. Als Risikopuffer stehen dem Unternehmen zwei Größen zur Verfügung. Das eine sind die Eigenmittel, das andere ist eine aktive Rückversicherungspolitik. Unternehmen müssen also Entscheidungen dazu treffen, welche Form des Risikoschutzes sie wählen wollen. Dabei besteht ein Wechselspiel zwischen Eigenmittelkosten und den Kosten von Rückversicherungsschutz. Damit werden die Rückversicherer mit dem Kapitalmarkt des Erstversicherers im Wettbewerb stehen.

Auch die Zeichnungstätigkeit und die Grundsätze des Schadens- und Vertragsmanagements werden an Bedeutung gewinnen. Denn hier wird die Qualität des Risikomanagementprozesses oder auch der Risikoorientierung und der Risikostrategie am deutlichsten. In Zukunft wird man z. B. auch eine explizite Risikostrategie formulieren müssen, die sich im nächsten Schritt in den Zeichnungsrichtlinien niederschlagen muss. Es wird dann zu überprüfen sein, ob diese Zeichnungsrichtlinien in dem Unternehmen auch angewandt werden, so dass man daraus Rückschlüsse auf das tatsächliche Risikoprofil des Unternehmens ziehen bzw. seinen Bestand qualifiziert beurteilen kann.

Diese Ausführungen zeigen, dass Solvency II weit mehr als nur eine neue Formel zur Berechnung der Eigenmittel ist. In Wirklichkeit handelt es sich um ein ganzheitliches und qualitatives Risikomanagement im Versicherungsunternehmen.

Solvency II wird also hohe Anforderungen an die deutsche Versicherungswirtschaft stellen. Die Branche hat das erkannt und bereitet sich intensiv auf die bevorstehenden Änderungen vor. Die Unternehmen haben hier verschiedene Möglichkeiten. An erster Stelle sei auf das GDV-Modell verwiesen. Das GDV-Modell – in seiner ersten, demnächst überarbeiteten Fassung als deutscher Vorschlag für ein Standardmodell – ist ein Beitrag zur europäischen Diskussion um Solvency II und als ein möglicher Ansatz für die Berechnung der Eigenmittelanforderungen zu verstehen.[24] Es ist gut geeignet, die Bedeutung einer risikoertragsorientierten Steuerung greifbar zu machen. Die Unternehmen können damit mögliche Szenarien berechnen und erste Erfahrungen sammeln, was risikoertragsorientierte Unternehmensführung bedeutet.

Ein weiterer Schritt, mit dem sich die Versicherungsunternehmen auf die zukünftigen Anforderungen vorbereiten können, ist die verstärkte Integration des Risikomanagements in die Unternehmenssteuerung. Das Risikomanagement sollte schrittweise zu einem Bestandteil der unternehmerischen Entscheidung werden. Diese Anforderung ist eine Fortentwicklung des Gedankens, der sich mit der Einführung des KonTraG 1998 manifestiert hat.

Es geht nicht nur darum, das KonTraG im Sinne der Anforderungen der Wirtschaftsprüfer zu erfüllen, sondern die Visionen, den Geist von KonTraG in das Unternehmen hineinzutragen und zum Leben zu erwecken. In Vorbereitung auf Solvency II ist deshalb der Ausbau des qualitativen Risikomanagements ein wichtiger weiterer Schritt. All die Punkte, die im Rahmen der zweiten Säule herausgestellt wurden, sollten ebenso wie eine allgemeine Risikokultur frühzeitig in die Unternehmen hineingetragen werden. Es ist wichtig, dass die Prozesse der Entscheidungsfindung unter risikoertragsorientierten Aspekten dort fest etabliert werden. Schon jetzt sollte an einer risikoertragsorientierten Steuerung gearbeitet werden, die letztendlich in einem Asset Liability Management und damit in einem ganzheitlichen Risikoverständnis mündet.

---

24 Vgl. Grießmann/Krüger/Oehlenberg in diesem Band.

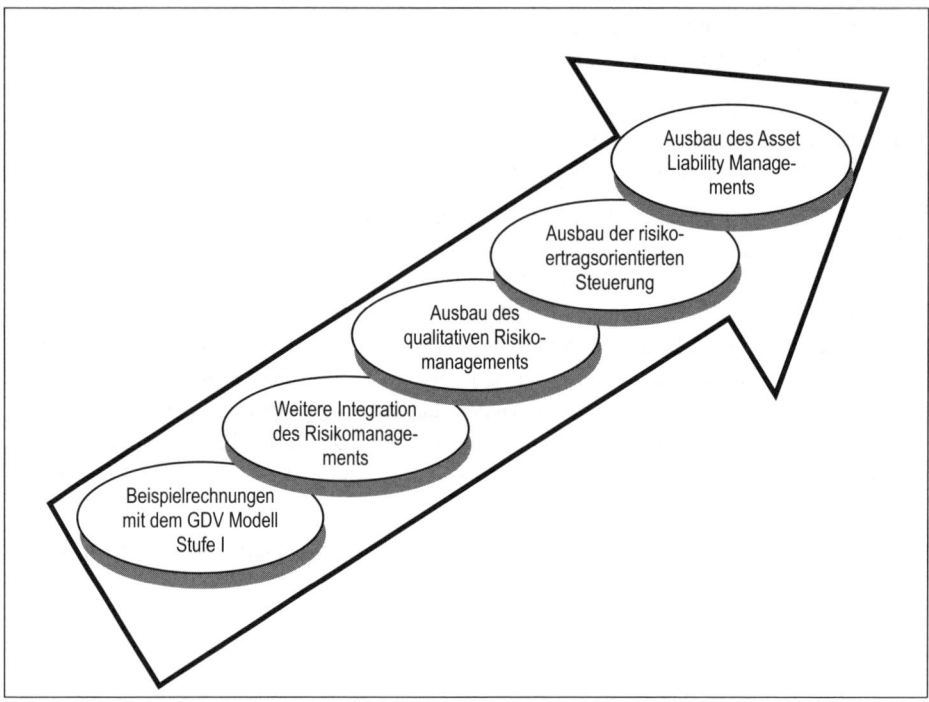

Abbildung 6:   *Vorbereitung auf Solvency II*

Zusammenfassend kann festgestellt werden, dass der Geist von Solvency II bereits heute in die Unternehmen hineingetragen werden sollte. Die konkreten Detailregelungen zum neuen Aufsichtssystem können, wenn sie feststehen, relativ zeitnah implementiert werden. Im Gegensatz dazu nimmt der Kulturwandel hin zu einem ganzheitlichen risikoorientierten Denken einige Zeit in Anspruch, aber er ist sehr wichtig. Denn ein aktives internes Risikomanagement, das sich in einem Risikobewusstsein aller Mitarbeiter in einem Unternehmen manifestiert, ist der beste Solvenzschutz. Das zeigen verschiedene Studien, und die Erfahrungen der Vergangenheit im Bankenbereich belegen, dass selbst eine große Eigenmittelausstattung im Zweifelsfall nicht vor der Insolvenz schützt.

Literatur

ARNOLD, W./BOOS, K. (2001): Basel II. Einzel- und gesamtwirtschaftliche Aspekte, in: Die Bank 2001, S. 712–715.

CEIOPS (2005a): Consultation Paper No. 4. Draft Answers to the European Commission on the First Wave of Calls for Advice in the Framework of the Solvency II Project (siehe Consultation Papers unter www.ceiops.org).

CEIOPS (2005b): Consultation Paper No. 7. Draft Answers to the European Commission on the Second Wave of Calls for Advice in the Framework of the Solvency II Project (siehe Consultation Papers unter www.ceiops.org).

DÖRNER, D./HORVATH, P./KAGERMANN, H. (2000): Praxis des Risikomanagements, Stuttgart 2000.

EUROPÄISCHE KOMMISSION (2003): Design of a future prudential supervisory system in the EU. Recommendations by the Commission Services, in: Markt/2509/03, 03.03. 2003, http://europa.eu.int/comm/internal_market/insurance/docs/markt-2509-03/ markt-2509-03_en.pdf.

EUROPÄISCHE KOMMISSION (2004a): Solvency II. Further issues for discussion and suggestions for preparatory work for CEIOPS, in: Markt/2502/04, 02.04.2004, http://-europa.eu.int/comm/internal_market/insurance/docs/markt-2502-04/markt-2502-04_-en.pdf.

EUROPÄISCHE KOMMISSION (2004b): Solvency II. Road Map for the Development of Future Work. Proposed Framework for Consultation and Proposed first wave of Specific calls for advice from CEIOPS, in: Markt/2506/04, 19.06.2004, http://europa.eu.int/comm/internal_market/insurance/docs/committee/2004-06-19/markt-2506-04-final_en.pdf.

EUROPÄISCHE KOMMISSION (2004c): Solvency II. Specific calls for advice from CEIOPS (Second Wave), in: Markt/2515/04, 19.10.2004, http://europa.eu.int/comm/internal_-market/insurance/docs/committee/2004-10-19/markt-2515-04-final_en.pdf.

EUROPÄISCHE KOMMISSION (2004d): Solvency II. Organisation of work, discussion on pillar I work areas and suggestions of further work on pillar II for CEIOPS, in: Markt/2543/03, 11.02.2004, http://europa.eu.int/comm/internal_market/insurance/ docs/markt-2543-03/markt-2543-03_en.pdf.

EUROPÄISCHE KOMMISSION (2005a): Solvency II: Specific calls for advice from CEIOPS (Third Wave), in: Markt/2501/05, 23.02.2005, http://europa.eu.int/comm/internal_ market/insurance/docs/committee/2005-02-23/markt-2501-05-final_en.pdf.

EUROPÄISCHE KOMMISSION (2005b): Solvency II: Roadmap – towards a Framework Directive, updated version (July 2005), in: Markt/2502/05, 20.07.2005, http://europa. eu.int/comm/internal_market/insurance/docs/2005-markt-docs/markt-2502-05_en.pdf; http://europa.eu.int/comm/internal_market/insurance/docs/2005-markt-docs/markt-2502-05-annex_en.pdf.

GDV (2002): Aus der Praxis des Risikomanagements im Versicherungsunternehmen. Teil 1. Betriebswirtschaftliche Hinweise zum Risikobericht, Berlin 2002.

GDV (2003): Dokumentation des Internen Kontrollsystems. Ein Leitfaden, Berlin 2003.

GDV (2004a): Risikosteuerung in Versicherungsunternehmen. Risikoidentifizierung als Ausgangspunkt für ein integriertes Risikomanagementsystem, Berlin 2004.

GDV (2004b): Aus der Praxis des Risikomanagements im Versicherungsunternehmen. Teil 2. Betriebswirtschaftliche Hinweise zum Risikomanagementprozess, Berlin 2004.

GDV Modell (2002): http://www.gdv.de/fachservice/20716.htm.

GRELCK, M./STAHL, D. (2004): Solvency II: Ein Projekt als Prozess, in: Versicherungswirtschaft 2004, S. 249–251.

GRÜNDL, H./SCHMEISER, H. (2004): Solvency II und interne Risikosteuerungsmodelle, in: Versicherungswirtschaft 2004, S. 473–474.

IAA (2004): A Global Framework for Insurer Solvency Assessment.

KNAUTH, K.-W./SCHUBERT, T. (2003): Versicherungsaufsicht vor Paradigmenwechsel. Von der Produktgenehmigung zum unternehmerischen Risikomanagement, in: Versicherungswirtschaft 2003, S. 902–905.

SCHMIDT, A./GROHALL, M. (2003): Basel II: Systemaufbau zum Sicherheitsmanagement, in: Die Bank 2003, S. 858–862.

SCHUBERT, T./GRIEßMANN, G. (2004): Solvency II – Die EU treibt die zweite Phase des Projekts voran, in: Versicherungswirtschaft 2004, S. 470–472, Versicherungswirtschaft 10/2004, S. 738–739.

SCHUBERT, T./GRIEßMANN, G. (2004): Solvency II = Basel II+X, in: Versicherungswirtschaft 2004, S. 1399–1404.

Überprüfungsverfahren und Marktdisziplin als Instrumente der Versicherungsaufsicht

Thomas Hartung

1.   Quantitative versus qualitative Versicherungsaufsicht

Die Versicherungsbranche wird traditionell zu den stark regulierten Branchen gerechnet.[1] Als zentrale Aufgabe der Versicherungsaufsicht gelten die Regulierung und die Beaufsichtigung der finanziellen Verhältnisse eines Versicherungsunternehmens.[2] Die operationale Gestaltung dieser Bereiche erfolgt im Wesentlichen durch (pauschale) Vorschriften zur Messung der Risikolage einerseits und zur Transformation des gemessenen Risikos in einen vorzuhaltenden Eigenkapitalbetrag andererseits, kurzum in Form quantitativer Vorschriften. Bei Unterschreitung eines bestimmten Soll-Kapitalniveaus steht den Aufsichtsbehörden ein Sanktionsinstrumentarium zur Verfügung, das überwiegend auf die Eigeninitiative des betroffenen Versicherungsunternehmens zur Wiederherstellung finanzieller Stabilität abzielt. Ein derartiges Aufsichtssystem findet sich in den aktuell gültigen Solvabilitätsvorschriften der EU (Solvency I[3]) verankert.

Als Hauptvorteile einer primär auf quantitative Normen abstellenden Regulierung gelten leichte Berechenbarkeit, Vergleichbarkeit der Resultate zwischen Unternehmen und Eindeutigkeit von Verstößen.[4] Aus Sicht der regulierten Wirtschaftssubjekte steht ein für alle Unternehmen einheitliches Berechnungsschema zur Verfügung, dessen Anwendung im Idealfall keinerlei oder nur geringen Interpretationsspielraum zulässt. Behördliche Eingriffe werden gemäß vorab verkündeter und eindeutiger Kriterien ausgelöst. So ist in dieser Hinsicht Vergleichbarkeit und – in Bezug auf die Anwendungsmodalitäten von Maßnahmen[5] – Gleichbehandlung (level playing field) verschiedener Versicherungsunternehmen gewährleistet.

---

[1]   Vgl. Schradin, 2003, S. 611. Als übergeordnetes Argument hierfür findet sich regelmäßig die Ansicht, dass Versicherungsnehmer eines besonderen Schutzes in ihrer Position als Anspruchsinhaber gegenüber einem Versicherungsunternehmen bedürfen. Vgl. Ellis (1990), S. 277–278; Eisen (1986), S. 339.

[2]   Eine Regulierung der finanziellen Verhältnisse soll ein als ausreichend erachtetes Sicherheitsniveau des Unternehmens gewährleisten, vgl. Schmeiser (1997), S. 12. Regulierung umfasst dabei die Etablierung von Normen, die darauf abzielen, das Verhalten von Versicherungsunternehmen ex ante zu regeln. Beaufsichtigung bezeichnet hingegen die Überwachungstätigkeit, mit der die Einhaltung der Normen sichergestellt werden soll, vgl. Dal Santo (2002), S. 204.

[3]   Vgl. hierzu Schradin (2003), S. 633–637.

[4]   Vgl. Dal Santo (2002), S. 201.

[5]   Die institutionelle Zusammenführung der regulierenden Maßnahmen erfolgt üblicherweise über eine Aufsichtsbehörde, die mit einem entsprechenden Befugnisspektrum ausgestattet wird.

Allerdings mehren sich Hinweise auf Unzulänglichkeiten der rein quantitativen Aufsichtssysteme:[6]

■ Ein Hauptkritikpunkt zielt darauf ab, dass die Starrheit der quantitativen Normen keine Einzelfallberücksichtigung bzw. individuelle Würdigung der Umstände zulässt, da Ermessensspielräume der Aufsichtsinstanzen ausgeschlossen sind. Das kann fatale Folgen haben, wenn zwingend durchzuführende aufsichtsrechtliche Maßnahmen die Gefahr prozyklischer Einflussnahme auf andere Unternehmen in sich bergen und unternehmensindividuelle Krisen zu systemischen Krisen eskalieren können.

■ Quantitative Normen sind nicht in der Lage, die Komplexität realer Risikosituationen vollumfänglich zu erfassen. Insbesondere betrifft dies Risiken, die sich überhaupt nicht oder mit den bekannten quantitativen Instrumentarien nur eingeschränkt quantifizieren lassen. Auf weitläufige Veränderungen in den Risikoexposures der Art und der Höhe nach lässt sich nur durch mehr oder weniger langwierige Anpassungen der Berechnungsschemata risikoadäquat reagieren.

■ Rein quantitativ orientierte Vorschriften setzen Anreize, Regelungslücken zu identifizieren oder Aufsichtsarbitrage bei differierenden Regulierungsansätzen zwischen Sektoren oder Regionen zu betreiben, um das Eigenkapitalniveau auf möglichst niedrigem Stand zu justieren.

Auf Grund dieser Aspekte wuchs in jüngerer Vergangenheit – getrieben durch die Diskussionen um die neuen Eigenkapitalempfehlungen für den Bankensektor – die Tendenz, aufsichtsrechtliche Vorgaben weniger als rein regelbasierte Normen, sondern eher als prinzipienbasierte Anforderungen zu formulieren. Dies bedingt eine Ergänzung der quantitativ ausgerichteten Normen durch qualitative Aufsichtsinstrumentarien, die eine Flexibilisierung und Individualisierung des regulatorischen Agierens zulassen. An dieser Stelle setzt der vorliegende Beitrag an. Sein Gegenstand ist die Analyse qualitativer Aufsichtsinstrumente und deren Beitrag zur Erreichung der angesprochenen flexibleren Aufsichtsgestaltung.

2. Stellenwert der qualitativen Versicherungsaufsicht in Solvency II

Die aktuellen Diskussionen[7] über eine adäquate Modernisierung und Harmonisierung der europäischen Solvabilitätsvorschriften für Versicherungsunternehmen orientieren sich grund-

---

6 Vgl. Estrella (1998), S. 194–195, dessen Überlegungen für den Bankensektor analog für den Bereich Versicherung Gültigkeit haben, oder Dal Santo (2002), S. 202–203.

sätzlich am kürzlich vollendeten, in der inhaltlichen Absicht analogen Regelwerk für das Kreditwesen.[8] Als Kernelement gilt der so genannte 3-Säulen-Ansatz, der als Grundschema für die zukünftige Regulierung der finanziellen Verhältnisse von europäischen Versicherungsunternehmen Verwendung finden soll.[9]

Anlässlich der Diskussion um Säule 1 des neuen Aufsichtssystems wird unter anderem das Verständnis des Begriffs Solvabilität erweitert. Solvabilität wird nicht länger nur mit der Soll-Eigenkapitalausstattung für das versicherungstechnische Geschäft gleichzusetzen sein, sondern betrifft nach einem modernen Aufsichtsverständnis zusätzlich die Vorschriften zur Berechnung versicherungstechnischer Rückstellungen, zur Anlage von Vermögen sowie zur grundsätzlichen Konzeption eines Aufsichtssystems.[10] Explizit wird in diesem Kontext der erforderliche Rekurs auf ein qualitativ geprägtes Instrumentarium betont, um den dem erweiterten Begriffsverständnis der Gesamtsolvabilität zugrunde liegenden Anforderungen gerecht zu werden.

Im Versicherungsbereich wächst analog zum Bankensektor die Erkenntnis, dass die zunehmende Komplexität des betriebenen Geschäfts die Projektion der gesamten Risikosituation allein durch eine Formel bzw. ein Modell verhindert.[11] Die daraus resultierende Absicht, künftig die versicherungsbetriebliche Eigenkapitalregulierung an der Grundstruktur der Basel-II-Empfehlungen zu orientieren, bedingt somit eine intensivere Auseinandersetzung mit qualitativen Aufsichtsregelungen. Die zweite der drei Säulen des neuen Aufsichtssystems bezieht sich auf diese qualitativen Komponenten mit dem Ziel, ein harmonisiertes aufsichtsrechtliches Prüf- und Kontrollverfahren zu installieren und die Versicherer zu einem umfassenden Risikomanagement zu bewegen. Das Kontrollverfahren sollte sich idealerweise neben dem eigentlichen Versicherungsgeschäft auf die Anlagepolitik und die Abstimmung zwischen Aktiva und Passiva (Asset Liability Management) beziehen. Zur Umsetzung der Verfahrensstandards müssen EU-einheitliche Bewertungskriterien für die Unternehmensführung festgelegt und eine Harmonisierung von Frühwarnindikatoren und Stresstests forciert werden.[12]

---

7   Zum Stand der Diskussion vgl. Gräwert/Stevens/Tadros (2003); Linder/Ronkainen (2004); Schradin (2003), S. 641–658; Schubert/Grießmann (2004a); Schubert/Grießmann (2004b).

8   Nach einer langjährigen Konsultationsphase legte der Baseler Ausschuss im Juni 2004 die neuen Empfehlungen für die Eigenkapitalausstattung von Banken vor, vgl. Basel Committee on Banking Supervision (2004). Diese fanden vor allem unter ihrer Kurzbezeichnung Basel II Eingang in den öffentlichkeitswirksam geführten Diskurs über mögliche über den Bankensektor hinausgehende Konsequenzen. Im Gegensatz zum auf die EU reduzierten Geltungsbereich des Solvency-II-Projekts sollen die Regelungen von Basel II allerdings weltweit Anwendung erfahren.

9   Vgl. Schubert in diesem Band.

10 Vgl. Europäische Kommission (2003), S. 3.

11 Vgl. Linder/Ronkainen (2004), S. 471. Insbesondere im so genannten Sharma-Report wurde explizit betont, dass schwer zu identifizierende und quantifizierende Missstände im Management als einer der Hauptfaktoren für versicherungsbetriebliche Schieflagen zu sehen sind. Vgl. Conference of Insurance Supervisory Services of the Member States of the European Union (2002), S. 27–28.

12 Die Harmonisierung des Aufsichtsprozederes zwischen den einzelnen Aufsichtsbehörden der EU-Mitgliedstaaten kann als Vorstufe für eine zentrale Versicherungsaufsicht gelten. Allerdings würde eine solche Zentralisierung die Übertragung nationaler Souveränitätsrechte sowie die Schaffung eines einheitlichen Verwaltungsrechts erfordern.

Gleichzeitig sollten die vorgesehenen Maßnahmen, insbesondere die von den Aufsichtsbehörden veröffentlichten Informationen über einzelne Unternehmen, nicht prozyklische Tendenzen verstärken. Als Basis einer denkbaren inhaltlichen Konzeption der Richtlinienbestandteile zur Säule 2 gelten schwerpunktmäßig die „Insurance Core Principles" der International Association of Insurance Supervisors.

Die dritte Säule zielt auf einen Zuwachs von Transparenz und Offenlegung ab, um die Marktmechanismen zu stärken. Hier ist vorgesehen, den endgültigen Regelungsrahmen der internationalen Rechnungslegungsstandards abzuwarten, um anschließend zu vereinbaren, welche zusätzlichen Informationen als Pflichtangaben zu publizieren sind. Analog zum Bankenbereich ist zu diskutieren, inwieweit ergänzend auf die Mitwirkung von Informationsintermediären wie Ratingagenturen in der Informationsauswertung und -aufbereitung abgestellt werden soll.

3. Aufsichtsrechtliches Überprüfungsverfahren

3.1 Inhalte des Überprüfungsverfahrens

Seinen Ursprung findet das aufsichtsrechtliche Überprüfungsverfahren (Supervisory Review Process) in den überarbeiteten Rahmenvereinbarungen zur Eigenkapitalausstattung des Baseler Ausschusses für Bankenaufsicht. Als Novum gilt dort die stärkere Fokussierung auf qualitative Anforderungen, die ein Kreditinstitut neben quantitativ geprägten Vorgaben zu erfüllen hat. Besonderes Augenmerk liegt dabei auf dem Setzen geeigneter Anreize, um Banken zu motivieren, ihre internen Risikomess- und -managementverfahren weiterzuentwickeln.

Im Rahmen der Säule 2 von Solvency II wird die Harmonisierung des Aufsichtsprozesses angestrebt, insbesondere soll sichergestellt werden, dass er in Krisenzeiten koordiniert abläuft. Dazu kommen Prüfung und Überwachung interner Risikomanagementsysteme sowie die qualitative Behandlung von Risikoarten, die sich einer quantitativen Bewertung entziehen. Die diesbezüglich diskutierten Komponenten eines aufsichtsrechtlichen Überprüfungsverfahrens lassen sich drei Kategorien zuordnen:

1. Anforderungen an ein Versicherungsunternehmen[13], insbesondere sein Risikomanagement betreffend. Hierzu zählen insbesondere Anforderungen an die Qualität des Mana-

---

13 Diese Anforderungen betreffen gleichzeitig auch die mit der Aufsichtsdurchführung betrauten Institutionen, da erwartungsgemäß die Erfüllung der hier determinierten Anforderungen durch ebendiese zu überwachen ist. Vgl. Europäische Kommission (2004c), S. 40.

gements und der Anteilseigner (fit & proper). Daneben lassen sich hier auch die Umsetzung des unternehmensinternen Risikomanagements sowie der internen Kontrollen[14] einordnen.

2. Überwachung der Versicherungsunternehmen durch Aufsichtsinstanzen. Dies beinhaltet schwerpunktmäßig die Gestaltung des regulatorischen Überwachungsprozesses sowie die Festlegung quantitativer Vorgaben im Rahmen des Aufsichtsprozesses.

3. Anforderungen an Aufsichtsinstanzen, insbesondere deren Transparenz betreffend. Inhaltlich sind hier die Ziele, die mit der Aufsicht über Versicherungsunternehmen verfolgt werden, sowie Transparenzanforderungen an die Aufsichtsbehörden relevant.

Die einzelnen Gestaltungsvorschläge werden nachfolgend kurz skizziert.

3.1.1 Anforderungen an das Management eines Versicherungsunternehmens

Die Anforderungen an das Management eines Versicherungsunternehmens werden unter zwei Aspekten behandelt. Einerseits geht es um Anforderungen an die verantwortliche Person, andererseits werden Vorgaben für die Funktion, die das Management zu erfüllen hat, erarbeitet.

Als Schlagwort für die personenbezogenen Anforderungen wird die Bezeichnung „fit & proper" propagiert. Darunter zu verstehen ist, dass die Akteure fachkundig bzw. erfahren sein müssen (fit) sowie einen guten Leumund haben (proper).[15] Diskussionsbedarf besteht vor allem darin, welche Personen diese Anforderung zu erfüllen haben. Nach derzeitiger Regelung betrifft es alle Personen, die weitläufig der Gruppierung der Geschäftsführer zuzurechnen sind, d. h. in Deutschland die Mitglieder des Vorstands sowie die Anteilseigner ab gewissem Anteilsumfang. Angeregt wird jedoch, die Reichweite der Norm mindestens auf Überwachungsorgane, in Deutschland beispielsweise der Aufsichtsrat, und weitere Beteiligte am wirtschaftlichen Geschehen eines Versicherungsunternehmens – Wirtschaftsprüfer, Asset-Manager oder Aktuare – auszudehnen.[16]

Aus funktioneller Sicht ist es eine der zentralen Managementaufgaben, für eine ganzheitliche Erfassung und Bewertung der versicherungsbetrieblichen Risiken Sorge zu tragen sowie geeignete Maßnahmen für deren Bewältigung umzusetzen.[17] Inhaltliche Teilbestandteile

---

14 Differenzierende Definitionen für Risikomanagement und interne Kontrolle finden sich im Report der so genannten Madrid Working Group, einer Arbeitsgruppe der Konferenz der europäischen Versicherungsaufseher. Vgl. CEIOPS (2003), S. 13–15. Dort wird auch darauf hingewiesen, dass die beiden Bereiche als komplementär zu verstehen sind und sich einer trennscharfen Abgrenzung entziehen.

15 Vgl. Europäische Kommission (2004b), S. 42.

16 Vgl. Europäische Kommission (2004b), S. 44.

17 Vgl. Europäische Kommission (2004c), S. 42.

dieses Spektrums sind prozessuale Anforderungen an das Risikomanagement, beispielsweise die Identifikation, Bewertung, Handhabung und Kontrolle der jeweiligen Risikoexposures.

Aus struktureller Sicht spielen die Gestaltung klarer Hierarchien mit entsprechenden Verantwortungsstufen, die Zuweisung von Autorisierungen und Limiten, die Festlegung von Berichtswegen und -zeitpunkten sowie die eindeutige Trennung von Risikomanagement und Risikocontrolling eine Rolle. Weiterhin wird es als eine der maßgeblichen Aufgaben der Unternehmensführung erachtet, eine fundierte Kontrollkultur innerhalb des Unternehmens zu schaffen.[18] Dies beinhaltet neben der Installation eines hinsichtlich der Art und dem Volumen der betriebenen Versicherungsgeschäfte angemessenen internen Kontrollsystems, insbesondere auch die Etablierung eines adäquaten Systems für den Informationsaustausch zwischen den verschiedenen Managementebenen.[19]

Um diesen Anforderungen entsprechendes Gewicht zu verleihen, soll den Aufsichtsbehörden die Möglichkeit eingeräumt werden, bei erkennbaren Defiziten die Vorhaltung zusätzlicher Eigenkapitalvolumina anzuordnen.

3.1.2 Regulatorischer Überwachungsprozess

Die bisher dokumentierten Anregungen zum aufsichtsrechtlichen Überwachungsprozess zielen darauf ab, eine harmonisierte Aufsichtspraxis innerhalb der EU zu etablieren. Intention ist, ein europaweit anzuwendendes Aufsichtsniveau zu konzipieren, dessen Einhaltung von den nationalen Aufsichtsbehörden sichergestellt wird. Mit ihm sollen Missstände für eine Vielzahl von Bereichen frühzeitig durch adäquate Überwachungsmaßnahmen aufgedeckt werden können:[20]

- Qualität der Kapitalanlagen,

- Rechnungslegung,

- aktuarielle Usancen,

- interne Kontrollen,

- Qualität des Underwriting (sowohl in Bezug auf Grundsätze als auch auf die Umsetzung),

- Bewertung der versicherungstechnischen Rückstellungen,

- Rückversicherungsnahme und

- Risikomanagement.

---

18 Obwohl den Aufsichtsinstanzen die Überwachung des Geschäftsbetriebs zugemessen wird, wird ausdrücklich auf die bei der Unternehmensführung verbleibende Verantwortung für den ordnungsgemäßen Geschäftsablauf hingewiesen. Vgl. Europäische Kommission (2004c), S. 40–41.

19 Zu entsprechenden Grundsätzen interner Kontrolle vgl. CEIOPS (2003), S. 7–8.

20 Vgl. Europäische Kommission (2004c), S. 44.

Konkrete Hinweise werden hinsichtlich der Bezugsobjekte aufsichtsrechtlichen Agierens sowie der Nähe zum Bezugsobjekt während der Maßnahmendurchführung präsentiert.[21] So wird neben der Analyse der einzelnen Versicherungsunternehmen und Versicherungsgruppen auch die Beobachtung des gesamten Versicherungsmarktes sowie der weiteren Unternehmensumwelt gefordert. Die Überwachung der Unternehmen hat sowohl als regelmäßige unmittelbare Prüfung vor Ort[22] als auch als standardisierte Informationsauswertung im Sinne einer Fernüberwachung zu erfolgen.[23] Zielsetzung des „Supervisory Review Process" ist aber auch, den Aufsichtsbehörden neben den bereits bestehenden Machtbefugnissen[24] ein Spektrum präventiver und korrigierender Eingriffsmöglichkeiten zur Verfügung zu stellen, um ihrer als zentral definierten Aufgabenstellung der Unternehmensüberwachung gerecht werden zu können. Dies beinhaltet die Bereitstellung eines Katalogs mit geeigneten Sanktionsinstrumenten, deren Anwendung jedoch an eindeutige, transparente und objektiv feststellbare Kriterien gekoppelt sein soll.

Ergänzend zu den angeführten qualitativen Aspekten sollen quantitative Instrumente im Rahmen des Überwachungsprozesses verankert werden. Fokussiert werden hierbei vor allem geeignete Frühwarnindikatoren sowie – mit dem Ziel, auch hier eine EU-weite Harmonisierung zu bewirken – Marktstatistiken, Stresstests, Sensitivitätsanalysen, Szenarioanalysen und Projektionen über die langfristige Stabilität der Versicherungsunternehmen.[25]

3.1.3 Anforderungen an Aufsichtsinstanzen

In die Kategorie der Anforderungen an die Aufsichtsinstanzen werden Belange einsortiert, die zum einen die Ziele, die mit der Beaufsichtigung von Versicherungsunternehmen verbunden sind, harmonisieren und die zum anderen öffentlichkeitswirksames Verhalten der Aufsichtsbehörden leiten sollen.

Zur Schaffung größtmöglicher Transparenz über die Absicht von Aufsichtsbehörden sollen deren Zielsetzungen veröffentlicht und begründet werden. In diesem Kontext werden derzeit folgende Formulierungen vorgeschlagen:[26]

---

21 Vgl. Europäische Kommission (2004c), S. 43.

22 Diese können wiederum hinsichtlich ihres Umfangs in vollumfängliche und fokussierte Prüfungen differenziert werden. Zum Mindestumfang einer vollumfänglichen Prüfung vgl. Europäische Kommission (2004c), S. 44–45.

23 Zu regeln ist diesbezüglich insbesondere die Reichweite des Informationszugriffs, die sich auf Wirtschaftsprüfer, unabhängige Aktuare oder auch Outsourcing-Partner von Versicherungsunternehmen erstrecken kann.

24 Hierzu zählen beispielsweise Genehmigungs- oder Verhinderungsbefugnisse, die spezifische Abläufe in Versicherungsunternehmen betreffen, Standards im Rahmen des Aufsichtsprozesses sowie bisherige Interventionsmechanismen. Vgl. Europäische Kommission (2004a), S. 14.

25 Vgl. Europäische Kommission (2004c), S. 46.

26 Vgl. Europäische Kommission (2004c), S. 40.

▣ Ziel der Finanzaufsicht über Versicherungsunternehmen ist das Agieren zum Wohl und zur Sicherheit der Versicherungsnehmer.

▣ Die Aufsicht soll die Aufrechterhaltung effizienter, fairer, sicherer und stabiler Versicherungsmärkte fördern.

Prinzipiell soll ein transparentes Vorgehen der Aufsichtsbehörden dazu beitragen, regulatorische Verfahrensweisen zu harmonisieren und „Best Practices" zu forcieren. Transparenz soll, neben den oben angeführten Zielsetzungen der Aufsicht, ebenfalls in folgenden Bereichen geschaffen bzw. durch folgende Maßnahmen bewirkt werden:[27]

▣ interne Organisationsstruktur der Aufsichtsbehörde,

▣ Jahresberichte,

▣ Bekanntgabe von Beurteilungskriterien bei Überwachungsmaßnahmen und

▣ Bekanntgabe der Ergebnisse des Überwachungsprozesses.

Ergänzend sind regelmäßig so genannte Peer Reviews vorgesehen, d. h. eine kritische Inaugenscheinnahme der Vorgehensweisen einer nationalen Aufsichtsbehörde durch Vertreter einer anderen nationalen Aufsichtsbehörde oder der europäischen Versicherungsaufsicht, dem Committee of European Insurance and Occupational Pension Supervisors (CEIOPS).[28]

Zu klären ist noch, wem gegenüber und in welcher Form transparenzdienliche Informationstransfers stattfinden sollen. Als mögliche Zielgruppen werden die beaufsichtigten Unternehmen, Verbände der Versicherungswirtschaft sowie die breite Öffentlichkeit genannt. Je nach Sensibilität der Informationsinhalte ist eine unterschiedliche Dosierung gegenüber den Zielgruppen beabsichtigt.

3.2   Würdigung des Diskussionsstands

Nachfolgend werden einige der oben angeführten Aspekte aufgegriffen und einer kritischen Beleuchtung unterzogen.

▣ Die personenbezogenen Anforderungen an das Management von Versicherungsunternehmen bedürfen noch erheblicher Präzisierung, beispielsweise anhand welcher Inhalte Fachkundigkeit und Reputation gemessen werden sollen. Wirft eine Harmonisierung der Reputationsanforderung noch vergleichsweise wenig Probleme auf – diese ließe sich, wie derzeit geregelt, anhand der Inhalte des polizeilichen Führungszeugnisses vereinheitlichen –, sind hinsichtlich der fachlichen Anforderungen bedeutend mehr Fragen zu klären, insbesondere die Frage nach geeigneten Bewertungsmaßstäben.

---

27   Vgl. Europäische Kommission (2004c), S. 47.
28   Vgl. Europäische Kommission (2004b), S. 46–47.

■ Die Perspektive, künftig die Funktionsfähigkeit der betrieblichen Risikomanagementsysteme stärker durch die Aufsichtsinstanzen zu überwachen, dürfte für deutsche Versicherungsunternehmen keine gravierenden Veränderungen mit sich bringen. Seit Einführung des Gesetzes zur Transparenz und Kontrolle im Unternehmensbereich (KonTraG) sind entsprechende Regelungen für sie bereits relevant.[29] Eine wettbewerbliche Benachteiligung gegenüber anderen europäischen Versicherern könnte allenfalls dann eintreten, wenn die nationalen Vorschriften strengere Anforderungen bedingen, als dies im Rahmen von Solvency II der Fall wäre. Da ein funktionierendes und weitreichendes Risikomanagement die Stabilität des Unternehmens fördert und damit positive Effekte bei der Produktqualität erzielt werden können, ist diese Gefahr jedoch eher als nachrangig zu betrachten.

■ Die Drohung, Missstände im Risikomanagement mit zusätzlichen Eigenkapitalanforderungen zu belegen, greift nur dann, wenn Versicherungsunternehmen mit ihrer tatsächlichen Kapitalausstattung nahe an der Grenze zum Soll-Betrag liegen. Zwar ist das Ziel von Solvency II, den regulatorischen an den ökonomischen Kapitalbedarf anzunähern, dennoch ist nicht auszuschließen, dass Unternehmen vereinzelt auch diese Anforderung deutlich überschreiten.[30] Bei unzureichenden Sanktionen fehlt den im Sinne der Solvabilitätsvorschriften überkapitalisierten Gesellschaften jedoch der Anreiz, ihr Risikomanagement zu optimieren. Entsprechend sollten also weitere anreizwirksame behördliche Eingriffsmaßnahmen für derartige Fälle konzipiert werden. Daneben wäre ein Kriterienkatalog unabdingbar, um eine einheitliche europaweite Anwendung von Zuschlägen zur Eigenkapitalanforderung zu gewährleisten, der festlegt, welche Unzulänglichkeit einen Eigenkapitalzuschlag in welcher Höhe auslöst. Dies würde gleichzeitig allerdings diskretionäre Handlungsspielräume der einzelnen Aufsichtsbehörden wieder reduzieren und die Berücksichtigung individueller Belange verhindern.

■ Hinsichtlich der Zielsetzungen einer versicherungswirtschaftlichen Regulierung werden üblicherweise zwei Alternativen abgeleitet:[31]

– Insolvenzen von Versicherungsunternehmen sollen verhindert werden, um die dabei anfallenden externen Kosten[32] zu vermeiden. Dies impliziert aber, dass der Sanktionsmechanismus des Konkurses bei ineffizient agierenden Versicherungsunternehmen keine Wirkung entfalten kann und der Wettbewerbsmechanismus ausgeschaltet wird.

– Insolvenzen werden zwar zugelassen, die externen Kosten sind aber möglichst gering zu halten.

---

29 Auch wenn die dortige Formulierung auf börsennotierte Unternehmen abstellt, besteht auf Grund von Verweisklauseln im § 341a HGB, im VAG und der RechVersV eine Ausstrahlungswirkung auf alle Versicherungsunternehmen. Vgl. Geib (1999), S. 21.

30 Dies kann beispielsweise der Fall sein, wenn Versicherungsunternehmen eine höherwertige Ratingeinstufung verfolgen als implizit in den zukünftigen Solvabilitätsvorschriften vorgesehen.

31 Vgl. Zweifel/Eisen (2000), S. 346.

32 Im Falle einer Insolvenz werden die Kosten unter Umständen externalisiert, wenn Versicherungsnehmer Ansprüche auf zukünftig bedingte Leistungen verlieren und soziale Sicherungseinrichtungen des Staates Versorgungslücken schließen müssen.

Die derzeit vorgeschlagene Formulierung lässt weder erkennen, welche der beiden Varianten präferiert wird, noch gibt sie Hinweise zur Operationalisierung der Aufsichtsziele. Problematisch ist dies zu sehen, da vage formulierte Aufsichtsziele Unklarheiten über den Status der Zielerreichung verursachen und damit eine Harmonisierung des aufsichtsbehördlichen Agierens unwahrscheinlich werden lassen.

■ In Abhängigkeit zu bislang bei den nationalen Aufsichtsbehörden üblichen Prozeduren könnten Kompromisse in der Festlegung eines qualitativen Regelungsrahmens dazu führen, dass erweiterte Aufsichtskompetenzen eine rigorosere Aufsichtsdurchführung bewirken. Insbesondere ist nicht auszuschließen, dass diskretionäre Eingriffsschwellen niedrigstmöglich angesetzt werden, um Maßnahmen zu legitimieren sowie auf drohende Schieflagen frühzeitig zu reagieren. Werden Spielräume nicht im konservativen Sinne ausgeschöpft, stehen Aufsichtsbehörden bei dennoch eintretenden Schieflagen absehbar unter erheblichem Rechtfertigungsdruck. Daneben erfordern komplexe Aufsichtsinstrumente, beispielsweise regelmäßige umfangreiche Prüfungen vor Ort, den Ausbau eines entsprechend qualifizierten Personalbestands bei den zuständigen Behörden.

4.   Marktdisziplin

4.1   Zum Mechanismus der Marktdisziplin

Grundlegender Dreh- und Angelpunkt des Themenkomplexes Marktdisziplin ist die Überlegung, dass Mechanismen über die institutionalisierten Versicherungsregulierungen hinaus dazu beitragen könnten, Auswirkungen eines potenziellen Marktversagens[33] auf dem Versicherungsmarkt zu verhindern bzw. einzudämmen. Sofern diese Hypothese als haltbar erachtet wird, ist zu untersuchen, in welchem Ausmaß Aufsichtsbehörden durch anderweitige Instanzen, insbesondere den Marktmechanismus, Unterstützung erfahren können.

Die zentrale Idee der Marktdisziplin besagt, dass bestimmte Marktakteure die wirtschaftliche Stabilität eines Unternehmens bewerten und das Ergebnis unmittelbar in ihre Aktivitäten einfließen lassen. Hieraus resultieren einerseits beobachtbare Signale, die den Aufsichtsbehörden zusätzliche Informationen liefern, andererseits werden mit dem Unternehmen verbundene Interessengruppen gegebenenfalls veranlasst, Einfluss auf dessen Management auszu-

---

[33]   Zur Diskussion verschiedener Gründe für ein mögliches Versagen des Versicherungsmarktes vgl. Schradin (2003), S. 614–616; Zweifel/Eisen (2000), S. 346–348; Horsch (1998), S. 23–24; Eisen (1989), S. 59–165.

üben.[34] Zur Unterstützung der Beaufsichtigung von Versicherungsunternehmen erscheint es somit sinnvoll, über die Informationsversorgung von Marktakteuren Impulse zu setzen, die Versicherungsunternehmen zur Aufrechterhaltung einer risikoadäquaten Eigenkapitalausstattung motivieren. Eine disziplinierende Wirkung soll insbesondere dann zum Tragen kommen, wenn das Risikoexposure eines Unternehmens unangemessen hoch ausfällt.

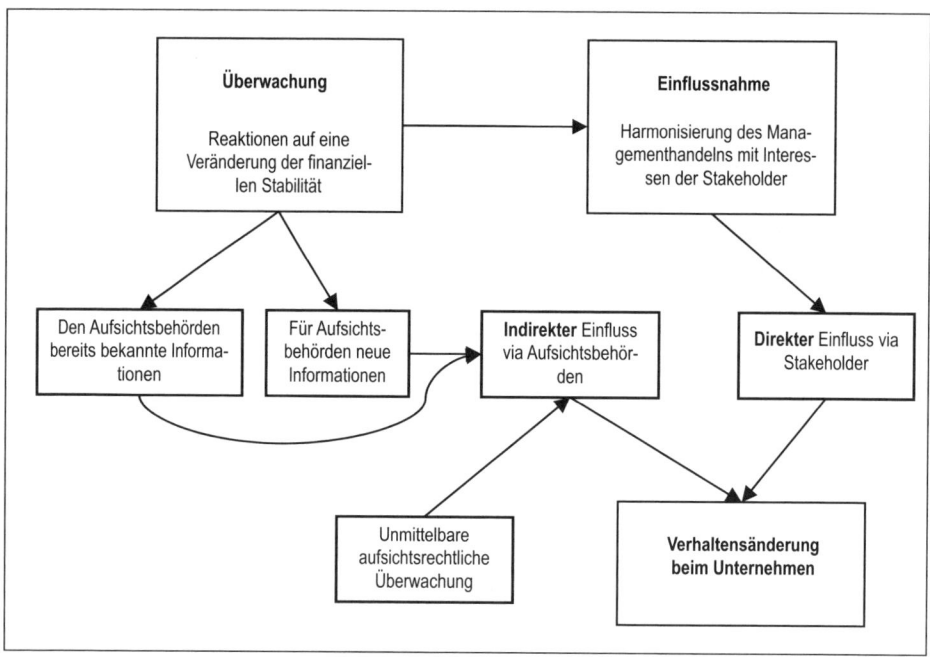

Quelle: In Anlehnung an Flannery (2001), S. 109
Abbildung 1: *Mechanismus der Marktdisziplin*

Für disziplinierendes Handeln sind insbesondere Eigenkapitalgeber und Versicherungsnehmer prädestiniert. Versicherungsnehmer werden von Vertragsabschlüssen Abstand nehmen oder bestehende Verträge kündigen, wenn die Informationslage einen signifikanten Anstieg der Ruinwahrscheinlichkeit eines Versicherungsunternehmens signalisiert.[35] Aus Sicht der Eigenkapitalgeber steigen mit einer höheren Risikolage des Unternehmens deren Renditean-

---

34 „Market discipline is a regulatory mechanism that delegates the monitoring and disciplining task not only to the national and international regulator but also to the market participants whose wealth is affected by the banks' conduct. Consequently the continuous 'curse' of disciplining measures by these market participants creates strong incentives for management to run their banks in a safe and sound way." De Ceuster/Masschelein (2003), S. 753. Vgl. Sijben (2002), S. 369; Flannery (2001), S. 109. Als schnellster Mechanismus dieser Informationstransformation gilt regelmäßig die Veränderung von Wertpapierpreisen.

35 Vgl. hierzu beispielsweise Albrecht/Maurer (2000); Merton/Perold (1993), S. 16. Allerdings ist die These nicht unstrittig. So finden sich Modellierungsansätze, die eine Unabhängigkeit der Versicherungsnachfrage von der Insolvenzwahrscheinlichkeit eines Versicherers unterstellen. Vgl. MacMinn/Witt (1987).

sprüche. Werden diese Renditeansprüche nachhaltig nicht erfüllt, droht im Falle einer beabsichtigten Kapitalerhöhungsmaßnahme die Gefahr eines Misslingens. Des Weiteren ermöglichen Corporate-Governance-Regelungen unmittelbaren Einfluss auf das Management durch die Eigenkapitalgeber, der durch die ihnen zustehenden Eigentumsrechte legitimiert wird.[36]

Diese beiden, die wirtschaftlichen Handlungsspielräume eines Versicherungsunternehmens beeinflussenden Wirkungsmechanismen sollen die Unternehmen unmittelbar dazu motivieren, eine ihrer Kapitalausstattung angemessene Risikolage zu justieren. Eine mittelbare Beeinflussung des Versicherungsunternehmens kann zudem erfolgen, indem Aufsichtsbehörden auf Informationen über Marktreaktionen reagieren und zum Anlass nehmen, ihrerseits Maßnahmen zu initiieren (vgl. Abbildung 1).

Impulse für Verhaltensänderungen der Marktakteure, die wiederum die Versicherungsunternehmen beeinflussen, soll eine zeitnahe Informationsbereitstellung setzen, so dass die disziplinierende Wirkung des Marktgeschehens rechtzeitig in Gang kommt.[37] Als Instrument ist die Normierung von Offenlegungspflichten hinsichtlich bestimmter Unternehmensdaten vorgesehen. Durch die Informationsbereitstellung können Marktteilnehmer den Wettbewerb auf Versicherungsmärkten und das Verhalten einzelner Unternehmen intensiver beobachten. Da Informationen in ihr Entscheidungsverhalten und wirtschaftliches Handeln unmittelbar Eingang finden, lässt sich eine direkte oder indirekte Verhaltensbeeinflussung der Versicherungsunternehmen bewirken. Die Wirkung wird dabei anhand von drei Kriterien beurteilt:[38]

1. Verhaltensanreize: Marktteilnehmer müssen ein ausreichend hohes Interesse aufweisen, die Risikolage eines Versicherungsunternehmens zu eruieren.

2. Beurteilungsvermögen: Die Marktteilnehmer sollten in der Lage sein, die Risikolage hinreichend genau zu beurteilen. Dazu bietet sich in erster Linie der unmittelbare Zugriff auf öffentlich zugängliche Informationen an. Des Weiteren können aber auch Informationsintermediäre wie Finanzanalysten, Ratingagenturen oder Versicherungsmakler über eigene Informationserfassung und -interpretation einen Beitrag zur Beurteilung der Risikosituation von Versicherungsunternehmen leisten.

3. Einfluss: Den Marktteilnehmern müssen geeignete Sanktionsmechanismen zur Verfügung stehen, um die gewünschte disziplinierende Wirkung zu entfalten.

Über Offenlegungsvorschriften können Marktteilnehmern standardisiert und Transaktionskosten schonend diejenigen Informationen bereitgestellt werden, die dazu beitragen, die asymmetrische Informationslage über die finanzielle Stabilität eines Versicherungsunternehmens zu reduzieren.

---

36 Vgl. De Ceuster/Masschelein (2003), S. 753–754.

37 Sind Versicherungsnehmer vollständig über die Ausfallwahrscheinlichkeit eines Versicherungsunternehmens informiert, lässt sich modelltheoretisch zeigen, dass dies sogar zur Obsoleszenz der Versicherungsregulierung führen kann. Vgl. Rees/Gravelle/Wambach (1999). Zahlreiche restriktive Modellannahmen lassen die Praxistauglichkeit dieses Modells jedoch (derzeit noch) als fragwürdig erscheinen.

38 Vgl. Dal Santo (2002), S. 286. Zu den Voraussetzungen, die die Effektivität der Marktdisziplin beeinflussen, vgl. Sijben (2002), S. 369–370.

Gemäß der per dato vorzufindenden Verlautbarungen werden Offenlegungspflichten als ein bedeutender Teil der zukünftigen Aufsichtsarchitektur angesehen.[39] Transparenz und Offenlegung sollen einen Beitrag zur Stärkung der Marktmechanismen und der risikogestützten Beaufsichtigung leisten. Neben Informationen, die gemäß Rechnungslegungsstandards zu offenbaren sind[40], ist zu diskutieren, ob und gegebenenfalls welche zusätzlichen Informationen seitens der Versicherungsunternehmen bereitgestellt werden sollen. Auf Grund einer Koppelung der Marktdisziplin fördernden Anforderungen an Anforderungen von Säule 1 und 2 sowie eines erkannten Koordinierungsbedarfs mit den zukünftigen Regelungen eines internationalen Rechnungslegungsstandards für Versicherungsunternehmen wurde bislang auf Vorschläge zur konkreten Umsetzung innerhalb der Richtlinie verzichtet.

4.2   Würdigung des Diskussionsstands

Auf Grund des Vorhabens, die Integration der Marktdisziplin in den Regelungsrahmen von Solvency II erst dann anzugehen, wenn die Regelung von Offenlegungspflichten im Rahmen der internationalen Rechnungslegungsstandards erkennbar wird, droht eine lang anhaltende Vernachlässigung der Facetten der dritten Säule des Aufsichtsmodells. Allerdings lassen sich bereits einige wesentliche Aspekte kritisch diskutieren:

■ Die These, erst den zukünftigen Regelungsrahmen der internationalen Rechnungslegungsstandards abwarten zu müssen, um eine geeignete Koppelung zwischen marktdisziplinbezogenen Offenlegungspflichten und Rechnungslegung herstellen zu können, ist als Scheinargument zu werten, das die normativ wünschenswerte Transparenz und die Instrumente zur Herstellung dieser Transparenz vermengt. Sinnvoll wäre vielmehr, zunächst einen Katalog der idealerweise zu veröffentlichenden Angaben zu konzipieren. Im nächsten Schritt könnte geprüft werden, welche dieser Informationen bereits im Rahmen der Rech-

---

39   Vgl. Europäische Kommission (2003), S. 10; Linder/Ronkainen (2004), S. 471.

40   Prinzipiell liefern bereits Bilanz und Gewinn- und Verlustrechnung per se transparenzfördernde Informationen. Gegenstand der Betrachtung ist hier daher vornehmlich, welche zusätzlichen Angaben beispielsweise im Anhang des Geschäftsberichts zu tätigen sind. Zum Stand der Offenlegungspflichten nach IFRS 4 vgl. KPMG (2004), S. 57–63; Swiss Re (2004), S. 15. Gefordert werden vor allem Angaben zur Identifikation und Erklärung von Beträgen, die im Zusammenhang mit Versicherungsverträgen stehen, sowie Angaben zu Schätzungen, Zeitpunkten und Unsicherheiten zukünftiger Cashflows aus Versicherungsverträgen. Dies beinhaltet im Sinne einer umfassenden Risikoberichterstattung aber auch Angaben zu Art und Umfang des praktizierten Risikomanagements.

nungslegung offengelegt werden müssen und welche zusätzlichen, gesetzlich neu zu verankernden Angaben zur Herstellung der Markttransparenz wünschenswert sind.[41]

◾ Die mögliche Fokussierung auf Eigenkapitalgeber und Versicherungsnehmer als Einfluss ausübende Gruppierungen ist wegen der folgenden Gründe kritisch zu sehen:

– Theoretische Analysen und empirische Untersuchungen verweisen darauf, dass die Risikoprämien auf (nachrangige) Schuldverschreibungen die effektivste Indikation auf die Risikolage eines Unternehmens liefern.[42] Auf Grund nur selten beobachtbarer Emissionen von Schuldverschreibungen im Versicherungssektor kann auf dieses Informationsinstrument jedoch nicht zurückgegriffen werden. Dies begründet gleichzeitig die gelegentlich vorzufindende Anregung, dass Versicherungsunternehmen vorgeschrieben werden sollte, einen Teil ihrer solvenzanrechnungsfähigen Kapitalmittel in Form von nachrangigen Verbindlichkeiten vorzuhalten.[43] Damit würde jedoch ein bislang kaum berücksichtigter Rückkoppelungseffekt auf Inhalte der Säule 1 impliziert.

– Da etliche Versicherungsgesellschaften in der Rechtsform des Versicherungsvereins auf Gegenseitigkeit firmieren, ist die wirksame Einflussnahme der Eigentümer in diesen Fällen in Frage zu stellen. Sanktionierende Maßnahmen der Mitglieder gegenüber der Unternehmensleitung sind kaum zu vermuten, da die Stabilität des Unternehmens nicht über einen Marktpreisindikator signalisiert wird.

– Ob Versicherungsnehmer in ausreichendem Maß bzw. ausreichend sensitiv die Ausfallwahrscheinlichkeit einzelner Versicherer in ihrem Kalkül berücksichtigen, ist fraglich. Zudem ist die Dauer der Informationsverarbeitung auf dem Versicherungsmarkt sicherlich nur im theoretischen Idealfall mit der Geschwindigkeit der Informationsverarbeitung auf dem Kapitalmarkt gleichzusetzen. Damit ist aber auch unklar, inwieweit beobachtbare Verhaltensänderungen der Versicherungsnehmer, wie Rückgang des Neugeschäfts oder Anstieg der Stornoquote, frühzeitige Eingriffe der Aufsichtsbehörden initiieren können.

◾ Der Umfang und die Frequenz von zusätzlichen, neben allgemeinen handelsrechtlichen Maßgaben zu veröffentlichenden Informationen bedarf einer sehr kritisch gewählten Dosierung. Selbsterfüllende Prophezeiungen drohen immer dann provoziert zu werden, wenn durch die Berichterstattung über potenzielle Schieflagen diese erst ausgelöst oder verstärkt werden. Auch läuft die Zielsetzung – durch aufsichtsrechtliche Überwachung rechtzeitig Unternehmensinstabilitäten aufdecken und beseitigen – Gefahr, konterkariert zu werden, wenn Transparenzanforderungen Marktmechanismen in Gang setzen, die aufsichtsbehördliche Reaktionen wirkungslos werden lassen.

---

41 Eine derartige Prüfung könnte in weiten Teilen per dato vorgenommen werden, da die Offenlegungspflichten für Versicherungsverträge im Rahmen der Phase I der Entwicklung des IFRS 4 bereits festgelegt wurden und gemäß IFRS 4.BC207 weitgehend beibehalten werden sollen. Vgl. IASB (2004), S. 73. Weitere Hinweise zu dem vom IASB geplanten Offenlegungspflichten bei Finanzinstrumenten finden sich zudem im ED 7. Vgl. Kuhn/Scharpf (2004), S. 384–389.

42 Vgl. Flannery (2001), S. 111–112.

43 Vgl. Guhe/Kesting (2004), S. 11–12. Analoge Hinweise finden sich auch für den Bankensektor. Vgl. De Ceuster/Masschelein (2003), S. 755.

5.   Thesenartige Zusammenfassung

Quantitative Normen stellen für sich genommen ein unzureichendes Instrument dar, um die finanzwirtschaftliche Stabilität eines Versicherungsunternehmens zu beurteilen. Die Komplexität der versicherungsbetrieblichen Risikolage lässt sich durch eine Formel nicht hinreichend genau abbilden. Zudem verhindern an Kennzahlen gekoppelte Eingriffsstufen die Würdigung des Einzelfalls und provozieren gleichzeitig die Suche nach Regelungslücken.

Qualitative Aufsichtsinstrumente geben den Aufsichtsbehörden Spielräume für einzellfallbezogene Maßnahmenpakete, wenn sie eingreifen müssen. Um gleichzeitig die Zielsetzung der aufsichtsrechtlichen Harmonisierung zu erfüllen, muss dieser Spielraum allerdings wieder erheblich eingeschränkt werden, so dass die Aufsichtsbehörden nach wie vor stark richtliniengeleitet und regelbasiert agieren werden.

Ob der Mechanismus der Marktdisziplin für Versicherungsunternehmen die gewünschte Indikatorwirkung entfalten kann, ist fraglich. Versicherungsunternehmen müssten hierzu wesentlich stärker als Kapitalnehmer an den internationalen Kapitalmärkten vertreten sein. Damit wäre jedoch davon auszugehen, dass die Interessenlage von Investoren deutlich stärker berücksichtigt und die Fokussierung auf die Sicherheit zugunsten der Versicherungsnehmer zurückgedrängt würde.

Literatur

ALBRECHT, P./MAURER, R. (2000): Zur Bedeutung einer Ausfallbedrohtheit von Versicherungskontrakten. Ein Beitrag zur Behavioral Insurance, in: Zeitschrift für die gesamte Versicherungswissenschaft 2/3/2000, S. 339–355.

BASEL COMMITTEE ON BANKING SUPERVISION (2004): International Convergence of Capital Measurement and Capital Standards: A Revised Framework, Bank for International Settlements, Basel 2004.

COMMITTEE OF EUROPEAN INSURANCE AND OCCUPATIONAL PENSION SUPERVISORS (2003): Internal Control for Insurance Undertakings, Madrid Working Group 2003.

CONFERENCE OF INSURANCE SUPERVISORY SERVICES OF THE MEMBER STATES OF THE EUROPEAN UNION (2002): Report: Prudential Supervision of Insurance Undertakings (Sharma-Report), Paris 2002.

DAL SANTO, D. (2002): Kapitalmanagement bei Allfinanzkonglomeraten: Ausgestaltung im Spannungsfeld zwischen staatlichen Eigenmittelvorschriften und Marktdisziplin, Bern et al. 2002.

DE CEUSTER, M. J. K./MASSCHELEIN, N. (2003): Regulating Banks Through Market Discipline: A Survey of the Issues, in: Journal of Economic Surveys 5/2003, S. 749–766.

EISEN, R. (1986): Wettbewerb und Regulierung in der Versicherung: Die Rolle asymmetrischer Information, in: Schweizer Zeitschrift für Volkswirtschaft und Statistik, 3/1986, S. 339–358.

EISEN, R. (1989): Regulierung und Deregulierung in der deutschen Versicherungswirtschaft, in: Zeitschrift für die gesamte Versicherungswissenschaft 1/2/1989, S. 157–175.

ELLIS, H. (1990): Government Regulation of Insurance Companies, in: Diacon (Hrsg.): A Guide to Insurance Management, London 1990, S. 277–289.

ESTRELLA, A. (1998): Formulas or Supervision? Remarks on the Future of Regulatory Capital, in: FRBNY Economic Policy Review 3/1998, S. 191–200.

EUROPÄISCHE KOMMISSION (2003): Entwurf eines künftigen Aufsichtssystems in der EU. Empfehlungen der Kommissionsdienststellen, in: Markt/2509/03, 03.03.2003, http://europa.eu.int/comm/internal_market/insurance/docs/markt-2509-03_en.pdf.

EUROPÄISCHE KOMMISSION (2004a): Note to the IC Solvency Subcommittee: Solvency II. Further issues for discussion and suggestions for preparatory work for CEIOPS, in: Markt/2502/04, 02.04.2004, http://europa.eu.int/comm/internal_market/insurance/-docs/markt-2502-04_en.pdf.

Europäische Kommission (2004b): Note to the Members of the Solvency Subcommittee: The draft second wave Calls for Advice from CEIOPS and stakeholder consultation on Solvency II, in: Markt/2515/04, 19.10.2004, http://europa.eu.int/comm/internal_-market/insurance/docs/markt-2515-04/markt-2515-04_en.pdf.

Europäische Kommission (2004c): Note to the IC Solvency Subcommittee: Solvency II. Organisation of work, discussion on pillar I work areas and suggestions of further work on pillar II for CEIOPS, in: Markt/2543/03, 11.02.2004, http://europa.eu.int/-comm/internal_market/insurance/docs/markt-2543-03/markt-2543-03_en.pdf.

FLANNERY, M. J. (2001): The Faces of "Market Discipline", in: Journal of Financial Services Research, 2/3/2001, S. 107–119.

GEIB, G. (1999): Gesetz zur Kontrolle und Transparenz im Unternehmensbereich (KonTraG): Konsequenzen für Versicherungsunternehmen und deren Wirtschaftsprüfer, in: Wagner F./Koch, G. (Hrsg.): Aktuelle Fragen in der Versicherungswirtschaft, Karlsruhe Winter 1998/99, S. 19–51.

GRÄWERT, A./STEVENS, A./TADROS, R. (2003): Solvency II: Ein Regulierungsrahmen für risikobasiertes Kapital, in: Versicherungswirtschaft 58/2003, S. 394–397.

GUHE, J./KESTING, H. (2004): Paradigmenwechsel in der Versicherungsaufsicht, Working Paper Nr. 6, Economic Research Allianz Group 2004.

HORSCH, A. (1998): Versichertenschutzfonds in der deutschen Assekuranz: Möglichkeiten und Grenzen ihres Einsatzes in der Kfz-, Haftpflicht- und Lebensversicherung, Wiesbaden 1998.

IASB (2004): Basis for Conclusions on IFRS 4 Insurance Contracts, London 2004.

KPMG (2004): Insurance Accounting under IFRS 4: IFRS 4 Practicioners Guide 2004.

KUHN, S./SCHARPF, P. (2004): Finanzinstrumente: Neue (Teil-) Exposure Drafts zu IAS 39 und Vorstellung des Exposure Draft ED 7, in: KoR. Zeitschrift für kapitalmarktorientierte Rechnungslegung 10/2004, S. 381–389.

LINDER, U./RONKAINEN, V. (2004): Solvency II – Towards a New Insurance Supervisory System in the EU, in: Scandinavian Actuarial Journal, 6/2004, S. 462–474.

MACMINN, R. D./WITT, R. C. (1987): A Financial Theory of the Insurance Firm Under Uncertainty and Regulatory Constraints, in: Geneva Papers on Risk and Uncertainty, Bd. 12, 42/1987, S. 3–20.

MERTON, R. C./PEROLD, A. F. (1993): Theory of Risk Capital in Financial Firms, in: Journal of Applied Corporate Finance, 6/1993, S. 16–32.

REES, R./GRAVELLE, H./WAMBACH, A. (1999): Regulation of Insurance Markets, in: Geneva Papers on Risk and Insurance Theory, 1/1999, S. 55–68.

SCHMEISER, H. (1997): Risikotheoretisch fundierte Ansätze zur Neugestaltung des Europäischen Solvabilitätssystems für Schadenversicherer, Karlsruhe 1997.

SCHRADIN, H. R. (2003): Entwicklung der Versicherungsaufsicht, in: Zeitschrift für die gesamte Versicherungswissenschaft 4/2003, S. 611–664.

SCHUBERT, T./GRIEẞMANN, G. (2004a): Europa in Vorbereitung auf Solvency II, in: Versicherungswirtschaft 59/2004, S. 1044–1046.

SCHUBERT, T./GRIEẞMANN, G. (2004b): Solvency II. Die EU treibt die zweite Phase des Projekts voran, in: Versicherungswirtschaft 59/2004, S. 470–472, S. 738–739.

SIJBEN, J. J. (2002): Regulation and market discipline in banking supervision: An overview. Teil 1, in: Journal of International Banking Regulation 4/2002, S. 363–380.

SWISS RE (Hrsg.) (2004): Die Auswirkungen der IFRS auf die Versicherungswirtschaft, in: sigma 7/2004 Zürich 2004.

ZWEIFEL, P./EISEN, R. (2000): Versicherungsökonomie, Berlin et al. 2000.

Wer entscheidet über zukünftige Solvabilitätsregeln für europäische Versicherer?

Daniel Schanté / Lucía Caudet

1.   Solvency II – ein Projekt von äußerster Wichtigkeit für die Versicherer und darüber hinaus

Anfang 2000 leiteten die Europäische Kommission und die EU-Mitgliedstaaten eine ehrgeizige, umfassende Überarbeitung des jetzigen Solvabilitätssystems für Versicherungsunternehmen ein. Dabei soll ein System geschaffen werden, das die Gegebenheiten und Entwicklungen auf den Märkten und das tatsächliche Risikoprofil der Versicherungsunternehmen widerspiegelt, dabei jedoch jede übermäßige Komplexität vermeidet.

Dieser Paradigmenwechsel sollte das Vertrauen in die Versicherungswirtschaft stärken und durch die Harmonisierung der einzelstaatlichen Rechtsvorschriften und Aufsichtsverfahren zu einem größeren Gleichgewicht (level playing field) zwischen den Versicherern der verschiedenen europäischen Länder führen.

Das so genannte Projekt Solvency II wird die geltenden Solvabilitätsanforderungen (Solvency I) reformieren, die auf der „dritten Generation" der Lebens- und Schadenversicherungsrichtlinien der EU Mitte der neunziger Jahre beruhen und zum Ziel hatten, einen Binnenmarkt der Versicherung zu schaffen und die internationale Wettbewerbsfähigkeit der EU zu verbessern. Im Rahmen des Niederlassungsrechts oder des freien Dienstleistungsverkehrs erhielten die Versicherungsunternehmen auf der Grundlage ihrer Zulassung in ihrem Herkunftsmitgliedstaat die Berechtigung, ihre Produkte in jedem anderen Mitgliedstaat des EWR zu vertreiben, ohne der Aufsicht durch den Tätigkeitsstaat zu unterliegen. Gemäß dem „einheitlichen Pass" können die Versicherungsunternehmen ihre Produkte entweder unmittelbar grenzüberschreitend (z. B. über örtliche Vertreter oder Makler) oder mittelbar über eine Zweigniederlassung vertreiben, ohne eine Zulassung außerhalb ihres Herkunftsstaats beantragen zu müssen. Dieses System beruht auf der gegenseitigen Anerkennung der Zulassung und der Aufsichtsverfahren unter Anwendung des Grundsatzes der Aufsicht durch den Herkunftsmitgliedstaat.

Das Projekt Solvency II ist durch seinen risikobezogenen Ansatz gekennzeichnet. Durch die Anwendung neuer Risikomodelle und die Berücksichtigung der Besonderheiten eines Versicherungsunternehmens ist es darauf angelegt, ein Solvabilitätssystem zu schaffen, das dem tatsächlichen Risikoprofil des Unternehmens besser entspricht. Das gegenwärtige Projekt regt die Unternehmen an, ihre unternehmensspezifischen Risiken zu analysieren, zu handhaben und zu beherrschen, und umfasst darüber hinaus interne Kontrollen und ein Risikomanagement zur Beurteilung der allgemeinen Fähigkeit des Versicherungsunternehmens, sein Geschäft besonnen zu betreiben.

Solvency II wird im Hinblick auf die Versicherungsaufsicht dem allgemeinen Konzept des 3-Säulen-Ansatzes folgen, der durch das Projekt Basel II für den Bankensektor bekannt ist. Dieser umfasst quantitative Regeln (Säule 1), ein aufsichtsrechtliches Prüfungsverfahren (Säule 2) und die Marktdisziplin (Säule 3). Da sich Versicherungsrisiken jedoch wesentlich von Bankrisiken unterscheiden, muss der Inhalt der drei Säulen für die Versicherer angemessen und unter Berücksichtigung der besonderen Merkmale dieses Sektors näher bestimmt werden.

Solvency II ist ein breites Projekt, das eine vollständige Überarbeitung des aufsichtsrechtlichen Rahmens der Versicherung einschließt. Eine solche umfassende Reform der geltenden Regeln wird jedoch zwangsläufig spürbare Auswirkungen über die Branche hinaus haben. Deshalb müssen parallel zu – oder tatsächlich zusammen mit – den Überlegungen über die technischen Merkmale des Rahmens von Solvency II wichtige politische und strukturelle Fragen behandelt und entschieden werden. Diese Dualität spiegelt sich gewiss nicht nur in den Besonderheiten der am Gesetzgebungsverfahren beteiligten Institutionen wider, sondern auch in der allgemeinen Interaktion der Betroffenen mit diesen Institutionen.

2.   Viele Akteure an Solvency II beteiligt

Eine wachsende Zahl von Einrichtungen und internationalen Organisationen nimmt Einfluss auf die rechtlichen Rahmenbedingungen eines Versicherungsunternehmens. Dies gilt auch für das Projekt Solvency II. Innerhalb dieser Vielzahl von gesetzgeberischen, regelnden und aufsichtsrechtlichen Einrichtungen stellt das Schema in Abbildung 1 diejenigen heraus, die an der Gestaltung von Solvency II beteiligt sind.

Initiative und Verantwortung für Solvency II liegen bei den EU-Institutionen (Europäische Kommission, Europäisches Parlament, Ministerrat) und den neu geschaffenen Ausschüssen (EIOPC und CEIOPS) im Rahmen des so genannten Lamfalussy- oder Komitologieverfahrens. Solvency II unterliegt jedoch auch dem Einfluss anderer Akteure (siehe Abbildung 1 und die daran anschließende Liste), und zwar vor allem der International Association of Insurance Supervisors (IAIS) und dem IASB, das einen Standard für Versicherungsverträge herausgeben wird. Auch Berufsverbände wie der Internationale Verband der Versicherungsmathematiker (IAA) und der europäische Dachverband der Versicherungswirtschaft (CEA), spielen eine beträchtliche Rolle.

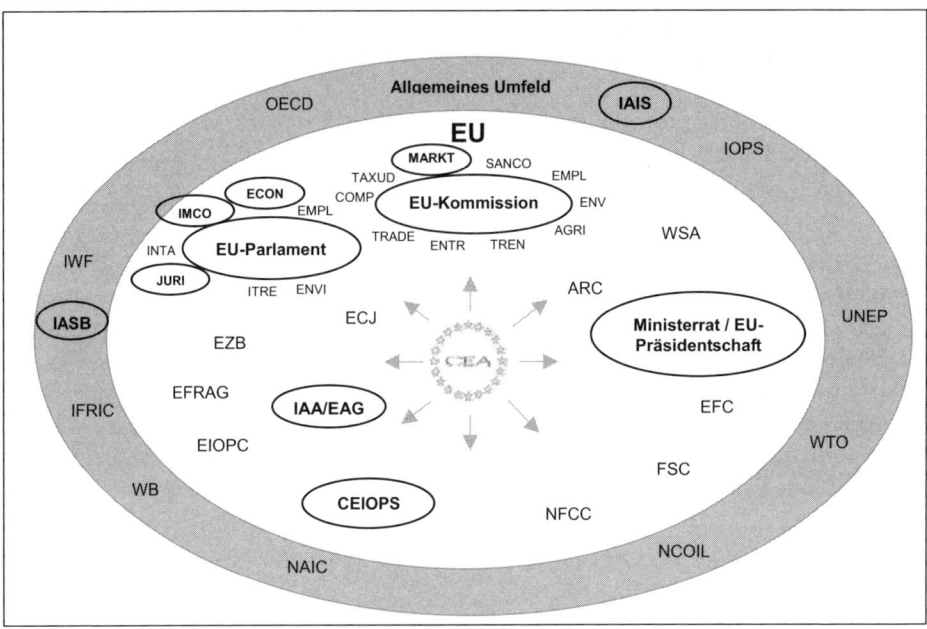

Abbildung 1: *Gesetzgeberische, regelnde und aufsichtsrechtliche Einrichtungen, welche die Versicherung betreffen, für Solvency II maßgebliche Einrichtungen sind umrandet*

▪ Generaldirektionen der Europäischen Kommission: Wettbewerb (COMP); Zölle und Steuern (TAXUD); Binnenmarkt (MARKT); Verbraucherpolitik und Gesundheitsschutz (SANCO); Beschäftigung und soziale Angelegenheiten (EMPL); Umwelt (ENV); Landwirtschaft, ländliche Entwicklung (AGRI); Verkehr und Energie (TREN); Unternehmen und Informationsgesellschaft (ENTR); Handelspolitik (TRADE).

▪ Ausschüsse des Europäischen Parlaments: Binnenmarkt und Verbraucherschutz (IMCO); Wirtschaft und Währung (ECON); Beschäftigung und soziale Angelegenheiten (EMPL); Umweltfragen (ENVI); Industrie, Außenhandel, Forschung und Energie (ITRE); Recht (JURI); Internationaler Handelsverkehr (INTA).

▪ Sonstige europäische Einrichtungen: Europäische Zentralbank (EZB); Wirschafts- und Sozialausschuss (WSA); Accounting Regulatory Committee (ARC); Economic and Financial Committee (EFC); Financial Services Committee (FSC); New Financial Conglomerates Committee (NFCC); Committee of European Insurance and Occupational Pensions Supervisors (CEIOPS); European Insurance and Occupational Pensions Committee (EIOPC); European Financial Reporting Advisory Group (EFRAG).

▪ Internationale Einrichtungen: International Accounting Standards Board (IASB); International Financial Reporting Interpretations Committee (IFRIC); International Actuary Association (IAA); European Actuarial Group (ehemals Groupe Consultatif, EAG); International Association of Insurance Supervisors (IAIS); International Occupational Pensions Supervisors (IOPS); National Association of Insurance Commissioners (USA, NAIC); National Conference of Insurance Legislators (USA, NCOIL); Welthandelsorganisation (WTO); United Nations Environmental Programme (UNEP); Weltbank (WB); Internationaler Währungsfonds (IWF); Organisation für wirtschaftliche Zusammenarbeit und Entwicklung (OECD).

2.1 Rolle der EU-Institutionen und -Ausschüsse im Solvency-II-Projekt

Solvency II ist die erste Initiative der EU im Versicherungsbereich, die im Rahmen des Komitologieverfahrens gestaltet werden soll. Sich rasch ändernde Entwicklungen auf dem Finanzmarkt erfordern eine neue, flexiblere und effizientere Konzeption und Umsetzung des EU-Rechts. Dies hatte der Ausschuss der Weisen zur Regulierung der europäischen Wertpapiermärkte unter dem Vorsitz von Baron Alexandre Lamfalussy im Sinn, als er das vierstufige Komitologieverfahren entwarf. Ende 2002 beschloss die EU, das Komitologieverfahren auf alle Finanzdienstleistungen einschließlich der Versicherung anzuwenden, um finanziellen Entwicklungen besser Rechnung zu tragen. Das Verfahren beruht auf dem Prinzip, dass die EU-Institutionen die wesentlichen Grundsätze der Rechtsvorschriften über die Finanzdienstleistungen ausarbeiten, während sich Ausschüsse mit den technischeren Details befassen.

Bei der Versicherungsbranche sieht das Verfahrensschema folgendermaßen aus:

1. Gesetzgebungsakte, d. h. Rahmenrichtlinien oder Verordnungen,[1] werden von der Europäischen Kommission ausgearbeitet und im Wege des so genannten Mitentscheidungsverfahren durch den Rat und das Europäische Parlament angenommen. Sie legen Art und Umfang der durch das Komitologieverfahren zu beschließenden Durchführungsmaßnahmen fest.

2. Die im EIOPC tagenden Regulierungsbehörden entwickeln die technischen Durchführungsmaßnahmen nach Rücksprache mit den Vertretern der Aufsichtsbehörden im CEIOPS.

3. Das CEIOPS arbeitet Auslegungsempfehlungen und Leitlinien aus, um die einheitliche Durchführung und Auslegung zu gewährleisten.

4. Die Durchführung und Einhaltung wird durch die Kommission in Zusammenarbeit mit den Mitgliedstaaten, dem Parlament und der Branche überwacht.

---

1 Beim neuen EU-weiten Solvabilitätssystem wird es sich um eine Richtlinie handeln. Eine Richtlinie muss innerhalb einer bestimmten Frist (gewöhnlich zwei Jahre) in das Recht jedes EU-Mitgliedstaats umgesetzt werden, während eine Verordnung in allen EU-Ländern automatisch Gesetzeskraft erlangt, ohne dass eine Umsetzung notwendig ist.

2.1.1 Europäische Kommission

Gemäß den Verträgen handelt die Kommission politisch völlig unabhängig und wahrt das Interesse der EU als Ganzes und nicht dasjenige einzelner Länder. Dabei wird sie von einem Beamtenapparat unterstützt, der sich aus über 30 Generaldirektionen (GD) und Dienststellen zusammensetzt. Die europäischen Versicherer haben vor allem mit der GD Binnenmarkt zu tun, welche die Aufgabe hat, den Vorschlag für eine Rahmenrichtlinie auszuarbeiten und die Arbeit der verschiedenen Ausschüsse zu koordinieren.

Als einzige Institution, die das Recht hat, neue EU-Rechtsvorschriften vorzuschlagen, ist die Europäische Kommission der Initiator des Projekts Solvency II. Sie ist verantwortlich für die Ausarbeitung des Vorschlags für eine Rahmenrichtlinie, der vom Rat und vom Europäischen Parlament angenommen werden soll, sowie für die Ausarbeitung der Vorschläge für die Durchführungsmaßnahmen bzw. die entsprechenden Verordnungen auf der Stufe 2 des Verfahrens. Dieses Vorgehen unterscheidet sich deutlich von dem herkömmlichen Verfahren, da es die Kommission verpflichtet, auf zwei Ebenen gleichzeitig zu arbeiten, was gewöhnlich nicht der Fall ist.

In diesem Zusammenhang hat sich die Kommission entschieden, sich die Sachkenntnis der Aufsichtsbehörden zunutze zu machen, die eigentlich erst auf der Stufe 3 zum Zuge kommen. Sie hat diese um ihre technische Mitarbeit ersucht, indem sie das CEIOPS mehrere Male um Rat gebeten hat.[2] Außerdem hat sie die verschiedenen Betroffenen des Projekts und insbesondere die europäische Versicherungswirtschaft umfassend zu Rate gezogen. Vorbereitende Diskussionen über wesentliche Grundsatzfragen werden ebenfalls mit EIOPC, dem Regelungsausschuss der Stufe 2, stattfinden, bevor die Kommission den Richtlinienvorschlag vorlegt und ihn dem Rat und dem Parlament zur Annahme übermittelt.

Die Kommission spielt auch in einem späteren Stadium des Verfahrens eine Rolle: Auf der Stufe 4 gewährleistet sie die Umsetzung der Vorschriften.

2.1.2 EU-Rat

Der Rat der EU (der die Regierungen vertritt) und das Europäische Parlament (das die Bürger vertritt) teilen sich die gesetzgeberische Gewalt. Im Rahmen des Mitentscheidungsverfahrens werden sie gebeten, die Rahmenrichtlinie der EU zu Solvency II anzunehmen.

An jeder Sitzung des Rates nimmt ein Minister aus jedem Mitgliedstaat teil. Die Zusammensetzung des Rats ist unterschiedlich. Welche Minister an einer Sitzung teilnehmen, hängt davon ab, welches Thema auf der Tagesordnung steht. Es gibt neun verschiedene „Konfigurationen" des Rates, die alle Maßnahmenbereiche abdecken. Der Rat der Wirtschafts- und

---

2   Bisher hat die Kommission verschiedene Anfragen vorgenommen, die in drei Schüben erfolgt sind und die Mitarbeit an allen drei Säulen des Projekts erfordern.

Finanzminister wird für das Projekt Solvency II zuständig sein und darüber mit qualifizierter Stimmenmehrheit entscheiden.

Die Mitgliedstaaten haben beträchtliche Befugnisse, denn sie sind nicht nur auf der Stufe 1 im Rat vertreten, sondern auch auf der Stufe 2 im EIOPC, wo sie zu den von der Kommission vorgeschlagenen Durchführungsmaßnahmen Stellung nehmen. Einige grundlegende politische Beschlüsse müssen auf höchster Ebene, d. h. mit enger Mitwirkung der Mitgliedstaaten, gefasst werden (wahrscheinlich auf der Stufe 2 des Verfahrens).

2.1.3   Europäisches Parlament

Im Rahmen des Mitentscheidungsverfahrens ist das Parlament mit dem Rat gleichberechtigt. Das Parlament ist ermächtigt, vorgeschlagene Rechtsvorschriften in diesen Bereichen zurückzuweisen, wenn eine absolute Mehrheit der Mitglieder des Europäischen Parlaments (MdEP) gegen den gemeinsamen Standpunkt des Rates oder den Vorschlag der Kommission stimmt. Das Verfahren wird gewöhnlich in ein bis zwei Lesungen abgeschlossen. Wenn keine Einigung zwischen Parlament und Rat erzielt wird, kann die Angelegenheit einem Vermittlungsausschuss vorgelegt werden.

Die allgemeine Einführung dieses Verfahrens stellt einen großen Sieg für das Europäische Parlament dar, dessen Befugnisse in den vergangenen Jahrzehnten entscheidend vergrößert worden sind. Dies erklärt, warum es in Bezug auf das Komitologieverfahren besonders vorsichtig war. Das Europäische Parlament wird im Zusammenhang mit dem Projekt Solvency II eine wichtige politische Rolle spielen. Damit seine Befugnisse nicht geschwächt und an seiner Stelle nicht spezielle Ausschüsse gesetzgeberisch tätig werden, wird es sehr sorgsam prüfen, was in der Rahmenrichtlinie enthalten ist und welche Details von Ausschüssen geregelt werden.

Ebenso wie in der Europäischen Kommission wird die Arbeit in einer Reihe von „Abteilungen" durchgeführt. Das Europäische Parlament hat 17 Ausschüsse, welche die Vorarbeit für seine Plenarsitzungen leisten. Von diesen Ausschüssen übernimmt höchstwahrscheinlich der Ausschuss für Wirtschaft und Währung die Führung, obwohl der Ausschuss für Binnenmarkt und Verbraucherschutz sowie der Rechtsausschuss ebenfalls beteiligt sein könnten.

2.1.4   European Insurance and Occupational Pensions Committee

Die Zusammenkunft der Regulierungsbehörden der Mitgliedstaaten im European Insurance and Occupational Pensions Committee (EIOPC) wird Durchführungsmaßnahmen erörtern, die auf den Vorschlägen der Kommission beruhen (die auch das Monopol auf Regulierungsinitiativen in diesem Bereich hat). Das EIOPC soll an die Stelle des früheren Versicherungsausschusses treten, einer Einrichtung für regulierende und gesetzgeberische Maßnahmen, die im Dezember 1992 geschaffen wurde, um die Kommission bei der Annahme der Durchführungsmaßnahmen zu den EU-Richtlinien zu unterstützen.

2.1.5 Committee of European Insurance and Occupational Pensions Supervisors

Das Committee of European Insurance and Occupational Pensions Supervisors (CEIOPS) setzt sich aus hochrangigen Vertretern der Aufsichtsbehörden der Mitgliedstaaten der Europäischen Union für die Versicherung und die betriebliche Altersversorgung zusammen. Die Behörden der Mitgliedstaaten des Europäischen Wirtschaftsraums nehmen ebenfalls am CEIOPS teil. Wie bereits erwähnt, spielt das CEIOPS eine Doppelrolle.

Einerseits berät es die Europäische Kommission in technischen Fragen. Als unabhängige Einrichtung entscheidet das CEIOPS frei über den geeigneten Weg und die Mittel, um den Anfragen der Kommission erfolgreich zu entsprechen. Es hat sich jedoch verpflichtet, die Betroffenen (Versicherer, Anleger und Verbraucher) bei diesem Verfahren anzuhören. Das CEIOPS legt regelmäßige Lageberichte vor und übermittelt der Kommission seine Empfehlungen, sobald es seine Arbeit beendet hat. Unter Berücksichtigung der Empfehlungen des CEIOPS wird die Kommission ihre Vorschläge für das Projekt Solvency II ausarbeiten, wobei diese Vorschläge einer zusätzlichen Anhörung unterliegen können. Das Europäische Parlament kann eine Stellungnahme zu diesem Entwurf abgeben. Darauf legt die Kommission den Entwurf dem Regelungsausschuss EIOPC vor, der über den Vorschlag abstimmt.

Andererseits arbeitet das CEIOPS an Auslegungsempfehlungen und Leitlinien, um die einheitliche Durchführung und Anwendung der EU-Rechtsvorschriften auf der Stufe 3 zu gewährleisten.

Das CEIOPS wurde bereits eingerichtet, mit einem Sekretariat in Frankfurt, und tritt an die Stelle der früheren Konferenz der europäischen Versicherungsaufsichtsbehörden. Henrik Bjerre-Nielsen (Dänemark) wurde zum Vorsitzenden des vorläufigen CEIOPS und Thomas Steffen (Deutschland) zum Stellvertretenden Vorsitzenden gewählt. Dem Präsidium wird ein so genanntes Büro zur Seite stehen, das durch drei weitere Mitglieder vertreten wird: Florence Lustman (Frankreich), John Tiner (Vereinigtes Königreich) und Michel Flamée (Belgien). Alberto Corinti (Italien) ist der Generalsekretär des CEIOPS.

Von den neun Arbeitsgruppen des CEIOPS sind sechs in das Projekt Solvency II einbezogen (in Klammern jeweils die Vorsitzenden): 1. Säule Lebensversicherung (Björn Palmgren, Schweden), 1. Säule Nicht-Lebensversicherung (Paul Sharma, Großbritannien), 2. Säule (Petra Faber Graw, Deutschland), 3. Säule und Rechnungslegung (Fausto Parente, Italien), Sektorübergreifende Fragen (Noel Guibert, Frankreich) und Finanzielle Stabilität (Klaas Knot, Niederlande). Die Arbeitsgruppen vermitteln technisches Fachwissen zu einer Reihe von Fragen, bei denen weitere Diskussionen erforderlich sind, bevor die Europäische Kommission ihre Arbeit zu der Rahmenrichtlinie fortsetzen kann.

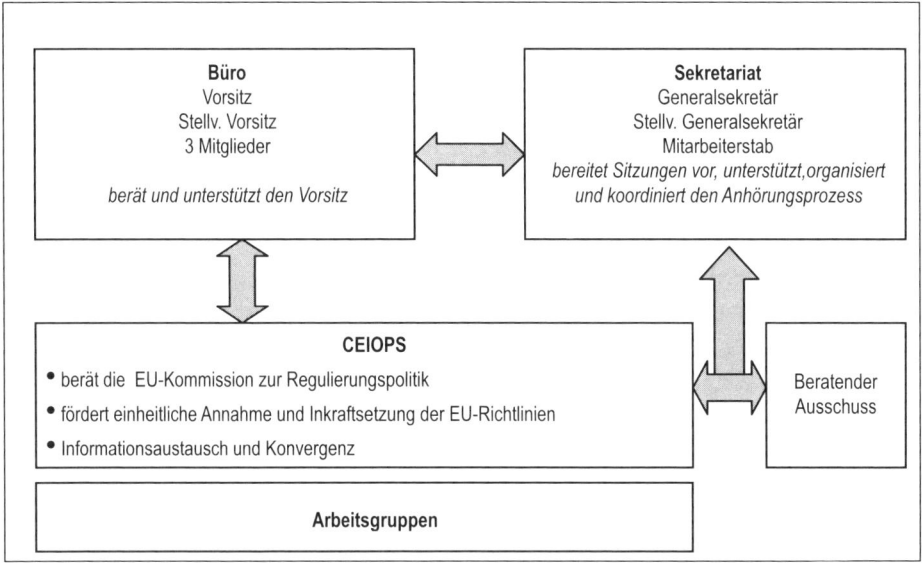

Abbildung 2: *Struktur des CEIOPS*

Das CEIOPS hat folgende Beschlussverfahren vereinbart: Im Prinzip werden Beschlüsse von den Ausschussmitgliedern einstimmig angenommen. Eine Ausnahme bilden Empfehlungen an die Kommission. In diesem Fall strebt das CEIOPS Einstimmigkeit an; sollte sich diese als nicht erreichbar erweisen, so wird der Beschluss auf der Grundlage einer qualifizierten Mehrheit gefasst, d. h. jeder Mitgliedstaat hat die gleiche Zahl von Stimmen, wie im EU-Vertrag für die Abstimmung im Rat ausgeführt. Das Gleiche gilt für diejenigen Mitgliedstaaten, die wegen verschiedener Aufsichtsbehörden für die Versicherung und die betriebliche Altersversorgung zwei Vertreter haben.

2.2   Einfluss der Internationalen Aufsichtsbehörden und Standardisierungsgremien

Zwar ist Solvency II ein Projekt der EU, einige Akteure auf internationaler Ebene haben jedoch zwangsläufig Einfluss auf das Projekt. Dies gilt insbesondere für die International Association of Insurance Supervisors, aber indirekt auch für das International Accounting Standards Board.[3] Beim Basel II-Projekt für die Banken war der Initiator und Leiter des Projekts der Baseler Ausschuss, die Entsprechung der IAIS für die Bankenaufsicht. Seine

---

3   Vgl. Knauth in diesem Band.

Arbeit soll dann mit der Richtlinie über die angemessene Eigenkapitalausstattung in den gesetzgeberischen Rahmen der EU integriert werden.

2.2.1   International Association of Insurance Supervisors

Die International Association of Insurance Supervisors (IAIS) vertritt etwa hundert Versicherungsaufsichtsbehörden auf der ganzen Welt.[4] Über 70 Beobachter vertreten Branchenverbände, Berufsverbände, Versicherungs- und Rückversicherungsunternehmen, Berater und internationale Finanzinstitute. Das CEA hat Beobachterstatus mit dem Recht auf Stellungnahme. Die IAIS gibt weltweite Versicherungsgrundsätze, Normen und Leitfäden heraus, führt zu Fragen im Zusammenhang mit der Versicherungsaufsicht Schulungen durch und leistet Unterstützung und veranstaltet Sitzungen und Seminare für Versicherungsaufsichtsbeamte. Die Europäische Kommission nimmt in ihren Papieren zu Solvency II eingehend auf die Arbeit der IAIS Bezug.

2.2.2   International Accounting Standards Board

Es besteht ein wichtiger Zusammenhang zwischen den Solvabilitätsanforderungen und den Standards für die Finanzberichterstattung und die Rechnungslegung.[5] Tatsächlich sollten die Finanzberichterstattung und die aufsichtsrechtliche Berichterstattung idealerweise auf der gleichen Grundlage vorgenommen werden, nicht zuletzt im Hinblick auf die Einheitlichkeit.

Was die Finanzberichterstattung betrifft, sind börsennotierte Gesellschaften in der EU seit 1. Januar 2005 verpflichtet, konsolidierte Jahresabschlüsse auf der Grundlage der Standards vorzulegen, die vom unabhängigen International Accounting Standards Board (IASB) mit Sitz in London ausgearbeitet wurden. Das Projekt Solvency II sollte mit den IAS/IFRS vereinbar sein, um ein größeres Maß an Harmonisierung zu erreichen. Es gibt jedoch noch keinen endgültigen Rechnungslegungsstandard für Versicherungsverträge und es kann hier zu weiteren Verzögerungen kommen, die sich auf den Zeitplan für Solvency II auswirken könnten. Bestimmte Konzepte sind daher noch nicht entwickelt worden, was Unsicherheit für das Projekt Solvency II zur Folge hat.

---

4   Vgl. Kawai in diesem Band.
5   Vgl. Meyer in diesem Band.

3. Mitwirkung der europäischen Versicherungswirtschaft

3.1 Rolle des europäischen Versicherungsverbandes

Solvency II ist für die europäische Versicherungswirtschaft ein entscheidendes strategisches Projekt. Kleine, mittelgroße und große Versicherer und Rückversicherer aus dem Lebens- und Nicht-Lebensgeschäft aus 33 Ländern stimmen im CEA, dem europäischen Versicherungsverband, ihre Anstrengungen aufeinander ab. Auf die nationalen Mitgliedsverbände des CEA entfallen über 93 Prozent des inländischen Versicherungsgeschäfts. Die mehr als 5.000 Versicherungs- und Rückversicherungsunternehmen, die vom CEA vertreten werden, haben ein Gesamtbeitragsaufkommen von 927 Milliarden Euro, beschäftigen mehr als 1 Million Menschen und investieren über 5.800 Milliarden Euro in die Wirtschaft. Das CEA vertritt die Ansichten der Branche gegenüber den Institutionen der EU und den internationalen Regulierungs- und Aufsichtsbehörden, um einen angemessenen Regelungsrahmen zu gewährleisten. Indem sie auf allen Ebenen und in allen Stadien von Solvency II ihren Beitrag leistet, möchte die europäische Versicherungswirtschaft über das CEA gewährleisten, dass das Projekt den Erfordernissen und Besonderheiten des Versicherungsgeschäfts entspricht.

3.2 Anhörung der Branche

Parallel zu ihrer Positionierung im Hinblick auf die frühzeitige Darlegung des Inhalts von Solvency II war die Versicherungswirtschaft mit Verfahrensfragen im Zusammenhang mit der Einführung des Komitologieverfahrens konfrontiert. Dieses neue Verfahren soll viele der – insbesondere zeitlichen – Mängel der herkömmlichen Wege der Gesetzgebung beseitigen. Es soll jedoch nicht zu Kompromissen in Bezug auf die Qualität führen. Nur genügend Transparenz und zufrieden stellende Anhörung der Betroffenen können die Einheitlichkeit des zukünftigen aufsichtsrechtlichen Rahmens gewährleisten. In einem Projekt dieser Größenordnung und im Hinblick auf die zu behandelnden technischen und politischen Fragen muss das Fachwissen aller Betroffenen zusammengefasst werden.

Bisher hat die Europäische Kommission das CEA zusammen mit den übrigen Betroffenen des Projekts angehört. Das CEA hat durch Stellungnahmen und Anmerkungen zu den Arbeitsunterlagen der Kommission, in denen sie einige Vorschläge unterbreitet hat, regelmäßige Beiträge geleistet.

Das CEIOPS hat sich verpflichtet, sich umfassend und in offener Weise mit den Anbietern von Versicherungs- und betrieblichen Pensionsfondsprodukten, den Marktteilnehmern, den Verbrauchern und den Endabnehmern zu beraten. Insbesondere hat es einen beratenden Ausschuss der Marktteilnehmer geschaffen, dem auch Vertreter des CEA angehören.

Die Anhörung auf der Ebene der technischen Arbeitsgruppen ist weniger formalisiert, da sie in das Ermessen der Vorsitzenden der Arbeitsgruppen gestellt ist.

3.3   Beitrag des Versicherungssektors

Wir haben gesehen, dass die Gestaltung des zukünftigen aufsichtsrechtlichen Rahmens in der EU ein Projekt von ehrgeiziger Komplexität ist. Eine Reihe von Einrichtungen sind daran beteiligt und müssen interagieren, um die Qualität und die Durchführbarkeit des Endergebnisses zu gewährleisten. In diesem Zusammenhang hat die Versicherungswirtschaft sicherzustellen, dass sie der richtigen Einrichtung gegenüber rechtzeitig einen Beitrag von guter Qualität liefern kann. Um sich dieser Herausforderung stellen zu können, hat das CEA seine Strukturen angepasst, damit es aus dem umfassenden Fachwissen seiner Märkte den größten Nutzen zieht.

Im Mittelpunkt dieser neuen Struktur steht die Lenkungsgruppe Solvency II des CEA. Sie untersteht der CEA-Kommission Wirtschaft und Finanzen und setzt sich aus Experten der nationalen Versicherungsverbände und führender europäischer Versicherungsunternehmen zusammen. Sie trifft die wesentlichen Entscheidungen über die Ausrichtung des Projekts.

Das CEA hat bisher auf verschiedene Anfragen der Kommission und des CEIOPS geantwortet und mit einer Reihe von anderen Dokumenten[6] zu dem Projekt beigetragen:

- „Solvency Assessment Models compared" legt den Schwerpunkt auf die Säule 1 von Solvency II, d. h. auf die quantitativen Solvabilitätsanforderungen. Das Dokument enthält eine faktische Übersicht und einen qualitativen Vergleich einiger vorherrschender Modelle zur Solvabilitätsbestimmung: Solvency I, Financial Services Authority (FSA), Pensioenen Verzekeringskamer (NL), Schweizer Solvenztest (CH), Basel II (Banken), National Association of Insurance Commissioners (USA), Standard & Poor's, Gesamtverband der Deutschen Versicherungswirtschaft 2002 (DE) und das Modell, das von dem früheren Vorsitzenden der CEA-Arbeitsgruppe Solvency II, Jukka Rantala, entwickelt wurde. Das Dokument hat zum Ziel, ein besseres Verständnis der bestehenden Systeme zu erreichen sowie Fragen und Grundsätze, die sich aus den vorhandenen Modellen ergeben, herauszuarbeiten, um das bestmögliche Modell für Europa zu entwickeln. Die Veröffentlichung wurde in Zusammenarbeit mit dem Finanzdienstleistungsstrategie- und Risikomanagement-Unternehmen Mercer Oliver Wyman erstellt.

---

6   Vgl. CEA-Website (www.cea.assur.org).

■ „Solvency II Structural Issues" bringt wichtige politische und strukturelle Fragen im Zusammenhang mit Solvency II zur Sprache. Außerdem behandelt das Dokument speziell die folgenden Themen:

- Welche Bedeutung haben Wirkungsanalysen für die Kalibrierung?
- Werden die Kosten und negativen Auswirkungen von unnötig vorsichtigen Kapitalvorschriften verstanden?
- Folgen wir dem Weg von Basel II oder gehen wir einen Schritt weiter?
- Worin sollte der Kompromiss zwischen Harmonisierung und Flexibilität bestehen?
- Wie stellt sich die Herausforderung eines relativ einfachen Standardansatzes dar, der jedoch einen komplizierten internen Modellansatz erlaubt?
- Welche Fragen stellen sich im Zusammenhang mit Konzernen?
- Wie steht es um Diversifizierung,
- Konzentrationsrisiko,
- Risikoübertragung,
- Risikominderung,
- Fungibilität von Kapital,
- grenzüberschreitende Beaufsichtigung und europäische Beaufsichtigung?
- Wie können unbeabsichtigte Folgen, z. B. Destabilisierung der Finanzmärkte oder Auswirkungen auf Aktien, verhindert und die Kosten der Volatilität gemindert werden?
- Welche Rolle spielt der Staat bei der Ermöglichung und Förderung eines guten und effizienten Risikomanagements?

■ Das Basel-II-Projekt wurde mit ähnlichen Zielsetzungen durchgeführt wie dasjenige, das jetzt den Versicherungssektor betrifft. Somit kann der Prozess der Entwicklung des Aufsichtssystems für die Versicherung von den Erfahrungen mit Basel II und den Lehren, die daraus gezogen wurden, stark profitieren. In dem CEA-Papier „Why care should be taken when using Basel II as a starting point for Solvency II" wird jedoch erläutert, dass es grundlegende Unterschiede zwischen dem Banken- und dem Versicherungssektor gibt, die im Auge behalten werden müssen, wenn die Nutzung von Basel II im Zusammenhang mit Solvency II in Betracht gezogen wird.

Die Versicherungswirtschaft wird weiter regelmäßige Beiträge an die Entscheidungsträger leisten, indem sie präzise Ansichten zur allgemeinen Gestaltung des Projekts vorbringt und ihren Standpunkt zu spezifischen technischen Fragen ausarbeitet.

4.   Die nächsten Schritte zur Einführung des neuen europäischen Solvabilitätssystems

Die Europäische Kommission hofft, dass 2006 eine Rahmenrichtlinie angenommen wird, obwohl dies ein ziemlich optimistischer Zeitplan ist. Gegenwärtig wird davon ausgegangen, dass Solvency II 2007 abgeschlossen und 2009/2010 vollständig umgesetzt werden könnte. Die fortlaufende, frühzeitige Mitwirkung der gesamten Branche sowohl auf politischer als auch auf technischer Ebene wird für deren Einflussnahme auf das zukünftige Solvabilitätssystem entscheidend sein. Im Zusammenhang mit der Entwicklung dieses Eckpfeilers des Binnenmarkts für die Versicherung ist es besonders wichtig, dass die Beschlüsse, die auf EU-Ebene gefasst werden, die Besonderheiten des Versicherungsgeschäfts widerspiegeln. Das Engagement der Versicherer darf deshalb trotz des langwierigen Zeitplans nicht nachlassen.

The IAIS framework for insurance supervision and EU Solvency II

Yoshihiro Kawai

1.   Introduction

The purpose of this article is to introduce the activities of the IAIS, in particular IAIS in-
volvement in solvency regimes, and to explain how these fit into EU Solvency II. I first
briefly introduce the IAIS and its activities in supervisory and solvency standard setting.
Then I describe a new framework for insurance supervision that the IAIS has recently developed. I then focus on solvency and capital requirements, and explain IAIS standards and a
new development in this area. Finally, I attempt to make it clear that there is no inconsistency
between the IAIS framework and solvency standards, and EU Solvency II. I argue that the
IAIS framework is more general, and fully embraces EU solvency II.

2.   IAIS standard setting activities

2.1   IAIS and its standards

Insurance business is becoming more and more globalised. Many insurance companies have
operations not only in their home country, but in neighbouring countries and around the
world. In the globalised financial market, capital moves from one country to another easily
and quickly and national boundaries become blurred. Insurance supervisors around the world
were expected to cope with such rapid developments of insurance markets. However, regulatory and supervisory systems were sheltered within their national boundaries for a long time
and did not see regulation and supervision from an international aspect.

Insurance supervisors recognised that they should address this gap and cope with the rapidly
changing insurance markets and financial world. In 1994 they founded the International Association of Insurance Supervisors (IAIS) in order to meet this challenge. Today, the IAIS
comprises insurance supervisory authorities from over 170 jurisdictions. The most important
IAIS activity involves setting international insurance regulatory and supervisory standards.

Over the last ten years the IAIS has established a solid organisational structure and has become recognised internationally as the standard setting body of insurance supervision. It has

developed Insurance Core Principles (ICPs) and a wide range of supervisory standards to which all insurance regulators and supervisors strive to comply.

2.2 Need and benefit for creating a common supervisory and solvency structure

These standards have undoubtedly contributed to a convergence of both industry risk assessment approach and supervisory practices, and regulation over the last decade. Insurer solvency takes a central position in risk management by insurers and in insurance supervision. To date, the IAIS has developed a number of papers addressing different aspects of insurer solvency, based on the Insurance core principles and the Principles on capital adequacy and solvency. However, the IAIS has not yet articulated a globally acceptable and applicable approach to the financial components of insurance supervision, and in particular to the assessment of insurer solvency.

Some insurance lines of business are offered on a global basis, and some insurance groups serve a global client base. Other insurance products have a more local flavour, reflecting local markets and conditions, and are offered by more locally operating insurers. Even so, insurance products, markets and companies have many characteristics in common, enabling, and indeed calling for, a common, globally acceptable and applicable structure for the assessment of insurer solvency. This common structure must be sufficiently flexible to take into account both the local and the global aspects of insurance.

Taking into account these circumstances, the IAIS developed a new framework for insurance supervision. The purpose of this framework is to outline the proposed global framework for insurance supervision and to show where the financial components of insurance supervision (which include the assessment of insurer solvency) fit within this framework. A significant current focus for the IAIS is the development, as part of the framework, of the key elements, or "cornerstones", of a common structure and common standards for the assessment of insurer solvency.

A common structure and common standards for the assessment of insurer solvency will address the IAIS's first objective of improving supervision of the insurance industry for the benefit and protection of policyholders by:

- assisting both industry and the insurance supervisory community in the determination and assessment of the risk and solvency position of insurers, reinsurers and financial groups;

- serving to enhance the transparency and comparability of insurers worldwide, to the benefit of consumers, the industry, investors and other interested parties;

- supporting a level playing field;

- offering further opportunities for international cooperation;

- reducing opportunities for unwanted regulatory arbitrage;

- increasing public confidence in the insurance sector;

- reducing reporting and compliance costs;

- enabling a more effective use of resources by industry and the supervisory community.

3.   The IAIS Framework for Insurance Supervision

The proposed common structure and common standards for the assessment of insurer solvency will not be developed in isolation but will be embedded in, and be part of, an overarching Framework for Insurance Supervision that is both globally acceptable and applicable. This Framework serves to clarify and enhance the interrelationship between the solvency standards and the other IAIS Principles, Standards and Guidance Papers agreed so far, and also the interdependencies with other ongoing IAIS work. The Framework brings together the substantial amount of work that the IAIS has already undertaken, and provides a structure for identifying priority areas for future IAIS work.

In developing a common structure and standards for the assessment of insurer solvency, and formalising an overarching Framework for Insurance Supervision, the IAIS has taken note, and will continue to take note, of relevant developments within other global fora such as the Bank for International Settlements (BIS), the Basel Committee on Banking Supervision (BCBS), the International Accounting Standards Board (IASB), the International Actuarial Association (IAA), the International Federation of Accountants (IFAC), the International Monetary Fund (IMF), the International Organisation of Securities Commissions (IOSCO), the Organisation for Economic Cooperation and Development (OECD), the World Bank, and other, similar regional or national bodies. There are now a considerable number of large financial groups which are active across various financial sectors, and supervisors are now focussing more on specific types of risk, some of which are common to the different financial sectors in which they occur, whereas others are more sector specific. This means:

- that particular attention needs to be paid to risk-based, supervisory developments in other financial sectors such as "Basel II"[1]; and

---

1   Cf. Basel Committee on Banking Supervision (2004). This is the new capital adequacy framework, commonly known as Basel II, developed by the Basel Committee on Banking Supervision and approved by the central bank governors and bank supervisory authorities in the Group of Ten (G10) countries in June 2004.

▓ that the proposed common structure and standards for the assessment of insurer solvency and the Framework for Insurance Supervision need to reflect the particular nature of insurance, and the specific risks associated with it.

The wide range of aspects already identified and elaborated to some extent in the Insurance Core Principles suggests that the Framework for Insurance Supervision consists of three groups of issues: financial issues, governance issues and market conduct issues. It also encapsulates three levels, or aspects, in relation to these issues, reflecting three different responsibilities: preconditions for effective insurance supervision, regulatory requirements, and supervisory action. Here I would like to explain contents of this Framework.

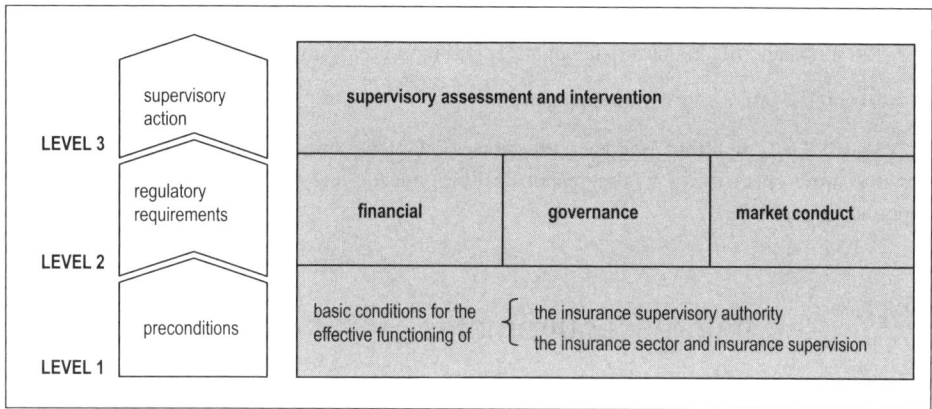

Figure 1:   *Outline of the Framework for insurance supervision*

3.1   Preconditions for effective Insurance Supervision

The Framework for Insurance Supervision recognises that two sets of basic conditions need to be in place before an effective framework can function. Firstly, effective insurance supervision can only exist within an environment which has:

▓ a policy, and an institutional and legal framework, for the financial sector and its supervision;

▓ a well developed and effective financial market infrastructure;

▓ efficient financial markets with relevant information available.

In many respects the general, basic conditions for effective insurance supervision are also basic conditions for the effective functioning of an insurance industry in a jurisdiction. Such basic conditions are to a large extent outside the direct control or influence of an insurance supervisor or, by analogy, an insurer.

Secondly, effective insurance supervision can only be implemented if there is a set of clearly defined principles, supervisory objectives and the existence of a supervisory authority (or authorities) that:

- has adequate powers, legal protection and financial resources to exercise its functions and powers;

- is operationally independent, notably from political authorities and from insurers;

- is accountable and transparent in the exercise of its functions and powers;

- hires, trains and maintains sufficient staff with high professional standards;

- treats confidential information appropriately.

This set of basic conditions builds on the more fundamental prerequisites outlined above, and pertains more specifically to the responsibilities, means and functioning of the insurance supervisory authority.

3.2   Regulatory Requirements

Supported by these preconditions, the Framework consists of three broadly defined categories or "blocks" of issues, which relate to:

- the financial aspects of an insurer's operations;

- how an insurer is governed;

- how an insurer conducts its business and presents itself in the market.

Each of these blocks may be viewed from two main standpoints or aspects:

- regulatory requirements, which are addressed to the operations of the insurer; and

- supervisory action, which has regard to the responsibilities and activities of the supervisory authority.

It is the responsibility of insurers to meet regulatory requirements, both qualitative and quantitative, in pursuing their insurance activities. Such requirements may be enshrined in law or regulations, or be imposed by the supervisory authority, but need to be broad enough to deal with the full range of insurers in the market. The three blocks are:

- The financial block. This pertains to the field of solvency and capital adequacy; valuation and adequacy of technical provisions; forms of capital; investments; and financial reporting and disclosure.

- The governance block. This refers to governance processes and controls in areas such as the board of directors, senior management and other organisational aspects, fit and proper testing of directors and management; administrative, organisational and internal controls, including risk management; compliance with legislative requirements; shareholder relationships; and the governance risks posed by group structures.

- The market conduct block. This includes areas such as dealing with customers in the selling and handling of insurance policies, and also the integrity of conduct by an insurer such as an institutional investor. It also includes disclosure of relevant information both to the market and to policyholders.

3.3   Supervisory Action

Adherence by insurers to all such requirements needs to be subject to supervisory review. Assessment of an insurer's risk profile, controls and available support are integral to supervisory review. Supervisors must assess individual insurers, taking into account the specific circumstances of each insurer. More specifically, the supervisor will need to tailor its review, and any remedial action taken, to the risk profile and specificities of each insurer, with due regard to the principles of legal certainty and equal treatment. The supervisory action "level" in the Framework thus illustrates the field of responsibility of the supervisory authority, and its responsibility to take appropriate action when this is called for.

3.4   Framework Solidity

The contents of each of the elements of the Framework are interdependent; to keep the Framework stable and effective, less stringent requirements in one element imply a need for stronger measures in the others. However, a minimum level of coverage of each Framework element needs to be determined at a sufficiently exacting and granular level and agreed as an internationally acceptable standard. This combination of minimum coverage with compensating interdependence provides a solid overall framework.

The Framework for Insurance Supervision encompasses the overall spectrum of insurance and insurance supervision. It is also compatible with the approach of "Basel II". Both address regulatory requirements, supervisory review and market discipline through disclosure, although they are structured differently. For example, in the Framework for Insurance Supervision, all regulatory requirements, including those addressing public disclosure, appear at the same "level". Such disclosure requirements may pertain to each of the three blocks: financial, governance or market conduct. Adherence to these disclosure requirements would form part of the supervisory assessment. However, the effectiveness of public disclosure would be seen as the responsibility of the market, under the presumption that insurers meet their disclosure requirements. The Framework is based on the view that insurance supervision has a role in assessing whether insurers meet their disclosure requirements both to the market and to policyholders, but it cannot ensure that market forces play their envisaged beneficial preventative and corrective role.

4.   Development of IAIS solvency standards

4.1   IAIS standards on solvency

Key IAIS papers specifically addressing aspects of insurer solvency are Principles on Capital Adequacy and Solvency and Insurance Core Principles. Before explaining the future development of IAIS solvency standards, I would like to describe these two principles.

4.1.1   Principles on Capital Adequacy and Solvency

These principles, issued in 2002, are the first IAIS principles defining the scope of capital adequacy and solvency regimes and explaining clearly each component of solvency and its supervisory best practice. Principle 6 states that capital adequacy and solvency regimes have to be sensitive to risk and comprise the following:

1. valuation of liabilities (including the technical provisions);

2. requirements on assets (including requirements for valuation of assets);

3. definition of appropriate forms of capital;

4. required solvency margin.

The IAIS considers that capital adequacy and solvency regimes cover not only capital (solvency margin) requirements but also liabilities and assets requirements. In other words, capital adequacy and solvency regimes are issues of overall requirements for risk management.

Insurance supervisors know that they should examine the total financial position of an insurer, i.e., all means available to an insurer to meet its obligations in order to oversee its financial soundness. This approach is rather different from the Basel Capital Accord of the banking sector, which focuses much more on capital requirements.

The principles therefore cover all aspects of overseeing the financial soundness of an insurer:

1. liabilities (principle 1 on technical provisions and principle 2 on other liabilities);

2. assets (principle 3 on assets);

3. assets and liabilities matching (principle 4 on matching);

4. capital (principle 5 on absorption of losses, principle 6 on sensitivity to risk, principle 7 on control level, principle 8 on minimum capital, principle 9 on definition of capital);

5. reinsurance (principle 11 on allowance for reinsurance);

6. disclosure (principle 12 on disclosure);

7. others (principle 10 on risk management, principle 13 on solvency assessment and principle 14 on double gearing).

4.1.2 Insurance Core Principles

The Insurance Core Principles (ICPs) were issued in 2003. The ICPs provide a globally-accepted structure for the regulation and supervision of the insurance sector. Since it is a base for other IAIS principles, standards and guidelines, they are principles of principles. The ICPs also provide the basis of evaluating insurance legislation and supervisory systems and procedures.

Chapter 6 of the ICPs is related to solvency regimes. This chapter sets out six principles addressing prudential requirements. Their common goal is to ensure that insurers have the ability under all reasonably foreseeable circumstances to fulfill their obligations as they fall due. The six principles can be classified into two categories: general principles (ICP 18 on risk assessment and management and ICP 19 on insurance activities) and specific principles (ICP 20 on liabilities, ICP 21 on investments, ICP22 on derivatives and similar commitments and ICP23 on capital adequacy and solvency).

ICP 23 deals directly with capital adequacy and solvency. It states that the supervisory authority requires insurers to comply with the prescribed solvency regime. This regime includes capital adequacy requirements and requires suitable forms of capital that enable the insurer to absorb significant unforeseen losses. The principle also explains that capital adequacy requirements are part of a solvency regime. A solvency regime should take into account not only the sufficiency of technical provisions to cover all expected, and some unexpected, claims and expenses but also the sufficiency of capital to absorb significant unexpected losses. Consistent with *Principles on Capital Adequacy and Solvency* issued in 2002, this principle stresses the importance of overseeing the sufficiency of not only capital, but also technical provisions to ensure the insurer is able to absorb significant unforeseen losses.

4.2   Cornerstones for the assessment of insurer solvency

Building on the Framework for Insurance Supervision and these principles mentioned in the previous section, the IAIS is formulating a more precise view on a number of key elements or "cornerstones" in the common structure and common standards for the assessment of insurer solvency. These "cornerstones" will call for substantial precision and transparency in order to enable the risk and solvency position of insurers, reinsurers and financial groups to be assessed consistently. Broader acceptance and global implementation of these "cornerstones" is only possible if they enable accurate and consistent assessments across jurisdictions.

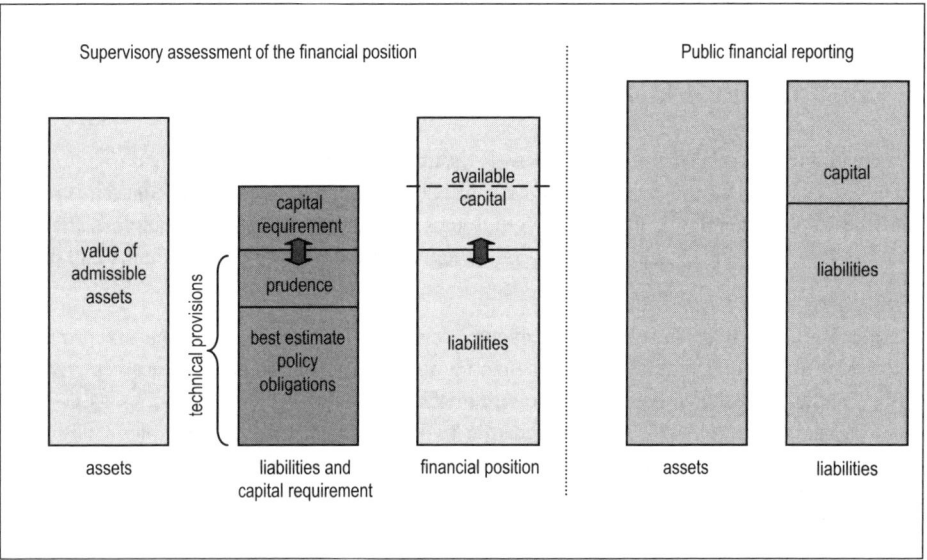

Source: IAIS, April 2005

Figure 2:   *Supervisory assessment of the financial position of an insurer and the public financiel reporting of an insurer*

This figure in the recently issued IAIS consultation paper illustrates in a very simplified form the relationship between the assessment of the financial position of an insurer for supervision purposes (left side) and the public financial reporting of an insurer (right side), and the differences between them. The paper describes that insurance liabilities (or technical provisions) are composed of best estimates and margin of prudence. Supervisory requirements are total of capital requirements and insurance liabilities. The paper does not specify how the appropriate overall level of prudence for the solvency regime should be divided between capital require-ments and margin of prudence. In other words, the goal indicated in the paper is not to har-monise capital requirements or assessment of insurance liabilities (best estimates and margin of prudence), but to make these components clear and comparable.

A common structure and standards for the assessment of insurer solvency will support trans-parency and convergence. A benefit of a common approach is the substantial improvement of the transparency of the existing solvency regimes and financial condition of individual insur-ers, and the enhanced comparability between different solvency regimes.

4.3   Relations between IAIS solvency standards and the Framework for Insurance Supervision

The common structure and standards for the assessment of insurer solvency that are to be developed are an important part of the "financial block" in the Framework for Insurance Supervision. However, the common solvency standards will also address components of the governance and market conduct blocks. The structure and standards will first address level 2 (regulatory requirements) and then be expanded into level 3 (supervisory actions). As illus-trated, the effectiveness of such solvency standards will be dependent upon the other ele-ments of the Framework. The position of the common structure and standards within the Framework is illustrated as follows.

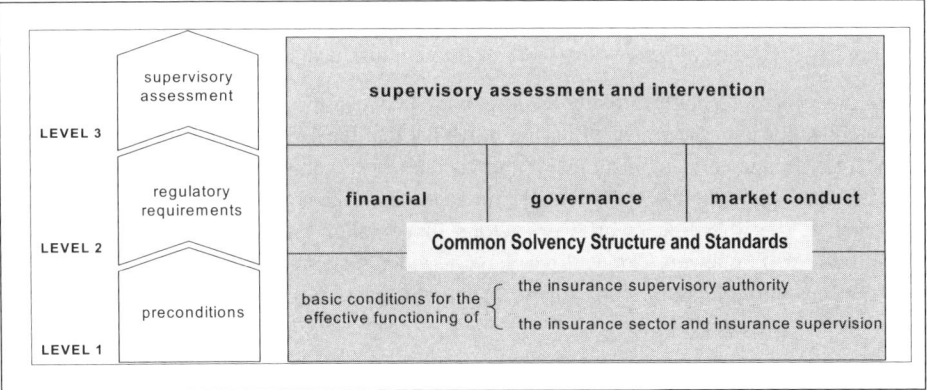

Figure 3:   *Position of IAIS solvency structure and standards in the Framework*

5.   IAIS Framework and EU Solvency II

The EU Solvency II project, set up to design the future prudential system of insurers in the EU/EEA, will follow the three pillar approach developed in Basel II: pillar 1 minimum capital requirements, pillar 2 supervisory review and pillar 3 market discipline. In the solvency II project, pillar 1 stresses the importance of the establishment of quantitative financial requirements as well as a range of qualitative operational requirements. Pillar 2 covers an integral supervisory assessment of the way a financial institution manages its business, including adherence to any regulatory requirements. This assessment may lead to additional requirements such as an amendment of or supplement to the requirements in pillar 1. Pillar 3 covers market discipline through appropriate disclosure.

The main differences between the IAIS Framework for Insurance Supervision and the EU Solvency II project are as follows:

- Scope: The scope of the IAIS Framework is wider than that of Solvency II. The IAIS Framework aims to cover all aspects of insurance supervisory and regulatory issues, whereas Solvency II is more focused on solvency and risk management issues. Thus, issues such as preconditions, governance and market conduct are not the main focus of the EU Solvency II project.

- Classification: The IAIS Framework classifies supervisory issues by responsible parties (government or general (preconditions)/ insurers (regulatory requirements)/ supervisors (supervisory action)). Solvency II classifies issues by regulation (regulation (minimum capital and regulatory review)) and market (market discipline by disclosure)).

- Market discipline and disclosure: The IAIS Framework sees disclosure as regulatory requirements under levels 2 and 3. Solvency II considers that market forces envisage playing a preventative and collective role (pillar 3) through disclosure.

These differences do not create any inconsistency between the two approaches. In addition, cornerstones for the assessment of insurer solvency that the IAIS is developing on the basis of the IAIS Framework for Insurance Supervision aim to enhance transparency and enable accurate and consistent assessment across jurisdictions. This is not inconsistent with the EU Solvency II. The IAIS Framework/Cornerstones have a high level, comprehensive structure. Since the IAIS Framework/Cornerstones have a wider scope and are more general than the EU Solvency II, we may interpret this to mean that the IAIS Framework/Cornerstones embrace the EU Solvency II concepts.

References

BASEL COMMITTEE ON BANKING SUPERVISION (2004): Basel II International Convergence of Capital Measurement and Capital Standards. BIS publication on June 2004, http://www.bis.org/publ/bcbs107.htm.

EUROPEAN COMMISSION (2002): ETD/2000/BS-3001/C/45 from May 2002: Study into the methodologies to assess the overall financial position of an insurance undertaking from the perspective of prudential supervision, http://europa.eu.int/comm/internal_market/insurance/docs/solvency/solvency2-study-kpmg_en.pdf.

EUROPEAN COMMISSION (2002): Solvency 2: Review of work, in: Markt/2536/02 from November 2002, http://europa.eu.int/comm/internal_market/insurance/docs/markt-2536-02/markt-2536-02_en.pdf.

EUROPEAN COMMISSION (2002): Considerations on the design of a future prudential supervisory system, in: Markt/2535/02 from 28.11.2002, http://europa.eu.int/comm/internal_market/insurance/docs/markt-2535-02/markt-2535-02_en.pdf.

IAIS (2002): Principles on Capital Adequacy and Solvency. IAIS publication on January 2002. http://www.iaisweb.org/02sovency.pdf.

IAIS (2003): Insurance Core Principles and Methodology. IAIS publication on October 2003, http://www.iaisweb.org/358coreprinciplemethodologyoct03revised.pdf.

IAIS (2004): New IAIS framework for insurance supervision. IAIS press release on 7 October 2004, http://www.iaisweb.org/041007_AC04_and_framework.pdf.

IAIS (2005): IAIS issues cornerstornes for assessment of insurer's solvency. IAIS press release on 15 February 2005, http://www.iaisweb.org/050418_combined_report_and_press_re.pdf.

Implikationen von IFRS für Solvency II

Lothar Meyer

1.   Einleitung

Spätestens für die Geschäftsjahre ab 2005 haben kapitalmarktorientierte Versicherungsunternehmen ihre Konzernabschlüsse nach den Internationalen Rechnungslegungsstandards International Financial Reporting Standards (IFRS bzw. vormals IAS) aufzustellen. Als deutlich wurde, dass der Zeitplan für die Entwicklung des Versicherungsstandards nicht eingehalten werden konnte, wurde das Projekt in zwei Phasen aufgeteilt. Am 31. März 2004 veröffentlichte das International Accounting Standards Board (IASB) den International Financial Reporting Standard 4 (IFRS 4) für Versicherungsverträge. Der IFRS 4 ist als Übergangslösung ab 2005 anzuwenden.[1] Bis im Rahmen der Phase II ein endgültiger Standard für Versicherungsverträge erlassen wird, soll es den Unternehmen ermöglicht werden, für die Bilanzierung von Versicherungsgeschäften weitgehend die bisherige Praxis anzuwenden. Ein Mindestmaß an Vergleichbarkeit und Transparenz soll über Offenlegungspflichten im Anhang sichergestellt werden. Die Phase II mit der endgültigen Anwendung des Versicherungsstandards wird nicht vor dem Jahr 2009 erwartet.

Neben der Rechnungslegung soll auch die Beaufsichtigung von Versicherungsunternehmen überarbeitet werden. Die Europäische Union (EU) hat hierzu das Projekt Solvency II ins Leben gerufen. Nicht nur Fragen der Finanzaufsicht über Versicherungsunternehmen, sondern auch des Risikomanagements und der Finanzberichterstattung werden in diesem Zusammenhang diskutiert. Das Projekt ist damit sehr grundlegend und zugleich umfassend angesetzt.

Der IFRS Versicherungsstandard und das Solvabilitätssystem Solvency II werden eine radikale Umstellung für die Versicherungsunternehmen in Rechnungslegung und Aufsicht mit sich bringen. Da die Versicherungsaufsicht generell auf Daten der Rechnungslegung aufsetzt, stellt sich die Frage, ob die derzeit vorliegenden Überlegungen zur Ausgestaltung des IFRS geeignet sein könnten, für Aufsichtszwecke genutzt zu werden, und welche Konsequenzen sich damit für das Aufsichtssystem ergeben könnten.

---

1   Zu einer kurzen inhaltlichen Darstellung und Problematisierung des IFRS 4 vgl. Meyer (2005), S. 115 ff.

2.   Abbildung des Versicherungsgeschäfts im Aufsichts- und Bilanzmodell

2.1   Einordnung und Systematisierung

Unternehmen stehen mit ihrer Umwelt in wirtschaftlichen Austauschbeziehungen. Die Austauschpartner verfolgen dabei unterschiedliche Zielsetzungen. Bei den Versicherungsnehmern steht tendenziell die Erfüllungssicherheit der Versicherungsverträge im Vordergrund. Sie erwarten eine quasi-sichere Einhaltung des Schutzversprechens des Versicherungsunternehmens. Investoren stellen dagegen eher auf die Gewinnzielerreichung ab. Sie sind für ihre Anlageentscheidungen auf die Bereitstellung von Informationen über die wirtschaftliche Leistungsfähigkeit des Unternehmens angewiesen. Die verschiedenen Interessengruppen benötigen für ihre Entscheidungen zu den Transaktionen mit den Unternehmen Modelle, die aus ihrer Perspektive Auskunft über die Zielerfüllung liefern können. Grundsätzlich ist zwischen einem Bilanzmodell, einem Aufsichtsmodell und einem internen Modell zur Unternehmenssteuerung zu unterscheiden.

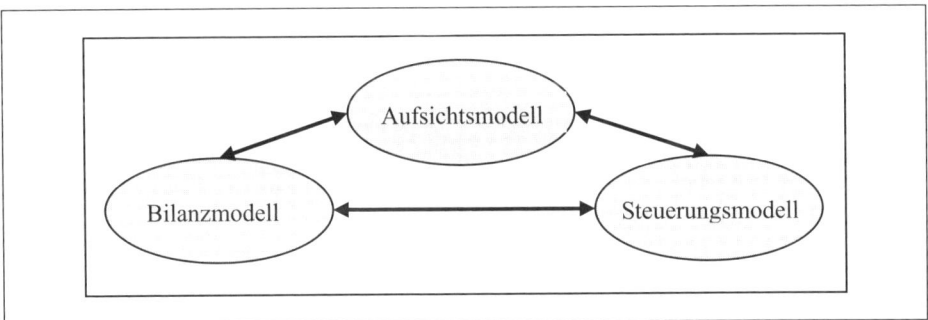

Abbildung 1:   *Modelle zur Abbildung des Versicherungsgeschäfts*

Alle Modelle haben die Aufgabe, das reale Phänomen Versicherungsunternehmen in dessen wesentlichen Systemelementen und grundsätzlichen Wirkungszusammenhängen so abzubilden, dass eine Analyse hinsichtlich der jeweils vorgegebenen Zielsetzung erreicht werden kann.[2] Unterschiede in den angestrebten Erkenntniszielen führen dazu, dass sich auch die in den Modellen verarbeiteten Informationen unterscheiden.[3]

---

2   Vgl. Schradin (1998), S. 186 f.

3   Vgl. Schradin/Zons und Weiler in diesem Band.

Breitere Handlungsspielräume der Versicherungsunternehmen ermöglichen zunehmend komplexere und oftmals bisher unbekannte Risikopositionen sowohl in versicherungstechnischer Hinsicht als auch mit Blick auf die Kapitalanlagen. Vor diesem Hintergrund offenbart sich die grundsätzliche Schwierigkeit, die zunehmend komplexen, individuellen Risikopositionen mit Hilfe der Modelle angemessen identifizieren und bewerten zu können. Dies gilt insbesondere für eine wirksame Solvabilitätskontrolle im Rahmen aufsichtsrechtlicher Regelungswerke. Anstelle eines allgemeingültigen aufsichtsrechtlichen Rahmenwerks wird daher die umfassende Abbildung unternehmensindividueller Sachverhalte mittels leistungsfähiger unternehmensinterner Steuerungs- und Kontrollmodelle erforderlich. Analog sind fundierte Anlageentscheidungen seitens der Investoren letztlich nur möglich, wenn die vermittelten Informationen die zukünftigen Entwicklungen des Unternehmens und die damit verbundenen Risiken widerspiegeln. Diese Abbildung individueller Positionen in den Unternehmensmodellen könnte daher unmittelbar an die prognostizierten Zahlungsströme und die Entwicklung des Marktwerts des Versicherungsunternehmens anknüpfen.[4]

2.2 Zielsetzung und Grundlagen des internationalen Versicherungsstandards IFRS 4

Der internationale Wettbewerb um Investitionskapital erfordert vergleichbare und aussagekräftige Informationen, die durch international anerkannte und harmonisierte Rechnungslegungsstandards bereitgestellt werden sollen. Da Versicherer auch mit Unternehmen anderer Wirtschaftszweige im Wettbewerb um Kapital stehen, sind Transparenz und Vergleichbarkeit der Jahresabschlüsse sowohl branchenintern als auch über Branchengrenzen hinweg herzustellen. Primäres Ziel des IFRS ist somit die Vermittlung entscheidungsrelevanter Informationen für die Investoren über die wirtschaftliche Leistungsfähigkeit des Unternehmens.[5]

Nach der Veröffentlichung des IFRS 4 verfolgt das IASB mit Phase II des Projekts Insurance Contracts ein Asset-Liability-Measurement-Modell. Bei diesem stark bilanzorientierten Ansatz stellen einzig Vermögensgegenstände und Schulden sowie als Residualgröße das Eigenkapital Bilanzinhalte dar. Rechnungsabgrenzungsposten kommen dagegen nicht vor. Der Periodengewinn entspricht somit der Differenz aus Vermögenswerten und Schulden zwischen dem Beginn und dem Ende der Rechnungsperiode, d. h. der Veränderung des Eigenkapitals.

Es ist weitgehender Konsens im IASB, dass aus Sicht des Kapitalmarkts Informationen auf Fair-Value-Basis denen auf Anschaffungs- oder Herstellungskostenbasis vorzuziehen sind. Der Zielsetzung des IFRS folgend muss eine konsistente Rechnungslegung eine zutreffende Prognose von Volumen, zeitlicher Verteilung und Eintrittswahrscheinlichkeiten der künftigen Cashflows aus allen Versicherungsverträgen erlauben, um eine inner- und zwischenbetriebli-

---

4   Vgl. Schradin (1998), S. 188.

5   Vgl. Ellenbürger/Geib (2001), S. 82 f.

che sowie branchenübergreifende Vergleichbarkeit der Wertansätze zu ermöglichen. Pagatorische Erfolgsgrößen sind dagegen betriebswirtschaftlich mangelhaften Abgrenzungen in sachlicher und zeitlicher Hinsicht ausgesetzt und können darüber hinaus durch die Wahrnehmung von Ansatz- und Bewertungswahlrechten verzerrt werden.[6] Auch bei den internen (kalkulatorischen) Erfolgsgrößen, insbesondere bei den Kosten, stellt sich die Frage der Erfassung, Abgrenzung und Bewertung.[7] Eine zahlungsstromorientierte Terminologie des Gewinns vermeidet diese Nachteile. Marktwertorientierte Rechnungslegung geht davon aus, dass der Marktpreis oder ersatzweise die Schätzung zukünftiger Ein- und Auszahlungen die für Investoren entscheidungsrelevante Information ist, da sie die zukünftigen Entwicklungen und die damit verbundenen Risiken berücksichtigt.

Dieser Argumentation folgend sollten gemäß IASB auch Versicherungsverträge wie Financial Assets und Liabilities behandelt und die aus ihnen resultierenden Vermögenswerte und Schulden ebenfalls zum Fair Value bzw. Zeitwert bewertet werden.[8] Der Zeitwert ist definiert als der Betrag, zu dem zwischen sachverständigen, vertragswilligen und voneinander unabhängigen Geschäftspartnern ein Vermögenswert getauscht oder eine Schuld beglichen werden könnte. Dabei wird mithin unterstellt, dass sich die Transaktion auf einem hypothetisch aktiven Markt vollzieht.[9] Für die Aktivseite kann der Fair Value meist zuverlässig ermittelt werden, sofern Finanzinstrumente auf ausreichend liquiden Märkten gehandelt werden. Da für Versicherungsverträge ein Sekundärmarkt jedoch praktisch nicht vorhanden ist, existieren keine objektiven Marktwerte für Versicherungsverpflichtungen.[10] Mangels beobachtbarer Märkte müssen Zeitwerte daher modelliert werden. Dies erfordert die Schätzung aller zukünftig aus dem Versicherungsvertrag resultierenden Zahlungsströme und deren Diskontierung. Über die Ausnutzung von Schätz- und Ermessensspielräumen droht die Gefahr eines „Earnings Management". Die damit verbundene Subjektivität kann gegebenenfalls durch Aufstellung objektivierender Leitlinien eingegrenzt werden.[11]

Die vorgesehene Zeitwertbilanzierung impliziert, dass Gewinne aus Versicherungsverträgen bereits bei Vertragsabschluss realisiert werden müssten. Das IASB hat jedoch zwischenzeitlich erkannt, dass ein vorgezogener Gewinnausweis aus Versicherungsverträgen einer Vergleichbarkeit entgegensteht und zudem inakzeptable Möglichkeiten zum „Earnings Management" bietet. Für die Bilanzierung bei Vertragsabschluss wurden daher Regelungen zur Verhinderung eines vorzeitigen Gewinnausweises gefunden. Noch unklar und zu diskutieren ist, wie über die Folgebilanzierung eine sachgerechte Vereinnahmung der in den Beiträgen ent-

---

6   Vgl. Wagner (1992), S. 49, Fn. 38.

7   Vgl. Kaluza (1979), S. 145.

8   Zur Anwendbarkeit eines Fair-Value-Ansatzes auf Versicherungsverträge vgl. umfassend Dickinson (2003), insbesondere S. 30 ff.

9   Vgl. Kölschbach (2000), S. 436.

10 Das Handeln versicherungstechnischer Verpflichtungen auf Rückversicherungsmärkten entspricht nicht den Voraussetzungen eines effizienten Markts. Entsprechende finanzwirtschaftliche Theorien lassen sich daher kaum anwenden.

11 Vgl. Kölschbach (2000), S. 434.

haltenen Margen hergestellt werden kann.[12] Überdies wird daran gedacht, alle Zeitwertände-rungen im Ergebnis auszuweisen. Gewinne und Verluste werden dabei nicht nur durch Marktwertschwankungen der Kapitalanlagen, d. h. aktivseitig, beeinflusst. Auch passivseitig sind realisierte Schäden mit den zuvor erwarteten Schäden abzugleichen und der daraus re-sultierende Gewinn bzw. Verlust ist zu vereinnahmen. Analog sind Anpassungen von Progno-serechnungen der Vergangenheit in der jeweils aktuellen Rechnungsperiode erfolgswirksam zu bilanzieren. Noch nicht realisierte Schadenzahlungen aus den Verträgen sind somit er-folgswirksam daraufhin zu prüfen, ob sich die Einschätzungen über ihre erwartete Höhe und die vorgenommene Adjustierung der Risiken verändert haben. Zudem schlägt sich eine Ände-rung des Diskontierungszinses im Periodenerfolg nieder. Diese Art der Zeitwertbilanzierung erhöht jedoch die Volatilität der jährlich abgebildeten Ergebnisse. Insgesamt stellt sich hier die Frage, ob diese kurzfristigen Ergebnisschwankungen den langfristigen Charakter des Versicherungsgeschäfts korrekt abbilden.[13]

Gerade vor dem Hintergrund der Langfristigkeit des Versicherungsgeschäfts stellt sich die Modellierung der zukünftigen Zahlungsströme als schwierig dar. Schließlich wird sich der Cashflow angesichts der Unsicherheit hinsichtlich Höhe und Zeitpunkt mit großer Wahr-scheinlichkeit gerade nicht in Höhe des Erwartungswerts realisieren.[14] Dieser Tatsache wird ein Dritter mit Risikoaversion begegnen und sich die Unsicherheit aus der Übernahme der versicherungstechnischen Verpflichtungen zusätzlich abgelten lassen. Aus diesem Grund ist eine entsprechende Risikoanpassung im Rahmen der Zeitwertermittlung der versicherungs-technischen Verpflichtungen vorzunehmen. Diese als Market Value Margin bezeichnete Risi-koprämie spiegelt den Preis wider, den der risikoscheue Markt als Kompensation für die Übernahme des Risikos verlangt.[15] Die Market Value Margin wird insofern unabhängig vom betrachteten Unternehmen durch den Markt bestimmt.

Zahlungsströme, die sich aus Versicherungsverträgen ergeben, unterliegen insbesondere dem versicherungstechnischen Irrtums-, dem Änderungs- und dem Zufallsrisiko. Während Irr-tums- und Änderungsrisiko sich allenfalls teilweise durch Diversifikation beseitigen lassen, kann das Zufallsrisiko im Rahmen kollektiver (und zeitlicher) Risikoausgleichseffekte redu-ziert werden. Es stellt sich die Frage, ob und in welchem Umfang der Markt für Risiken kompensiert werden muss, die sich durch Diversifikation verringern oder eliminieren lassen. Die Einbeziehung diversifizierbarer Risiken in die Bestimmung der Market Value Margin führt grundsätzlich zu risikofreien Ertragsmöglichkeiten, da sich diese Risikoprämien durch Übernahme der Risiken und Diversifikation in einem entsprechenden Portfolio abschöpfen ließen. Durch die damit verbundene steigende Nachfrage nach solchen Risiken werden diese

---

12 Vgl. Engeländer/Kölschbach (2003), S. 1328.

13 Schließlich hat sich die Rechnungslegung als abhängige Variable an den spezifischen Leistungsprozessen einer Branche zu orientieren. Vgl. Meyer (2004), S. 71.

14 Bei Modellierung des Cashflow mithilfe einer stetigen Wahrscheinlichkeitsverteilung ist die Wahrschein-lichkeit, dass genau der Erwartungswert realisiert, Null bzw. die Wahrscheinlichkeit des Verfehlens des Erwartungswerts gleich eins.

15 Vgl. Rittmann/Rockel (2004), S. 444. Zur Ermittlung von Risikozuschlägen bei der Zeitwertbewertung von Verpflichtungen aus Schadenversicherungsgeschäften vgl. jüngst Kreeb/Rohlfs (2004).

Risikoprämien mittelfristig theoretisch eliminiert.[16] In kapitalmarkttheoretischen Gleichge-
wichtsmodellen wie dem CAPM erfolgt eine Vergütung über Marktpreise daher lediglich für
die Übernahme systematischer, d. h. nicht diversifizierbarer Risiken.[17] Abgesehen von den
generellen Schwierigkeiten, die bei der Übertragung kapitalmarkttheoretischer Modelle auf
den Versicherungsmarkt bestehen,[18] haben es Versicherungsunternehmen jedoch auch mit
extremen Risiken in Form von rechtsschiefen Schadenverteilungen zu tun.[19] Derartige Katastrophenrisiken gehören meist zum unsystematischen Teil des versicherungstechnischen
Risikos, da sie zwar theoretisch diversifizierbar sind, in der Realität die Diversifikation im
Zeichnungsportefeuille jedoch nur unvollkommen sein kann bzw. nur zu hohen Kosten erreichbar ist. Unabhängig davon verbleibt für Versicherungsunternehmen und damit auch für
einen potenziellen Käufer versicherungstechnischer Verpflichtungen trotz Risiko- und Portfo-
liosteuerung immer ein versicherungstechnisches Restrisiko. Deshalb könnte es sich als notwendig erweisen, auch für dieses, in der Theorie unsystematische, faktisch jedoch systematische Zeichnungsrisiko einen Risikozuschlag zu erheben. Für die Ableitung eines risikoadäquaten Zuschlags auf den Erwartungswert der Zahlungsströme können risikotheoretische
Ansätze eher überzeugen. Allerdings fehlt es risikotheoretischen Modellen am notwendigen
Marktbezug.[20] Allein das Risikoausgleichskollektiv des bilanzierenden Versicherungsunternehmens als eines von vielen Marktteilnehmern ist für eine objektive Marktpreisfindung
jedoch nicht ausschlaggebend. Vielmehr wären für eine marktbestimmte Risikoadjustierung
auch die Kollektive der zur Übernahme der Verpflichtung bereiten Unternehmen in die Betrachtung einzubeziehen, da sich durch die Einbettung in ein anderes Kollektiv die Risiken
bzw. die Risikobewertungen verändern. Mangels aktiver Märkte für versicherungstechnische
Verpflichtungen dürften hier jedoch erhebliche Schwierigkeiten bestehen.[21]

2.3   Zielsetzung und Grundlagen von Solvency II

Erklärtes Hauptziel des Projekts Solvency II ist eine umfassende und möglichst realistische
Beschreibung der tatsächlichen Risikolage eines Versicherungsunternehmens. Gleichzeitig
soll die Sensibilität der Versicherungsunternehmen gegenüber eingegangenen Risiken erhöht
und ein Anreiz zu einer besseren Risikoanalyse und -kontrolle geschaffen werden. Ein weiteres Ziel ist es, den Aufsichtsbehörden geeignete Werkzeuge zur Verfügung zu stellen, um die
quantitativen Anforderungen an die notwendigen Eigenmittel, die versicherungstechnischen
Rückstellungen, die Kapitalanlagen und die Rückversicherungsnahme beurteilen zu können.

---

16   Vgl. Varain (2004), S. 127.
17   Vgl. Rockel (2004b), S. 815 ff. m.w.N.
18   Vgl. stellvertretend Albrecht (1991), S. 499 ff. sowie jüngst Rockel (2004b), S. 823 ff.
19   Für eine Darstellung des Risikoausgleichs bei Großrisiken vgl. Schradin (1998), S. 121 ff.
20   Vgl. Rockel/Sauer (2004), S. 18 f.
21   Vgl. Ellenbürger/Horbach/Kölschbach (2001), S. 52 f., sowie Meyer (2003), S. 128.

Darüber hinaus sollen qualitative Aspekte, die ebenfalls Einfluss auf die Risikolage eines Unternehmens haben, einbezogen werden. Diese Gesamtsolvabilität soll ein in sich geschlossenes, koordiniertes System bilden, das insgesamt zu einer besseren Vergleichbarkeit europäischer Versicherungsunternehmen führt und die Beurteilung der finanziellen Solidität eines Versicherungsunternehmens unter Berücksichtigung der Bedingungen seines Geschäftsbetriebs und seines äußeren Umfelds ermöglicht. Zu diesem Zweck ist „eine stärker auf die Zukunft ausgerichtete Betrachtung der finanziellen Lage sowie die Berücksichtigung anderer als ausschließlich finanzieller Faktoren"[22] erforderlich.

In Analogie zu dem im Bankbereich bekannten Projekt Basel II baut Solvency II auf einem 3-Säulen-System auf. Die erste Säule beinhaltet die quantitativen Bestimmungen über die Finanzausstattung des Versicherungsunternehmens. Neben dem versicherungstechnischen Risiko mit den Unterkategorien Prämienkalkulation, Reservierung und Rückversicherung werden Marktrisiko, konkretisiert als Volatilität der Werte der Kapitalanlagen, Kreditrisiko, bezogen auf den Ausfall von Schuldnern inklusive Rückversicherungspartnern, operationelles Risiko, charakterisiert z. B. durch Systemausfälle, Betrug und Ähnliches, sowie das Risiko eines Asset Liability Mismatch vorgeschlagen. Künftig wird es neben einer Mindestkapitalanforderung ein aufsichtsrechtliches Zielkapitalniveau geben, das sich am ökonomischen Risikokapital eines Versicherungsunternehmens orientiert. Das ökonomische Risikokapital kann durch ein Standardmodell, aber auch durch ein internes Modell, das von der Aufsichtsbehörde anerkannt wurde, bestimmt werden. Die quantitativen Vorschriften der ersten Säule werden im Rahmen der zweiten Säule durch qualitative Aspekte ergänzt. Diese beinhalten die Formulierung von Grundsätzen der internen Kontrolle und des ordnungsgemäßen Risikomanagements sowie von Grundsätzen und Instrumenten der Überprüfung durch die Aufsicht. Hintergrund ist die Erkenntnis, dass eine Insolvenz trotz hoher Kapitalausstattung nicht verhindert werden kann, wenn das Risikomanagement der Gesellschaft unzureichend ist.[23] Im Rahmen der dritten Säule wird die erweiterte Offenlegungspflicht aufsichtsrelevanter Informationen angestrebt. Es handelt sich insofern um Vorschriften zur Förderung der Markttransparenz, um damit die gewünschte Marktdisziplin mit Blick auf ein solides Risikomanagement zu erreichen.

---

[22] Europäische Kommission (2002b), S. 14.
[23] Vgl. Rittmann/Rockel (2004), S. 451.

3. Vereinbarkeit der Bilanzierungsansätze gemäß IFRS mit Solvency II

3.1 Rechnungslegungsinformationen für Aufsichtszwecke

Die Berichterstattung gegenüber der Aufsicht wird unter anderem mit dem Schutz der Versicherungsnehmer vor Vermögensverlusten begründet.[24] Benötigt werden deshalb Unternehmensinformationen, die eine Einschätzung der Fähigkeit des Versicherungsunternehmens, seinen Verpflichtungen jederzeit nachkommen zu können, ermöglichen. Die europäische Aufsicht basiert größtenteils auf Informationen aus der externen Rechnungslegung.[25] In den einzelnen Mitgliedstaaten existieren konsistente Bewertungsgrundsätze zwischen der Berichterstattung gegenüber der Aufsicht und den Unternehmensabschlüssen.[26] Bedeutende Unterschiede zwischen beiden Systemen der Berichterstattung sind derzeit nicht erkennbar. In Deutschland ist heute die Solvabilitätsbilanz nahezu identisch mit der Handelsbilanz. Bilanz- und Aufsichtsmodell sind in dieser HGB-Welt weitgehend kompatibel, da beide durch die Dominanz des Vorsichtsprinzips stark am Gläubigerschutz orientiert sind.[27]

Problematisch auf europäischer Ebene ist, dass viele verschiedene Bilanzierungsvorschriften für Versicherungsunternehmen existieren. Um eine internationale Vergleichbarkeit der Eigenkapitalausstattung herzustellen, wird jedoch künftig eine EU-Solvabilitätsbilanz erforderlich sein. Diese kann bei konsequenter Auslegung nicht auf den heutigen nationalen Rechnungslegungsstandards basieren. Aus heutiger Sicht wird das künftige Aufsichtssystem auf den allgemeinen Rechnungslegungsprinzipien nach IFRS aufbauen.[28] Damit soll insbesondere die Parallelität von verschiedenen Rechnungslegungssystemen zu Aufsichts- und Informationszwecken, wie sie z. B. in den USA existiert, vermieden werden. Indem die Unternehmen für unterschiedliche Zwecke auf demselben Datenmaterial aufsetzen können (One Set of Accounts), soll unnötiger Aufwand vermieden werden. Neben diesen unmittelbaren Kosten ist zu berücksichtigen, dass die Ressourcen zur Qualitätssicherung der Rechenwerke beschränkt sind. Die Zuverlässigkeit nimmt daher tendenziell mit der Anzahl der Zahlenwerke ab. Zu-

---

24 Vgl. Farny (2000), S. 108 f.; vgl. zusammenfassend zu den Argumenten einer staatlichen Regulierung auch Schradin (2003), S. 611 ff., und Zweifel/Eisen (2003), S. 347 ff.

25 Vgl. Europäische Kommission (2002a), S. 4.

26 Vgl. Rockel (2004a), S. 193.

27 Vgl. Meyer (1994), S. 103.

28 Vgl. Rittmann/Rockel (2004), S. 457.

dem dürfte es bei Unternehmensentscheidungen zunehmend schwerer fallen, die Konsequenzen im jeweiligen Rechnungslegungswerk korrekt abzusehen.[29]

Jedoch bereits der Anwendungsbereich des künftigen IFRS scheint für Solvency II nicht geeignet. Eine Vielzahl kleinerer und mittlerer Versicherungsunternehmen erstellt keine Abschlüsse nach IFRS, sondern bilanziert auch zukünftig nach den Grundsätzen der Versicherungsbilanzrichtlinie. Die Vergleichbarkeit in der Beaufsichtigung zwischen kapitalmarktorientierten und sonstigen Unternehmen würde hierdurch beeinträchtigt werden.[30] Ferner ergibt sich ein Problem daraus, dass sich der Diskussionsprozess im IASB bezüglich des IFRS noch über einen längeren Zeitraum erstrecken wird. Das Projekt Solvency II wird deshalb einen bestimmten Fortgang der Diskussion antizipieren müssen.

Sowohl der IFRS als auch Solvency II streben eine Bewertung der ökonomischen Situation des Versicherungsgeschäfts an. Eine Verknüpfung der beiden Systeme ist daher grundsätzlich zweckmäßig.[31] Das IASB unterstellt, dass eine an den Interessen der Investoren ausgerichtete Rechnungslegung auch die Informationsbedürfnisse anderer Adressaten weitgehend befriedigen kann. Diese Einschätzung setzt allerdings voraus, dass der IFRS das Geschäftsmodell der Versicherung angemessen abbildet. Aus Sicht der Aufsicht müssten anderenfalls verschiedene spezifische Probleme entsprechend gelöst bzw. Anpassungen vorgenommen werden. Es gilt insbesondere zu prüfen, welche Eigenmittelanforderung aus den zum Zeitwert bilanzierten Zahlungsströmen resultiert, inwieweit ein gemeinsames Risikomanagementsystem etabliert werden kann und welche zusätzlichen Offenlegungspflichten gegebenenfalls zu erfüllen sind, um die Interessen der Versicherungsnehmer zu wahren.[32]

3.2   Fair-Value-Bilanzierung und Solvabilitätsbestimmung

Das Eigenkapital gemäß künftigem IFRS-Standard wird sehr viel mehr einem ökonomischen Kapital entsprechen als dies bei den derzeitigen Rechnungslegungssystemen der Fall ist. Ziel der Solvabilitätsvorschriften sollte es ebenfalls sein, sich dem ökonomischen bzw. Risikokapital anzunähern. Bestimmte Abweichungen – beispielsweise zwischen der aufsichtsrechtlich ermittelten Kapitalausstattung und dem bilanziellen Eigenkapital nach IFRS – werden sich dabei allein auf Grund der unterschiedlichen Zielsetzungen der beiden Systeme nicht vermeiden lassen.[33]

---

[29]   Vgl. Kölschbach (2004), S. 685.
[30]   Vgl. Rockel (2004a), S. 195.
[31]   Vgl. Quick (2004), S. 3 f.
[32]   Vgl. KPMG (2002), S. 169; Rockel (2004a), S. 195.
[33]   Vgl. Weiler in diesem Band.

Wie bereits dargestellt, wird für die Bestimmung der Risikolage von Versicherungsunternehmen eine verstärkte Berücksichtigung der speziellen Gegebenheiten des jeweiligen Unternehmens immer notwendiger.[34] Solvency II wird daher für Zwecke der Solvabilitätsermittlung die Möglichkeit bieten, interne Risikomodelle einzusetzen. Die Bestimmung des Ziel-Solvenzkapitals sollte sich dabei am Zahlenmaterial des IFRS orientieren[35] und auf Basis einer Schätzung der Wahrscheinlichkeitsverteilung der zu Zeitwerten bewerteten zukünftigen Zahlungsströme erfolgen.[36] Das ökonomische Kapital entspricht dann dem Betrag, der zusätzlich zu den zum Zeitwert bewerteten versicherungstechnischen Verpflichtungen gehalten werden müsste, um bei einer vorgegebenen Ruinwahrscheinlichkeit in einem bestimmten Zeithorizont alle möglichen Verpflichtungen abdecken zu können.

Mit einem Wechsel der Bilanzierungspraxis hin zum Fair Value für versicherungstechnische Verpflichtungen wird das Vorsichtsprinzip aufgegeben. An dessen Stelle tritt die Abbildung des Werts, der als Preis mit einer dritten Partei vereinbart würde. Folglich ist die Vorsicht bei der Zeitwertbewertung versicherungstechnischer Verpflichtungen auf die Höhe der Marktrisikoprämie (Market Value Margin) beschränkt.[37] Während versicherungstechnische Rückstellungen dazu dienen, erwartete Verpflichtungen aufzufangen, soll durch die Solvabilitätsvorschriften ein Puffer für unerwartete Verluste bereitgestellt werden. Um die Insolvenz des Versicherers zu vermeiden, muss demnach erreicht werden, dass der Fair Value der Liabilities den Fair Value der Assets nicht überschreitet. Da das ökonomische Kapital alle Risiken eines Unternehmens auffangen muss, sind die im Zeitwert der versicherungstechnischen Verpflichtungen nicht erfassten Risiken in die Ermittlung der aufsichtsrechtlichen Kapitalanforderung zu integrieren. Die Frage, ob in die Bewertung der Verpflichtungen nur die systematischen Teile des versicherungstechnischen Risikos einfließen – d. h. das Zufallsrisiko von der Berechnung der Risikoprämie ausgeschlossen ist, während Irrtums- und Änderungsrisiko zu einem gewissen Grad Berücksichtigung finden – ist für die Kapitalanforderungen daher von wesentlicher Bedeutung.[38] Für die Solvabilitätsbestimmung müssen sowohl systematische als auch unsystematische Risiken abgedeckt werden. Dabei ist insbesondere zu berücksichtigen, dass eine Fair-Value-Bilanzierung versicherungstechnischer Rückstellungen unter Verzicht auf die diversifizierbaren versicherungstechnischen Risiken langfristig mit Sicherheit zu Abwicklungsverlusten führt.[39]

---

34   Vgl. Abschnitt 2.1; vgl. Wagner in diesem Band.

35   Zur Diskussion alternativer Rechnungslegungsgrundsätze für das Projekt Solvency II vgl. Rittmann/Rockel (2004), S. 454 ff.

36   Vgl. Kölschbach (2004), S. 686 f.

37   Es sei an dieser Stelle erneut darauf hingewiesen, dass die Market Value Margin nicht die Funktion eines Sicherheitszuschlags wahrnimmt, sondern die zu zahlende Risikoprämie darstellt, die der risikoscheue Markt für die Risikoübernahme verlangt. Vgl. Abschnitt 2.2.

38   Vgl. Rittmann/Rockel (2004), S. 463 ff.

39   Vgl. Babbel/Merril (1998), S. 2, Fußnote 5. Während die Arbeitsgruppe des IASC (Steering Committee) in ihrem Issues Paper die Berücksichtigung diversifizierbarer Risiken im Rahmen der Bewertung versicherungstechnischer Verpflichtungen ablehnt, sind gemäß DSOP sämtliche Risiken – auch die unsystematischen – einzubeziehen; vgl. Varain (2004), S. 128.

In der Risikoadjustierung stellt sich darüber hinaus die Frage, inwieweit die Kreditwürdigkeit des Schuldners im hypothetischen Marktpreis versicherungstechnischer Verpflichtungen Berücksichtigung finden soll. Der Einbezug der Bonität in die Marktwertkonstruktion führt in der praktischen Umsetzung zu paradoxen Ergebnissen. Ein Absinken der Bonität des Schuldners erhöht die Wahrscheinlichkeit, dass dieser nicht in der Lage ist, seinen Verpflichtungen jederzeit nachzukommen. Für den Gläubiger sinkt damit der Wert seiner Forderung. Aus Sicht des Schuldners erfordert dies eine bonitätsbedingt niedrigere Bewertung der Verpflichtungen.[40] Obwohl sich mithin die wirtschaftliche Situation verschlechtert hat, führt die Fair-Value-Bewertung mit Absinken der Bonität zu einer höheren Eigenmittelausstattung des Unternehmens. Eine Einschätzung der Solvabilität wird dadurch erschwert. Aus diesem Grund wäre es zu Aufsichtszwecken ungerechtfertigt, die Kreditwürdigkeit im Zeitwert der Verpflichtungen einzubeziehen. Sollte sich das IASB dennoch dafür entscheiden, müsste der entsprechende Betrag im Rahmen der Solvabilitätsermittlung wieder herausgerechnet werden.[41]

Bereits in Phase I des IFRS entfällt mit der Pflicht zur Auflösung der Schwankungsrückstellung ein wesentliches Glättungsinstrument für den Risikoausgleich in der Zeit.[42] Aus aufsichtsrechtlicher Sicht wäre daher mit der Umbuchung der Schwankungsrückstellung in die Gewinnrücklage eine Ausschüttungssperre zu verbinden.[43] Angesichts der mit der Zeitwertbilanzierung einhergehenden Volatilität des Gewinnausweises könnte es aus aufsichtsrechtlicher Perspektive nahe liegen, erhöhte Anforderungen an die Eigenmittelausstattung zu stellen, um nicht an Sicherheit einzubüßen. Zwar kann argumentiert werden, dass eine gewisse Schwankung der Ergebnisse in der Natur des Versicherungsgeschäfts liegt und deshalb auch transparent dargestellt werden sollte. Allerdings wird die bilanzielle Abbildung dieser kurzfristigen (erhöhten) Volatilität dem langfristigen Charakter des Versicherungsgeschäfts nicht gerecht. Die Kapitalanlagevolatilität stellt sich in einem kurzen Betrachtungshorizont als zwangsläufig höher heraus als in langfristiger Sicht. Vor diesem Hintergrund und angesichts der Langfristigkeit versicherungstechnischer Verpflichtungen ist die an einem zufälligen Stichtag realisierte Kapitalanlageperformance unter Risikogesichtspunkten wenig ausschlaggebend. Entscheidender sind vielmehr die im langfristigen Durchschnitt erzielbaren Ergebnisse.[44] Das Ausmaß der Streuung des periodischen Zahlungsstromsaldos findet jedoch insbesondere Eingang in die Bestimmung des erforderlichen Risikokapitalvolumens. Ein adäquates internes Risikomodell zur Ermittlung des periodenbezogenen Risikokapitalbedarfs sollte deshalb berücksichtigen, dass die marktwertnahen Ergebnisse der Rechnungslegung nach IFRS auf einer kurzfristigen Einjahresbasis mit dementsprechend künstlich erhöhten Volatilitäten gemessen werden. Dem ist im Zusammenhang mit der Modellierung der Kapitalanlageperformance zweckmäßigerweise durch Berücksichtigung eines mehrperiodischen Zeithorizonts angemessen Rechnung zu tragen.

---

40   Vgl. Rockel/Sauer (2004), S. 19 f.
41   Vgl. Rittmann/Rockel (2004), S. 459.
42   Zu einer Problematisierung vgl. Meyer (2005), S. 115 f.
43   Vgl. Rockel (2004a), S. 196.
44   Vgl. Meyer (2003), S. 134 f.

Die Antizipation zukünftiger, d. h. noch nicht realisierter Gewinne aus Versicherungsverträgen muss zwangsläufig zu hohen Unsicherheiten und damit einer bisher nicht gekannten Volatilität der ermittelten und realisierten Werte an den Bilanzstichtagen führen, wenn die Schätzung einen sehr langen Zeitraum zu berücksichtigen hat. Diese Wertänderungen gleichen sich mit der Aktivseite der Bilanz nur insoweit aus, als die zukünftigen Zahlungsströme von Kapitalanlagen und Rückstellungen aufeinander abgestimmt sind. Ein perfektes Aktiv-Passiv-Matching durch Kapitalanlageinvestitionen nahe dem Replikationsportfolio[45] ist angesichts der Unsicherheiten in den versicherungstechnischen Zahlungsströmen in der Praxis kaum erreichbar. Es ist auch nicht unbedingt wünschenswert, da ein über der sicheren Rendite liegender Ertrag sich nur durch das bewusste Eingehen von Risiken bei der Kapitalanlage erzielen lässt. Ein weiterer Grund für ein nicht perfektes Aktiv-Passiv-Matching ist, dass auf der Aktivseite insbesondere in der Lebensversicherung meist kürzere Durationen eingegangen werden müssen als auf der Passivseite, weil Kapitalanlagen mit so langen Laufzeiten, wie sie versicherungstechnische Verpflichtungen aufweisen, häufig nicht verfügbar bzw. zu wenig liquide sind. Auf Grund der kürzeren Restlaufzeiten der Aktiva weisen diese eine deutlich geringere Sensitivität gegenüber Marktschwankungen auf als die entsprechenden versicherungstechnischen Passiva.[46] Demzufolge würde der Eigenkapitalbedarf im Fall von Zinssenkungen steigen und im Fall von Zinserhöhungen sinken. Gegen diese Entwicklungen können Aktieninvestments teilweise schützen, sofern diese nicht vollkommen mit den Bondinvestments korreliert sind.[47] Folglich kann der Eigenkapitalbedarf durch Aktieninvestitionen reduziert werden. Da das Mismatchrisiko nicht unmittelbar im Fair Value erfasst ist, muss es bei der Ermittlung des Zielrisikokapitals im Rahmen von Solvency II erfasst werden. Ein adäquates internes Risikomodell sollte vor diesem Hintergrund aber in der Lage sein, die Korrelationen zwischen einzelnen Anlageklassen angemessen abzubilden.

3.3   Risikomanagement in Rechnungslegung und Aufsicht

Durch die Art der Zeitwertbilanzierung im IFRS, insbesondere durch die erforderliche Schätzung zukünftiger Zahlungsströme aus Versicherungsverträgen zur Bestimmung der Zeitwerte versicherungstechnischer Verpflichtungen, wird die Volatilität der Ergebnisse erhöht. Mit zunehmender Genauigkeit der Schätzung, die durch eine umfassende Risikoanalyse erreicht

---

45 Das Replikationsportfolio ist die grobe Aufteilung aller Anlageklassen, die unter Beachtung der Charakteristika der vorhandenen versicherungstechnischen Verpflichtungen das für Kapitalanlagen notwendige Risikokapital minimiert, d. h. die aus der operativen Geschäftstätigkeit resultierende risikoneutrale Anlageposition.

46 Vgl. Perlet (2001), S. 301.

47 Vgl. Zielke (2005), S. 92.

werden kann,[48] lässt sich die Volatilität der ermittelten Werte reduzieren. Versicherungsunternehmen sind jedoch selbst unter der Annahme einer genauen Schätzung stets dem versicherungstechnischen Zufallsrisiko ausgesetzt. Insofern stellt auch der Fair Value versicherungstechnischer Verpflichtungen immer eine stochastische Größe dar.

Die Verringerung der Schwankung der jährlichen Bilanzwerte liegt im Interesse des Versicherers, da hiermit eine geringere Kapitalanforderung verbunden ist. Vor dem Hintergrund zunehmender Volatilitäten steigen somit insgesamt die Anforderungen an das Risikomanagement. Zur Handhabung des versicherungstechnischen Zufallsrisikos stehen dem Versicherer verschiedene risikopolitische Maßnahmen zur Verfügung, die entweder das Risiko unmittelbar beeinflussen (Schadenpolitik, Produktpolitik, Bestandspolitik, Prämienpolitik) oder die potenziellen Auswirkungen einer Realisation des versicherungstechnischen Risikos auf die unternehmerischen Zielgrößen verringern (Sicherheitsmittelpolitik, Rückversicherungspolitik).[49] Vor allem Letzteren wird im Zusammenhang mit den Kapitalanforderungen gemäß Solvency II zunehmende Bedeutung zukommen. Versicherungsunternehmen können ihre Kapitalstruktur nicht nur durch die Höhe der vorgehaltenen Eigenmittel, sondern auch durch die Nutzung von Rückversicherungsschutz steuern.[50] Rückversicherungsnahme erzielt durch Transformation der zugrunde liegenden Schadenverteilung nicht lediglich risikotheoretische Wirkungen. Die Beeinflussung des (versicherungstechnischen) Risikos erfolgt letztlich durch teilweise Finanzierung der Schäden des Erstversicherers. Gleichzeitig wird unter Risikoaspekten dessen notwendiges Volumen an Sicherheitskapital reduziert. In dieser Funktion steht die Rückversicherung in substitutionaler Beziehung zu den Sicherheitsmitteln. Ein effektives Risikomanagement muss die Auswirkungen der Rückversicherungsnahme auf das erforderliche Risikokapital kennen.[51] Dies ist im Rahmen der Bestimmung des notwendigen Risikokapitalbedarfs in den aufsichtsrechtlichen Modellen bzw. Anforderungen zu berücksichtigen.

In diesem Zusammenhang spielt auch die Dividendenpolitik eine wichtige Rolle. Durch Ausschüttungen finanzieller Mittel werden die risikodeckungsfähigen Kapitalreserven und folglich die Unternehmenssicherheit verringert. Ausschließlicher Zweck des Jahresabschlusses ist nach der Rahmenkonzeption des IASB die Informationsfunktion. Der Jahresabschluss soll den Adressaten Informationen liefern, die für deren Entscheidungsfindung notwendig sind. Eine Ausschüttungsbemessungsfunktion, wie sie z. B. der Jahresabschluss gemäß HGB hat, kommt dem Abschluss nach dem Rahmenwerk des IASB nicht zu. Stattdessen ist eine vollumfängliche Zeitwertbilanzierung beabsichtigt. Unrealisierte Zeitwertänderungen haben jedoch keine Auswirkungen auf den tatsächlichen Cashflow des Unternehmens. Am Ende entsteht eine Differenz zwischen ausgewiesenem Ergebnis und tatsächlicher Ergebnissituati-

---

48 Siehe zur Reduktion der Kapitalausstattung durch eine verbesserte Informationslage aus der Risikoanalyse die ambiguitätstheoretischen Überlegungen bei Willmes (2004), S. 268 ff.

49 Zur Einteilung risikopolitischer Maßnahmen nach verschiedenen Kausalkriterien siehe Wagner (2000), S. 280 ff.

50 Vgl. Mentzel (2004), S. 189 f.

51 Zur Rückversicherungsnahme im Zusammenhang mit der marktwertorientierten Steuerung von Schadenversicherungsunternehmen siehe jüngst Mentzel (2004); vgl. Schneider in diesem Band.

on.[52] In diesem Fall kann es zu einem Mittelabfluss in Form von Dividendenzahlungen kommen, die tatsächlich (noch) nicht erwirtschaftet wurden. Die hierdurch verursachte Schwächung des Unternehmens kann im Rahmen der zweiten Säule durch eine entsprechende Ausstattung der Behörden mit aufsichtsrechtlichen Befugnissen und Maßnahmen verhindert werden. Auf diese Weise lässt sich auch hinsichtlich der Ausschüttungspolitik ein qualifiziertes Risikomanagement fördern.

Das Asset Liability Management als Teil des gesamtunternehmensbezogenen Risikomanagements hat die Aufgabe, Aktiva und Passiva aufeinander abzustimmen. Eine geeignete Aktiv-Passiv-Steuerung ist in der Lage, die unerwünschten Volatilitäten in der Bilanz zu reduzieren. Durch die mit der Zeitwertbilanzierung einhergehenden Ergebnisschwankungen ergeben sich höhere Anforderungen an das Asset Liability Management. Somit wird seitens der Versicherungsaufsicht im Rahmen der zweiten Säule der Druck auf die Versicherungsunternehmen zu einem qualifizierten Asset Liability Management erhöht.

Das Versicherungsunternehmen wird somit auch seitens der Rechnungslegung nach IFRS zu einer umfassenden Risikoanalyse gezwungen. Die Zeitwertbilanzierung fordert und fördert insgesamt ein qualifiziertes Risikomanagement von Versicherungsunternehmen, wie es auch im Rahmen von Säule 2 im Solvency-II-Projekt intendiert ist. Rechnungslegung und Aufsicht sollten daher grundsätzlich über ein zusammenhängendes Risikomanagement vereint werden.[53] Dies gilt umso mehr, sofern bestimmte Risiken, wie z. B. das Mismatchrisiko oder bestimmte Teile des versicherungstechnischen Risikos, nicht direkt im Fair Value enthalten sind. Dies impliziert, dass zur Ermittlung des Sicherheitskapitalbedarfs unter Solvency II verstärkt auf alle Risiken eingegangen werden muss bzw. umgekehrt möglichst alle Risiken auch im Rahmen der Rechnungslegung nach IFRS Eingang finden sollten.

3.4 Offenlegungspflichten gemäß IFRS und Solvency II

Um im Wettbewerb an den Absatz- und Kapitalmärkten bestehen zu können, benötigen Versicherungsnehmer und Kapitalgeber geeignete Informationen über die Aktivitäten des Versicherers und die damit verbundenen Risiken. Versicherungsunternehmen, die ihre Risiken beherrschen und dieses auch glaubhaft vermitteln können, werden vom Markt belohnt. Ist die wahrgenommene Risiko-Ertragsposition dagegen im Wettbewerbsvergleich unzureichend, geht die Bereitschaft verloren, dem Unternehmen Kapital zur Verfügung zu stellen. Dies gilt sowohl für die Investoren in Form von Eigenkapital als auch für die Versicherungsnehmer, deren Prämien dem Unternehmen als versicherungstechnisches Fremdkapital zufließen.

---

52 Vgl. Meyer (2003), S. 135.
53 Vgl. Rittmann/Rockel (2004), S. 460.

Kritisch ist in diesem Zusammenhang der Umgang der Öffentlichkeit mit den erhöhten Volatilitäten, wie sie durch die Zeitwertbilanzierung verursacht werden. Es kann insbesondere bezweifelt werden, dass Versicherungskunden die sichtbaren Ergebnisschwankungen richtig zu interpretieren wissen. Die starken Volatilitäten würden voraussichtlich zu einer verzerrten Wahrnehmung der Erfüllungssicherheit seitens der Versicherungsnehmer führen. Auch der Kapitalmarkt wird die Ergebnisse und die Wertpapierportfolios der Versicherer eher nach der zufälligen, volatilen Performance der einzelnen Perioden als anhand der erwarteten normalisierten Durchschnittsrendite über einen langen Zeitraum beurteilen. Vor diesem Hintergrund dürfte es auch Investoren und Finanzanalysten schwerer fallen, Ergebnisprognosen vorzunehmen und geeignete Anlageentscheidungen zu treffen.

Der Offenlegungsumfang und das Offenlegungsniveau werden daher unter einer künftigen Bilanzierung nach IFRS steigen. Über umfangreiche Anhangangaben sollen die Unternehmen zu mehr Transparenz gezwungen werden.[54] Insbesondere sind die Ursachen der auftretenden Volatilitäten zu verdeutlichen und geeignete Zusatzinformationen und Erläuterungen vorzunehmen, die eine bessere Einschätzung und Bewertung der Ergebnisse ermöglichen.

Die Offenlegung aufsichtsrelevanter Informationen im Rahmen der dritten Säule von Solvency II tritt somit neben die ohnehin schon umfangreichen Publizitätsanforderungen der Kapitalmärkte. Eine Koordination der vorgeschriebenen Informationsanforderungen des IFRS mit denen von Solvency II ist daher dringend geboten, um zusätzlichen Aufwand für die Versicherungsunternehmen zu vermeiden.[55]

4.   Zusammenfassung

Bevor ein endgültiger IFRS für Versicherungsverträge veröffentlicht werden kann, hat das IASB noch viel Arbeit zu verrichten. Im Mittelpunkt der Diskussion wird weiterhin die Zeitwertbilanzierung versicherungstechnischer Verpflichtungen, insbesondere die Risikoadjustierung durch eine Marktrisikoprämie (Market Value Margin), stehen. Weder eine geeignete theoretische Basis für die Ableitung einer solchen Marktrisikoprämie noch die Ausgestaltung der Gewinnrealisierung während der Vertragslaufzeit wurden bislang durch das IASB präsentiert. Darüber hinaus stellt sich die Frage, ob es sachgerecht ist, alle unrealisierten Gewinne bzw. Verluste, die auf Grund von Zeitwertänderungen entstehen, ergebniswirksam zu erfassen. Weitere Relevanz kommt dem Versicherungsprojekt des IASB insofern zu, als gemäß derzeitiger Planung der Europäischen Kommission das Rechnungslegungswerk des IFRS auch die Basis für Solvency II sein soll.

---

54   Vgl. Rittmann/Rockel (2004), S. 461.
55   Vgl. Schradin (2003), S. 657 f.

Sowohl der IFRS als auch Solvency II streben eine Bewertung der ökonomischen Situation eines Versicherungsnehmens an. Trotz unterschiedlicher Zielsetzungen ist eine Verknüpfung der beiden Systeme im Sinn eines „One Set of Accounts" daher grundsätzlich zweckmäßig, um die Kosten und Ineffizienzen zweier unterschiedlicher Rechnungslegungswerke zu vermeiden. Vor diesem Hintergrund sollten die Offenlegungspflichten des IFRS mit denen von Solvency II koordiniert werden, um unnötigen Zusatzaufwand für die Versicherungsunternehmen zu vermeiden. Auch im Sinne einer verbesserten Harmonisierung und Vergleichbarkeit wäre es wünschenswert, wenn sich die europäische Versicherungsaufsicht auf das Zahlenmaterial der Rechnungslegung nach IFRS stützen würde. Dies wird erreicht, wenn beide Bewertungen auf Basis einer Schätzung der Wahrscheinlichkeitsverteilung zukünftiger Zahlungsströme erfolgen. Der Fair Value gemäß IFRS ergibt sich dann als marktgerecht risikoangepasster Erwartungswert der zukünftigen Zahlungsströme, wohingegen die Risikoanpassung für aufsichtsrechtliche Zwecke durch die Vorgabe eines (höheren) Sicherheitsniveaus, mit dem alle möglichen Verpflichtungen abgefangen werden sollen, erfolgt.

Folglich ist das Vorsichtsprinzip im IFRS auf die Höhe der Marktrisikoprämie beschränkt. Das ökonomische Kapital muss dagegen alle Risiken eines Unternehmens auffangen. Die im Zeitwert der versicherungstechnischen Verpflichtungen nicht erfassten Risiken, wie zum Beispiel das Mismatchrisiko, bestimmte diversifizierbare Teile des versicherungstechnischen Risikos sowie bestimmte operationelle Risiken, sind insofern in die Ermittlung der aufsichtsrechtlichen Kapitalanforderung zu integrieren. Wie gezeigt werden konnte, fördert die Zeitwertbilanzierung eine tief greifende Risikoanalyse und ein umfassendes Risikomanagement, wie es auch im Rahmen von Säule 2 im Solvency-II-Projekt vorgesehen ist.

Darüber hinaus ist zu berücksichtigen, dass die marktwertnahen und für einen kurzen Betrachtungshorizont ermittelten Ergebnisse der Rechnungslegung nach IFRS künstlich erhöhten Volatilitäten unterliegen, die dem langfristigen Charakter des Versicherungsgeschäfts nicht entsprechen. Das Ausmaß der Streuung des periodischen Zahlungsstromsaldos findet jedoch insbesondere Eingang in die Bestimmung eines periodenbezogenen Risikokapitalbedarfs. Die dem Geschäftsmodell tatsächlich entsprechende Volatilität kann daher in angemessener Weise nur im Rahmen eines mehrperiodischen Risikomodells abgebildet werden.

Vor diesem Hintergrund müssen die Bilanzierung nach IFRS und die Bedürfnisse der Aufsicht miteinander in Einklang gebracht werden. Insbesondere drückt sich auch im IFRS das notwendige Maß an Vorsicht in der Forderung aus, dass der Fair Value stets die aus Versicherungsverträgen resultierenden Risiken widerspiegeln soll. Demnach sollten möglichst alle Risiken nicht nur in die Solvabilitätsvorschriften, sondern auch in die Rechnungslegung Eingang finden. Ein intensiver Dialog sowie eine frühzeitige Abstimmung zwischen EU und IASB erscheinen daher geboten. Die zunehmende Verzögerung des IASB-Projekts erschwert der Europäischen Kommission jedoch eine sachgerechte Abstimmung der Solvency II-Vorschriften, wo ebenfalls zahlreiche Detailregelungen noch ausstehen.

Literatur

ALBRECHT, P. (1991): Kapitalmarkttheoretische Fundierung der Versicherung, in: Zeitschrift für die gesamte Versicherungswissenschaft 80/1991, S. 499–530.

BABBEL, D. F./MERRIL, C. (1998): Economic Valuation Models For Insurers, in: North American Actuarial Journal 3/1998, S. 1–17.

DICKINSON, G. (2003): The Search for an International Accounting Standard for Insurance, in: The Geneva Papers on Risk and Insurance. Issues and Practice, Special Issue, February 2003, S. 15–47.

ELLENBÜRGER, F./GEIB, G. (2001): Versicherungsbilanzen: Trendwende erwartet – Erläuterungen des IASC Diskussionspapiers, in: Wagner (Hrsg.): Aktuelle Fragen in der Versicherungswirtschaft, Band 3 der Reihe Leipziger Versicherungsseminare, Karlsruhe 2001, S. 81–96.

ELLENBÜRGER, F./HORBACH, L./KÖLSCHBACH, J. (2001): Bewertung von versicherungstechnischen Rückstellungen nach Vorschlägen für einen International Financial Reporting Standard (IFRS), in: Geib (Hrsg.): Rechnungslegung von Versicherungsunternehmen, Festschrift zum 70. Geburtstag von Dr. Horst Richter, Düsseldorf 2001, S. 43–57.

ENGELÄNDER, S./KÖLSCHBACH, J. (2003): Der Fair-Value-Standard ist schwer umzusetzen. Zum Entwurf für die Bilanzierung von Versicherungsverträgen nach International Financial Reporting Standards, in: Versicherungswirtschaft 17/2003, S. 1324–1328.

EUROPÄISCHE KOMMISSION (2002a): Erörterung der Zusammenhänge zwischen der Finanzberichterstattung und der Rechnungslegung von Versicherungsunternehmen gegenüber den Aufsichtsbehörden, in: Markt/2514/02, 17.05.2002, http://europa.eu.-int/comm/internal_market/insurance/docs/markt-2514-02/markt-2514-02_en.pdf.

EUROPÄISCHE KOMMISSION (2002b): Überlegungen zur Form eines künftigen Aufsichtssystems, in: Markt/2535/02, 28.11.2002, http://europa.eu.int/comm/internal_market/insurance/docs/markt-2535-02/markt-2535-02_en.pdf.

FARNY, D. (2000): Versicherungsbetriebslehre, 3. Auflage, Karlsruhe 2000.

KALUZA, B. (1979): Entscheidungsprozesse und empirische Zielforschung in Versicherungsunternehmen, Karlsruhe 1979.

KÖLSCHBACH, J. (2000): Versicherungsbilanzen: Zeitwerte auf dem Vormarsch – Zur Anpassung der International Accounting Standards an Versicherungsunternehmen, in: Versicherungswirtschaft 7/2000, S. 432–436.

KÖLSCHBACH, J. (2004): Aktuelle Entwicklungen in der Beaufsichtigung und Rechnungslegung von Versicherungsunternehmen: IFRS und Solvency II, in: Zeitschrift für die gesamte Versicherungswissenschaft 4/2004, S. 675–692.

KREEB, M./ROHLFS, T. (2004): Die Ermittlung von Risikozuschlägen bei der Zeitwertbewertung von Verpflichtungen aus Schadenversicherungsgeschäften, Mitteilung des Instituts für Versicherungswissenschaft an der Universität zu Köln, Abteilung A: Versicherungswirtschaft 3/2004.

KPMG (2002): Studies into the methodologies to assess the overall financial position of an insurance undertaking from the perspective of prudential supervision, Mai 2002.

MENTZEL, R. (2004): Rückversicherung und Marktwertorientierung in der Schadenversicherung, Karlsruhe 2004.

MEYER, L. (1994): Das Vorsichtsprinzip bei der Bilanzierung von Versicherungsunternehmen im Licht der Deregulierung, in: Mehring/Wolff (Hrsg.): Festschrift für Dieter Farny zur Vollendung seines 60. Lebensjahres von seinen Schülern, Karlsruhe 1994, S. 99–110.

MEYER, L. (2003): Full Fair Value Accounting für Versicherungsunternehmen, in: Wagner (Hrsg.): Aktuelle Fragen in der Versicherungswirtschaft, Band 5 der Reihe Leipziger Versicherungsseminare, Karlsruhe 2003, S. 119–137.

MEYER, L. (2004): The Impact of Insurance Accounting on Business Reality and Financial Stability, in: The Geneva Papers on Risk and Insurance. Issues and Practice 1/2004, S. 71–74.

MEYER, L. (2005): Insurance and International Financial Reporting Standards, in: The Geneva Papers on Risk and Insurance. Issues and Practice 1/2005, S. 114–120.

PERLET, H. (2001): Zeitwertbilanzierung bei Versicherungsunternehmen, in: Geib (Hrgs.): Rechnungslegung von Versicherungsunternehmen, Festschrift zum 70. Geburtstag von Dr. Horst Richter, Düsseldorf 2001, S. 285–305.

QUICK, R. (2004): Die Bedeutung von IFRS in der Versicherungsbranche, in: Assets & Liabilities 4/2004, S. 2–5.

RITTMANN, M./ROCKEL, W. (2004): Rechnungslegung und Aufsicht von Versicherungsunternehmen – Zur Vereinbarkeit von IFRS und Solvency II, in: Zeitschrift für die gesamte Versicherungswissenschaft 3/2004, S. 441–475.

ROCKEL, W. (2004A): Fair Value Bilanzierung versicherungstechnischer Verpflichtungen. Eine ökonomische Analyse, München 2004.

ROCKEL, W. (2004B): Market Value Margin für die Fair Value-Bilanzierung versicherungstechnischer Verpflichtungen: Ableitung auf Basis des CAPM, in: Zeitschrift für die gesamte Versicherungswissenschaft 4/2004, S. 809–834.

ROCKEL, W./SAUER, R. (2004): IFRS für Versicherungsverträge: Inhalte, Problemfelder und Auswirkungen auf Solvency II, Manuskript Nr. 48, Institut für Betriebswirtschaftliche Risikoforschung und Versicherungswirtschaft, Ludwig-Maximilians-Universität München, München 2004.

SCHRADIN, H. (1998): Finanzielle Steuerung der Rückversicherung unter besonderer Berücksichtigung von Großschadenereignissen und Fremdwährungsrisiken, Karlsruhe 1998.

SCHRADIN, H. (2003): Entwicklung der Versicherungsaufsicht, in: Zeitschrift für die gesamte Versicherungswissenschaft 4/2003, S. 611–664.

VARAIN, T. C. (2004): Ansatz und Bewertung versicherungstechnischer Verpflichtungen von Schaden- und Unfallversicherungsunternehmen nach IAS/IFRS, Lohmar/Köln 2004.

WAGNER, F. (1992): Solvabilitätspolitik als Unternehmenspolitik von Kompositversicherungsunternehmen, Berlin 1992.

WAGNER, F. (2000): Risk Management im Erstversicherungsunternehmen: Modelle, Strategien, Ziele, Mittel, Karlsruhe 2000.

WILLMES, O. (2004): Risikomanagement-Beratung durch Industrieversicherungsunternehmen. Einordnung, Gestaltung und Bewertung, Lohmar/Köln 2004.

ZIELKE, C. (2005): IFRS für Versicherer: Hintergründe und Auswirkungen, Wiesbaden 2005.

ZWEIFEL, P./EISEN, R. (2003): Versicherungsökonomie, 2. Auflage, Berlin 2003.

Insolvenzsicherungssysteme als Qualitätsmerkmal

Peter Hemeling / Katharina Hartwig

1.   Einleitung

Insolvenzsicherungssysteme sind Einrichtungen, die im Fall der Insolvenz eines Versicherungsunternehmens entweder die Versicherten sowie berechtigte Dritte entschädigen oder die Versicherungsverträge des insolventen Versicherungsunternehmens übernehmen, sanieren und bis auf Weiteres fortführen. Insolvenzsicherungssysteme sind nicht Bestandteil von Solvency II; vielmehr ist Solvency II ein rein präventives System, das die Vermeidung von Insolvenzen zum Gegenstand hat. Allerdings stellt sich die Frage, ob als Ergänzung dieses präventiven Systems eine Insolvenzsicherung sinnvoll ist, die – falls die Prävention versagt und ein Versicherungsunternehmen doch insolvent wird – die Folgen von den Versicherten zumindest teilweise abwendet. Insofern kommen Insolvenzsicherungssysteme als Qualitätsmerkmal für das nationale oder das europäische Versicherungswesen aus Gesichtspunkten des Verbraucherschutzes, aber auch aus Gründen des Vertrauens in die Branche in Betracht.

Die Einführung eines Insolvenzsicherungssystems für Versicherungen in Deutschland wurde immer wieder diskutiert, so bereits im Zusammenhang mit der Bankenkrise aus Anlass des Zusammenbruchs des Bankhauses Herstatt in den siebziger Jahren.[1] Im Vorfeld der Deregulierung im Jahre 1994 durch die Umsetzung der dritten Versicherungsrichtliniengeneration wurde die Frage erneut auf nationaler Ebene erörtert und Vorschläge für ein Sicherungssystem erarbeitet. Damals wurde damit gerechnet, dass die Deregulierung zu einem stärkeren Wettbewerb unter den Versicherungsunternehmen und dieser wiederum zu einer Preisspirale nach unten und zu einer höheren Wahrscheinlichkeit von Versicherungsinsolvenzen führt. Ein Insolvenzsicherungssystem wurde als kompensatorische Maßnahme zum Schutz der Versicherungsnehmer erörtert. Zu nennen ist hier insbesondere der Vorschlag der Monopolkommission vom 19. Juli 1988.[2] Der Vorschlag scheiterte, nachdem er auf Ablehnung in der Literatur[3] und von Seiten der Versicherungsunternehmen gestoßen war. Erneut geriet das Sujet nach dem Einbruch der Kapitalmärkte ab dem Jahr 2000 und die dadurch verursachten finanziellen Einbußen in den Kapitalanlagen der Versicherungsunternehmen in den Fokus.

In Deutschland rief 2003 die deutsche Versicherungswirtschaft eine privatwirtschaftliche Lösung für die Sparten Lebens- und Krankenversicherung mit der Gründung der Versicherungsgesellschaften Protektor Lebensversicherung-AG und Medicator Versicherungs-AG ins Leben. Erstere hat durch die Übernahme des Versicherungsbestandes der Mannheimer Lebensversicherungs-AG ihr Funktionieren noch in 2003 unter Beweis gestellt. Der deutsche

---

1   Vgl. Starke (1976).
2   Vgl. BT-Drucksache 11/2677.
3   Vgl. Farny (1990).

Gesetzgeber hat die Insolvenzsicherung durch die VAG-Novelle vom 15. Dezember 2004[4] auf eine gesetzliche Grundlage gestellt, indem er die gesetzlichen Sicherungsfonds für die Lebensversicherung und die private Krankenversicherung vorgesehen hat.

Auf EU-Ebene untersucht seit November 2001 eine Arbeitsgruppe der Europäischen Kommission, ob die fehlende Harmonisierung auf dem Gebiet der Insolvenzsicherungssysteme in Europa zu Problemen führt. Bislang ist diese Arbeitsgruppe zu dem Ergebnis gelangt, dass eine europäische Harmonisierung geschaffen werden sollte. Sie hat ihre Vorschläge in verschiedenen Arbeitspapieren, zuletzt vom Juni 2005[5], dahingehend konkretisiert, dass die Mitgliedstaaten verpflichtet werden sollen, Insolvenzsicherungssysteme vorzusehen.

Anhaltspunkte für die Beurteilung der Notwendigkeit und die mögliche Ausgestaltung von Sicherungseinrichtungen bieten zum einen ausländische Sicherungssysteme und zum anderen die in Deutschland bereits bestehenden Sicherungseinrichtungen der Banken zur Einlagensicherung und zur Anlegerentschädigung.

Die Versicherungsbranche ist stark reguliert durch Kapitalisierungsvorschriften, Vorschriften über die Kapitalanlage sowie weitreichende Kontroll- und Eingriffsbefugnisse der Aufsichtsbehörde. Solvency II wird ein weiterer Baustein dieser präventiven Versicherungsaufsicht sein. Nachdem mit der Deregulierung die Niederlassungs- und Dienstleistungsfreiheit innerhalb von Europa eingeführt wurde und in Deutschland die präventive Kontrolle von Versicherungsbedingungen und Prämienbeschränkungen weitgehend entfallen ist, befinden wir uns nunmehr in einer Phase, in der die Aufsicht über die Versicherungsunternehmen wieder zunimmt. Im deutschen Aufsichtsrecht ist erstmals eine Aufsicht über Rückversicherungen und, in beschränktem Umfang, über Versicherungs-Holdinggesellschaften eingeführt worden. Mit der Umsetzung der Versicherungsgruppenrichtlinie in 2003 und der Finanzkonglomeraterichtlinie in 2004 sowie mit Solvency II kommen weitere Anforderungen auf die Versicherungsunternehmen zu, die sämtlich das Ziel einer präventiven Aufsicht haben.

Nachdem in den neunziger Jahren die Einführung eines Sicherungssystems für absurd gehalten wurde,[6] stellt sich erneut die Frage, ob und wie sich angesichts der geringen Zahl von Versicherungsinsolvenzen Insolvenzsicherungssysteme als zusätzliches Element in das bestehende und sich ständig weiterentwickelnde präventive System einfügen.

---

4   Vgl. Gesetz zur Änderung des Versicherungsaufsichtsgesetzes und anderer Gesetze, BGBl. I, S. 3416.

5   Vgl. Europäische Kommission (2005b).

6   Vgl. Farny (1990), S. 22: „Eine absurde Situation [...] Für die Sicherung der eingekauften Versicherung sollen [die Versicherungsnehmer] eine zweite Versicherung mit einer gesonderten Prämie hinzukaufen. Diese Vorstellung könnte vielleicht angemessen sein, wenn das Kernprodukt nicht ausgerechnet ‚ein Stück Sicherheit' wäre. Im Versicherungsgeschäft bedeutet ein solches Prinzip jedoch geradezu eine Entwertung der Versicherung, was aus Akzeptanzgründen vermieden werden sollte."

2.   Insolvenz des Versicherungsunternehmens

Zunächst soll auf die Auswirkungen der Insolvenz eines Versicherungsunternehmens für die Versicherten eingegangen werden. Versicherungsunternehmen sind vom sachlichen Anwendungsbereich der Insolvenzverordnung vom 29. Mai 2000[7], die das Insolvenzrecht in der Europäischen Union harmonisiert hat, ausgenommen. Eine Harmonisierung des Rechts der Versicherungsinsolvenz hat auf europäischer Ebene durch die Zwangsliquidationsrichtlinie vom 19. März 2001[8] stattgefunden, die durch die VAG-Novelle 2003[9] im deutschen Recht umgesetzt wurde. Die Harmonisierung erfolgt nach drei Grundsätzen:

■ Einheitsgrundsatz: Nur die Behörden des Staates, in dem das betreffende Versicherungsunternehmen zugelassen ist (Herkunftsmitgliedstaat), sind befugt, ein Liquidationsverfahren einzuleiten oder Sanierungsmaßnahmen anzuordnen. Das im Herkunftsmitgliedstaat eröffnete Verfahren erfasst alle Zweigniederlassungen in der Gemeinschaft.

■ Universalitätsgrundsatz: Das Insolvenzverfahren erfasst auch alle Vermögensgegenstände und Verbindlichkeiten im Gebiet anderer Mitgliedstaaten und wird hinsichtlich seiner Auswirkungen von den dortigen Rechtsordnungen anerkannt. Das Recht des Herkunftsstaates ist daher die einheitliche *lex concursus*. Sanierungsmaßnahmen, die von der zuständigen Behörde des Herkunftsstaates angeordnet werden, haben gemeinschaftsweite Wirkung.

■ Gleichbehandlungsgrundsatz: Die Forderungen von Gläubigern aus anderen Mitgliedstaaten werden genauso behandelt wie gleichwertige Forderungen von Gläubigern des Herkunftsmitgliedstaats.

Die Insolvenz eines Versicherungsunternehmens tritt nach deutschem Recht ein, wenn das Versicherungsunternehmen überschuldet oder zahlungsunfähig ist (§ 88 Abs. 2 VAG). Den Antrag auf Eröffnung des Insolvenzverfahrens kann lediglich die Aufsichtsbehörde stellen (§ 88 Abs. 1 VAG). Soweit keine Übertragung des Versicherungsbestandes auf ein anderes Versicherungsunternehmen oder einen Sicherungsfonds erfolgt, nehmen die Versicherungsnehmer mit ihren Ansprüchen gegen das Versicherungsunternehmen an der Verteilung des Vermögens des Unternehmens teil. Ihre Ansprüche stellen den weitaus größten Teil der Passiva eines Versicherungsunternehmens dar. Bei Lebensversicherern entfielen im Jahre 2003 durchschnittlich 84,7 Prozent der Bilanzsumme auf versicherungstechnische Nettorückstellun-

---

7   Vgl. Verordnung über Insolvenzverfahren (1346/2000/EG), ABl. EG Nr. L 160 S. 1.

8   Vgl. Richtlinie über die Sanierung und Liquidation von Versicherungsunternehmen (2001/17/EG), ABl. EG Nr. L 110 S. 28.

9   Vgl. Gesetz zur Umsetzung aufsichtsrechtlicher Bestimmungen zur Sanierung und Liquidation von Versicherungsunternehmen und Kreditinstituten vom 10.12.2003, BGBl. I., S. 2478.

gen.[10] Bei den vom GDV untersuchten Schaden- und Unfallversicherern entfielen im Jahre 2003 rund 61 Prozent der Bilanzsumme auf die versicherungstechnischen Rückstellungen.[11]

Die Insolvenz des Versichererunternehmens führt automatisch zur Beendigung aller laufenden Versicherungsverträge. Verträge der Lebensversicherung, der nach Art der Lebensversicherung betriebenen Krankenversicherung, der privaten Pflegepflichtversicherung und der Unfallversicherung mit Prämienrückgewähr erlöschen mit Eröffnung des Insolvenzverfahrens (§§ 13 Satz 2 VVG i.V.m. § 77b VAG). Alle anderen Versicherungsverträge enden mit dem Ablauf eines Monats seit der Eröffnung des Insolvenzverfahrens (§ 13 Satz 1 VVG). Prämien, die ein Versicherungsnehmer für über die Beendigung des Vertrages hinaus gehende Zeiträume gezahlt hat, kann er unter Abzug der für diese Zeiträume aufgewendeten Kosten zurückfordern (§ 40 Abs. 3 VVG).

Die Versicherten können somit im Wesentlichen folgende Forderungen im Insolvenzverfahren geltend machen:

- Regulierung von bereits eingetretenen, aber noch nicht regulierten Versicherungsfällen,

- bei Lebens- und Krankenversicherungsverträgen Auszahlung des Betrages der rechnungsmäßigen Deckungsrückstellung (einschließlich bereits zugeteilter Überschussanteile) bzw. des Betrages der Alterungsrückstellung sowie Auszahlung bereits festgelegter, aber noch nicht zugeteilter Überschussanteile,

- Prämienrückerstattung (einschließlich der anteiligen Prämienrückforderung auf Grund der insolvenzbedingten vorzeitigen Beendigung des Versicherungsvertrages).

Das durch die VAG-Novelle 2003 eingeführte Sicherungsvermögen ist eine wesentliche, gemäß der Zwangsliquidationsrichtlinie erfolgte Neuerung. Das Sicherungsvermögen wird ähnlich den früheren Vorschriften über den Deckungsstock behandelt. Es ist jedoch nicht nur in Höhe der Deckungsrückstellungen, sondern in Höhe der gesamten versicherungstechnischen Bruttorückstellungen aus dem selbst abgeschlossenen Geschäft zu bilden (§ 66 Abs. 1a VAG). Als Teil des gebundenen Vermögens unterliegt das Sicherungsvermögen den Kapitalanlagevorschriften (§ 54 VAG). Aus den Vermögenswerten des Sicherungsvermögens sind Versicherungsforderungen vor den Forderungen aller anderen Gläubiger – aber nach den Verfahrenskosten – zu bedienen. Der Begriff Versicherungsforderungen erfasst dabei Forderungen von Versicherten, Versicherungsnehmern, Begünstigten und geschädigten Dritten, die einen Direktanspruch gegen das Versicherungsunternehmen haben, und schließt Prämienrückzahlungsansprüche, die entstanden sind, weil der Versicherungsvertrag vor der Eröffnung des Insolvenzverfahrens nicht zustande gekommen ist oder aufgehoben wurde, mit ein (vgl. § 77a Abs. 1 VAG). Alle vorgenannten Forderungen würden somit im Insolvenzfall vorrangig aus dem Sicherungsvermögen befriedigt. Reicht das Sicherungsvermögen zur vollständigen Befriedigung aller Versicherungsforderungen nicht aus, erfolgt eine anteilige Befriedigung der Versicherungsforderungen. Darüber hinausgehende Versicherungsforderungen können

---

10 Vgl. Bundesanstalt für Finanzdienstleistungsaufsicht (2003), S. 17.
11 Berechnet aus Tabelle GDV (2004), S. 18.

großteils nur als gewöhnliche Insolvenzforderungen ranggleich mit allen anderen Insolvenz-forderungen bei der Befriedigung aus dem übrigen Vermögen des Versicherungsun-ternehmens geltend gemacht werden. Als Masseforderungen privilegiert sind dagegen ledig-lich Forderungen wegen Versicherungsfällen, die erst in der Monatsfrist nach Insolvenzeröff-nung eingetreten sind (vgl. § 13 Satz 1 VVG), sowie die Rückforderung von Prämien, die nach Insolvenzeröffnung bezahlt worden sind.[12]

Aus zwei Gründen bietet diese bevorrechtigte Befriedigung den Versicherten jedoch keinen absoluten Schutz im Insolvenzfall:

■ Zum einen wird das Sicherungsvermögen in vielen Fällen nicht zur vollständigen Befrie-digung aller Versicherungsforderungen ausreichen. Entweder weil auf Grund von Verlus-ten bei der Kapitalanlage das erforderliche Sicherungsvermögen gar nicht mehr vorhanden ist oder weil auf Grund ungewöhnlicher Schadenereignisse die Versicherungsforderungen die gebildeten versicherungstechnischen Rückstellungen übersteigen. Dazu kommt, dass Insolvenzverfahren oft lange dauern. Bis der Versicherte eine Zahlung aus der Verwertung der Masse bzw. des Sicherungsvermögens erhält, kann viel Zeit vergehen.

■ Zum anderen führt in der Lebens- und Krankenversicherung die zwangsläufige Beendi-gung des Versicherungsvertrages dazu, dass dem Versicherungsnehmer ein Schaden ent-stehen kann in Höhe der Differenz zwischen der erstatteten Summe und dem Betrag, den er aufwenden muss, um bei einer anderen Versicherung Versicherungsschutz zu gleichwer-tigen Bedingungen erneut einzukaufen. Dieser Aufwand wird oftmals höher sein als der Erstattungsbetrag, wenn sich das versicherte Risiko durch gestiegenes Lebensalter oder zwischenzeitliche Krankheiten verschlechtert hat. Einen entsprechenden Schadenersatz-spruch gegen das insolvente Versicherungsunternehmen analog § 103 Abs. 2 InsO, dessen Bestehen bereits strittig ist[13], könnte der Versicherungsnehmer nur als gewöhnliche Insol-venzforderung geltend machen. Je nach Alter und Gesundheitszustand kann ein neuer Ver-sicherungsschutz auch ganz ausgeschlossen sein. Angesichts der demografischen Entwick-lung wird aber der Anteil der älteren Versicherungsnehmer und damit derjenigen Versiche-rungsnehmer, die nur mit wirtschaftlichem Nachteil einen neuen Versicherungsvertrag abschließen können, weiter zunehmen. Die Einführung der Sicherungsfonds für die Le-bens- und Krankenversicherung, die die Versicherungsverträge des angeschlagenen Unter-nehmens übernehmen und fortführen, schafft dem Abhilfe. Ein Sicherungssystem, das le-diglich eine Entschädigungsleistung zahlt, löst das Problem eines teureren oder unmögli-chen Neuabschlusses dagegen nicht.

Es zeigt sich, dass im Hinblick auf das Schutzbedürfnis der Versicherten zwischen der Le-bens- und Krankenversicherung einerseits und der Schaden- und Unfallversicherung anderer-seits differenziert werden muss. Fraglich ist, ob im Bereich der Schaden- und Unfallversiche-rung eine Sicherungseinrichtung überhaupt sinnvoll ist.

---

12   Vgl. Prölss (2004), § 13 Rn. 2.
13   Vgl. Prölss-Lipowsky (1997), § 77 Rn. 13.

Zunächst lässt sich feststellen, dass in diesem Bereich zumindest die Fortführungslösung keinen entscheidenden Vorteil gegenüber der Entschädigungslösung bietet. In der Schaden- und Unfallversicherung bestehen die vorgenannten Nachteile aus der Beendigung des Versicherungsverhältnisses nicht, da es keine langfristige Bindung in Dauerschuldverhältnissen an das Versicherungsunternehmen gibt. Vielmehr geht es in diesem Bereich um die Absicherung von Risiken auf kurzfristiger Basis gegen Zahlung der Prämie auf Monats-, Dreimonats-, Halbjahres- oder maximal Jahresbasis. Soweit bei Eintritt der Insolvenz kein noch nicht regulierter Versicherungsfall vorliegt, wirkt sich die Insolvenz nur hinsichtlich der Prämie aus, die die Versicherungsnehmer für Zeiträume jenseits der Insolvenzeröffnung bereits eingezahlt haben. Sowohl hinsichtlich der Schadensregulierung als auch der Prämienrückerstattung bietet daher eine Entschädigungslösung ausreichenden Schutz vor den Folgen der Insolvenz. Zudem besteht im Bereich der Schaden- und Unfallversicherung eine weniger enge Bindung zwischen Versicherungsnehmer und Versicherungsunternehmen.

Darüber hinaus ist zu berücksichtigen, dass, anders als in der Lebens- und Krankenversicherung, sich die Insolvenz eines Schaden- und Unfallversicherers lediglich bei den Prämienrückforderungen für Zeiträume jenseits der Insolvenzeröffnung durchgängig bei allen Versicherungsnehmern auswirkt. Der Ausfall der Prämienrückforderung stellt keine wesentliche wirtschaftliche Bedrohung für die Versicherungsnehmer dar. Ansonsten sind nur solche Versicherungsnehmer von der Insolvenz betroffen, bei denen ein Versicherungsfall bereits eingetreten, aber noch nicht reguliert ist. Der Großteil dieser Versicherungsfälle wird jedoch keine existenzbedrohenden Ausmaße haben, sondern sich – auch für den Einzelnen – im wirtschaftlich verkraftbaren Bereich bewegen.[14] Schließt man geringfügige Ansprüche vom Schutz des Insolvenzsicherungssystems aus, wie dies etwa auch im Rahmen des EU-Vorschlags angedacht ist (dort sollen Ansprüche unter 100 Euro ausgeschlossen werden, wobei auch an eine noch vertretbare höhere Schwelle, etwa 1000 Euro, gedacht werden könnte), wäre die Aufgabe des Sicherungsfonds in der privaten Schaden- und Unfallversicherung auf einen sehr kleinen Teil aller Versicherungsforderungen beschränkt.

Geht es daher darum, existenzbedrohende Folgen einer Versicherungsinsolvenz für die Verbraucher zu vermeiden, wäre eine Alternative zum Sicherungsfonds die bevorrechtigte Befriedigung von Versicherungsforderungen von Verbrauchern (oder ähnlich schutzbedürftigen Personen), deren Ausfall zu einem erheblichen Schaden führt (z. B. Versicherungsforderungen über 1000 Euro). Das Sicherungsvermögen würde dann zunächst für die Tilgung von einem kleinen Teil der gesamten Versicherungsforderungen verwendet werden, deren vollständige Befriedigung somit ausreichend wahrscheinlich erscheint.

Die Zwangsliquidationsrichtlinie gestattet den Mitgliedstaaten, Rangunterschiede zwischen verschiedenen Kategorien von Versicherungsforderungen vorzusehen. Hiervon hat der deutsche Gesetzgeber bislang keinen Gebrauch gemacht. Angesichts des Aufwandes, den ein

---

14 Dies zeigt das folgende Beispiel: Der Anteil der Schäden der Allianz im Privathaftpflichtbereich mit einem Aufwand von 50.000 Euro oder mehr lag 2003 bei 0,03 Prozent; der durchschnittliche Aufwand der Schäden bei unter 500 Euro. Im Privat-Sachbereich der Allianz betrug im Jahre 2003 der prozentuale Anteil der Schäden mit einem Aufwand von 50.000 Euro und mehr 0,07 Prozent. Der durchschnittliche Aufwand je Schaden in der gesamten Sachversicherung der Allianz lag 2003 bei rund 800 Euro.

Sicherungssystem für Versicherungsunternehmen bedeutet, und der Mehrkosten, die dadurch letztlich den Versicherungsnehmern entstehen, wäre im Bereich der Schaden- und Unfallversicherung die vorrangige Befriedigung von Versicherungsforderungen, deren Ausfall zu existenzbedrohlichen Situationen führen kann, sinnvoller.

3. Ausgestaltungsmöglichkeiten für Insolvenzsicherungssysteme

Das Sicherungssystem kann entweder als Generalfonds für alle Versicherungssparten (gegebenenfalls mit Ausnahme einiger Versicherungszweige)[15] oder aus Spezialfonds für jede Sparte[16] bestehen. Die meisten bereits bestehenden Sicherungssysteme erfassen nur bestimmte Versicherungszweige.[17] Auch der deutsche Gesetzgeber hat sich gegen einen Generalfonds entschieden und stattdessen je einen Spezialfonds für die Lebens- und für die Krankenversicherung eingeführt.

Im Weiteren ist hinsichtlich der Art des Insolvenzschutzes zu unterscheiden: Nach dem deutschen Modell übernimmt der Fonds den Versicherungsbestand der angeschlagenen Versicherung und führt ihn bis zur Ende der Laufzeit fort, soweit nicht eine Übertragung an ein anderes Versicherungsunternehmen nach Sanierung des Portfolios erfolgen kann. Dagegen sehen die Sicherungssysteme in den meisten anderen europäischen Mitgliedstaaten eine Entschädigungslösung vor. Dabei werden die Versicherungsverträge nicht fortgeführt, sondern der Fonds übernimmt die Versicherungsleistung für bereits eingetretene, aber noch nicht abgewickelte Versicherungsfälle und entschädigt im Übrigen in Höhe der Rückkaufwerte. Nach Entschädigungszahlung findet eine Subrogation des Sicherungsfonds in die Rechte des Versicherungsnehmers gegen das insolvente Versicherungsunternehmen statt.

Im Hinblick auf die Bemühungen, eine Harmonisierung der europäischen Sicherungssysteme zu schaffen, sei schließlich erwähnt, dass die bestehenden Sicherungssysteme hinsichtlich ihres räumlichen Anwendungsbereiches entweder nach dem Herkunftslandsprinzip oder dem Aufnahmeland-[18] bzw. Territorialitätsprinzip funktionieren können. Entsprechend den

---

15 So das britische System, vgl. Europäische Kommission (2002), Annex 1.

16 Beispiel hierfür ist der Vorschlag der Monopolkommission, der je einen Fonds für die Sparten Lebensversicherung, Rechtsschutzversicherung, Kredit/Kautionsversicherung und Schadenversicherung vorsah. Für die Krankenversicherung war nach dem Vorschlag keine Insolvenzsicherung erforderlich, weil dort die staatliche Prämien- und Bedingungskontrolle auch nach der Deregulierung bestehen bleiben sollte.

17 So besteht etwa in Irland ein Sicherungsfonds für die Schadenversicherung und in Frankreich ein Sicherungsfonds für die Leben-, Kranken- und Unfallversicherung, vgl. Europäische Kommission (2002), Annex 1.

18 So im Grundsatz das britische System, vgl. Europäische Kommission (2002).

Grundsätzen bei der Zulassung von Versicherungsunternehmen und der Zuständigkeiten bei der Insolvenz bietet sich an, dass ein nationales Sicherungssystem nach dem Herkunftslandprinzip jeweils alle Versicherungsnehmer erfasst, die Versicherungsverträge mit dem insolventen Unternehmen abgeschlossen haben, sei es im Inland, mit einer Zweigstelle oder im Rahmen des freien Dienstleistungsverkehrs in einem anderen Mitgliedstaat. Nach dem Territorialitätsprinzip funktionieren dagegen die meisten Sicherungssysteme im Bereich der Krafthaftpflichtversicherung. So übernimmt der Verein Verkehrsopferhilfe e.V. nur Schadenersatzzahlungen bei Autounfällen in Deutschland, wenn die Versicherung des Schädigers, soweit diese ihren Sitz in einem EU- oder EWR-Staat hat, insolvent ist.

3.1   Trägerschaft

Ein Sicherungssystem kann freiwillig von Versicherungsunternehmen eingerichtet, privatrechtlich organisiert und auf Grund vertraglicher Vereinbarung von den angeschlossenen Unternehmen finanziert werden. Eine Zwangsmitgliedschaft aller Versicherungsunternehmen, die in der relevanten Sparte tätig sind, kann es bei dieser Organisationsform anders als bei einem gesetzlichen Sicherungssystem nicht geben. Soll die private Sicherungseinrichtung Versicherungsbestände übernehmen, ist es notwendig, dass sie als Versicherungsunternehmen aufsichtsrechtlich zugelassen ist. Die Übertragung von Versicherungsbeständen muss von der Aufsichtsbehörde jeweils genehmigt werden (§ 14 VAG). Während eine solche Lösung vor einigen Jahren noch unpraktikabel erschien[19], sind mittlerweile die Protektor Lebensversicherungs-AG und Medicator Versicherungs-AG, die durch die beim Gesamtverband der Deutschen Versicherungswirtschaft e.V. organisierten Lebens- bzw. privaten Krankenversicherungsgesellschaften gegründet worden sind, Beispiele hierfür.

Demgegenüber steht das gesetzliche Sicherungssystem, das eine gesetzliche Beitragspflicht für alle in dem jeweiligen Staat zugelassenen Versicherungsunternehmen vorsieht. Es ist als öffentlich-rechtliche Einrichtung ausgestaltet, wobei jedoch zumeist eine Übertragung der Aufgabe auf eine juristische Person des Privatrechts vorgesehen ist (Beleihung).

3.2   Finanzierung

Sicherungssysteme finanzieren sich durch Umlage ihrer Kosten und der benötigten Mittel auf die Versicherungsunternehmen. Die Versicherungsunternehmen wälzen diese Kosten auf die Versicherungsnehmer ab, indem sie die Beiträge zum Sicherungsfonds auf die Prämien umle-

---

19   Vgl. Farny (1990), S. 17, 20 („eine nahezu groteske Situation").

gen. Die Finanzierung des Sicherungsfonds kann durch regelmäßige Jahresbeiträge der angeschlossenen Versicherungsunternehmen erfolgen, was zur Kapitalbildung durch den Fonds führt. Nachteil dieser Lösung ist, dass der Sicherungsfonds die Kapitalanlage sicherstellen muss und somit, unabhängig vom Bedarfsfall, eine eigene Verwaltung vorhalten muss. Zudem ist fraglich, ob die Kapitalanlage nicht den Versicherungsunternehmen selbst, zu deren Kernaufgaben sie gehört, überlassen bleiben sollte. Die Alternative ist eine Umlage im Bedarfsfall ohne Kapitalbildung des Sicherungsfonds. Der Fonds wird erst dann aktiv, wenn eine Versicherungsinsolvenz eintritt. Gegen diese Alternative wird vorgebracht, dass der Bedarfsfall oftmals in Krisenzeiten eintrete, die nicht nur das eine insolvente Versicherungsunternehmen, sondern die ganze Branche beträfen. Die Zahlung an den Sicherungsfonds könnte dann ein noch gesundes Unternehmen ebenfalls in die Insolvenz treiben (sog. Dominoeffekt). Allerdings dürften die Zahlungen auf Grund einer einzelnen Insolvenz an den Sicherungsfonds zumeist so gering sein, dass ein Dominoeffekt ausgeschlossen ist.

Hinsichtlich der Höhe der Beiträge der einzelnen Versicherungsunternehmen wurde früher vorwiegend eine Finanzierung nach dem jeweiligen Anteil der einzelnen Unternehmen an den Gesamtrückstellungen vertreten, weil eine differenzierte Bemessung auf Grund fehlender Informationen nicht möglich sei.[20] Diese fehlende Möglichkeit, bei den Beiträgen zwischen den „guten" finanzstarken Unternehmen und den „schlechten" weniger finanzstarken Unternehmen zu differenzieren, war eines der Argumente gegen die Einführung des Sicherungsfonds, da es dadurch zu Fehlallokationen von Prämien und folglich zu einer negativen Auslese unter den Versicherungsunternehmen kommen würde.[21] Durch das Insolvenzsicherungssystem würden grundsätzlich solide wirtschaftende Versicherer für die unseriösen Marktpraktiken ihrer Wettbewerber einstehen. Nunmehr – und durch Solvency II wird sich die Transparenz noch erhöhen – wird eine solche differenzierte Bemessung unter Berücksichtigung von Finanzstärke und Insolvenzwahrscheinlichkeit für möglich gehalten. § 129 Abs. 6 VAG sieht dementsprechend für die Beiträge der Lebens- und Krankenversicherer nach Maßgabe einer Rechtsverordnung eine Differenzierung nach Art und Umfang der gesicherten Geschäfte sowie der Anzahl und Größe und Geschäftsstruktur der angeschlossenen Versicherungsunternehmen unter Berücksichtigung von deren Finanz- und Risikolage vor. Eine Ausführungsverordnung zur Bemessung der Beiträge ist noch nicht in Kraft getreten. Es wird sich zeigen, ob es gelingt, durch die Beitragsdifferenzierung dem unterschiedlichen Insolvenzrisiko ausreichend Rechnung zu tragen.

Hinsichtlich der Sinnhaftigkeit von Insolvenzsicherungssystemen als solchen ist allerdings zu berücksichtigen, dass die erhöhte Transparenz von Versicherungsunternehmen auch dazu führt, dass es den Versicherungsunternehmen zunehmend möglich ist, sich für ein sicheres, finanzstarkes Versicherungsunternehmen oder für ein weniger finanzstarkes mit entsprechendem Insolvenzrisiko, aber vielleicht niedrigeren Prämien, zu entscheiden. Selbst wenn ein derartiges Verhalten vom Verbraucher nicht erwartet werden kann, führt die erhöhte Transparenz zumindest zu einer Verbesserung der präventiven Aufsicht.

---

[20] Farny (1990), S. 24: „nach dem heute verfügbaren methodischen Rüstzeug in der Praxis schlechterdings unmöglich".

[21] Vgl. Farny (1990), S. 25.

3.3 Garantierte Ansprüche

Gestaltungsmöglichkeiten bestehen hinsichtlich des geschützten Personenkreises, der erfassten Versicherungsforderungen sowie der Frage, ob ein Selbstbehalt oder eine Obergrenze für die Leistungen des Sicherungssystems zur Anwendung kommen soll.

Leistungsempfänger können entweder alle oder nur „schutzbedürftige" Versicherungsnehmer sowie geschädigte Dritte sein. Hinsichtlich der Schutzbedürftigkeit stehen verschiedene Merkmale zur Verfügung: eine Beschränkung auf natürliche Personen und gegebenenfalls kleine Gewerbetreibende, die Verbraucherbegriffe verschiedener EU-Richtlinien sowie der Ausschluss von Großrisiken im Sinne der Zweiten Schadenversicherungsrichtlinie. Prämienrückerstattung kann erfasst sein oder nicht.

Im Bereich der Schaden- und Unfallversicherung wäre daran zu denken, nur Versicherungsforderungen im Bereich der Pflichtversicherung zu erfassen. Ein Schutzbedürfnis besteht bei einem Drittgeschädigten, der auf einen nicht versicherten Schädiger trifft, nicht mehr oder weniger als bei einem Geschädigten, dessen Direktanspruch gegen die Versicherung des Schädigers wegen Insolvenz ausfällt.

Eine Entschädigung ist in vollem Umfang möglich oder mit einem Selbstbehalt. Weiterhin kann eine absolute Obergrenze für die Leistung im einzelnen Versicherungsfall vorgesehen werden. Eine Selbstbeteiligung ist als prozentualer Abschlag auf die Versicherungsforderung oder als absoluter Selbstbehalt je Versicherungsfall denkbar. Der absolute Selbstbehalt ermöglicht es, geringfügige Ansprüche vom Insolvenzschutz auszunehmen und somit den Aufwand des Sicherungsfonds zu reduzieren.[22] Der prozentuale Selbstbehalt soll bei den Versicherungsnehmern die Motivation erhalten, ihren Vertrag mit einem möglichst finanzstarken Versicherungsunternehmen abzuschließen.

Mit dem Argument des Selbstbehalts wird somit dem Moral-Hazard-Einwand gegen Sicherungssysteme als solche begegnet. Ob diese Argumentation trägt, ist fraglich. Denn für die Versicherungsnehmer schafft ein Insolvenzsicherungssystem zunächst den Anreiz, bei der Wahl des Versicherers nicht auf dessen wirtschaftliche Solidität, sondern ausschließlich auf die Höhe der Prämien oder den Umfang des Leistungsversprechens zu achten. Dieses „falsche" Marktverhalten bliebe auf Grund des Insolvenzsicherungsfonds nicht nur ohne Folge, sondern es würde sogar gefördert. Selbstbehalte des Versicherungsnehmers im Fall der Leistungspflicht des Sicherungsfonds steuern diesem Fehlverhalten nur insoweit entgegen, als die Versicherungsnehmer bei ihrer Entscheidung für ein bestimmtes Versicherungsunternehmen den Selbstbehalt im Insolvenzfall überhaupt berücksichtigen. Auf Grund der geringen Eintrittswahrscheinlichkeit von Versicherungsinsolvenzen scheint es nahe liegend, dass dies nicht der Fall ist, sondern für den Versicherungsnehmer der Selbstbehalt im Insolvenzfall hinter dem Vorteil einer eventuell langfristig geringeren Prämie zurücktritt. Somit ist zweifel-

---

22 Der derzeitige EU-Vorschlag sieht einen Ausschluss von Ansprüchen bis 100 Euro vor.

haft, ob der Effekt der Fehlsteuerung und der Fehlallokation durch einen Selbstbehalt vermieden wird. Bei Ansprüchen von Drittgeschädigten funktioniert eine Steuerung durch Selbstbehalte offensichtlich nicht.

4.   Insolvenzsicherungssysteme für Versicherungsunternehmen in Deutschland

In Deutschland gibt es neben den privaten Insolvenzsicherungssystemen Protektor und Medicator eine gesetzliche Insolvenzsicherung für die Lebens- und die Krankenversicherung. Die Verkehrsopferhilfe e.V. schützt vor Insolvenzen von Kfz-Haftpflichtversicherern. In der Banken- und Wertpapierbranche gibt es in Deutschland im Übrigen den Einlagensicherungsfonds im Bundesverband deutscher Banken, der die Einlagen der Bankkunden schützt. Erwähnt sei auch der Pensions-Sicherungs-Verein, dem die gesetzliche Insolvenzsicherung für die betriebliche Altersversorgung im Fall der Insolvenz des Arbeitgebers obliegt.

4.1   Protektor und Medicator

Die Protektor Lebensversicherungs-AG ist eine Auffanggesellschaft für notleidende Lebensversicherungsunternehmen, die der Aufsicht in Deutschland unterliegen. Sie wurde zum Schutz der Interessen der Versicherungsnehmer und der Stärkung des Vertrauens in die private Altersversorgung durch Lebensversicherungen von im Wesentlichen allen in Deutschland tätigen Lebensversicherungsunternehmen am 8. November 2002 gegründet und am 12. Februar 2003 in das Handelsregister eingetragen. Die Protektor Lebensversicherungs-AG ist als Lebensversicherer aufsichtsrechtlich zugelassen und unterliegt mit ihrer Geschäftstätigkeit der Aufsicht durch die Bundesanstalt wie jedes andere Versicherungsunternehmen auch. Sie soll eine Ultima-Ratio-Funktion haben und erst dann tätig werden, wenn dem notleidenden Versicherungsunternehmen nicht selbst eine Sanierung gelingt oder die Bestände nicht durch ein anderes Versicherungsunternehmen in der bisher üblichen Weise übernommen werden. Auf Grund einer Selbstverpflichtung der Branche haben sich alle 104 (Stichtag 30. Juni 2004) beteiligten Lebensversicherungsunternehmen zur Beteiligung an Protektor verpflichtet und müssen im Bedarfsfall auf Verlangen des Vorstands der Protektor Zahlungen bis maximal 1 Prozent ihrer konventionellen Kapitalanlagen[23] zur Sanierung der Bestände zur Verfügung

---

[23]   Vgl. Position C.I.–III. des Formblatts 1 der RechVersV.

stellen, wobei jedoch sowohl die Beteiligung an Protektor als auch die Nachschusspflicht für das einzelne Unternehmen auf 10 Prozent begrenzt ist. Damit verfügt Protektor derzeit über abrufbare Eigenmittel in einer Gesamthöhe von rund 5,2 Milliarden Euro zur Erfüllung ihrer satzungsmäßigen Aufgaben.

Im Oktober 2003 hat die Protektor den Versicherungsbestand von der Mannheimer Lebensversicherungs-AG übernommen. Die Insolvenz der Mannheimer Lebensversicherungs-AG wurde vermieden, so dass die Vertragsverhältnisse nicht automatisch endeten, sondern von der Protektor weitergeführt werden konnten.

Die Medicator Versicherungs-AG wurde am 3. Juli 2003 von den privaten Krankenversicherungsunternehmen gegründet. Die Gesellschaft ist als Versicherungsunternehmen zugelassen und steht bereit, die Erfüllung von Versicherungsverträgen zu sichern, falls ein Krankenversicherungsunternehmen in eine finanzielle Notlage geraten sollte. Die Finanzierung erfolgt über Umlagen im Bedarfsfall durch die Gründungsmitglieder sowie weitere Krankenversicherungsunternehmen, die sich nachträglich an Medicator beteiligen.

4.2 Verkehrsopferhilfe e.V.

Im Bereich der Kfz-Haftpflichtversicherung gibt es seit vielen Jahren eine Insolvenzsicherung. Dem Verein Verkehrsopferhilfe e.V. ist durch Verordnung vom 14. Dezember 1965[24] die Aufgabe des gesetzlichen Entschädigungsfonds für Schäden aus Kraftfahrzeugunfällen gemäß §§ 12 ff. KfzPflVersG übertragen worden. Die Verkehrsopferhilfe e.V. übernimmt Schadenersatzzahlungen bei Autounfällen in Deutschland, wenn entweder der Schädiger unbekannt oder nicht versichert ist, die Versicherung des Schädigers keine Deckung gewährt oder wenn die Versicherung des Schädigers, soweit sie ihren Sitz in Deutschland oder einem anderen EU- oder EWR-Mitgliedstaat hat, insolvent ist.

Wie die meisten anderen Insolvenzsicherungssysteme in diesem Bereich basiert die Verkehrsopferhilfe auf der im Deliktsrecht geltenden Tatortregel (d. h. nur Schäden im Inland sind erfasst) und nicht auf dem Herkunftslandsprinzip. Autounfälle im Ausland, die zu Schadenersatzansprüchen gegen ein insolventes deutsches Versicherungsunternehmen führen, sind nicht gedeckt, können aber von einem im Ausland bestehenden System erfasst sein. Im Rahmen der EU-Initiative wird überlegt, die Kfz-Haftpflichtversicherung von dem allgemeinen Sicherungssystem auszunehmen und es bei den bestehenden tatortbezogenen nationalen Lösungen in diesem Bereich zu belassen.

---

24 Vgl. Verordnung vom 14.12.1965 (BGBl. I S. 2093), zuletzt geändert durch die Verordnung vom 17.12.1994 (BGBl. I S. 3845).

Da es in der Verkehrsopferhilfe um Opferschutz und nicht um den Schutz des Versicherungsnehmers geht, wäre es nicht sachgerecht, sie als Modell für einen zusätzlichen Insolvenzschutz des Versicherungsnehmers heranzuziehen.

4.3   Sicherungsfonds in der Lebens- und Krankenversicherung

Durch das Gesetz zur Änderung des Versicherungsaufsichtsgesetzes und anderer Gesetze vom 15. Dezember 2004 ist, im Vorgriff auf die unten beschriebene europäische Initiative, für den Bereich der Lebens- und der substitutiven Krankenversicherung eine gesetzliche Sicherungseinrichtung eingeführt worden. Der neue Abschnitt VIIIa des VAG sieht vor, dass beim Zusammenbruch eines Versicherers die Versicherungsverträge auf Anordnung der Aufsichtsbehörde auf einen Sicherungsfonds übertragen werden, der diese Verträge saniert, indem er die erforderlichen Kapitalanlagen zur Verfügung stellt, und danach die Verträge an ein anderes Versicherungsunternehmen überträgt.

Anlass für die Einführung des gesetzlichen Sicherungssystems war der Zusammenbruch der Mannheimer Lebensversicherungs AG. Begründet wird sie wie folgt: „Die Pflicht [zur Einführung des Sicherungsfonds, Einfügung des Verfassers] ist auf Lebens- und Krankenversicherungsfonds beschränkt, weil der Wegfall des Versicherungsschutzes in diesen Sparten typischerweise besondere soziale Härten für den Versicherungsnehmer verursacht und weil der Ausfall eines Lebensversicherers die Akzeptanz der privaten kapitalgedeckten Altersorgung bzw. der Ausfall eines Krankenversicherers diejenige der substitutiven Krankenversicherung gefährden könnte."

Eine rein privatrechtliche Lösung, wie dies bereits Protektor und Medicator bezweckt hatten, hielt der Gesetzgeber für nicht ausreichend, weil aus verfassungsrechtlichen Gründen eine Beitragspflicht nur zugunsten einer öffentlich-rechtlichen Einrichtung, nicht aber zugunsten einer privaten Sicherungseinrichtung vorgesehen werden könne.

Das Gesetz sieht eine Pflichtmitgliedschaft für alle Lebensversicherer und alle Krankenversicherer vor, die in Deutschland zum Betrieb zugelassen sind. Pensions- und Sterbekassen sind von der Pflichtmitgliedschaft ausgenommen; Erstere können dem Sicherungsfonds jedoch freiwillig beitreten. Der Sicherungsfonds wird tätig, wenn die Aufsichtsbehörde feststellt, dass sich eines angeschlossenen Versicherungsunternehmens in einer finanziellen Schieflage befindet, die dazu führt, dass das Unternehmen für die Dauer nicht mehr imstande ist, seine Verpflichtungen zu erfüllen, oder wenn der Aufsichtsbehörde die Insolvenz eines angeschlossenen Versicherungsunternehmens angezeigt wird und andere Maßnahmen zur Wahrung der Belange der Versicherten nicht ausreichend sind. Auf Anordnung der Aufsichtsbehörde werden dann der gesamte Versicherungsbestand sowie die zur Bedeckung der Verbindlichkeiten aus diesem Bestand notwendigen und vorhandenen Vermögensgegenstände an den jeweiligen

Sicherungsfonds übertragen. Die Versicherungsverträge werden durch den Sicherungsfonds weitergeführt. Fehlende Mittel werden aus dessen Vermögen bereitgestellt.

4.3.1 Trägerschaft

Die beiden Sicherungsfonds werden grundsätzlich als Sondervermögen bei der Kreditanstalt für Wiederaufbau (KfW) errichtet. Den Sicherungsfonds wird Teilrechtsfähigkeit zuerkannt, d. h. sie können im Rechtsverkehr handeln, klagen oder verklagt werden. Die Fonds haben keine volle Rechtsfähigkeit, weil sie keine eigenen Organe haben, sondern nur durch die Organe der KfW handeln können. Die Verwaltung der Sicherungsfonds erfolgt daher durch die KfW. Allerdings kann das Bundesministerium der Finanzen durch Rechtsverordnung die Aufgaben und Befugnisse der Sicherungsfonds auf eine juristische Person des Privatrechts übertragen, wenn diese dazu bereit ist und bestimmte Voraussetzungen erfüllt. Beliehener kann auch ein in Deutschland zugelassenes Versicherungsunternehmen sein. Somit ist die Beleihung der bereits bestehenden Protektor und Medicator zwar nicht ausdrücklich vorgesehen, aber möglich. Im Fall der Beleihung eines Privaten tritt die juristische Person des Privatrechts in die Rechte und Pflichten des Sicherungsfonds ein.

4.3.2 Finanzierung

Beide Sicherungsfonds finanzieren sich durch Beiträge der Mitgliedsunternehmen. Der Sicherungsfonds der Lebensversicherung wird zunächst jährliche Beiträge von den angeschlossenen Mitgliedern in Höhe von insgesamt 0,2 Promille der Summe ihrer versicherungstechnischen Nettorückstellungen erheben. Bei der Ermittlung des Beitrags der einzelnen Unternehmen sind nach Maßgabe einer Rechtsverordnung Art und Umfang der gesicherten Geschäfte, Anzahl und Größe und Geschäftsstruktur der angeschlossenen Versicherungsunternehmen. Die Höhe der Beiträge soll auch deren Finanz- und Risikolage berücksichtigen. Darüber hinaus kann der Sicherungsfonds Sonderbeiträge bis zu einem Promille der versicherungstechnischen Nettorückstellungen der dem Fonds angehörenden Unternehmen erheben, um das Sondervermögen nach der Übernahme eines Versicherungsbestandes wieder aufzufüllen oder um zusätzliche Mittel einzufordern, wenn das vorhandene Vermögen nicht ausreicht. Das Vermögen eines Sicherungsfonds soll ein Promille der Summe der versicherungstechnischen Nettorückstellungen aller dem Fonds angeschlossenen Versicherungsunternehmen (derzeit rund 500 Millionen Euro) nicht unterschreiten. Der Sicherungsfonds muss seine Mittel nach den Anlagegrundsätzen des § 54 Abs. 1 und 2 VAG anlegen. Die an den Sicherungsfonds geleisteten Beiträge können die Versicherungsunternehmen als Kapitalanlage im Sinn von § 1 Abs. 1 und § 2 Abs. 3 AnlVO verbuchen. Erträge werden an die Mitgliedsunternehmen im Verhältnis ihrer Beiträge ausgeschüttet und stehen damit zu über 90 Prozent den Versicherungsnehmern zu.

Der Sicherungsfonds der Krankenversicherer erhebt dagegen nur im Bedarfsfall Sonderbeiträge und zwar bis zu 2 Promille der versicherungstechnischen Nettorückstellungen aller dem
Fonds angeschlossenen Versicherungsunternehmen (derzeit etwa 160 Millionen Euro) nach
Übernahme eines Versicherungsbestandes. Diese Differenzierung wird damit begründet, dass
die Krankenversicherungen einer geringeren Risikoanfälligkeit ausgesetzt sind.

4.3.3   Garantierte Ansprüche

Der Sicherungsfonds tritt in alle Rechte und Pflichten aus den übertragenen Versicherungsverträgen ein. Somit sind alle Ansprüche von Versicherungsnehmern, versicherten Personen,
Bezugsberechtigten und sonstigen aus diesen Versicherungsverträgen begünstigten Personen
vom Schutz des Sicherungsfonds erfasst. Soweit die Mittel des Sicherungsfonds nicht ausreichen, um die Fortführung der Verträge zu gewährleisten, kann die Aufsichtsbehörde im Fall
der Lebensversicherung die Zahlungen um bis zu 5 Prozent der vertraglich garantieren Leistungen kürzen (§ 125 Abs. 5 VAG).

Entsprechend dem Herkunftslandprinzip greift der Schutz unabhängig davon ein, ob der
Berechtigte seinen (Wohn-) Sitz im In- oder Ausland hat. Dagegen besteht kein Schutz für
Verträge von inländischen Versicherungsnehmern mit im Ausland zugelassenen Versiche-
rungsunternehmen.

5.   Initiative der Europäischen Kommission zu Insolvenzsicherungssystemen

Eine Konsultation der Europäischen Kommission zu dem Thema ergab, dass es 2001 – mit
Ausnahme des Bereichs der Kfz-Pflichtversicherung und einiger anderer spezieller Versicherungszweige – in den meisten europäischen Mitgliedstaaten kein Insolvenzsicherungssystem
gab und spartenübergreifende Sicherungssysteme lediglich in Spanien und Großbritannien
bestanden. Durch den Beitritt von sieben neuen Staaten zur Europäischen Union zum 1. Mai
2004 (darunter Polen und Malta, die beide ein Sicherungssystem haben) und gesetzgeberische Aktivitäten in Deutschland, den Niederlanden und Dänemark hat sich die Ausgangslage
seitdem etwas verändert. Der Schutzbereich der nunmehr bestehenden Sicherungssysteme
variiert allerdings der Konsultation zufolge stark: In einigen Ländern (Deutschland, Nieder-

lande) ist lediglich die Lebens- und Krankenversicherung, in anderen Ländern (Irland, Dänemark und Finnland) lediglich die Schadenversicherung[25] erfasst.

Das Ergebnis dieser Konsultation gab dem Versicherungsausschuss bei der Europäischen Kommission Anlass, im November 2001 eine Arbeitsgruppe einzusetzen, die untersuchen soll, ob sich aus der fehlenden Harmonisierung Probleme ergeben. Im Ergebnis wird eine Harmonisierung durch die Einführung von Sicherungssystemen in allen Mitgliedstaaten befürwortet. Begründet wird dies zum einen mit dem Verbraucherschutz und den Vorteilen eines Sicherungssystems gegenüber dem bestehenden Schutz der Versicherungsnehmer im Insolvenzverfahren. Auf Grund der wachsenden Bedeutung der Versicherungsbranche für die Altersvorsorge solle das Vertrauen der Verbraucher in die Versicherungsbranche durch ein Sicherungssystem gestärkt werden. Angesichts der Annäherung von Lebensversicherungsprodukten an Bankprodukte solle auch bei Versicherungsprodukten ein gleichwertiger Insolvenzschutz bestehen. Zum anderen begründet die Arbeitsgruppe ihren Vorschlag damit, dass es durch die bereits bestehenden Sicherungssysteme Lücken und Überschneidungen gäbe und eine Ungleichbehandlung der Versicherungsnehmer in den Mitgliedstaaten bestünde. Außerdem verstärke eine Harmonisierung der Sicherungssysteme das Vertrauen zwischen den Aufsichtsbehörden der einzelnen Länder, was insbesondere wegen der Aufnahme der neuen Beitrittsländer bedeutsam sei.[26]

Der Vorschlag der Arbeitsgruppe, der bislang in den Arbeitspapieren vom Oktober 2004, Januar und Mai 2005 dargelegt ist,[27] geht dahin, die Mitgliedstaaten zu verpflichten, ein oder mehrere Insolvenzsicherungssysteme vorzuhalten. Es soll grundsätzlich das Herkunftslandprinzip zur Anwendung kommen, so dass alle in einem Mitgliedstaat zugelassenen Versicherungsunternehmen dem Sicherungssystem dieses Staates angehören müssen und das Sicherungssystem für alle von diesem Versicherungsunternehmen abgeschlossenen Versicherungsverträge aufkommt, d. h. auch für solche, die durch eine Zweigniederlassung in einem anderen Mitgliedstaat oder im Wege des freien Dienstleistungsverkehrs in einem anderen EU-Mitgliedstaat abgeschlossen worden sind. Um Wettbewerbsvorteile bzw. -nachteile von Unternehmen zu vermeiden, die mit einer Niederlassung in einem Mitgliedstaat mit einem niedrigeren oder höheren Schutzniveau als dem des Sicherungssystems im Herkunftsstaat tätig sind, wurde überlegt, diesen Niederlassungen zu erlauben, dem Sicherungssystem des Gastlandes beizutreten (topping-up) oder den Schutz auf das Niveau des Gastlandes zu beschränken.[28] Diese Topping-up-Option fand jedoch bislang keine Zustimmung bei den Mitgliedstaaten.

Damit die bereits bestehenden Sicherungssysteme beibehalten werden können, überlässt es der Vorschlag der Arbeitsgruppe den Mitgliedstaaten, ob das Sicherungssystem den Versicherten lediglich Entschädigungsleistungen zahlt oder für eine Fortführung des Versicherungsbestandes sorgt. Damit wird zwar der Diversität der bereits bestehenden Systeme Genü-

---

25 Vgl. Europäische Kommission (2004a).
26 Vgl. Europäische Kommission (2003) und (2004a).
27 Vgl. Europäische Kommission (2004b), (2005a) und (2005b).
28 Vgl. Europäische Kommission (2005a).

ge getan, im Bereich der Lebens- und Krankenversicherung jedoch das Ziel des Verbraucher-schutzes verfehlt. Wie bereits erläutert, bietet eine reine Entschädigungslösung in diesen Versicherungssparten nur unvollständigen Insolvenzschutz.

Deckung soll zu 100 Prozent bei Haftpflichtversicherungen und bei Versicherungsforderun-gen im Bereich der Pflichtversicherung erfolgen. Im Übrigen sind ein prozentualer Selbstbe-halt von bis zu 10 Prozent sowie ein Ausschluss von Ansprüchen unter 100 Euro vorgesehen. Spuranteile sollen entsprechend den Regeln der Richtlinien zur Einlagensicherung bzw. zum Anlegerschutz gesichert werden. Der Vorschlag sieht nur einen Mindestschutz vor, d. h. die Mitgliedstaaten dürfen weitergehende Deckung vorsehen. Die Finanzierung (Vorfinanzierung oder im Zahlung im Bedarfsfall) wird den Mitgliedstaaten überlassen.

Die Arbeitsgruppe lässt eine Präferenz dafür erkennen, sowohl die Lebens- als auch die Schadenversicherung grundsätzlich zu erfassen. Im Weiteren wurde zunächst überlegt, ent-weder einzelne, typischerweise verbraucherfremde Versicherungszweige wie Rückversiche-rung, Energieversicherung, Marine- und Transportversicherung sowie Luftfahrtversicherung auszunehmen, oder aber den Kreis der Berechtigten auf Verbraucher sowie eventuell kleinere Gewerbetreibende, sonstige Berechtigte und Drittgeschädigte mit Direktanspruch einzu-schränken. Mittlerweile lauter der Vorschlag dahingehend, nur Verbraucher und kleinere Gewerbetreibende zu schützen, und zwar unabhängig davon, ob sie Versicherungsnehmer, Drittgeschädigte oder sonstige Berechtigte sind. Dieser umfassende Ansatz, der grundsätzlich alle Versicherungszweige erfasst, basiert im Wesentlichen auf dem englischen Modell und wird damit begründet, dass auch die Insolvenz des Schadenversicherers zu existenzbedrohen-den Situationen führen kann, etwa wenn ein Haus komplett abbrennt oder bei Berufshaft-pflichtfällen. Wie nachfolgend aufgezeigt wird, überzeugt dieser Ansatz nicht.

6.   Insolvenzsicherungssysteme als Qualitätsmerkmal neben präventiver Versicherungsaufsicht?

Versicherungsinsolvenzen sind selten. In Deutschland gab es nach erreichbaren Informatio-nen zwischen dem zweiten Weltkrieg und 1990 lediglich zwei Fälle.[29] Im Zeitraum 1996–2000 wurden in den Mitgliedstaaten der EU lediglich 20 Versicherungsunternehmen offiziell für insolvent erklärt, keines davon in Deutschland. Gleichzeitig hat sich gezeigt, dass in vie-len dieser Insolvenzfälle die Versicherungsbestände auf andere Versicherungsunternehmen übertragen und die Versicherungsleistungen aufrecht erhalten werden konnten, ohne dass es eines Insolvenzsicherungssystems bedurft hätte.[30] Angemerkt sei weiter, dass sich bei Scha-

---

[29] Vgl. Farny (1990), S. 8.
[30] Vgl. Europäische Kommission (2002).

den- und Unfallversicherungsunternehmen ein deutlich geringeres Insolvenzrisiko ergibt als etwa bei Lebensversicherungsunternehmen. Auf Grund der langfristigen Bindungen und Renditezusagen kann ein Lebensversicherungsunternehmen verlustbringende Bestände nur über sehr lange Zeiträume hinweg sanieren. Dagegen kann ein Schadenversicherer auf Grund kürzerer Laufzeiten und des Fehlens zukunftsbezogener Verpflichtungen auf Veränderungen des Marktes und der regulatorischen Rahmenbedingungen flexibler reagieren.

Während die Initiative in den neunziger Jahren als kompensatorische Maßnahme zur Deregulierung und der dadurch erwarteten Steigerung von Versicherungsinsolvenzen (die jedoch nicht eingetreten ist) gedacht war, läuft die Initiative der Europäischen Kommission parallel zu einer Erweiterung der präventiven Aufsicht. Ein systematischer Zusammenhang beider Entwicklungen ist nicht ersichtlich. Angesichts der differenzierteren Kapitalisierungsvorschriften sowie der erhöhten Transparenz, die durch die Entwicklung der präventiven Aussicht und insbesondere durch Solvency II geschaffen wird, sollte die Wahrscheinlichkeit von Versicherungsinsolvenzen weiter gesenkt werden. Der Bedarf an Insolvenzsicherungssystemen wird damit ebenfalls geringer. Es kann aber nicht verkannt werden, dass die EU-Initiative Ausdruck eines sich ausdehnenden Verbraucherschutzverständnisses ist.

6.1 Verbraucherschutz

Hinsichtlich des Schutzbedürfnisses der Verbraucher muss differenziert werden zwischen der Lebens- und Krankenversicherung einerseits und der Schaden- und Unfallversicherung andererseits. Wie bereits ausgeführt, führt in der Lebens- und Krankenversicherung die Insolvenz des Versicherungsunternehmens regelmäßig zu einer finanziellen Einbuße aller Versicherten und die Betroffenen sind zumeist Verbraucher. Die Versicherungsnehmer verlieren ihr angespartes Kapital, das zumeist als Teil der Altersvorsorge oder zur Immobilienfinanzierung eingeplant ist. Der Verlust wirkt sich daher regelmäßig bei einem Großteil der Versicherten in erheblicher Weise und bei vielen auch existenzbedrohend aus. In der Krankenversicherung verlieren die Versicherungsnehmer den Vorteil aus ihren Altersrückstellungen. Die Folgen können – je nach Alter der Versicherungsnehmer – ähnlich schwerwiegend sein. Einem Schutzbedürfnis der Versicherten im Bereich der Lebens- und Krankenversicherung kann jedoch, wie bereits gezeigt, nur ausreichend Rechnung getragen werden, wenn das Insolvenzsicherungssystem eine Auffanglösung zur Fortführung der Verträge bereitstellt. Eine reine Entschädigungslösung wird die wirtschaftlichen Nachteile eines Neuabschlusses vollständig nicht ausgleichen. In der Schaden- und Unfallversicherung sind dagegen ein großer Teil der Versicherungsnehmer keine Verbraucher.

Darüber hinaus ist die Entscheidung des Gesetzgebers zu berücksichtigen, bestimmte Sparten nicht als Pflichtversicherung auszugestalten. Diese zeigt eine grundsätzliche Wertung, in diesen Lebensbereichen kein besonderes Schutzbedürfnis der Drittgeschädigten anzuerkennen. Insoweit verbleibt es bei dem allgemeinen Lebensrisiko, dass ein Schadenverursacher –

sei es über eine freiwillige Versicherung oder über hinreichendes eigenes Vermögen – den Schaden nicht decken kann. Zudem finden sich vergleichbare Risikosachverhalte auch in anderen Lebensbereichen, z. B. im Bereich des privaten Wohnungsbaus bezüglich des Insolvenzrisikos von Bauträgern, ohne dass der Gesetzgeber hier eine hinreichende Relevanz für eine gesetzliche Regelung gesehen hat.

Entscheidend sollte aber sein, dass Versicherungsnehmer von Schaden- und Unfallversicherungen, auch soweit sie Verbraucher sind, durch die Insolvenz in den weitaus meisten Fällen keine erheblichen finanziellen Einbußen erleiden. Denn der Großteil der Versicherungsnehmer verliert lediglich die Prämien, die für Zeiträume jenseits der Insolvenz und damit der Beendigung des Versicherungsvertrages bereits eingezahlt sind. Dies ist regelmäßig kein erheblicher Verlust. Aus diesem Grund stellte sich im Rahmen der EU-Diskussion die Frage, ob Prämienrückerstattungsansprüche überhaupt vom Insolvenzsicherungssystem erfasst werden sollten, was jedoch bislang bejaht wurde.

Weiter hat sich gezeigt,[31] dass der weitaus größte Teil der Schäden in der privaten Sachversicherung keine existenzbedrohenden Auswirkungen für die Versicherten oder die geschädigten Dritten hat, sondern sich in einer Größenordnung bewegt, den alle Haushalte in der EU finanziell verkraften können. Wenn die Arbeitsgruppe der Kommission darauf abstellt, dass eine Versicherungsinsolvenz auch im Bereich der Schaden- und Unfallversicherung im Einzelfall zu existenzbedrohenden Situationen führen kann, sollte deutlich werden, dass dies nur für einen ganz kleinen Bruchteil der nach dem Vorschlag von einen Insolvenzsicherungssystem zu erfassenden Versicherungsforderungen zutrifft. Es fragt sich, ob man wegen solcher Einzelfälle ein Insolvenzsicherungssystem braucht, das alle Versicherungsnehmer mit zusätzlichen Prämien belastet. Wie erläutert erscheint eine bevorrechtigte Befriedigung solcher existenzrelevanten Versicherungsforderungen von Verbrauchern vor allen anderen Versicherungsforderungen als sinnvollere Lösung. Es ergibt sich für den Versicherten kein Nachteil gegenüber dem Schutz durch ein Sicherungssystem. Damit besteht auch kein Harmonisierungsbedarf hinsichtlich der Sicherungssysteme.

6.2   Vertrauensschutz

Der deutsche Gesetzgeber hat die Einführung des Sicherungsfonds für die Lebens- und Krankenversicherung im Wesentlichen mit dem Vertrauensschutz begründet, den die Bevölkerung in die private Versicherung haben muss, um ihr ihre Altersvorsorge anzuvertrauen. Auch die Initiative der Europäischen Kommission stützt sich auf diesen Aspekt und stellt zusätzlich darauf ab, dass kapitalbildende Lebensversicherungen mit Bank- und Fondsprodukten konkurrierten, für die ein Insolvenzschutz bestehe.

---

31   Siehe Abschnitt 2.

Fraglich ist aber, ob diese Art des Vertrauensschutzes auch im Bereich der Schaden- und Unfallversicherung zum Tragen kommt. In diesen Versicherungssparten gibt es weder eine Kapitalbereitstellung durch die Versicherungsnehmer noch eine langfristige Bindung an ein Versicherungsunternehmen. Vielmehr geht es um die Absicherung von Risiken auf kurzfristiger Basis. Die Versicherten haben die Möglichkeit, den Schaden- oder Unfallversicherer ohne nennenswerten Nachteil kurzfristig zu wechseln und somit auf Krisensituationen zu reagieren. Es kommt hinzu, dass der Versicherungsnehmer in der Lebens- und Krankenversicherung, anders als in der Schaden- und Unfallversicherung, dem Unternehmen viele persönliche Daten zur Verfügung stellt, wodurch eine spezielle Vertrauenssituation entsteht und ein Wechsel des Versicherungsunternehmens erschwert wird.

Es hat sich in der Vergangenheit gezeigt, dass die finanzielle Schieflage einer Bank zu einem kurzfristigen Abzug des Kapitals aus dem Unternehmen und damit zum Zusammenbruch führen kann, so geschehen beim Zusammenbruch der Darmstädter- und Nationalbank 1931, bei der Herstatt-Krise 1974 und beim Zusammenbruch der PCCI-Bank 1992. Bei einem Lebensversicherungsunternehmen könnte sich dieser Run-Effekt ebenfalls einstellen, wenn in der Unternehmenskrise die Versicherungsnehmer vermehrt von ihrem Rückkaufrecht Gebrauch machen. Dagegen wird in der Krise des Schadenversicherers kein Kapital abgezogen, sondern es bleibt allenfalls das Neugeschäft aus. Ein Run-Effekt kann nicht eintreten.

Im Bereich der Lebensversicherung oder in der Kredit- und Investmentbranche besteht auch deshalb ein deutlich höheres Schutzbedürfnis, weil eine Krise dort wegen der Vertrauensanfälligkeit schnell zu einer Vertrauenskrise in dem gesamten Sektor führen kann. Auf Grund der herausragenden Bedeutung etwa der Lebensversicherung oder der Investmentfonds als Teil der Alterversorgung oder der Kreditwirtschaft als Kreditgeber und Geldsammelstelle können sich nachhaltig negative Folgen für die gesamte Volkswirtschaft ergeben. Im Bereich der Schaden- und Unfallversicherung besteht die Gefahr eines Flächenbrandes dagegen nicht.

Zusammenfassend lässt sich feststellen, dass der Schwerpunkt der gesetzgeberischen Aktivitäten weiterhin auf der präventiven Aufsicht und damit der Verhinderung von Insolvenzen liegt. Auf Grund der unterschiedlichen Auswirkungen einer Versicherungsinsolvenz in den verschiedenen Versicherungszweigen ist hinsichtlich des Nutzens von Insolvenzsicherungssystemen zu differenzieren. In der Lebens- und Krankenversicherung jedenfalls erscheint ein Insolvenzsicherungssystem nur dann sinnvoll, wenn es nicht nur die Entschädigung der Versicherten übernimmt, sondern die Versicherungsverträge fortführt. Im Bereich der Schaden- und Unfallversicherung bringt ein Insolvenzsicherungssystem weder für den Verbraucherschutz noch für das Vertrauen in die Versicherungsbranche entscheidende Vorteile, sondern führt eher zu einer zusätzlichen Belastung von Versicherungsunternehmen und Versicherungsnehmern. Um existentielle Härten infolge einer Versicherungsinsolvenz zu vermeiden, könnte in diesem Bereich auch an eine Verstärkung der Verbraucherrechte im Insolvenzverfahren gedacht werden.

Literatur

BUNDESANSTALT FÜR FINANZDIENSTLEISTUNGSAUFSICHT (2003): Jahresbericht 2003, Juni 2004, http://www.bafin.de.

EUROPÄISCHE KOMMISSION (2002): Sicherungssysteme für Versicherungen: Aktueller Stand und Orientierungen für die künftigen Arbeiten, in: Markt/2517/02, 15.07.2002, http://europa.eu.int/comm/internal_market/insurance/docs/markt-2517/markt-251702 _de.pdf.

EUROPÄISCHE KOMMISSION (2003): Working Paper on Insurance Guarantee Schemes, in: Markt/2525/03, Juni 2003, http://europa.eu.int/comm/internal_market/insurance/docs/ markt-2525-03/markt-2525-03_en.pdf

EUROPÄISCHE KOMMISSION (2004a): Working Paper on Insurance Guarantee Schemes, in: Markt/2501/04, 03.03.2004, http://europa.eu.int/comm/internal_market/insurance- /docs/markt-2501-04/markt-2501-04_en.pdf.

EUROPÄISCHE KOMMISSION (2004b): Working Paper on Insurance Guarantee Schemes, in: Markt/2513/04, 04.10.2004, http://europa.eu.int/comm/internal_market/insurance/ docs/2005-markt-docs/markt-2529-05_en.pdf.

EUROPÄISCHE KOMMISSION (2005a): Working Paper on Insurance Guarantee Schemes, Meeting 27.01.2005, in: Markt/2529/05, 21.01.2005, http://europa.eu.int/comm/ in-ternal_market/insurance/docs/2005-markt-docs/markt-2529-05_en.pdf.

EUROPÄISCHE KOMMISSION (2005b): Working Paper on Insurance Guarantee Schemes, Meeting 01.06.2005, in: Markt/2512/05, 31.05.20005, http://europa.eu.int/comm/ in-ternal_market/insurance/docs/2005-markt-docs/markt-2512-05_en.pdf.

FARNY, D. (1990), Ein Konkursicherungsfonds in der Versicherungswirtschaft, Ei des Kolumbus oder Windei?, in: Mannheimer Vorträge zur Versicherungswissenschaft 1990, Karlsruhe.

FINSINGER, J. (1994): Wettbewerb und Konkurssicherungsfonds für Versicherungen, in: Schwintowski (Hrsg.): Deregulierung, Private Krankenversicherung, Kfz-Haftpflicht-versicherung. Versicherungswissenschaftliche Studien, 1/1944, S. 75–78.

GDV (2004): Jahresabschluss-Statistik/Endauswertung Schadenversicherung 2003, Dezember 2004.

HORSCH, A. (1998): Versichertenschutzfonds in der deutschen Assekuranz: Möglichkeiten und Grenzen ihres Einsatzes in der Kfz-Haftpflicht und Lebensversicherung, Dissertation Bochum 1988.

HORSCH, A. (2004): Ökonomische Analyse der Regulierung von Sicherungseinrichtungen, in: Zeitschrift für die gesamte Versicherungswissenschaft 2004, S. 373–404.

METZLER, M. (2003): Ein Konkurssicherungsfonds in der deutschen Versicherungswirtschaft – „Ei des Kolumbus", „Windei" oder vielleicht doch eine „Eierlegende Woll-milchsau"?, in: Zeitschrift für Versicherungswesen 17/2003, S. 496–500.

MICHAELS, B. (1993): Der Versicherungsstandort Deutschland vor neuen Herausforderungen, in: Versicherungswirtschaft 1993, S. 1482–1491.

OEHMKE, R. H. (1990): Gläubigerschutz durch Insolvenzsicherungsfonds in einem deregulierten Versicherungsmarkt, Dissertation, Karlruhe 1990.

PRÖLSS (2004): Versicherungsvertragsgesetz, 27. Auflage, München 2004.

PRÖLSS/LIPOWSKY (1997): Versicherungsaufsichtsgesetz, 11. Auflage, München 1997.

SCHMIDT/REIMER (1984): Überlegungen zu Strukturveränderungen der Versicherungsaufsicht, Versicherungswirtschaft, 6/1984, S. 350–356.

STARKE, O.-E. (1976): Zusätzlicher Schutz gegen Insolvenz von Versicherungsunternehmen?, in: Versicherungswirtschaft 3/1976, S. 155–157.

Teil II

Risikosteuerung und wertorientierte Unternehmensführung

Anforderungen an ein unternehmerisches Risikomanagement

Helmut Perlet / Jürgen Guhe

1. Einleitung

Durch das Zusammenwachsen der internationalen Finanzmärkte und die damit einhergehende Integration risikoadäquater Elemente in die Aufsichtssysteme wurden Kreditinstitute frühzeitig veranlasst, signifikante Ressourcen in den Auf- und Ausbau moderner Risikomanagementsysteme zu investieren.[1] Diese Entwicklung hat auf Seiten der Versicherungsunternehmen später eingesetzt. Seit Anfang der neunziger Jahre haben sich jedoch auch die Versicherungsmärkte und mit ihnen das Aufsichtsverständnis grundlegend gewandelt. Waren diese Märkte in der Vergangenheit durch strenge Regulierung und hohe Margen geprägt, so haben weltweite Deregulierungstendenzen – in Europa etwa die Entwicklung des Europäischen Binnenmarktes für Versicherungen – seitdem den Wettbewerb deutlich verschärft. Gleichzeitig hat sich die Risikosituation für die Versicherungswirtschaft verschlechtert. Die Entwicklungen an den Kapitalmärkten, wachsende Schadenbelastungen durch Naturkatastrophen sowie die Entstehung neuer Gefahren stellen die Unternehmen vor große Herausforderungen. Diese Tendenzen haben nicht nur die Margen schrumpfen lassen, sondern auch den zyklischen Charakter des Versicherungsgeschäftes verstärkt. Zwar wird zyklisches Marktverhalten in erheblichem Maße durch externe Faktoren, wie etwa die Entwicklung an den Finanzmärkten, beeinflusst, aber auch mangelnde Risikotransparenz und eine auf Marktanteile und das Geschäftsvolumen ausgerichtete Mentalität spielen eine wichtige Rolle. Der letzte zyklische Abschwung in den Jahren 1997 bis 2001 hat in großem Umfang Wert vernichtet und im Ergebnis zu einer Herabstufung der Versicherungswirtschaft durch die Ratingagenturen geführt. Manche Unternehmen gerieten an den Rand der Insolvenz, andere tragen noch heute die Konsequenzen des dramatischen Preisverfalls in dieser Periode. Diese Entwicklungen haben in der Versicherungswirtschaft wie auch bei den Aufsichtsbehörden die Erkenntnis gefördert, dass der Risikosteuerung eine größere Bedeutung zukommen muss.

Risiko- und Kapitalmanagement gehören zu den Kernfunktionen eines Finanzdienstleisters, dessen Geschäftserfolg in erheblichem Maße auf dem Vertrauen seiner Kunden beruht.[2] Mit zunehmender Komplexität von Produkten und externen Rahmenbedingungen wachsen die Anforderungen an die interne Risikosteuerung. In einem Umfeld, das durch wachsenden Wettbewerbsdruck und steigende Volatilität geprägt ist, wird die Fähigkeit, Risiken zu identifizieren, zu analysieren, zu kontrollieren und innerhalb vorgegebener Limite zu steuern, zu einem wichtigen Erfolgsfaktor. Eine risikoorientierte Unternehmenssteuerung ist auf den Schutz der Kapitalbasis ausgerichtet. Indem die Unternehmen sicherstellen, dass sie die übernommenen Risiken tatsächlich finanziell bewältigen können, schaffen sie die Voraussetzung

---

[1]   Für eine umfassende Darstellung des Risikomanagements von Banken vgl. Bessis (2002).

[2]   Vgl. Saunders/Cornett (2003) für eine Analyse von Finanzdienstleistern aus der Risikoperspektive.

für das Vertrauen ihrer Kunden. Risikoorientierte Unternehmenssteuerung bedeutet aber auch, Risikoaspekte bei unternehmerischen Entscheidungen so zu berücksichtigen, dass der Wertschaffungsprozess im Sinne einer risikoadjustierten Performance unterstützt wird. Knappes Kapital ist dort einzusetzen, wo es die höchste risikoadjustierte Rendite verspricht. Eine leistungsfähige Risikosteuerung vermeidet nicht nur Verluste, sondern ist ein Beitrag zur Förderung der Unternehmensziele.

Im Spannungsfeld zwischen dem Sicherheitsbedürfnis der Kunden und Aufsichtsbehörden sowie den Renditeanforderungen der Aktionäre stehen Finanzdienstleister vor der Aufgabe, ihre internen Steuerungssysteme den neuen Gegebenheiten anzupassen. Um beide Ziele zu erreichen, müssen geeignete organisatorische Strukturen geschaffen und quantitative Instrumente genutzt werden. Letztere schaffen die notwendige Risikotransparenz, aber erst die Integration dieser Methoden in die Geschäftsabläufe ermöglicht eine risikoorientierte Unternehmenssteuerung.

Die Entwicklung quantitativer Instrumente hat in den letzten Jahren große Fortschritte gesehen. Finanzmathematische und aktuarielle Techniken spielen eine immer größere Rolle in der Produktentwicklung und der Bewertung komplexer Risiken. In der Vergangenheit war die Risikoanalyse häufig auf die Untersuchung von Spezialfragen in bestimmten Risikokategorien beschränkt. So wurden spezielle Modelle für bestimmte aktuarielle Risiken und Marktrisiken früh entwickelt.[3] In jüngster Zeit rückt jedoch die Integration aller quantifizierbaren Risikokategorien in einem Gesamtrisikomodell des Versicherungsunternehmens oder Finanzkonglomerats in den Vordergrund.[4] Die integrierte Betrachtung der Aktiv- und Passivseite stellt insbesondere in der Lebensversicherung hohe Anforderungen an die quantitativen Verfahren und setzt einen konsistenten Rahmen für die Risikobewertung voraus – das Risikokapital wird zur gemeinsamen „Währung" des Risikos im Unternehmen, ermöglicht den branchenübergreifenden Vergleich unterschiedlicher Risiken und damit eine konsistente risikoadjustierte Performance-Messung.

Parallel zu der Entwicklung des Instrumentariums durchläuft die Aufsicht über Finanzdienstleister fundamentale Veränderungen. Nachdem Basel II die Kapitalanforderungen der Banken neu definiert und die weltweite Vereinheitlichung des Bankenaufsichtsrechts gefördert hat, steht nun auch die Versicherungsaufsicht vor einer Neuausrichtung. Nicht nur in Europa wird unter der Überschrift Solvency II eine Neugestaltung des Solvenzsystems diskutiert, auch die International Association of Insurance Supervisors (IAIS) arbeitet seit einigen Jahren an den Fundamenten eines neuen Aufsichtsmodells.[5] Einige Länder – dazu zählt z. B. Australien – haben bereits wesentliche Veränderungen ihres Aufsichtssystems umgesetzt. Ziel des Solvency-II-Projektes der Europäischen Union ist es, das bestehende Solvenzsystem (Solvency I) durch ein risikoadäquates Aufsichtsmodell zu ersetzen, also die ökonomischen

---

3   Aktuarielle Methoden werden z. B. in Heilmann (1987), Bühlmann (1996), Gerber (1997), Bowers et al. (1997), Mack (1997) und Klugman et al. (1998) dargestellt. Zu Marktrisiken vgl. Jorion (2000), Penza (2000), Hull (2002) und Dowd (2002).

4   Vgl. z. B. Doherty (2000).

5   Vgl. IAIS (2002) und IAIS (2003).

Risiken der Unternehmen den aufsichtsrechtlichen Kapitalanforderungen zugrunde zu legen[6] und dabei den bisher rein quantitativen Ansatz durch ein primär qualitatives Aufsichtssystem zu ersetzen, das die Anerkennung unternehmensindividueller Risikosteuerungsmodelle ermöglicht.

2. Bedeutung des Risiko- und Kapitalmanagements für Finanzdienstleister

Die zentrale Aufgabe des Risikocontrollings eines Finanzdienstleisters besteht nicht darin, Risiken zu vermeiden oder zu minimieren, sondern so zu steuern, dass die Finanzkraft des Unternehmens jederzeit gesichert ist und der Wert nachhaltig gesteigert wird. Aktive Risikosteuerung stärkt das Vertrauen der Kunden in die Zuverlässigkeit des Unternehmens und ermöglicht eine nachhaltige Steigerung der risikoadjustierten Rentabilität, um die Erwartungen der Kapitalmärkte zu erfüllen.[7]

Die Fähigkeit, Risiko-Rendite-Abwägungen auf eine quantitative Grundlage zu stellen und auf den Unternehmenswert zu beziehen, ist eine entscheidende Voraussetzung für ein effektives Risiko- und Kapitalmanagement. In der Vergangenheit war die Risikosteuerung in vielen Unternehmen durch eine isolierte Analyse von Risiken und eine unzureichende Integration in den Gesamtprozess der Unternehmenssteuerung gekennzeichnet. Interdependenzen zwischen verschiedenen Risikotreibern wurden wenig beachtet, Portfoliobetrachtungen des Gesamtrisikos selten angestellt. In jüngster Zeit hat sich ein Risikoverständnis entwickelt, das die Analyse der Gesamtrisikostruktur des Unternehmens auf der Basis eines Portfolioansatzes sowie die Integration in die wertorientierte Unternehmenssteuerung zum Ziel hat. Zu einem übergreifenden Verständnis von Risiko gehört auch die Analyse des Zusammenspiels einzelner Risiken und der Effizienz alternativer Steuerungsinstrumente, z. B. Rückversicherung oder Asset-Allokation.

Eine unternehmensweite Analyse der Risikosituation und des daraus resultierenden Kapitalbedarfs setzt die Fähigkeit voraus, Risiken konsistent zu bewerten und zu aggregieren. Daraus entsteht insbesondere für Finanzkonglomerate die Herausforderung, den Rahmen der Risikokapitalberechnung so zu definieren, dass spezifische Risiken aus unterschiedlichen Geschäftsfeldern vergleichbar werden. Möglich wurde dies durch methodische Fortschritte in der Risikoquantifizierung. Eine moderne Risikosteuerung unterstützt die wertorientierte Unternehmenssteuerung, indem sie eine risikoadäquate Kapitalallokation ermöglicht.

---

6   Vgl. European Commission (2002).
7   Vgl. Belmont (2004).

Innerhalb einer Unternehmensgruppe lässt sich der Wertschöpfungsprozess in zwei Ebenen unterteilen:

▪ strategisches Portfoliomanagement auf Gruppenebene und

▪ Wertschöpfung auf der Ebene der operativen Einheiten.

Zum strategischen Portfoliomanagement gehört neben der Definition der Kerngeschäftsfelder die Portfolio-Optimierung, d. h. die Gewichtung der Geschäftsfelder und die wertmaximierende Zusammenstellung eines Portfolios von operativen Einheiten durch eine geeignete Kapitalallokation. Wertschöpfung auf der Ebene der operativen Einheiten dagegen erfordert die Steigerung der operativen Effizienz auf der Basis einer Analyse der operativen Wert- und Risikotreiber sowie eine risikoadäquate Kapitalallokation auf einzelne Geschäftsfelder bzw. Sparten.

Neupositionierung der Risikosteuerung bedeutet, die Risikoanalyse auf allen Stufen des strukturierten Managementprozesses zu integrieren sowie die (Kapital-) Kosten der Risikoübernahme aufzudecken und den Verursachern zuzurechnen. Damit wird die Voraussetzung für eine risikoadjustierte Performance-Rechnung geschaffen. Die Integration der Risikoanalyse in den Managementprozess fördert die Disziplin in der gesamten Wertschöpfungskette des Unternehmens und die Ausrichtung der gesamten Organisation am Ziel einer wertorientierten Steuerung. Ein derart strukturierter Prozess der Kapitalallokation und risikoadjustierten Performance-Kontrolle besteht im Prinzip aus den folgenden Schritten.

▪ Strategische Planung und Kapitalzuteilung an die operativen Einheiten:

  – Identifizierung strategischer Handlungsalternativen,
  – Abschätzung des entsprechenden Kapitalbedarfs der operativen Einheiten und des Gesamtkapitalbedarfs der Gruppe,
  – Kapitalzuteilung an die operativen Einheiten auf Basis der risikoadjustierten Performance und strategischen Perspektiven.

▪ Operative Planung der operativen Einheiten:

  – Umsetzungspläne für vereinbarte Strategien und Aufstellung entsprechender Finanzpläne,
  – Zuteilung des Kapitals an die einzelnen Geschäftsbereiche bzw. Sparten.

▪ Planumsetzung und Performance-Controlling:

  – Plan-Ist-Vergleich: laufende Kontrolle der risikoadjustierten Ist-Performance und operativen Effizienz.

Der Kapitalbedarf ist ein zentraler Parameter der strategischen Planung. Die Risikoanalyse muss direkt in die strategische Planung integriert sein, um den Gesamtkapitalbedarf der Gruppe risikoadäquat zu bestimmen und über strategische Alternativen auf einer risikoadjustierten Basis zu entscheiden. Jede strategische Entscheidung muss die Risikotragfähigkeit der Gruppe und die Risikobereitschaft des Vorstands berücksichtigen. Bei der Kapitalzuteilung an operative Einheiten sind sowohl die strategischen Perspektiven als auch die risikoadjustierte

Performance zu berücksichtigen, um die Rendite auf das eingesetzte Kapital nachhaltig zu steigern. Im Zusammenhang mit der Aufstellung ihrer Finanzpläne müssen die operativen Einheiten wiederum ihr Kapital so auf die einzelnen Geschäftsbereiche bzw. Sparten verteilen, dass die Wertschaffung maximiert wird.

Schließlich wird durch das laufende Controlling mit einem umfassenden und transparenten Berichtsprozess sichergestellt, dass einerseits die tatsächlichen Risikokapitalanforderungen die Kapitalzuteilung nicht übersteigen und zugleich die tatsächliche risikoadjustierte Performance nicht hinter den Planwerten zurückbleibt. Das Controlling unterstützt den Wertschaffungsprozess durch die Bereitstellung geeigneter Instrumente und die laufende Kontrolle von Risikoprofil und Kapitaleffizienz.

3.   Prinzipen der Risikosteuerung und Struktur der Risikoorganisation (Risk Governance)

Die Risk Governance bildet das Fundament der Risikoarchitektur eines Finanzdienstleisters. Sie drückt den Stellenwert der Risikosteuerung im Unternehmen aus und trägt erheblich zu einer verantwortungsvollen und transparenten Unternehmensführung bei. Obwohl die Risk Governance gerade für Finanzdienstleister sehr wichtig ist, wird dieser Aspekt der Unternehmensorganisation häufig vernachlässigt. Für die Integration der Risikosteuerung in den Managementprozess müssen die organisatorischen Voraussetzungen geschaffen werden, angefangen bei einer klaren Definition der Rollen und Verantwortlichkeiten. Letztlich ist es jedoch eine Frage der Unternehmenskultur, ob ihre Integration in den Managementprozess tatsächlich gelebt wird. Es gibt genügend Beispiele, in denen die Risikosteuerung eines Unternehmens völlig versagte, obwohl alle Anforderungen formal erfüllt waren. Von zentraler Bedeutung ist die Umsetzung robuster Entscheidungs- und Kontrollstrukturen, die sich in Stresssituationen bewähren.[8]

---

[8]   Die Bedeutung der Risk Governance wird von den empirischen Studien über Ausfälle von Versicherungsunternehmen belegt, vgl. Sharma-Report (2002), AM Best (2004a) und AM Best (2004b). Zum Thema Risk Governance vgl. auch Financial Services Authority (2003) und Wilson (2003).

3.1   Prinzipien der Risikosteuerung

Eine unabhängige Risikoüberwachung ist für eine erfolgreiche Neupositionierung der Risiko-steuerung von essentieller Bedeutung. Dieses Prinzip verlangt eine strikte Trennung zwischen Risikoübernahme (also der Verantwortung für das Geschäft einschließlich Risikomanage-ment) und Risikoüberwachung. Die mit der Risikoüberwachung betraute Funktion im Unter-nehmen darf keine direkte Ergebnisverantwortung tragen.

Die Risikoverfassung eines Finanzdienstleisters muss dokumentiert werden. Richtlinien sollten die Prinzipien der Risikosteuerung definieren und für alle operativen Einheiten eines Unternehmens verbindliche Minimalanforderungen festlegen. Solche Risikorichtlinien schaf-fen ein gemeinsames Verständnis für die Ziele und Methoden der Risikosteuerung und unter-stützen damit die Entwicklung einer unternehmensweiten Risikokultur. Durch die Definition einheitlicher Maßstäbe fördern sie den Risikodialog im Unternehmen.

Risikorichtlinien sind in der Regel hierarchisch aufgebaut. An der Spitze stehen allgemeine Risikogrundsätze für das gesamte Unternehmen. Diese Standards können in spezifischen Richtlinien für einzelne Geschäftssegmente präzisiert werden. Schließlich müssen für die operativen Einheiten gegebenenfalls eigene Standards existieren, die sich unter Beachtung der allgemeinen und spezifischen Risikorichtlinien an den lokalen Gegebenheiten orientieren. Wichtig ist die Konsistenz dieses hierarchischen Systems von Risikorichtlinien. Die Einhal-tung der Risikorichtlinien im gesamten Unternehmen muss in einem strukturierten Prozess regelmäßig überprüft werden.

3.2   Strukturen der Risikoorganisation

Eine effektive Risikoorganisation zeichnet sich durch eine klare Definition der risikobezoge-nen Verantwortlichkeiten und Entscheidungsbefugnisse aus. Zwar gibt es derzeit noch keine allgemein anerkannten Standards guter und verantwortungsvoller Risikoorganisation, grund-sätzlich lassen sich jedoch die folgenden Strukturelemente identifizieren.

1. *Der Vorstand definiert und verantwortet die Risikostrategie.* Eine Risikostrategie definiert und dokumentiert den Risikosteuerungsansatz. Es ist die Aufgabe des Vorstandes, ein wirksames System der Risikosteuerung zu installieren. Dazu gehören die Definition der strategischen Ziele der Risikoübernahme, die Risikotoleranz, eine klare Abgrenzung der unzulässigen Risiken und ein Entwicklungsplan für die unternehmensweite Risikosteue-rung. Quantitative Ziele der Risikostrategie orientieren sich an den Risiko- und Perfor-mance-Kriterien des Unternehmens. Die Risikostrategie muss über ein Limitsystem for-malisiert werden. Die Überwachung der Strategieumsetzung und damit zusammenhän-gende Aufgaben kann der Vorstand delegieren.

2. *Ein Risikokomitee überwacht die Risikosteuerung.* Das Risikokomitee ist ein mit Vorstandsmitgliedern besetztes Komitee, das die Umsetzung der Risikostrategie überwacht. Es ist für die laufende Kontrolle der Kapitalausstattung und des Risikoprofils verantwortlich. Das Risikokomitee stellt sicher, dass die Risikorichtlinien eingehalten und weiterentwickelt werden. Außerdem ist das Risikokomitee zuständig für die Weiterentwicklung der Risikoorganisation, Infrastruktur, Kontrollen und Prozesse, um proaktiv alle Risiken zu identifizieren, zu überwachen und zu managen. Den Vorsitz des Risikokomitees kann nur ein Vorstandsmitglied ohne direkte Ergebnisverantwortung übernehmen.

3. *Die Verantwortung für das Risikomanagement liegt bei den Geschäftsbereichen.* Die Geschäftsbereiche mit direkter Ergebnisverantwortung sind für die Risikoübernahme und das operative Risikomanagement verantwortlich. Im Rahmen einer risikoadjustierten Performance-Messung tragen die Geschäftsbereiche auch die Verantwortung für ihren Kapitalbedarf.

4. *Unabhängige Risikoüberwachung durch das Risiko-Controlling.* Das Risiko-Controlling wird durch den Chief Risk Officer (CRO) geleitet und ist für die unabhängige Risikoüberwachung verantwortlich. Die Unabhängigkeit des Risiko-Controllings ist nur dann gewährleistet, wenn es keine direkte Ergebnisverantwortung gibt. Das Risiko-Controlling entwickelt Methoden und Prozesse zur Risikobewertung und -steuerung. Es führt umfassende Risikoanalysen auf allen relevanten Aggregationsstufen durch und überwacht Risikokonzentrationen und Limite. Außerdem analysiert das Risiko-Controlling Handlungsalternativen und empfiehlt detaillierte Maßnahmen zur Risikominderung. Schließlich gehören die unabhängige Bewertung neuer Produkte aus Risikosicht sowie die regelmäßige Überwachung des aktuellen Produktportfolios zur Verantwortung des Risiko-Controllings. Durch die Definition einheitlicher Standards und Methoden schafft es die Basis und den Rahmen für eine integrierte Risikosteuerung im Unternehmen und berichtet regelmäßig über die Risikosituation an das Risikokomitee und den Vorstand. Die Bereitstellung standardisierter zuverlässiger Risikoinformationen ist die Voraussetzung dafür, dass beim Management ein Verständnis für die Risiken und die existierenden Kontrollmechanismen existiert, auf dessen Basis bewusst über Risikotoleranz und -steuerung entschieden werden kann.

4.   Instrumente zur Risikosteuerung

Für eine effiziente Risikosteuerung müssen geeignete quantitative Methoden und Instrumente implementiert werden.[9] Dabei ist die unternehmensweite Konsistenz von Risikomethodik und Instrumenten entscheidend. Zwar müssen lokale und sektorspezifische Besonderheiten berücksichtigt und abgebildet werden, aber die Konsistenz der Methoden ist die Voraussetzung für einen einheitlichen Bewertungsrahmen. Auch in einer dezentralen Organisation ist es deshalb sinnvoll, die Methodenverantwortung zu zentralisieren. Eine unabhängige Überprüfung der Risikomethodik und aller verwendeten Instrumente stellt die Eignung und Robustheit der Verfahren sicher, bevor sie zum Einsatz kommen.

Die wichtigsten Instrumente für das Risiko- und Kapitalmanagement sind:

▪ risikoadjustierte Performance-Messung,

▪ Risikokapital,

▪ Limitsysteme und

▪ Stresstests.

Quantitative Instrumente sind nicht nur methodisch anspruchsvoll. Sie stellen auch im Hinblick auf Datenlage und Systemlandschaft eine Herausforderung für jeden Finanzdienstleister dar, um einen reibungslosen Datenfluss und hohe Datenqualität sicherzustellen.

4.1   Risikoadjustierte Performance-Messung

Vielfach werden Performance-Konzepte verwendet, in denen die Kosten der Risikoübernahme unberücksichtigt bleiben. Voraussetzung für die Integration der Risikosteuerung in den Managementprozess eines Finanzdienstleisters ist jedoch die Verwendung einer risikoadjustierten Performance-Metrik,[10] bei der die Kosten des erforderlichen Risikokapitals mit einer Gewinngröße verglichen werden. Über die Zuordnung der Kosten für die Risikoübernahme an die operativen Einheiten können risikorelevante Überlegungen in allen Geschäftsbereichen integraler Bestandteil des Managementprozesses werden. Die Fähigkeit, Rendite-Risiko-Abwägungen auf eine quantitative Basis zu stellen, ist eine wichtige Voraussetzung für ein effektives Risiko- und Kapitalmanagement.

---

9   Vgl. Jorion (2003) für einen ausführlichen Überblick über quantitative Instrumente und Methoden der Banken.
10   Vgl Swiss Re (2001), Ward (2002) und Belmont (2004).

Der Economic Value Added (EVA®) ist ein Maß für die risikoadjustierte Performance[11] und definiert als

EVA   = Gewinn – (Kapitalkosten × Risikokapital)
        = Risikokapital × (RORAC – Kapitalkosten)

Dabei steht RORAC für Return on Risk Adjusted Capital. Der EVA® ist ein Maß, das den Unternehmensgewinn mit den Mindesterwartungen der Investoren an die Rendite des eingesetzten Kapitals vergleicht, also Auskunft gibt, ob der erwirtschaftete Ertrag den Kapitaleinsatz rechtfertigt. Dabei muss das eingesetzte Kapital risikoadäquat sein, das heißt unternehmens- und branchenspezifische Risiken berücksichtigen. Mehrwert für die Aktionäre wird geschaffen, wenn der EVA® größer als null ist. RORAC dagegen bezieht den tatsächlichen Gewinn auf den Kapitaleinsatz und ist deshalb ein geeignetes Maß für die Effizienz des eingesetzten Kapitals. Während der EVA® unter anderem von der Größe eines Geschäftsbereichs beeinflusst wird, lässt sich über den RORAC die Rentabilität von Aktivitäten unterschiedlicher Größenordnung vergleichen.

Die Optimierung des Risikoprofils ist eine Möglichkeit, den EVA® zu steigern. Durch die Berücksichtigung des Risikokapitals in der Performance-Metrik wird die Risikosteuerung in den Prozess des wertorientierten Managements integriert und der Aufbau einer Risikokultur im Unternehmen gefördert. Über die Koppelung des EVA® an die Entlohnung des Topmanagements wird ein integriertes Anreizsystem geschaffen, in dem die Risikosteuerung den Wertschaffungsprozess maßgeblich unterstützt.

4.2   Risikokapital

Deterministische Kapitalmodelle sind immer noch gängige Praxis in der Unternehmenssteuerung von Finanzdienstleistern, insbesondere auch Versicherungsunternehmen. Eine Abkehr zugunsten stochastischer Risikosteuerungsmodelle ist notwendig, um der tatsächlichen Risikosituation des Geschäftes Rechnung zu tragen. Risikokapital dient der Absicherung unerwarteter Verluste und ist definiert als das ökonomisch notwendige Kapital, um die Solvenz eines Unternehmens über einen bestimmten Zeitraum mit hoher Wahrscheinlichkeit zu sichern (Sicherheits- oder Konfidenzniveau).[12]

Der ökonomische Kapitalbedarf hängt vom individuellen Risikoprofil eines Unternehmens ab und wird auf der Basis einer ökonomischen Bilanz geschätzt, um die tatsächliche Risikosituation zu bewerten und verzerrende Effekte durch Regelungen des Rechnungswesens zu ver-

---

[11] Vgl. Young (2000).
[12] Vgl Swiss Re (2001).

meiden. Bei der Bestimmung von Risikokapital auf Unternehmens- und Gruppenebene sind Diversifikationseffekte zu berücksichtigen. Unter der Voraussetzung, dass die Methoden zur Ermittlung des ökonomischen Risikokapitals einem einheitlichen Standard folgen, wird Risikokapital zu einer gemeinsamen „Währung" für das Risiko.

4.3 Limitsysteme

Ein Finanzdienstleister muss darauf achten, dass die Summe der eingegangenen Risiken für das Unternehmen jederzeit tragbar bleibt. Limitsysteme unterstützen dieses Ziel, indem sie unternehmensweite Obergrenzen für bestimmte Risiken definieren.[13] Darüber hinaus erfüllen Limitsysteme die folgenden Aufgaben.

- Ein Limitsystem formalisiert die Risikostrategie eines Unternehmens und ist eine wesentliche Steuerungskomponente im Hinblick auf die strategischen Unternehmensziele. Dazu muss das einer operativen Einheit zugewiesene Risikokapital in Übereinstimmung mit der jeweiligen Geschäftsstrategie auf die einzelnen Geschäftsbereiche heruntergebrochen werden. Auch die Investmentstrategie muss durch geeignete Limite festgelegt werden.

- Limitsysteme müssen explizit darauf ausgerichtet sein, nicht-strategische Risiken zu vermeiden. Unter strategischen Risiken werden hier die Risiken verstanden, die integraler Bestandteil des Wertschöpfungsprozesses sind.

- Ein Limitsystem formalisiert Verantwortlichkeiten für das Risikomanagement. Limitüberschreitungen müssen dementsprechend klar definierte Eskalationsprozesse auslösen.

4.4 Stresstests

Ein Finanzdienstleister muss derzeit auch seine Kapitalposition im Hinblick auf die Kapitalanforderungen der Ratingagenturen sowie die regulatorischen Solvenzbestimmungen laufend überwachen. Stresstests zur Analyse der Auswirkung vordefinierter Szenarien auf die Unternehmenskapitalisierung sind ein sinnvolles Instrument, um die Einhaltung der externen Anforderungen sicherzustellen. Werden die Kapitalanforderungen in bestimmten Stressszenarien nicht erfüllt, können rechtzeitig Handlungsalternativen analysiert und umgesetzt werden. Die derzeitige Inkonsistenz der ökonomischen Kapitalanforderungen interner Risikosteuerungssysteme von Versicherungsunternehmen mit den entsprechenden Anforderungen der Aufsichtsbehörden und Ratingagenturen führt zu unnötiger Komplexität in der Unternehmens-

---

13 Für Counterparty-Limitsysteme vgl. Böhm (2005).

führung. Eine Harmonisierung der Kapitalanforderungen wäre ein wesentlicher Beitrag zu einer effizienteren Unternehmensführung von Finanzdienstleistern.

5. Besondere Herausforderungen in einem Finanzkonglomerat an das Risiko- und Kapitalmanagement

Aus Risikosicht bietet ein Finanzkonglomerat einerseits zusätzliches Diversifikationspotenzial durch die Zusammenführung unterschiedlicher, häufig geografisch verteilter Geschäftsfelder in einer Gruppe. Andererseits wachsen die Anforderungen an die Risikosteuerung und das Kapitalmanagement. Zwei Themen sind hier von besonderer Bedeutung.

■ Konsistente Berechnung von Risikokapitalanforderungen in verschiedenen Sektoren sowie Aggregation zur Gruppenebene unter Berücksichtigung von sektorübergreifenden Diversifikationseffekten,

■ Überwachung sektorübergreifender Risikokonzentrationen.

Ohne konsistente Berechnung von Risikokapitalanforderungen ist eine sektorale risikoadjustierte Performance-Messung in einem Finanzkonglomerat nicht möglich. Ein entsprechendes Kapitalmodell muss über das Risikomaß und den Zeithorizont den Rahmen definieren, dabei aber gleichzeitig die sektorspezifischen Besonderheiten berücksichtigen. So lassen sich die Kapitalanforderungen für das Kreditgeschäft der Banken nicht einfach auf die Kreditversicherung übertragen. In beiden Fällen ist der Kreditnehmer der Treiber des Kreditrisikos, aber aus den gänzlich unterschiedlichen Möglichkeiten und Gepflogenheiten der Vertragsgestaltung resultieren Kapitalanforderungen, die stark voneinander abweichen können. Diese Unterschiede müssen in einem ökonomischen Kapitalmodell adäquat berücksichtigt werden. Es wäre deshalb auch verfehlt, im Rahmen von Solvency II die Regelungen der Bankenaufsicht für das Kreditrisiko zu kopieren.

Die Überwachung sektorübergreifender Risikokonzentrationen betrifft vor allem das Kreditrisiko. Undifferenzierte quantitative Beschränkungen für Risikokonzentrationen werden der komplexen Thematik nicht gerecht. Die Herausforderung einer Überwachung und Steuerung von Kreditrisikokonzentrationen stellt sich auf vier Ebenen:

■ Datenqualität: Die qualitätsgesicherte gruppenweite Zusammenführung der Exposuredaten aus verschiedenen Quellsystemen stellt hohe Anforderungen an die Systemlandschaft.

▪ Aggregation: Bei der Verdichtung der Originalexposures aus verschiedenen Produkten und Transaktionen zu einem Maß für das Gesamtkreditrisiko sind spezifische Produkteigenschaften zu berücksichtigen.

▪ Limitsetzung: Limits für einzelne Kontrahenten sind auf Gruppenebene festzusetzen, anschließend erfolgt die Allokation auf die operativen Einheiten.

▪ Prozessorganisation: Erforderlich ist eine klare Definition der Eskalationsschritte bei Limitüberschreitungen sowie des Managements von Exposurereduzierungen.

Ein Limitsystem muss nicht nur die Kreditqualität der einzelnen Kontrahenten berücksichtigen, sondern auch Portfolioeffekte einbeziehen. Da jedes Kreditexposure im Portfoliokontext gesehen werden muss, ist eine laufende Überwachung des Exposures in Sektoren, Ländern und Produktgruppen erforderlich. Undifferenzierte quantitative Beschränkungen können bewirken, dass sich die Gesamtqualität des Kreditportfolios verschlechtert. So können einfache Limitsysteme, die sich ausschließlich auf einzelne Kontrahenten fokussieren, durch den Aufbau von Konzentrationen in bestimmten Sektoren Fehlsteuerungen auslösen. Schließlich können Limite nicht dauerhaft fixiert werden, sondern müssen an die aktuelle Entwicklung der Kreditqualität des Kontrahenten und des jeweiligen Sektors sowie an die Veränderungen im Portfolio angepasst werden.

Die Komplexität in der risikoorientierten Steuerung von Finanzkonglomeraten wird durch die externen Rahmenbedingungen noch verschärft.

▪ Das regulatorische Umfeld ist für die einzelnen Sektoren uneinheitlich, die Aufsichtspraxis inkonsistent und ineffizient.

▪ Ratingagenturen stellen an Versicherungen und Banken unterschiedliche Anforderungen für die Bestimmung der Kapitalanforderungen.

Die Konvergenz von internen Steuerungssystemen und externen Anforderungen würde die gegenwärtig extrem hohe Komplexität reduzieren. Da Diversifizierungsstrategien die Grundlage eines vernünftigen Managements von Risikokonzentrationen darstellen, muss ein fortschrittliches Aufsichtssystem entsprechende Anreize setzen sowie die Entwicklung und Implementierung differenzierter Limitsysteme fördern.

6.   Entwicklung der aufsichtsrechtlichen Anforderungen an das Risiko- und Kapitalmanagement von Finanzdienstleistern

Das Solvency-II-Projekt zielt auf die Bildung eines „Prudential Framework" für die Versicherungswirtschaft in Europa ab, mit dem im Prinzip drei Ziele erreicht werden sollen:

- ausreichend kapitalisierte Unternehmen,

- Vertrauen der Kunden in die Unternehmen,

- stabile nationale und internationale Finanzmärkte.

In Analogie zu Basel II wird das zukünftige Aufsichtssystem für Versicherungsunternehmen aus drei Säulen bestehen:[14]

- Säule 1: quantitative Anforderungen (Kapitalausstattung, Reservierung),

- Säule 2: aufsichtsrechtliche Überprüfungsverfahren (qualitative Überprüfung des Risikomanagements durch die Aufsicht),

- Säule 3: Marktdisziplin (Offenlegungsvorschriften).

Vor dem Hintergrund großer Unterschiede zwischen den Mitgliedstaaten der EU ist das Aufsichtssystem für Versicherungen traditionell durch detaillierte Vorgaben für die Kapitalanlagen zur Bedeckung der versicherungstechnischen Verbindlichkeiten geprägt. Dagegen sind die aktuellen Regelungen zur Mindesteigenkapitalausstattung im Vergleich zu den entsprechenden Banknormen sehr einfach und orientieren sich nicht am individuellen Risikoprofil der Unternehmen. In Zukunft sollen die Vorschriften zur Kapitalausstattung durch risikobasierte Regeln ersetzt werden (Säule 1). Leitbild dieses neuen Aufsichtsmodells ist eine Branche, die ihre Risiken frühzeitig identifiziert, überwacht und steuert. Es wird zukünftig die Aufgabe der Unternehmen sein, ihre Risikoposition und die entsprechenden Kapitalanforderungen über die Anwendung eines Standardansatzes oder eines internen Modells zu bestimmen. Detaillierte Vorgaben der Aufsicht für die Bedeckung versicherungstechnischer Rückstellungen würden im Widerspruch zu einem risikoorientierten Aufsichtssystem stehen, da sich die Entscheidung für eine bestimmte Asset-Allokation in den jeweiligen Kapitalanforderungen widerspiegelt. Zumindest bei der Anwendung interner Kapitalmodelle sind strenge Bedeckungsregeln unter Solvency II nicht mehr angemessen.

Das neue Aufsichtsverständnis der „kontrollierten Freiheit"[15] verlangt neben risikobasierten Kapitalanforderungen qualitative Regeln für die intern erforderlichen Steuerungs- und Kontrollsysteme. Dazu gehören Grundsätze der Risk Governance ebenso wie Mindestanforde-

---

14   Für eine ausführliche Darstellung vgl. Knauth/Schubert (2003).
15   Diesen Begriff hat Sanio (2004) geprägt.

rungen an interne Kapitalmodelle. Nach den Vorstellungen der Versicherungsaufsicht soll das Risikomanagement künftig integraler Bestandteil der Unternehmensführung sein. Ähnlich wie bei den Banken wird deshalb ein qualitatives Überprüfungsverfahren des internen Risikomanagementsystems zum aufsichtsrechtlichen Instrumentarium gehören (Säule 2). Der Einführung effizienter Aufsichtsstrukturen kommt in diesem Zusammenhang eine große Bedeutung zu. Im Oktober 2004 hat die Bundesregierung in ihrer Zwischenbilanz zur Lissabon-Strategie vorgeschlagen, eine integrierte europäische Finanzaufsicht zu schaffen. Auch die EU-Kommission geht davon aus, dass auf lange Sicht eine europäische Finanzaufsichtsbehörde notwendig ist, die bei ihren Aufgaben durch die nationalen Aufsichtsbehörden unterstützt wird. Da diese Perspektive mittelfristig nicht realistisch erscheint, wäre die Stärkung des Lead-Supervisor-Konzepts wichtig. Insbesondere sollte die Finanzaufsicht über europäische Tochtergesellschaften eines in Europa ansässigen Konzerns dem Lead Supervisor, also der Aufsichtsbehörde aus dem Heimatland der Muttergesellschaft übertragen werden. Seit der dritten Versicherungsrichtlinie von 1992 entspricht dies der geltenden Rechtslage für Zweigniederlassungen von Erstversicherungsunternehmen. Unter Beteiligung der betroffenen europäischen Aufsichtsbehörden würde der Lead Supervisor die Aufsicht über eine Versicherungsgruppe leiten und eine angemessene Kapitalausstattung sicherstellen. Er wäre auch für die Anerkennung interner Modelle zuständig, so dass eine zusätzliche Genehmigung durch die nationalen Behörden entfallen könnte. Die Detailaufsicht könnte weiterhin durch die nationale Aufsicht durchgeführt werden. Das Lead-Supervisor-Konzept würde das europäische Aufsichtssystem unter Wahrung nationaler Besonderheiten vereinfachen und die europaweite Aufsicht erleichtern.

Marktdisziplin (Säule 3) soll durch eine Harmonisierung der Offenlegungsvorschriften erreicht werden. Die konkrete Ausgestaltung dieser Vorschriften hängt sehr stark von den konkreten Regelungen der Säulen 1 und 2 ab. Eine echte Harmonisierung der Offenlegungsvorschriften in Kombination mit einer Stärkung des Lead-Supervisor-Konzepts würde die gesamte Branche signifikant administrativ entlasten.

Während sich das Solvency-II-Projekt im Hinblick auf die 3-Säulen-Architektur an Basel II anlehnt und in beiden Fällen das grundsätzliche Ziel einer risikoadäquaten Aufsicht verfolgt wird, geht Solvency II in der angestrebten Umsetzung über Basel II hinaus.[16]

▦ In Basel II ist die Portfoliobetrachtung von Risiken nicht konsequent umgesetzt. Lediglich Marktrisiken und operationale Risiken werden mit einem Portfolioansatz bewertet. Kreditrisiken werden dagegen einzeln beurteilt und nicht im Portfolio. Auch bei der Aggregation von Risikokategorien zum Gesamtrisiko der Bank gibt es keine Portfoliosicht (z. B. bleiben Diversifikationseffekte unberücksichtigt).

▦ Während das Solvency-II-Projekt eine integrierte Modellierung der Aktiv- und Passivseite anstrebt, werden Risiken auf der Passivseite in den Aufsichtsregeln der Banken nicht berücksichtigt.

---

16 Für eine ausführliche Analyse der Unterschiede und Gemeinsamkeiten vgl. Schubert (2004).

■ Im Unterschied zu den Zielen des Solvency-II-Projektes sind Aussagen über das Sicherheitsniveau (bzw. die Ausfallwahrscheinlichkeit) einer gemäß den Aufsichtsregeln kapitalisierten Bank nicht möglich.

■ Basel II hat die Offenlegungsvorschriften an die Aufsichtsbehörden nur bis zu einem gewissen Grad harmonisiert.

Diese Unterschiede zeigen, dass die aufsichtsrechtlichen Anforderungen auch nach Basel II und Solvency II noch nicht sektorübergreifend harmonisiert sind. Für Finanzkonglomerate bedeutet dies, dass die sektoralen Kapitalanforderungen ohne weitere Harmonisierungsanstrengungen weiterhin keine vergleichbare gemeinsame „Währung" des Risikos bilden.

Literatur

AM BEST (2004a): Insolvency Study P&C Insurers 2004.

AM BEST (2004b): Insolvency Study Life & Health Insurers 2004.

BELMONT, D. (2004): Adding Value through Risk Management, John Wiley & Sons 2004.

BESSIS, J. (2002): Risk Management in Banking, 2nd ed., John Wiley & Sons 2002.

BÖHM, H.-J. (2005): Gruppenlimitsystem erhöht Risikotransparenz, in: Die Bank 2005.

BOWERS, N. L./GERBER, H. U./HICKMANN, J. C./JONES, D. A./NESBITT, C. J. (1997): Actuarial Mathematics, 2. Auflage, Society of Actuaries 1997.

BÜHLMANN, H. (1996): Mathematical Models in Risk Theory, 2. Auflage, Springer-Verlag 1996.

DOHERTY, N. (2000): Integrated Risk Management: Techniques and Strategies for Reducing Corporate Risk, McGraw-Hill 2000.

DOWD, K. (2002): Measuring Market Risk, John Wiley & Sons 2002.

EUROPEAN COMMISSION/KPMG (2002): Study into the Methodologies to Assess the Overall Financial Position of an Insurance Undertaking from the Perspective of Prudential Supervision, http://europa.eu.int/comm/internal_market/insurance/solvency_en.htm.

FINANCIAL SERVICES AUTHORITY (2003): Review of UK insurers' risk management practices 2003.

GERBER, H. U. (1997): Life Insurance Mathematics, 3. Auflage, Springer-Verlag 1997.

HEILMANN, W.-R. (1987): Grundbegriffe der Risikotheorie, Verlag Versicherungswirtschaft 1987.

HULL, J. C. (2002): Options, Futures, and Other Derivatives, 5. Auflage, Prentice Hall 2002.

IAIS (2002): Principles on Capital Adequacy and Solvency, http://www.iaisweb.org.

IAIS (2003): Insurance Core Principles and Methodology, http://www.iaisweb.org.

JORION, P. (2000): Value at Risk: The New Benchmark for Managing Financial Risk, McGraw-Hill 2000.

JORION, P. (2003): Financial Risk Manager Handbook, John Wiley & Sons 2003.

KLUGMAN, S.A./PANJER, H.H./WILLMOT, G.E. (1998): Loss Models: From Data to Decisions, John Wiley & Sons 1998.

KNAUTH, K.-W./SCHUBERT, T. (2003): Versicherungsaufsicht vor Paradigmenwechsel, in: Versicherungswirtschaft 12/2003, S. 902–905.

MACK, T. (1997): Schadenversicherungsmathematik, Verlag Versicherungswirtschaft 1997.

PENZA, P./BANSAL, V. (2000): Measuring Market Risk with Value-at-Risk, John Wiley & Son 2000s.

SANIO, J. (2004): Versicherungsaufsicht der Zukunft, Rede im Rahmen der Mitgliederversammlug des GDV, Berlin 2004.

SAUNDERS, A./CORNETT, M. M. (2003): Financial Institutions Management: A Risk Management Approach, 4. Auflage, McGraw-Hill 2003.

SCHUBERT, T. (2004): Solvency II = Basel II + X, in: Versicherungswirtschaft 18/2004, S. 1399–1402.

SHARMA-REPORT (2002): Prudential Supervision of Insurance Undertakings. Conference of Insurance Supervisory Services of the Member States of the European Union, http://europa.eu.int/comm/internal_market/insurance/solvency/solvency2-conference_de.htm.

SWISS RE (2001): The Economics of Insurance. How Insurers Create Value for Shareholders 2001.

WARD, L. (2002): Practical Application of the Risk-Adjusted Return on Capital Framework, Preprint 2002.

WILSON, T. (2003): Is ALM at European life insurers broken?, in: Risk 9, S. 12–16.

YOUNG, S. D./O'BYRNE, S. F. (2000): EVA and Value-Based Management, McGraw Hill 2000.

Konzepte einer wertorientierten Steuerung von Versicherungsunternehmen

Heinrich R. Schradin / Michael Zons

1.   Problemstellung

Das Sachziel von Versicherungsunternehmen ist die Produktion von Versicherungsschutz. Um das Schutzversprechen mit hinreichend hoher Wahrscheinlichkeit erfüllen zu können, bedarf es neben einer risikoadäquaten Prämie auch einer risikoadäquaten Kapitalausstattung. Die Höhe dieser (Risiko-) Kapitalausstattung begrenzt die Zeichnungskapazität des Versicherungsunternehmens und ist aus Sicht der Versicherungsnehmer zugleich ein Qualitätsmerkmal des Schutzversprechens. Für die Investoren stellt sie einen relevanten Maßstab für die Beurteilung der Vorteilhaftigkeit ihres Engagements dar. Die Kapitalüberlassung ist seitens der Investoren mit der Forderung verbunden, dass die erwarteten Rückflüsse die Opportunitätskosten überkompensieren. Im Spannungsfeld von Produktqualität, Risikotragungsfähigkeit und Erfolgserzielung ist das Risikokapital daher der zentrale Engpassfaktor für die Produktion von Versicherungsschutz. Die finanzwirtschaftliche Perspektive fokussierend, steht der unter Rendite- und Risikogesichtspunkten effiziente Ressourceneinsatz im Mittelpunkt einer wertorientierten Unternehmenssteuerung. Mit Blick auf das Versicherungsmanagement bedeutet dies vor allem den effizienten Einsatz des verfügbaren Risikokapitals.[1]

Das unternehmenspraktische Erfordernis einer konsequenten Wertorientierung des Versicherungsmanagements resultiert zunächst aus dem leistungswirtschaftlich begründeten Zusammenhang zwischen Erfolgserzielung und Versicherungsschutzversprechen.[2] Nur nachhaltig erfolgreich wirtschaftende Versicherungsunternehmen werden dauerhaft über ausreichend Risikokapital verfügen und qualitativ hochwertigen Versicherungsschutz bereitstellen können. In dem Maß, wie die Konzepte einer wertorientierten Unternehmenssteuerung die Wettbewerbsfähigkeit der Versicherer zu stärken vermögen, dienen sie daher nicht allein den Interessen der Investoren, sondern ebenso jenen der Mitarbeiter und der Versicherungsnehmer.[3]

Auch die Entwicklung der institutionellen, insbesondere finanzwirtschaftlichen Rahmenbedingungen forciert die unternehmenspraktische Relevanz wertorientierter Steuerungssysteme in der Versicherungswirtschaft. Im Zusammenhang mit der Neuordnung der europäischen Versicherungsaufsicht werden unter dem Schlagwort Solvency II gegenwärtig Anforderungen an die Ausgestaltung eines umfassenden Aufsichtssystems diskutiert, welches eine realistische Beschreibung der tatsächlichen Risikolage einzelner Versicherer zum Gegenstand hat. Von besonderer Bedeutung ist dabei die Bestimmung der aus Aufsichtsperspektive betriebs-

---

[1]   Vgl. Schradin (2004a), S. 803.
[2]   Vgl. Schradin (1994), S. 59 ff.
[3]   Vgl. Schradin/Zons (2004), S. 78 f.

notwendigen (Risiko-) Kapitalausstattung sowohl für einzelne Geschäftsbereiche als auch für die Unternehmung insgesamt.[4] Hinzu treten umfangreiche Publizitätsanforderungen, die aktuell im aufsichts-, aber auch im bilanzrechtlichen Kontext diskutiert werden. Die Internationalisierung der externen Rechnungslegung durch die Einführung von International Accounting Standards (IAS) bzw. International Financial Reporting Standards (IFRS)[5] soll die Vermögens-, Finanz- und Ertragslage deutlich marktnäher abbilden, um den Investoren eine relevante Entscheidungsgrundlage bereitzustellen. Sowohl die europäische Versicherungsaufsicht als auch die internationale Rechnungslegung fokussieren dabei die ökonomische Kapitalausstattung der Versicherungsunternehmen. Aufgabe des Managements ist es dann, das ökonomische Kapital ins Verdienen zu bringen.

2. Grundlagen eines wertorientierten Managements

Bereits semantisch ist die wertorientierte Steuerung eng mit der Steuerung des Unternehmenswertes verknüpft. Aus Sicht der Unternehmenseigner konkretisiert sich dieser Wertmaßstab im Marktwert des Eigenkapitals.[6] Bei der Ermittlung des Unternehmenswertes, mithin des Marktwertes des Eigenkapitals, konkurrieren alternative Modelle, denen grundsätzlich die Ermittlung des Zukunftserfolgswertes gemein ist.[7] Konzepte der wertorientierten Unternehmenssteuerung greifen methodisch auf das wohlbekannte investitionstheoretische Modell der Kapitalwertbestimmung zurück. Zum Zwecke einer Wertorientierung des Versicherungsmanagements wird regelmäßig die Verwendung des Equity-Verfahrens als Spezialfall des Discounted Cash Flow Models (DCF) vorgeschlagen.[8] Dieses Verfahren ermittelt den Marktwert des Eigenkapitals direkt als Barwert der ausschüttungsfähigen Zahlungsmittel, der so genannten freien Cashflows (CF), diskontiert mit dem Kapitalkostensatz (k):[9]

$$(1) \qquad DCF = \sum_{t=1}^{\infty} \frac{E(CF_t)}{(1+k)^t}$$

---

4 Siehe ausführlich Schradin (2003), zu den Rückwirkungen von Solvency II auf das erfolgsorientierte Versicherungsmanagement Schradin (2004b).

5 Zur verbindlichen Anwendung von IAS/IFRS in den konsolidierten Abschlüssen kapitalmarktorientierter Gesellschaften siehe Artikel 4 der Verordnung (EG) Nr. 1606/2002 des Europäischen Parlaments und des Rates vom 19.07.2002 betreffend die Anwendung internationaler Rechnungslegungsstandards, Amtsblatt Nr. L 243 vom 11/09/2002 S. 1–4; vgl. Meyer in diesem Band.

6 Vgl. etwa Wilhelm (1983), S. 527 ff.

7 Siehe etwa Coenenberg/Schultze (2002), S. 603 ff.

8 Siehe etwa Hartung (2000), S. 138 ff.; Oletzky (1998), S. 94 ff.

9 Kritisch zur prinzipiell möglichen indirekten Ermittlung des Marktwertes von Versicherungsunternehmen äußerte sich bereits Oletzky (1998), S. 94.

Bereits aus der formalen Darstellung wird die Langfristigkeit des Steuerungshorizontes offensichtlich und widerlegt die häufig unterstellte Identität der wertorientierten Steuerung mit einer kurzfristigen Gewinnmaximierung.[10] Ist mit dem Marktwert des Eigenkapitals die Bezugsgröße der wertorientierten Unternehmenssteuerung identifiziert, so konkretisiert sich die Aufgabe des Versicherungsmanagements in der positiven Veränderung dieses Wertes.[11] Demnach erhöht eine Handlungsalternative den Unternehmenswert, wenn der erwartete Erfolgsstrom die Kosten des Kapitaleinsatzes überkompensiert. In der Versicherungswirtschaft besonders prominente Steuerungskennzahlen sind etwa der Embedded Value sowie der Appraisal Value.[12] Relevante einperiodige Performancemaße sind beispielsweise der Return on Risk Adjusted Capital (RORAC) sowie der Economic Value Added (EVA):[13]

(2) $\qquad RORAC_t = \dfrac{E\left(CF_t\right)}{RAC_t} \overset{!}{\geq} k$

(3) $\qquad EVA_t = E\left(CF_t\right) - k \cdot RAC_t \overset{!}{\geq} 0$

Die formale Darstellung verdeutlicht die große Nähe der beiden Konzepte. Stets ist die Identifikation und Modellierung der relevanten freien Cashflows (CF), die Bestimmung des notwendigen Kapitalbedarfs (RAC) sowie die Festlegung des Kapitalkostensatzes (k) von grundlegender Bedeutung. Eigenarten des Economic Value Added liegen in der monetären Dimension des Ergebnisses sowie der impliziten Berücksichtigung der Kapitalkosten.

---

[10] Vgl. Schradin (2004a), S. 798 m. w. N.

[11] Im Interesse einer eher praktisch-normativen Auseinandersetzung mit der Thematik wertorientierter Unternehmenssteuerung wird auf eine nähere Darstellung neoklassischer Ansätze der Unternehmenswertmaximierung bewusst verzichtet. Ein im neoklassischen Sinne geschlossenes Entscheidungsfeld ist in der Unternehmenspraxis regelmäßig nicht gegeben, so dass Optimalitätskriterien keinen operationalen Anspruch an die Auswahl von Handlungsalternativen stellen. Zur skizzierten Problematik siehe Richter (1996), S. 11 ff., Baetge/Siefke (1999), S. 678 f., Gründl/Schmeiser (2002), S. 799 ff., Schradin (2004a), S. 800 f.

[12] Siehe etwa Rapp/Rederer (2005), S. 64 ff.

[13] Weitere Beispiele für einperiodige relative Kennzahlen sind der Risk Adjusted Return on Capital (RAROC) sowie jüngst Omega-Performancemaße, vgl. Schwake/Lippe/Albrecht (2004). Weitere einperiodige absolute Wertsteigerungsmaße sind etwa der Market Value Added (MVA) und der Cash Value Added (CVA). Für einen ausführlichen Überblick siehe etwa Hebertinger (2002); Werheim/Schmitz (2001) sowie kritisch Gründl/Schmeiser (2002).

3.   Zahlungsstromanalyse in der Kompositversicherung

Ausgangspunkt eines wertorientierten Versicherungsmanagements unter finanzwirtschaftlichen Aspekten ist die Identifikation und Modellierung des freien Cashflows. Die besondere Herausforderung besteht dabei zunächst allgemein in der Prospektivität des Wertansatzes und ergänzend, zumal für Versicherungsunternehmen, in der spezifischen Stochastizität zukünftiger Zahlungsströme sowie der Länge der relevanten Zeiträume. Für die anschließende Modellierung eines einjährigen Versicherungsvertrages der Versicherungssparte i sei folgende Notation vereinbart:

π_i	Prämieneinzahlung
bk_i	Betriebskosten
S_i	Gesamtschaden
SZ_{it}	Schadenauszahlung
SR_{it}	Schadenreserve
λ_{it}	Schadenreservefaktor
α_i	Solvabilitätsfaktor
γ_{it}	Schadenauszahlungsfaktor
r	durchschnittliche Anlagerendite

Weiter sei angenommen, die Entschädigungszahlungen würden nur teilweise im Anfalljahr des Schadens fällig. Für den Teil, der nicht im Jahr des Schadeneintritts beglichen wird, erfolgt eine Schadenreservierung. Obwohl der zugrunde liegende Versicherungsvertrag eine nur einperiodige Laufzeit hat, ist somit eine mehrperiodige Modellierung erforderlich. Die Höhe der Schadenreserve entspricht dem Produkt aus Schadenreservefaktor und dem Nettoschaden:

(4) $SR_{it} = \lambda_{it} \cdot S_i$

Einem einfachen Solvabilitätsmodell folgend sei ebenfalls unterstellt, dass sich die Höhe des notwendigen (Risiko-) Eigenkapitals (Soll-Solvabilität) am Umfang der zu Periodenbeginn gebildeten Schadenreserve bemesse, mithin am Volumen der noch nicht regulierten Schäden. Bis zur vollständigen Regulicrung des Schadens ist daher stets ein definiertes Eigenkapitalvolumen gebunden:

(5) $RAC_{it} = \alpha_i \cdot SR_{it}$, mit $\alpha_i = const.$

Zum Zeitpunkt des Vertragsabschlusses fließen dem Versicherer Bruttoprämieneinzahlungen zu und es werden betrieblich bedingte Auszahlungen fällig. Annahmegemäß erfolgt noch keine Schadenauszahlung ($\lambda_{i0} = 1$).

Zum Zeitpunkt 0 stehen dem Versicherer daher Einzahlungsüberschüsse aus dem Vertrag zur Verfügung. Zugleich induziert die Risikoübernahme einen bedingten Fremdkapitalbedarf in Höhe der erwarteten künftigen Schadenzahlungen. Hinzu tritt, auf Grund der eingeführten Solvabilitätsnorm, ein ebenfalls an den künftigen Schadenzahlungen orientierter Eigenkapitalbedarf. Fremd- und Eigenkapitalbedarf begründen korrespondierende Investitionsauszahlungen (Kapitalbindungen). Damit ergibt sich der freie Cashflow zum Vertragsabschlusszeitpunkt als:

(6) $\qquad CF_{i0} = \pi_i - bk_i - SR_{i0} \cdot (1 + \alpha_i)$, mit $SR_{i0} = S_i$

Die versicherungstechnischen Kennzahlen sind Nettogrößen, d. h. der Einfluss der Rückversicherungsnahme auf die Prämieneinzahlungen, die betrieblich bedingten Auszahlungen und die Schadenauszahlungen sind bereits berücksichtigt. Eine explizite Modellierung der Rückversicherungsnahme erhöht vor allem die Komplexität der Darstellung und weniger den Erkenntnisgewinn.

Die periodische Adjustierung der Schadenreservierung erfolgt nach Maßgabe der sich im Zeitablauf realisierenden Teilschadenzahlungen. Die damit bewirkte sukzessive Anpassung der Fremdkapitalbindung verhindert die vorzeitige Ausschüttung von Zahlungsmitteln, reduziert mithin den periodischen freien Cashflow um die zu späteren Regulierungszeitpunkten erforderlichen Mittel. Die Auszahlungen für Schadenregulierungen in den Folgeperioden werden durch die korrespondierende Auflösung der Reserve und die damit ausgelösten Einzahlungen aus Desinvestitionen neutralisiert:

(7) $\qquad \Delta_t SR_i = \left(\lambda_{i(t-1)} - \lambda_{it} \right) \cdot S_i$

Die Höhe der Schadenreserve beruht auf einer Prognose des künftigen Gesamtschadens und entspricht daher nur zufällig der tatsächlich realisierten Schadenzahlung:

(8) $\qquad SZ_{it} = \gamma_{it} \cdot S_i$

Die Differenz zwischen der Auflösung der Schadenreserve und der tatsächlichen Schadenauszahlung stellt das Abwicklungsergebnis dar:

(9) $\qquad AWE_{it} = \Delta_t SR_i - SZ_{it} = S_i \cdot \left(\lambda_{i(t-1)} - \lambda_{it} - \gamma_{it} \right)$

Mit der Reduktion der Schadenreserve (Fremdkapitalbindung für noch nicht fällige Schadenzahlungen) im Zeitablauf werden auch Teile des gebundenen Eigenkapitals wieder freigesetzt:

(10) $\qquad \Delta_t RAC_i = \Delta_t SR_i \cdot \alpha_i = \left(\lambda_{i(t-1)} - \lambda_{it} \right) \cdot S_i \cdot \alpha_i$

Das gebundene (Gesamt-) Kapital stehe über die Periode zu Kapitalanlagezwecken zur Verfügung. Es wird eine mittlere pagatorische Anlagerendite der Höhe r unterstellt:

$$(11) \qquad IP_{it} = \lambda_{i(t-1)} \cdot S_i \cdot \left(1 + \alpha_i\right) \cdot r$$

Am Ende der Versicherungsperiode werden weder Prämieneinzahlungen noch betrieblich bedingte Auszahlungen fällig. Der Zahlungsstrom der Folgeperioden enthält somit lediglich Abwicklungsergebnisse, Kapitalanlageerfolge und freigewordene Eigenkapitalkapitalbestandteile:

$$(12) \qquad \begin{aligned} CF_{it} &= S_i \cdot \left(\lambda_{i(t-1)} - \lambda_{it} - \gamma_{it}\right) + \lambda_{i(t-1)} \cdot S_i \cdot \left(1 + \alpha_i\right) \cdot r + \left(\lambda_{i(t-1)} - \lambda_{it}\right) \cdot S_i \cdot \alpha_i \\ &= S_i \cdot \left(\lambda_{i(t-1)} - \lambda_{it} - \gamma_{it} + \lambda_{i(t-1)} \cdot \left(1 + \alpha_i\right) \cdot r + \left(\lambda_{i(t-1)} - \lambda_{it}\right) \cdot \alpha_i\right) \end{aligned}$$

Soweit die Schadenreservierung der Höhe der erwarteten Schadenzahlungen entspricht, ist der Erwartungswert des Abwicklungsergebnisses Null. Der Erwartungsbarwert (EBW) des Versicherungszweiges i formalisiert sich somit wie folgt:

$$(13) \qquad \begin{aligned} EBW\left(CF_i\right) &= E\left(CF_{i0}\right) + \sum_{t=1}^{T}\left(E\left(CF_{it}\right) \cdot \left(1 + k\right)^{-t}\right) \\ &= E\left(CF_{i0}\right) + E\left(S_i\right) \cdot \sum_{t=1}^{T}\left(\left(\lambda_{i(t-1)} \cdot \left(1 + \alpha_i\right) \cdot r + \left(\lambda_{i(t-1)} - \lambda_{it}\right) \cdot \alpha_i\right) \cdot \left(1 + k\right)^{-t}\right) \\ &\text{mit } E\left(CF_{i0}\right) = \pi_i - bk_i - E\left(S_i\right) \cdot \left(1 + \alpha_i\right) \end{aligned}$$

Nach der Konzeption des Discounted Cashflows erfordert die Marktwertermittlung die Erwartungswertbildung des freien Cashflows bzw. dessen Komponenten. Anders ausgedrückt, um den Marktwert des Versicherungsunternehmens zu ermitteln, bedarf es der Erwartungswerte sämtlicher zukünftiger Cashflows in allen Versicherungszweigen.[14] Neben das Methoden- und Modellierungsproblem tritt in der Unternehmensrealität somit vor allem die Schwierigkeit, das notwendige Datenmaterial zu jedem Zeitpunkt in ausreichender Differenziertheit und Qualität bereitzustellen. Traditionell sind versicherungstechnische und betriebswirtschaftliche Informationssysteme der Unternehmen wenig kompatibel und eine einheitliche, zumal auf Zahlungsströme und Anfalljahre bezogene Datenbasis ist nicht verfügbar.[15] Die notwendige Systementwicklung und die Bereitstellung einer entscheidungsrelevanten Datenbasis wird die Gesellschaften nicht nur erhebliche finanzielle Mittel, sondern wohl auch mehrere Jahre Vorbereitung kosten.[16]

---

14   Von einer Modellierung über alle Anlageklassen wird aus Gründen der Komplexitätsreduktion in dieser Darstellung abgesehen.

15   Vgl. Füser/Merz (2004), S. 605 f.

16   Vgl. Schradin (2004b), S. 22.

4.   Kapitalbedarfsermittlung

Im Kontext der obigen Zahlungsstrommodellierung wurde der Kapitalbedarf sehr vereinfacht als konstanter Anteil der Schadenreserve ermittelt. Dies wird den differenzierten unternehmensinternen Anforderungen nur ansatzweise gerecht. Zur Ermittlung des gesamtunternehmensbezogenen Eigenkapitalbedarfs kommen prinzipiell unterschiedliche Modellansätze in Betracht.

So formuliert beispielsweise die deutsche Versicherungsaufsicht zur „Wahrung der Belange der Versicherten"[17] gegenwärtig eine Untergrenze für die Kapitalausstattung, die eher pragmatisch durch die geschäftsinhärenten Risiken determiniert ist.[18] Das zukünftige Aufsichtssystem Solvency II konfrontiert die Versicherer mit weiterreichenden Vorschriften, die nicht nur eine risikoadäquate Kapitalbedarfsermittlung (Säule 1) vorsehen, sondern auch qualitative Anforderungen an das Risikomanagement (Säule 2) und umfassende Publizitätserfordernisse (Säule 3) formulieren.[19] Weitere Anforderungen externer Institutionen werden von Ratinggesellschaften an die Unternehmen herangetragen, wobei in der Unternehmenspraxis dem Ansatz von Standard & Poor's besondere Aufmerksamkeit gewidmet wird.[20]

Gründl und Schmeiser entwickelten innerhalb eines neoklassischen Ansatzes ein Modell der Unternehmenssteuerung, das gedanklich auf folgender Annahme beruht: Eigentümer als Eigenkapitalgeber und Versicherungsnehmer als Fremdkapitalgeber leisten ihre Einlage zum Zwecke der gemeinsamen Kapitalanlage, verbunden mit jeweils spezifischen Renditeerwartungen.[21] Auf der Grundlage definierter Nutzenkalküle, insbesondere unter Berücksichtigung einer von der Erfüllungssicherheit des Versicherers abhängigen Zahlungsbereitschaft der Versicherungsnehmer, gelingt innerhalb des gewählten Modellrahmens die Ermittlung einer kapitalwertmaximierenden Kapitalstruktur des Versicherungsunternehmens.[22]

Aus klassischer versicherungsmathematischer Perspektive begründet die Stochastizität des versicherungstechnischen Zahlungssaldos in spezifischer Weise die Gefahr, dass unternehmerische Erfolgs- und Sicherheitsziele verfehlt werden. Unter diesem Performancerisiko subsumieren Albrecht und Koryciorz zwei wesentliche Gefahren. Das Solvabilitätsrisiko be-

---

17 § 81 Abs. 1 S. 2 VAG.

18 Zum aktuellen Aufsichtssystem siehe stellvertretend Farny (2000), S. 106 ff.; Schierenbeck/Hölscher (1998), S. 222 ff.; Schradin (2003), S. 25 ff.

19 Siehe ausführlich Schradin (2003). An aufsichtsrechtlichen Kapitalanforderungen orientierte Verfahrensweisen beschreibt Oletzky (1998), S. 155 ff.

20 Ratingmodelle basieren meist ebenfalls auf Risk-Based-Capital-Verfahren, tragen aber den Besonderheiten von Versicherungsunternehmen häufig nur unzureichend Rechnung. Ihre praktische Bedeutung ergibt sich im Wesentlichen aus Aspekten der Kapitalmarktkommunikation. Siehe ausführlich Schedlbauer/Scully (1997); Lanfermann (1998). Die Anwendung des S&P-Modells zur Kapitalbedarfsermittlung skizziert beispielsweise Utecht (2001), S. 551 ff.

21 Vgl. Gründl/Schmeiser (2002), S. 802.

22 Vgl. Gründl/Schmeiser (2002), S. 805 ff. Kritisch hierzu Schradin (2004a), S. 800 f.

schreibt die Gefahr, dass das Verpflichtungsvolumen die vorhandenen Vermögenswerte mehr als aufzehrt. Das Profitabilitätsrisiko bezeichnet demgegenüber die Gefahr, eine angestrebte Mindestrendite zu verfehlen.[23] Insbesondere der Steuerung des Solvabilitätsrisikos dient das Vorhalten von Eigenkapital. Die Auskömmlichkeit der Kapitalausstattung ist vorausgesetzt, um das Versicherungsschutzversprechen mit hoher Wahrscheinlichkeit erfüllen zu können. Die interne Kapitalbedarfsermittlung erfordert die zuverlässige und zugleich differenzierte Analyse, Modellierung und Quantifizierung der jeweiligen Risiken und ihrer Abhängigkeiten im Zeitverlauf.[24] Hierin liegt eine der wesentlichen Herausforderungen des Versicherungsmanagements, zumal in Versicherungszweigen, die durch relativ seltene, aber hohe Schäden gekennzeichnet sind.

5.   Kapitalallokation

5.1   Problemstellung

Werden Entscheidungsbefugnisse vom Topmanagement an die Leiter dezentraler Einheiten delegiert, so besteht die Gefahr opportunistischen Handelns.[25] Um Nachteile für die gesamtunternehmensbezogene Zielerreichung zu vermeiden, wird das Topmanagement versuchen, entsprechende Anreize und Kontrollmechanismen zur Reduktion opportunistischen Verhaltens der Bereichsverantwortlichen zu etablieren. Voraussetzung für den Erfolg solcher Anstrengungen ist die Transparenz über den Beitrag eines Geschäftsbereiches zum Unternehmenswert.[26] Die Kapitalallokation bezeichnet vor diesem Hintergrund die verursachungsgerechte Zuordnung von Kapital auf Geschäftseinheiten. Da es innerhalb von Rechtseinheiten nicht notwendig ist, das Kapital physisch zuzuweisen, erfolgt die Allokation rein virtuell. Dem liegt das Prinzip zugrunde, dass risikoreiche Segmente einen höheren Kapitalbedarf induzieren als risikoarme Segmente. Dadurch müssen relativ riskante Geschäftsbereiche auch höhere Erfolgsaussichten haben, um eine geforderte Mindestrendite zu erreichen.[27]

---

23 Vgl. Albrecht/Koryciorz (2000), S. 1106 f.

24 Vgl. Schradin (2004b), S. 22.

25 Vgl. Laux (2003), S. 417 ff.

26 Vgl. Baetge/Siefke (1999), S. 681 f.

27 Vgl. Schradin (2001), S. 106 ff.

Der Gesamtkapitalbedarf ergibt sich auf der Grundlage der gesamtunternehmensbezogenen Ergebnisverteilung, dem verwendeten Risikomaß[28] und dem unternehmenspolitisch angestrebten Sicherheitsgrad. Das so verstandene unternehmensbezogene Gesamtrisiko ist das Resultat der Aggregation sämtlicher Einzelrisiken unter Berücksichtigung ihrer Ausgleichseffekte. Zum Zwecke der wertorientierten Steuerung sind die Erkenntnisse über die Struktur und die Abhängigkeiten der Bereichsrisiken im Rahmen der Bewertungsschemata angemessen abzubilden. Dabei bedeutet jede Disaggregation des Gesamtkapitalbedarfes auf die einzelnen Segmente den Versuch einer linearen Dekomposition der nicht-linearen Risikoausgleichseffekte. Dass dies nicht willkürfrei möglich ist, begründet die besondere Herausforderung, aber zugleich die Grenze von Allokationsverfahren.

Verfolgt das Management mit der Kapitalallokation hingegen das Ziel der Performancemessung, etwa um erfolgsabhängige Vergütungsbestandteile zu quantifizieren, so ist die klare und eindeutige Ergebnisverantwortung der Bereichsleiter zu fordern.[29] Gesamtunternehmensbezogene Ausgleichs- und Synergieeffekte entstehen aber gerade durch das Zusammenspiel mehrerer Geschäftsbereiche und entziehen sich daher der singulären Bereichsverantwortung. Somit ist es theoretisch unmöglich, Ausgleichseffekte verursachungsgerecht den Geschäftsbereichen zuzuordnen.[30]

Den unterschiedlichen betriebswirtschaftlichen Teildisziplinen entstammt eine Vielzahl von Methoden für die Aufteilung des Diversifikationsvorteils auf die Geschäftsbereiche. Es gelingt der Wissenschaft aber bislang nicht, einen allgemein anerkannten, sowohl methodische als auch unternehmerische Anforderungen umfassenden Kriterienkatalog zu entwickeln, der die Auswahl des Allokationsverfahrens hinreichend objektivieren kann.[31]

5.2   Marginal-Capital-Verfahren

Der Marginal-Capital-Ansatz von Merton und Perold ermittelt den Kapitalbedarf eines Geschäftsbereichs als Veränderung des Gesamtkapitalbedarfes, die durch die Hinzu- bzw. Wegnahme des Bereichs aus dem Portfolio hervorgerufen wird.[32] Dem Grunde nach kommt hier das mikroökonomische Prinzip zum Ausdruck, wonach eine Produktion auszudehnen ist, so lange der Grenznutzen der Anstrengung die Grenzkosten übersteigt. Ist diese Bedingung erfüllt, so ist ein positiver Wertbeitrag aus dem Zusatzgeschäft zu erwarten.

---

28   Vgl. Gründl/Winter in diesem Band.

29   Das Erfordernis der eindeutigen Ergebnisverantwortung der Bereichsmanager im Rahmen der Performancesteuerung problematisieren Kinder/Steiner/Willinsky (2001), S. 287 f.

30   Vgl. Ewert/Wagenhofer (2000), S. 588 f.

31   Aus den genannten Gründen wird gelegentlich der Verzicht auf die Weitergabe des Diversifikationsvorteils an die Geschäftsbereiche vorgeschlagen, vgl. Schradin/Zons (2003), S. 14 ff.; Zimmermann (1997), S. 99 ff.

32   Vgl. Merton/Perold (1993), S. 27 ff.

(14) $RAC_i^* = RAC - RAC_{\setminus\{i\}}$,   mit $\sum_{i=1}^{n} RAC_i^* \neq RAC$

RAC_i^* Kapitalzuweisung des Geschäftsbereichs i

RAC Gesamtkapitalbedarf

$RAC_{\setminus\{i\}}$ Gesamtkapitalbedarf ohne Geschäftsbereich i

Diese Vorgehensweise führt allenfalls zufällig zu einer vollständigen Allokation des Gesamt-kapitalbedarfes.[33] Verglichen mit der marginalen Kapitalzuweisung wird den Geschäftsberei-chen bei vollständiger Allokation daher tendenziell mehr Kapital zugewiesen. Die zusätzliche Kapitalzuweisung verschlechtert jedoch die Grenzprofitabilität der Geschäftsbereiche. Hierin sehen Merton und Perold die Gefahr, dass für die Unternehmung als Ganze vorteilhafte In-vestitionsprojekte verworfen werden.[34]

Andererseits bleibt kritisch zu bemerken, dass im Falle marginaler Kostentragung durch die Geschäftsbereiche nicht sichergestellt ist, dass auch die Gesamtkapitalkosten vollständig getragen werden. In der Praxis stünde dem nicht alloziierten Kapital somit keine verantwort-liche Kostenstelle gegenüber. Aus eher formaler Begründung wird eine Grenzkosten-Betrachtung, wie sie den genannten Verfahren zugrunde liegt, mit Blick auf die Stochastizität der Schadenkosten grundsätzlich in Frage gestellt.[35]

Auch Gründl und Schmeiser greifen den Marginal-Capital-Ansatz von Merton und Perold auf. Aber bei ihnen ist die Kapitalausstattung nicht a priori gegeben, sondern das Ergebnis eines Optimierungskalküls.[36] Somit ist auch die Kapitalallokation in Höhe der Reduktion der optimalen Gesamtkapitalausstattung durch Wegnahme des Geschäftsbereichs nicht die Aus-gangslage des Entscheidungskalküls, sondern das Ergebnis der Kapitalwertmaximierung.[37]

5.3   Spieltheoretische Verfahren

Spieltheoretische Ansätze und Verfahren dienen zunächst der Beschreibung und Erklärung des tatsächlichen Entscheidungsverhaltens, im ökonomischen Kontext insbesondere der Lö-sung von Interessenkonflikten und Koordinationsproblemen. Nahezu alle praktisch relevan-ten Entscheidungssituationen innerhalb von Unternehmen haben kooperativen Charakter, es

---

[33] Vgl. Gründl/Schmeiser (2002), S. 809 f.

[34] Vgl. Merton/Perold (1993), S. 30.

[35] Vgl. Albrecht (1992), S. 1106.

[36] Vgl. Gründl/Schmeiser (2002), S. 805 ff., sowie Abschnitt 4 dieses Aufsatzes.

[37] Vgl. Gründl/Schmeiser (2002), S. 810.

sind also Verhandlungen zwischen den Spielern möglich.[38] Die Theorie kooperativer Spiele analysiert Situationen, in denen mehrere Spieler kooperieren, um das bestmögliche Ergebnis zu erzielen, es aber bei der Ergebnisverteilung zu Konflikten kommt.[39]

Ein besonders prominentes spieltheoretisches Verfahren von Shapley ermittelt den erwarteten marginalen Kapitalbedarf eines Geschäftsbereichs, der durch dessen Beitritt zum bereits bestehenden Kollektiv verursacht wird.[40] Um die Unabhängigkeit der Kapitalzuweisung eines Geschäftsbereichs von der Rangfolge des Beitritts zum Kollektiv herzustellen, wird das arithmetische Mittel aller Kapitalbedarfe gebildet, die durch sämtliche Kombinationen der Beitrittsrangfolgen erreichbar sind. Das Verfahren erfüllt ein von Shapley eigens formuliertes Axiomensystem und erfährt dadurch breite Akzeptanz.[41] Allerdings zeigen Hamlen, Hamlen und Tschirhart verschiedene praktisch relevante Fälle, in denen das Shapley-Verfahren nicht zu stabilen Ergebnissen führt.[42] Zudem erfordert das Verfahren bei einer hohen Anzahl von Geschäftseinheiten einen enormen Rechenaufwand, was seine praktische Implementierungsfähigkeit in Frage stellt.

Auf dem Gebiet der internen Kostenrechnung haben sich im Zusammenhang mit der Problematik der Gemeinkostenverrechnung so genannte Kostenlückenverfahren etabliert. Bei der Verrechnung von Gemeinkosten handelt es sich um eine mit der Kapitalallokation vergleichbare Problematik. In diesem Sinne legen Kostenlückenverfahren das Grenzrisiko eines Geschäftsbereichs als Unterschranke (US) für die Risikokostenzuweisung fest. An der Differenz (KL) zwischen Gesamtkapitalbedarf und Summe der Unterschranken sind die Geschäftsbereiche zu beteiligen. Auf dem Ansatz von Tijs und Driessen[43] baut das modifizierte Grenzkostenverfahren von Kinder, Steiner und Willinsky auf. Sie modellieren die Unterschranke als den Kapitalbedarf, der durch den Eintritt in eine beliebige Koalition (K) minimal verursacht wird:

(15) $US_i = \min_{K, i \in K} \left(RAC_K - RAC_{K \setminus \{i\}} \right)$

Die Oberschranke (OS) entspricht dem isolierten Kapitalbedarf des Geschäftsbereichs, so dass sich das alloziierte Kapital ermittelt als:

(16) $RAC_i^* = US_i + KL \dfrac{OS_i - US_i}{\sum\limits_{j=1}^{n} \left(OS_j - US_j \right)}$

---

38   Vgl. Kinder (1999), S. 110.

39   In der Terminologie der Spieltheorie handelt es sich dabei um die „Minimierung der maximalen Unzufriedenheit" der Spielteilnehmer. Vgl. Lemaire (1991), S. 20.

40   Siehe ausführlich Shapley (1953).

41   Vgl. Koryciorz (2004), S. 243 m.w.N.

42   Siehe ausführlich Hamlen/Hamlen/Tschirhart (1980).

43   Siehe ausführlich Tijs/Driessen (1986). Dieses Modell kann das Paradoxon hervorrufen, dass die Unterschranke über der Oberschranke liegt. Vgl. Kinder (1999), S. 189.

Im modifizierten Grenzkostenverfahren vermuten Kinder, Steiner und Willinsky ein Verfahren, das sowohl zur wertorientierten Steuerung als auch zur Performancemessung geeignet ist.[44] Das modifizierte Grenzkostenverfahren lässt aber den Fall zu, dass sich Geschäftsbereiche durch das Verlassen des Kollektivs besser stellen. Damit ist das Ergebnis nicht stabil.[45]

5.4   Risikotheoretische Verfahren

Die aktuarielle Risikotheorie stellt eine Vielzahl von Allokationsverfahren bereit. Hierunter fallen vor allem die risikoproportionalen Verfahren, die das Segmentrisiko eines Geschäftsbereichs ins Verhältnis zum Gesamtrisiko der Unternehmung setzen.[46] Basis der abgeleiteten Allokationsfaktoren kann zwar prinzipiell jedes Risikomaß sein, ein relevantes Problem entsteht jedoch dann, wenn gängige Risikomaße, wie beispielsweise Standardabweichung, Ruinwahrscheinlichkeit oder Shortfall-Erwartungswert nicht additiv sind. In diesen Fällen ist eine lineare Dekomposition des Gesamtrisikos in die Segmentrisiken und somit eine vollständige Allokation des Gesamtkapitalbedarfs nicht willkürfrei möglich. Für nicht additive Risikomaße ist daher eine Modifikation der risikoproportionalen Allokation erforderlich. Als „Schrumpfungsfaktor" wird dabei das Maß des Segmentrisikos ins Verhältnis zur Summe der Segmentrisikomaße gesetzt, so dass gilt:

$$(17) \qquad x_i = \frac{\rho\left(CF_i\right)}{\sum_{j=1}^{n} \rho\left(CF_j\right)}$$

In ihrer allgemeinen Form stellen sich risikoproportionale Verfahren wie folgt dar:

$$(18) \qquad RAC_i^* = x_i \cdot RAC \text{ , mit } \sum_{i=1}^{n} x_i = 1 \quad \Rightarrow \quad \sum_{i=1}^{l} RAC_i^* = RAC$$

Die Vorgehensweise stellt sicher, dass die Einzelkapitalbedarfe gerade dem Gesamtkapitalbedarf entsprechen und impliziert zugleich, dass eine objektiv „faire" Zuordnung des Ausgleichseffektes auf die operativen Teileinheiten nicht möglich ist. Dies begründet das vielfältige Bemühen in Wissenschaft und Praxis, geeignete Verfahrensweise der risikotheoretischen Kapitalallokation durch die Formulierung von Gütekriterien zu objektivieren.[47] Diese Kriterien fokussieren primär logische Stringenz und methodische Ästhetik, ökonomische, zumal praxisorientierte Anforderungen treten dem gegenüber eher in den Hintergrund.

---

44   Siehe ausführlich Kinder/Steiner/Willinsky (2001), S. 292 ff.

45   Vgl. Koryciorz (2004), S. 236 f.

46   Einen Überblick über ausgewählte risikoproportionale Verfahren gibt Albrecht (1998); vgl. Gründl/Winter in diesem Band.

47   Vgl. Koryciorz (2004), S. 189.

In der Wissenschaft anerkannt ist die Kohärenzaxiomatik für Allokationsverfahren, die von Denault eng an die Kohärenzaxiomatik für Risikomaße von Artzner et al. angelehnt wurde.[48] Ein kohärentes Allokationsverfahren ist zunächst durch die Vollständigkeit der Allokation gekennzeichnet. Diese Forderung wird von den Vertretern marginaler Kapitalallokation abgelehnt.[49] Weiterhin darf das Verfahren einem Geschäftsbereich nicht mehr als dessen isolierten Kapitalbedarf zuweisen. Ist das Allokationsverfahren zudem symmetrisch, behandelt also identische Risiken gleich und weist deterministischen Verlusten einen Kapitalbedarf in gleicher Höhe zu, so ist es kohärent.[50]

Nach Venter ist die Kohärenz eines Allokationsverfahrens irrelevant, sofern dieses ein additives Risikomaß verwendet.[51] Dies erklärt die praktische Popularität der varianzproportionalen Kapitalallokation.[52] Die Varianz ermöglicht die lineare Zerlegung der Gesamtvarianz in die Segmentvarianzen, mithin des Gesamtrisikos in die Segmentrisiken. Die Ermittlung der Allokationsfaktoren erfolgt hier durch die Normierung der Varianz der Segmentverteilung auf die der Gesamtverteilung. Im Falle stochastisch abhängiger Segmente ist die Eigenvarianz eines Segments um dessen Kovarianz mit den anderen Segmenten zu ergänzen, weshalb dieses Verfahren auch als Kovarianzprinzip bezeichnet wird.

$$(19) \qquad x_i = \frac{\text{Cov}\left(\text{CF}_i, \text{CF}\right)}{\sigma^2\left(\text{CF}\right)}$$

Ein weiteres Verfahren, das ebenfalls zunehmende Aufmerksamkeit genießt, basiert auf dem Tail-Value-at-Risk (TVaR) als Risikomaß, der die erwartete Verlusthöhe unter der Bedingung angibt, dass der Verlust den Value-at-Risk (VaR) übersteigt. Dieses Risikomaß erweist sich grundsätzlich auch als geeignete Basis für die risikoproportionale Kapitalallokation. Unter der Voraussetzung, dass bereits die Kapitalbedarfsermittlung auf dem TVaR basiert, entspricht die Kapitalzuweisung eines Geschäftsbereiches:[53]

$$(20) \qquad \text{RAC}_i^* = \text{E}\left(-\text{CF}_i \mid -\text{CF} > \text{VaR}\right)$$

Das dargestellt TVaR-Prinzip ist ebenso additiv wie kohärent. Koryciorz sieht daher im TVaR-Prinzip eine axiomatisch integere Allokationsmethode, die sich zudem einer eingängigen ökonomischen Interpretation nicht verschließt.[54] Auch Panjer konstatiert dem TVaR-Prinzip, ein Verfahren zu sein, das die Kapitalkosten verursachungsgerecht den Kostenstellen zuordnet.[55] Die genannten Vorteile erklären auch, dass beispielsweise die International Actua-

---

[48] Siehe ausführlich Artzner et al. (1997); Denault (2001).

[49] Vgl. Abschnitt 5.2 dieser Ausarbeitung.

[50] Vgl. Koryciorz (2004), S. 189 ff.

[51] Vgl. Venter (2004), S. 99.

[52] Vgl. Albrecht (1998), S. 253; Mack (2002), S. 30 f.; Urban et al. (2004), S. 394. Jüngst schlugen Bamberg/Dorfleitner/Glaab (2005) das Co-Semivarianz-Prinzip für die Kapitalallokation vor.

[53] Vgl. Koryciorz (2004), S. 249 f.; Panjer (2001), S. 6.

[54] Siehe ausführlich Koryciorz (2004), S. 251 f.

[55] Vgl. Panjer (2001), S. 13.

rial Association (IAA) im Rahmen der Diskussion um die Neuordnung der Versicherungsaufsicht den Tail-Value-at-Risk als geeignetes Risikomaß empfiehlt.[56]

6.   Ermittlung der Wertbeiträge

Die Erkennung werterhöhender bzw. wertvernichtender Maßnahmen, Prozesse oder Geschäftsbereiche erfordert schließlich die Zuordnung der bezugsgrößenspezifischen Eigenkapitalkosten, mithin die Ermittlung der entscheidungsrelevanten, vollständigen, erwarteten Cashflows. Vereinfacht ausgedrückt bedeutet dies beispielsweise für die Analyse versicherungstechnischer Geschäftsbereiche, dass die traditionell übliche Betrachtung kombinierter Schaden-Kostenquoten um die Einbeziehung der relevanten Kapitalkostenkomponente zu ergänzen ist.

Bezugsgrößenspezifische Eigenkapitalkosten ergeben sich aus der Bewertung der im Zeitablauf variierenden risikoadäquat alloziierten Eigenkapitalbindungen mit den jeweiligen Eigenkapitalkostensätzen. Die Problematik der Verwendung kapitalmarkttheoretisch begründeter risikoadjustierter Kapitalkostensätze für unterschiedliche Geschäftsbereiche ist vielfältig.[57] Aus Managementperspektive dürfte weniger die Begründung als die klare Kommunikation eines Kapitalkostensatzes von Bedeutung sein.

Geschäftsbereiche, die nach Zurechnung der risikoinduzierten Eigenkapitalkosten einen erwarteten Nettocashüberschuss aufweisen, leisten einen im Erwartungswert positiven Wertbeitrag et vice versa. Die Wertbeiträge können als erwartete Barwerte – je nach Analysezweck – auf unterschiedliche Planungs- und Entscheidungshorizonte bezogen sein.

7.   Schlussbetrachtung

Wertorientierte Steuerung der Versicherungsunternehmung bedeutet in erster Näherung den effizienten Einsatz der für die Versicherungsproduktion erforderlichen Ressourcen. Aus der

---

56   Vgl. IAA (2004); vgl. Boller/Hummel in diesem Band.
57   Auf eine differenzierte Auseinandersetzung muss hier verzichtet werden. Stellvertretend sei verwiesen auf Hartung (2001); Oletzky (1998), S. 130 ff.; Oletzky/Schulenburg (1998), S. 85; Schradin (2004), S. 807 und Utecht (2003), S. 543 ff.

hier gewählten primär finanzwirtschaftlichen Perspektive erweist sich das Risikokapital des Versicherungsunternehmens als dominanter Engpassfaktor. Aufgabe des wertorientierten Versicherungsmanagements ist insofern der unter Risiko- und Renditeaspekten effiziente Einsatz des Risikokapitals. Auf der Grundlage einer vollständigen Modellierung der Zahlungsströme und unter Berücksichtigung der im Zeitablauf variierenden Risikokapitalbindung (risikoadäquate Kapitalallokation) gelingt es dem Versicherer, diejenigen Maßnahmen zu identifizieren, die geeignet sind, den Wert der Unternehmung nachhaltig zu steigern. Von grundlegender Bedeutung ist dabei die Ermittlung der Kapitalkosten in den Geschäftsfeldern.

Gerade jedoch die Einsicht, das eingesetzte Kapital innerhalb der jeweiligen Geschäftsfelder auch ins Verdienen zu bringen zu müssen, verbreitet sich nur allmählich unter den Versicherungsunternehmen. Zahlreiche Versicherungsgesellschaften sehen sich der wertorientierten Steuerung (noch) nicht verpflichtet. Dies ist eine gefährliche Fehleinschätzung. Die knappen Ressourcen, und hier vor allem das zur Risikotragung erforderliche Eigenkapital, bedürfen einer hinsichtlich Rendite und Risiko effizienten Verwendung. Nur Versicherungsunternehmen, die dies konsequent umsetzen, werden langfristig in der Lage sein, hohe Versicherungsschutzqualität zu wettbewerbsfähigen Prämien im Interesse ihrer Kunden, sichere Arbeitsplätze im Interesse ihrer Mitarbeiter und angemessene Renditen für ihre Kapitalgeber zu erwirtschaften. Wem dies nicht gelingt, wird völlig ungeachtet seiner Rechtsform im Wettbewerb unterliegen und aus dem Markt ausscheiden.

Das Versicherungsmanagement hat deshalb in Abhängigkeit von seinen Ertragszielen, von seinen Wettbewerbsbedingungen und unter Berücksichtigung der eigenen Stärken und Schwächen zu entscheiden, wie viel Kapazität (respektive Kapital) einem einzelnen Geschäftsfeld zugewiesen wird. Anpassungen im Geschäftsmodell und in der Produktgestaltung scheinen dabei unvermeidlich. Weil sich die Unternehmen nicht länger auf eine Quersubventionierung wertvernichtender Geschäfte durch die Kapitalanlage oder durch erfolgreichere Bereiche der Versicherungstechnik verlassen können, ist auch darüber zu entscheiden, ob und in welcher Form bestimmte Aktivitäten, wie beispielsweise einzelne Vertriebs-, Verwaltungs- oder Abwicklungsaufgaben, die technische Risikotragung in Sparten mit untergeordneter Bedeutung oder die Pflege kleinerer Kapitalanlageportfolios, durch geeignete Kooperationslösungen professionalisiert werden können. Je umfangreicher im Rahmen der Produktgestaltung Garantien ausgesprochen werden und je geringer unternehmensinterne Risikoausgleichsmechanismen wirksam sind, desto höher werden die zu fordernden Prämien sein. Eine unter Vertriebsgesichtspunkten verträgliche Garantiereduktion (z. B. Langlebigkeits- und Zinsrisiken in der aufgeschobenen Rentenversicherung), ja selbst die Aufgabe einzelner Geschäftsfelder führt dann zu erheblichen Kapitalkostensenkungen, welche ihrerseits wiederum im Preis- und Servicewettbewerb vorteilhaft an die Kunden weitergeleitet werden können. Die Zusammenhänge zwischen versicherungstechnisch begründeten Kapitalbedarfen, Geschäftsmodell und Wettbewerbschancen scheinen derzeit allerdings noch wenig erforscht.

Literatur

ALBRECHT, P. (1992): Gestaltung der Deckungsbeitragsrechnung in der Personen- und der Schadenversicherung, in: Männel (Hrsg.): Handbuch Kostenrechnung, Wiesbaden 1992, S. 1101–1124.

ALBRECHT, P. (1998): Risikoadjustierte Performancemessung in der Schadenversicherung, in: Oehler (Hrsg.): Credit Risk und Value-at-Risk Alternativen: Herausforderungen für das Risiko Management, Stuttgart 1998, S. 229–257.

ALBRECHT, P./KORYCIORZ, S. (2000): Value-at-Risk für Versicherungsunternehmen: Konzeptionelle Grundlagen und Anwendungen, in: Johanning/Rudolph (Hrsg.): Handbuch Risikomanagement, Bd. 2, Bad Soden 2000, S. 1105–1129.

ARTZNER, P./DELBAEN, F./EBER, J.-M./HEATH, DAVID (1997): Thinking Coherently, in: Risk 11/1997, S. 68–71.

BAETGE, J./SIEFKE, M. (1999): Lässt sich die offenzulegende Rechnungslegung so gestalten, dass sie eine zielkonforme Konzernsteuerung ermöglicht?, in: Altenburger/Janschek/Müller (Hrsg.): Fortschritte im Rechnungswesen, Wiesbaden 1999, S. 675–704.

BAMBERG, G./DORFLEITNER, G./GLAAB, H. (2005): Risikobasierte Kapitalallokation in Versicherungsunternehmen unter Verwendung des Co-Semivarianz-Prinzips, in: Spremann (Hrsg.): Versicherungen im Umbruch, Berlin et al. 2005, S. 399–414.

COENENBERG, A. G./SCHULTZE, W. (2002): Unternehmensbewertung: Konzeptionen und Perspektiven, in: Die Betriebswirtschaft 62/2002, S. 597–621.

DENAULT, M. (2001): Coherent Allocation of Risk Capital, in: The Journal of Risk 4/2001, S. 1–34.

EWERT, R./WAGENHOFER, A. (2000): Interne Unternehmensrechnung, 4. Auflage, Heidelberg 2000.

FARNY, D. (2000): Versicherungsbetriebslehre, 3. Auflage, Karlsruhe 2000.

FÜSER, K./MERZ, C. (2004): Interne Überwachung minimiert die Ruinwahrscheinlichkeit: wie sich durch Solvency II die Kontrollen verändern müssen, in: Versicherungswirtschaft 59/2004, S. 604–606.

GRÜNDL, H./SCHMEISER, H. (2002): Marktwertorientierte Unternehmens- und Geschäftsbereichssteuerung in Finanzdienstleistungs-unternehmen, in: Zeitschrift für Betriebswirtschaft 72/2002, S. 797–822.

HAMLEN, S. S./HAMLEN JR., W.A./TSCHIRHART, J. (1980): The Use of the Generalized Shapley Allocation in Joint Cost Allocation, in: The Accounting Review 55/1980, S. 269–287.

HARTUNG, T. (2000): Unternehmensbewertung von Versicherungsgesellschaften, Wiesbaden 2000.

HARTUNG, T. (2001): Kritische Betrachtung marktorientierter Kapitalkostenbestimmung bei der Bewertung von Versicherungsunternehmen, in: Zeitschrift für die gesamte Versicherungswissenschaft 90/2001, S. 635–645.

HEBERTINGER, M. (2002): Wertsteigerungsmaße. Eine kritische Analyse, Frankfurt/Main 2002.

INTERNATIONAL ACTUARIAL ASSOCIATION (2004): A Global Framework for Insurer Solvency Assessment. IAA Insurer Solvency Assessment Working Group. Draft paper, 09.01.2004, www.acutaries.org.

KINDER, C. (1999): Interne Leistungsverrechnung in Industriebetrieben und Banken, Köln 1999.

KINDER, C./STEINER, M./WILLINSKY, C. (2001): Kapitalallokation und Verrechnung von Risikokapitalkosten in Kreditinstituten, in: Zeitschrift für Betriebswirtschaft 71/2001, S. 281–300.

KORYCIORZ, S. (2004): Sicherheitskapitalbestimmung und -allokation in der Schadenversicherung, Karlsruhe 2004.

LANFERMANN, B. (1998): Transparenz durch Ratings? Unternehmens- und Produktratings deutscher Nicht-Lebensversicherer, Karlsruhe 1998.

LAUX, H. (2003): Wertorientierte Unternehmensführung und Kapitalmarkt, Berlin/Heidelberg 2003.

LEMAIRE, J. (1991): Cooperative Game Theory And Its Insurance Applications, in: Astin Bulletin 21/1991, S. 17–40.

MACK, T. (2002): Schadenversicherungsmathematik, 2. Auflage, Karlsruhe 2002.

MERTON, R. C./PEROLD, A. F. (1993): Theory of Risk Capital in Financial Firms, Journal of Applied Corporate Finance 6/1993, S. 16–32.

OLETZKY, T. (1998): Wertorientierte Steuerung von Versicherungsunternehmen, Karlsruhe 1998.

OLETZKY, T./SCHULENBURG, J.-M. GRAF VON DER (1998): Shareholder Value Management Strategie in Versicherungsunternehmen, in: Zeitschrift für die gesamte Versicherungswissenschaft 87/1998, S. 65–93.

PANJER, H. H. (2001): Measurement of Risk, Solvency Requirements and Allocation of Capital within Financial Conglomerates, IIPR Research Report 01-15, University of Waterloo,http://www.stats.uwaterloo.ca/Stats_Dept/IIPR/2001-reports/IIPR-01-15.pdf

RAPP, S./REDERER, E. (2005): Wertorientierte Steuerungsansätze in Versicherungsunternehmen, in: Spremann (Hrsg.): Versicherungen im Umbruch, Berlin et al. 2005, S. 49–74.

RICHTER, F. (1996): Konzeption eines marktwertorientierten Steuerungs- und Monitoringsystems, Frankfurt/Main 1996.

SCHEDLBAUER, T./SCULLY, M. (1997): Die Entwicklung von Ratingagenturen und ihre aktuelle Bedeutung für Versicherungsmärkte, in: Zeitschrift für Versicherungswesen 48/1997, S. 262–265.

SCHIERENBECK, H./HÖLSCHER, R. (1998): Bankassurance, 4. Auflage, Stuttgart 1998.

SCHRADIN, H. R. (1994): Erfolgsorientiertes Versicherungsmanagement, Karlsruhe 1994.

SCHRADIN, H. R. (2001): Risikoadäquate Kapitalallokation im Versicherungskonzern, in: Britzelmaier/Geberl (Hrsg.): Wandel im Finanzdienstleistungssektor, Heidelberg, S. 101–110.

SCHRADIN, H. R. (2003): Entwicklung der Versicherungsaufsicht, in: Zeitschrift für die gesamte Versicherungswissenschaft 92/2003, S. 611–664.

SCHRADIN, H. R. (2004a): Ist der Shareholder-Value-Ansatz eine geeignete Steuerungs-konzeption für den großen Versicherungsverein auf Gegenseitigkeit?, in: Wandt et al. (Hrsg.): Kontinuität und Wandel des Versicherungsrechts, Karlsruhe 2004, S. 797–819.

SCHRADIN, H. R. (2004b): Entwicklung der Rahmenbedingungen für die Finanzaufsicht. Auswirkungen auf die Versicherungswirtschaft, Karlsruhe 2004.

SCHRADIN, H. R./ZONS, M. (2003): Determination and allocation of risk-adequate equity capitalization for performance measurement, Vortrag im Rahmen des 9th Symposium on Finance, Banking, and Insurance am 13.12.2002 in Karlsruhe, http://symposium. wiwi.uni-karlsruhe.de/papers/Sch_Zon.pdf.

SCHRADIN, H. R./ZONS, M. (2004): Wertorientierung des Versicherungsmanagements, in: AMC-Magazin 1/2004, S. 78–79.

SCHWAKE, E./LIPPE, S./ALBRECHT, P. (2004): Referenzpunktbezogene risikoadjustierte Performancemessung: Omega-Performance, in: Risikoforschung und Versicherung, hrsg. von Peter Albrecht, Egon Lorenz, Bernd Rudolph, Karlsruhe 2004, S. 655–666.

SHAPLEY, L. (1953): A Value for N-Person Games, in: Annals of Mathematic Studies 28/1953, S. 307–317.

TIJS, S. H./DRIESSEN T. S. H. (1986): Game Theory and Cost Allocations Problems, in: Management Science, 32/1986, S. 1015–1028.

URBAN, M./DITTRICH, J./KLÜPPELBERG, C./STÖLTING, R. (2004): Allocation of Risk Capital to Insurance Portfolios, in: Blätter der Deutschen Gesellschaft für Versiche-rungs- und Finanzmathematik 26/2004, S. 389–406.

UTECHT, T. (2001): Shareholder Value – Ein praktischer Ansatz für Schaden- und Unfallversicherer, in: Zeitschrift für die gesamte Versicherungswissenschaft 90/2001, S. 527–281.

VENTER, G. G. (2004): Capital Allocation Survey with Commentary, in: North American Actuarial Journal 8/2004, S. 96–107.

WERHEIM, M./SCHMITZ, T. (2001): Wertorientierte Kennzahlen. Ein zusammenfassender Überblick, in: Wirtschaftswissenschaftliches Studium 30/2001, S. 495–498.

WILHELM, J. (1983): Marktwertmaximierung. Ein didaktisch einfacher Zugang zu einem Grundlagenproblem der Investitions- und Finanzierungstheorie, in: Zeitschrift für Be-triebswirtschaft 53/1983, S. 516–534.

ZIMMERMANN, J. L. (1997): EVA and Divisional Performance Measurement: Capturing Synergies and Other Issues, in: Journal of Applied Corporate Finance 2/1997, S. 98–109.

Risikomaße in der Solvenzsteuerung von Versicherungsunternehmen

Helmut Gründl / Margarita Winter

1.   Einleitung

Die heute in Deutschland gültigen Solvabilitätsbestimmungen für Versicherungsunternehmen verlangen, dass diese zur Absicherung ihrer Verbindlichkeiten gegenüber den Versicherungsnehmern über eine Mindesthöhe an Eigenmitteln verfügen müssen. Deren Höhe orientiert sich an Positionen wie Beitrag und Schadenaufwand im Bereich der Schadenversicherung oder Deckungsrückstellung und riskiertes Kapital im Bereich der Lebensversicherung. Diese in erster Linie am Volumen des Versicherers ausgerichteten Solvabilitätsregeln sind seit langem der Kritik unterworfen[1] und sollen von Eigenkapitalvorschriften[2] des Solvency-II-Projekts abgelöst werden. Die künftigen Eigenkapitalanforderungen werden zwischen einem wünschenswerten Zielkapital und einem Mindestkapital unterscheiden.[3] Während zur Bestimmung des Mindestkapitals eine modifizierte Version der geltenden Solvabilitätsvorschriften zum Einsatz kommen soll, soll das Zielkapital unter Berücksichtigung des Gesamtrisikos des Versicherungsunternehmens ermittelt werden. Zur Ableitung des Zielkapitals können Versicherer neben einem Standardansatz auch interne risikomaßbasierte Steuerungsmodelle heranziehen. Unter einem Risikomaß wird dabei eine Funktion bzw. Kennzahl verstanden, die dem Risikogehalt einer Position bzw. einer Variablen – in unserem Fall den riskanten Ein- und Auszahlungsströmen in Versicherungsunternehmen[4] – einen numerischen Wert zuordnet und damit eine Rangreihung von Handlungsalternativen hinsichtlich ihres Risikogehalts ermöglicht.[5] Das Ziel unseres Beitrags ist es, unterschiedliche Risikomaße bzw. Klassen von Risikomaßen zu beschreiben und hinsichtlich ihrer Eignung zu beurteilen, das Risikopotenzial eines Versicherungsunternehmens im Sinne der Solvenzsteuerung angemessen zu quantifizieren sowie als Grundlage der Sicherheitskapitalbestimmung zu dienen. Darüber hinaus wollen wir die wesentlichen Herausforderungen an die praktische Umsetzung einer risikomaßbasierten Solvenzsteuerung erörtern. Der Anwendungsbereich der betrachteten Risikomaße ist jedoch keineswegs auf den externen Solvabilitätsnachweis beschränkt. Neben dem Einsatz im Rahmen der internen Risikosteuerung und der risikoadjustierten Performancemes-

---

1   Vgl. Schmeiser (1997), S. 28–35.

2   Der Einfachheit halber wollen wir im Folgenden die Begriffe Eigenkapital, Eigenmittel und Sicherheitskapital synonym gebrauchen.

3   Solvency capital requirement bzw. minimum capital requirement, vgl. Schubert/Grießmann (2004b).

4   Für die folgenden Ausführungen ist es unseres Erachtens nicht erforderlich, zwischen Schaden- und Lebensversicherern zu unterscheiden.

5   Vgl. Brachinger (2002).

sung bieten Risikomaße die Basis für die Erfüllung der Anforderungen, die sich aus dem Gesetz zur Kontrolle und Transparenz im Unternehmensbereich (KonTraG) ergeben.[6]

2. Risikoquantifizierung im Versicherungsunternehmen

2.1 Relevante Risikokategorien

Bevor konkrete Risikomaße diskutiert werden können, ist es erforderlich, sich Risikokategorien zu vergegenwärtigen, die im Rahmen der Solvenzsteuerung eines Versicherungsunternehmens quantifiziert werden sollen. Zu möglichen Risikokategorien und -definitionen kann auf eine Vielzahl unterschiedlicher Quellen verwiesen werden.[7] So wird unter Risiko kontextabhängig

- die Gefahr einer Fehlentscheidung,

- die Unsicherheit über die Ergebnisse wirtschaftlichen Handelns,

- die Verlustgefahr,

- die Abweichung zwischen Plandaten und faktischen Daten,

- die auf wahrscheinlichkeitstheoretischer Basis kalkulierbare Unsicherheit zukünftiger Entwicklungen als Gegensatz zur Ungewissheit

verstanden. Versicherungsnehmer begeben sich mit Abschluss des Versicherungsvertrags in die Risikosituation, dass der Versicherer auf Grund unzureichender risikopolitischer Maßnahmen nicht in der Lage sein könnte, sein Leistungsversprechen vollständig zu erfüllen.[8] Aus Sicht der Versicherungsnehmer und in der Folge aus Sicht der Versicherungsaufsicht[9] wird demnach das zu regulierende und zu begrenzende Risiko als Downside-Risk verstanden und manifestiert sich in der Gefahr, dass der Versicherer insolvent wird. Das Insolvenzrisiko eines Versicherungsunternehmens besteht aus rechtlicher Sicht einerseits in der Gefahr der Überschuldung und andererseits in der Gefahr der Zahlungsunfähigkeit.[10]

---

[6] Vgl. hierzu Schmeiser (2001).

[7] Beispielhaft seien Karten (1972), S. 158 ff., und Helten (1991), S. 127 ff., genannt.

[8] Vgl. auch Schradin (2003), S. 615–616.

[9] Vgl. § 81 Abs. 1 VAG; Schradin (2003), S. 617 ff.

[10] Vgl. § 88 Abs. 2 VAG. Zu Einzelheiten vgl. Backes (2003).

Die Insolvenz eines Versicherers kann den wirtschaftlichen Ruin des Versicherten nach sich ziehen. Darüber hinaus kann die Insolvenz eines einzelnen Versicherungsunternehmens zu einem großen Vertrauensverlust der Versicherungsnehmer auch gegenüber allen anderen Versicherungsunternehmen führen – mit entsprechenden negativen gesamtwirtschaftlichen Konsequenzen. Der Insolvenzvermeidung von Versicherungsunternehmen kommt damit im Kontext der aufsichtsrechtlichen Regulierung eine zentrale Bedeutung zu.

2.2   Anforderungen an ein geeignetes Risikomaß

Welche inhaltlichen und formalen Anforderungen sind nun an Risikomaße zu stellen, die das Risikopotenzial eines Versicherungsunternehmens im Downside-Bereich quantifizierbar und damit steuerbar machen? In der Literatur werden vor allem die folgenden Kriterien genannt, die von einem geeigneten Risikomaß erfüllt werden sollten:[11]

1. *Erfassung wesentlicher Risikoaspekte.* Die Risikoposition des Versicherungsunternehmens ist unter Einbeziehung sämtlicher relevanter Aspekte zu beschreiben. Alle wesentlichen Risikofaktoren respektive ihre potenziellen Auswirkungen sollten konsistent quantifiziert werden.

2. *Messung in monetären Einheiten.* Die Dimension des Risikomaßes sollte Geldeinheiten betragen, um eine direkte Vergleichbarkeit des Risikopotenzials mit der Höhe des Sicherheitskapitals zu ermöglichen.

3. *Anschauliche Interpretierbarkeit.* Eine verständliche ökonomische Interpretation sollte die Kommunikation innerhalb des Versicherungsunternehmens und mit der Aufsichtsbehörde ermöglichen.

4. *Praktikabilität.* Das Risikomaß sollte möglichst leicht ermittelbar sein und im Idealfall eine analytische Lösung zulassen. Es sollte keine besonderen Anforderungen an zugrunde liegende Daten stellen und keine explizite Verteilungsfunktion voraussetzen.

5. *Aussagefähigkeit.* Die Determinanten der Risikomessung sollten eindeutig und willkürfrei bestimmbar sein, damit der objektive Vergleich zwischen einzelnen Versicherungsunternehmen gewährleistet wird.

Um die Güte einzelner Risikomaße formal beurteilen zu können, erscheint es zweckmäßig, an die Kohärenzaxiomatik von Artzner et al. anzuknüpfen, die speziell für die risikobasierte Sicherheitskapitalermittlung von Finanzinstitutionen entwickelt wurde und eine große Akzeptanz in der wissenschaftlichen Literatur gefunden hat.[12] Die Autoren betrachten folgende

---

11 Vgl. Fujiki (1996), S. 80; Artzner (1999), S. 14; Maurer (2000), S. 41 f.; Roth (2002), S. 45.

12 Für eine Übersicht über alternative Anforderungskataloge siehe Albrecht (2004).

Situation:[13] Ein Portfoliomanager verwaltet ein Portfolio mit unsicherer Wertänderung. Es gibt eine überwachende Instanz (vorstellbar als Aufsichtsbehörde oder internes Risikomanagement), die das Risiko (genauer: das Verlustpotenzial) des Portfolios kontrolliert und dafür sorgt, dass nur Risiken aufgenommen werden, die aus ihrer Sicht akzeptabel sind. Ist das Risiko akzeptabel, erfolgt kein Eingriff. Andernfalls muss der Portfoliomanager einen genau festgelegten Geldbetrag zusätzlich risikolos anlegen, um das Portfoliorisiko soweit zu reduzieren, dass es akzeptabel wird. Diese erzwungene risikolose Anlage kann als internes Risikolimit oder vorgeschriebenes Sicherheitskapital interpretiert werden. Ein monetäres Risikomaß wird damit als eine Abbildung $\rho(X)$ definiert, die für die riskante Position X (also insbesondere einen Zahlungsstrom) einen Wert aus den reellen Zahlen liefert, der den minimalen risikolos anzulegenden Geldbetrag darstellt, so dass $\rho(X) + X$ aus der Sicht der überwachenden Instanz akzeptabel wird. Im Fall $\rho(X) < 0$ kann ein bestehendes Sicherheitskapital um den entsprechenden Betrag reduziert werden.[14] Die Güte eines solchen Risikomaßes wird durch seine Kohärenz bestimmt, welche die Erfüllung von vier Kohärenzaxiomen voraussetzt:[15]

Translationsinvarianz:	$\rho(X + \alpha)$	$=$	$\rho(X) - \alpha$	mit $\alpha \in \Re$
Subadditivität:	$\rho(X_1 + X_2)$	$\leq$	$\rho(X_1) + \rho(X_2)$	
Positive Homogenität:	$\rho(\lambda X)$	$=$	$\lambda \rho(X)$	für alle $\lambda \geq 0$
Monotonie:	$\rho(X_1)$	$\geq$	$\rho(X_2)$	für alle $X_1 \leq X_2$

Translationsinvarianz besagt, dass bei Hinzunahme eines sicheren Betrages α (z. B. in Form einer Kapitalzuführung) zur Position X das zugehörige Risikomaß genau um den Wert α reduziert wird. Ist α negativ, soll das Risikomaß entsprechend ansteigen.

Die Eigenschaft der Subadditivität fordert, dass die Sicherheitskapitalanforderung an eine Gesamtrisikoposition $(X_1 + X_2)$ nicht größer sein soll als die Summe der Sicherheitskapitalbeträge für die einzelnen Positionen X_1 bzw. X_2. Diese Anforderung trägt Diversifikationseffekten Rechnung. Unter den Kohärenzaxiomen wird der Subadditivität zentrale Bedeutung beigemessen, da diese „a natural and essential requirement"[16] im Hinblick auf die Sicherheitskapitalbestimmung darstelle.

Positive Homogenität bedeutet, dass das zu einer riskanten Position gehörende Sicherheitskapital proportional zu ihrer Größe ansteigt. Diese Eigenschaft kann aus der Subadditivitätsbedingung abgeleitet werden, wenn man voraussetzt, dass bei einer Volumenvergrößerung keine Diversifikationseffekte auftreten.[17]

Die Bedingung der Monotonie verlangt, dass das einer Position X_2 zugeordnete Sicherheitskapital kleiner sein soll als das der Position X_1 zugeordnete Sicherheitskapital, wenn der Wert

---

13 Vgl. Artzner/Delbaen/Eber/Heath (1997 und 1999).
14 Vgl. Artzner/Delbaen/Eber/Heath (1997), S. 68–69; Artzner (1999), S. 13.
15 Vgl. Artzner/Delbaen/Eber/Heath (1997), S. 68–69; Artzner (1999), S. 14–15; Delbaen (2000), S. 733.
16 Artzner (1999), S. 14.
17 Vgl. Artzner (1999), S. 14.

der Position X_2 in jedem Zustand mindestens so groß wie der zugehörige Wert der Position X_1 ist.

Ein monetäres Risikomaß ist nur dann kohärent, wenn es über sämtliche Kohärenzeigenschaften verfügt. Die Anforderung, dass ein für die Sicherheitskapitalbestimmung geeignetes Maß kohärent sein soll, heißt allerdings nicht automatisch, dass jedes kohärente Maß auch für die Risikomessung im Kontext der Solvenzsteuerung geeignet sein muss.[18]

Insgesamt kann festgehalten werden, dass ein Risikomaß für die Solvenzsteuerung im Versicherungsunternehmen dann als geeignet erscheint, wenn es ein Downside-Risiko misst, einem verständlichen Ansatz folgt und über die Eigenschaften der Translationsinvarianz, Subadditivität, positiven Homogenität sowie der Monotonie verfügt. Vor diesem Hintergrund sollen im nächsten Abschnitt ausgewählte Risikomaße diskutiert werden.

3.   Diskussion ausgewählter Risikomaße

So wie es unterschiedliche Betrachtungsweisen für Risikosituationen gibt, existiert auch eine Vielzahl von Ansätzen, um das dazu korrespondierende Risiko zu messen.[19] Der Zielsetzung dieser Arbeit folgend konzentrieren wir uns bei der folgenden Diskussion ausgewählter Risikomaße vor allem auf solche Maße, die für die Finanz- und Versicherungswirtschaft bedeutend sind, und lassen weitere Klassen von Risikomaßen – etwa verhaltenswissenschaftliche Maße – außer Betracht.[20] Im Einzelnen sollen die folgenden Konzepte betrachtet werden:

- zentrale Momente als Risikomaße,

- Partialmomente als Risikomaße,

- quantilbasierte Risikomaße.

---

18   Vgl. Albrecht (2004).

19   Für eine Übersicht vgl. Schneeweiß (1967), S. 52 ff.; Fujiki (1996); Brachinger (2002); Albrecht/Maurer (2002), S. 107 ff. und Albrecht (2004).

20   Außer Betracht lassen wir auch so genannte Worst-Case-Risikomaße, die die Stochastizität der Verluste der Versicherungsnehmer im Insolvenzfall abbilden. Unser Fokus sind Risikomaße, die helfen sollen, den Insolvenzfall zu vermeiden.

3.1 Zentrale Momente als Risikomaße

Beginnend mit Markowitz[21] gilt das zweite zentrale Moment einer Wahrscheinlichkeitsverteilung, die Varianz (also der Erwartungswert der quadrierten Abweichungen vom Erwartungswert der Verteilung), als eine klassische Kennzahl zur Risikoquantifizierung in der Portfoliotheorie. Insbesondere die Standardabweichung als Quadratwurzel der Varianz besitzt als monetäres Risikomaß eine Reihe von wünschenswerten Eigenschaften, zu denen vor allem anschauliche Interpretierbarkeit und relativ einfache rechnerische Handhabung zählen. Aus formaler Sicht ist die Standardabweichung positiv homogen sowie subadditiv und erfüllt somit zwei der vier geforderten Bedingungen eines kohärenten Risikomaßes.[22] Das im Sinne des hier im Fokus befindlichen Downside-Risikos bedeutendste Problem bei der Anwendung der Standardabweichung zur Risikomessung besteht darin, dass zwischen positiven und negativen Abweichungen vom Mittelwert nicht differenziert wird. Eine höhere Standardabweichung kann damit grundsätzlich nicht als höheres Risikopotenzial interpretiert werden, da die Gewinnchancen ebenfalls in die Berechnung eingehen.

Die aus den dritten und vierten zentralen Momenten abgeleiteten Maßzahlen Schiefe und Wölbung beschreiben den Grad der Asymmetrie der Verteilung bzw. die Gestalt der Verteilungsränder. Schiefe und Wölbung sind aber gerade auch wegen ihrer Dimensionslosigkeit eher als ergänzende Risikokennzahlen zur Beschreibung von Wahrscheinlichkeitsverteilungen denn als eigenständige Risikomaße anzusprechen.[23]

Insgesamt lässt sich festhalten, dass die zentralen Momente als symmetrische Risikomaße nicht das Downside-Risiko, sondern das Schwankungsverhalten der hier betrachteten finanziellen Größen um ihren Erwartungswert beschreiben. Die Insolvenzgefahr wird dabei grundsätzlich nicht als steuerungsrelevantes Risiko abgebildet. Insofern sind zentrale Momente als Risikomaße für den hier betrachteten Kontext nicht geeignet.

3.2 Partialmomente als Risikomaße

3.2.1 Lower Partial Moments und Upper Partial Moments

Bei der Anwendung von Partialmomenten für die Risikomessung wird versucht, Risiko durch Beschreibung des unteren bzw. oberen Teils der Wahrscheinlichkeitsverteilung zu charakteri-

---

21 Vgl. Markowitz (1952).
22 Vgl. Koryciorz (2004), S. 276 f.
23 Vgl. Dowd (2002), S. 15–19.

sieren.[24] Dabei wird zunächst ein kritischer Wert der interessierenden Ergebnisverteilung festgelegt. Diese Referenzgröße, auch als Target bezeichnet, stellt eine Trennlinie zwischen positiven und negativen Ergebnissen dar. Anschließend werden nur diejenigen Ergebniswerte mit den zugehörigen Eintrittswahrscheinlichkeiten berücksichtigt, die den vorgegebenen Wert unterschreiten (linker Verteilungsrand) oder überschreiten (rechter Verteilungsrand). Diese Betrachtungsweise setzt ein asymmetrisches Risikoverständnis voraus und ermöglicht Risikomessung bezüglich eines frei wählbaren (exogenen) Referenzpunktes.

Untere Partialmomente (Lower Partial Moments, LPM) sind Risikomaße, die sich auf den linken (unteren) Rand der Wahrscheinlichkeitsverteilung beziehen und die positiven Abweichungen von einem Referenzwert unberücksichtigt lassen. Für eine Gewinngröße G mit Dichtefunktion $f(g)$ und den Zielwert z wird das untere partielle Moment n-ter Ordnung wie folgt definiert:[25]

$$(1) \qquad LPM_n(G,z) = \int_{-\infty}^{z} (z-g)^n f(g)\, dg = E[max\{(z-G)^n, 0\}]$$

Neben dem konstitutiven Merkmal, lediglich die Unterschreitungen der Schwelle z in Betracht zu ziehen, impliziert die Definition von LPM_n, dass mit wachsender Ordnung n die Höhe der Unterschreitungsbeträge immer stärker gewichtet wird. Grundsätzlich existieren Partialmomente in unterschiedlichen Ordnungen. Für die Risikomessung werden in der Regel die Spezialfälle $n = 0, 1, 2$ verwendet. Für $n = 0$ erhält man die Shortfall-Wahrscheinlichkeit, auch als Downside-Wahrscheinlichkeit bekannt, welche die Wahrscheinlichkeit der Verfehlung (Unterschreitung) des vorgegebenen Zielwerts angibt.[26] Das untere Partialmoment erster Ordnung ($n = 1$) gibt die erwartete Höhe der negativen Abweichung von dem Referenzpunkt an und wird als Shortfall- oder Downside-Erwartungswert[27] bezeichnet. Wählt man $n = 2$, ergibt sich die Shortfall-Varianz[28], die als Erwartungswert der quadrierten negativen Abweichungen vom Referenzpunkt berechnet wird.

Im hier vorliegenden Zusammenhang der Steuerung des Insolvenzrisikos erscheint es sinnvoll, die Risikobetrachtung auf die Verteilung einer Verlustvariablen V zu fokussieren, wobei der obere, rechte Verteilungsrand (also hohe Verluste) von besonderem Interesse ist. Unter Berücksichtigung der Beziehung $V = -G$ und für die Referenzgröße $r = -z$ ergibt sich das entsprechende Risikomaß – das obere Partialmoment (Upper Partial Moment, UPM) n-ter Ordnung:[29]

$$(2) \qquad UPM_n(V,r) = LPM_n(G,z)$$

---

24   Siehe grundlegend zu Partialmomenten: Fishburn (1977).

25   Vgl. Fishburn (1977), S. 116.

26   Vgl. Koryciorz (2004), S. 38.

27   Vgl. Roth (2002), S. 49.

28   Die synonyme Bezeichnung ist Target-Semivarianz; vgl. Roth (2002), S. 49.

29   Vgl. Schradin (1998), S.108.

Auf dieser Basis sollen nunmehr die beiden im Kontext der Solvabilitätssteuerung von Versicherungsunternehmen hauptsächlich relevanten oberen Partialmomente nullter und erster Ordnung, die Exzess-Wahrscheinlichkeit und der Exzess-Erwartungswert diskutiert werden.

3.2.2 Exzess-Wahrscheinlichkeit

Manifestiert sich das betrachtete Risiko allein in der Wahrscheinlichkeit, dass ein Verlust V mit Dichtefunktion $f(v)$ ein festgelegtes Limit r überschreitet $(Pr(V \geq r))$, so ist als Risikomaß die Exzess-Wahrscheinlichkeit UPM_0 heranzuziehen:[30]

$$(3) \qquad UPM_0(V,r) = \int_{r}^{\infty} f(v)\, dv = Pr(V \geq r)$$

Interpretiert man den Schwellenwert r als vorhandene Sicherheitsmittel des Versicherungsunternehmens, kann die Exzess-Wahrscheinlichkeit als Insolvenzwahrscheinlichkeit interpretiert werden, da sie die Wahrscheinlichkeit angibt, dass die eingetretenen Verluste das vorhandene Sicherheitskapital aufzehren würde.

Neben ihrer anschaulichen Interpretierbarkeit besitzt die Exzess-Wahrscheinlichkeit den Vorteil, die Risikobeurteilung für Versicherungsunternehmen unterschiedlicher Größenverhältnisse zu ermöglichen. Dem stehen aber auch Schwächen dieses Ansatzes gegenüber. Breitmeyer et al. weisen darauf hin, dass die Partialmomente nullter Ordnung generell die Bedingung der Monotonie und Homogenität verletzen.[31] Die wichtigste Kritik an der Exzess-Wahrscheinlichkeit ist aber, dass das Ausmaß der möglichen Überschreitung des Referenzpunkts unberücksichtigt bleibt.[32] Aus Sicht der Versicherungsnehmer erscheint hingegen neben der Insolvenzwahrscheinlichkeit die realisierte Höhe der Überschreitung von r von großer Bedeutung, da hierdurch die Höhe der Beträge beschrieben wird, auf die man im Insolvenzfall verzichten muss. Die in der Literatur vorgeschlagene Verwendung multipler Referenzpunkte vermag dieses Problem nur teilweise zu lösen.[33]

Für die Solvenzsteuerung von Versicherungsunternehmen ist neben einer adäquaten Messung des Risikopotenzials vor allem dessen Kontrolle und die daraus resultierende Ermittlung des Bedarfs an Sicherheitskapital von Relevanz. Die Sicherheitskapitalbestimmung auf Basis des nicht-monetären Risikomaßes Insolvenzwahrscheinlichkeit ist identisch zu derjenigen des monetären Risikomaßes Value-at-Risk, die wir weiter unten in Abschnitt 3.3.1 besprechen werden.

---

30 Vgl. Koryciorz (2004), S. 38.
31 Vgl. Breitmeyer/Hakenes/Pfingsten/Rechtien (1999), S. 14 ff.
32 Vgl. Wang (1998), S. 89; Butsic (1994), S. 659–660.
33 Vgl. Stephan (1995), S. 136 ff.

3.2.3   Exzess-Erwartungswert

Bei dem Risikomaß Upper Partial Moment 1 (UPM$_1$) werden die möglichen Überschreitungen des Referenzpunkts r proportional zu ihrer Höhe bewertet:

$$(4) \qquad UPM_1(V,r) = \int_r^\infty (v-r)\, f(v)\, dv = E[max\{(V-r),0\}]$$

UPM$_1$ stellt den Exzess-Erwartungswert dar und berücksichtigt, im Gegensatz zur Exzess-Wahrscheinlichkeit, sowohl die Eintrittswahrscheinlichkeiten als auch das Ausmaß der möglichen Überschreitungen.[34] Setzt man r gleich dem vorhandenen Sicherheitskapital, entspricht UPM$_1$ dem im Schrifttum viel diskutierten Solvabilitätsmaß Expected Policyholder Deficit (EPD).[35] Die Relevanz des EPD im Kontext der Solvenzsteuerung liegt vor allem in seiner Ausrichtung auf die Interessen der Versicherungsnehmer begründet, weil er nicht nur Informationen über die Wahrscheinlichkeit des Ausfalles ihrer Ansprüche vermittelt, sondern auch Auskunft darüber gibt, mit welchen Ausfallbeträgen sie zu rechnen haben.[36] Von Vorteil ist auch, dass dieses monetäre Risikomaß für einige Verteilungen analytisch berechnet werden kann.[37] Aus formaler Sicht verfügt der EPD über die Eigenschaften der Translationsinvarianz, Subadditivität, positiven Homogenität sowie der Monotonie und erfüllt damit sämtliche Kriterien eines kohärenten Risikomaßes.[38]

Betrachten wir die Sicherheitskapitalbestimmung auf Basis des EPD. Das notwendige Sicherheitskapital r muss die Bedingung

$$(5) \qquad UPM_1(V,r) = E[max\{(V-r),0\}] \le \beta$$

erfüllen. β stellt dabei eine vorgegebene Zielgröße dar.[39] Das Sicherheitsniveau entspricht in diesem Fall dem maximal zulässigen Betrag des erwarteten Ausfalls der Versicherungsansprüche auf Grund einer Insolvenz, der von der Aufsichtsbehörde akzeptiert wird. Das geforderte Sicherheitskapitalvolumen ergibt sich damit als Schwellenwert r.

Um eine Vergleichbarkeit der Risikokennzahlen bei unterschiedlichen Unternehmen herzustellen, ist es sinnvoll, bei der Festlegung des Sicherheitsniveaus die Größenverhältnisse des betreffenden Versicherungsunternehmens in Betracht zu ziehen. Denkbar wäre dann, das Sicherheitsniveau β beispielsweise als Bruchteil des vorhandenen Sicherheitskapitals zu bestimmen.[40] Alternativ kann als Steuerungsgröße die EPD-Ratio verwendet werden, wobei

---

34   Vgl. Maurer (2000), S. 79.
35   Siehe grundlegend Butsic (1994), Wang (1998) sowie Barth (2000).
36   Vgl. Butsic (1994), S. 660.
37   Vgl. Butsic (1994), S. 686–688.
38   Vgl. Breitmeyer/Hakenes/Pfingsten/Rechtien (1999), S. 14 ff.
39   Vgl. Schradin (1998), S. 110.
40   Vgl. Schradin (1998), S. 110.

im Zähler der EPD und im Nenner der Erwartungswert der (nominalen) Zahlungsverpflichtungen steht.[41]

Zu beachten ist, dass bei dem EPD-Ansatz eine Insolvenzwahrscheinlichkeit $UPM_0(V, r)$ des Versicherers nicht exogen vorgegeben wird. Unter Verwendung des so genannten Mean-Excess-Loss $E[V - r \mid V \geq r]$ lässt sich aber Bedingung (5) wie folgt formulieren:[42]

$$(6) \qquad UPM_1(V,r) = E[V - r \mid V \geq r] \cdot UPM_0(V,r) \leq \beta$$

Wie aus (6) hervorgeht, wird bei der Bestimmung des EPD das Produkt aus dem bedingten Erwartungswert über die Höhe des Ausfalls im Fall der Insolvenz (dem so genannten Mean-Excess-Loss) und der Insolvenzwahrscheinlichkeit, zwischen denen damit eine substitutive Beziehung besteht, gebildet. Bei einem niedrigen Wert des Mean-Excess-Loss kann die Insolvenzwahrscheinlichkeit eine eventuell inakzeptable Höhe annehmen, ohne dass das Sicherheitsniveau β überschritten würde.[43] In diesem Sinn kann eine Anwendung des EPD-Ansatzes Entwicklungen hervorrufen, die im deutlichen Gegensatz zur Intention der Solvenzregulierung stehen.[44]

3.3   Quantilbasierte Risikomaße

Quantile stellen diejenigen Ausprägungen einer Zufallsgröße dar, die mit einer spezifischen Wahrscheinlichkeit überschritten bzw. unterschritten werden. Für $\alpha \in [0, 1]$ entspricht das α-Quantil der Verteilungsfunktion einer Zufallsvariablen Y dem kleinsten Wert q, für den gilt:[45]

$$(7) \qquad Pr\{Y \leq q\} \geq \alpha \text{ und } Pr\{Y \geq q\} \geq 1 - \alpha$$

Besitzt die Zufallsvariable Y eine stetige Verteilung, wovon wir im Weiteren ausgehen, so ist das α-Quantil eindeutig bestimmt und entspricht dem Wert der verallgemeinerten inversen Verteilungsfunktion:[46]

$$(8) \qquad q = F_Y^{-1}(\alpha)$$

Durch die Bildung des α-Quantils erfolgt damit die Aufteilung der Wahrscheinlichkeitsmasse der Verteilungsfunktion in zwei Teile: Die Wahrscheinlichkeitsmasse in Höhe von α liegt unterhalb und in Höhe von $(1 - \alpha)$ oberhalb des Quantilwerts.

---

41   Vgl. Butsic (1994), S. 661; Barth (2000), S. 400.
42   Vgl. Albrecht/Maurer (2002), S. 110.
43   Vgl. Barth (2000), S. 402.
44   Vgl. Barth (2000), S. 409.
45   Vgl. Hartung/Elpelt/Klösener (2002), S. 114.
46   Vgl. Hartung/Elpelt/Klösener (2002), S. 114.

3.3.1   Value-at-Risk

Das bedeutendste quantilbasierte Risikomaß ist der Value-at-Risk (VaR)[47], der sich in den 1990er Jahren „zu einem globalen Standard für die Kontrolle der Marktrisiken von Finanzinstitutionen"[48] entwickelt hat. Die Popularität dieses Risikomaßes ist auch dadurch begründet, dass der VaR bankaufsichtsrechtlich anerkannt ist.[49]

Unter der Vorgabe eines Wahrscheinlichkeitsniveaus $0 < \varepsilon < 1$ entspricht der Value-at-Risk (VaR$_\varepsilon$(V), in Kurzschreibweise VaR$_\varepsilon$) dem $(1 - \varepsilon)$-Quantil der zugrunde liegenden Zufallsvariablen V. Der Value-at-Risk gibt demzufolge die Verlusthöhe an, die mit der Wahrscheinlichkeit $(1 - \varepsilon)$ nicht überschritten wird. Formal:[50]

$$(9) \qquad VaR_\varepsilon(V) = F_V^{-1}(1 - \varepsilon) \ ,$$

wobei F_V die als streng monoton steigend angenommene Verteilungsfunktion von V bezeichnet.

Der VaR bekommt damit eine anschauliche, intuitive Interpretation: Mit Wahrscheinlichkeit $(1 - \varepsilon)$ wird der Verlust geringer sein als VaR$_\varepsilon$ und nur mit der Wahrscheinlichkeit ε, die kontrolliert klein gehalten wird, kann der Verlust höher ausfallen. In diesem Kontext wird der Zusammenhang zwischen der Konzeption des Value-at-Risk und der Exzess-Wahrscheinlichkeit deutlich. Wird VaR$_\varepsilon$ als Schwellenwert für UPM$_0$ vorgegeben, also $r = $ VaR$_\varepsilon$, so resultiert daraus:[51]

$$(10) \qquad UPM_0(V, VaR_\varepsilon) = \int_{VaR_\varepsilon}^{\infty} f(v)\, dv = \varepsilon$$

Interpretiert man ε als Insolvenzwahrscheinlichkeit eines Versicherungsunternehmens, entspricht VaR$_\varepsilon$ der Höhe des Sicherheitskapitals, das mit Wahrscheinlichkeit $(1 - \varepsilon)$ ausreicht, um die Verluste des Unternehmens in einem bestimmten Zeitraum aufzufangen.[52]

Für die Anwendung des Value-at-Risk als Solvabilitätsmaß spricht neben der Verständlichkeit des Ansatzes seine Praktikabilität. Da der VaR$_\varepsilon$ eine in Geldeinheiten gemessene Größe ist, kann er leicht interpretiert und im Unternehmen kommuniziert werden.[53] Der VaR ist translationsinvariant, positiv homogen sowie monoton und genügt damit dreien der vier Kohärenz-

---

[47]   Siehe grundlegend zum VaR-Konzept Jorion (2001) und Dowd (2002).
[48]   Albrecht/Maurer (2002), S. 673.
[49]   Zu Einzelheiten vgl. Hartmann-Wendels/Pfingsten/Weber (2004), S. 499–502.
[50]   Vgl. Koryciorz (2004), S. 26.
[51]   Vgl. Koryciorz (2004), S. 38.
[52]   Vgl. Koryciorz (2004), S. 69.
[53]   Vgl. Dowd (2002), S. 10.

axiome.[54] Der Hauptnachteil des VaR wird darin gesehen, dass er gegen das Axiom der Subadditivität verstößt, also unter bestimmten Bedingungen superadditives Verhalten aufweist.[55] Dies bedeutet, dass der VaR einer Gesamtposition (also einer Summe von Zufallsvariablen) grundsätzlich nicht durch Aufsummieren der VaR-Höhen der Einzelpositionen berechnet bzw. abgeschätzt werden kann. Ein weiterer Kritikpunkt ist, dass der VaR nur einen einzigen Punkt der Verteilungsfunktion betrachtet und das Risikopotenzial jenseits des vorgegebenen Wahrscheinlichkeitsniveaus ($1 - \varepsilon$) unberücksichtigt lässt[56], in unserem Kontext also unberücksichtigt lässt, in welchem Umfang Versicherungsnehmer im Insolvenzfall auf Versicherungsleistungen verzichten müssen. Dies kann sogar zu Situationen führen, in denen Diversifikation (im Sinne der Investition eines gegebenen Budgets in mehrere Assets anstatt in nur eines) den VaR erhöhen kann.[57]

3.3.2 Tail-Value-at-Risk

Ein alternatives, quantilbasiertes Risikomaß ist der Tail-Value-at-Risk (TVaR), auch Conditional Value-at-Risk[58] genannt. Man definiert den Tail-Value-at-Risk als den erwarteten Verlust unter der Bedingung, dass die durch den Value-at-Risk spezifizierte Verlustgrenze überschritten wird:[59]

$$(11) \qquad TVaR = E[V\,|V > VaR_{\varepsilon}] \;=\; VaR_{\varepsilon} + E[\,V - VaR_{\varepsilon}\,|V > VaR_{\varepsilon}\,]$$

Verwendet man den TVaR zur Eigenkapitalunterlegung im Versicherungsunternehmen, wird aus Formel (11) deutlich, dass die nach dem Prinzip des TVaR zu fordernde Eigenkapitalhöhe höher ist als die bei dem Sicherheitsniveau ε nach dem VaR-Ansatz berechnete Eigenkapitalhöhe. Das heißt, dass die mit dem TVaR-Ansatz korrespondierende Insolvenzwahrscheinlichkeit kleiner als die Wahrscheinlichkeit ε ist und nicht explizit festgelegt wird.[60]

Der TVaR ist eine Ausgestaltung des Risikomaßes Expected Shortfall, das uneingeschränkt kohärent ist.[61] Die Schwäche des Value-at-Risk, namentlich seine fehlende Subadditivität, ist damit überwunden. Gegenüber dem VaR-Konzept ist zudem positiv anzumerken, dass der TVaR neben der Verlustwahrscheinlichkeit auch die Verlusthöhe berücksichtigt. Der TVaR ist damit stärker auf die Interessen der Versicherungsnehmer ausgerichtet.[62] Ein Kritikpunkt am

---

54 Vgl. Koryciorz (2004), S. 49.
55 Vgl. Dowd (2002), S. 30–31; Koryciorz (2004), S. 49–52 m. w. N.
56 Vgl. Artzner (1999), S. 21.
57 Vgl. Dowd (2002), S. 29.
58 Als Synonyma sind auch die Bezeichnungen Expected Tail Loss, Accumulate Value-at-Risk, Tail Conditional Expectation, Expected Shortfall, Worst Conditional Expectation sowie Mean-Shortfall gebräuchlich; vgl. Kaplanski/Kroll (2002), S. 4; Dowd (2002), S. 32.
59 Vgl. Rockafellar/Uryasev (2002); Koryciorz (2004), S. 61–62.
60 Vgl. Koryciorz (2004), S. 79 und die dort angegebene Literatur.
61 Vgl. Acerbi/Tasche (2002), S. 1491 f.; Tasche (2002), S. 1524 ff.; Koryciorz (2004), S. 61.
62 Vgl. Venter (2004), S. 99.

TVaR (der verstärkt auch auf den VaR zutrifft), besteht darin, dass bei der Bildung des bedingten Erwartungswertes Informationen über die Gestalt des rechten Verteilungsrandes (insbesondere über eine variierende Konzentration der Wahrscheinlichkeitsmasse) unberücksichtigt bleiben.[63] Auf Grund der genannten Vorzüge wird der TVaR als theoretisch überlegenes und insgesamt im Vergleich zum VaR besser geeignetes Risikomaß für das Management und die Regulierung von Finanzinstitutionen angesehen.[64]

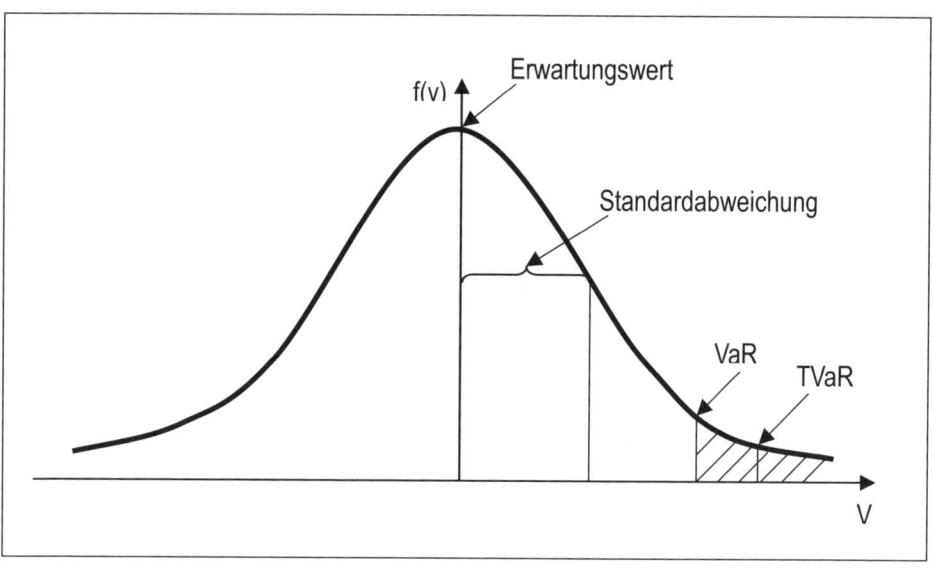

Quelle: In Anlehnung an IAA (2004), S. 35
Abbildung 1:   *Risikomaße am Beispiel normalverteilter Verluste*

4.   Einzelfragen und Fazit

Auf Basis der obigen Betrachtungen kommen für Zwecke der Solvenzsteuerung von Versicherungsunternehmen vor allem quantilbasierte Risikomaße in die engere Wahl. Namentlich Value-at-Risk (also die Steuerung der Insolvenzwahrscheinlichkeit) und im Besonderen Tail-Value-at-Risk erweisen sich dabei als besonders interessante Ansätze. Diese Risikomaße zeichnen sich durch ein Downside-Risikoverständnis aus und spezifizieren die Insolvenzge-

---

[63]   Vgl. Hürlimann (2002), S. 245.

[64]   Vgl. Dowd (2002), S. 33–35; IAA (2004), S. 5.

fahr als steuerungsrelevantes Risiko. Darüber hinaus verfügen sie über günstige statistische Eigenschaften und lassen sich im Kontext des Versicherungsunternehmens anschaulich interpretieren. Auch in der aktuellen politischen Diskussion zu Solvency II wird eindeutig quantilbasierten Ansätzen der Vorzug gegeben.[65] So hat sich die International Actuarial Association für den TVaR-Ansatz ausgesprochen.[66] Von Seiten der EU-Kommission werden als konkrete Maße der VaR, unter Bezug auf die International Actuarial Association der TVaR sowie eine Kombination aus beiden Kennzahlen vorgeschlagen.[67] Allerdings weisen die genannten Risikomaße auch gewisse Schwächen auf. Ob und inwiefern diese Nachteile die Ergebnisse der risikomaßbasierten Sicherheitskapitalermittlung negativ beeinflussen können, lässt sich im Rahmen der vorliegenden Arbeit nicht beurteilen. Diesbezüglich werden erst umfangreiche praktische Erfahrungen Klarheit schaffen können.

4.1   Einzelfragen der Sicherheitskapitalbestimmung: Sicherheitsniveau und Zeithorizont

Im Rahmen der Sicherheitskapitalbestimmung auf Basis des Value-at-Risk bzw. des Tail-Value-at-Risk, die sich für die Solvenzsteuerung als am besten geeignet herausgestellt haben, kommt dem gewählten Sicherheitsniveau eine zentrale Rolle zu. Die Aufsichtsbehörde muss hierzu maximal akzeptable Insolvenzwahrscheinlichkeiten vorgeben. In der gegenwärtigen Diskussion zu Solvency II werden hierbei Werte zwischen 1 Prozent und 0,01 Prozent jährlich genannt. Entscheidend für die Festlegung des Sicherheitsniveaus soll die Wahl des dazu gehörigen Risikomaßes sein. Für den mehr konservativen Tail-Value-at-Risk, der bei gleicher nominaler Referenzwahrscheinlichkeit ε eine höhere Eigenkapitalunterlegung als der Value-at-Risk fordert, nennt die Europäische Kommission mit Bezug auf die International Actuarial Association eine Referenzwahrscheinlichkeit von $\varepsilon = 1$ Prozent jährlich als Diskussionsgrundlage.[68] Bei der Anwendung des Value-at-Risk soll die vorgegebene Insolvenzwahrscheinlichkeit unter 1 Prozent jährlich bleiben. Da Ratingagenturen in der Versicherungspraxis eine wichtige Rolle spielen, ist es durchaus vorstellbar, dass sich die angestrebten Sicherheitsniveaus an den einjährigen Insolvenzwahrscheinlichkeiten orientieren werden, die – basierend auf historischen Daten – einzelnen Ratingklassen zugrunde gelegt werden. So bringt die Europäische Kommission eine vorgeschlagene Insolvenzwahrscheinlichkeit von 0,5 Prozent jährlich mit einem BBB-Rating (wohl gemäß Standard & Poor's) in Verbindung.[69]

65   Vgl. Europäische Kommission (2004a), S. 22, und (2004b), S. 31.

66   Vgl. IAA (2004), S. 5; vgl. Boller/Hummel in diesem Band.

67   Vgl. Europäische Kommission (2004b), S. 33.

68   Vgl. Europäische Kommission (2004b), S. 34 f.

69   Vgl. Europäische Kommission (2004b), S. 35.

In diesem Zusammenhang ist der Umstand zu beachten, dass die Vorgabe einer geringeren Insolvenzwahrscheinlichkeit höhere Anforderungen an Modellannahmen und Datenverfügbarkeit stellt.[70] Wird ein hohes Sicherheitsniveau (z. B. 99,5 Prozent jährlich oder höher) gewählt, so bekommt die Berücksichtigung extremer Ereignisse entscheidende Bedeutung. Da Daten über derartige Ereignisse naturgemäß nur in sehr begrenztem Umfang vorliegen, wird es schwierig, das dazugehörige Risikomaß zuverlässig zu schätzen.[71] Für eine statistisch zuverlässige Schätzung des Value-at-Risk bestehen dabei wiederum geringere Datenanforderungen (mit damit einher gehenden geringeren Kosten der Datenerhebung) als bei der Schätzung des Tail-Value-at-Risk.[72]

Neben dem Sicherheitsniveau ist der Zeithorizont des gewählten Risikomaßes einer der wichtigsten Parameter bei der Bestimmung des Sicherheitskapitals. Die EU-Kommission schlägt mit Bezug auf die International Actuarial Association grundsätzlich einen einjährigen Zeithorizont vor.[73] Auch die in Großbritannien, den Niederlanden und der Schweiz entwickelten Ansätze zur Gestaltung eines risikoorientierten Aufsichtssystems sehen diesen Zeithorizont vor.[74] Der einjährige Zeithorizont hat den Vorteil, dass er einfach zu modellieren ist und weniger Annahmen über zukünftige Entwicklungen erfordert. Trotz dieser Vorteile sind einige Aspekte kritisch zu bedenken. Ausgangspunkt der einjährigen Betrachtung ist die Vorstellung, dass ein kurzfristig – und für ein Versicherungsunternehmen ist ein Zeithorizont von einem Jahr eher kurzfristig – geringes Risiko die besten Voraussetzungen für die mittel- und langfristige Sicherheit des Versicherers schaffe. Für einen längeren Zeithorizont spricht jedoch, dass strukturelle Entwicklungen auf den Kapital- und Versicherungsmärkten dadurch besser abgebildet werden können.[75] Bei einem kurzen Zeithorizont besteht zudem die Gefahr, dass das Risikomanagement des Versicherungsunternehmens ausschließlich auf diesen Horizont ausgerichtet wird. Die kurzfristige Betrachtung kann sich dann als zu kurzsichtig erweisen. Andererseits hat ein mehrjähriger Zeithorizont den Nachteil, dass durch Annahmen über zukünftige Entwicklungen zusätzliche Ermessensspielräume entstehen.[76] Würden Versicherer diese Spielräume ausnutzen, um den Bedarf an Sicherheitskapital niedriger auszuweisen und sich damit Wettbewerbsvorteile zu verschaffen, wäre das Ziel der Solvenzsteuerung verfehlt.

---

70 Vgl. Danielsson (2002), S. 1291.
71 Vgl. Danielsson (2002), S. 1291.
72 Vgl. Yamai/Yoshiba (2002a), S. 102; Yamai/Yoshiba (2002b), S. 80f.
73 Vgl. Europäische Kommission (2004b), S. 34.
74 Vgl. Schubert/Grießmann (2004a).
75 Vgl. IAA (2004), S. 22.
76 Vgl. IAA (2004), S. 13.

4.2   Problemfelder der Sicherheitskapitalbestimmung

Ausgangspunkt der risikomaßbasierten Sicherheitskapitalermittlung ist die Spezifikation der zugrunde liegenden Verlustvariable. Diese soll sich grundsätzlich auf das Unternehmen in seiner Gesamtheit beziehen, da das Versicherungsunternehmen nur als Ganzes insolvent werden kann. Folglich ist auch der Sicherheitskapitalbedarf entsprechend dem absoluten Risiko des Gesamtgeschäfts zu bemessen, wobei das Risiko anhand der Wahrscheinlichkeitsverteilung der Zahlungsströme des Gesamtunternehmens dargestellt wird. Diese Wahrscheinlichkeitsverteilung ergibt sich aus der Zusammenfassung der Zahlungsstromverteilungen des Versicherungsgeschäfts (inklusive der Rückversicherung) und der Kapitalanlagen.

Bei der Zusammenführung der Zahlungsstromverteilungen über sämtliche Geschäftsbereiche müssen die Abhängigkeiten zwischen den riskanten Positionen verschiedener Geschäftsbereiche verlässlich geschätzt werden. Diese Abhängigkeiten spiegeln eine der Kerngefahren des Versicherungsgeschäfts wider: Geht ein Versicherer bei der Sicherheitskapitalermittlung von unabhängigen oder nur schwach voneinander abhängigen Risiken aus und besteht in Wirklichkeit eine stärkere positive Abhängigkeit, können am Ende die vorhandenen Mittel nicht ausreichen, um alle Verpflichtungen zu decken. Gehen beispielsweise katastrophale Schadenereignisse innerhalb eines Versicherungszweigs mit Großschäden innerhalb anderer Zweige einher, oder sogar zusätzlich mit einem Einbruch am Aktienmarkt (ein Phänomen, das durch die Ereignisse des 11. Septembers 2001 illustriert wurde[77]), so kann der Fortbestand des betroffenen Versicherers ernsthaft gefährdet sein. Bedingt durch unterschiedliche Annahmen zu bestehenden Abhängigkeitsstrukturen können erhebliche Unterschiede im ermittelten Sicherheitskapital auftreten.[78]

In der klassischen Risikoanalyse wird entweder die Unabhängigkeit der Einzelrisiken angenommen oder von linearen Abhängigkeiten zwischen einzelnen Verteilungsfunktionen ausgegangen, die mit dem Korrelationskoeffizienten nach Pearson erfasst werden.[79] Letzteres wird häufig eine starke Vereinfachung der Realität darstellen, da neben linearen Abhängigkeiten sehr wohl auch nicht lineare bestehen können, die durch den Korrelationskoeffizienten nicht abgebildet werden. Um die Interdependenzen zwischen den Risiken sachgerecht darzustellen, wird im neueren Schrifttum die Konzeption der Copulas verwendet.[80] Mit ihrer Hilfe lassen sich in geeigneter Weise Zufallsvariablen modellieren, die auch komplexen Abhängigkeitsstrukturen unterliegen.[81]

Ein weiterer Problembereich der Sicherheitskapitalbestimmung betrifft den Dateninput. Eine Sicherheitskapitalbestimmung mittels Risikomaßen setzt eine umfangreiche Datenbasis vor-

---

77   Vgl. Achleitner/Biebel/Wichels (2002).

78   Vgl. Justen/Otten (2004), S. 3–4.

79   Vgl. Henking (1998), S. 28 ff.

80   Vgl. Danielsson (2002), S. 1286 f.; Koryciorz (2004), S. 120–140; IAA (2004), S. 76.

81   Vgl. Embrechts/McNeil/Straumann (1999), S. 1–5.

aus, aus der Verteilungsfunktionen ermittelt und funktionale Zusammenhänge geschätzt werden können. Erforderlich ist nicht nur die Einrichtung einer Datenbank zur Sammlung bzw. Speicherung relevanter Daten, sondern der Aufbau eines Datensystems, das als Grundlage für die Anwendung statistischer Verfahren, Auswertungsmethoden und diverser Modellansätze dienen kann. Diese vielfältigen Anforderungen tragen dazu bei, dass die Datenaufbereitung zum größten Problem der Risikosteuerung werden kann.[82] Beim Aufbau leistungsfähiger und umfassender Datenbanken werden die Versicherungsunternehmen mit einer Vielzahl von Problemen konfrontiert. Neben allgemeinen Fragen der Datenbeschaffung und -auswertung stellt sich die Problematik der Identifikation möglicher Datenquellen, der Entscheidung über die Art der zu erfassenden Daten hinsichtlich ihres Informationsumfangs und der Implementierung einer effektiven Kontrolle der Qualität des Datenmaterials. Zu bedenken ist, dass die risikorelevanten Daten bei manchem Versicherer in der Vergangenheit wenig strukturiert aufgenommen worden sind und „eine einheitliche, gar auf Zahlungsströme und Anfalljahre bezogene Datenbasis nicht verfügbar"[83] ist. Eine weitere Herausforderung liegt in der Bewältigung der technischen und organisatorischen Problemstellungen, die mit der Integration sämtlicher Daten in einen gemeinsamen Analyserahmen verbunden sind. „Die notwendige Systementwicklung und die Bereitstellung einer entscheidungsrelevanten Datenbasis wird die Gesellschaften nicht nur erhebliche finanzielle Mittel, sondern wohl auch mehrere Jahre Vorbereitung kosten".[84]

Interne Datenbanken, soweit sie für entsprechende Versicherungsbestände geführt werden, haben den Vorteil, dass sie speziell die Verhältnisse im eigenen Versicherungsunternehmen wiedergeben. Für die einzelnen Unternehmen stellt sich allerdings die Frage, ob die auf diese Weise akkumulierten Daten für eine zuverlässige statistische Auswertung ausreichen werden. Insbesondere die innerbetrieblichen Statistiken kleinerer und mittelgroßer Versicherer sind dadurch gekennzeichnet, dass sie sich auf vergleichsweise begrenzte Versicherungsbestände beziehen.[85] Solche internen Datenbanken sind meistens auf „high frequency/low impact events" fokussiert, da diese häufiger vorkommen und dadurch eine ungleich höhere Datenverfügbarkeit vorliegt. Historische Daten über „high-severity/low probability risks", die selten auftreten und ein hohes Schadenpotenzial besitzen, sind dagegen intern kaum verfügbar, da solche Ereignisse entweder bislang nicht beobachtet oder nicht hinreichend dokumentiert wurden. Für die Schätzung des Value-at-Risk, insbesondere aber des Tail-Value-at-Risk sind aber gerade diese Daten wichtig.

Eine zu Zwecken der Solvenzsteuerung angesetzte Risikoquantifizierung kann nicht allein auf der statistischen Auswertung historischer Schadendaten basieren. Vielmehr sind Informationen über die potenziellen Risiken und zukünftigen Schadenentwicklungen mit in die Betrachtung einzubeziehen. Insbesondere im Bereich der Elementargefahren sind neben den Schadenstatistiken auch aktuelle naturwissenschaftliche Erkenntnisse zu berücksichtigen. Die

---

82   Vgl. Brammertz (1991), S. 106.
83   Schradin (2004), S. 8.
84   Schradin (2004), S. 8.
85   Vgl. Schradin (1998), S. 246; Wagner (2000), S. 257 f.

Akkumulation solcher Informationen auf Unternehmensebene erscheint jedoch auf Grund der damit voraussichtlich verbundenen hohen Kosten als sehr problematisch.

Zur Lösung des Problems der unzureichenden Datenlage bei internen Datenbanken und des gerade dargestellten Problems der Prognose künftiger Schadenverteilungen im Bereich der Elementargefahren ist der Aufbau eines zentralen Daten- und Informationspools denkbar. Dieser Daten- und Informationspool könnte die Sammlung, Pflege und Auswertung interner Daten auf Branchenebene koordinieren. Die nach festgelegten Kriterien aufbereiteten und anonymisierten Informationen könnten dann wiederum den Versicherern für die eigenen Analyse- und Risikomanagement-Zwecke zur Verfügung gestellt werden. Als Vorbild kann die Property Claim Services (PCS) dienen:[86] eine Einrichtung der US-amerikanischen Versicherungsbranche, die sich auf die Erfassung und Schätzung von Katastrophenrisiken spezialisiert.

Mit den angesprochenen Problemen werden die Grenzen einer risikomaßbasierten Solvenzsteuerung erkennbar. Bedingt durch die Zufallsbestimmtheit des Versicherungsgeschäfts und die Komplexität der zugrunde liegenden Risikostrukturen, die mit Hilfe empirischer Daten nie vollständig beschrieben werden können, sind die Möglichkeiten der Risikomessung beschränkt. Darüber hinaus muss beachtet werden, dass jedes Maß das Risiko ausschließlich für diejenige Situation beschreibt, die durch die getroffenen Annahmen, ein festgelegtes Sicherheitsniveau, den vorgegebenen Betrachtungszeitraum und die vorliegende Datenbasis spezifiziert wurde. Werden diese Rahmenbedingungen verändert, verlieren die Risikomaße an Aussagekraft.[87] Ferner bilden die im vorliegenden Beitrag diskutierten Risikomaße nur die direkten Risiken ab, die von der Insolvenz eines Versicherungsunternehmens ausgehen, namentlich den Ausfall der Versicherungsnehmeransprüche. Das wahre Risikopotenzial ist jedoch viel komplexer und größer. Der Zusammenbruch eines größeren Versicherungsunternehmens kann die Stabilität des gesamten Versicherungsmarkts beeinträchtigen und damit unter anderem die Existenz weiterer Versicherer gefährden.[88]

Die angeführten Problemfelder sollten jedoch keinesfalls dazu verleiten, von der Einführung risikomaßbasierter Steuerungsmodelle[89] in Versicherungsunternehmen Abstand zu nehmen. Ihre Implementierung im Rahmen des Solvency-II-Projekts würde einen großen Fortschritt gegenüber den bestehenden Vorschriften zur Eigenmittelunterlegung und zur Kapitalanlagepolitik darstellen, die das Risiko von Versicherungsunternehmen nur sehr ungenau zu erfassen und zu steuern vermögen. Risikomaßbasierte Steuerungsmodelle sind darüber hinaus auch jenseits aufsichtsrechtlicher Vorschriften für eine künftig angestrebte Gesamtrisikosteuerung des Versicherungsunternehmens unerlässlich. Es zeigt sich allerdings, dass der Weg hin zu einer tragfähigen Risikosteuerungskonzeption und ihrer betrieblichen Umsetzung noch beschwerlich ist.

---

86 Einzelheiten zu PCS findet man auf den Internet-Seiten des Insurance Services Office, www.iso.com.
87 Vgl. Danielsson (2002), S. 1278.
88 Vgl. Barth (2000), S. 404.
89 Vgl. Schmeiser (2004); Gründl/Schmeiser (2004).

Literatur

ACERBI, C./TASCHE, D. (2002): On the coherence of expected shortfall, in: Journal of Banking and Finance 26/2002, S. 1487–1503.

ACHLEITNER, P. M./BIEBEL, J. H./WICHELS, D. (2002): Does WTC Matter for the Investment Policy of P/C Insurance Companies? . in: The Geneva Papers on Risk and Insurance. Issues and Practice 27/2002, S. 275–282.

ALBRECHT, P. (2004): Risk Measures, in: Encyclopedia of Actuarial Science, Wiley 2004.

ALBRECHT, P./MAURER, R. (2002): Investment- und Risikomanagement. Modelle, Methoden, Anwendungen, Stuttgart 2002.

ARTZNER, P. (1999): Application of Coherent Risk Measures to Capital Requirements in Insurance, in: North American Actuarial Journal 3/1999, S. 11–25.

ARTZNER, P./DELBAEN, F./EBER, J.-M./HEATH, D. (1997): Thinking Coherently, in: Risk 10/1997, S. 68–71.

ARTZNER, P./ DELBAEN, F./EBER, J.-M./HEATH, D. (1999): Coherent Measures of Risk, in: Mathematical Finance 9/1999, S. 203–228.

BACKES, M. (2003), Die Insolvenz des Versicherungsunternehmens, Karlsruhe 2003.

BARTH, M. M. (2000): A Comparison of Risk-Based Capital Standards Under the Expected Policyholder Deficit and the Probability of Ruin Approaches, in: The Journal of Risk and Insurance 67/2000, S. 397–414.

BRACHINGER, H. W. (2002): Measurement of Risk, in: Derigs (Hrsg.): Optimization and Operations Research, in: Encyclopedia of Life Support Systems (EOLSS), Oxford (UK), S. 1119–1137.

BRAMMERTZ, W. (1991): Datengrundlage und Analyseinstrumente für das Risikomanagement eines Finanzinstitutes, Zürich 1991.

BREITMEYER, C./HAKENES, H./PFINGSTEN, A./RECHTIEN, C. (1999): Learning from Poverty Measurement: An Axiomatic Approach to Measure Downside Risk, Discussion Paper 99–03, Westfälische Wilhelms-Universität Münster, http://www.gloriamundi.org/picsresources/cbhhapcr.pdf.

BUTISIC, R. (1994): Solvency Measurement for Property-Liability Risk-Based Capital Applications, in: The Journal of Risk and Insurance 61/1994, S. 656–690.

DANIELSSON, J. (2002): The emperor has no clothes: Limits to risk modelling, in: Journal of Banking and Finance 26/2002, S. 1273–1296.

DELBAEN, F. (2000): Coherent Risk Measures, in: Blätter der Deutschen Gesellschaft für Versicherungsmathematik 24/2000, S. 733–739.

DOWD, K. (2002): Measuring Market Risk, West Sussex 2002.

EMBRECHTS, P./MCNEIL, A./STRAUMANN, D. (1999): Correlation and Dependence in Risk Management: Properties and Pitfalls, RiskLab Research Paper, Dept. Math. ETH Zürich, http://www.risklab.ch/ftp/papers/CorrelationPitfalls.pdf.

EUROPÄISCHE KOMMISSION (2004a): The draft second wave Calls for Advice from CEIOPS and stakeholder consultation in Solvency II, in: Markt/2515/04, 19.10.2004, http://europa.eu.int/comm/internal_market/insurance/docs/markt-2515-04/markt-2515-04_en.pdf.

EUROPÄISCHE KOMISSION (2004b): Solvency II. Organisation of work, discussion on pillar I work areas and suggestions for further work on pillar II for CEIOPS, in: Markt/2543/03, 11.02.2004, http://europa.eu.int/comm/internal_market/insurance/-docs/markt-2543-03/markt-2543-03_en.pdf.

FISHBURN, P. C. (1977): Mean Risk Analysis with Risk Associated with Below-Target Returns, in: American Economic Review 67/1977, S. 116–126.

FUJIKI, M. (1996): Measurement of Risk, in: Albrecht (Hrsg.): Aktuarielle Ansätze für Finanz-Risiken, Bd. 1, Karlsruhe 2004, S. 71–98.

GRÜNDL, H./SCHMEISER, H. (2004): Solvency II und interne Risikosteuerungsmodelle, in: Versicherungswirtschaft 59/2004, S. 473–474.

HARTMANN-WENDELS, T./PFINGSTEN, A./WEBER, M. (2004): Bankbetriebslehre, 3. Auflage, Berlin et al. 2004.

HARTUNG, J./ELPELT, B./KLÖSENER, K.-H. (2002): Statistik: Lehr- und Handbuch der angewandten Statistik, 13. Auflage, München/Wien 2002.

HELTEN, E. (1991): Das Risiko und seine Kalkulation. Teil A. Die Erfassung und Messung des Risikos, in: Große/Müller-Lutz/Schmidt (Hrsg.): Versicherungsenzyklopädie, Bd. 2, 4. Auflage, Wiesbaden 1991, S. 125–180.

HENKING, A. (1998): Risikoanalyse unter Berücksichtigung stochastischer Abhängigkeiten, München 1998.

HÜRLIMANN, W. (2002): Analytical Bounds for Two Value-at-Risk Functionals, in: Astin Bulletin 32/2002, S. 235–265.

IAA (2004): A Global Framework for Insurer Solvency Assessment, Report by the Insurer Solvency Assessment Working Party, http://www.actuaries.org/LIBRARY/-Papers/Global_Framework_Insurer_Solvency_Assessment-members.pdf.

JORION, P. (2001): Value at risk: the new benchmark for managing financial risk, 2. Auflage, New York 2001.

JUSTEN, P./OTTEN, U. (2004): Das individuelle Risikokapital eines Komposit-Versicherers. Eine Fallstudie, in: Kölnische Rückversicherungs-Gesellschaft AG (Hrsg.): Assets & Liabilities 3/2004, S. 2–6.

KAPLANSKI, G./KROLL, Y. (2002): VAR Risk Measures versus Traditional Risk Measures: an Analysis and Survey, in: Journal of Risk 4/2002, S. 1–27.

KARTEN, W. (1972): Die Unsicherheit des Risikobegriffes: Zur Terminologie der Versicherungsbetriebslehre, in: Braeß/Farny/Schmidt (Hrsg.): Praxis und Theorie der Versicherungsbetriebslehre, Festgabe für H. L. Müller-Lutz zum 60. Geburtstag, Karlsruhe 1972, S. 147–169.

KORYCIORZ, S. (2004): Sicherheitskapitalbestimmung und -allokation in der Schadenversicherung: Eine risikotheoretische Analyse auf der Basis des Value-at-Risk und des Conditional Value-at-Risk, Karlsruhe 2004.

MARKOWITZ, H. M. (1952), Portfolio Selection, in: Journal of Finance 7/2004, S. 77–91.

MAURER, R. (2000): Integrierte Erfolgssteuerung in der Schadenversicherung auf Basis von Risiko-Wert-Modellen, Karlsruhe 2000.

ROCKAFELLAR, R. T./URYASEV, S. P. (2002): Conditional Value-at-Risk for General Loss Distributions, in: Journal of Banking and Finance 26/2002, S. 1443–1471.

ROTH, W. M. (2002): Ökonomische Analyse des Versicherungsaufsichtsrechts bezüglich des Einsatzes derivativer Finanzinstrumente, Karlsruhe 2002.

SCHMEISER, H. (1997): Risikotheoretisch fundierte Ansätze zur Neuregelung des Europäischen Solvabilitätssystems für Schadenversicherer, Karlsruhe 1997.

SCHMEISTER, H. (2001): Risikomanagement von Versicherungsunternehmen nach KonTraG, in: Zeitschrift für die gesamte Versicherungswissenschaft 90/2001, S. 139–159.

SCHMEISER, H. (2004): New Risk-Based Capital Standards in the European Union: A Proposal Based on Empirical Data, in: Risk Management & Insurance Review 7/2004, S. 41–51.

SCHNEEWEIß, H. (1967): Entscheidungskriterien bei Risiko, Berlin 1967.

SCHRADIN, H. R. (1998): Finanzielle Steuerung der Rückversicherung unter besonderer Berücksichtigung von Großschadenereignissen und Fremdwährungsrisiken, Karlsruhe 1998.

SCHRADIN, H. R. (2003): Entwicklung der Versicherungsaufsicht, in: Zeitschrift für die gesamte Versicherungswissenschaft 92/2003, S. 611–664.

SCHRADIN, H. R. (2004): Zum Risk-Based-Capital-Ansatz, in: Kölnische Rückversicherungs-Gesellschaft AG (Hrsg.): Assets & Liabilities 3/2004, S. 7–8.

SCHUBERT, T./GRIEßMANN, G. (2004a): Europa in Vorbereitung auf „Solvency II". Neuentwicklungen bei den Versicherungsaufsichtssystemen, in: Versicherungswirtschaft 59/2004, S. 1044–1046.

SCHUBERT, T./GRIEßMANN, G. (2004b): Solvency II = Basel II + X. Banken können von der Assekuranz lernen, in: Versicherungswirtschaft 59/2004, S. 1399–1404.

STEPHAN, T. (1995): Strategische Asset Allocation in Lebensversicherungsunternehmen, Karlsruhe 1995.

TASCHE, D. (2002): Expected shortfall and beyond, in: Journal of Banking and Finance 26/2002, S. 1519–1533.

VENTER, G. G. (2004): Capital Allocation Survey with Commentary, in: North American Actuarial Journal 8/2004, S. 96–107.

WAGNER, F. (2000): Risk Management im Erstversicherungsunternehmen: Modelle, Strategien, Ziele, Mittel, Karlsruhe 2000.

WANG, S. (1998): An Actuarial Index of the Right-Tail-Risk, in: North American Actuarial Journal 2/1998, S. 88–101.

YAMAI, Y./YOSHIBA, T. (2002a): Comparative Analyses of Expected Shortfall and Value-at-Risk: Their Estimation Error, Decomposition and Optimization, in: Bank of Japan (Hrsg.): Monetary and Economic Studies 20/2002, S. 87–121, http://www.boj.or.jp/-en/ronbun/ronbun_f.htm.

YAMAI, Y./YOSHIBA, T. (2002b): On the Validity of Value-at-Risk: Comparative Analyses with Expected Shortfall, in: Bank of Japan (Hrsg.): Monetary and Economic Studies 20/2002, S. 57–85, http://www. boj.or.jp/en/ronbun/ronbun_f.htm.

GDV-Standardmodell und sein Einsatz in der Praxis: Eine kritische Betrachtung

Uwe Ludka

1.   Anforderungen an ein Standardmodell

Die Anforderungen an ein Standardmodell für Solvabilität sind in einem so inhomogenen Wettbewerbsumfeld wie dem Versicherungsmarkt komplex. Zum einen gibt es unter den 552 Anbietern[1], die unter Bundesaufsicht stehen, extreme Größenordnungsunterschiede. Kleinere Mitanbieter weisen einstellige Millionenbeträge, die Marktführer zweistellige Milliardenbeträge als Umsatz auf. Zum anderen haben die Unternehmen auch jenseits der Zuordnung Lebensversicherer, Krankenversicherer, Pensionskasse oder Schaden- und Unfallversicherer erhebliche unterschiedliche Gewichtungen in den Sparten. Selbst innerhalb der Sparten gibt es risikotechnische Abweichungen bei der Konzentration von Risiken, z. B. reine Privatkundenversicherer oder Industrieversicherer.

Aufgabe des Modells ist es, dass die vorhandenen Eigenmittel optimiert unter Rendite-Risiko-Gesichtspunkten eingesetzt und Risiken[2] nur in dem Umfang eingegangen werden, wie sie vertretbar erscheinen, und mit Kapital hinterlegt werden können. Zudem will das Modell höhere Transparenz für die strategische Ausrichtung eines Unternehmens bewirken, in dem verschiedene Investitionsoptionen um die knappe Ressource Eigenmittel ringen.

Ziel ist es, durch ein Modell alle wesentlichen Risiken für die Unternehmen einheitlich zu bewerten und in einer quantifizierten Größe zu messen und damit zwei Zeiträume oder zwei Unternehmen vergleichen zu können. Das Modell kann dabei unterschiedliche Ausprägungen in den Grundformen haben, je nachdem, ob es sich um Lebensversicherer, Krankenversicherer, Pensionskasse oder Schaden- und Unfallversicherer handelt. Klar ist hiermit auch, dass dieses Modell immer nur ein Frühindikator für eine gegebenenfalls intensivere Prüfung sein kann und weder die Risikosituation des Unternehmens abschließend widerspiegelt noch bei allen Sachverhalten ein Höchstmaß an Sicherheit bietet.

Damit auch kleinere, teilweise seit Jahrhunderten am Markt bestehende Mitanbieter keine Wettbewerbsnachteile erfahren, ist ein einfaches Modell notwendig, das sich auf wenige Kennziffern beschränkt, die zudem mit im Mittel realistischen Größen hinterlegt werden. Diversifikationen und Korrelationen zwischen einzelnen Risiken sollten nach Möglichkeit Bestandteil des Modells sein, sofern es nicht auf Stresstestansätzen beruht. Erstrebenswert ist zudem eine hohe Akzeptanz in den Unternehmen, bei den Verbrauchern, der Aufsicht und sonstigen Marktteilnehmern. Gerade die Akzeptanz beim Verbraucher wird es erfordern, die Eigenmittelanforderungen, die nicht aus heute bereits vorhandenen Mitteln entstehen, stark

---

[1]   Vgl. BaFin (2003), S. 128. Danach standen 106 Lebensversicherer, 157 Pensionskassen, 54 Krankenversicherer und 235 Schaden- und Unfallversicherer 2003 unter Bundesaufsicht.

[2]   Vgl. zum Begriff Risiko auch Helten/Karten (1984), S. 3 ff.

zu begrenzen. Es ist kaum zu vermitteln, warum – wie beim Schaden- und Unfallversiche-rungsmarkt – ein seit Jahrzehnten krisenloser Markt plötzlich mehr Eigenmittel aufweisen muss und damit am Ende der Verbraucher höhere Prämien zahlen soll. Kritisch zu beurteilen ist es nicht, wenn sich ein einzelnes Unternehmen in einer Krisensituation befindet, sondern nur, wenn der gesamte Markt oder wenigstens eine Sparte in finanzielle Schwierigkeiten gerät, wie wir dies in der Lebensversicherung in den letzen Jahren teilweise erleben mussten.

Ein Standardmodell sollte insofern branchenweite Risikoveränderungen zumindest für die Aufsicht transparenter werden lassen, um frühzeitig Maßnahmen ergreifen zu können und Hilfsleistungen des Gesetzgebers zur Abwendung von Finanzkrisen in Deutschland zu ver-meiden. Dies setzt voraus, dass zumindest alle Versicherungsunternehmen unabhängig von der Größe das Standardmodell rechnen müssen. Standardmodelle sollten nicht das Ausschei-den von Mitanbietern durch marktwirtschaftlichen Wettbewerb verhindern, denn dieser sieht den Konkurs als Marktregulierung explizit vor. Letzteres sollte vermutlich nicht für die Marktführer gelten, bei denen Schieflagen nicht durch den Markt aufgefangen werden. Dies könnte aber durch erhöhte Anforderungen an Kapital oder eine detailliertere Aufsicht ab einer gewissen Größenordnung vermieden werden.

Ein weiteres wichtiges Merkmal für Akzeptanz ist die Möglichkeit eines Unternehmens, selbst durch gezielte Maßnahmen unterhalb des Ausscheidens aus dem Markt seine Risikopo-sition im Sinne des Standardmodells zu verbessern, die auch als betriebswirtschaftlich sinn-voll angesehen wird. Zudem sollte risikotechnisch gutes Handeln im Modell langfristig be-lohnt werden, das heißt zu geringeren Kapitalanforderungen führen. Dahinter steht die Über-zeugung, dass Schieflagen im Wesentlichen durch Missmanagement verursacht werden, also von Unternehmen selbst herbeigeführt sind. Weist ein Management über Jahre nach, dass es sinnvoll mit den Mitteln seines Unternehmens umgeht, verdient es eine Entlastung.

2.   GDV-Modell

Prüfen wir die oben diskutierten Anforderungen an ein Standardmodell einmal am GDV-Modell.[3] Insgesamt weist es eine überschaubare Komplexität auf und wird damit dem An-spruch gerecht, dass alle Versicherer damit arbeiten können. Folge ist häufig ein pragmati-scher, stark vereinfachender Ansatz zur Messung und Bewertung der Risiken. Auch die ma-thematischen Ansprüche sind durch die Begrenzungen auf die vier Grundrechenarten, dem Quadrieren sowie dem Wurzelziehen als sehr gering einzustufen, von daher sind sogar Nicht-Aktuare in der Lage, mit dem Modell zu arbeiten.

---

3   Stand 1. Juli 2002. Vgl. dazu auch Grießmann/Krüger/Oehlenberg in diesem Band.

Das GDV-Modell basiert auf dem Risk-Based-Capital-Ansatz und sieht zunächst keine Szenario- oder Stresstestberechnung vor. Insofern sollte es bereits Diversifikationen und Korrelationen berücksichtigen. Diversifikationseffekte sind im Modell für die Schaden- und Unfallversicherung beim Tarifierungsrisiko, im Lebenmodell zwischen Kalkulationsrisiko und dem Garantie- und Kapitalanlagerisiko sowie innerhalb des Kalkulationsrisikos und im Kapitalanlagenbereich selbst berücksichtigt.[4] In einer zweiten Stufe sieht das GDV-Modell wenigstens im Schaden- und Unfallbereich Sensitivitätsanalysen oder Stressszenarien vor.

Angestrebt wird, die Hinterlegung der Risiken mit Eigenmitteln möglichst risikoadäquat zu gewährleisten. Insofern entspricht das GDV-Modell grundsätzlich den Anforderungen und ist gegenüber den heutigen Solvabilitätsvorschriften eine zeitgemäße Weiterentwicklung. Die heutigen Solvabilitätsvorschriften sind in einer Zeit entstanden, in der die Risiken für Versicherer auf Grund der bestehenden Regulierung deutlich geringer waren und pauschale Ansätze ausreichten. Insbesondere war eine explizite Berücksichtigung der Kapitalanlagen nicht in dem Umfang erforderlich und auch nicht vorhanden.

Das GDV-Modell zielt auf die Messung der einjährigen Ruinwahrscheinlichkeit ab und vereinfacht insofern die mittel- und langfristige Ausrichtung von Versicherungsunternehmen. Zudem beurteilt es die Unternehmenssituation nur zu einem Stichtag, stellt von daher keine permanente Risikotragfähigkeit sicher. Es ist ein starres Modell in dem Sinn, dass z. B. nach einem Jahrhundertsturm keine geringeren Eigenmittelanforderungen gestellt werden, sondern, indirekt verursacht, tendenziell sogar höhere, weil viele Risikofaktoren schlechter eingestuft werden. Dieser Effekt ist um so größer, je mehr unternehmensindividuelle Zahlen in das Modell einfließen. Nur beim Marktpreisrisiko im Aktiensegment wird eine reduzierte Anforderung gestellt.

2.1 Risiken und Gewichtung

Als wesentliche Risiken hat das GDV-Modell herausgearbeitet:

■ Versicherungstechnische Risiken Schaden und Unfall

  – Tarifierungsrisiko
  – Reserverisiko
  – Forderungsausfallrisiko bezüglich Rückversicherung

■ Versicherungstechnische Risiken Leben

  – Kalkulationsrisiko

---

4 Vgl. IAA (2004). Auch diese sieht die Berücksichtigung von Diversifikationen durch lineare Korrelationsmatrizen in Form von Varianz-Kovarianz-Matrizen vor. Für negative Korrelationen wird aber eine Untergrenze von 0 (unkorreliert) empfohlen.

    – Garantierisiko

▪ Kapitalanlagerisiken

▪ Operative Risiken

Diese Risiken werden mit Eigenmitteln gewichtet nach Segmenten hinterlegt, insofern ist das GDV-Modell ein faktorbasiertes Modell. Hierzu werden zunächst die Soll-Eigenmittel getrennt für die Risiken berechnet, zum Teil wird innerhalb eines Risikos eine Differenzierung in weitere Unterrisiken vorgenommen. Beim Kapitalanlagerisiko wird z. B. in Marktpreisrisiken und Adressenausfallrisiken unterschieden und die Marktpreisrisiken wieder in verschiedene Assetklassen aufgeteilt. Zur Berechnung der Soll-Eigenmittel werden die Risiken durch Multiplikation von Risikoträgern mit geeigneten Risikofaktoren bewertet. Als Risikoträger, z. B. Beiträge einer Sparte oder die Anlage in einer Assetklasse, sind generell unternehmensindividuelle Daten zu verwenden. Die Risikofaktoren sind im allgemeinen Markt einheitlich vorgegeben und grundsätzlich aus dem Gesamtmarkt abgeleitete Größen. Das Modell lässt zumindest beim Lebenmodell die Option offen, die Risikofaktoren auch unternehmensindividuell zu bestimmen. Zur Berechnung der Gesamt-Soll-Eigenmittel werden die Soll-Eigenmittel der einzelnen Risiken miteinander verknüpft. Teilweise werden Korrelationen zwischen den einzelnen Risiken durch die Verwendung eines Varianz-Kovarianz-Ansatzes im Rahmen einer Korrelationsmatrix berücksichtigt. Unterstellt wird insofern ein linearer Zusammenhang der Risiken. Ansonsten erfolgt eine additive Verknüpfung.

Die Verwendung von markteinheitlichen Gewichten, die auf Grund von Marktdaten ermittelt werden, ist einer der Eckpunkte des GDV-Modells. Sie gewährleistet, dass mit begrenztem Aufwand eine Berechnung erfolgen kann. Eine Herleitung aus Marktdaten führt auch zu einer wünschenswerten Akzeptanz durch die Marktteilnehmer und die unternehmensindividuellen Volatilitäten erfahren eine erhebliche Glättung. Die VGV[5]-Schadenquoten eines Regionalversicherers werden z. B. nicht mit seinen Schwankungen gewichtet, sondern mit den diversifizierten Schadenquoten des Marktes. Die Verwendung unternehmensinterner Daten führt tendenziell zu höheren Anforderungen. Dies wird auch dadurch nicht kompensiert, dass Bruttoschaden-Kostenquoten des Marktes verwendet werden.

Die Verwendung von aus Marktdaten hergeleiteten Korrelationsmatrizen scheint der einzig mögliche Weg, Diversifikationen in einem faktorbasierten Standardmodell mit einem vertretbaren Aufwand abzubilden. Die Nichtberücksichtigung von Diversifikationen würde ein falsches Bild der Risikosituation der Unternehmen abgeben. Umgekehrt führt sie aber auch zu erheblichen Reduzierungen der Eigenmittelanforderungen. Die starken Eigenmittelreduzierungseffekte durch Diversifikationen sind damit ein weiterer zentraler Eckpunkt des GDV-Modells. Die Diversifikation wird allerdings nicht konsequent auf alle Teilbereiche angewendet, insbesondere nicht bei der Aggregation von Technik und Nichttechnik im Schaden- und Unfallmodell.

---

5   VGV steht für Verbundene Wohngebäude Versicherung.

2.2   Handlungsmöglichkeiten der Unternehmen

Dem Unternehmen bzw. dem Management sollte es möglich sein, durch risikogerechte Maßnahmen die Risikosituation zu verbessern. Auch eine Auswirkung des Modells auf möglichst
viele Unternehmensbereiche ist für die Risikosteuerung unerlässlich und erhöht die Akzeptanz. Es sollte dem bisher schon vorhandenen Risikosteuerungsprozess nach Möglichkeit
entsprechen und diesen teilweise ablösen.

Durch die fast ausschließliche Verwendung von Marktdaten als Risikofaktoren werden die
Möglichkeiten aber erheblich eingeschränkt. Die Verwendung von Brutto-Marktschaden- und
-kostenquoten z. B. beim Tarifierungsrisiko im Schaden- und Unfallmodell führt dazu, dass
eine unternehmerische aktive Begrenzung der Schwankungsbreite der Schadenquote durch
Rückversicherung nur dadurch belohnt wird, dass die Nettobeiträge verringert werden. Form
und Zielerreichung der Rückversicherung spielen keine Rolle. Verbesserungen der Zeichnungspolitik verändern das Ergebnis ebenfalls nicht. Dies ist besonders kritisch im negativen
Fall zu beurteilen und kaum im Sinne des Modells. Der Einkauf schlechter – sprich volatilerer – Risiken wird, selbst wenn diese Risiken sich im Schadenverlauf des Unternehmens
bereits widerspiegeln, durch die Verwendung von Marktdaten vollständig neutralisiert.

Gleiches gilt im Lebenmodell für das Wiederanlagerisiko im Garantierisiko. Statt der Verwendung pauschaler Sätze wäre ein einfaches Modell erstrebenswert, das die tatsächliche
zeitliche Differenz zwischen der Aktiv- und Passivseite widerspiegelt. Nur so kann das Management z. B. durch eine Durationsverlängerung der Aktivseite aktiv seine Risikoposition
verändern und dem Kapitalmanagement rendite-risikooptimierte Anlageziele im Sinne des
Modells geben.

2.3   Reserverisiko

Gemessen wird im GDV-Modell nicht die Höhe der Abwicklungsquoten der Schadenreserven, sondern nur deren Volatilität. Die Abwicklungsquote ist der Risikofaktor und definiert
als das Verhältnis des Abwicklungsergebnisses zu den Eingangsschadenreserven. Diese Faktoren werden markteinheitlich pro Sparte auf Bruttobasis ermittelt. Die Reservesituation des
einzelnen Unternehmens spielt hierbei keine Rolle.

Der Ansatz erscheint nur dann akzeptabel, wenn als Eigenmittel vorhandene Überreservierungen bei den Schadenrückstellungen angesetzt werden dürfen. Dies würde dazu führen,
dass vorhandene Reserven im Modell berücksichtigt und belohnt werden. Das GDV-Modell
sieht aber im Berechnungsteil diese Reserven nicht als Eigenmittel vor, obwohl die Überreservierungen alle Eigenschaften der Grunddefinition des GDV-Modells für Eigenmittel auf-

weisen. Folge wäre, dass eine vorsichtige Reservierung nicht belohnt würde und Schwankungen im Wesentlichen Schwankungen von Gewinnen wären.

Offen bleibt im GDV-Modell auch die Ermittlung der Überreservierungen. Dass bei der Ermittlung der Reserven in den Schadenrückstellungen – wenigstens bis zu einer gewissen Größenordnung und bei unverändertem Zahlungsreserveniveau – historische Abwicklungsergebnisse des Unternehmens verwendet werden dürfen, erscheint aus Vereinfachungsgründen erforderlich. Aktuarielle Verfahren wie z. B. das Chain-Ladder-Verfahren sollten erst ab einer gewissen Größenordnung erforderlich sein.

Wenn Obiges gilt, ist das verbleibende Risiko tatsächlich nur noch die Schwankung der Abwicklung. Über- bzw. Unterreservierungen wären vorab herausgerechnet. Die einheitliche Marktvorgabe der Risikofaktoren befreit die Unternehmen davon, historisch nach dem Best-Estimate-Prinzip ermittelte Schadenrückstellungen für Vorjahre zu rechnen. Dies wäre – unterstellt einen Beobachtungszeitraum von 15 Jahren analog zur Schwankungsrückstellung – für einen Standardansatz ein nicht vertretbarer Aufwand. Der Ansatz von HGB-Zahlen ist auf Grund des Vorsichtsprinzip allenfalls eine Näherung. Von daher sind die GDV-Faktoren, die auf HGB-Werten (gemittelt über den Gesamtmarkt) beruhen, nur eine pragmatische Näherung. Verdeutlichen mag dies auch der Vergleich der Standardabweichung der Bruttoschaden-Kostenquoten in der Kraftfahrzeughaftpflicht vor und nach Abwicklung. Sie beträgt für den Gesamtmarkt vor Abwicklung 9,7 und nach Abwicklung 5,7. Dies legt wenigstens die Vermutung nahe, dass in den Jahren mit schlechten Schadenverläufen Reserven in den Vorjahresrückstellungen aufgelöst wurden und umgekehrt, um so eine Glättung des Ergebnisse zu gewährleisten. Dies hätte zu dem eigentlichen Abwicklungsrisiko allerdings keine Beziehung. Langfristige Zeitreihen nach dem Prinzip der besten Schätzung hergeleiteter Schadenrückstellungen liegen nach Kenntnis des Autors zumindest auf Marktebene nicht vor.

Die Verwendung von Marktdaten als Risikofaktoren führt aber dazu, dass eine gute Arbeit der Schadenabteilung und des Aktuariats im Modell keine Berücksichtigung findet. Anreize zur Verbesserung der Ermittlung von Schadenreserven fehlen. Da hier wie beim Tarifierungsrisiko Spartenfaktoren ermittelt werden, erscheint es im Vergleich zu diesem nicht plausibel, dass Diversifikationseffekte zwischen den Sparten keine Berücksichtigung erhalten.

2.4   Rückversicherung

Die Rückversicherung findet im GDV-Modell bei der Gewichtung der Schaden-Kosten-Faktoren mit den Nettobeiträgen beim Tarifierungsrisiko Berücksichtigung. Die Art der Rückversicherung spielt dabei ebenso wenig eine Rolle wie deren Veränderung. Dies ist mit der Verwendung von Bruttomarktfaktoren erklärbar, allerdings – wie erörtert – wenig risikoadäquat.

Veränderungen der Rückversicherungsabgabe werden unmittelbar in vollem proportionalem Umfang wirksam. Die in die derzeitigen Solvabilitätsvorschriften eingebaute dreijährige Übergangszeit zur Gewährleistung der Dauerhaftigkeit ist wieder aufgegeben worden, so dass eventuell auch nicht risikogerechte Maßnahmen die Solvabilitätssituation deutlich verbessern können. Die Aussagen zum Tarifierungsrisiko gelten analog für das Reserverisiko.

Das Forderungsausfallrisiko der Rückversicherung wird durch eine Eigenmittelhinterlegung mit Ratingfaktoren berücksichtigt. Ein Konzentrationsrisiko in der Rückversicherung wird im GDV-Modell nicht gesehen. Dies ist inkonsistent zu der Modellierung im Kapitalanlagenbereich, die explizite Eigenmittelhinterlegung für zu hohe Abhängigkeiten vorsieht. Der Ansatz der Kapitalanlagen erscheint risikogerecht und sollte auf die Rückversicherung ausgedehnt werden. Ansonsten wären Marktereignisse wie das Ausscheiden der Gerling Globalen oder noch schlimmer tatsächliche Insolvenzen im Modell unzureichend integriert. Werden allerdings die Grundsätze der Kapitalanlagen auf die Rückversicherung übertragen, hätte dies gravierende Folgen für die Rückversicherungspolitik der Unternehmen. Sie wären gezwungen, ihre Rückversicherungsabgaben breit am Markt zu streuen und/oder die Schadenrückstellungen als Depot zu erhalten.

Die Folgen für die Handlungsalternativen wurden bereits oben diskutiert und führen nur zu einer begrenzten Mitwirkungsmöglichkeit der Rückversicherungsabteilung an der Steuerung der Ergebnisse für das eigene Unternehmen. Die Verwendung individueller Nettozahlen bei den Schaden- und Kostenquoten würde diese Thematik entschärfen, aber auch die Problematik beinhalten, dass Veränderungen der Rückversicherung, sofern nicht alle Vorjahreswerte angepasst werden, historisch unberücksichtigt bleiben. Eine Anpassung der Vorjahreswerte scheint aber in einem Standardmodell nicht vertretbar.

2.5   Rating

Das GDV-Modell sieht für das Emittentenrisiko als Risikofaktoren Werte vor, die aus der Einstufung in eine Ratingklasse resultieren. Dies gilt sowohl für die Rückversicherung als auch für Kapitalanlagen.

Der Ansatz ist praktikabel und in sich schlüssig. Allerdings ist spätestens im Fall der Übernahme dieser Idee in ein offizielles Solvabilitätsmodell zu klären, welche Ratings verwendet werden dürfen und wie diese zu gewichten sind. Sind Regelungen zulässig, die sich generell nur auf interaktive Ratings beziehen, oder müssen auch nur aus öffentlich zugänglichen Unterlagen hergeleitete Ratings berücksichtigt werden? Ferner muss die Frage beantwortet werden, ob und unter welchen Mindestvoraussetzungen interne Ratings oder Ratings von Banken verwendet werden dürfen. Schon die heute bestehenden Stresstests der BaFin im Kapitalanlagenbereich lassen hier den Unternehmen Handlungsspielräume, die die Vergleichbarkeit erheblich erschweren. Indirekte Folge ist es, dass Rückversicherer und Emittenten ohne Rating als Kunden und Partner für die Versicherungsunternehmen weitgehend ausscheiden.

2.6 Kapitalanlagerisiko

Das Modell unterteilt zunächst sauber in die wesentlichen Risikoklassen Marktpreisänderungsrisiko und Adressenausfallrisiko. Erstere wird in die Risikoklassen Grundstücke, Aktien und Renten inklusive Hypotheken aufgeteilt.

Die Modellierung des Marktpreisrisikos im Rentensegment wird nur auf Inhaberpapiere abgestellt. Durch die Vernachlässigung der Namenspapiere und Schuldscheindarlehen entspricht dies nicht dem Grundsatz der Marktpreisbewertung. In der Lebensversicherung erscheint dieser Ansatz auf Grund der Möglichkeit, diese Risiken im Wesentlichen im Zeitablauf auf die Versicherungsnehmer zu transferieren, noch akzeptabel. Im Schaden- und Unfallbereich ist sie unverständlich. Hier drückt sich eine sehr starke Orientierung an der HGB-Bilanzierung aus, die nicht mit betriebswirtschaftlichen Überlegungen übereinstimmt.

Besonders kritisch ist die vorgesehene Berücksichtigung von Stop-Loss-Marken als Eigenmittelersatz zu werten. Diese Marken wären immer Softfaktoren, deren Beachtung strengsten Kontrollen der Aufsicht unterliegen müsste, insbesondere unterjährige Veränderungen müssten zur Neuberechnung des gesamten Modells führen. Hier belegt das Modell nicht mehr, ob zu einem historischem Zeitpunkt die Solvabilität gewährleistet war, sondern ist ein System inklusive Maßnahmen zur Aufrechterhaltung der Solvabilität. Wenn dies integriert werden soll, so müssten auch andere in die Zukunft gerichtete eigenmittelreduzierende Maßnahmen berücksichtigt werden, wie zukünftig veränderte Rückversicherungs- oder Tarifierungspolitik. Analoges gilt für das Risiko erhöhende Maßnahmen.

Zwischen Marktpreisänderungs- und Adressenausfallrisiko sieht das Modell Unabhängigkeit vor. Allerdings zeigte die Krise nach dem 11. September 2001, dass bei der negativen Entwicklung der Aktienmärkte auch die Insolvenzen zunahmen und die Ratingeinstufungen der Unternehmen im Mittel deutlich herabgestuft wurden. Allerdings ist es schwierig, wenn nicht unmöglich, eindeutige Korrelationseffekte herauszuarbeiten.

Die Thematik verbundene Unternehmen und Beteiligungen blendet das GDV-Modell aus. Um Verzerrungen und Zuordnungseffekte zu verhindern, müssten sie wie Aktien behandelt werden.

2.7   Diversifikationseffekte

Nicht jede Detaillierung und Berücksichtigung führt zwangsläufig zu einer Verbesserung des Modells. Nur wenn die Korrelation zwischen den Faktoren klar und mit einiger Sicherheit quantifiziert werden kann, ist eine Untergliederung sinnvoll. Ansonsten sollte lieber eine kombinierte Betrachtung vorgenommen werden. Ihre Schwankungen und Abhängigkeiten finden dann in geeigneten Risikomaßen ihren indirekten Ausdruck. Zum Beispiel könnte auf die Korrelationsermittlung zwischen Renten und Aktien verzichtet werden, wenn die tatsächlich erzielte Gesamtrendite für diese beiden Assetklassen verwendet wird. Damit würde allerdings implizit unterstellt, dass die Gewichtung der Assetklassen konstant geblieben sei. Wenn aber eine Untergliederung erfolgt, muss auch eine Entscheidung über die Korrelation getroffen werden. Diese sollte mit realistischen Werten geschätzt werden.

Diversifikationseffekte sieht das GDV-Modell an mehreren Stellen vor, z. B. innerhalb des Schaden- und Unfallmodells beim Tarifierungsrisiko. Beim Lebenmodell sind Diversifikationseffekte im Kalkulationsrisiko sowie zwischen Kalkulationsrisiko auf der einen Seite und dem Kapitalanlage- und dem Garantierisiko auf der anderen Seite berücksichtigt. Bei den Kapitalanlagen werden zwischen dem Marktpreis- und Adressenausfallrisiko sowie innerhalb der Marktpreisrisiken zwischen Aktien und Renten ebenfalls Diversifikationsmöglichkeiten gesehen. Der Grad der Korrelation ist begrenzt auf stochastische Unabhängigkeit. Gegenläufige Effekte wie z. B. das Wiederanlagerisiko und das Rentenmarktpreisrisiko bei den Kapitalanlagen werden nicht berücksichtigt. Die Korrelationen werden durch Varianz-Kovarianz-Matrizen linear erfasst. Diese Idee ist von der IAA aufgegriffen und weiterentwickelt worden.

Die Anwendung von Marktdaten für die Korrelationsmatrizen ist auf Grund der Schwierigkeit, Diversifikationseffekte statistisch abzusichern, eine erstrebenswerte Lösung. Die Herleitung aus unternehmensindividuellen Daten ist selbst unter Beachtung der erheblichen Folgen für die Eigenmittelanforderungen bezüglich der unzureichenden eigenen Erfahrung über Katastrophenereignisse als kritisch einzustufen. Prinzipien und Verbote – sprich Nichtberücksichtigung – von Korrelationen hat für ein Solvabilitätsmodell grundsätzlichen Charakter und dürfte nicht durch individuelle Modelle verändert werden. Eine Entscheidung, dass zwischen Technik und Nichttechnik im Schaden- und Unfallbereich auf Grund unsicherer Beweisbarkeit auf Gesamtsicht volle Korrelation besteht, also eine additive Verknüpfung erfolgt, könnte dann nicht durch individuelle Betrachtungen aufgeweicht werden. Ohne den Einbau von Korrelationseffekten würden die Eigenmittelanforderungen sehr hoch sein, sofern für jedes Segment die bisherige Zielgröße erreicht werden soll, und nicht wie oben erwähnt den Gegebenheiten entsprechen. Die Schwankungen z. B. der Schadenquoten eines Unternehmens sind im Regelfall kleiner als die Schwankungen der einzelnen Sparten. Insofern ist der Ansatz des GDV risikoadäquat und zu begrüßen.

Mehrspartenversicherer würden durch die Korrelationsmatrix im Schaden- und Unfallbereich gegenüber Einspartenversicherern Vorteile erfahren, die aber der Risikosituation entsprechen. Regionale Konzentrationen oder Diversifikationen werden aber weiterhin vernachlässigt und müssten gegebenenfalls separat in einem Stressszenario „100 Jahresereignis" nachgewiesen werden. Die Modellierung von Extremsituationen kann generell besser durch begleitende Stresstestbetrachtungen als durch ein allumfassendes Modell abgedeckt werden. Die Integration von Wechselwirkungen und Diversifikationseffekten je nach Szenario übersteigt die Anforderung an ein Standardmodell.

Diversifikationen werden bis auf das Kalkulationsrisiko zum einem und das Kapitalanlage- und Garantierisiko zum anderen beim Lebenmodell im GDV-Modell nur innerhalb der Risikogruppen berücksichtigt. Die Aggregation der Risikogruppen erfolgt additiv und wird damit als vollständig positiv korreliert angesehen. Insbesondere werden im Schaden- und Unfallmodell zwischen der Versicherungstechnik und den Kapitalanlagen keine Diversifikationseffekte unterstellt. Hier gilt vermutlich die gleiche Aussage, wie oben zur Korrelation zwischen Marktpreisänderungs- und Adressenausfallrisiko diskutiert: In extremen Situationen besteht die Gefahr einer Abhängigkeit. Diese zu quantifizieren ist aber auf Grund der vorhandenen Erfahrungen schwierig. Zudem kann ein Katastrophenereignis in der Versicherungstechnik Auswirkungen auf den Kapitalmarkt haben, der umgekehrte Fall ist dem Autor nicht bekannt. Dass Aktienkurskorrekturen Stürme oder Erdbeben ausgelöst hätten, wäre mehr als nur erklärungsbedürftig. Insofern findet hier höchstens eine einseitige Korrelation statt. Der Ansatz, dann eine vollständige Korreliertheit zu unterstellen, ist extrem vorsichtig. Zudem treten zwischen Versicherungstechnik und Kapitalanlagen gegenläufige Effekte auf. Eine schwache Konjunktur korreliert hoch mit schwachen Aktienkursen, aber auch mit geringeren Kfz-Unfallzahlen. Auch die Gleichläufigkeit von Kapitalanlage- und Garantierisiko in der Lebensversicherung zu unterstellen, ist konservativ. Das Marktpreisänderungsrisiko im Rentenbereich und das Wiederanlagerisiko für die Garantien sind exakt gegenläufige Effekte. Bei der Marktpreisänderung von Aktien und dem Garantierisiko besteht vollständige Unkorreliertheit. Hier wäre ein differenzierteres Vorgehen wünschenswert.

Die Integration von Diversifikationseffekten beim Tarifierungsrisiko im Schaden- und Unfallbereich führt zu einer erheblichen Entlastung, da die meisten Segmente als unabhängig oder nur leicht korreliert angesehen werden. Gleiches gilt für den Kapitalanlagenbereich und für das Lebenmodell. Anzustreben ist, die Eigenmittelreduktion auf Grund von Diversifikationseffekten maximal auf einen Prozentsatz der nur additiv verknüpften Einzeleigenmittelanforderungen zu begrenzen. Hierdurch würde eine Begrenzung des Modellierungsrisikos bezüglich Diversifikationen erfolgen. Inkonsequent ist insgesamt für die Diversifikationen allerdings, dass im Detail für das gleiche Risiko „Wechselwirkung von Crashs am Aktienmarkt" unkorreliert zu dem Adressenausfallrisiko, auf der oberen Ebene im Schaden- und Unfallmodell zwischen Versicherungstechnik und Kapitalanlagen aber voll korreliert unterstellt wird. In beiden Fällen sind eindeutige Beziehungen nicht mit wünschenswerter Sicherheit nachweisbar.

2.8   Vollständigkeit

Aus Sicht des Autors umfasst das Modell alle wesentlichen Risiken. Die operativen Risiken sind nur pauschal berücksichtigt, sofern nicht unterstellt wird, dass die operativen Risiken in den Faktoren indirekt enthalten sind. Die Faktoren sind in der Regel historische Marktdaten, wo sich dieses Risiko natürlich realisiert hat. Dagegen werden Risiken aus der Gesetzgebung nicht erfasst. Zum Beispiel wurden die steuerlichen Risiken, die aus den Abschreibungen für Investmentanteile in den Jahren 2001 bis 2003 bestanden, im Modell nicht berücksichtigt. Allerdings sind diese Risiken schwer oder gar nicht zu quantifizieren. Insofern scheint der GDV-Ansatz der Vernachlässigung akzeptabel, wenn allen Markteilnehmern transparent ist, dass das Modell nicht abschließend ist, sondern nur die wesentlichen engeren unternehmerischen Risiken abdeckt.

2.9   Eigenmittelanforderungen

Welche Folgen hat das GDV-Modell für die Eigenmittelanforderungen an die Unternehmen? Generell kann man sagen, sie werden steigen und zwar teilweise deutlich. Daraus den Schluss zu ziehen, zusätzliche Mittel müssten in den Unternehmen aufgebaut werden, wäre falsch. Die Möglichkeiten unternehmerischer Freiheit werden allerdings beschränkt. Eine starke Erhöhung der Aktienquote gegenüber dem derzeitigen Niveau erhöht z. B. den Eigenmittelbedarf unmittelbar.

In der Lebensversicherung bewegen sich die Kapitalanforderungen für das derzeitige GDV-Modell tendenziell im Rahmen der Stresstests der BaFin für den Kapitalanlagenbereich. Vorausgesetzt, ein Unternehmen erfüllt die Stresstests, besteht kein zusätzlicher Kapitalbedarf. Der Stresstest ist kurz gesprochen ein Spezialfall des GDV-Modells, der keine Diversifikationseffekte kennt. Die Thematik möglicher Veränderungen der Aktienquote wird grundsätzlich entsprechend der Stresstestregeln der BaFin eingeschränkt. Von daher würde das GDV-Modell als Solvabilitätsmodell verhindern, dass die Assekuranz zu alten Höchstständen bei den Aktienquoten zurückkehrt.[6]

Gleiches gilt im Schaden- und Unfallbereich[7], sofern unterstellt wird, dass neben den Buchreserven bei den Kapitalanlagen Überreservierungen bei den Schadenrückstellungen und Schwankungsrückstellungen als Eigenmittel anrechenbar sind. Das GDV-Modell sieht in seinem Grundsatzpapier keine feste Definition der Eigenmittel vor, hier handelt es sich um

---

[6]   Vgl. auch Dohmen (2004).

[7]   Vorausgesetzt ist, dass – wie im Berechnungstableau des GDV-Modells vorgesehen – beim Tarifierungs- und Reserverisiko ein Proportionalitätsfaktor gewählt wird, der bei einer angenommenen Normalverteilung ein Sicherheitsniveau von 0,9978 aufweist.

eine Interpretation des Autors entsprechend der Grundsätze für Eigenmittel. Allerdings sieht das GDV-Berechnungstableau Reserven bei Schadenrückstellungen und Schwankungsrückstellungen derzeit nicht als Eigenmittel an. Hier ist Änderungsbedarf angezeigt. Der zusätzliche Bedarf an Eigenmitteln wäre dann bei mit durchschnittlichem Sicherheitsniveau versehenen Schadenrückstellungen und marktdurchschnittlichen Schwankungsrückstellungen mehr als ausreichend gedeckt.

Tatsächlicher Kapitalbedarf entsteht allerdings auf Konzernebene, wo es bisher keine Anforderungen an Stresstests und so weiter gibt. Die Integration insbesondere der Kapitalanlagen bewirkt bei der derzeit gültigen Zusammenführung der Einzelunternehmen in der Solvabilitätsberechnung erheblichen Mehraufwand. Kleinere Versicherungsunternehmen betrifft dies nicht, weil sie Einzelunternehmen sind oder eine überschaubare Konzernstruktur aufweisen. Betroffen hiervon sind aber die Marktführer und die größeren unter den mittleren Versicherungsgesellschaften. Den Marktführern steht als Option aber im Regelfall der Kapitalmarkt offen. Hilfe könnte es auch hier durch die Anerkennung von Diversifikationseffekten auf Konzernebene geben. Die Systematik, die hinter der Berücksichtigung von Korrelationseffekten in den Einzelunternehmen steht, gilt ebenso auf Konzernebene. Zunehmen würde zudem die Schwankung der Eigenmittelanforderungen. Die Begrenzung der Schwankung ist die eigentliche Herausforderung für die Unternehmen.

3. Beispiel

Im Folgenden sollen die genannten Punkte beispielhaft in ihren Wirkungen verdeutlicht werden. Da die Zahlen für das Tarifierungsrisiko im Schaden- und Unfallbereich sehr gut aus Geschäftsberichten ableitbar sind, beschränkt sich das Beispiel auf dieses Risiko.

Untersucht werden drei Unternehmen auf Grund der Geschäftsberichte 2003: ein kleinerer Versicherer – im Weiteren Sachgilde genannt – mit knapp 10 Millionen Euro gebuchten Bruttobeiträgen, ein mittlerer Versicherer – im Weiteren Regionalversicherer genannt – mit knapp 200 Millionen Euro gebuchten Bruttobeiträgen und ein großer Versicherer – im Weiteren Beamtenversicherer genannt – mit fast 1,5 Milliarden Euro gebuchten Bruttobeiträgen. Hierbei werden jeweils nur die Mutterunternehmen und nur das selbst abgeschlossene Geschäft betrachtet.

Die Sachgilde ist ein reiner Sachversicherer mit regionalem Schwerpunkt. Der Regionalversicherer hat ebenfalls einen Schwerpunkt in einer Region, ist aber ein Kompositversicherer mit der Kfz-Sparte als Schwerpunkt. Daneben ist er Privatkundenversicherer mit einem kleinen gewerblichen Anteil. Der Beamtenversicherer ist bundesweit tätig, versichert nur Kunden im öffentlichen Dienst und hat seinen Schwerpunkt in der Kfz-Sparte. Er ist reiner Privatkundenversicherer.

Als Risikofaktoren ergeben sich für die Sparten folgende Gewichtungs- und Diversifikationsfaktoren (siehe Abbildung 1).[8] Die Risikofaktoren sind die Stichprobenstandardabweichungen der Bruttoschaden-Kostenquoten für die Jahre 1990 bis 1999 vor Abwicklung. Die Diversifikationen werden hier für das GDV-Modell in drei Stufen unterteilt: vollständig korreliert, zu 0,5 korreliert und unkorreliert. Die Zuordnung erfolgt nach den ermittelten Stichprobenkovarianzen.

Diese Vereinfachung gegenüber dem Ursprungsmodell des GDV verändert das Ergebnis nur geringfügig und trägt der Unsicherheit der Ermittlung dieser Faktoren Rechnung, ohne eine Scheingenauigkeit widerzuspiegeln. Kürzel in der Korrelationsspalte sind bei der Sparte in Klammern angegeben.

Sparte	Standard-abweichung	Korrelation 1 mit Sparte	Korrelation 0,5 mit Sparte	Unkorreliert
Unfall (U)	3,08	H	KH	Rest
Haftpflicht (H)	3,48	U	RS	Rest
Kraftfahrthaftpflicht (KH)	9,67	—	U, RE	Rest
Kasko + Kfz-Unfall (KA)	10,45	—	F, S, T, RE	Rest
Rechtsschutz (RS)	4,26	—	H	Rest
Feuer + Betriebsunterbrechung (F)	14,13	T	KA, RE	Rest
Sach Rest (S)	10,20	—	KA, RE	Rest
Transport (T)	7,00	F	KA, S, RE	Rest
Rest (RE)	7,67	—	KA, F, S, T	Rest

Abbildung 1:   Korrelationen zwischen einzelnen Sparten

Verglichen werden in Abbildung 2 die prozentualen Anforderungen an Eigenmittel bezüglich der verdienten Nettobeiträge. Der im GDV-Modell vorgesehene Proportionalitätsfaktor wird mit knapp 2,9 gewählt.[9] Zum Vergleich ist als Solvabilität I die bisherige Anforderung dokumentiert worden, wobei nur der relevante Beitragsindex angegeben wird. Nebenbedingungen – wie maximale Anerkennung von Rückversicherung oder höherer Wert des Schadenindexer-

---

8   Zahlen aus den BaFin-Jahresberichten 1990–1999, Teil B Tabelle 541.

9   Bei einer Normalverteilung beträgt die Wahrscheinlichkeit 0,9978, dass die Realisierung kleiner gleich dem Erwartungswert zuzüglich dem 2,9-Fachen der Standardabweichung ist. Der Faktor wird hier nicht begründet, lässt sich aber aus dem Lebenmodell herleiten, wo ein Sicherheitsniveau auf Grund Ratingüberlegungen bezüglich Standard & Poor's von 0,9978 gefordert wird.

gebnisses – blieben unberücksichtigt. Als Eigenmittel wird nach Solvency I nur das Eigenkapital angesetzt, wobei aber das Eigenkapital ungekürzt verwendet wird. Beim hier als GDV-
Modell ausgewiesenen Ansatz werden neben dem Eigenkapital die Schwankungsrückstellungen als Eigenmittel angesetzt. Die Sachgilde hat 2003 im selbst abgeschlossenen Geschäft
einen Selbstbehalt von ca. 30 Prozent, Regional- und Beamtenversicherer jeweils ca. 90
Prozent. Die Prozentsätze in Abbildung 2 beziehen sich auf die Nettobeiträge.

Szenario	Sachgilde	Regional-versicherer	Beamten-versicherer
Solvabilität	18,0 %	16,4 %	16,0 %
GDV-Modell	26,2 %	16,4 %	18,1 %
GDV-Modell ohne Diversifikationseffekte	30,8 %	26,2 %	27,5 %
GDV-Modell bei vollständiger Unkorreliertheit der Sparten	26,2 %	15,1 %	17,0 %
Erfüllung Solvabilität I	6,2-fach	2,5-fach	8,2-fach
Erfüllung GDV-Modell	8,1-fach	4,0-fach	14,7-fach

Abbildung 2: *Eigenmittelhöhe als Prozentsatz der verdienten Nettobeiträge*

Die Zahlen belegen folgende Aussagen:

▪ Diversifikationen in den Sparten führen zu deutlichen Entlastungen, im Beispiel bis zu 37
Prozent beim Regionalversicherer.

▪ Das GDV-Modell führt nicht zwangläufig zu höheren Eigenmittelanforderungen. Selbst
die Sachgilde würde ihre Position unter Berücksichtigung von Schwankungsrückstellungen als Eigenmittel verbessern.

▪ Regionale Konzentration wird nicht negativ bewertet.

Ein Vergleich dieses Ergebnisses mit der tatsächlichen Standardabweichung der Nettoschaden-Kostenquoten vor Abwicklung für das gesamte selbst abgeschlossene Geschäft beim
Regionalversicherer von 4,76 führt zu einem Eigenmittelbedarf von 13,6 Prozent der Nettobeiträge, liegt also noch deutlich unterhalb obiger Zahlen. Anzumerken ist, dass sich beim
Regionalversicherer der Spartenmix im Zeitablauf nur unwesentlich verschoben hat, also
keine Verzerrungen auf Grund der veränderten Zusammensetzung festzustellen sind.

Abbildung 3 illustriert ebenfalls die Verwendung von Marktdaten als Risikofaktoren. Für
zwei Sparten wurden die Stichprobenstandardabweichungen der Bruttoschaden-Kostenquoten
des Marktes und der Nettoschaden-Kostenquoten des Regionalversicherers für den Beobachtungszeitraum 1990 bis 1999 verglichen.

Sparte	Markt	Regionalversicherer
Haftpflicht	3,5	7,1
Kraftfahrzeughaftpflicht	9,7	11,1

Abbildung 3:   *Standardabweichungen des Marktes und der Regionalversicherer*

Abbildung 3 dokumentiert die erhebliche Glättung und Abweichung einzelner Unternehmen gegenüber den verwendeten Marktdaten. Trotzdem ist wie oben erwähnt die Standardabweichung der Nettoschaden-Kostenquoten für das gesamte selbst abgeschlossene Geschäft des Regionalversicherers und der daraus abgeleiteten Kapitalanforderung geringer als das detaillierte Spartenmodell. Hier kommt auch zum Ausdruck, dass Detaillierung nicht immer zu genaueren Ergebnissen führt und die Diversifikationen des GDV-Modells sehr vorsichtige Schätzungen sind. Wenn statt markteinheitlicher Faktoren unternehmensindividuelle Risikofaktoren gefordert werden, ist zur Vermeidung einer zu großen Komplexität zu überlegen, ob nicht die Aufteilung in Sparten erst ab einer Mindestgröße zugelassen wird. Kleine Anbieter könnten mit der Gesamt-Nettoschaden-Kostenquote arbeiten und mittlere sich auf einige wenige Sparten beschränken.

4.   Fazit

Das GDV-Modell ist der mutige Versuch, ein neues Solvabilitätsstandardmodell für die Versicherungsbranche zu entwickeln. Es beinhaltet alle für ein Versicherungsunternehmen wesentlichen Risiken. Der Ansatz ermöglicht auch kleineren Unternehmen, ohne großen Aufwand den Solvabilitätsnachweis zu erbringen, und führt, sofern unterstellt wird, dass die anrechenbaren Eigenmittel sinnvoll ausgewählt werden und bislang eine konservative, mit Sicherheitsmargen ausgestattete Bilanzierung erfolgte, zu keinem zusätzlichen Kapitalbedarf. Auf Grund der Zielsetzung der Einfachheit erfolgt die Quantifizierung allerdings teilweise zu grob und verhindert, dass alle Risiken bedarfsgerecht hinterlegt werden bzw. das Management eine (wesentliche) Möglichkeit der Einflussnahme hat.

Gerade die Definition der anrechenbaren Eigenmittel bedarf der Konkretisierung bzw. Ausweitung. Die Nichtberücksichtigung von Reserven bei den Schadenrückstellungen als Eigenmittel, wie beim Berechnungsschemata des GDV derzeit vorgenommen, ist, sofern für die Schwankung von Abwicklungen Eigenmittelhinterlegung gefordert wird, nicht vertretbar, da im Regelfall nur Schwankungen von Abwicklungsgewinnen erfolgen. Die Nichtberücksichtigung ist auch nicht mit den im GDV-Modell definierten Grundsätzen vereinbar. Gleiches gilt für die Schwankungsrückstellungen. Zudem wäre auch eine stärkere Berücksichtigung von

Diversifikationen und unternehmensindividuellen Faktoren wünschenswert. Auch hier sollten Faktoren nach dem Best-Estimate-Prinzip gewählt werden. Dies ist aber in einer weiteren Ausgestaltung durchaus umsetzbar. Der weitgehende Verzicht auf unternehmensindividuelle Risikofaktoren lässt den Erfolg von Risikobegrenzung in einem Unternehmen kaum erkennen, verhindert Akzeptanz in den Unternehmen und führt zu unternehmensinternen Nebenmodellen.

Die Modelle Leben sowie Schaden und Unfall behandeln gleiche Sachverhalte ohne erkennbare ökonomische Hintergründe unterschiedlich. Hier wäre eine Angleichung sinnvoll. Im Schaden- und Unfallmodell werden z. B. die Kapitalanlagerisiken bei der Berechnung des Solvabilitätserfüllungsgrades von den Eigenmitteln im Zähler subtrahiert, im Lebenmodell stehen sie bei den Soll-Eigenmitteln im Nenner und werden dort zu den sonstigen Risiken addiert.

Denkbar und erstrebenswert wäre für die Einführung als Solvabilitätsmodell ein abgestuftes Standardmodell, analog z. B. zu den Ratingeinstufungen im Bankenprojekt Basel II, die den Unternehmen die Wahl zwischen Marktdaten und unternehmensinternen Daten insbesondere bei wichtigen Risikofaktoren lässt. Dieser Gedanke ist im Lebenmodell zumindest angedacht worden, sollte aber auf alle Segmente ausgedehnt werden. Dies würde dem Sachverhalt Rechnung tragen, dass die erheblichen Größenordnungsunterschiede zwischen den Marktteilnehmern auch unterhalb der Marktführer, die vermutlich interne Ansätze einsetzen werden, berücksichtigt werden. Zudem würde der Stellenwert des Modells für die interne Steuerung zunehmen, je mehr unternehmensindividuelle Faktoren und nicht nur Risikoträger in das Modell einfließen.

Die hier aufgezeigten Verbesserungsmöglichkeiten des GDV-Modells sind bei der Überarbeitung dieses Ansatzes (Vorschlag für ein mit Solvency II kompatibles Standardmodell, zweite Version des GDV-Modells) aufgenommen worden.[10]

Literatur

BaFin (2003): Jahresbericht der Bundesanstalt für Finanzdienstleistungsaufsicht 2003, Juni 2004 unter http://www.Bafin.de.

Dohmen, C. (2004): Große Versicherer kaufen wieder Aktien, in: Handelsblatt 06.09.2004, S. 25.

Helten, E./Karten, W. (1984): Versicherungsbetriebslehre. Das Risiko und seine Kalkulation. Wiesbaden 1984.

International Actuarial Association (2004): A Global Framework for Insurer Solvency Assessment, http://www.actuaries.org/members/en/documents/papers/Global_-Framework_Insurer_Sovency_Assessment-public.pdf.

---

10   Vgl. Grießmann/Krüger/Oehlenberg in diesem Band.

Diskussionsbeitrag für ein mit Solvency II kompatibles Standardmodell

Gundula Grießmann / Ulrich Krüger / Lutz Oehlenberg

1.   Einleitung

Der Gesamtverband der Deutschen Versicherungswirtschaft e.V. (GDV) hat 1997 mit ersten Überlegungen zu einem risikobasierten Standardansatz begonnen und sich zum Ziel gesetzt, durch den Vorschlag eines stärker an Risikosteuerungsmodellen orientierten Ansatzes eine Neukonzeption der Versicherungsaufsicht anzuregen. Dabei wurde unter Berücksichtigung der spartenspezifischen Besonderheiten ein risikoorientiertes Standardmodell für Leben-, Schaden- und Unfallversicherer entwickelt.

Seit seiner Veröffentlichung im August 2002 wird das GDV-Modell[1] von zahlreichen Versicherungsunternehmen in der Risikomanagementpraxis angewendet. Dabei ist der Ansatz auf positive Resonanz gestoßen. Der GDV hat das Modell außerdem in die nationale und europäische Diskussion um ein neues Versicherungsaufsichtssystem für Europa im Projekt Solvency II eingebracht.

Vor diesem Hintergrund stand die Reaktivierung der Arbeitsgruppen zum GDV-Modell im Frühjahr 2004. Ihre Aufgabe ist es, das nunmehr einige Jahre alte Modell daraufhin zu prüfen, welche Anpassungen im Hinblick auf die Praxiserfahrungen, die fortgeschrittene Diskussion (auch auf internationaler Ebene[2]) und die veränderten Rahmenbedingungen auf europäischer Ebene vorgenommen werden sollten. Diese Arbeiten wurden gemeinsam mit Vertretern der BaFin durchgeführt, so dass sich der nun vorliegende Entwurf als ein Vorschlag zu einem mit Solvency II kompatiblen Standardmodell versteht, der von GDV und BaFin gemeinsam getragen wird.

Der Entwurf hat folgende entscheidenden Vorzüge, die für eine Umsetzung des Ansatzes auf europäischer und nationaler Ebene infolge von Solvency II sprechen:

- Der Ansatz, der als Koeffizientenmodell entwickelt worden ist, bezieht – anders als ein Szenarioansatz – alle relevanten Risiken ein und ist gleichzeitig hinreichend einfach.[3]

- Das Modell ist modular aufgebaut, so dass eine Anpassung an nationale Besonderheiten in anderen europäischen Ländern möglich ist.

- Der Ansatz stellt auf eine Marktwertsicht ab – wie international gefordert – leitet aber solche Marktwerte von HGB-Zahlen ab. So werden Unternehmen, die nicht bereits nach

---

1   Vgl. GDV-Modell (2002); GDV (2003); GDV (2004a); GDV (2004b).
2   Hierbei wurde auf eine weitgehende Kompatibilität mit dem globalen Aufsichtsmodell der IAA wert gelegt, vgl. Boller/Hummel in diesem Band.
3   Vgl. Müller (1995), S. 586 ff.; Müller (2000), S. 760 ff.

IAS/IFRS bilanzieren und auch auf absehbare Zeit nicht zu internationalen Rechnungslegungsvorschriften übergehen müssen, durch die neuen Solvenzregelungen nicht zu einer Umstellung auf IAS/IFRS gedrängt.

■ Wie von der EU-Kommission gefordert, werden Aspekte des Asset Liabililty Management abgebildet. Dies geschieht innerhalb der Modellierung von Zinsänderungsrisiken für Festzinsanlagen.

■ Das Modell berücksichtigt auf konservative Weise Korrelationseffekte und bildet so Risikoausgleichsprozesse im Versicherungsunternehmen realitätsnah ab.

■ Anreize für das Unternehmen, ein internes Modell zu entwickeln, werden durch vereinfachende Modellierungen und konservative Parameterisierungen gegeben.[4]

■ Die Modellparameter werden – soweit zur einfachen Handhabung notwendig – im Modell vorgegeben. Wo es risikotheoretisch sinnvoll erscheint, werden zudem unternehmensindividuelle Daten herangezogen (personalised factor-based model). Die unternehmensindividuellen Eingabedaten sind so gewählt, dass eine einfache Ermittlung durch die Versicherungsunternehmen und eine einfache Überprüfbarkeit durch die BaFin gewährleistet ist.

■ Der Ansatz wird in Excel den Unternehmen zur Verfügung gestellt werden, so dass dadurch der Aufwand für die Versicherungsunternehmen reduziert wird.

2.   Grundlegende Modelleigenschaften

Der Entwurf für ein Solvency II kompatibles Standardmodell zur Berechnung des gewünschten wie des notwendigen Risikokapitals (solvency capital requirements, SCR, und minimum capital requirements, MCR) hat – neben den bereits genannten – folgende Eigenschaften:

■ Als Risikomaß wird der Value-at-Risk im Leben- und Krankenmodell gewählt. Das Schadenmodell ist unabhängig von einem bestimmten Risikomaß modelliert worden.[5]

■ Das zur Abdeckung der einzelnen Risiken notwendige Risikokapital wird unter Annahme von Korrelationen zu einem Gesamtkapitalbedarf aggregiert.

■ Eine Marktwertsicht wird sowohl bei der Bestimmung von SCR und MCR als auch bei der Berechnung der Available Solvency Margin (ASM) approximativ hergestellt (basierend auf HGB-Werten). Risiken aus bilanzieller Sicht, wie z. B. Abschreibungsrisiken, werden nicht betrachtet.

---

4   Vgl. Gründl/Schmeiser (2004), S. 473.
5   Vgl. Artzner /Delbaen/ Heath (1998); Gründl/Winter in diesem Band.

- Das Aufsichtsmodell nimmt eine Einjahressicht ein.

- Die Risikoaggregation erfolgt mit Hilfe der Kovarianzformel, die die Nichtkorreliertheit von Risikosegmenten abbildet.

- Wo es aus risikotheoretischen Überlegungen sinnvoll erscheint, wird im Modell mit unternehmensinternen Daten gearbeitet, um vereinfachende Durchschnittsbildung bei der Bestimmung der Risikofaktoren zu vermeiden. So wird bspw. im Leben- und Krankenmodell bei der Berechnung der Risikofaktoren im Kalkulationsrisiko auf interne Daten zurückgegriffen. Im Schadenmodell werden bei der Bestimmung des versicherungstechnischen Risikos die unternehmensinternen Schwankungen der Combined Ratio verwendet. Da der Ansatz ein Standardmodell ist, sind die Eingabeparameter, die nicht von der BaFin vorgegeben werden, so weit möglich aus vorhandenem Datenmaterial ohne großen Aufwand ableitbar.

- Im Leben-, Schaden- und Unfall- sowie Krankenmodell werden Kapitalanlagerisiken und operative Risiken nach derselben Vorgehensweise abgebildet. Bei der Modellierung versicherungstechnischer Risiken werden jeweils spartenspezifische Besonderheiten berücksichtigt.

3. Modellierung des Kapitalanlagenrisikos

Unter dem Kapitalanlagenrisiko wird das Risiko verstanden, dass der Marktwert der Kapitalanlagen im nächsten Geschäftsjahr abnimmt. Diese Risikokategorie hat sehr maßgeblichen Einfluss auf die Höhe der erforderlichen Eigenmittel, die ein Versicherer bereitstellen muss. Folgende Teilrisiken wurden in diesem Zusammenhang modelliert, auf die im Folgenden näher einzugehen ist: Adressenrisiko, Marktänderungsrisiko, Währungsrisiko und Konzentrationsrisiko.

3.1 Adressenrisiko

Das Adressenrisiko wird bei Unternehmensanleihen, Hypotheken und sonstigen Forderungen bestimmt. Hierunter fällt einerseits das Risiko, dass Schuldner den entsprechenden Zahlungen nicht nachkommen können, z. B. bei Konkurs. Auch das Risiko, dass sich durch die Einstufung in eine schlechtere Ratingklasse der Creditspread erhöht und sich die Marktwerte der Anleihe reduziert, wird hier berücksichtigt. Zur Abbildung dieses Risikos werden die auf

Basis von Beta-Verteilungen ermittelten Risikofaktoren mit den Marktwerten der jeweiligen Festzinsanlage multipliziert.

3.2 Marktänderungsrisiko

Das Marktänderungsrisiko bezeichnet das Risiko, dem ein Versicherungsunternehmen durch Schwankungen des Aktien-, Festzinsanlagen- und Immobilienmarktes ausgesetzt ist.

- Aktien: Zur Abbildung des Marktänderungsrisikos wurden die Volatilitäten und erwarteten Erträge am Aktienmarkt – in Abhängigkeit zur jeweiligen Rendite am Rentenmarkt – auf Basis von historischen Daten geschätzt. Dabei wurde bei der Berechnung des Ertragswerts auf die Risikoprämie im Vergleich zur Rendite von 10-jährigen Festzinsanlagen abgestellt.

- Immobilien und Grundstücke: Bei der Bestimmung des Risikos aus Immobilien und Grundstücken wird ähnlich vorgegangen wie beim Aktienrisiko. Auch hier werden die Volatilitäten und erwarteten Erträge mit Hilfe von Erfahrungen aus der Vergangenheit geschätzt.

- Festzinsanlagen: Das Zinsänderungsrisiko ist in der vorliegenden Version des Modells neu formuliert worden. Zur besseren Berücksichtigung von Aspekten des Asset Liability Management (ALM) im Modell wurde das vorher separat betrachtete Garantierisiko in das Zinsänderungsrisiko integriert, wie es der Realität entspricht.

3.2.1 Zinssenkungsrisiko

Das Wiederanlage- oder besser Zinsreduktionsrisiko wird bestimmt, indem zunächst mit dem stochastischen Black-Karasinski-Modell derjenige Marktzins errechnet wird, der genau dem (unteren) 0,5%-Quantil der entsprechenden Verteilung entspricht. Die angenommene Zinsreduktion entspricht dann der Differenz zwischen aktuellem und so berechnetem Marktzins. Für den so gebildeten Zins werden von der Grundidee her sowohl der Marktwert der Aktiva als auch der Marktwert der (zinsfordernden) Passiva bestimmt. Eine eventuelle Unterdeckung der Passiva wird als Zinsreduktionsrisiko definiert und wäre bei losgelöster Betrachtungsweise mit diesem Volumen als Eigenmittel zu hinterlegen. Aus methodischen Gründen erfolgt die konkrete Berechnung jedoch anders, nämlich mit Hilfe der modifizierten Duration der Renten bzw. der Passiva.

Die stillen Reserven der Passivseite, also dieDifferenz zwischen dem Buchwert (aktueller Zins) und dem Marktwert der Passiva bzw. Verpflichtungen, die im Modell approximativ aus vorhandenen Rechnungslegungsgrößen abgeleitet werden, werden zu den Eigenmitteln addiert. Für Länder, die wie Deutschland Vorschriften haben, welcher Anteil der Kapitalerträge an die Versicherungsnehmer weiterzugeben ist, sollten hier konservative Abschläge gemacht werden.

Zinsanstiegsrisiko

Im Falle eines schockartigen Zinsanstieges (Berechnung des Schockzinses wieder mit Black-Karasinski-Modell) ist ein Wertverfall auf der Aktivseite die Folge, dem bei garantierten Rückkaufswerten unveränderte Verpflichtungen des Versicherungsunternehmens gegenüberstehen. Ein zinsinduziertes Stornorisiko entsteht für das Versicherungsunternehmen, wenn der Rückkaufswert eines Vertrages größer als der Marktwert der bedeckenden Aktiva nach Eintritt des Zinsschocks ist (dies gilt nur bei garantierten Rückkaufswerten). Denn bei einem starken Zinsanstieg werden die Kunden Stornierung und höher verzinsliche Neuanlage verstärkt in Betracht ziehen, so dass das Versicherungsunternehmen gezwungen ist, Renten mit dem dann niedrigen Marktwert zu veräußern.

Die Höhe des ökonomischen Verlusts wird bestimmt durch die Differenz zwischen dem Buchwert der Deckungsrückstellungen mit garantierten Rückkaufswerten und dem Marktwert der bedeckenden Aktiva nach Zinsschock und durch die ALM-Stornoquote, die das (zinsinduzierte) Stornoverhalten der Kunden widerspiegelt. Auch hier wird wieder das SCR so bestimmt, dass nach dem Zinsschock Aktiv- und Passivseite ausgeglichen sind.

Zunächst wird das SCR berechnet, das notwendig wäre, wenn alle Kunden stornieren würden. Da so das Risiko überzeichnet würde, wird das Stornoverhalten wie folgt modelliert: Es wird angenommen, dass die ALM-Stornoquote von der Differenz zwischen dem 10-Jahreszins für Staatsanleihen nach Eintritt des Zinsschocks und dem Niveau der aktuellen Gesamtverzinsung der Passiva (Garantiezins zuzüglich Überschussbeteiligung) abhängig ist. Je größer der Abstand zwischen dem Kapitalmarktzins und der Gesamtverzinsung ist, desto höher wird die Neigung der Versicherungsnehmer zur Kündigung sein. Eine angenommene Basisstornoquote wirkt dabei als zinsunabhängige Bezugsgröße für den Stornofaktor.

3.2.2   Gesamtes Zinsrisiko

Hier wird das Maximum des Zinsanstiegs- und Zinssenkungsrisikos angesetzt. Dieser Wert wird noch um die durchschnittliche Garantieverzinsung auf die zinsfordernden Passiva abzüglich des erwarteten Ertrags aus dem Bondportfolio korrigiert. Damit wird die Fortschreibung innerhalb des Bilanzjahres modelliert.

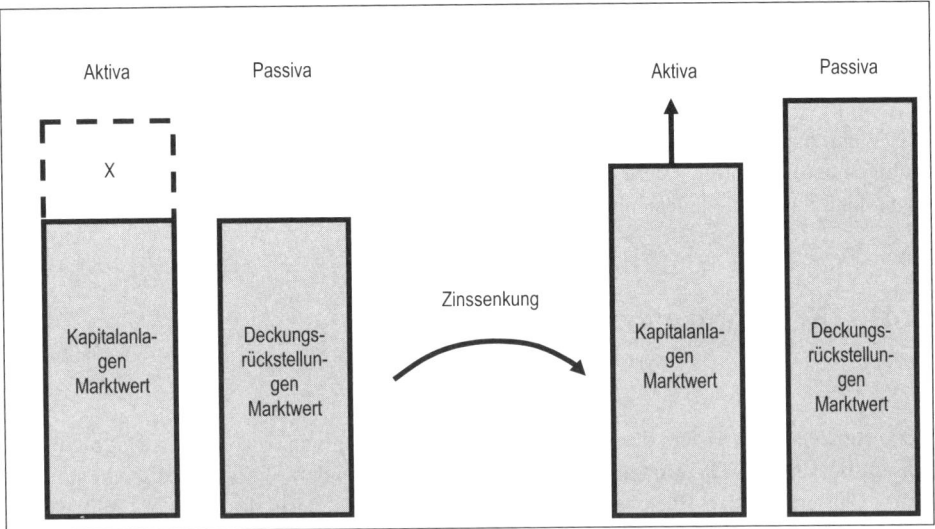

Abbildung 1: *Berechnung des Risikokapitals bei Zinssenkung*

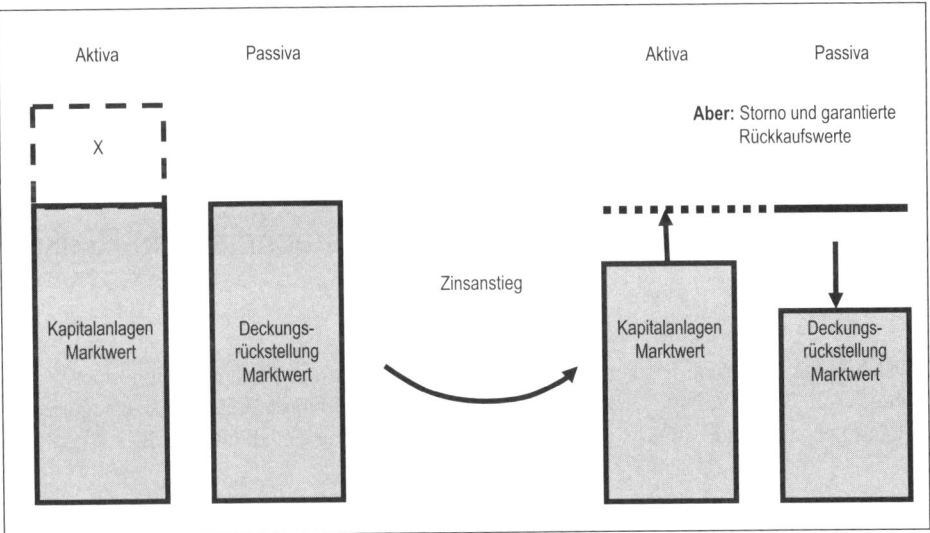

Abbildung 2: *Berechnung des Risikokapitals bei Zinsanstieg*

3.3   Währungsrisiko

Das Währungsrisiko, das aus inkongruenter Bedeckung resultiert, wird bei Renten und Immobilien berücksichtigt, sofern Inkongruenz vorliegt. Über die Normalverteilung werden hier Risikofaktoren für die unterschiedlichen Währungen abgeleitet.

3.4   Konzentrationsrisiko

Beim Konzentrationsrisiko, das durch eine geringe Streuung von Anlagen entsteht, bleibt der Ansatz des alten GDV-Modells im Wesentlichen unverändert. Es soll lediglich auf den Markt- anstatt auf den Buchwerten aufgesetzt werden. Als Basis des Ansatzes gelten aber weiterhin die Grenzen des VAG.

Die Eigenmittelanforderungen aus diesen einzelnen Risikokategorien sind dann zum Kapitalanlagerisiko zu aggregieren. Weil sich über die Zeit keine stabilen positiven oder negativen Korrelationen nachweisen lassen, wurde aus Vorsichtsgründen von einer Korrelation von Null ausgegangen.

4.   Berechnung des versicherungstechnischen Risikos

Versicherungstechnische Risiken haben großen Einfluss auf die Risikosituation eines Versicherers. Auf Grund der spartenspezifischen Besonderheiten wurde diese Risikokategorie für Leben-, Schaden- und Unfall- sowie Krankenversicherer unterschiedlich modelliert.

4.1   Leben

Die versicherungstechnischen Risiken bei Lebensversicherern – unterteilt in Kosten-, Forderungsausfall-, Schwankungs-, Kumul- und Trendrisiko – werden, da eine Quantilsbetrachtung nur schwer möglich ist, durch Risikoszenarien abgebildet. Diese Ansätze sind damit konform zu den Vorschlägen der Internationalen Aktuarvereinigung (IAA).

1. Kostenrisiko: Beim Kostenrisiko, das sich durch mögliche Änderungen der Kostenstrukturen ergibt, wird von einem Wegfall des Neugeschäftes im darauf folgenden Jahr ausgegangen, so dass dem Unternehmen trotzdem Aufwendungen in Höhe der fixen Abschluss- und Verwaltungskosten entstehen. In dieser Höhe ist Kapital für dieses Risiko zu stellen. Abgezogen werden dürfen jedoch die Verwaltungskostenerträge aus dem Bestand, die Amortisationszuschläge und der Saldo aus sonstigen Erträgen und sonstigen Aufwendungen. Basis für die Berechnungen bilden die Nachweisungen aus der internen Rechnungslegung der vorangegangenen drei Jahre. Der maximale Wert wird als Risikokapital angesetzt. Sollte das Risikokapital negativ werden, also einem Ertrag entsprechen, so wird es auf Null begrenzt.

2. Vertreter- und Versicherungsnehmer-Forderungsausfallrisiko: Bei diesem Risiko werden die Forderungsausfälle gegenüber den Versicherungsvertretern und den Versicherungsnehmern betrachtet. Zunächst werden die Verminderungen der Zillmerforderungen aus vorzeitigem Abgang abzüglich rückgebuchte Provisionen aus vorzeitigem Abgang plus Abschreibungen und Wertberichtigungen an Forderungen an Vertreter ermittelt. Hier wird der Wert in Relation zu den Zillmerforderungen und Forderungen gegenüber den Versicherungsvertretern betrachtet. Als Risikokapital wird die maximale Quote über die letzten drei Jahre verdoppelt und mit den Zillmerforderungen und Forderungen gegenüber Vertretern des vorangegangenen Jahres multipliziert. Sollte dieser Wert negativ werden, so wird das Risiko auf Null begrenzt.

3. Das biometrische Risiko setzt sich aus Schwankungs-, Kumul- und Trendrisiko zusammen.

    –   Schwankungsrisiko: Hier wurde die Modellierung aus dem alten Modell übernommen. Es werden Standardabweichungen der Verteilungen – getrennt nach Todesfall-, Erlebensfall-, Berufsunfähigkeits- und restlichen Versicherungen – angenähert, wobei die Bestandsgröße, die tatsächlichen Aufwendungen und das riskierte Kapital als Parameter eingehen. Entsprechend der Vorgabe des Quantils wird dann das Risikokapital als Vielfaches der Verteilung bestimmt.
    –   Kumulrisiko (Todesfall- und Berufsunfähigkeitsversicherungen): Bei diesem Risiko wird von einer einjährigen Verdoppelung der Risikoaufwendungen ausgegangen. Hier wird vom Risikoergebnis noch einmal der tatsächliche Aufwand abgezogen und das Risikokapital über die letzten drei Jahre maximiert. Sollte es negativ werden, wird es auf Null gesetzt.
    –   Trendrisiko: Hier werden nur die Rentenversicherungen betrachtet. Als Risikokapital ist der jährliche Auffüllbedarf (der gesamte Auffüllbedarf wird auf zwanzig Jahre gestreckt) auf das Niveau der Tafel DAV 2004 R B20 im gesamten Rentenbestand anzusetzen. Dabei ist vom 2004 erreichten Nachreservierungsniveau ohne Storno- oder Kapitalabfindungserträge in der Zukunft auszugehen.

4.2   Schaden

Die Versicherungstechnik eines Schaden- und Unfallversicherers wird durch die Berücksichtigung folgender Teilrisiken abgebildet: Prämien- und Reserverisiko, Risiken aus nach Art der Lebensversicherung betriebenem Geschäft und Rückversicherungsausfallrisiken.

4.2.1   Prämien- und Reserverisiko (S1-Risiko)

Diese Risikokategorie bildet das Risiko aus nicht auskömmlich kalkulierten Prämien und unzureichenden Rückstellungen ab. Das Geschäft eines Schaden- und Unfallversicherers wird dabei zunächst aus Vereinfachungsgründen in Geschäftsfelder (Lines of Business, LoB) unterteilt.

Der Risikokapitalbedarf errechnet sich mit Hilfe der unternehmensindividuellen Combined Ratio[6] pro Geschäftsfeld unter Berücksichtigung der auf Marktbasis berechneten Korrelationen zwischen den Geschäftsfeldern. Zudem wird betrachtet, ob ein Unternehmen in einer Sparte untertarifiert oder auskömmlich kalkuliert. Wie im Lebenmodell werden auch hier pro LoB Risikoträger und Risikofaktor multipliziert. Aus Vereinfachungsgründen wird dabei nur proportionale Rückversicherung berücksichtigt. Die verwendeten Korrelationen sind konservativ geschätzt, so dass das Modell Diversifikationseffekte berücksichtigt, wie sie für das Wirtschaften in einem Versicherungsunternehmen charakteristisch sind, gleichzeitig aber noch Anreize gibt, an internen Modellen zu arbeiten. Ein weiterer wichtiger Vorzug des Modells – im Gegensatz zu anderen Vorschlägen in der internationalen Diskussion – ist, dass hier bereits in einem Standardmodell unternehmensinterne Daten zu Grunde gelegt werden und dass der Ansatz trotzdem hinreichend einfach bleibt.

Anders als in der ersten Version des Modells werden Tarifierungs- und Reservierungsrisiko integriert betrachtet. Damit soll vermieden werden, dass das Modell falsche Anreize setzt (in der ersten Modellversion wurden falsche Impulse gegeben, indem im Reserverisiko, das die Reserven als Risikoträger verwendet, die Eigenmittelanforderungen bei Erhöhung der Reserven stiegen). Als Gründe für eine solche integrierte Betrachtungsweise können zudem genannt werden: Die Verwendung der Combined Ratio bietet sich an, weil das Modell so auf unternehmensinterne Daten zurückgreifen kann, die die BaFin leicht nachprüfen kann. Bei einer Trennung von Prämien- und Reserverisiko führt das, besonders bei kleineren Unternehmen, zu einer größeren Instabilität der Daten, als wenn mit der Combined Ratio gerechnet wird. Die Combined Ratio ist zudem beim Übergang auf die Fair-Value-Betrachtung – wie einige Beispielrechnungen zeigen – das stabilere Maß, da es hierbei insbesondere auf der Reserveseite zu künstlichen Volatilitäten kommen kann.

---

6   Die Combined Ratio ist eine häufig verwendete Kennzahl für die Rentabilität des Versicherungsgeschäfts. Sie errechnet sich als Summe der Schaden-, Verwaltungskosten- und der Kostenquote für sonstige Aufwendungen.

Wie in der internationalen Diskussion üblich und von der BaFin gefordert, wurden Naturkatastrophenrisiken im Schadenmodell integriert. Naturkatastrophenrisiken werden dabei als separate LoB mit einer Korrelation von Null zu anderen Geschäftszweigen modelliert. Grundlage ist dabei eine Marktschadenverteilung. Die Prämienanteile für Naturkatastrophenrisiken werden aus Marktdaten als Schadenanteil an allen identifizierten Großschäden abgeleitet und als einheitlicher Prozentsatz im Modell vorgegeben. Dabei wird proportionaler wie nichtproportionaler Rückversicherungsschutz angerechnet. In diesem ersten Schritt werden aus Vereinfachungsgründen nur Sturmrisiken einbezogen. Eine spätere Modellierung anderer Naturgefahren ist möglich. Sowohl regionale Unterschiede in den Exposures einzelner Versicherungsunternehmen in Deutschland als auch der wahrscheinliche Maximalverlust der Unternehmen (probable maximum loss, PML) werden aus Vereinfachungsgründen im Modell nicht berücksichtigt. Eine solche Vorgehensweise bleibt internen Modellen vorbehalten.

4.2.2 Rückversicherungsausfallrisiko (S2-Risiko)

Zudem wird das Risiko, dass ein Rückversicherungspartner ausfällt modelliert. Die Risikofaktoren werden im neuen Modell basierend auf dem System großer Ratingagenturen ermittelt. Rückversicherer, die schlechter als BBB geratet sind, aber der europäischen Aufsicht unterliegen, sollten mit der Ausfallwahrscheinlichkeit gewichtet werden, die durch die Aufsicht sichergestellt wird.

4.3 Kranken

Bei der Modellierung des Kalkulationsrisikos greift das Krankenmodell auf die Berechnung des Kalkulationsrisiko im Lebenmodell zurück. Die Möglichkeit in der Krankenversicherung zur zeitnahen Überprüfung aller Kalkulationsgrundlagen und zur Prämienanpassung wirkt risikomindernd. Anders als im Lebenmodell wird zudem das Kostenrisiko und das Vertreter- und Versicherungsnehmer-Forderungsausfallrisiko gemeinsam abgebildet, weil alle Krankenversicherer über Daten zu Abschlusskosten verfügen, die sich nicht künstlich in einen Kosten- und in einen Forderungsausfallanteil trennen lassen.

5.   Abbildung des operativen Risikos

Das operative Risiko wird allgemein definiert als die Gefahr von Verlusten, die infolge der Unangemessenheit oder des Versagens von internen Verfahren, Menschen und Systemen oder infolge externer Ereignisse eintreten. Die diesbezüglichen Eigenmittelanforderungen werden im Modell als Prozentsatz der verdienten Bruttoprämie bzw. Rückstellungen berechnet.

6.   Ausblick

Im Zuge der weiteren Diskussionen auf europäischer Ebene im Projekt Solvency II ist darüber nachzudenken, ob und gegebenenfalls wie das mit Solvency II kompatible Standardmodell weiterentwickelt werden kann. Wichtig ist in diesem Zusammenhang aber, dass die Besonderheiten des deutschen Versicherungsmarktes auch künftig angemessen berücksichtigt sowie kleine und mittlere Versicherer nicht überfordert werden. Die folgenden Abschnitte identifiziert Teilbereiche, in denen sich Möglichkeiten für eine Weiterentwicklung des Modells ergeben könnten.

6.1   Aggregationsformel und Risikomaß

Die im Modell verwendeten Aggregationsformeln für das SCR gelten exakt, wenn die betrachteten Risiken multivariat normalverteilt sind. Ob wesentlich von dieser Verteilung abgewichen wird, ist noch näher zu untersuchen und die Aggregationsformeln sind gegebenenfalls anzupassen. Falls sich für die Risiken eher schiefe Verteilungen ergeben, könnte die Aggregation zum Risikomaß VaR zunehmend unsicherer werden. Gegebenenfalls wäre dann auch das Risikomaß zu modifizieren, um die Aggregation zu stabilisieren.

6.2   Modellierung des Kapitalanlagerisikos

6.2.1   Laufzeitbänder statt Duration

Derzeit wird die Laufzeitstruktur auf Aktiv- und Passivseite über die Duration erfasst. Dies ermöglicht die Quantifizierung des durch Parallelverschiebungen der Zinsstruktur verursachten Risikos. Das Risiko, das durch andere Änderungen der Zinsen entsteht (z. B. Erhöhung der kurzfristigen Zinsen bei gleichzeitiger Reduzierung der langfristigen Zinsen), kann durch die Duration jedoch nicht erfasst werden. Die dafür nötige Erweiterung ist die detaillierte Erfassung der Laufzeitstruktur in Laufzeitbändern oder die Erfassung von weiteren Zinssensitivitäten, wie Drehung oder Krümmung der Zinsstruktur.

6.2.2   Alternative Zinsstrukturmodelle

Derzeit unterstellt das Modell einen Quadratwurzelprozess (wie im Cox-Ingersoll-Ross-Modell) mit einem zusätzlichen Floor für den langfristigen Zinssatz, um die Risikogewichte für das Zinsrisiko zu plausibilisieren. Andere einfache Zinsstrukturmodelle sollten auf ihre Tauglichkeit für diesen Zweck untersucht werden. Die resultierenden Risikogewichte sollten einerseits mit realistischeren Modellierungen und andererseits mit den Risikogewichten für das Zinsrisiko im Bankenbereich verglichen werden.

6.2.3   Zerlegung der Passivseite bei Lebensversicherern in festverzinsliche und optionale Bestandteile

Kernidee der von Bühlmann vorgeschlagenen „multivariaten Bewertung" von Lebensversicherungsverträgen[7] ist es, die Zahlungsverpflichtungen so in Komponenten zu zerlegen, dass sie mit Standardfinanzprodukten der Kapitalmärkte vergleichbar werden. Die garantierten Zahlungen werden als festverzinsliche Zahlungsverpflichtung modelliert, die Überschussbeteiligung als Serie von Call-Optionen auf (bilanzielle) Überschüsse des Versicherungsunternehmens.

Die Umsetzung dieser Idee stößt auf praktische Schwierigkeiten. Die meisten Optionen, die der Versicherungsnehmer hat (z. B. Kapitalwahlrecht oder Rückkauf) werden nicht optimal ausgeübt. Der Ansatz von Bühlmann zur Überschussbeteiligung erfordert die Modellierung von Überschüssen, die dem Gestaltungsspielraum des Versicherungsunternehmens unterliegen und außer den Kapitalmarktzinsen von weiteren Einflüssen abhängen. Dennoch ist eine

---

7   Vgl. Bühlmann (2004).

Konvergenz der finanzmathematischen und aktuariellen Methoden in Bühlmanns Sinn erstrebenswert.

6.3 Modellierung des versicherungstechnischen Risikos für die Schaden- und Unfallversicherung

6.3.1 Kompatibilität mit IFRS und Eignung als europäisches Modell

Für die Betrachtung historischer Zeitreihen von Combined Ratios muss man zumindest für einen Übergangszeitraum auf Kenngrößen aus statutarischen Bilanzen zurückzugreifen, die auf zum Teil von einer Marktwertbetrachtung abweichenden Prinzipien beruhen. Für den deutschen Versicherungsmarkt bedeutete dies, dass die Schaden- und Unfallversicherungsunternehmen ihr versicherungstechnisches Risiko anhand einer Betrachtung von Combined Ratios aus der HGB-Bilanz bemessen würden, so lange, bis entsprechende Werte aus Rechnungslegungsabschlüssen nach IFRS vorliegen. Es sollte weiter untersucht werden, ob sich die gemessenen Volatilitäten nach HGB und IFRS signifikant unterscheiden.

6.3.2 Trennung von Prämien- und Reserverisiko

Das Modell trennt in der Schaden- und Unfallversicherung nicht zwischen dem Prämien- und dem Reserverisiko, sondern bewertet das gesamte versicherungstechnische Risiko in einem Faktoransatz mit dem Risikoträger Prämien. Dieser Ansatz ist theoretisch im Hinblick auf das Reserverisiko insbesondere dann gerechtfertigt, wenn das Verhältnis von Reserven und Prämien für den einzelnen Versicherungszweig eines Unternehmens wenig schwankt. Ob die in der Realität vorkommenden Schwankungen des Verhältnisses von Reserven und Prämien wesentlich sind, ist weiter zu untersuchen.

6.3.3 Begriff des Fair Value der Schadenreserven und seine Berechnung

Für die versicherungstechnischen Passiva bedeutet eine marktnahe Bewertung von Aktiva und Passiva eine Bewertung nach dem Prinzip des Fair Value. In der Schaden- und Unfallversicherung wird im Zuge dieser Betrachtung, im Unterschied zur bestehenden Rückstellungsbewertung nach HGB, auch eine Diskontierung der zu erwartenden Zahlungsströme aus den Rückstellungen vorgenommen.

Für die Verwendung des Fair Value im Rahmen eines Solvenzkapitalmodells wird es erforderlich sein, eine Definition und inhaltliche Abgrenzung dieses Begriffs vorzunehmen. Eine Definition ist Voraussetzung dafür, die Angemessenheit und Verlässlichkeit spezifischer Verfahren zur Bestimmung des Fair Value im Rahmen einer Solvenzbetrachtung aufsichtsrechtlich überprüfen zu können.

6.3.4   Forderungsausfallrisiko gegenüber Rückversicherern

Eine Bemessung des Forderungsausfallrisikos gegenüber Rückversicherern erfordert unter anderem, die Wahrscheinlichkeit eines Ausfalls des Rückversicherers abzuschätzen. Zu diesem Zweck werden im Modell Finanzkraftratings (financial strength ratings) von Rückversicherungsunternehmen herangezogen. Um die Tragfähigkeit dieses Ansatzes abzusichern, sollte der Zusammenhang zwischen der tatsächlichen Ausfallwahrscheinlichkeit von Rückversicherungsunternehmen und ihren Finanzkraftratings weiter untersucht werden.

7.   Zusammenfassung

Der unterbreitete Vorschlag ist kompatibel mit den Anforderungen, die die EU-Kommission in ihren Arbeitspapieren im Projekt Solvency II an ein Standardmodell stellt. Der Modellansatz versteht sich deshalb als Diskussionsbeitrag im Projekt Solvency II und will zeigen, wie die vielfältigen zu klärenden Fragen, die die EU-Kommission in diesem Projekt im Zusammenhang mit dem Standardansatz aufgeworfen hat, beantwortet werden können.

Der vorgelegte Modellentwurf wird nun in einem weiteren Schritt in der Praxis erprobt. In umfassenden Feldtests – zunächst für den deutschen Markt – sollten quantitative Implikationen untersucht werden. Nach solchen praktischen Tests des Modellansatzes soll der Vorschlag dann veröffentlicht werden.

Abschließend ist in diesem Zusammenhang ausdrücklich herauszustellen, dass sich der Vorschlag auf die Modellierung des Standardansatzes bezieht. Die darüber hinaus wichtige Frage nach Anforderungen an interne Modelle, die im Zuge von Solvency II zeitgleich zu einem Standardmodell eingeführt werden sollen, ist in einem weiteren Schritt zu klären.

Literatur

ARTZNER, P./DELBAEN, F./EBER, J.-M./HEATH, D. (1999): Coherent Measures of Risk, in: Mathematical Finance 9/1999, S. 203–228.

BÜHLMANN, H. (2004): Multivariate Valuation, Discussion Paper ETH Zürich 2004.

GDV (2002): Aus der Praxis des Risikomanagements im Versicherungsunternehmen. Teil 1: Betriebswirtschaftliche Hinweise zum Risikobericht, Berlin 2002.

GDV (2003): Dokumentation des Internen Kontrollsystems. Ein Leitfaden, Berlin 2003.

GDV (2004a): Risikosteuerung in Versicherungsunternehmen. Risikoidentifizierung als Ausgangspunkt für ein integriertes Risikomanagementsystem, Berlin 2004.

GDV (2004b): Aus der Praxis des Risikomanagements im Versicherungsunternehmen. Teil 2: Betriebswirtschaftliche Hinweise zum Risikomanagementprozess, Berlin 2004.

GDV-MODELL (2002): http://www.gdv.de/fachservice/20716.htm.

GRÜNDL, H./ SCHMEISER, H. (2004): Solvency II und interne Risikosteuerungsmodelle, in: Versicherungswirtschaft 2004, S. 473–474.

HULL, J. (1993): Options, Futures and other derivative Securities, Prentice Hall 1993.

MÜLLER, E. (1995): Risk-Based Capital für Versicherungsunternehmen: Der amerikanische Ansatz, in: ZfV 1997, S. 586–592.

MÜLLER, E. (2000): Sinn und Unsinn von RBC-Modellen: Anmerkungen zur Nichtlinearität von Risiken, in: ZfV 2001, S. 760–766.

SCHLITTGEN, R./ STREITBERG, B. (1994): Zeitreihenanalyse; 5. Auflage; Oldenburg 1994.

Solvency II: Interne Risikosteuerungsmodelle aus wissenschaftlicher Sicht

Hato Schmeiser / Anna Osetrova

1.   Solvency II: Eine Einführung

Die aktuellen EU-Solvabilitätsvorschriften sind seit ihrer Einführung in den Jahren 1973 (Nichtlebensversicherungen) und 1979 (Lebensversicherungsunternehmen) Gegenstand massiver Kritik,[1] hauptsächlich, weil sie sich lediglich am Volumen des Versicherers und nicht an dessen Risikostruktur orientieren.[2] Des Weiteren fußen die numerischen Vorgaben in den Formeln zur Ermittlung der so genannten Soll-Solvabilität nur sehr eingeschränkt auf ökonomischen Überlegungen, sondern erklären sich vor allem anhand des politischen Einigungsprozesses im Rahmen ihrer Verabschiedung.[3]

Zu Beginn des Jahres 2002 haben der Rat und das Parlament der EU die Vorschläge der Kommission zur Verbesserung der bestehenden Vorschriften (Solvency I) angenommen.[4] Damit wurden die Mitgliedstaaten der EU verpflichtet, bis zum 20. September 2003 verschiedene Rechtsvorschriften zu erlassen[5], die zum 1. Januar 2004 erstmals zur Anwendung kamen. Tatsächlich enthält Solvency I lediglich kleinere Veränderungen bei der Berechnung der so genannten Solvabilitätsspanne und eine Anpassung des Mindestgarantiefonds an die beobachtete Geldentwertung in der EU. Auch existieren nun erweiterte Anforderungen an die Informationsbereitstellung seitens der Versicherungsunternehmen sowie zusätzliche Eingriffsbefugnisse der Aufsichtsbehörde.[6] Insgesamt gilt allerdings festzuhalten, dass die Änderungen am bestehenden Europäischen Solvabilitätssystems durch Solvency I sicherlich nicht in der Lage sind, die grundsätzlichen Kritikpunkte des Systems zu entschärfen. Vor diesem Hintergrund hat sich die Europäische Kommission entschlossen, auf Basis des so genannten Solvency-II-Projekts die Eigenkapitalvorschriften für EU-Versicherer in Zukunft grundlegend neu zu ordnen.[7]

Zur Planung und Umsetzung des Solvency-II-Projekts setzt die Europäische Kommission den Unterausschuss Solvabilität (solvency subcommittee) des Versicherungsausschusses (insurance committee) ein. Ziel des Projekts ist die Entwicklung in sich schlüssiger Solvabili-

---

[1]   Vgl. grundlegend Farny (2000), S. 757 ff., Schradin (1994), S. 212 ff. und Schmeiser (1997), S. 28 ff.

[2]   Vgl. hierzu auch das Zahlenbeispiel in Schmeiser (2004a), S. 42.

[3]   Vgl. Farny (2000), S. 761.

[4]   Vgl. Schradin (2003), S. 633; Schradin (2004), S. 908.

[5]   Vgl. hierzu die Richtlinien 2002/13/EG Artikel 4 und 2002/12/EG Artikel 4.

[6]   Vgl. Schradin (2003), S. 633 f.

[7]   Zum aktuellen Stand von Solvency II vgl. insbesondere Gräwert/Stevens/Tadros (2003); Knauth/Schubert (2003); Schradin (2003), Schubert/Grießmann (2003); Bittermann (2004); Hartung/Helten (2004); Schubert/Grießmann (2004a); Schubert/Grießmann (2004b); Schubert/Grießmann (2004c) und Zimmermann/Bach/Raub (2004).

tätsstandards, die in allen EU-Rechtsräumen anwendbar sind.[8] Dabei ist es eines der Hauptanliegen: ein weitgehend wettbewerbsneutrales System zu entwickeln, welches die Risikolage des Versicherers möglichst exakt abbildet.[9] Des Weiteren sollen Anreize zur Entwicklung interner Risikosteuerungsmodelle geschaffen werden.[10]

In der ersten Phase des Solvency-II-Projekts, die im September 2003 abgeschlossen wurde, waren neben einer Diskussion verschiedener Ansätze zur Messung der Solvabilität von Versicherungsunternehmen insbesondere allgemeine Studien in Auftrag gegeben worden.[11] Eine zentrale Rolle kommt hierbei der im Mai 2002 veröffentlichten Arbeit der Wirtschaftsprüfungsgesellschaft KPMG zu, die – nach Vorbild der Neuen Basler Eigenkapitalvereinbarung für den Bankensektor – ein 3-Säulen-Konzept (three pillar structure) vorschlägt:[12] Säule 1 enthält vor allem quantitative Regelungen für die Finanzausstattung von Versicherungsunternehmen, Säule 2 beschäftigt sich mit den aufsichtsrechtlichen Überprüfungsprozessen und Säule 3 stellt Überlegungen zur Markttransparenz und Förderung der Marktdisziplin durch erweiterte Offenlegungsanforderungen an.

Nachdem die erste Phase des Solvency-II-Projekts mit einer Ausarbeitung der Grundkonzeptionen abgeschlossen ist, sollen in der zweiten Phase, die nach aktuellem Stand nicht vor 2008 beendet sein wird, Einzelheiten und Vorschriften erarbeitet werden. In Zusammenhang mit der zweiten Phase des Solvency-II-Projekts kann davon ausgegangen werden, dass es bei der Ableitung der Eigenkapitalausstattung zu einem zweistufigen Konzept (two-level approach) kommen wird:[13] Neben der Definition eines Mindesteigenkapitals (minimum capital requirements, MCR) soll eine ökonomische wünschenswerte Kapitalanforderung (solvency capital requirements, SCR) für Versicherungsunternehmen bestimmt werden. Während die Unterschreitung der Mindesteigenkapitalhöhe unmittelbar aufsichtsrechtliche Sanktionen auslöst, soll die Verletzung des Solvenzkapitals lediglich Gespräche zwischen Versicherungsaufsicht und Versicherer auslösen.[14]

Zur Ableitung des SCR dürfen Versicherungsunternehmen künftig interne Risikosteuerungsmodelle heranziehen, soweit diese von der jeweiligen Aufsichtsbehörde akkreditiert worden sind. Versicherer, die das Evaluierungsverfahren nicht anstreben oder nicht bestehen, sollen das SCR anhand eines noch zu definierenden Standardrisikomodells berechnen.[15]

Der folgende Beitrag will einen konkreten Vorschlag für ein internes Risikosteuerungsmodell für den Nicht-Lebensversicherungsbereich erarbeiten. Das dabei verwendete Simulationsmo-

---

8   Vgl. Europäische Kommission (2003a).

9   Vgl. Europäische Kommission (2002); Schradin (2003), S. 643.

10 Vgl. Schubert in diesem Band.

11 Vgl. Europäische Kommission (2003b); Schradin (2003), S. 643.

12 Vgl. KPMG (2002); Schradin (2003), S. 644, und (2004), S. 909 ff. Der Unterausschuss Solvabilität folgt
    in seinen Vorschlägen der von KPMG empfohlenen 3-Säulen-Konzeption. Vgl. hierzu Europäische
    Kommission (2002).

13 Vgl. Schradin (2003), S. 652 ff.; Europäische Kommission (2003a) und (2004).

14 Vgl. Europäische Kommission (2002), S. 13, und (2004), Schradin (2003), S. 653; Gründl/Schmeiser
    (2004), S. 473.

15 Vgl. Schradin (2003), S. 653; Gründl/Schmeiser (2004), S. 473 f.

dell basiert – dem Konzept der Dynamic Financial Analysis (DFA)[16] folgend – auf einer Betrachtung von Zahlungsströmen. Unser Ansatz erweitert dabei Schmeisers Modellansatz[17] durch unterschiedliche Simulationsszenarien und einer zusätzlichen Verwendung der Risikomaße Expected Policyholder Deficit (EPD) und Tail-Value-at-Risk.

Der vorliegende Beitrag ist wie folgt aufgebaut: Nach einigen grundlegenden Aspekte der Ruintheorie wird ein eigener interner Risikosteuerungsansatz im Sinne des Solvency-II-Konzepts vorgestellt. Dabei erarbeiten wir zunächst das Grundmodell und diskutieren die zentralen Inputfaktoren und deren Modellierung. Anschließend werden zahlreiche Simulationsbeispiele dargelegt und deren Ergebnisse anhand unterschiedlicher Risikomaße ausgewertet. Die Arbeit schließt mit einer kurzen Zusammenfassung und einem Ausblick ab.

2.   Ausgestaltung eines internen Risikosteuerungsmodells

2.1   Vorbemerkungen zur Ruintheorie

Zunächst sollen grundlegende Aspekte der Ruintheorie dargestellt werden.[18] Bezeichnet Ek das Eigenkapital des betrachteten Versicherungsunternehmens, kann die (zeitdiskrete) einperiodige Ruinwahrscheinlichkeit Ψ_1 wie folgt definiert werden:

(1) $\Psi_1 = \Pr\left(Ek_1 < 0\right)$

Bei einer Übertragung des Konzepts der Ruinwahrscheinlichkeit auf mehrere Perioden lassen sich in Abhängigkeit des Zeitparameters $\tau \in T$ vier unterschiedliche Betrachtungsformen voneinander abgrenzen:

■ Diskreter Zeitparameter und endlicher Planungshorizont $n \cdot h$

(2) $T_1 = \left(\tau \mid \tau = k \cdot h,\ k = 0,1,2,...n < \infty\right)$ mit $0 < h < \infty$

■ Diskreter Zeitparameter und unendlicher Planungshorizont

---

16   Zum DFA-Konzept vgl. grundlegend Lowe/Stanard (1997), Hodes/Feldblum/Neghaiwi (1999) und Kaufmann/Gadmer/Klett (2001).

17   Vgl. Schmeiser (2004b).

18   Die folgenden Ausführungen zur Ruintheorie sind inhaltlich den Arbeiten von Heilmann (1988), S. 245 ff., Bühlmann (1996), S. 133 ff., und Straub (1997), S. 36 ff., entnommen.

(3) $T_2 = \left(\tau \mid \tau = k \cdot h, \ k = 0,1,2,... \right)$ mit $0 < h < \infty$

■ Stetiger Zeitparameter und endlicher Planungshorizont x

(4) $T_3 = \left(\tau \mid 0 \leq \tau \leq x < \infty \right)$

■ Stetiger Zeitparameter und unendlicher Planungshorizont

(5) $T_4 = \left(\tau \mid 0 \leq \tau \leq \infty \right)$

Betrachtet man nun ein auf das reine Zeichnungsgeschäft reduziertes Versicherungsunternehmen und bezeichnet dabei S_τ die Gesamtschäden im Zeitraum $(0, \tau)$, P_τ die gesamten Prämieneinnahmen im Zeitintervall $(0, \tau)$ und Ek_0 das anfänglich vorhandene Eigenkapital zu Marktwerten, kann die Ruinwahrscheinlichkeit im Mehrperiodenkontext wie folgt definiert werden:

(6) $\Psi_T = \Pr \left(\sup_{\tau \in T} \left(S_\tau - P_\tau \right) > Ek_0 \right)$

In Abhängigkeit des gewählten Zeitparameters und des Betrachtungszeitraums ergeben sich ceteris paribus unterschiedliche Ruinwahrscheinlichkeiten für das betrachtete Versicherungsunternehmen. Dabei gelten die folgenden Beziehungen:

(7) $\Psi_{T_1} \leq \Psi_{T_2} \leq \Psi_{T_4}$ (für gleiche h)

und

(8) $\Psi_{T_1} \leq \Psi_{T_3} \leq \Psi_{T_4}$ (falls $n \cdot h \leq x$)

Demnach ergibt sich grundsätzlich die geringste Ruinwahrscheinlichkeit bei Verwendung einer Kombination aus finitem Zeithorizont und zeitdiskreter Modellierung. Die höchste Ruinwahrscheinlichkeit erhält man ceteris paribus bei Verwendung eines infiniten Zeithorizonts und einer zeitstetigen Modellierung. Insofern führt die Verwendung von Zeitparametern $\tau \in T$ gemäß Formel (2), (3) oder (4) zu einer Unterschätzung der tatsächlichen Ruinwahrscheinlichkeit des Versicherers.

Die versicherungsmathematische Ruintheorie hat sich insbesondere zur Aufgabe gemacht, analytische Ausdrücke für die Berechnung der Ruinwahrscheinlichkeit in Zusammenhang mit dem Eigenkapitalprozess Ek_τ zu finden. Dies bringt jedoch den Nachteil mit sich, dass nur sehr vereinfachende Modellierungen des Versicherungsgeschäfts unter restriktiven Verteilungsannahmen zugelassen werden können. Wir wollen dies beispielhaft anhand des wohl bekanntesten Literaturergebnisses der Ruintheorie verdeutlichen.[19] Wir beschränken uns auf

---

19 Der im Folgenden dargestellte Ansatz geht auf Cramér (1955) zurück. Wir orientieren uns wieder an Heilmann (1988), S. 184–188, Bühlmann (1996), S. 141 ff., und Straub (1997), S. 37 ff.

eine Darstellung der Modellannahmen und der Ergebnisse; für die Herleitung der Ergebnisse sei auf die Literatur verwiesen.[20]

Betrachtet wird ein stetiger Zeitparameter τ mit einem unendlichem Planungshorizont (vgl. Formel (5)). Für den Prämienprozess P_τ sei angenommen, dass dieser deterministisch und linear in der Zeit ist, d. h. es gilt: $P_\tau = P \cdot \tau$ ($P > 0$ bezeichnet dabei die Prämienrate pro Zeiteinheit). Für den Gesamtschadenprozess S_τ wird das kollektive Modell der Risikotheorie[21] herangezogen, wobei X_i die (stochastische) Höhe des i-ten Schadens bezeichnet und N_τ die (stochastische) Anzahl der Schäden im Betrachtungszeitraum kennzeichnet:

$$(9) \qquad S_\tau = \sum_{i=1}^{N_\tau} X_i$$

Im Folgenden wird angenommen, S_τ folge einem zusammengesetzten Poisson-Prozess mit Intensität λ.[22] Für die Verteilungsfunktion der Gesamtschäden $G_\tau(x)$ erhält man dann

$$(10) \qquad G_\tau(x) = \Pr(S_\tau \leq x) = \sum_{k=0}^{\infty} \exp(-\lambda \cdot \tau) \cdot \frac{(\lambda \cdot \tau)^k}{k!} \cdot V^{*k}(x) \qquad \text{(mit } x \geq 0\text{)}.$$

$V^{*k}(x)$ steht hierbei für die k-te Faltung der Schadenhöhenverteilung $V(x)$. Des Weiteren sei angenommen, die Schadenhöhen seien exponentialverteilt mit Parameter a ($X \sim \exp(a)$). Unter den getroffenen Annahmen erhält man als Ergebnis für den Eigenkapitalprozess $Ek_\tau = Ek_0 + P_\tau - S_\tau$ die Ruinwahrscheinlichkeit:

$$(11) \qquad \Psi_{T_4} = \begin{cases} \dfrac{\lambda \cdot E(X)}{P} \cdot \exp\left(-\dfrac{Ek_0}{E(X)} \cdot \left(1 - \dfrac{\lambda \cdot E(X)}{P}\right)\right) & \text{falls } P > \lambda \cdot E(X) \\[2em] 1 & \text{sonst.} \end{cases}$$

Beziehung (11) zeigt, dass die Ruinwahrscheinlichkeit nur dann kleiner als 100 Prozent ist, wenn die Prämieneinnahmen P (pro Zeiteinheit) größer als die erwarteten Schäden $\lambda \cdot E(X)$ (pro Zeiteinheit) sind. Für $P = \lambda \cdot E(X)$ nimmt die Ruinwahrscheinlichkeit ceteris paribus mit sinkendem Eigenkapitalbestand Ek_0 bzw. mit sinkender Prämienrate P oder mit Zunahme der erwarteten Schäden $\lambda \cdot E(X)$ zu.

Die vorgestellten Überlegungen sind zweifelsohne sehr theoretischer Natur und grundsätzlich wenig geeignet, die Solvabilität eines Versicherungsunternehmens in der Realität zu bestimmen. Denn wesentliche Einflussfaktoren auf die Unternehmenssicherheit bleiben unberücksichtigt, um zu analytischen Ausdrücken für die Ruinwahrscheinlichkeit Ψ gelangen zu kön-

---

20 Vgl. die in der vorangegangenen Fußnote zitierten Quellen.

21 Vgl. z. B. Schröter (1995), S. 108, m.w.N.

22 Vgl. vertiefend z. B. Schröter (1995), S. 94 ff. Dem zusammengesetzten Poisson-Prozess liegen folgende Annahmen zugrunde: Die Schadenanzahlverteilung ist ein Poisson-Prozess (mit Intensität λ), die Schadenhöhen sind unabhängig und identisch verteilt mit Verteilungsfunktion V(x), es besteht stochastische Unabhängigkeit zwischen Schadenhöhen- und Schadenanzahlverteilung.

nen. Tatsächlich wirken allerdings eine Reihe weiterer Aspekte auf die Sicherheit eines Versicherers ein; zu nennen sind hier z. B.:

- Kapitalanlagerisiken,

- stochastische Abhängigkeiten zwischen den Zufallsgrößen des Modells,

- Steuer- und Dividendenzahlungen,

- Risiken aus dem Rückgang der Prämieneinnahmen,

- Gegensteuerungsmaßnahmen des Unternehmens im Falle einer Verschlechterung des Sicherheitsniveaus.

Im Folgenden wollen wir ein Modell entwickeln, das eine möglichst hohe Flexibilität aufweist. Demnach soll es möglich sein, verschiedene der oben angesprochenen Aspekte in die Grundstruktur des Modells zu integrieren, um damit unterschiedlichsten Schwerpunktsetzungen gerecht werden zu können. Eine solche Flexibilität wird in dem von uns vorgeschlagenen Ansatz auf Basis eines Cashflow-Simulationsmodells hergestellt.

2.2   Modellvorschlag für Nicht-Lebensversicherungsunternehmen

2.2.1   Darstellung des Grundmodells

Modellansatz

Wir betrachten einen zeitdiskreten Modellansatz mit endlichem Planungshorizont[23] und einem Zeitparameter $\tau = 1,2,\ldots,T$.[24] Bezeichnet G den nominalen Gewinn vor Steuern, Tx die Steuerzahlungen und A die Ausschüttungen an die Anteilseigner, kann das Eigenkapital zum Zeitpunkt τ wie folgt definiert werden:[25]

---

23   Vgl. hierzu auch Formel (2) im Abschnitt 2.1.

24   Der DFA-Modellansatz basiert auf Zahlungsströmen, insofern ergeben sich in der Messung der Solvenz des Versicherers zwangsläufig Unterschiede zu Ansätzen, die sich auf Ertrags- und Aufwandsgrößen konzentrieren. Zum DFA-Ansatz vgl. grundlegend Lowe/Stanard (1997) und Kaufmann/Gadmer/Klett (2001).

25   Im Mittelpunkt steht die zahlungsstromorientierte Abbildung des Eigenkapitals in einem bilanziellen Sinne, nicht eine Analyse der Zahlungsströme an die Stakeholder. Der Rückstrom an die Eigentümer des Versicherers ergäbe sich z. B. aus: $Ek_t = \max(Ek_{\tau-1} + G_\tau - Tx_\tau, 0)$.

$$(12) \quad Ek_\tau = \begin{cases} Ek_{\tau-1} + G_\tau - Tx_\tau - A_\tau & \text{für } Ek_{\tau-1} > 0 \\ 0 & \text{sonst.} \end{cases}$$

Für den zu versteuernden Gewinn gelte:

$$(13) \quad G_\tau = Ek_{\tau-1} \cdot (R_\tau - 1) + P_{\tau-1} \cdot R_\tau - S_\tau - B_\tau - O_\tau$$

Dabei bezeichnet R den einperiodigen Aufzinsungsfaktor, P die gesamten Prämieneinzahlungen für eigene Rechnung, S die gesamten Schadenauszahlungen für eigene Rechnung, B den auszahlungswirksamen Teil der Betriebskosten und O modelliert die Einflüsse operationaler Risiken.[26] Die Steuerzahlungen Tx aus Formel (13) können unter Verwendung des (Körperschafts-) Steuersatzes θ (> 0) wie folgt festgelegt werden:

$$(14) \quad Tx_\tau = \theta_\tau \cdot \max(G_\tau, 0)$$

Des Weiteren wird angenommen, dass nur im Falle positiver Gewinne im Versicherungsunternehmen Ausschüttungen an die Anteilseigner vorgenommen werden:

$$(15) \quad A_\tau = \omega_\tau \cdot \max(G_\tau, 0)$$

Der Parameter ω_τ (> 0) steht dabei für die vom Versicherer festzulegende Ausschüttungsquote.

Formel (12) in Verbindung mit Formel (13) verdeutlicht das komplexe Wechselspiel der verschiedenen Stellgrößen im Versicherungsgeschäft. So führt beispielsweise die Wahl der Asset-Allokation des Versicherers zu einer bestimmten Verteilung von R_τ. Die Verteilung der Kapitalanlageerlöse beeinflusst dabei nicht nur direkt die Verteilung von Ek_τ, sondern auch indirekt – bedingt durch die Interrelationen zwischen R_τ und anderen stochastischen Größen im Versicherungsgeschäft. Auch die Wahl des Versicherungsportfolios mit einer Veränderung der Prämien- und Schadenzahlungen hat zum einen direkten Einfluss auf Ek_τ, zum anderen werden aber auch indirekte Effekte auf den zur Verfügung stehenden Zinsträger und auf das Diversifikationsumfeld erzielt.

---

[26] Gemäß den Mindesteigenkapitalvorschriften für Banken (Basel II) werden unter operationalen Risiken die Gefahr von unmittelbaren und mittelbaren Verlusten verstanden, die infolge der Unangemessenheit oder des Versagens von internen Prozessen, Menschen, Systemen oder von externen Ereignissen eintreten können. Vgl. hierzu Basler Ausschuss für Bankenaufsicht (2004), S. 137.

Modellierung der Prämieneinzahlungen und Schadenauszahlungen

Betrachtet man ein Unternehmen mit z Versicherungskollektiven, ergeben sich die in Formel (13) eingeführten Gesamtprämieneinzahlungen für eigene Rechnung (P) aus der Summe der Nettoprämieneinzahlungen der einzelnen Kollektive:[27]

$$(16) \qquad P = \sum_{d=1}^{z} P_d$$

Für die Gesamtschadenauszahlungen für eigene Rechnung gilt entsprechend:

$$(17) \qquad S = \sum_{d=1}^{z} S_d$$

Da die verschiedenen Kollektive des Versicherers im Allgemeinen in unterschiedlicher Höhe und Form rückversichert sind, muss die Transformation von Brutto- zu Nettoschäden auf der Kollektivebene erfolgen. Die risikotheoretischen Effekte der gängigen Rückversicherungs-formen sind in der versicherungsmathematischen Literatur bereits ausführlich analysiert worden.[28] Von daher können wir uns im Folgenden auf einen Beispielfall beschränken. Dabei steht N für die (stochastische) Schadenanzahl und X_i für die (stochastische) Höhe des i-ten Einzelschadens vor Rückversicherung. Nimmt man nun an, das Kollektiv z sei auf der Basis eines Einzelschadenexzedentenvertrags mit Priorität a und maximaler Haftung des Zessionars h rückversichert, erhält man:[29]

$$(18) \qquad S_z = \sum_{i=1}^{N_z} X_{i,z} - I \cdot \sum_{i=1}^{N_z} \min\left(\max\left(X_{i,z} - a, 0 \right), h \right)$$

Das Symbol I kennzeichnet eine Indikatorvariable, die mit der Wahrscheinlichkeit w den Wert 0 und mit der Gegenwahrscheinlichkeit 1-w den Wert 1 annimmt. Mit w kann somit die Ausfallwahrscheinlichkeit des Rückversicherers berücksichtigt werden.[30] Grundsätzlich ist die Berechnung der Verteilungsfunktion von S nur näherungsweise möglich.[31] Auf Grund der Leistungsfähigkeit aktueller PCs bietet sich an, S per numerischer Approximation (z. B. Monte-Carlo- oder Latin-Hypercube-Simulation) zu ermitteln.

---

27   Der Übersichtlichkeit wegen verzichten wir im folgenden Abschnitt auf ein Mitführen des Zeitindexes τ.

28   Vgl. z. B. Daykin/Pentikäinen/Pesonen (1994), S. 100 ff.

29   Vgl. z. B. Daykin/Pentikäinen/Pesonen (1994), S. 102 ff.

30   Wir haben vereinfachend angenommen, der Zessionar käme seinen Zahlungsverpflichtungen entweder vollständig oder überhaupt nicht nach. In praktischen Anwendungen kann die Ausfallwahrscheinlichkeit w auf Basis des aktuellen Ratings des Rückversicherers abgeleitet werden.

31   Vgl. z. B. Schröter (1995), S. 254 ff. m. w. N.

Spezifizierung des Kapitalanlagebereichs

Klammert man zunächst gedanklich die Effekte, die sich durch Ein- und Auszahlungen zu den verschiedenen Zeitpunkten ergeben (Prämien- und Schadenzahlungen, Steuerzahlungen etc.) aus der Betrachtung aus, gilt unter der Annahme, das Vermögen (V) des Versicherers folge einer geometrisch Brown'schen Bewegung[32], die Beziehung

$$(19) \qquad \frac{d\,V(t)}{V(t)} = \mu\,dt + \sigma\sqrt{dt} \cdot \varepsilon$$

Die Variable μ bezeichnet den Erwartungswert der Kapitalanlagerendite des Versicherers pro infinitesimal kleiner Zeiteinheit (auch Drift oder Momentanrendite genannt), σ ihre Standardabweichung (auch Diffusion oder Momentanstandardabweichung genannt) und $\sigma\sqrt{dt} \cdot \varepsilon$ kennzeichnet die Änderung eines Wiener-Prozesses ohne Drift pro infinitesimal kleiner Zeiteinheit dt (ε steht dabei für eine standardnormalverteilte Zufallsvariable). Die Lösung der Differentialgleichung (19) liefert für $T > t$ (≥ 0):

$$(20) \qquad V_T = V_t \cdot \exp\left[(\mu - \frac{1}{2} \cdot \sigma^2) \cdot (T-t) + \sigma \cdot \sqrt{T-t} \cdot \varepsilon \right]$$

In dem von uns betrachteten Fall wird nun das Vermögen des Versicherers zu diskreten Zeitpunkten τ durch Ein- und Auszahlungen (Prämien, Schäden, Steuerzahlungen, Ausschüttungen und zahlungswirksame Einflüsse operationaler Risiken) beeinflusst. Für die Zeit zwischen zwei Zeitpunkten sei aber im Folgenden die Gültigkeit der Beziehung (20) angenommen. Um den Zusammenhang zu Beziehung (13) herzustellen, kann für Formel (20)

$$(21) \qquad V_\tau = V_{\tau\text{-}1} \cdot \exp\left[(\mu - \frac{1}{2} \cdot \sigma^2) + \sigma \cdot \varepsilon \right] = V_{\tau\text{-}1} \cdot R_\tau$$

geschrieben werden. Die Variable R steht hierbei wieder für den einperiodigen Aufzinsungsfaktor. Das zur (einperiodigen) Kapitalanlage zur Verfügung stehende Vermögen des Versicherers ergibt sich grundsätzlich aus der Summe von Eigenkapital und Prämieneinzahlungen (d. h. es gelte im Folgenden: $V_{\tau\text{-}1} = Ek_{\tau\text{-}1} + P_{\tau\text{-}1}$).[33]

Die zeitstetige Einperiodenrendite r_τ (=ln(R_τ)) ist gemäß (21) normalverteilt mit Erwartungswert $E[r_\tau]$ (= $\mu - 0{,}5 \cdot \sigma^2$) und Standardabweichung $\sigma[r_\tau]$; dabei gelte die Beziehung:

$$(22) \qquad r_\tau = \sum_{i=1}^{k} \alpha_{i,\tau} \cdot r_{i,\tau}$$

---

[32] Vgl. für die Ausführungen zur geometrisch Brown'schen Bewegung Hull (2003), S. 222 ff.

[33] Das Anlagevermögen des Versicherers auf Grund nicht-versicherungstechnischer Fremdkapitalposten auch höher sein als die Summe aus Eigenkapital und Prämieneinzahlungen. Da ein Teil des Kapitals des Versicherers in der Betriebs- und Geschäftsausstattung gebunden ist und somit nicht am Kapitalmarkt angelegt wird, kann auch $V_{\tau\text{-}1} < Ek_{\tau\text{-}1} + P_{\tau\text{-}1}$ gelten.

Das Symbol $r_{i,\tau}$ kennzeichnet die zeitstetige Rendite der i-ten Anlageklasse im Zeitraum zwischen $\tau - 1$ und τ. Die Variable α_i steht für den Anteil der Assetklasse i am Gesamtportfolio des Versicherers, wobei

$$\sum_{i=1}^{k} \alpha_i = 1$$

ist.[34] Die Renditen der einzelnen Anlageklassen $r_{i,\tau}$ zum Zeitpunkt τ sind multivariat normalverteilt.

Modellierung der auszahlungswirksamen Betriebskosten und der operationalen Risiken

Nach Farny umfassen die Betriebskosten eines Versicherungsunternehmens „die Kosten aller Arbeits- und Dienstleistungen (oft als ‚persönliche Kosten' bezeichnet), ferner der materiellen Betriebsmittel und der Hilfs- und Betriebsstoffe (‚sachliche Kosten') sowie schließlich die Zinsen auf das in realen Produktionsfaktoren investierte Kapital".[35] Da das von uns vorgeschlagene Solvenzmodell ausschließlich auf Zahlungsgrößen basiert, bezieht sich die Variable B_τ aus Formel (13) lediglich auf diejenigen Betriebskosten, die zu den verschiedenen Zeitpunkten τ auszahlungswirksam werden. Zwar muss grundsätzlich angenommen werden, dass Betriebskosten zumindest für die weiter in der Zukunft liegenden Zeitpunkte zufallsabhängige Größen sind. Für die im nachfolgenden Abschnitt vorgenommenen Beispielrechnungen wird jedoch vereinfachend von rein deterministischen Auszahlungsfolgen ausgegangen.

Unter operationalen Risiken versteht man die Gefahr von unmittelbaren oder mittelbaren Verlusten eines Unternehmens, die infolge der Unangemessenheit oder des Versagens von internen Prozessen, Menschen, Systemen oder von externen Ereignissen eintreten können.[36] Betrachten wir hierzu zunächst die Erfassung von operationalen Risiken gemäß Basel II für den Bankenbereich.[37] In Abhängigkeit des Entwicklungsstands ihres (internen) Risikomanagementsystems können Banken zwischen drei Berechnungsansätzen auswählen: Basisindikatoransatz, Standardansatz und den ambitionierten Messansätzen (AMA). Im Basisindikatoransatz ergibt sich der Eigenmittelbedarf durch Multiplikation des durchschnittlichen jährlichen Bruttoertrags der letzten drei Jahre mit 0,15. Im Standardansatz sind – in Abhängigkeit vom Geschäftsfeld – zwischen 12 Prozent und 18 Prozent der Bruttoerträge als Eigenmittel für operationale Risiken vorzuhalten. In ambitionierten Messansätzen erfolgt die Berechnung der Eigenmittelanforderungen für operationale Risiken mit Hilfe von Verlustdatenbanken, die auf Basis der individuellen Schadenerfahrung der Bank erstellt werden sollen. Die Aufsicht schreibt den zu verwendenden Berechnungsansatzes nicht vor, stellt aber zahlreiche qualitati-

---

34 Gemäß (22) wird angenommen, dass eine in τ gewählte Anlagestruktur bis zum Zeitpunkt $\tau + 1$ beibehalten wird (statische Asset-Allocation).

35 Farny (2000), S. 573 f.

36 Vgl. Basler Ausschuss für Bankenaufsicht (2004), S. 137.

37 Vgl. Basler Ausschuss für Bankenaufsicht (2004), S. 137 ff.; Manns/Schulte-Mattler in diesem Band.

ve und quantitative Anforderungen an die betreffenden Banken und deren Risikomesssysteme. Anzumerken gilt, dass die Sammlung so genannter Verlustdaten auf Grund operationaler Risiken nicht nur für Banken, die den AMA-Ansatz wählen, gefordert wird, sondern auch für die Unternehmen, die sich für den Standardansatz entschieden haben.

Die Verfügbarkeit von Verlustdatenbanken wird für den Einsatz der quantitativen Methoden des Managements operationaler Risiken vorausgesetzt. Für den Versicherungsbereich sind nach unserem Kenntnisstand zurzeit empirisch fundierte Informationen über das Ausmaß operationaler Risiken nur sehr eingeschränkt verfügbar. Solange solche Informationen noch nicht erhältlich sind, wird man sich mit einer pauschalen Modellierung dieser Risikoquelle sowie mit der Aufforderung zum Aufbau entsprechender Statistiken begnügen müssen. Im Zusammenhang mit dem Aufbau von Verlustdatenbanken muss frühzeitig eine präzise Definition von operationalen Risiken festgelegt und damit die Abgrenzung von anderen Risikoarten geleistet werden. Als pauschale Modellierung operationaler Risiken wird für die folgenden Beispielrechnungen – in Anlehnung an den Standard- bzw. Basisindikatoransatz gemäß Basel II – von einem funktionalen Zusammenhang zwischen dem Umsatz des Versicherers (gemessen anhand der Prämieneinzahlungen) und den operationalen Risiken ausgegangen.

Modellierung der Abhängigkeitsstrukturen zwischen den Zufallsvariablen

Ein grundlegendes Problem bei der Bestimmung des Eigenkapitals in Formel (12) besteht darin, dass die Verteilung von Ek_τ durch die Vorgabe von Verteilungsfunktionen für die einzelnen Inputfaktoren und des (Pearson'schen) Korrelationskoeffizienten ρ (noch) nicht ausreichend bestimmt ist.[38] Diese Problematik kann allerdings durch die Darstellungen der Abhängigkeitsstrukturen über so genannte Copulas beseitigt werden.[39] In den Beispielrechnungen in Abschnitt 2.2.2 werden die Interdependenzen zwischen den Inputgrößen des Modells durch das Konzept der Normal-Copula spezifiziert. Zur Generierung der gemeinsamen Verteilungsfunktion für Ek_τ werden wir dabei auf den in Iman und Conover vorgeschlagenen Simulationsalgorithmus zurückgreifen.[40] Dies führt bei Vorgabe der zugrunde liegenden univariaten Verteilungen und den dazugehörigen Spearman'schen Rangkorrelationskoeffizienten ρ_s zu einer eindeutigen Spezifizierung der gemeinsamen Verteilungsfunktion.[41] Da die Normal-Copula auf der Abhängigkeitsstruktur der multivariaten Normalverteilung basiert, beschränken wir uns insofern auf die Modellierung linearer Abhängigkeiten.[42]

---

38 Vgl. grundlegend Embrechts/McNeil/Straumann (2002), S. 176 ff.

39 Zur formalen Definition von Copulas vgl. grundlegend Embrechts/McNeil/Straumann (2002), S. 180 ff.

40 Für eine detaillierte Darstellung der Zusammenhänge vgl. Embrechts/McNeil/Straumann (2002), S. 225 ff.

41 Vgl. Embrechts/McNeil/Straumann (2002), S. 212.

42 Zur Modellierung asymptotischer Abhängigkeitsstrukturen sei wieder auf Embrechts/McNeil/Straumann (2002), S. 181 ff., verwiesen.

Verwendete Risikomaße

In den folgenden Beispielrechnungen werden drei Risikomaße ausgewertet: a) die Ruinwahrscheinlichkeit, b) der Tail-Value-at-Risk und c) das Expected Policyholder Deficit.[43]

Zu a): Die Ruinwahrscheinlichkeit ist in dem von uns betrachteten Mehrperiodenkontext definiert als

$$(23) \qquad \psi(T) := \psi_{T_i} = Pr(t < T)$$

wobei $t = \inf\{\tau \geq 0; \ Ek_\tau < 0\}$ mit $\tau = 1,2,\ldots,$ T denjenigen Zeitpunkt kennzeichnet, an dem das Eigenkapital erstmals negativ wird (so genannte Stoppzeit).[44]

Zu b): Der Tail-Value-at-Risk einer (stetigen) Zufallsvariable X ist im einperiodigen Kontext definiert als:[45]

$$(24) \qquad TV(X) \ = E[X|X \geq VaR(X)]$$
$$= VaR(X) + E[X - VaR(X)|X \geq VaR(X)]$$

Dabei bezeichnet VaR (X) den Value-at-Risk von X zum Konfidenzniveau $1 - \varepsilon$. Da der für uns relevante Value-at-Risk den Wert Null besitzt und wir an einer Auswertung der Fälle interessiert sind, bei denen das Eigenkapital negativ wird, gilt nun:

$$(25) \qquad TV(Ek_1) = E\left[0 - Ek_1 \middle| Ek_1 < 0\right]$$

Der Tail-Value-at-Risk errechnet sich demnach als erwartete Überschuldungshöhe im Falle einer tatsächlich eingetretenen Überschuldung.[46] Im Mehrperiodenkontext kann dann durch eine (risikoneutrale) Barwertbildung der auf den Gegenwartszeitpunkt bezogene (bedingte) Finanzierungsbedarf für den Betrachtungszeitraum (0,T) gebildet werden, formal:

$$(26) \qquad TV(T) = \sum_{\tau=1}^{T} E\left[0 - Ek_\tau \middle| Ek_\tau < 0\right] \cdot \exp\left(-r_{f,\tau} \cdot \tau\right)$$

wobei r_f den (zeitstetigen) sicheren Zinssatz bezeichnet.

Zu c): In enger Beziehung zu Formel (26) kann der Barwert des Expected Policyholder Deficit[47] wie folgt beschrieben werden:[48]

43　Vgl. Gründl/Winter in diesem Band.

44　Vgl. z. B. Heilmann (1988), S. 246 f.

45　Vgl. aktuell Koryciorz (2004), S. 61, 74 m. w. N.

46　Für stetige Zufallsvariablen entspricht der Tail-Value-at-Risk dem Expected Shortfall, vgl. Koryciorz (2004), S. 61. Der Tail-Value-at-Risk wird häufig auch als Conditional Value-at-Risk bezeichnet.

47　Vgl. zum Expected Policyholder Deficit insbesondere Butsic (1994), Barth (2000) und Wang (1998).

48　Der Barwert des Expected Policyholder Deficit wird auch als Barwert der Insolvency Put Option (IPO-Value) oder als Barwert der Default Put Option (DPO-Value) bezeichnet.

(27) $$\text{EPD}(T) = \sum_{\tau=1}^{T} E\left[\max\left(0 - Ek_\tau, 0\right)\right] \cdot \exp\left(-r_{f,\tau} \cdot \tau\right)$$

Im Unterschied zu Beziehung (26) gehen in die Erwartungswertbildung nun sowohl die Ruinzustände als auch die solventen Zustände des Unternehmens (mit dem Wert Null) ein.

2.2.2   Beispielrechnungen

Darstellung der Inputdaten

Die Wirkungsweise des Modellansatzes aus Abschnitt 2.2.1 kann leider nicht anhand tatsächlicher Parameter eines Schaden-Unfallversicherungsunternehmens dargestellt werden, da uns entsprechende Daten nicht zugänglich sind. Trotzdem sind wir der Meinung, dass die vorliegenden Simulationsrechnungen bereits einen deutlichen Einblick in die Vorgehensweise ermöglichen und Wege aufgezeigt werden können, wie unterschiedliche Umweltszenarien definiert und in ihrer Wirkung auf die Solvenz eines Versicherers getestet werden können.

Gegeben seien zunächst die folgenden Daten:

- Zeitindex: $\tau = 1,2,\ldots,T$. Dabei steht T für den Betrachtungszeitraum in Jahren.

- Eigenkapital EK_0: 20.

- Prämieneinzahlungen für eigene Rechnung $P_{\tau-1}$: 100 (für alle τ).

- Logarithmisch normalverteilte Schadenauszahlungen für eigene Rechnung mit $E(S_\tau) = 85$ und $Std(S_\tau) = 8,5$.

- Auszahlungswirksame Betriebskosten B_τ: 5.

- Operationale Risiken O_τ mit $O_\tau = H_\tau \cdot P_\tau$. H_τ ist dabei logarithmisch normalverteilt mit $E(H_\tau) = 0,01$ und $Std(H_\tau) = 0,03$.

- Steuersatz θ_τ: 0,25.

- Ausschüttungsquote ω_τ: 0,5.

- Zeitstetiger sicherer Zinssatz[49] r_f: 0,0446.

- Alle Zufallsvariablen sind zueinander unkorreliert und es bestehen auch keine Autokorrelationsbeziehungen (jeweils gemessen anhand des Spearman'schen Rangkorrelationskoeffizienten ρ_s).

---

[49]   Als Schätzung für r_f wurde die durchschnittliche Verzinsung deutscher Staatsanleihen mit 9- bis 10-jähriger Laufzeit von November 1999 bis November 2004 herangezogen; vgl. hierzu die Zeitreihe WU8612 in der Zeitreihen-Datenbank der Deutschen Bundesbank unter www.bundesbank.de.

Für die Modellierung der Kapitalanlage sollen in einem ersten Schritt repräsentative Stellvertreter für die Performance der einzelnen Anlageklassen festgelegt werden. Auf dieser Basis kann in einem zweiten Schritt in Abhängigkeit der gewählten Asset-Allokation die (pfadabhängige) Entwicklung des Vermögens des Versicherers dargestellt werden. Nach Sharpe sollten Assetklassen drei Kriterien erfüllen:[50]

◾ Jede Anlageform sollte nur in einer Assetklasse vorkommen.

◾ Die einzelnen Assetklassen sollten so viele Anlagen wie möglich beinhalten, um so eine weitgehende Diversifikation systematischer Risiken innerhalb der Assetklasse zu gewährleisten.

◾ Die Renditen der einzelnen Assetklassen sollten sich voneinander unterscheiden, d. h. sie sollten geringe Korrelationsbeziehungen zueinander aufweisen und/oder unterschiedliche Standardabweichungen besitzen.

Im Rahmen der folgenden Modellrechnungen werden vier Anlageklassen unterschieden: Aktien, Rentenpapiere, Geldmarkt und Immobilien. Für die Auswahl repräsentativer Indizes stehen drei Kriterien im Vordergrund: eine möglichst einheitliche Berechnung für alle Märkte, möglichst weit zurückreichende Indexdaten sowie die Verfügbarkeit von Performanceindizes.[51] Um diesen Kriterien gerecht zu werden, werden für die folgenden Beispielrechnungen die folgenden Repräsentanten herangezogen:

◾ Für den Aktienmarkt DAX (Deutscher Aktienmarktindex).

◾ Für den Rentenmarkt REXP (Deutscher Renten-Performanceindex).

◾ Für den Geldmarkt Geldmarktsätze am Frankfurter Bankenplatz (mit Gleichgewichtung aus Tages-, Monats-, Dreimonats- und Sechsmonatsgeld).

◾ Für Immobilien: Performance des hausInvest europa (größter deutscher offener Immobilienfonds, herausgegeben von der Commerz Grundbesitz-Investmentgesellschaft mbH).[52]

Sicherlich kann die Darstellung der Risikoallokationsmöglichkeiten am Kapitalmarkt durch vier Anlageklassen die tatsächlichen Gegebenheiten nur unvollständig abbilden. So investieren beispielsweise Versicherungsunternehmen im Rahmen ihres Aktieninvestments nicht nur in DAX-Werte. Des Weiteren besitzen traditionell Schuldscheindarlehen bei der Kapitalanlage von Versicherungsunternehmen eine große Bedeutung.[53] Die geringe Fungibilität von Schuldscheindarlehen führt im Allgemeinen zu Renditeaufschlägen in Höhe von 0,25 bis 0,5 Prozentpunkten gegenüber den an Börsen gehandelten Staats- bzw. Unternehmensanleihen.[54] Insofern kann die Anlage von Schuldscheindarlehen nur grob über die Performance des

---

50 Vgl. Sharpe (1992), S. 8.

51 Vgl. z. B. Braun (1990), S. 529.

52 Bei der Performanceberechnung wurde davon ausgegangen, dass die anfallenden jährlichen Ausschüttungen sofort wieder in den hausInvest Immobilienfonds investiert werden.

53 Bei Schuldscheindarlehen handelt es sich um „individuelle und nichttypisierte Verträge, die nicht an der Börse gehandelt werden"; Schierenbeck/Hölscher (1998), S. 389.

54 Vgl. Schierenbeck/Hölscher (1998), S. 389 f.

REXP abgebildet werden. Trotz dieser Argumente halten wir unsere Vorgehensweise als erste Näherung zur Abschätzung der Allokationsmöglichkeiten am Kapitalmarkt für vertretbar.

Für die Schätzung der Performance der betrachteten Anlageklassen wurde ein Betrachtungszeitraum vom 1. Februar 1991 bis 2. Januar 2004 herangezogen. Dabei lagen die Daten der monatlichen Wertveränderungen vor. Auf dieser Basis konnten die folgenden erwarteten Einjahresrenditen und Standardabweichungen (Abbildung 1) sowie die Korrelationsbeziehungen (gemessen anhand des Spearman'schen Rangkorrelationskoeffizienten) zwischen den Anlageklassen (Abbildung 2) ermittelt werden.

	AK 1: DAX	AK 2: REXP	AK 3: Geldmarkt	AK 4: hausInvest europa
$E[r_i]$	8,018 %	7,442 %	4,779 %	5,893 %
$\sigma[r_i]$	23,631 %	3,448 %	0,657 %	0,963 %

Abbildung 1:   *Erwartete zeitstetige Einjahresrenditen $E[r_i]$ und Standardabweichungen $\sigma[r_i]$ der betrachteten Anlageklassen (AK)*

	AK 1	AK 2	AK 3	AK 4
AK 1	1,000	–0,093	–0,035	–0,026
AK 2	–0,093	1,000	0,208	0,290
AK 3	–0,035	0,208	1,000	0,481
AK 4	–0,026	0,290	0,481	1,000

Abbildung 2:   *Korrelationsbeziehungen (gemessen anhand des Spearman'schen Rangkorrelationskoeffizienten) zwischen den zeitstetigen Einperiodenrenditen der Anlageklassen (AK)*

Für die weiterführenden Überlegungen wird davon ausgegangen, dass der Versicherer im Rahmen seiner Asset-Allokation-Entscheidung gemäß dem (statischen) Portfoliooptimierungsansatz von Markowitz vorgeht.[55] Nach Vorgabe eines Mindestwertes M für die erwartete Portfoliorendite wird diejenige Portfoliozusammensetzung gesucht, die die Standardabweichung des Portfolios minimiert:[56]

$$(28) \qquad \sigma\left[r_\tau\right] = \sigma\left(\ln\left[\sum_{i=1}^{k} \alpha_{i,\tau} \cdot \exp(r_{i,\tau}) \right] \right) \to \min_\alpha$$

---

[55] Vgl. grundlegend Markowitz (1952).

[56] Die für den Portfolio-Optimierungsansatz von Markowitz übliche Notation bezieht sich auf eine Verwendung von zeitdiskreten Renditen. Demnach können entweder die von uns verwendeten stetigen Renditen r_i in diskrete Renditen umgerechnet werden oder es kommt der leicht modifizierte Optimierungsansatz aus Formel (28)–(31) zum Einsatz. Vgl. hierzu Podding/Dichtl/Petersmeier (2003), S. 151 f.

unter den Nebenbedingungen

(29)
$$E\left[r_\tau\right] = E\left(\ln\left[\sum_{i=1}^{k} \alpha_{i,\tau} \cdot \exp(r_{i,\tau})\right]\right) \geq M$$

(30)
$$\sum_{i=1}^{k} \alpha_{i,\tau} = 1$$

(31)
$$\alpha_{i,\tau} \geq 0 \quad \text{(für alle i)}$$

Durch Variation der Erwartungswertvorgabe M erhält man einen funktionalen Zusammenhang für die mit Hilfe der vorhandenen Assetklassen darstellbaren $E[r_i]/\sigma[r_i]$-effizienten Portfolios (Markowitz-Eierschale).[57] Abbildung 3 gibt einen Überblick über vier effiziente Portfolios unter Berücksichtigung der Leerverkaufsrestriktion aus Beziehung (31).

Die in Abbildung 3 aufgeführten Portfoliorenditen können nun mit $R_\tau = \exp(r_\tau)$ zur Spezifizierung der geometrisch Brown'schen Bewegung (vgl. Formel (21)) herangezogen werden.

	Portfolio 1	Portfolio 2	Portfolio 3	Portfolio 4
$E[r_i]$	5,000 %	6,000 %	7,000 %	7,644 %
$\sigma[r_i]$	0,693 %	0,982 %	2,453 %	8,368 %
$\alpha_{1,\tau}$	0,002	0,606	0,029	0,350
$\alpha_{2,\tau}$	0,000	0,077	0,674	0,650
$\alpha_{3,\tau}$	0,806	0,023	0,000	0,000
$\alpha_{4,\tau}$	0,192	0,895	0,298	0,000

Abbildung 3: *Effiziente Portfolios im Sinne von Markowitz[58]*

Ausgewählte Ergebnisse

In einem ersten Szenario – nachfolgend als Basisszenario bezeichnet – werden die am Anfang des Abschnitts 2.2.2 aufgeführten Daten mit dem Kapitalanlageportfolio 1 aus Abbildung 3

---

57 Vgl. hierzu z. B. Spremann (2003), S. 192.
58 In Zusammenhang mit dem Kapitalanlageportfolio 4 ist anzumerken, dass eine über 35%ige Aktienquote für das Anlagevermögen des Versicherers zwar grundsätzlich möglich, tatsächlich aber kaum anzutreffen ist. Die 35-%-Restriktion gemäß § 1 I Nr. 13 Anlageverordnung gilt nur für das gebundene Vermögen deutscher Erstversicherungsunternehmen im Sinne des § 1 II VAG.

herangezogen.[59] Nach 500.000 Iterationen einer Latin-Hypercube-Simulation erhält man die in Abbildung 4 angeführten Ergebnisse.[60]

E[Ek$_T$]	23,6	30,9	38,5	46,2	54,2	62,4	70,8	79,4
σ[Ek$_T$]	3,5	5,4	7,1	8,6	9,9	11,3	12,5	13,8
ψ(T)	0,1372 %	0,3358 %	0,4594 %	0,5392 %	0,5972 %	0,6378 %	0,6690 %	0,6920 %
TVaR(T)	17,7	53,3	93,8	137,0	179,4	224,2	267,6	309,6
EPD(T)	0,0243	0,0597	0,0846	0,1019	0,1141	0,1232	0,1299	0,1347

Abbildung 4:   *Ergebnisse des Basisszenarios (Verwendung des Kapitalanlageportfolios 1)[61]*

	T = 1	T = 3	T = 5	T = 7	T = 9	T = 11	T = 13	T = 15
E[Ek$_T$]	23,9	32,1	40,4	49,1	58,0	67,2	76,7	86,5
σ[Ek$_T$]	3,4	5,3	6,9	8,4	9,7	11,1	12,3	13,6
ψ(T)	0,1212 %	0,2866 %	0,3880 %	0,4522 %	0,4974 %	0,5302 %	0,5534 %	0,5698 %
TVaR(T)	18,8	57,9	102,4	150,0	196,9	244,0	292,7	341,5
EPD(T)	0,0228	0,0551	0,0777	0,0930	0,1036	0,1113	0,1169	0,1209

Abbildung 5:   *Modifikation Basisszenario durch Kapitalanlageportfolio 2 aus Abbildung 3*

	T = 1	T = 3	T = 5	T = 7	T = 9	T = 11	T = 13	T = 15
E[Ek$_T$]	24,3	33,1	42,3	51,8	61,7	72,0	82,6	93,6
σ[Ek$_T$]	3,4	5,4	7,1	8,7	10,1	11,6	13,0	14,4
ψ(T)	0,1144 %	0,2640 %	0,3498 %	0,4058 %	0,4446 %	0,4712 %	0,4890 %	0,5018 %
TVaR(T)	19,1	59,7	108,3	157,2	205,6	256,3	311,0	365,0
EPD(T)	0,0219	0,0522	0,0730	0,0867	0,0961	0,1028	0,1077	0,1112

Abbildung 6:   *Modifikation Basisszenario durch Kapitalanlageportfolio 3 aus Abbildung 3*

---

[59] Drift und Volatilität der geometrisch Brown'schen Bewegung bleiben dabei im Zeitablauf konstant.

[60] Zur Latin-Hypercube-Simulationstechnik vgl. z. B. McKay/Conover/Beckman (1979), S. 239 ff. Um die verschiedenen Szenarien miteinander vergleichen zu können, wird in jedem Durchlauf auf die gleiche Folge von Zufallszahlen zurückgegriffen.

[61] Zur Notation: Ek bezeichnet das Eigenkapital des Versicherers; T den Betrachtungszeitraum in Jahren, ψ die Ruinwahrscheinlichkeit, TVaR den Tail-Value-at-Risk und EPD das Expected Policyholder Deficit.

	T = 1	T = 3	T = 5	T = 7	T = 9	T = 11	T = 13	T = 15
$E[Ek_T]$	24,3	33,2	42,4	51,8	61,6	71,8	82,3	93,1
$\sigma[Ek_T]$	5,1	8,7	11,8	14,7	17,5	20,4	23,2	26,1
$\psi(T)$	0,3630 %	0,8242 %	1,0788 %	1,2222 %	1,3060 %	1,3620 %	1,3964 %	1,4204 %
TVaR(T)	9,3	28,9	51,8	76,6	104,8	134,9	168,6	202,8
EPD(T)	0,034	0,079	0,108	0,126	0,137	0,146	0,151	0,155

Abbildung 7:   *Modifikation Basisszenario durch Kapitalanlageportfolio 4 aus Abbildung 3*

Gemäß Abbildung 4 nimmt der Erwartungswert des Eigenkapitals im Zeitablauf zu, d. h. der Prozess besitzt im Rahmen der gewählten Parameter einen positiven Drift. Die Ruinwahrscheinlichkeit nimmt gleichfalls für größere Zeiträume – wie alle anderen betrachteten Risikomaße auch – zu, bleibt aber selbst für den 15-Jahreszeitraum auf niedrigem Niveau (im Durchschnitt wird nur eins von 145 Versicherungsunternehmen im Betrachtungszeitraum T = 15 überschuldet werden). In den folgenden Abbildungen 5 bis 7 wird das Basisszenario insofern modifiziert, als nun die Kapitalanlageportfolios 2, 3 und 4 aus Abbildung 3 als Inputdaten herangezogen werden.

Anhand der Beispielrechnungen in Abbildung 4 bis 7 können einige interessante Ergebnisse festgehalten werden:

■ Der Erwartungswert von Ek nimmt nicht zwangsläufig durch die Wahl eines Kapitalanlageportfolios mit höherer erwarteter Rendite zu (Abbildung 6 und 7).

■ Kapitalanlageportfolio 3 liefert – trotz deutlich höherer Standardabweichung der Rendite als Kapitalanlageportfolio 1 und 2 – die geringsten Ruinwahrscheinlichkeiten.

■ Kapitalanlageportfolio 4 führt zu den höchsten Ruinwahrscheinlichkeiten des Versicherungsunternehmens; Gleiches gilt für den EPD-Barwert. Das Risikomaß TVaR(T) besitzt jedoch die geringsten Werte aller bisherigen Beispielrechnungen. Die Ergebnisse für alle betrachteten Risikomaße verändern sich bei alternativer Verwendung der Kapitalanlageportfolios 1, 2 oder 3 nicht erheblich.

Ein wesentlicher Vorteil der verwendeten Simulationstechnik besteht darin, bestimmte Strategien des Versicherungsmanagements in die Betrachtung zu integrieren, um ihre Wirkung auf die Risikosituation des Unternehmens beurteilen zu können. In der folgenden Beispielrechnung werden grundsätzlich die Inputdaten für die Berechnung von Abbildung 7 herangezogen (Basisszenario unter Verwendung des Kapitalanlageportfolios 4); allerdings wird in Fällen, in denen das Eigenkapital unter 15 fällt, als „Gegensteuerungsmaßnahme" in das risikoärmere Kapitalanlageportfolio 3 gewechselt. Dabei ergeben sich die in Abbildung 8 angeführten Werte.

	T = 1	T = 3	T = 5	T = 7	T = 9	T = 11	T = 13	T = 15
E[Ek$_T$]	24,3	33,2	42,4	51,9	61,7	71,8	82,3	93,2
σ[Ek$_T$]	5,1	8,6	11,7	14,5	17,4	20,2	22,9	25,7
ψ(T)	0,3630 %	0,7320 %	0,9034 %	1,0224 %	1,0880 %	1,1340 %	1,1650 %	1,1814 %
TVaR(T)	9,3	32,0	59,7	88,6	125,1	158,6	193,8	238,3
EPD(T)	0,034	0,074	0,098	0,115	0,127	0,135	0,140	0,144

Abbildung 8:   *Modifikation Basisszenario durch eine flexible Kapitalanlagestrategie (Wechsel von Kapitalanlageportfolio 4 zu Kapitalanlageportfolio 3, falls Ek$_\tau$ < 15)*

Gegenüber den in Abbildung 7 aufgeführten Ergebnissen zeigen sich beim Erwartungswert von Ek keine wesentlichen Änderungen; die Standardabweichung σ[Ek$_T$] nimmt – insbesondere für lange Betrachtungszeiträume – leicht ab. Die dargestellte Wechselstrategie führt des Weiteren zu einer leichten Reduktion der Ruinwahrscheinlichkeit und des EPD(T). Insgesamt sind die Effekte auf den Prozess von Ek durch die angesprochene „Gegensteuerungsmaßnahme" aber als gering zu bezeichnen.

In den folgenden Szenarien wollen wir die Effekte, die sich durch eine Variation der Prämieneinzahlungen ergeben, auf das Sicherheitsniveau des Versicherers untersuchen. Grundsätzlich kann davon ausgegangen werden, dass die Zahlungsbereitschaft der Versicherungsnehmer abnehmen wird, sobald diese von einer verschlechterten Solvabilität des Versicherungsunternehmens (z. B. über Ratings) Kenntnis erlangen. In dem sich anschließenden Szenario reduzieren sich die Prämieneinzahlungen in τ von 100 auf 95, falls das Eigenkapital in τ – 1 unter 15 gefallen ist. Fällt das Eigenkapital zum Zeitpunkt τ – 1 unter 10, sind nur noch Prämieneinzahlungen P$_\tau$ in Höhe des Erwartungsschadens (E(S$_\tau$) = 85) erzielbar. Den Berechnungen aus Abbildung 9 liegt das Kapitalanlageportfolio 3 zugrunde.

	T = 1	T = 3	T = 5	T = 7	T = 9	T = 11	T = 13	T = 15
E[Ek$_T$]	24,3	33,1	42,2	51,6	61,4	71,6	82,2	93,2
σ[Ek$_T$]	3,4	5,7	7,7	9,4	11,1	12,7	14,4	16,0
ψ(T)	0,1144 %	0,4542 %	0,7046 %	0,8714 %	0,9736 %	1,0326 %	1,0728 %	1,0962 %
TVaR(T)	19,1	43,1	66,0	88,6	112,3	139,1	167,3	200,0
EPD(T)	0,0219	0,0626	0,0912	0,1102	0,1222	0,1301	0,1358	0,1396

Abbildung 9:   *Modifikation Basisszenario durch Kapitalanlageportfolio 3 aus Abbildung 3 und variabler Prämieneinzahlungen*

Gegenüber der in Abbildung 6 dargestellten Situation ergeben sich etwas geringere Werte für $E[Ek_T]$, aber deutlich höhere Ergebnisse für $\sigma[Ek_T]$. Die Ruinwahrscheinlichkeit hat sich deutlich vergrößert und nimmt im Vergleich zur Situation ohne Reaktion der Prämienzahlungsbereitschaft der Versicherungsnehmer auf das veränderte Sicherheitsniveau des Versicherers für längere Zeiträume rund doppelt so hohe Werte an. Das EPD(T) hat hingegen nur leicht zugenommen.

Die Abhängigkeitsstrukturen zwischen den Zufallsvariablen üben grundsätzlich einen erheblichen Einfluss auf die Risikosituation des Versicherers aus. In dem von uns gewählten Ansatz finden (ausschließlich) lineare Abhängigkeiten (gemessen anhand des Spearman'schen Rangkorrelationskoeffizienten ρ_s) Berücksichtigung. Dabei gilt anzumerken, dass die Korrelationsbeziehungen zwischen den Zufallsgrößen nicht (völlig) frei wählbar sind, d. h. bestimmte Vorgaben für den Spearman'schen Rangkorrelationskoeffizienten sind nicht zulässig.[62] In der folgenden Beispielrechnung wird von einer leicht positiven Autokorrelation der Schäden ($\rho_s[S_\tau, S_{\tau+1}] = 0,1$ (mit $\tau = 1,..,T-1$)) und einer leicht negativen Korrelation zwischen den Schäden und den Renditen der Kapitalanlageseite ($\rho_s[\exp(r_\tau), S_\tau] = -0,1$ (mit $\tau = 1,..,T$)) ausgegangen (Korrelationsszenario I). Beide Annahmen führen grundsätzlich zu einer Verschlechterung der Risikosituation des Unternehmens. Insgesamt ergeben sich die in Abbildung 10 aufgeführten Resultate, wobei für die Modellierung der Kapitalanlageperformance wieder das Portfolio 3 zur Berechnung herangezogen wurde.

	T = 1	T = 3	T = 5	T = 7	T = 9	T = 11	T = 13	T = 15
$E[Ek_T]$	24,3	33,1	42,2	51,7	61,6	71,8	82,5	93,5
$\sigma[Ek_T]$	3,5	6,1	8,8	11,4	14,1	16,8	19,7	22,7
$\psi(T)$	0,1236 %	0,3156 %	0,4436 %	0,5336 %	0,6012 %	0,6522 %	0,6902 %	0,7160 %
TVaR(T)	18,0	51,7	87,4	122,2	154,4	186,6	218,7	250,8
EPD(T)	0,0222	0,0546	0,0775	0,0933	0,1041	0,1123	0,1184	0,1225

Abbildung 10: *Modifikation des Basisszenarios durch Verwendung des Kapitalanlageportfolios 3 aus Abbildung 3 und des Korrelationsszenarios I*

Während sich der Drift des Prozesses gegenüber der in Abbildung 6 beschriebenen Situation ohne Korrelationsbeziehungen kaum verändert, hat die Standardabweichung von Ek_T massiv zugenommen. Entsprechend bewegt sich nun auch die Ruinwahrscheinlichkeit und das EPD(T) auf (leicht) höherem Niveau. Das Risikomaß TVaR(T) nimmt hingegen durchweg geringere Werte an.

---

62 Die zugrunde liegende Korrelationsmatrix (auf Basis des Pearson'schen Korrelationskoeffizienten) muss eine positiv semidefinite Matrix sein, vgl. hierzu z. B. Takayama (1985), S. 120 ff. Zum Zusammenhang zwischen Spearman'schen und Pearson'schen Korrelationsmatrizen vgl. Embrechts/McNeil/Straumann (2002), S. 225 f.

Abschließend wollen wir wieder die Gegebenheiten aus Abbildung 6 heranziehen (Basisszenario unter Verwendung des Kapitalanlageportfolios 3), gehen aber von massiven (Auto-) Korrelationsbeziehungen aus (Korrelationsszenario II). Konkret werden für die Autokorrelationen der Wert $\rho_s[S_\tau, S_{\tau+1}] = 0{,}6$ (mit $\tau = 1,..,T-1$) herangezogen; für die Korrelationsbeziehungen zwischen den Schäden und den Renditen der Kapitalanlageseite sei von $\rho_s[\exp(r_\tau), S_\tau]$ $= -0{,}2$ (mit $\tau = 1,..,T$) ausgegangen. Erwartungsgemäß erhalten wir ein drastisch verschlechtertes Sicherheitsniveau für das betrachtete Versicherungsunternehmen.

	T = 1	T = 3	T = 5	T = 7	T = 9	T = 11	T = 13	T = 15
$E[Ek_T]$	24,1	32,9	42,2	51,9	62,1	72,7	83,8	95,3
$\sigma[Ek_T]$	5,7	11,9	17,9	24,1	30,7	37,6	44,8	52,5
$\psi(T)$	0,6112 %	2,5642 %	4,2254 %	5,5256 %	6,5360 %	7,2990 %	7,9316 %	8,4420 %
TVaR(T)	7,9	22,2	35,0	46,5	56,7	66,6	75,3	83,5
EPD(T)	0,0481	0,1879	0,2942	0,3691	0,4208	0,4587	0,4863	0,5071

Abbildung 11:   Modifikation des Basisszenarios durch Verwendung des Kapitalanlageportfolios 3 aus Abbildung 3 und des Korrelationsszenarios II

Im Vergleich zur Abbildung 6 erhält man z. B. für den 15-jährigen Zeitraum eine um rund das 17-Fache gestiegene Ruinwahrscheinlichkeit. Auch das EPD ist um rund das doppelte (T = 1) bzw. auf rund das fünffache Niveau (T = 15) gestiegen. Die in Abbildung 11 dargestellte Beispielrechnung verdeutlicht nochmals den großen Einfluss von Korrelationsbeziehungen auf die Solvenz des Versicherers.

3.   Zusammenfassung und Ausblick

Im Rahmen der Neugestaltung der Eigenkapitalanforderungen von Versicherungsunternehmen (Solvency-II-Projekt) ist ein zweistufiges Konzept vorgesehen: Neben der Definition eines Mindesteigenkapitals (MCR) soll auch ein ökonomisch wünschenswertes Kapital (SCR) für Versicherungsunternehmen bestimmt werden. Dabei wird es Versicherern zur Ableitung des SCR erlaubt sein, interne Risikosteuerungsmodelle heranzuziehen, soweit diese von der jeweiligen Aufsichtsbehörde akkreditiert worden sind.

Im vorliegenden Beitrag wurde ein Vorschlag unterbreitet, wie ein internes Risikosteuerungsmodell im Sinne des Solvency-II-Konzepts ausgestaltet sein könnte. Dabei handelt es sich um ein Simulationsmodell für Schaden- und Unfallversicherungsunternehmen, welches

– dem Konzept der Dynamic Financial Analysis (DFA) folgend – auf einer Betrachtung von Zahlungsströmen basiert.

Für die Ausgestaltung interner Risikosteuerungsmodelle unter Solvency II werden die grundlegenden Akkreditierungsbedingungen, die von den EU-Aufsichtsbehörden festzulegen sind, von zentraler Bedeutung sein. Die Akkreditierungsvoraussetzungen sollten sich dabei nicht nur auf die Ausgestaltung des internen Risikosteuerungsmodells und auf die heranzuziehenden Inputparameter beziehen, sondern auch die Installation des Modells als zentraler Bestandteil des Risikomanagementprozesses des Versicherers beinhalten. Nur so kann gewährleistet werden, dass die sich aus dem internen Risikosteuerungsmodell ergebenden Informationen bei der Festlegung der Unternehmenspolitik durch das Versicherungsmanagement angemessen berücksichtigt werden.

Literatur

BARTH, M. (2000): A Comparison of Risk-Based Capital Standards Under the Expected Policyholder Deficit and the Probability of Ruin Approaches, in: The Journal of Risk and Insurance 67/2000, S. 397–414.

BASELER AUSSCHUSS FÜR BANKENAUFSICHT (2004): International Convergence of Capital Measurement and Capital Standards: a Revised Framework, www.bis.org/publ/bcbs107.htm.

BITTERMANN, L. (2004): Versicherungstechnik auf neue Beine stellen (I), in: Versicherungswirtschaft 59/2004, S. 210–212.

BRAUN, R. (1990): Internationales Indexmanagement für Aktien, in: Österreichisches BankArchiv 38/1990, S. 528–535.

BÜHLMANN, H. (1996): Mathematical Methods in Risk Theory, 2. Auflage, Berlin et al. 1996.

BUTSIC, R. (1994), Solvency Measurement for Property-Liability Risk-Based Capital Applications, in: Journal of Risk and Insurance 61/1994, S. 656–690.

CRAMÉR, H. (1955): Collective Risk Theory, A Survey from the Point of View of the Theory of Stochastic Processes, Skandia Jubilee Volume, Stockholm 1995.

DAYKIN, C. D./PENTIKÄINEN, T./PESONEN, M. (1994): Practical Risk Theory for Actuaries, London 1994.

EMBRECHTS, P./MCNEIL, A. J./STRAUMANN, D. (2002): Correlation and Dependence in Risk Management: Properties and Pitfalls, in: M. A. Dempster (Hrsg.): Risk Management: Value-at-Risk and Beyond, Cambridge et al., S. 176–223.

EUROPÄISCHE KOMMISSION (2002): Considerations on the Design of a Future Prudential Supervisory System, in: Markt/2535/02, 28.11.2002, http://europa.eu.int/comm/internal_market/insurance/docs/markt-2535-02/markt-2535-02_en.pdf.

EUROPÄISCHE KOMMISSION (2003a): Design of a Future Prudential Supervisory System in the EU. Recommendations by the Commission Services, in: Markt/2509/03, 03.03.2003, http://europa.eu.int/comm/internal_market/insurance/docs/markt-2509-03/markt-2509/03_en.pdf.

EUROPÄISCHE KOMMISSION (2003b): Solvency II. Reflections on the General Outline of a Framework Directive and Mandates for Further Technical Work, in: Markt/2539/03, 19.09.2003, http://europa.eu.int/comm/internal_market/insurance/docs/markt-2539/-03/markt-2539/03_en.pdf.

EUROPÄISCHE KOMMISSION (2004): Solvency-II-Organisation of Work, Discussion on Pillar I Work Areas and Suggestions of Further Work on Pillar II for CEIOPS, in: Markt/2543/04, 11.02.2004, http://europa.eu.int/comm/internal_market/insurance/-docs/markt-2543/04/markt-2543/04_en.pdf.

FARNY, D. (2000): Versicherungsbetriebslehre, 3. Auflage, Karlsruhe 2000.

GRÄWERT, A./STEVENS, A./TADROS, R. (2003): Solvency II: Ein Regulierungsrahmen für risikobasiertes Kapital, in: Versicherungswirtschaft 58/2003, S. 394–397.

GRÜNDL, H./SCHMEISER, H. (2004): Solvency II und interne Risikosteuerungsmodelle, in: Versicherungswirtschaft 59/2004, S. 473–474.

HARTUNG, T./HELTEN, E. (2004): Modernisierung versicherungswirtschaftlicher Eigenkapitalnormen durch Solvency II, in: FinanzBetrieb 6/2004, S. 293–303.

HEILMANN, W.-R. (1988): Fundamentals of Risk Theory, Karlsruhe 2004.

HODES, D./FELDBLUM, S./NEGHAIWI, A. (1999): The Financial Modeling of Property-Casualty Insurance Companies, in: North American Actuarial Journal 3/1999, S. 41–69.

HULL, J. (2003): Options, Futures, and Other Derivates, 5. Auflage, Englewood Cliffs.

IMAN R. L./CONOVER, W. (1982): A Distribution-free Approach to Inducing Rang Correlation among Input Variables, in: Communications in Statistics – Simulation and Computation 11/1982, S. 311–334.

KPMG (2002): Studie Solvency II, www.kpmg.de/pdf/solvency_Complete_Report.pdf.

KAUFMANN, R./GADMER, A./KLETT, R. (2001): Introduction to Dynamic Financial Analysis, in: ASTIN Bulletin 31/2001, S. 213–249.

KNAUTH, K.-W./SCHUBERT, T. (2003): Versicherungsaufsicht vor Paradigmenwechsel, in: Versicherungswirtschaft 58/2003, S. 902–907.

KORYCIORZ, S. (2004): Sicherheitskapitalbestimmung und -allokation in der Schadenversicherung: Eine risikotheoretische Analyse auf der Basis des Value-at-Risk und des Conditional Value-at-Risk, Karlsruhe.

LOWE, S./STANARD, J. (1997): An Integrated Dynamic Financial Analysis and Decision Support System for a Property Catastrophe Reinsurer, in: ASTIN Bulletin 27/1997, S. 339–371.

MARKOWITZ, H. (1952): Portfolio Selection, in: Journal of Finance 7/1952, S. 77–91.

MCKAY, M./CONOVER, W./BECKMAN, R. (1979): A Comparison of Three Methods for Selecting Values of Input Variables in the Analysis of Output from a Computer Code, in: Technometrics 21/1979, S. 239–245.

PODDIG, T./DICHTL, H./PETERSMEIER, K. (2003): Statistik, Ökonometrie, Optimierung: Methoden und ihre praktischen Anwendungen in Finanzanalyse und Portfoliomanagement, 3. Auflage, Bad Soden/Taunus 2003.

SCHIERENBECK, H./HÖLCHER, R. (1998): Bankassurance, 4. Auflage, Stuttgart 1998.

SCHMEISER, H. (1997): Risikotheoretisch fundierte Ansätze zur Neugestaltung des Europäischen Solvabilitätssystems für Schadenversicherer, Karlsruhe 1997.

SCHMEISER, H. (2004a): New Risk-Based Capital Standards in the European Union: A Proposal Based on Empirical Data, in: Risk Management & Insurance Review 7/2004, S. 41–51.

SCHMEISER, H. (2004b): Interne Risikosteuerungsmodelle unter Solvency II, Arbeitspapier, Westfälische Wilhelms-Universität Münster, erscheint in: A. Wambach (Hrsg.): Regulierung von Versicherung: Solvency II und Vermittlerrichtlinie. Zweite Nürnberger Versicherungstag, Nürnberg 2004.

SCHRADIN, H. (1994): Erfolgsorientiertes Versicherungsmanagement: betriebswirtschaftliche Steuerungskonzepte auf risikotheoretischer Grundlage, Karlsruhe 1994.

SCHRADIN, H. (2003): Entwicklungen der Versicherungsaufsicht, in: Zeitschrift für die gesamte Versicherungswissenschaft 92/2003, S. 611–664.

SCHRADIN (2004): Versicherungsmanagement unter dem Einfluß von Solvency II und internationaler Rechnungslegung, in: Österreichisches BankArchiv 52/2004, S. 906–916.

SCHRÖTER, K.-J. (1995): Verfahren zur Approximation der Gesamtschadenverteilung, Karlsruhe 1995.

SCHUBERT, T./GRIEßMANN, G. (2003): Solvency II geht in die zweite Runde, in: Versicherungswirtschaft 58/2003, S. 1789–1808.

SCHUBERT, T./GRIEßMANN, G. (2004a): Europa in Vorbereitung auf Solvency II, in: Versicherungswirtschaft 59/2004, S. 1044–1046.

SCHUBERT, T./GRIEßMANN, G. (2004b): Solvency II. Die EU treibt die zweite Phase des Projekts voran, in: Versicherungswirtschaft 59/2004, S. 470–472 (erster Teil), S. 738–739 (zweiter Teil).

SCHUBERT, T./GRIEßMANN, G. (2004c): Solvency II = Basel II + X, in: Versicherungswirtschaft 59/2004, S. 1399–1404.

SHARPE, W. F. (1992): Asset Allocation: Management Style and Performance Measurement, in: Journal of Portfolio Management 18/1992, S. 7–19.

SPREMANN, K. (2003): Portfoliomanagement, 2. Auflage, München et al. 2003

STRAUB, E. (1997): Non-Life Insurance Mathematics, Berlin et al. 1997.

TAKAYAMA, A. (1985): Mathematical Economics, 2. Auflage, Cambridge 1985.

WANG, S. (1998): An Actuarial Index on the Right-Tail Risk, in: North American Actuarial Journal 2/1998, S. 88–101.

ZIMMERMANN, C./BACH, C./RAUB, J. (2004): Von der Pflicht zur Kür im Risikomanagement (I), in: Versicherungswirtschaft 59/2004, S. 220–224.

Das interne Risikokapitalmodell der Allianz-Gruppe

Christoph Wagner

1.   Einleitung

Eine Versicherungsgesellschaft ist sowohl dem Versicherungsnehmer als auch dem Aktionär verpflichtet, einen hohen Solvabilitätsstandard sicherzustellen. Risiko- oder ökonomisches Kapital soll dabei die Solvenz bis zu einem gewählten Niveau garantieren. Trotzdem kamen in den vergangenen Jahren Versicherungen immer wieder in Probleme und bedrohliche Schieflagen bis hin zur Insolvenz, wie z. B. in der Asbestkrise, bei hohen Katastrophenschäden wie Hurrikan Andrew oder zuletzt durch einbrechende Kapitalmärkte.

Die Versicherungsaufsicht hat in erster Linie den Schutz der Versicherungsnehmer und die Sicherheit von deren Ansprüchen im Auge. Der Aktionär dagegen legt Wert darauf, dass sein Kapital effektiv eingesetzt wird und eine möglichst hohe Rendite erwirtschaftet. Da Risiko und Rendite nur zwei Seiten derselben Medaille sind, bedeutet Risikomanagement hier Optimierung der Risiko-Rendite-Situation des Versicherungsunternehmens. Während die Quantifizierung der gesamten Risikosituation eines Unternehmens wichtig für das strategische Management und für die Solvenz ist, erlaubt erst eine Allokation des Risikokapitals zurück auf die einzelnen Geschäftseinheiten die Verbindung von taktischen Entscheidungen mit den strategischen Zielen. Ein internes Risikomodell soll dies leisten, d. h. erstens die Risiken des Unternehmens adäquat und transparent darstellen und aggregieren, zweitens eine Attribution je nach Risikobeitrag vornehmen. Die Allianz-Gruppe hat über die vergangenen Jahre ein internes stochastisches Modell entwickelt, implementiert und im Konzern verankert. Die wesentlichen Grundzüge dieses Modells werden im Folgenden dargestellt.

2.   Solvency II und interne Kapitalmodelle

Solvency II, als Reform des bestehenden Versicherungsaufsichtssystems, gliedert die Anforderungen an ein quantitatives und qualitatives Risikomanagement analog zu Basel II in drei Säulen. In Säule 1 werden die quantitativen Mindestkapitalanforderungen festgeschrieben, unterschieden nach ökonomischem (Ziel-) Kapital und Mindestkapital. Säule 2 widmet sich den qualitativen Bestimmungen, die das aufsichtsrechtliche Überprüfungsverfahren konkretisieren, während Säule 3 das Ziel verfolgt, durch verstärkte Publikationsanforderungen die Markttransparenz und Marktdisziplin zu erhöhen. Im Rahmen von Säule 1 soll zukünftig die Erfüllung der Eigenmittelanforderungen auf zwei Wegen nachgewiesen werden können.

Einerseits wird ein risikobasierter Standardansatz konzipiert werden. Andererseits können Unternehmen mit einem entwickelten Risikomonitoring und -management ihre internen Modelle von der Aufsicht anerkennen lassen.

Ein erster Schritt bei der Einführung eines Risikomodells ist also die Entscheidung, ob ein standardisiertes oder ein unternehmensspezifisches Risikomodell eingeführt werden soll. Standardisierte Modelle wie das des GDV[1] oder das S&P-Modell sind kostengünstiger und haben den scheinbaren Vorteil einer besseren Vergleichbarkeit, jedoch den realen Nachteil, dass individuelle Gegebenheiten des Unternehmens nicht ausreichend berücksichtigt werden. Oft handelt es sich bei diesen Standardmodellen um Faktormodelle, deren Faktoren auf Markt- bzw. Industriedurchschnitten basieren. Damit ist ihr Nutzen zur Unternehmenssteuerung und besseren Kapitalallokation deutlich eingeschränkt.

Interne Modelle können dagegen an die Spezifika und das Risikoprofil des Unternehmens angepasst werden, haben aber den Nachteil höherer Kosten. Weitere Probleme interner Modelle im Vergleich zu einem Standardansatz sind insbesondere

- höhere Qualität der benötigten Daten,

- deutlich höhere Komplexität (Bedarf an Experten, schlechtere Vermittelbarkeit),

- geringe zwischenbetriebliche Vergleichbarkeit,

- Manipulationsanfälligkeit und schwierige Objektivierung.

Diese Punkte erfordern einen hohen Grad an Vernetzung im Unternehmen, an Integration in die Planungs- und Steuerungsprozesse sowie an Akzeptanz und Rückhalt in den Führungsebenen. Dem stehen als gewichtige Vorteile eines internen Modells eine bessere und detailliertere Analyse der Unternehmenssituation gegenüber, mit der Möglichkeit, optimale Handlungsempfehlungen für das Management abzuleiten. Das Hauptziel eines internen Modells ist damit die bessere Bestimmung des Zielkapitals bei gegebener eigener Solvabilitätsanforderung und eine verbesserte Unternehmenssteuerung, die Bestimmung des aufsichtsrechtlichen Kapitals steht weniger im Fokus. Allerdings besteht natürlich die Hoffnung, durch Verwendung eines internen Modells eine Besserstellung im Sinne von niedrigeren Kapitalanforderungen zu erreichen.

---

1   Vgl. GDV (2002).

3.   Grundkonzept des internen Modells

3.1   Anforderungen und Struktur

Als wesentliche Anforderungen an ein internes Modell lassen sich folgende Punkte nennen:

- ▇ vollständige, zeitnahe Abbildung der gesamten Risikosituation des Unternehmens,

- ▇ Konsistenz des Modells über alle Risikokategorien, Geschäftsbereiche und Gesellschaften des Konzerns,

- ▇ Berücksichtigung von Abhängigkeiten zwischen den einzelnen Modellkomponenten und Risikoarten über die gesamte Breite der Konzernaktivitäten,

- ▇ hinreichende Qualität und Stabilität der verwendeten unternehmensindividuellen Daten,

- ▇ adäquate Prozesse zur laufenden Validierung der Leistungsfähigkeit des internen Modells und wohldefinierte Prozesse zur Modellpflege und Modellentwicklung.

Zum ersten Punkt ist noch hinzuzufügen, dass eine vollständige Abbildung der Risikolage nicht bedeutet, jedes Kleinstrisiko zu modellieren. Vielmehr muss abgeschätzt werden, welche Risiken im Wesentlichen das Gesamtbild bestimmen und welche eventuell nur vernachlässigbare Beträge liefern.

Die Allianz-Gruppe hat in den letzten Jahren erhebliche Ressourcen eingesetzt, um intern ein stochastisches Risikomodell, das den oben genannten Anforderungen entspricht, zu entwickeln und zu implementieren. Mittlerweile ist dieses Modell und das damit verbundene Risikobewusstsein fest in der operativen und strategischen Unternehmenssteuerung verankert. Bei seiner konzeptionellen Entwicklung mussten allerdings einige Besonderheiten der Gruppe berücksichtigt werden. Die Allianz-Gruppe als Finanzkonglomerat ist relativ dezentral organisiert und in den Geschäftsbereichen Lebens- und Nicht-Lebensversicherung, Bank und Vermögensverwaltung aktiv. Das heißt, ein großer Teil der unternehmerischen Verantwortung und damit der Risikoverantwortung liegt bei den Führungsgremien der Tochtergesellschaften. Gleichzeitig sollen aber sowohl die Einzelgesellschaften als auch die Gruppe gegebenen Solvabilitätsanforderungen genügen. Weiterhin muss eine Vergleichbarkeit der Konzernteile gewährleistet sein, um sinnvolle Impulse für die strategische Steuerung der Gruppe geben zu können. Auf diese Bedingungen hin wurde der Modellrahmen von der Gruppe abgesteckt. Die Verantwortung für die Methodik liegt in einer Hand und gewährleistet durch Modellstandards Vergleichbarkeit in der Gruppe. Dies kann nur mit intensiver Einbeziehung der Tochtergesellschaften und Rückkopplungen gelingen. Um aber auch der lokalen Verantwortung gerecht zu werden, werden die einzelnen Module des Modells an die Konzerntöchter gegeben und dort befüllt und berechnet. Oftmals haben sie zusätzlich eigene Werkzeuge zur detaillierteren Risikoanalyse. Hier sollte allerdings auf Konsistenz geachtet werden. Zuletzt musste bei der Konzeption des Modells darauf geachtet werden, dass eine Aggregation der Risiken der Teilgesellschaften zum Gruppenrisiko möglich ist, wobei hier die gesamte Risikopalette des Konglomerats sektoriell und regional zu berücksichtigen war. Dies wird erreicht, indem man die Analyse entlang definierter Risikokategorien durchführt, die sich dann über die Gruppe aggregieren lassen. Ein entscheidender Punkt hierbei sind allerdings die gegenseitigen Abhängigkeiten einzelner Risiken untereinander.

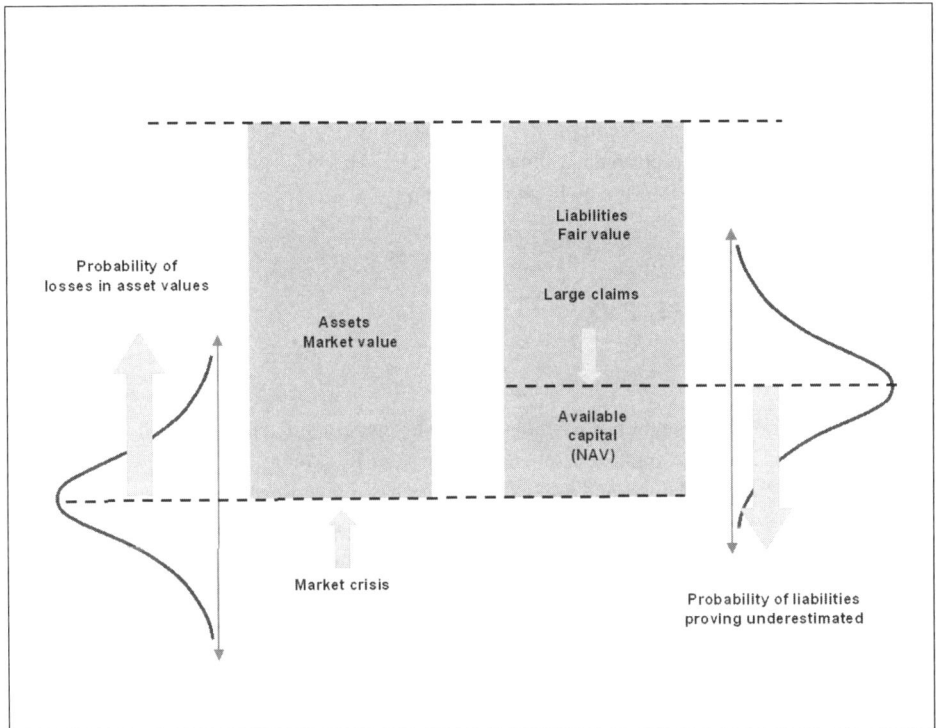

Abbildung 1: *Risikokapital (Available Capital auf Basis von Net Asset Value) als Puffer gegen nachteilige Wertentwicklungen auf der Aktiv- oder Passivseite*

3.2 Risiko

Wesen des Versicherungsgeschäftes ist, dass sich ein Versicherungsnehmer Schutz gegen unvorhersehbare, nachteilige Ereignisse einkauft und damit das Risiko auf das Versicherungsunternehmen transferiert. Zwar kommt es auf der Seite des Versicherers zum Ausgleich im Kollektiv, aber es ist klar, dass auch die Zahlungsverpflichtungen der Versicherungsgesell-

schaft nicht vollkommen vorhersehbar sind. Unerwartet hohe Schäden können jederzeit auftreten, durch kleinere oder größere Katastrophen auf der Nicht-Lebenseite oder Veränderungen der Rahmenparameter und der Kapitalmärkte auf der Lebenseite. Ebenso beeinflussen
Veränderungen auf den Kapital- und Kreditmärkten die Werte der Bank- und Handelsbuchbe-
stände einer Bank und führen zu unerwarteten Verlusten. Risikokapital dient als Puffer gegen
diese unerwarteten Ansprüche.[2]

Der Begriff Risiko[3] ist mit der Unsicherheit über zukünftige Ereignisse verbunden, deren
nachteilige Entwicklung eine Gefahr für den Exponierten darstellt. Der Versuch einer forma-
leren Beschreibung dieser Phänomene führt zum probabilistischen Begriff der Zufallsvariable. Die Einschätzung eines Risikos hängt dabei vom Blickwinkel des Trägers ab. So hat z. B.
ein Versicherungsnehmer ein Problem, wenn der Versicherer im Falle einer Insolvenz seinen
Zahlungsverpflichtungen nicht nachkommen kann. Der Aktionär riskiert dagegen mit seiner
Geldanlage, die erwartete Rendite nicht zu realisieren.

3.3   Risikomessung

Zur Vergleichbarkeit muss nun der Risikogehalt eines einzelnen Risikos quantifiziert werden
– eine Risikomessung. Im mathematischen Sinne ist ein Risikomaß eine Abbildung der Zufallsvariablen auf reelle Zahlen und stellt damit eine Art gemeinsame Messlatte der Zufalls-
phänomene dar. Gebräuchliche Risikomaße sind Varianz, Standardabweichung, Value-at-Risk
(VaR), oder Lower Partial Moments[4]. Formale Überlegungen von Artzner et al.[5] führten zum
Begriff des kohärenten Risikomaßes, das gewissen Axiomen genügen muss, damit es vernünftige Eigenschaften hat. In dieser Klasse sind vor allem Expected Shortfall (ES) und
Worst Conditional Expectation zu nennen.

Value-at-Risk ist sicherlich das populärste Risikomaß. Obwohl es nicht kohärent ist – es
verletzt im Allgemeinen die Subadditivitätseigenschaft –, findet es breite Verwendung, vor
allem im Marktrisikobereich.[6] VaR(α) gibt dabei nur die untere Grenze des Verlustes bei
Eintritt des $100\alpha\%$ schlimmsten Szenarios an, ES(α) reflektiert dagegen den Mittelwert der
$100\alpha\%$ schlimmsten Szenarien. ES erfordert damit aber die Kenntnis über den Rand der
Wahrscheinlichkeitsverteilung der Einzelrisiken. Empirische Schätzungen für ES sind damit
ungleich aufwändiger als für VaR und bei extrem schiefen Verteilungen großen Schätzungenauigkeiten unterworfen. Vor allem im Bereich Nicht-Leben sind die empirischen Daten oft
zu unzulänglich erfasst, um eine genügend genaue Schätzung der Randbereiche der Vertei-

---

2   Vgl. Abbildung 1.
3   Vgl. Gründl/Winter in diesem Band.
4   Vgl. Gründl/Winter in diesem Band.
5   Vgl. Artzner/Delbaen/Eber/Heath (1999).
6   Vgl. Morgan (1996); Jorion (2000).

lungen zu erlauben. Deshalb ist die Praxistauglichkeit von ES fraglich und man hat trotz der bekannten Unzulänglichkeiten als Basis für das interne Modell der Allianz das VaR-Maß verwendet.

Stellt X eine Verlustzufallsvariable, Q_α(.) die Quantilfunktion zum Konfidenzniveau α und E(.) den Erwartungswert dar, so ist die Definition des Risikokapitals (RC) im Allianz-Modell

$$RC(X)=Q_\alpha(X) - E(X).$$

Der Risikogehalt eines Risikos ist damit die nachteilige Abweichung vom erwarteten bzw. geplanten Wert. Hier ist auch auf Konsistenz zu den Planungszahlen zu achten.

3.4   Risikohorizont

Für die Kapitalberechnung muss der potenzielle Ausgang der Einzelrisiken in der Zukunft abgeschätzt und ein Risikohorizont gewählt werden. Der Risikohorizont ist der Zeitraum, über den die Zahlungsunfähigkeit des Unternehmens gemessen wird, um den Solvabilitätsstandard festzulegen. Für das Allianz-Modell wurde ein einjähriger Risikohorizont gewählt. Dies bedeutet, dass zur Bestimmung des betriebsnotwendigen Risikokapitals die Auswirkungen eines Schocks auf den Net-Asset-Value (NAV) im ersten Jahr gemessen werden. Die Auswirkungen betreffen nicht nur die Zahlungsströme im ersten Jahr, sondern erfordern auch eine Neuberechnung der prognostizierten Zahlungsströme, um spätere Veränderungen am Portfolio und Veränderungen für die Erwartungen zu berücksichtigen. Ein alternativer Ansatz wäre die im Versicherungsbereich verbreitete Run-off-Sicht. Hier wird das Ablaufen des gesamten Portefeuilles betrachtet und das erforderliche Kapital für alle zukünftigen Jahre berechnet. In der Regel ist aber das meiste Kapital im ersten Jahr erforderlich und der Kapitalbedarf sinkt bei älter werdenden Portefeuilles. Weitere Vorteile des 1-Jahres-Horizonts sind die Anlehnung an die Planungszeiträume und die leichtere Berechnung im Modell. In der 1-Jahres-Sicht ist nur ein Minimum an Annahmen erforderlich, in der Run-off-Sicht müssten schwer abzuschätzende Annahmen über mögliche zukünftige Managementmaßnahmen zur Risikobegrenzung getroffen werden. Nicht zuletzt finden die Überprüfung der Kapitalbasis und – falls nötig – auch die Rekapitalisierungsmaßnahmen im Zeitraum eines Jahres statt.

3.5   Solvabilitätsstandard

Um den Solvabilitätsstandard mit einer angestrebten Bonitätsbewertung zu verankern, legen wir als Maßstab für die Sicherheit der Versicherungsnehmer einen Standard an, der weitgehend mit der Sicherheit vergleichbar ist, die ein Anleger bei Industrieanleihen fordert.

Unter Zuhilfenahme der historischen Ausfallquoten und Schadenhöhen von Anleihen mit bestimmten Bonitätsbewertungen, die von Ratingagenturen wie Moody's und Standard & Poor's veröffentlicht werden, kann für jede Ratingklasse eine Ausfallwahrscheinlichkeit abgeleitet werden (Abbildung 2)

Rating	Ausfallwahrscheinlichkeit (1 Jahr)
AAA	0,01%
AA	0,03%
A	0,07%
BBB	0,18%

Abbildung 2:   Konfidenzniveau nach Kreditrating

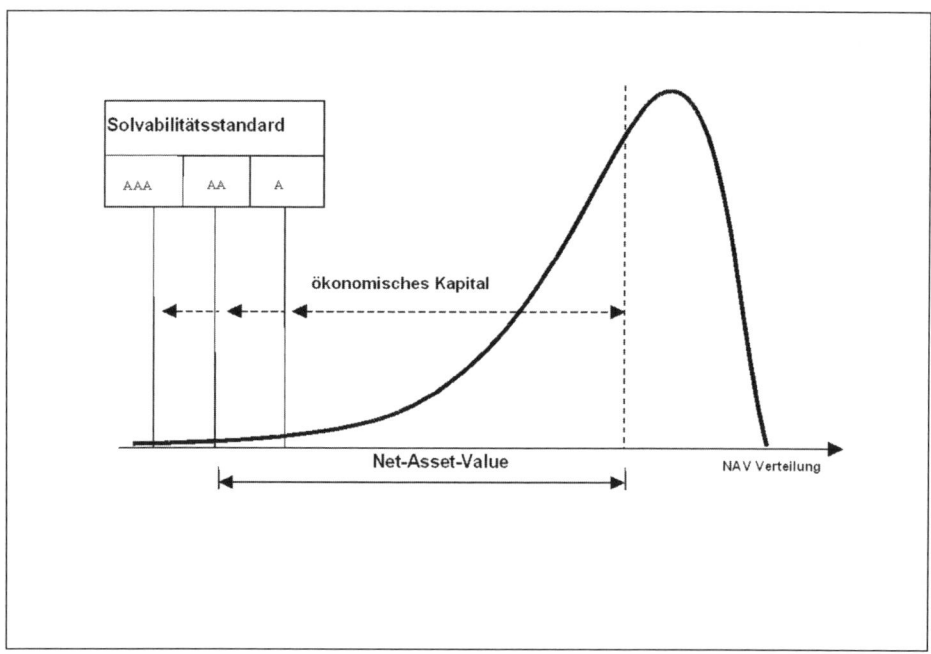

Abbildung 3:   Solvabilitätsstandard und ökonomische Kapital

Für einen Solvabilitätsstandard von AAA muss demnach das betriebsnotwendige Risikokapital so hoch sein, dass die Ausfallwahrscheinlichkeit gleich 0,01 Prozent ist. Wenn die Verteilung der NAV in einem Jahr bekannt ist, können wir den Unterschied zwischen der Höhe des erforderlichen Kapitals für AAA, AA und A grafisch wie in Abbildung 3 darstellen.

Eine Abschätzung des Diversifikationseffekts über mehrere Geschäftssparten zeigt, dass für die Allianz-Gruppe mit ihrer breiten Palette an Aktivitäten ein A-Rating auf Unternehmensbereichsebene, d. h. für die einzelnen Tochtergesellschaften ausreicht, um den gesamten Konzern auf ein AAA-Rating zu heben (siehe dazu Abschnitt 3.9).

3.6   Bewertung

Das Risikokapital einer Gesellschaft dient der Bewältigung unerwarteter Verluste. Im Kern der Berechnung des Kapitals steht damit die Modellierung der Bilanz. Das Allianz-Modell verfolgt eine ökonomische Sicht, die einzelnen Positionen der Bilanzgleichung

Aktiva = Verbindlichkeiten + Eigenkapital

müssen entsprechend bewertet werden. Aktiva werden mit ihren Marktwerten berücksichtigt, Verpflichtungen marktkonsistent bewertet. Die Bewertung der Passiva auf der Nicht-Lebenseite geschieht im Wesentlichen durch risikoadjustierte Diskontierung der Best-Estimate-Reservierungsschätzungen.[7] Für das Leben-Geschäft gestaltet sich die Bewertung durch die enge Verknüpfung der Aktiv- und Passivseite erheblich schwieriger. Garantiezusagen und variable Überschussbeteiligungen machen die Positionen einer Lebensversicherungsgesellschaft zu einem Portefeuille mit implizitem Derivatecharakter. Deshalb basiert hier die Bewertung analog zu jener bei Finanzderivaten auf der Risikoneutralität.[8] Kern dieser Methode ist die Sichtweise, dass alle Anleger risikoneutral sind und alle gehandelten Wertpapiere im Mittel nur den risikofreien Zins erwirtschaften. Da Gewinne, Kosten und Leistungen meist erst weit in der Zukunft anfallen und eng miteinander verwoben sind, werden diese Zahlungsströme explizit stochastisch modelliert und über einen Simulationsansatz bewertet.

3.7   Risikotragendes oder verfügbares Kapital

Die Risiken definieren den Kapitalbetrag, der als Puffer gehalten werden muss, um Versicherungsnehmer und Gläubiger zu schützen. Durch den Vergleich dieser Zahl mit dem tatsächlich vorgehaltenen Kapital – auch verfügbare Finanzressourcen bzw. Risk Bearing Funds (RBF) genannt – lässt sich feststellen, ob das Unternehmen über-, unter- oder angemessen kapitalisiert ist.

---

7   Vgl. The Casual Actuarial Society (2004).
8   Vgl. Bingham/Kiesel (2004).

Für die Tochtergesellschaften der Allianz wird als verfügbares Kapital der NAV in einer Fair-Value-Bilanzierung angesehen, d. h. Aktiva und Passiva werden auf marktkonsistenter Grundlage bewertet. Nur der NAV des Lebensversicherungsbereichs gibt den beizulegenden Wert der Verbindlichkeiten nicht korrekt wieder und ergibt damit konservative Ergebnisse. Für die Allianz-Gruppe bestehen die RBF zunächst aus der Summe der Eigenkapitalien der Tochtergesellschaften, gefolgt von Anpassungen für Minoritäten, Goodwill und eigenkapitalähnliche Mittel.

RBF können auch als Gegenwartswert aller Verpflichtungen berechnet werden, die dem Unternehmen derzeit zustehen. Für Sach- und Schadensversicherungen wird daher der Wert der Beitragsüberträge berücksichtigt (ebenso wie die geschätzten künftigen Schadensfälle). Für das Lebensversicherungsgeschäft werden künftige Beiträge aus aktiven Verträgen, aber auch künftige Leistungen bei Vertragsfälligkeit und im Todesfall einbezogen. Daher ist beim Vergleich der RBF mit dem Buchwert des Eigenkapitals eine Reihe von Anpassungen vorzunehmen. Als wesentlich sind zu nennen:

- Vermögensgegenstände, die zu Markt- oder Modellpreisen gehalten werden. Alle Vermögensgegenstände werden mit dem erwarteten Marktwert bewertet. Wenn sich ein entsprechender Marktwert nicht ohne weiteres ermitteln lässt, wird ein Modell verwendet, um den fairen Wert des Vermögensgegenstands im Falle eines Verkaufs am freien Markt abzuschätzen.

- Erwartete Verluste werden berücksichtigt und verringern das verfügbare Kapital. Erwartungsgemäße Schadenfälle für Versicherungsverträge werden berücksichtigt, erwartete Verluste auf Forderungen werden einbezogen. Infolgedessen wird für diese erwarteten Verluste kein Risikokapital benötigt, obwohl sie das verfügbare Kapital vermindern.

- Einbeziehung künftiger Beiträge, Leistungen und Kosten für aktive Policen (Lebensversicherungen). Hier ist ein ähnlicher Ansatz erforderlich wie beim Embedded Value, bei dem alle künftigen Zahlungsströme für das entsprechende Versicherungsbuch berücksichtigt werden. Infolgedessen wird der Gegenwartswert der künftigen Gewinne (present value of future profits, PVFP) einbezogen und erhöht die verfügbaren Finanzressourcen.

- Steuerabgrenzungsposten werden ebenfalls berücksichtigt. Obwohl Aktiva und Passiva zu Markt- bzw. Modellpreisen bewertet werden, wurden in vielen Fällen Steuerzahlungen und -rückforderungen aufgeschoben, daher haben diese Steuerabgrenzungsposten einen Wert.

3.8   Risikokategorien und Risikofaktoren

Wie schon erwähnt, quantifiziert das interne Modell das Risiko entlang wohldefinierter Dimensionen. Risiken werden in quantifizierbare, abschätzbare, und nicht quantifizierbare Risiken unterteilt und nach folgende Kategorien bzw. Typen unterschieden:

◼ Markt- und Asset-Liability-Management-Risiko

   – Aktienrisiko
   – Zinsrisiko
   – Immobilienrisiko
   – Wechselkursrisiko
   – sonstige Marktrisiken

◼ Kreditrisiko

   – Investmentkreditrisiko
   – Kontrahentenrisiko (inklusive Rückversicherungskreditrisiko)
   – Länderrisiko
   – Abwicklungsrisiko

◼ Versicherungstechnische Risiken

   – Prämienrisiko
   – Reservierungsrisiko
   – Biometrische Risiken (Sterblichkeit, Langlebigkeit)
   – Unglücksfallrisiko

◼ Geschäftsrisiken

   – Kostenrisiko
   – Operationelle Risiken

Nur diese vier Risikokategorien werden im Modell quantifiziert und kapitalisiert. Bei den ersten beiden Kategorien handelt es sich um Finanzmarktrisiken.

Das Marktrisiko bezieht sich auf unerwartete Änderungen von Aktienkursen, Zinssätzen und Devisenkursen und betrifft damit hauptsächlich die Aktivseite, aber durch veränderte Diskontfaktoren im Nicht-Leben-Fall und zusätzlich durch gewährleistete Garantien und mögliche Überschussbeteiligungen im Leben-Geschäft auch die Passivseite.

Ähnliches gilt auch für das Kreditrisiko. Hier kommt es bei einer Verschlechterung der Kreditwürdigkeit eines Schuldners zur Abwertung oder gar zum Totalausfall der Schulden, d. h. der Aktivpositionen eines Versicherungsunternehmens bzw. der Passivposten einer Bank. Erwähnt werden muss an dieser Stelle, dass im Rahmen des internen Risikokapitalmodells potenzielle Marktveränderungen über einen langfristigen Horizont abgeschätzt werden und nicht, wie im klassischen Marktrisikokontext einer Bank, ein 1- oder 10-Tages-VaR betrachtet wird. Damit sind hier eher längerfristige Trends und Zyklen von Bedeutung. Ein Wechselkursrisiko besteht allerdings nur für die Nettomittelflüsse von Aktiv- und Passivseite. Durch Currency-Matching und gegebenenfalls zusätzliches Currency-Hedging kann das Wechselkursrisiko gering gehalten werden (wie es meist auch von der Aufsicht gefordert wird). Deshalb ergibt sich im Allianz-Modell ein wesentliches Wechselkursrisiko nur auf Gruppenebene durch die internationale Aufstellung in verschiedenen Währungszonen. Zahlungsströme mit dem Ausland unterliegen Wertänderungen durch Wechselkurse. Ähnlich wird natürlich in der Regel auch das Zinsrisiko durch laufzeitkongruente Anlagestrategien begrenzt. Allerdings unterscheiden sich hier Leben- und Nicht-Leben-Gesellschaften oft in der verbleibenden Zinssensitivität. Dies muss bei der Aggregation zum Gruppenrisiko berücksichtigt werden, der Konzern als Ganzes kann nur entweder einer Auf- oder einer Abbewegung der Zinskurve gegenüber nachteilig exponiert sein.

Bei der Betrachtung des Kreditrisikos ist vor allem darauf zu achten, dass dieselben Risikoparameter über die Gruppe hinweg zum Einsatz kommen, da die Allianz als Bankassurer über Anleihen, Kredite und Kreditversicherungen oftmals gegenüber demselben Kontrahenten exponiert ist. Weiterhin ist das Rückversicherungskreditrisiko bei ausstehenden und bedingten Forderungen zu erwähnen.

Bei den versicherungstechnischen Risiken unterscheidet das Modell im Wesentlichen das Leben- und Nicht-Lebengeschäft. Bei Letzterem wird das Risiko unterteilt in das Prämienrisiko, also die Variabilität der anfallenden Schäden im aktuellen Jahr, und das Reserverisiko, also die Variabilität der Schäden aus den Vorjahren. Naturkatastrophenrisiken wie Erdbeben, Wirbelstürme und Überschwemmungen werden auf Grund ihres extremen Charakters separat zu den Nichtkatastrophenrisiken wie Haftpflicht, Motorfahrzeug, Transport oder Luftfahrt behandelt.

Auf der Leben- und Krankenseite lässt sich das Risiko der Passiva in folgende Kategorien unterteilen. Zuerst einmal wird zwischen Mortalitäts- und Morbiditätsrisiko unterschieden. Dabei geht es um Risiken durch langfristige Trendänderungen, aber auch durch Schätzungenauigkeiten der aktuellen Raten (Niveaurisiko). Dabei ist klar, dass es je nach Charakter des Produktes, Absicherungsprodukt oder Versorgungsprodukt, zu unterschiedlichen Sensitivitäten auf die Veränderung der Raten kommt. Das Unglücksrisiko reflektiert die Gefahr, die durch kurzfristige Veränderungen der Sterblichkeitsraten außerhalb der normalen Erfahrung gegeben ist, z. B. auf Grund von Epidemien, Kriegen oder Terroranschlägen.

Das Geschäftsrisiko zerfällt in Kostenrisiko und operationales Risiko. Unter Kostenrisiko versteht man nachteilige Einflüsse auf die Kostenbasis, z. B. Stornorisiko, Risiko der Vertragserneuerung, Veränderungen der laufenden administrativen Kosten oder auch das Risiko von zu wenig Neugeschäft bei festen Akquisitionskosten. Unter operationalem Risiko werden Risiken wie Betrug, Systemausfall, Prozessrisiko und Ähnliches verstanden.

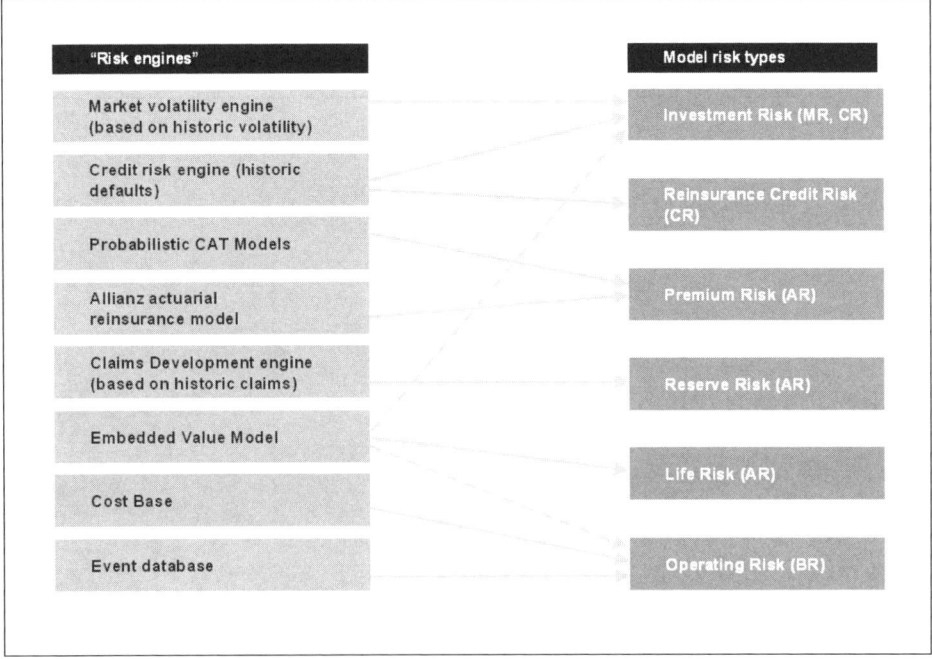

Abbildung 4:   Zuliefersysteme des Risikokapitalmodells

Weiter Risiken, die aber nicht mit Kapital unterlegt werden, sind

- Liquiditätsrisiko,

- Reputationsrisiko,

- strategisches Risiko,

- rechtliches Risiko,

- politisches Risiko.

Bei dem zuletzt genannten Risiko ist die Quantifizierung ungleich schwieriger, wenn nicht unmöglich; es wird angenommen, dass nachteilige Entwicklungen in diesem Bereich durch das Risikokapital mit abgedeckt werden.

3.9   Aggregation, Abhängigkeiten und Allokation

Nachdem die Einzelrisiken zunächst entlang ihrer Kategorien und Typen quantifiziert wurden, müssen sie auf Grund der dezentralen Aufstellung der Gruppe zuerst auf der Ebene der

Gesellschaften und schlussendlich auch auf Konzernebene aggregiert werden. Abbildung 5 zeigt schematisch diesen Prozess.

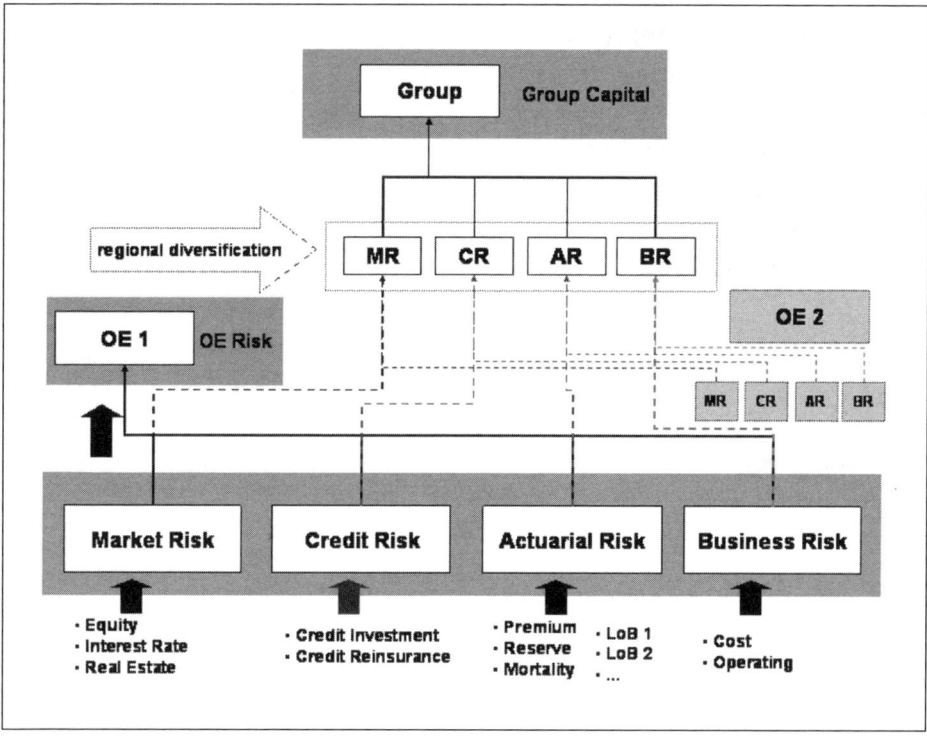

Abbildung 5:   *Aggregation der Risiken über die Gruppe*

Die Risikobausteine werden entlang ihrer Typen zu Kategorien und dann zum Gesamtrisiko aggregiert. Mathematisch gesehen handelt es sich um das Problem der Faltung von Verteilungen, also die Berechnung der Verteilung einer Summe von Einzelrisiken, $Z = \Sigma\ X$. Im Rahmen des Modells wird eine analytische Näherung verwendet, die sich im Wesentlichen an den Kovarianzbegriff anlehnt. Es ist also eine Art Korrelationsmatrix zu verwenden, die die Abhängigkeiten der Risikofaktoren reflektiert.[9] Wünschenswert wäre natürlich eine exakte Faltung der Einzelrisiken mit Abbildung der Abhängigkeiten durch Copula-Funktionen. Dies ist aber in der Regel kein praktikables Verfahren, zum einen, weil die Faltung dann numerisch durchgeführt werden müsste, und zum anderen, weil die Wahl der richtigen Copula sehr unklar ist.

---

[9]   Vgl. Rosenberg/Schuerman (2004).

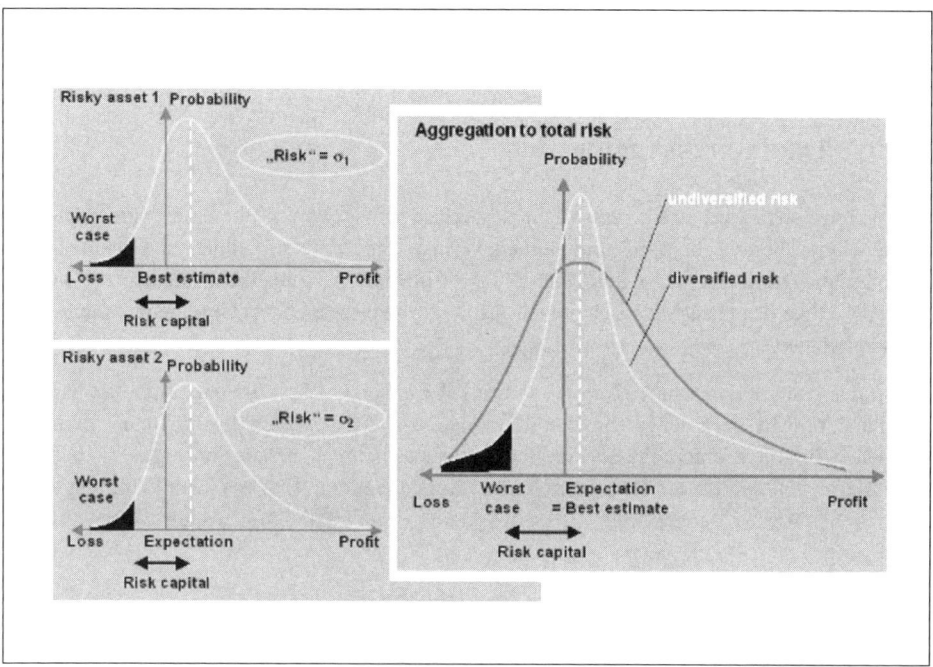

Abbildung 6:   *Aggregation zweier Risiken und Diversifikation*

Den Ausschlag für die Wahl des Aggregationsmechanismus geben aber mehrere Anforderungen. Zum einen müssen bei einer Gesamtrisikoabschätzung Beiträge von Risiken mit stark schiefen Verteilungen und schweren Randbereichen adäquat berücksichtigt werden, gerade bei einem hoch gewählten Konfidenzniveau. Interne Studien haben gezeigt, dass es mit dem gewählten Näherungsverfahren im Allgemeinen zu einer leichten Überschätzung des Risikos kommt. Weiterhin muss die Aggregation praktikabel sein. Gerade bei der dezentralen Organisation der Gruppe ist eine explizite Faltung der Risikoverteilungen nicht umsetzbar. Nur bei der Aggregation von Naturkatastrophen wird auf Grund der komplexen Rückversicherungsstruktur in Kombination mit dem extrem schiefen Charakter der Verteilungen eine numerische Faltung anstelle des analytischen Verfahrens verwendet. Zuletzt ist noch die Transparenz des Ansatzes zu erwähnen. Dies gilt vor allem, da der Risikoallokationsmechanismus, also die Rückverteilung des diversifizierten Risikos, analog zum Aggregationsmechanismus gewählt wurde. Die Aufteilung erfolgt analytisch entsprechend der Marginalbeiträge und erhöht damit wesentlich die Transparenz der daraus abgeleiteten Steuerungsimpulse. Entscheidend für das Ergebnis des Aggregationsprozesses ist aber, wie die Abhängigkeiten zwischen den Risikotreibern gewählt werden. Im Rahmen des Allianz-Modells sind diese Parameter als Korrelationen unter extremen Bedingungen zu interpretieren. Demzufolge werden sie auf Grund historischer Daten (soweit vorhanden) zusammen mit Experteneinschätzungen und nicht zuletzt mit einem gewissen Konservatismus gewählt.

3.10 Weitere Ergänzungen

3.10.1 Überschusskapital

Wie bereits oben festgestellt, entspricht das erforderliche Kapital für einen eigenständigen Unternehmensbereich dem größtmöglichen Verlust, der auftreten könnte, und schützt diese Gesellschaft damit vor der Zahlungsunfähigkeit in diesem Falle. Wenn dieser Worst-Case-Loss der Höhe des tatsächlich gehaltenen Kapitals entspricht, ist das Unternehmen angemessen kapitalisiert.

Wenn das Unternehmen mehr Kapital hält, als dem Worst-Case-Loss entspricht, ist es überkapitalisiert. Mit dem Überschusskapital könnten weitere Geschäftsaktivitäten finanziert werden. Allerdings unterliegt ein Versicherungsunternehmen neben den eigenen auch den Anforderungen von lokalen Regulatoren und Ratingagenturen. Erst das nach Erfüllung dieser zusätzlichen Anforderungen freie Überschusskapital steht letztlich für weiteres Wachstum zur Verfügung.

3.10.2 Mitigation von Risiken durch Dritte

Lebensversicherungsgesellschaften teilen ihre Erträge häufig mit dem Versicherungsnehmer. Wenn der Ertrag eine garantierte Mindestrendite übersteigt, variiert der Anteil der zusätzlichen Rendite, die für den Versicherungsnehmer anfällt von 0 Prozent (für unabhängige Produkte) bis zu 100 Prozent für fondsgebundene Produkte. Der Mechanismus dieser Ertragsteilung variiert je nach Land und (in geringerem Umfang) auch nach Produkt.

Worauf es jedoch ankommt, ist die Tatsache, dass im Fall von nicht realisierten Gewinnen diese zum Teil den Aktionären gehören, zum (größeren) Teil jedoch den Versicherungsnehmern und sie können als Puffer zur Absicherung gegen widrige Ereignisse verwendet werden. Außerdem sollte darauf hingewiesen werden, dass die Mechanismen für diese Risikoteilung und -minderung von Unternehmen zu Unternehmen variieren und sich auch danach unterscheiden, wie die Beteiligung am Gewinn erfolgt und welche Risiken durch die Realisierung verborgener Rücklagen gemindert werden können. In der gesamten Allianz-Gruppe erfolgt die Analyse auf der Ebene der Konzerntöchter, um den korrekten Umfang des Risikos zu bestimmen, der mit dem Versicherungsnehmer geteilt werden kann.

Zu den Aspekten, die im Zusammenhang mit der Rolle von Ressourcen von Seiten Dritter oder unrealisierten Gewinnen zu berücksichtigen sind, gehören unter anderem folgende:

■ Quelle der Gewinne: Nicht realisierte Aktiengewinne können leicht realisiert werden. Bei nicht realisierten Gewinnen auf festverzinsliche Wertpapiere ist es jedoch wahrscheinlicher, dass die Titel bis zur Fälligkeit gehalten werden, daher werden diese nicht zur Minderung der Risiken verwendet.

- Risiken, die geteilt werden können: In verschiedenen Ländern bestimmen die Aufsichtsbehörden, welche Risiken zwischen den Aktionären und den Versicherungsnehmern geteilt werden können. In Deutschland werden z. B. die meisten Risiken zwischen Versicherungsnehmern und Inhabern von Aktien geteilt. In den Vereinigten Staaten werden keine Risiken auf diese Weise geteilt.

- Bonusmechanismus bzw. Glättung von Konten oder nicht zugewiesene Gewinnreserve. Die Übertragung von Mitteln von Investmenterträgen auf die Versicherungsnehmer wird innerhalb der Allianz-Gruppe unterschiedlich gehandhabt. Rücklagen, die gehalten werden, um Bonuszuweisungen zu glätten, können manchmal zur Minderung von Verlustereignissen verwendet werden. Allerdings wird dies je nach den geltenden aufsichtsrechtlichen Bestimmungen unterschiedlich gehandhabt.

4. Zusammenfassung

In den vorhergehenden Abschnitten wurde dargestellt, wie das interne Risikokapitalmodell der Allianz konzipiert und implementiert ist. Wichtig ist eine umfassende und adäquate Abbildung der Risikosituation der Teilbereiche, aber auch des Gesamtkonzerns. Dabei kommt der modulare Charakter zur Geltung, der vor allem der Organisationsstruktur der Gruppe Rechnung trägt. Weiterhin ist ein transparenter Risikoaggregations- und Allokationsmechanismus wichtig, um einerseits Diversifikationseffekte über die Risikoarten und die regionale Aufstellung der Gruppe hinweg abzubilden, andererseits aber auch richtige Impulse zur Unternehmenssteuerung geben zu können. Flankiert wird das Risikokapitalmodell von Limitsystemen, um die Kumulrisiken der Gruppe überwachen und steuern zu können. Es ist klar, dass ein solches Modell relativ komplex ist und daher gepflegt und weiterentwickelt werden muss. So verlangen etwa die global aufgestellten Geschäftsbereiche Kreditversicherung oder Industrieversicherung eine Anpassung bzw. Neuentwicklung einzelner Modellkomponenten. Hierbei muss großer Wert auf Konsistenz der Modellierung gelegt werden, Modelländerungen müssen deshalb klaren Prozessvorgaben genügen. Zusammen mit stabilen Quelldatensystemen ergibt dies einen umfassenden Risikorahmen, der mittlerweile fest in den Steuerungsprozessen der Gruppe verankert ist.

Literatur

ARTZNER, P./DELBAEN, F./EBER, J.-M./HEATH, D. (1999): Coherent Measures of Risk, in: Mathematical Finance 9/1999, S. 203–228.

MORGAN, J. P. (1996): RiskMetricsTM. Technical Document, 4. Auflage 1996.

BINGHAM, N. H./KIESEL, R. (2004): Risk-Neutral Valuation, Berlin et al. 2004.

GDV (2002): Aufsichtmodell für deutsche Lebensversicherer, Aufsichtmodell für deutsche Schaden-/Unfallversicherer, http://www.gdv.de/fachservice/20716.htm

JORION, P. (2001): Value at risk: the new benchmark for managing financial risk, 2. Auflage, New York 2001.

ROSENBERG, J./SCHUERMAN, T. (2004): A General approach to Integrated Risk Management with Skewed, Fat-Tailed Risks, Staff Report 185, Federal Reserve Bank of New York 2004.

THE CASUAL ACTUARIAL SOCIETY (2004): Fair Value of P&C Liabilities: Practical Implications 2004.

Prinzipien und Methoden zur Quantifizierung der Solvabilität – Empfehlungen der IAA

Hans Peter Boller / Christoph Hummel

1.   Einführung

Dieser Artikel fasst Teile der Arbeiten der Internationalen Aktuarsvereinigung (IAA) zu Überlegungen zu einem global anwendbaren System zur Beurteilung der Solvabilität von Versicherungsunternehmen zusammen.[1]

1.1   Regulierung auf globaler Ebene

Seit einigen Jahren rückt die Betrachtung der Solvabilität von Versicherungsunternehmen wieder in den Mittelpunkt. Dies liegt an der Globalisierung und Verschmelzung der Finanzmärkte, einer Veralterung bestehender Systeme und nicht zuletzt an dem gelegentlichen Versagen der existenten Systeme oder zumindest am Zweifel hinsichtlich deren Wirksamkeit. Zunehmend beschäftigen sich die nationalen Aufsichten mit grenzüberschreitenden Themen und wünschen eine stärkere Harmonisierung oder zumindest Vergleichbarkeit der Systeme. Treibende Kräfte sind hier nicht nur die OECD, das IMF und die Finanzminister der G7-Länder, sondern auch die Aufsichtsbehörden selbst, die sich in der International Association of Insurance Supervisors (IAIS) zusammengeschlossen haben.[2] Wenngleich die IAIS keine gesetzgebende Autorität besitzt, sind ihre Empfehlungen richtungweisend und gemeinhin als Fundament für weitergehende Umsetzungen von Solvabilitätsvorschriften zu betrachten. Dies manifestiert sich auch im Zusammenhang mit Solvency II: Die Europäische Union bezieht in ihre Überlegungen zur Ausgestaltung des neuen Solvenzsystems die auf Anfrage der IAIS erstellte Arbeit der IAA mit ein und sucht Rat über die europäischen Aktuarvereinigungen bzw. die Groupe Consultatif Actuariel Européen.[3]

---

[1]   Für genauere Ausführungen sollte die Originalarbeit konsultiert werden, wobei in den Fußnoten dieses Artikels Referenzen zu den entsprechend relevanten Textstellen gegeben werden. Die Auswahl der hier dargestellten Themen wurde durch die Autoren vorgenommen.

[2]   Vgl. Knauth in diesem Band.

[3]   Vgl. Schanté/Caudet und Kawai in diesem Band.

1.2   Auftrag der IAA Working Party

Im Jahre 2002 hat die IAIS bei der IAA um Unterstützung bei der Entwicklung eines neuen Rahmenswerkes für ein global gültiges Solvenzsystem nachgesucht. Die IAA hat darauf eine aus 20 Mitgliedern bestehende Arbeitsgruppe eingesetzt, die Insurer Solvency Assessment Working Party. Der Auftrag an sie lautete:[4]

- Entwurf eines global anwendbaren, risikobasierten und von der IAIS geförderten Ansatzes zur Solvabilitätsbeurteilung,

- Beschreibung der Methoden und Prinzipien zur Quantifizierung der Solvabilität und damit der Kapitalanforderungen,

- Identifikation adäquater Möglichkeiten zur Bestimmung des Schadenpotenzials und der Abhängigkeit zwischen Risiken, sowie

- Fokussierung und konkrete Umsetzung von praxisrelevanten Risikomaßen sowie der Übergang von Standard- zu internen Modellen.

2.   Rahmenbedingungen für die Beurteilung der Solvabilität

In diesem Abschnitt werden die von der IAA-Arbeitsgruppe vorgeschlagenen Prinzipien zur Beurteilung der Solvabilität vorgestellt. Diese sind zwangsläufig allgemein und übergreifend gehalten, da sie den Umständen in verschiedenen Ländern und Rechtssystemen Rechnung tragen müssen.

2.1   3-Säulen-Ansatz

In Anlehnung an Basel II schlägt die IAA-Arbeitsgruppe einen 3-Säulen-Ansatz[5] vor. Säule 1 beinhaltet Regeln zu den versicherungstechnischen Rückstellungen und zur Kapitalanlage

---

4   Vgl. IAA (2004), 1.1.
5   Vgl. IAA (2004), 2.3–10.

und formuliert eine minimale risikobasierte Eigenkapitalausstattung. In der zweiten Säule sollen auch diejenigen Risiken abgedeckt werden, die mit quantitativen Methoden nicht geeignet bewertbar sind. Darüber hinaus muss der Prozess zur Bestimmung der quantifizierbaren Risiken durch die Aufsichtsbehörde oder eine unabhängige Instanz überprüfbar sein. Dies gilt insbesondere für jene Versicherer, die in Säule 1 ein internes Modell verwenden. Des Weiteren sollen die Versicherer dazu angehalten werden, Risikomanagementprozesse zu implementieren bzw. weiterzuentwickeln. Eine höhere Marktdisziplin soll durch das Einführen von Richtlinien zur Offenlegung und Transparenz unter der dritten Säule erreicht werden.

Die IAA-Arbeitsgruppe ist der Ansicht, dass es einer Anpassung der einzelnen Säulen des Bankenansatzes bedarf, um sie auf Versicherungsunternehmen anzuwenden. In Anbetracht der gemeinsamen Merkmale der beiden Finanzsektoren und dem Umstand, dass zahlreiche Versicherungsaufsichtsorgane Bestandteil einer integrierten Finanzaufsichtsbehörde sind, welche mit dem Baseler Akkord wohl vertraut sind, ist der 3-Säulen-Ansatz sinnvoll und nützlich.

Die wichtigsten Gründe für eine unterschiedliche Ausgestaltung der einzelnen Säulen liegen in der besonderen Natur der Versicherungsrisiken und den Techniken, um diese abschätzen zu können, die Notwendigkeit einer mehrere Perioden abdeckenden Beurteilung sowie der Definition der zur Offenlegung relevanten Informationen.

2.2   Rolle des Kapitals

Um Anforderungen an die Höhe der Kapitalausstattung zu definieren, bedarf es einer klaren Vorstellung über den Zweck des erforderlichen regulatorischen Kapitals,[6] also jenes Kapitals, welches ein Versicherungsunternehmen halten muss, um das Versicherungsgeschäft betreiben zu dürfen. Wirksame Kapitalanforderungen dienen verschiedenen Zwecken:

- Sie stellen einen „Notgroschen für schlechte Zeiten" dar.

- Sie motivieren ein Unternehmen, aus Versicherungsnehmersicht unerwünscht hohe Risiken zu vermeiden.

- Sie fördern eine Kultur des wirksamen Risikomanagements innerhalb des Unternehmens.

- Sie geben der Aufsichtsbehörde ein Werkzeug an die Hand, um über ein nicht ausreichend kapitalisiertes oder scheiterndes Unternehmen die Kontrolle auszuüben.

- Sie ermöglichen, dass das Portefeuille eines gescheiterten Unternehmens mit hoher Wahrscheinlichkeit auf ein anderes Unternehmen übertragen und so den Ansprüchen der Versicherungsnehmer Rechnung getragen werden kann.

---

6   Vgl. IAA (2004), 3.

■ Sie bilden ein Frühwarnsystem für die Aufsichtsbehörde über Markttrends.

Bei der Erstellung von Solvabilitätsrichtlinien ist es angebracht, Ziel- und Minimalkapital zu unterscheiden. Das Zielkapital (solvency capital requirement, SCR) bezeichnet dasjenige Kapital, welches im Verhältnis zu den eingegangenen Risiken als angemessen (appropriate) beurteilt wird. Das Minimalkapital hat die Funktion einer unteren Schranke: Wird sie durchbrochen, sind weitreichende Maßnahmen seitens der Aufsicht erforderlich. Der Bericht der IAA-Arbeitsgruppe konzentriert sich auf die Anforderungen an das Zielkapital.

In aller Regel liegt die Existentberechtigung der Versicherungsaufsicht im Schutz des Versicherungsnehmers für den Fall der Insolvenz eines Versicherers. Gläubigerschutz hingegen ist in den meisten Rechtsordnungen nicht im Fokus. Es wird jedoch ausdrücklich betont, dass keine endliche Kapitalhöhe und damit auch kein Aufsichtssystem absolute Sicherheit bieten kann; strengere Kapitalanforderungen erhöhen jedoch in aller Regel das Sicherheitsniveau. Übermäßig hohe Kapitalanforderungen behindern andererseits Investitionen in Versicherungsunternehmen, zumal die durch das hohe Kapital induzierten zusätzlichen Kapitalkosten höhere Versicherungsprämien bedingen, damit den Versicherungsgrad reduzieren und gesamtwirtschaftlich statt zum Risikotransfer zu einem Ungleichgewicht führen können. Tatsächlich besteht die Gefahr einer signifikanten Marktbeeinträchtigung.

Die IAA-Arbeitsgruppe ist der Ansicht, dass der Zugang zur Bestimmung des Kapitalbedarfs über das Sicherheitsniveau zielführend ist, trotz des Umstandes, dass einige Risiken kaum oder gar nicht quantifizierbar sind. Es ist also zunächst Aufgabe jeder Aufsichtsbehörde, ein angemessenes Sicherheitsniveau festzulegen. Bei der Implementierung ist eine angemessene Übergangsfrist erforderlich, falls die resultierenden Anforderungen wesentlich von den herkömmlichen Regeln abweichen. Des Weiteren bedarf es klarer und transparenter Mechanismen für eine befristete Abschwächung der Anforderungen in Extremsituationen, um eine schwere Beeinträchtigung der Industrie und des Systems als Ganzes zu vermeiden.

Aus der Sicht einer Aufsichtsbehörde ist eine erfolgreiche Abwicklung oder ein Transfer des bestehenden Portefeuilles im Falle einer Insolvenz genügend. Jedoch muss der Dynamik eines Unternehmens vor der Insolvenz Rechnung getragen werden – das erforderliche Kapital würde ja vom Portefeuille unmittelbar vor der Insolvenz abhängen. Folglich müssen die Anforderungen an das regulatorische Kapital sowohl Aspekte der Unternehmensabwicklung als auch -fortführung berücksichtigen.

Mit dieser Frage eng verbunden ist die Frage des adäquaten Zeithorizontes. Die Aufsichtsbehörde muss den Zeitraum zwischen dem Bewertungsstichtag und der Übernahme der Kontrolle eines insolventen Unternehmens durch die Aufsichtsbehörde berücksichtigen. Innerhalb dieses Zeitraums wird das betreffende Unternehmen in aller Regel fortgeführt werden und Geschäft zeichnen. Der adäquate Zeithorizont ist von Rechtssystem zu Rechtssystem verschieden, wird aber wohl kaum kürzer als ein Jahr sein. Unabhängig von diesem Zeithorizont muss in die Ermittlung der Kapitalanforderungen die gesamte Laufzeit sämtlicher Aktiva und Passiva inklusive geplanter Veränderungen innerhalb des Zeithorizontes (z. B. Neugeschäft, Änderung der Anlagestrategie) einfließen.

Die IAA-Arbeitsgruppe empfiehlt, alle signifikanten Risikoarten implizit oder explizit zu berücksichtigen. Es mag gute Gründe geben, warum sich gewisse Risiken nicht quantitativ beschreiben lassen und dann unter Säule 2 fallen. Die IAA-Arbeitsgruppe ist aber der Überzeugung, dass das Versicherungsrisiko (Zeichnungs- und Reservierungsrisiko) sowie Kredit-, Markt- und operationelle Risiken in Säule 1 behandelt werden sollten.

2.3   Prinzipien- kontra regelbasierter Ansatz

D1ie IAA-Arbeitsgruppe betont in ihrem Bericht[7] die Wichtigkeit der Prinzipien, die in jeder Situation angewandt werden können. Nur durch das Verständnis der zugrunde liegenden Prinzipien können die entsprechenden Risiken adäquat behandelt werden; Regeln sind hier nicht zielführend. Ein prinzipienbasierter Zugang gewährleistet zudem eine universelle Anwendbarkeit. Bei der Implementierung von Solvabilitätsvorschriften müssen von diesen Prinzipien Regeln abgeleitet werden, die dann an die jeweiligen, auch unvorhergesehenen Umstände, mit dem vorherigen Einverständnis der Aufsicht, angepasst werden können.

Regelbasierte Zugänge hingegen sind relativ einfach und objektiv, ermutigen allerdings zur Ausnützung der Schwächen des Systems. Ein prinzipienbasierter Zugang konzentriert sich hingegen darauf, „das Richtige zu tun". Er bedarf jedoch einer subjektiven Beurteilung und setzt Vertrauen zwischen Aufsichtsbehörden und Unternehmen voraus.

Die IAA-Arbeitsgruppe geht davon aus, dass die Anwendung der vorgeschlagenen Methoden zu geeigneten Kapitalanforderungen führt, die zwischen verschiedenen Rechtssystemen konsistent, aber nicht notwendigerweise identisch sind.

2.4   Integrierter bilanzorientierter Zugang

Die Anwendung bestimmter Richtlinien zur Kapitalausstattung würde je nach Rechnungslegung verschiedene Ergebnisse liefern, da sich die Rechnungslegungsstandards in der Bewertung der Aktiva und Passiva unterscheiden. Die resultierenden „versteckten" Überschüsse oder Defizite müssen zum Zwecke einer einheitlichen Solvenzbeurteilung berücksichtigt werden.[8]

Die IAA-Arbeitsgruppe ist der Ansicht, dass eine sachgerechte Beurteilung der Finanzkraft eines Versicherers für aufsichtsrechtliche Zwecke auf einer ökonomischen Basis erfolgen

---

7   Vgl. IAA (2004), 2.11, 4.5–12.
8   Vgl. IAA (2004), 4.13–15.

muss, die keine versteckten Überschüsse oder Defizite erzeugt, und Fragen der Rechnungslegung von Fragen der Solvenzbeurteilung zu trennen sind. Es ist also die Gesamtbilanz mit Hilfe eines Systems zu bewerten, das auf realistischen Werten beruht und Aktiva und Passiva konsistent behandelt.

3. Standardansatz und Übergang zu internen Modellen

3.1 Anforderungen an den Standardansatz

Die IAA-Arbeitsgruppe ist überzeugt, dass die Kapitalanforderungen für jedes Versicherungsunternehmen idealerweise separat bestimmt werden.[9] Ein solcher Zugang ist komplex, bedingt eine umfangreiche Entwicklung unternehmensspezifischer Risikomodelle und erfordert einen Grad technischer Expertise, der jenseits der Möglichkeiten einiger Versicherer oder auch Rechtssysteme liegt.[10] Daher kann es angebracht sein, ein einfaches, auf Faktoren basierendes Standardverfahren als Basis zu verwenden. Ein ganzes Spektrum von Standardverfahren steht hier zur Verfügung, vom einfachsten formelbasierten Ansatz über komplexe Verfahren bis hin zum Übergang zu internen Modellen.

Bei der Ausgestaltung des Standardverfahrens muss den Umständen des entsprechenden Rechtsumfeldes Rechnung getragen werden. Dabei sind die Prinzipien der Solvabilitätsbeurteilung soweit als möglich zu berücksichtigen. Da ein solcher Ansatz für jedes Versicherungsunternehmen den Minimalbedarf für das erforderliche Solvenzkapital liefern soll, müssen die Faktoren konservativ gewählt werden, um ein ausreichendes Sicherheitsniveau für dieses einfache System zu garantieren. Standardverfahren bedeuten zwar geringeren Aufwand für die betroffenen Versicherungsunternehmen, jedoch einen höheren Aufwand für Aufsichtsbehörden, Versicherungsverbände oder Aktuarvereinigungen bei deren Kalibrierung und laufenden Aktualisierung, um sicherzustellen, dass auch neue Produkte adäquat berücksichtigt werden.

Für die Solvabilitätsbetrachtung ist die wahrscheinlichkeitstheoretische Verteilung der Schäden und insbesondere deren Schwanz, also das Downside-Risk von Interesse. Bei Standardverfahren wird versucht, das Downside-Risk in Abhängigkeit von gewissen Exposure-Größen abzuschätzen. Einfache Standardverfahren beruhen auf wenigen Faktoren, komplexere Ver-

---

9   Vgl. IAA (2004), 6.2–7, 6.126, 7.1–2, 7.6–8.

10   Vgl. Grießmann/Krüger/Oehlenberg und Ludka in diesem Band.

fahren beziehen auch Risikokonzentration und Diversifikation mit ein. Dabei ist zu beachten, dass eine erhöhte Komplexität des Modells nicht nur die Realität besser abbildet, sondern auch Scheingenauigkeiten hervorbringen kann.

Naturgemäß können bei Standardverfahren unternehmensspezifische Umstände nicht adäquat abgebildet werden. Darüber hinaus werden einige Arten von Risiken möglicherweise nicht akkurat oder gar nicht erfasst. Diese müssen dann über die Säule 2 oder 3 berücksichtigt werden.

Wie erwähnt müssen Standardverfahren konservativ sein und können den tatsächlichen Kapitalbedarf überschätzen. Eine Aufsichtsbehörde mag es daher in Betracht ziehen, gewissen Versicherungsunternehmen zu erlauben, geeignete Modifikationen oder Anpassungen am Standardverfahren vorzunehmen. Dadurch würden z. B. unternehmenseigene Informationen und Erfahrungen oder spezifische Produkte berücksichtigt. Die Aufsichtsbehörde muss sich jedoch vergewissern, dass der unternehmensspezifische Zugang eines Versicherers angemessen ist und akkurate Ergebnisse liefert. Eine detaillierte Analyse des gewählten Verfahrens und der zugrunde liegenden Daten durch die Aufsichtsbehörde oder unabhängige Gutachter ist unerlässlich.

3.2   Interne Modelle und Kriterien für ihre Zulassung

Interne Modelle[11] sind eine Alternative zur oben beschriebenen Modifikation des Standardverfahrens und tragen den unternehmensspezifischen Umständen unmittelbar Rechnung.[12] Sie sind stochastischer Natur und basieren auf computergesteuerten Simulationen. Ein Szenariengenerator bildet eine Vielfalt möglicher zukünftiger Zustände der Welt mit ihren zugehörigen Wahrscheinlichkeiten ab. Deren finanzielle Auswirkung auf das Unternehmen oder zumindest Teile des Unternehmens werden ermittelt. Auf diese Weise kann der Kapitalbedarf bestimmt werden, der den Erfolg des entsprechenden Unternehmensteils mit vorgegebener Wahrscheinlichkeit sicherstellt.

Interne Modelle sind bereits jetzt in einigen Aufsichtssystemen zugelassen, etwa unter Basel I für einen Teil des Marktrisikos[13], in Kanada im Lebensversicherungsbereich[14] und in Australien für Nicht-Lebensunternehmen[15]. Die Behörden setzen ähnliche Kriterien, die sie den Unternehmen auferlegen, bevor sie ein internes Modell zu Aufsichtszwecken zulassen. Die IAA-Arbeitsgruppe beschreibt in ihrem Bericht die wesentlichen Kriterien. Die minimalen qualitativen Anforderungen beinhalten:

---

11 Vgl. IAA (2004), 7.21–32.
12 Vgl. Osetrova/Schmeiser und Wagner in diesem Band.
13 Vgl. Basel Committee on Banking Supervision (1996).
14 Vgl. Office of the Superintendent of Financial Institutions Canada (2003).
15 Vgl. Australian Prudential Regulatory Authority.

▨ Es gibt eine unabhängige interne Risikomanagementabteilung, die für die Entwicklung und Implementierung des internen Modells zuständig ist.

▨ Geschäftsleitung und Aufsichtsrat sind aktiv in den Risikosteuerungsprozess eingebunden.

▨ Das Modell ist in die Geschäftsprozesse integriert.

▨ Es werden regelmäßig unabhängige Gutachten durchgeführt.

▨ Operationelle Risiken werden berücksichtigt.

Minimale quantitative Anforderungen umfassen:

▨ Der Kapitalbedarf zu vorgegebenem Sicherheitsniveau in Form einer maximalen Ausfallwahrscheinlichkeit muss ermittelbar sein.

▨ Die Möglichkeit, die Auswirkungen verschiedener Stress-Szenarien zu berechnen.

Des Weiteren soll das Modell die wesentlichen Risikofaktoren berücksichtigen, etwa

▨ Zahlungsströme sowohl für Aktiva als auch Passiva,

▨ Risiko, dass sich das wirtschaftliche Umfeld ändert,

▨ Risiko, dass die Beiträge nicht adäquat berechnet wurden,

▨ Katastrophen und

▨ Kreditrisiko der Rückversicherer.

Das Modell muss zudem im Stande sein, Abhängigkeitseffekte abzubilden. Diesem Aspekt widmet sich der folgende Abschnitt.

3.3   Mathematische Methoden

3.3.1   Abhängigkeiten zwischen Risiken

Von zentraler Bedeutung für die Quantifizierung der Solvabilität sind Methoden zur Beschreibung von Abhängigkeiten und Konzepte zur Risikomessung. Die verschiedenen Risiken, denen ein Versicherungsunternehmen ausgesetzt ist, sind nicht unabhängig voneinander.[16] Der Einfluss von Abhängigkeiten sowie Risikodiversifikation und Risikokonzentration müssen bei der Solvabilitätsbeurteilung berücksichtigt werden. Strukturelle Abhängigkeiten, etwa der Einfluss der monetären Inflation auf die Kosten in den verschiedenen Sparten, können in einem internen Model direkt abgebildet und auch in einem Standardverfahren berücksichtigt werden.

---

16   Vgl. IAA (2004), 2.21–24, 9.3–9.10.

Für viele Arten von Risiken, insbesondere in der Schadenversicherung, werden Abhängigkeiten beobachtet, die aber nicht so leicht erklärt werden können. In vielen Fällen und im Unterschied zu den Finanzmärkten gibt es für die entsprechenden Risiken verhältnismäßig wenig historische Daten, um ihre Abhängigkeiten angemessen zu quantifizieren. Zudem verstärkt sich der Grad der Abhängigkeiten oftmals in Extremsituationen. So waren etwa Sparten, die in „normalen Situationen" nahezu unabhängig erscheinen, durch die Ereignisse des 11. September 2001 gleichzeitig betroffen.

Für die Zwecke der Solvenzbeurteilung ist es dringend erforderlich, Methoden und Modelle zu finden, die es ermöglichen, Abhängigkeiten sowohl in Abwesenheit von ausreichenden Daten als auch sich verstärkende Abhängigkeiten in Extremsituationen zu berücksichtigen. Letzteres ist umso wichtiger, als insbesondere solche Situationen die Finanzkraft eines Unternehmens gefährden. Die mathematische Theorie der so genannten Copulae stellt dafür ein umfassendes und flexibles Werkzeug bereit.[17]

3.3.2   Risikomaße

Bei der Solvabilitätsbeurteilung durch den integrierten, die gesamte Bilanz betrachtenden Zugang liefert ein internes Modell idealerweise eine Wahrscheinlichkeitsverteilung des Reinvermögens (Net-Asset-Value) des Versicherungsunternehmens zu einem zukünftigen Zeitpunkt.[18] Der oben erwähnte Zeithorizont ist dabei der Zeitraum zwischen „heute" und diesem zukünftigen Zeitpunkt. Ein Risikomaß ist eine „sinnvolle" Vorschrift, die angewandt auf eine gegebene Wahrscheinlichkeitsverteilung des Vermögens das Zielkapital ermittelt.[19]

Beispiele sind etwa Value-at-Risk (VaR) oder Tail-Value-at-Risk (TVaR), in der Literatur auch Expected Shortfall oder Conditional Tail Expectation (CTE) genannt. Bei VaR zum Sicherheitsniveau von 99 Prozent werden alle Wahrscheinlichkeitsverteilungen abgelehnt, in welchen der Vermögenswert mit mindestens 1-prozentiger Wahrscheinlichkeit negativ ist, die Insolvenzwahrscheinlichkeit über den betrachteten Zeitraum also mehr als 1 Prozent beträgt. TVaR zu einem Sicherheitsniveau von 99 Prozent akzeptiert alle Wahrscheinlichkeitsverteilungen, für welche der Durchschnitt des Vermögens über die 1 Prozent schlechtesten Fälle nicht negativ ist. Mit anderen Worten, im Mittel muss das Unternehmen in den 1 Prozent schlechtesten aller möglichen Ausgänge seine Verpflichtungen gegenüber den Versicherungsnehmern erfüllen können. Folglich ist das Kapital, welches bei Einsatz von TVaR benötigt wird, mindestens so groß wie das Kapital, welches bei VaR zum gleichen Sicherheitsniveau benötigt wird. Die IAA-Arbeitsgruppe ist der Ansicht, dass für Versicherungsunternehmen TVaR gegenüber VaR zu bevorzugen ist, weil durch TVaR auch potenzielle seltene, aber sehr große Katastrophenschäden im ganzen Schwanz der Verteilung bei der Kapitalanforderung berücksichtigt werden. Bei einem Sicherheitsniveau von 99 Prozent hat etwa die Größe des

---

17   Vgl. etwa Embrechts/McNeil/Straumann (2002).
18   Vgl. IAA (2004), 2.20, 5.51–5.54.
19   Vgl. Gründl/Winter in diesem Band.

Verlustes im 0,4 Prozent schlechtesten aller möglichen Ausgänge wohl einen Einfluss auf TVaR, aber keinen auf VaR. Darüber hinaus besitzt TVaR noch einige wünschenswerte formale Eigenschaften für Solvenzregeln[20], die andere Maße nicht notwendigerweise erfüllen.[21]

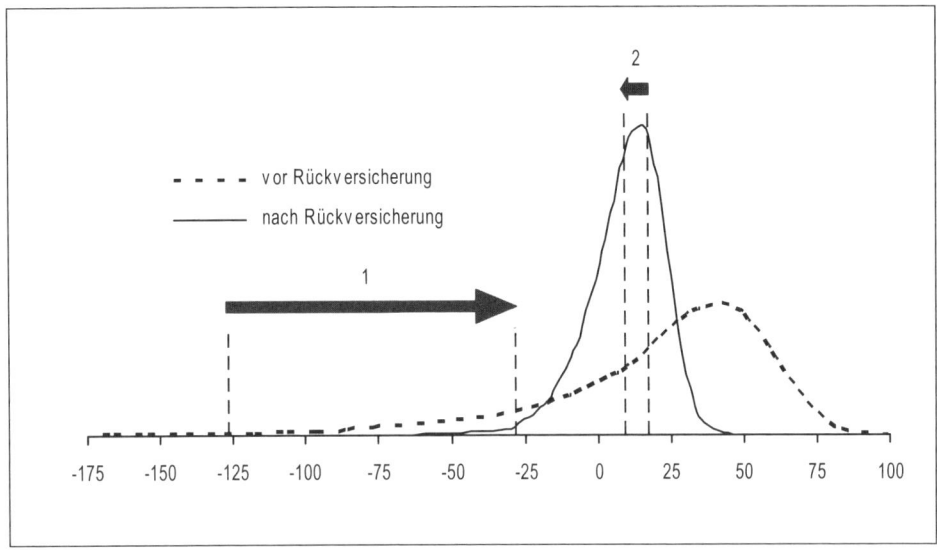

Abbildung 1:   *Auswirkung der Rückversicherung auf die Verteilung des versicherungstechnischen Ergebnisses, (1) Reduktion von TVaR und damit des Kapitalbedarfs, (2) Verminderung des erwarteten Gewinns durch Zahlen einer Risikoprämie an die Rückversicherer*

4.   Auswirkungen der Rückversicherung auf das Risikoprofil eines Versicherers

Die Analyse eines Risikoprofils und damit die Abschätzung der Kapitalanforderungen ist ohne eine angemessene Behandlung des Rückversicherungsprogramms unvollständig, da dieses in der Regel das Risiko eines Versicherungsunternehmens erheblich reduziert.[22] Abbildung 1 veranschaulicht eine typische Wirkung von Rückversicherung auf das versicherungs-

---

20   Vgl. zum Begriff der kohärenten Risikomaße Artzner/Delbaen/Eber/Heath (1999).
21   Vgl. auch Delbaen für eine allgemein verständliche Diskussion über Risikomaße.
22   Vgl. IAA (2004), 8.14–8.18.

technische Ergebnis, also auf die Summe der Prämien abzüglich Kosten und Schäden. Während proportionale Rückversicherung das Gesamtrisiko in einer linearen Weise reduziert, mindert nicht proportionale Rückversicherung das Risiko im Schwanz der Verteilung.

4.1   Anerkennung der Rückversicherungsstruktur durch die Aufsicht

Es ist unmittelbar einsichtig, dass in einem wirksamen Aufsichtssystem eine angemessene Berücksichtigung von Rückversicherung unerlässlich ist. Dies ist jedoch aus verschiedenen Gründen nicht einfach.[23] Zunächst einmal gibt es vielfältige Arten von Rückversicherungsstrukturen, proportionale wie nicht proportionale, mit Limiten pro Risiko, Ereignis oder auf Jahresbasis und vieles mehr. Die Effekte auf das Risikoprofil sind in aller Regel nicht linearer Natur, so dass die angemessene Berücksichtigung der Rückversicherung einer stochastischen Modellierung bedarf.

Die Anerkennung der Rückversicherung durch die Aufsicht muss stark von den Fähigkeiten des Versicherungsunternehmens oder der Aufsicht abhängen, die Wirkung des Rückversicherungsprogramms auf das Risikoprofil möglichst exakt abzuschätzen. Ein einfaches Faktormodell ist dafür in den meisten Fällen zu grob, da es selten die komplexen Strukturen abzubilden vermag. In Abwesenheit eines internen Modells oder zumindest eines sophistizierten Ansatzes sollte die Rückversicherung, mit der möglichen Ausnahme von Stop-Loss und einfachen proportionalen Deckungen, nur eingeschränkt oder im Extremfall gar nicht angerechnet werden.

Umgekehrt ermöglicht ein internes Modell in aller Regel, auch wenn es nicht für alle Sparten zur Verfügung steht, die Rückversicherungsverträge adäquat abzubilden, deren Auswirkung auf das Risikoprofil zu bewerten und damit deren angemessene Berücksichtigung durch die Aufsicht.

5.   Fazit

Zentrale Eckpunkte des IAA-Berichts sind der integrierte, bilanzorientierte Zugang, basierend auf marktnahen Werten, und die Ermittlung des Zielkapitals als Funktion des Gesamtri-

---

23   Vgl. IAA (2004), 8.19–8.35.

sikos. Letzteres soll im Sinne des Aufsichtsgedanken mit einem auf die Downside fokussierten Risikomaß ermittelt werden. Diese Prinzipien sind im Einklang mit den Überlegungen zu Solvency II und finden sich in zahlreichen nationalen Modellen wieder.

In einem auf diesen Eckpunkten basierenden Aufsichtssystem kann, im Gegensatz zu den Anforderungen unter Solvency I, die Kapitalanforderung nicht direkt aus der Bilanz abgeleitet werden. Die Methoden des quantitativen Risikomanagements, etwa zur Erstellung interner Modelle, gewinnen daher bei der Begutachtung der Solvabilität zunehmend an Bedeutung. In diesem Zusammenhang ist vor allem das Modellieren von Extremereignissen und deren Abhängigkeiten wichtig und bleibt eine wesentliche Herausforderung.

Eine solide Datenbasis, genügend Ressourcen und fachliche Kompetenz sind unabdingbare Voraussetzungen zur Erstellung interner Modelle. Der Umgang mit ihnen stellt für die Aufsichtsbehörden eine weitere Herausforderung dar, zumal das individuelle Modellrisiko nicht außer Acht gelassen werden kann. Es ist evident, dass es neben einem sophistizierten Ansatz zur Ermittlung der Solvenz auch eines relativ einfachen Standardverfahrens bedarf, welches naturgemäß nicht alle Prinzipien umfassend berücksichtigen kann.

Abschließend lässt sich festhalten, dass der IAA-Bericht eine Vielfalt von möglichen Aufsichtssystemen zulässt und zur globalen Konvergenz der quantitativen Solvabilitätsanforderungen beitragen wird.

Literatur

ARTZNER, P./DELBAEN, F./EBER, J-M./HEATH, D. (1999): Coherent Measures of Risk, Mathematical Finance 9/1999, S. 203–228.

AUSTRALIAN PRUDENTIAL REGULATORY AUTHORITY: Internal Model Based Method, Guideline GGN 110.2, Sydney, NSW, http://www.apra.gov.au.

BASEL COMMITTEE ON BANKING SUPERVISION (1996): "Amendment to the Capital Accord to Incorporate Market Risks, Basel Committee Publications no. 24. Basel", Switzerland, http://www.bis.org.

DELBAEN, F.: Risk Measures or Measures that Describe Risk?, Department of Mathematics, ETH Zürich, http://www.math.ethz.ch/~delbaen/ftp/preprints/Risk-executives.pdf.

EMBRECHTS, P./MCNEIL, A. J./STRAUMANN, D. (2002): Correlation and dependence in risk management: properties and pitfalls, in: Dempster (Hrsg.): Risk management: value at risk and beyond, Cambridge 2002, http://www.risklab.ch/Papers.html#Pitfalls.

INTERNATIONAL ACTUARIAL ASSOCIATION (2004): A Global Framework for Insurer Solvency Assessment, http://www.actuaries.org/members/en/documents/papers/Global_-Framework_Insurer_Solvency_Assessment-public.pdf.

OFFICE OF THE SUPERINTENDENT OF FINANCIAL INSTITUTIONS CANADA (2003): Minimum Contining Capital and Surplus Requirement, Guideline A (Insurance), Ottawa 2003, http://www.osfi-bsif.gc.ca.

Teil III

Auswirkungen auf das Versicherungsgeschäft

Bedeutung von Solvency II für das Kapitalanlagemanagement

Ulrich Leitermann

1.   Zum Zusammenhang von Solvency II und dem Kapitalanlagemanagement von Versicherungen

Das Kapitalanlagemanagement bildet im Rahmen der Überlegungen zu Solvency II einen wichtigen Bestandteil.[1] Gleichwohl steckt die Evaluierung der Auswirkungen auf das Assetmanagement erst in den Anfängen. Dies dürfte sich in den kommenden Jahren deutlich ändern. Durch die integrierte Bewertung der Kapitalanlagerisiken in den Solvabilitätsberechnungen wird es zu einer weitreichenden Verzahnung zwischen externer und interner Risikobewertung kommen. Das Assetmanagement wird in einem hohen Maße von der neuen Solvenzordnung berührt werden, da Änderungen in der Asset-Allokation direkte Auswirkungen auf die Solvabilität des Versicherungsunternehmens haben werden.

Derzeit besteht bei einer Allokationsveränderung der Kapitalanlagen kein direkter Zusammenhang mit der Solvabilität des Unternehmens. Einzelne Risiken aus z. B. Aktienbeständen finden keine risikoadäquate Berücksichtigung. Die Kapitalanlagerisiken werden aufsichtsrechtlich primär anhand von Stresstests sowie Anlagequoten bewertet. Zukünftig wird eine direkte Verbindung zwischen dem Risiko der Kapitalanlagen und der Solvenz des Unternehmens bestehen. Letztlich wird es für die Versicherer in weitaus stärkerem Maße als bisher darauf ankommen, ihre Eigenmittel möglichst effizient einzusetzen. Das Risikomanagement wird noch mehr Bedeutung gewinnen und dessen Position als ein relevanter Wettbewerbsfaktor über den regulatorischen Ansatz eines Standardmodells hinausgehen.

Risikomanagement wird im Sinne eines unternehmensweiten Kristallisationspunktes für die Ertrags- und Risikosteuerung als Chance zur Weiterentwicklung der wertorientierten Unternehmenssteuerung verstanden. Der bisher eher ertragsorientierte Anlageprozess wird zunehmend durch einen ganzheitlichen Investmentprozess abgelöst, welcher das Rendite-Risikoprofil eines Assets sowie eines Portfolios verstärkt berücksichtigt.

Die Investitionsentscheidung in einem derartigen Denkmuster kann durch zwei Fragen ausgedrückt werden:

- Wie viel Verzinsung muss zur erfolgreichen Bedienung der versicherungstechnischen Verpflichtungen absolut erreicht werden?

- Kann man sich die daraus ergebende Allokation mit den gegebenen Eigenmitteln leisten?

---

1   Vgl. Europäische Kommission (2004), S. 4.

Um mögliche Veränderungen im Kapitalanlagemanagement der Versicherer zu prognostizieren, lohnt ein Vergleich mit Basel II.[2] Das Ziel, den Handlungsrahmen für Finanzintermediäre möglichst deckungsgleich auszugestalten, kann für einige Assetklassen weitreichende Folgen haben. Zudem wird die durch die Regulierung erzeugte systemimmanente Prozyklik sowie deren volkswirtschaftliche Auswirkung aufmerksamer betrachtet und zunehmend kritisch diskutiert.[3]

Obwohl die risikogerechte Eigenmittelausstattung das Hauptanliegen von Solvency II darstellt, sollte die potenzielle Marktverzerrung durch eine einheitliche Behandlung verschiedener Assetklassen (Private Equity und Hedgefonds werden wie Aktien, Asset Backed Securities wie Fixed Income behandelt) bei der Entwicklung eines international gültigen Standardmodells mit Vorsicht behandelt werden. Da Assetklassen unterschiedliche Risikoprofile aufweisen, jedoch gleich behandelt werden, verändert sich ihre relative Attraktivität und Marktverzerrungen könnten die Folge sein.

Die Entwicklung des Solvency-II-Projektes ist stets im Zusammenspiel mit der parallel verlaufenden Entwicklung der IFRS zu sehen.[4] Beide Regulierungskonzepte sollten insbesondere für das Kapitalanlagemanagement vor dem Hintergrund ihrer Interdependenzen analysiert werden. Studien kommen für die USA, wo bereits ein Risk-Based-Capital-Ansatz (RBC) zu Marktwerten angewendet wird, zu dem Ergebnis, dass sich nach der Einführung des RBC-Konzeptes in Zusammenspiel mit dem Rechnungslegungsstandard US-GAAP durch die ungleiche Behandlung von Kapitalanlagen und versicherungstechnischen Verpflichtungen erhebliche Schwankungen des Eigenkapitals auf Grund von Zinsänderungen ergeben haben.[5]

Das Risikomanagement der Kapitalanlage wird verstärkt eine Kernkompetenz und einen Wettbewerbsfaktor darstellen. Einige Versicherungsunternehmen werden sich auf Assets mit geringerem Risiko konzentrieren (müssen) und entfernen sich damit von dem Ziel, eine attraktive Eigenkapitalverzinsung zu erwirtschaften. Kapitalstarke Gesellschaften werden hingegen in einem stärken Maße die (Ertrags-) Chance durch Beimischung von riskanteren Assets wahrnehmen (können). Der Druck des Marktes wird die Entwicklung interner, die Effizienz steigernder Modell forcieren.[6]

---

2   Europäische Kommission (2003), S. 3: Die „allgemeine Struktur eines Solvabilität-II-Systems [sollte] soweit wie nötig mit Konzept und Regelungen im Bankbereich vereinbar sein."

3   Vgl. Börsenzeitung (2004): „Insgesamt könnten die Kapitalströme dünner werden. [...] Nach Basel II brauche die Bank doppelt so viel Eigenkapital für Retail-Kredite in Entwicklungs- und Schwellenländern wie bisher. [...] Insgesamt werde es unattraktiver, in solche Länder zu expandieren.".

4   Vgl. als weiterführende Literatur Rittmann/Rockel (2004).

5   Vgl. Rockel/Sauer (2004), S. 5 ff., diskutiert wird der Zusammenhang der Trias Solvency II, IFRS und Kapitalanlagen unter dem Gesichtspunkt von verzerrenden Wirkungsmechanismen.

6   Daten zur Entwicklung der Eigenmittelunterlegung im Bankbereich siehe Medova/Berg-Yuen (2004), S. 25.

2.   Einflussfaktoren auf die Asset-Allokation

Ein Risikomodell schafft durch die spezifische Einzelrisikobewertung Anreize, in eine Assetklasse zu investieren (bei hohem erwarteten Ertrag pro Einheit Eigenmittel) bzw. sich aus einer Assetklasse zurückzuziehen (bei geringem erwarteten Ertrag pro Einheit Eigenmittel). Ausschlaggebend ist die erwartete risikoadjustierte Rendite, welche den Gewinn über den risikolosen Zinssatz pro Einheit Risikokapital definiert und damit eine Aussage über die relative Attraktivität eines Assets gibt.

2.1   Vorschlag von BaFin und GDV für ein mit Solvency II kompatibles Standardmodell

Im Rahmen einer Fallstudie wird der Vorschlag von BaFin und GDV für ein mit Solvency II kompatibles Standardmodell für Lebensversicherungen[7] im Folgenden auf seinen Einfluss hinsichtlich der Eigenmittelanforderungen für vier Basisstrategien untersucht. Ausgangspunkt bildet ein fiktives, modellhaftes Versicherungsunternehmen.[8] Die Passivseite ist im Modell neutral konstruiert und wird im Weiteren als konstant angenommen. Auch andere nachrangige Einflussfaktoren sind ergebnisneutral gewählt, um Kapitalmarkteffekte deutlicher aufzuzeigen.

Dem Versicherungsunternehmen stehen vier Anlagestrategien zur Auswahl. Bei der Strategie 1 setzt sich das Portfolio ausschließlich aus Fixed Income, Beteiligungen und Grundstücken zusammen. Strategie 2 unterscheidet sich von Strategie 1 durch eine Beimischung von Asset Backed Securities in Höhe von 7,5 Prozent (Obergrenze AnlV) bei gleicher Bonitätsstruktur. In der Strategie 3 werden 7,5 Prozent des Portfolios anstatt in Asset Backed Securities (ABS) in Aktien investiert. Bei der Strategie 4 wird die Aktienquote der Strategie 3 auf 2,5 Prozent reduziert und statt dessen eine Beimischung von Hedgefonds zum Portfolio vorgenommen.

Aus der Abbildung 3 lässt sich erkennen, dass die Höhe der erforderlichen Eigenmittel durch die jeweilige Anlagestrategie entscheidend beeinflusst wird. Durch die Beimischung von Aktien (Strategie 3) kommt es – gegenüber der Anlagestrategie 1 – zu einer deutlichen Erhöhung der „solvency capital requirements" (SCR).

---

7   Stand Januar 2005, im Folgenden Standardmodell genannt; vgl. Grießmann/Krüger/Oehlenberg in diesem Band.

8   Aktuelle Berechnungen zeigen, dass die Passivduration bei einer branchendurchschnittlichen Lebensversicherungsgesellschaft zwischen 12–14 liegt. Die nachfolgend dargestellten Effekte zum Durations-Mismatch fallen demnach bei einer branchendurchschnittlichen Gesellschaft deutlicher aus.

Bilanzsumme in Millionen Euro	10.000
Eigenmittelquote	6,5 %
Konzentrationsrisiko, Fremwährungsrisiko, VAG-Grenzwerte	als Einflussfaktoren berücksichtigt
Allgemeines Geschäftsrisiko, versicherungstechnisches Risiko, Solvaspanne	ergebnisneutral gesetzt
Korrelationen	0
Duration Fixed Income / Passivduration	4,5 / 8
Bonitätsstruktur	AAA 70 %, AA 15 %, A 10 %, BBB 5 %
Stornoquote	5 %

Abbildung 1:   *Annahmen zum Modellunternehmen[9]*

Assetklasse	Strategie 1	Strategie 2	Strategie 3	Strategie 4
Fixed Income	96,5 %	89 %	89 %	89 %
ABS	0 %	7,5 %	0 %	0 %
Aktien	0 %	0 %	7,5 %	2,5 %
Hedgefonds	0 %	0 %	0 %	5 %
Beteiligungen	1 %	1 %	1 %	1 %
Grundstücke und Immobilien	2,5 %	2,5 %	2,5 %	2,5 %

Abbildung 2:   *Allokation der vier Anlagestrategien*

Bei der Bewertung der vier Strategien im Standardmodell wird allerdings offensichtlich, dass SCR jeweils für die Strategie 1 und 2 sowie Strategie 3 und 4 gleich hoch ist. Innerhalb des Modells ist eine Substitution von Credit durch bonitätsgleiche Asset Backed Securities sowie eine Substitution von Aktien durch Hedgefonds bei konstanter Eigenmittelanforderung möglich.

Zudem wird ersichtlich, dass das SCR jeweils kleiner ist als die Summe der Teilrisiken. Anders als bei szenariobasierten Ansätzen bzw. Stresstests ergibt sich das Gesamtrisiko nicht aus der Summe der Einzelrisiken. Als vorteilhaft zeigt sich, dass im Rahmen der Risikoaggregation im Modell Diversifikationseffekte anhand der Varianz-Kovarianzformel berücksichtigt werden. Bei der Anlagestrategie 1 bildet das Zinsmanagement neben dem Bonitätsmanagement das Kernstück der Anlagepolitik.

---

9   Annahme der Pfandbriefkurve per 31.12.2003, Zins 10 Jahre: 4,42 Prozent.

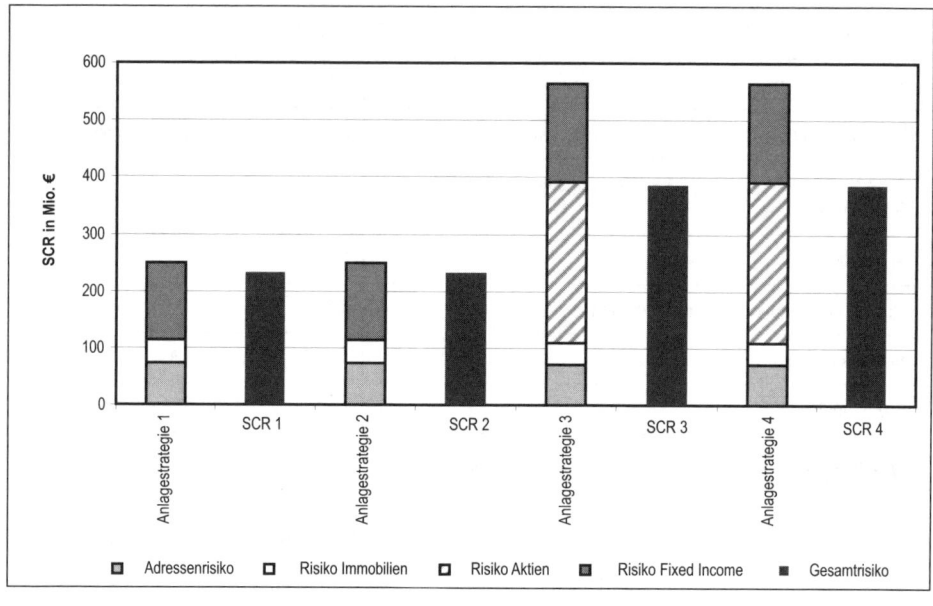

Abbildung 3: *Risikoverteilung der vier Strategien*

Abbildung 4 verdeutlicht, dass ein signifikanter Duration-Mismatch zu einem wesentlich erhöhten Eigenmittelbedarf führt. Zur besseren Berücksichtigung von Aspekten des Asset Liability Management (ALM) im Modell ist das Garantierisiko in das Zinsänderungsrisiko integriert worden. Im Modell wird der Eigenmittelbedarf im Rahmen einer Maximalfunktion aus dem Wiederanlagerisiko (Zinssenkungsrisiko) bzw. dem Stornorisiko (Zinsanstiegsrisiko) bestimmt. Ein Stornorisiko entsteht für Versicherungsunternehmen, wenn der Rückkaufwert eines Vertrages größer ist als der Marktwert der bedeckenden Aktiva nach Eintritt des Zinsanstiegs.

Ein niedrigeres Duration-Gap reduziert tendenziell die Eigenmittelanforderungen. Das Beispielunternehmen mit einer passivseitigen Modified Duration[10] von 8 muss die geringsten Eigenmittel bei einer aktivseitigen Modified Duration von 5 vorhalten. Das Duration-Gap im Optimum resultiert aus der Annahme, dass 5 Prozent der abgeschlossenen Verträge über die Laufzeit storniert werden. Sinkt die Stornoquote, schließt sich tendenziell das Duration-Gap. Ein vollständig geschlossenes Duration-Gap ist nicht möglich, da der Stornofaktor – die Annahme, dass selbst bei einer historischen Stornoquote von Null in Zukunft Storno auftritt – immer positiv bleibt (Basisstornoquote). Im Standardmodell ist grundsätzlich empfehlenswert, dass die Modified Duration (Aktiv) „leicht" kleiner ist als Modified Duration (Passiv). Ein vollständiges Schließen des Duration-Gaps über ein Matching der Aktiv- und Passivduration ist, wie in Abbildung 4 gezeigt, suboptimal.

---

10 Die Modified Duration ist ein approximatives Maß für die Erfassung der durch eine Zinsänderung induzierten Barwertänderung eines Zahlungsstroms.

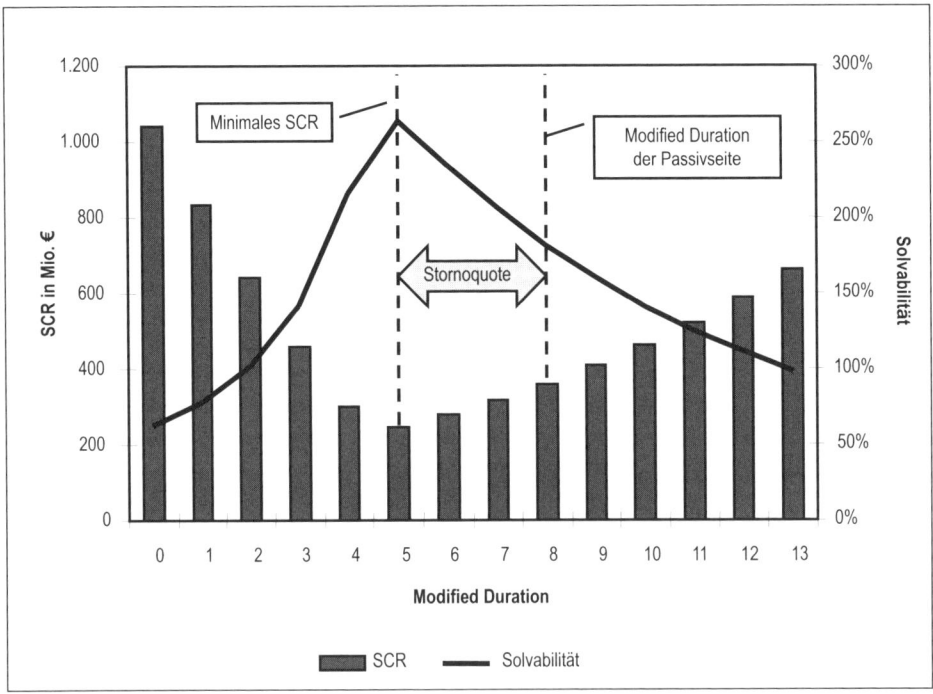

Abbildung 4: *Variation der aktivseitigen bei konstanter passivseitiger Modified Duration*

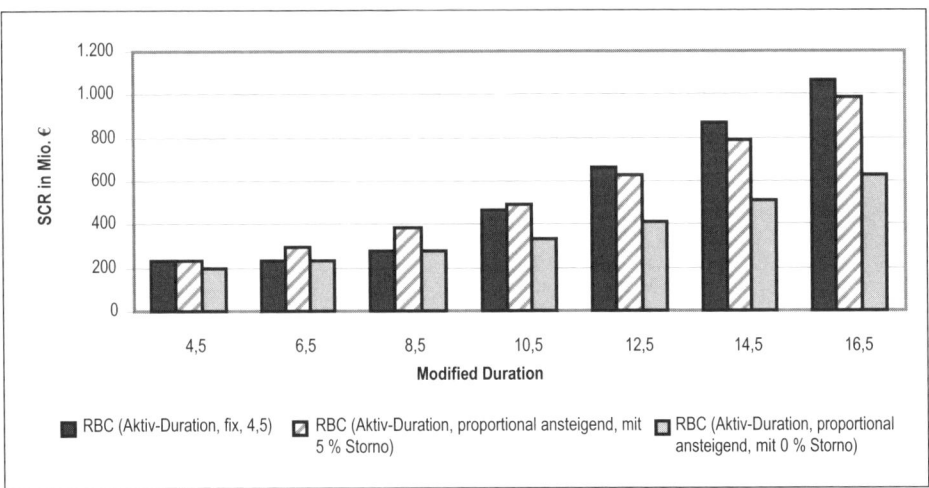

Abbildung 5: *Maßnahmen bei der Verlängerung der passivseitigen Modified Duration*

Als weitere Variante wird untersucht, wie sich das Beispielunternehmen bei einer Veränderung der Produktstruktur (z. B. durch Renten- bzw. Garantieprodukte) in seiner Kapitalanlagepolitik verhalten sollte (Abbildung 5). Ersichtlich wird, dass bei Verlängerung der passiv-seitigen Modified Duration

- ■ die Aktivseite dynamisch der Passivseite folgen sollte (erster Balken: keine Anpassung, zweiter Balken: proportionale Anpassung) und
- ■ die Stornoquote darüber hinaus gesenkt werden sollte (dritter Balken).

Insgesamt ist festzuhalten, dass für Garantieprodukte bzw. lang laufende Produkte mehr Eigenmittel zu hinterlegen sind als für Produkte ohne Garantie bzw. kürzer laufende Produkte (Anstieg aller drei Balken). Als Zwischenfazit kann zum einen der Wertbeitrag von Maßnahmen zur Senkung der Stornoquote betont werden, zum anderen verringert ein wirksames Asset Liability Management den Eigenmittelbedarf.

In einer weiteren Variante wird untersucht, welche Auswirkungen Investitionen in Aktien (Strategie 3) haben. Da Hedgefonds wie Aktien behandelt werden, ist diese Grafik auch für Strategie 4 gültig. Aus Abbildung 6 wird deutlich, dass eine Beimischung von Aktien bzw. Hedgefonds zusätzliche Eigenmittel kostet. Die Solvabilität des Unternehmens sinkt entsprechend mit zunehmender Beimischung.

Abgesicherte Positionen sind hingegen mit geringeren Eigenmitteln zu hinterlegen als nicht abgesicherte Positionen. Die Absicherungsmaßnahmen finden damit im Modell Berücksichtigung als ein Instrument zur Verbesserung der Risikolage und zur Erhöhung der Solvabilität. Allerdings sind die Kosten der Absicherung zu berücksichtigen. Der Saldo beider Effekte entscheidet für den Versicherer ceteris paribus über die Vorteilhaftigkeit einer individuellen Sicherungsmaßnahme.

Eine weitere Fragestellung ist, wie sich Bonitätsveränderungen im Fixed-Income-Portfolio auf die Solvabilität auswirken. Abbildung 7 zeigt auf, dass eine verstärkte Beimischung von Produkten mit einem BBB-Rating zu einer erhöhten Eigenmittelanforderung führt.

Für Asset Backed Securities ist diese Aussage ebenfalls gültig, da sie im neuen Standardmodell wie Fixed Income behandelt werden.

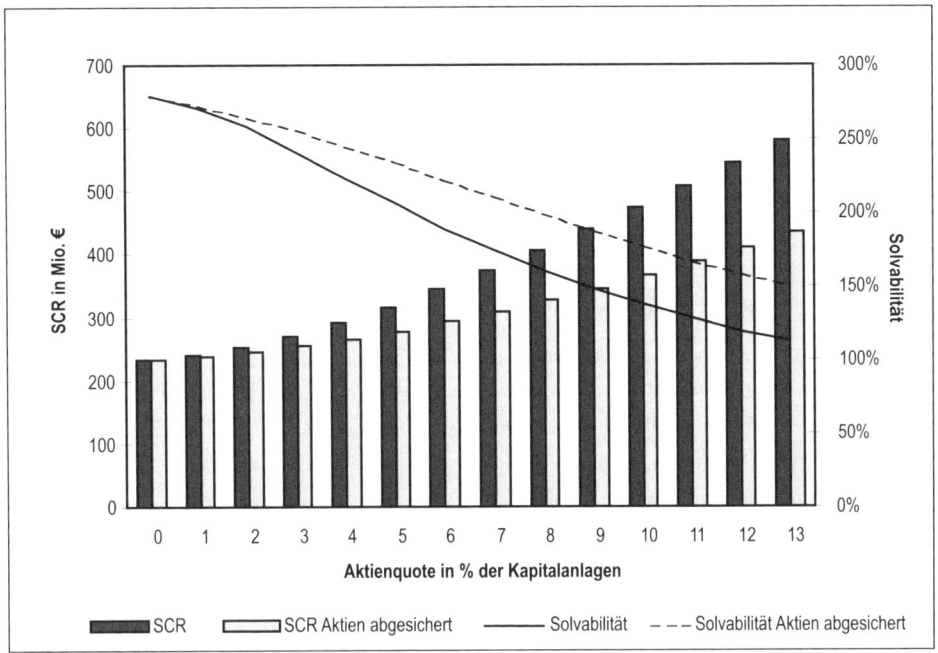

Abbildung 6: *Variation der Aktienquote[11]*

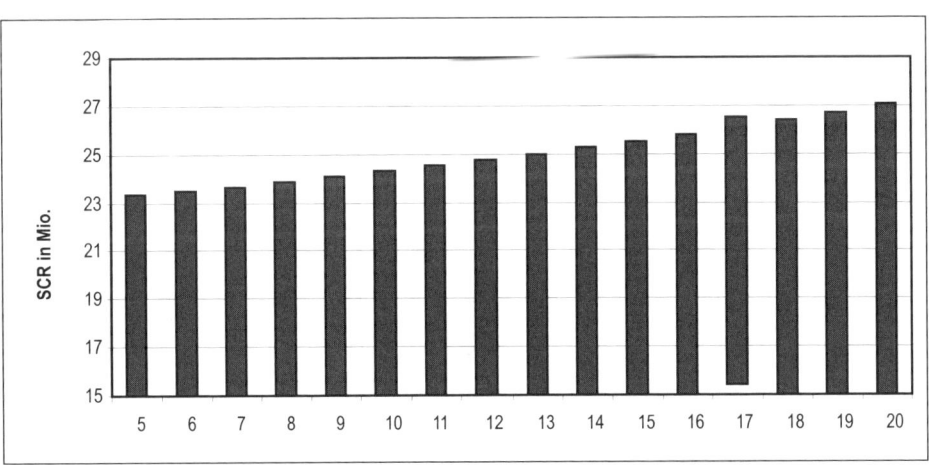

Abbildung 7: *Bonitätsveränderung im Fixed Income bei Substitution von AAA durch Auf-
stockung des BBB-Anteils in Prozent*

---

11 GDV-Modell gibt als Risikofaktor für ungesicherte Aktien 37,4 Prozent, 20 Prozent für abgesicherte
Positionen vor.

2.2   Interne Modelle

Das Standardmodell von BaFin und GDV ist geeignet, die Solvabilität eines Unternehmens im Sinn einer Gesamtrisikobetrachtung zu bestimmen. Um jedoch Eigenmittel zu sparen und damit komparative Wettbewerbsvorteile zu erzielen, ist die Entwicklung interner Modellansätze unerlässlich. Gleichzeitig bietet sich mit dem internen (Steuerungs-) Modell die Chance, den aufsichtsrechtlichen Anforderungen des Meldewesens zu genügen und Effizienzvorteile durch die Generierung des Zahlenwerks „aus einer Hand" zu erreichen.

Interne Modelle werden von der Aufsicht vor der Zulassung auf Validität geprüft. Festgelegt werden müssen – neben dem Modelansatz – die Maßstäbe für die Integration in Unternehmensabläufe, Managementstrukturen und IT-Infrastruktur sowie die Anforderungen an die Versicherungsmathematik.

Die Auswirkungen eines internen Modells auf die erforderlichen Eigenmittel lassen sich an folgendem Beispiel erkennen. Korrelationen zwischen den Assetklassen werden im Standardmodell von der BaFin vorgegeben. Die individuelle Abbildung unternehmensspezifischer Korrelationserwartungen stellt einen Anreiz dar, in die Entwicklung interner Modelle zu investieren, wie Abbildung 8 zeigt: Das SCR sinkt signifikant (der jeweils erste Balken bezeichnet den Gewinn aus unternehmensspezifischer Diversifizierung des Portfolios).

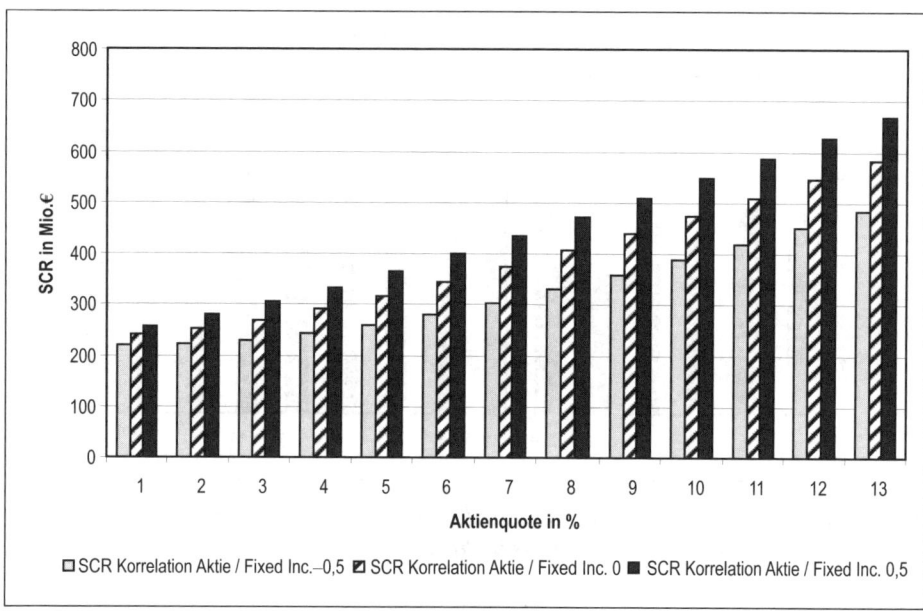

Abbildung 8:   *Individuelle Korrelationsberücksichtigung als Anreiz zur Entwicklung interner Modelle*

Weitere Vorteile interner Modelle sind:

- Freiwerdende Eigenmittel können in einem anderen Geschäftsfeld eingesetzt werden.

- Schwachstellen des VaR-Konzeptes (z. B. Normalverteilungsannahme, generelle Aussagekraft bei längerfristigen Betrachtungsperioden) können durch den Einsatz von internen Modellen beseitigt werden.

- Die effiziente Modellierung von alternativen Investments erlaubt mehr Freiheit und

- eine verbesserte Risikostreuung bzw. -diversifikation.

- Sie sind Ausgangspunkt für Entwicklung einer wertorientierten Gesamtunternehmenssteuerung.

- Durch die Zusammenführung von internem und externem Berichtswesen wird das Reporting effizienter.

Als ein möglicher Nachteil kann vor allem der erhöhte Kostenfaktor genannt werden. Diesem steht jedoch der Gewinn aus den obigen Effekten gegenüber, so dass der Saldo insgesamt positiv ausfallen dürfte. Die Entwicklung interner Modelle ist abhängig von der Bereitschaft der Aufsicht, unternehmensindividuelle Risikomodelle zu genehmigen.

3. Europäisches Versicherungsumfeld

Derzeit gibt es in verschiedenen europäischen Ländern – Niederlande, Schweiz sowie Großbritannien – bereits weit fortgeschrittene Bemühungen hinsichtlich eines risikoorientierten Aufsichtssystems im Kontext der zukünftig zu erwartenden Solvency-II-Regelungen. Die aufsichtsrechtliche Entwicklungen in diesen Ländern können auf Grund möglicher Veränderungen der Asset-Allokation nicht nur Auswirkungen auf die jeweiligen nationalen, sondern auch auf die europäischen Kapitalmärkte haben und zudem auf Grund der hohen Bedeutung dieser Länder für den europäischen Versicherungs- und Pensionskassenmarkt den laufenden Richtlinienprozess in der EU beeinflussen.

Nachfolgend sollen die wesentlichen Gemeinsamkeiten und Unterschiede in den einzelnen Modellen betrachtet werden und mit dem zuvor analysierten neuen Vorschlag für ein Standardmodell von GDV und Bafin verglichen werden. Abbildung 9 gibt einen kurzen Überblick über die Hauptunterschiede.[12]

---

12 Vgl. Schubert/Grießmann (2004).

Kriterium	Deutschland	Niederlande	UK	Schweiz
Zeitplan	Einführung offen	Gültig ab 01.01.2006	Gültig ab 01.01.2005	2004 und 2005 Feldtests
Methodik	Stochastische Berechnungen	Minimum Test, Solvenztest und Kontinuitätstest	Twin-Peaks-Ansatz: Maximum des Stresstests oder des Stochastischen Szenarienansatzes	Szenarien in Kombination mit Elementen eines Koeffizientenmodells
Bewertung	Aktiva und Passiva zu Marktwerten	Aktiva und Passiva zu Marktwerten	Aktiva und Passiva zu Marktwerten	Aktiva und Passiva zu Marktwerten
Konfidenzniveau	99,5%	99,5%	99,5%	noch zu bestimmen
operative Risiken	pauschale Einschätzung mit 3% der Bruttoprämien	qualitative Berücksichtigung	qualitative Berücksichtigung	qualitative Berücksichtigung
interne Modelle	angestrebt	angestrebt	angestrebt	angestrebt
Diversifikation	Diversifikationseffekte berücksichtigt	Diversifikationseffekte berücksichtigt	Diversifikationseffekte nicht berücksichtigt	Diversifikationseffekte berücksichtigt
Sonstiges	Integration des ALM-Risikos, Koeffizienten werden von der Aufsicht vorgegeben, Auswirkungsstudien werden durchgeführt	Auswirkungsstudien werden derzeit durchgeführt	Derzeit werden Auswirkungsstudien durchgeführt, Szenarien werden von der Aufsicht vorgegeben	Standard-Rahmen wird vorgegeben, in welchem unternehmensspezifische Szenarien entwickelt werden

Quellen: http://www.bpv.admin.ch/de/pdf/sst_181204_de.pdf, http://www.bpv.admin.ch/de/-
aktuell/dossiers.htm

Abbildung 9:   Unterschiede und Gemeinsamkeiten der europäischen Ansätze

Die Bemühungen in den einzelnen Ländern zur Entwicklung risikoorientierter Aufsichts- und Solvabilitätssysteme laufen seit einigen Jahren. Die Niederlande begannen bereits 2001 mit der Entwicklung eines neuen Aufsichtssystems und waren somit Vorreiter im europäischen Umfeld bezüglich der Implementierung von Systemen im Kontext von zukünftigen Solvency-II-Regelungen. Des Weiteren werden Anforderungen an interne Modelle vorgegeben.[13]

In Großbritannien wurde ein neues Aufsichtssystem zum 1. Januar 2005 in nationales Recht umgesetzt. Die Implementierung ist in wenigen Jahren vollzogen worden, wobei hier die Schwierigkeiten einiger britischer Versicherer sowie die Kritik des Internationalen Währungsfonds am britischen Versicherungsmarkt den Entscheidungsprozess in Richtung eines risikoorientierten Aufsichtssystems beschleunigt haben dürften.[14]

In der Schweiz ist die beschleunigte Entwicklung ähnlich wie in Großbritannien insbesondere durch die Schwierigkeiten der Versicherungswirtschaft im Umfeld von historisch niedrigen Zinsen, krisenhaften Entwicklungen an den Aktienmärkten und steigenden Liabilitys im Zuge der demografischen Entwicklung vorangetrieben worden.[15] Das neue Modell wurde 2004 zusammen mit größeren Versicherungsunternehmen einem ersten „Feldtest" unterworfen, der

---

[13] http://www.pvk.nl/engels/algemeen/act_themas/ftk.html.
[14] http://www.fsa.gov.uk/pubs/cp/cp195.pdf.
[15] http://www.bpv.admin.ch/de/pdf/sst_181204_de.pdf.

2005 auf mittelgroße und kleinere Unternehmen ausgeweitet wird. Im Anschluss daran erfolgt die endgültige Kalibrierung des Modells. Im Unterschied zum niederländischen Modell werden die Szenarien nicht von der Aufsicht vorgegeben, sondern unternehmensindividuell von den verantwortlichen Aktuaren angepasst.

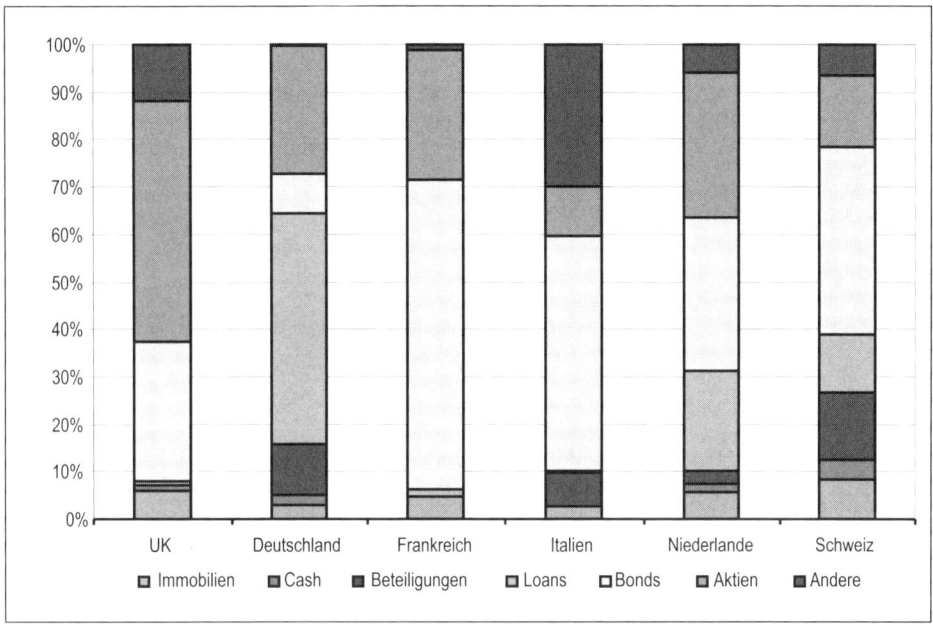

Quelle: Swiss Re (2003)
Abbildung 10: Asset-Allokation in verschiedenen europäischen Ländern per Ende 2002

Die Asset-Allokation weicht, wie Abbildung 10 zeigt, in den europäischen Ländern signifikant voneinander ab. Vor dem Hintergrund der Heterogenität der Kapitalanlagen sowie der unterschiedliche Umgang mit Garantien kann man feststellen, dass ein einziges Risikomodell einige Allokationen benachteiligen, andere hingegen bevorzugen wird. Welche diese sind, ist auf dem derzeitigen Stand der Diskussion noch nicht erkennbar – nur dass die europäischen Kapitalmärkte, insbesondere die Aktien- und Rentenmärkte, von Veränderungen der Asset-Allokation im Zuge von Solvency II nicht unberührt bleiben werden, das ist bereits heute absehbar.

Vor dem Hintergrund der genannten Entwicklungen stellt sich die Frage nach den Auswirkungen für die europäischen Kapitalmärkte. Eine mögliche Anpassung der Asset-Allokation auf die neuen Eigenkapitalvorschriften und Risikomodelle könnte zu erkennbaren Verwerfungen führen. Bereits jetzt zeichnen sich erste Tendenzen ab, dass der teilweise sehr hohe Aktienanteil in einzelnen Ländern stetig zugunsten langlaufender Anleihen abgebaut wird. In Großbritannien hat dieser Prozess mit der Einführung entsprechender Regularien 1997 begonnen. Heute ist dort eine inverse Zinskurve im langen Laufzeitbereich erkennbar.

Führende Marktteilnehmer diskutieren derzeit, ob im Zuge von Solvency II europaweit mit einer vergleichbaren Entwicklung für die Euro-Bondmärkte zu rechnen ist. Auf Grund der enormen potenziellen Nachfrage nach Renten mit langer Laufzeit, um gegebenenfalls Duration-Gaps zwischen Aktiva und Passiva zu schließen, fragt sich, woher das Angebot für derartige Anleihen kommen soll.[16] Im Bereich der Staatsanleihen gibt es im Augenblick nur relativ wenig Angebot im langen Laufzeitsegment. Die Entwicklung der Kapitalmarktzinsen in den nächsten Jahren dürfte somit ohne Berücksichtigung dieser Tendenzen bzw. Verschiebungen in der Asset-Allokation nicht adäquat analysiert werden können. Hier sind z. B. Entwicklungen in einigen skandinavischen Ländern zu nennen, in denen Auflagen der nationalen Aufsichtsbehörden das Schließen des Duration-Gaps zur Folge hatten. Durch Absicherungstransaktionen mittels Swaptions ließen sich erhebliche Verwerfungen bei den Optionspreisen auf Grund der kurzfristigen deutlichen Erhöhung der Volatilitäten erkennen. Entsprechende Absicherungstransaktionen sind kürzlich auch in Deutschland publiziert worden.[17]

4.   Integration der wertorientierten Steuerung in den Anlageprozess

Seit mit dem Gesetz zur Kontrolle und Transparenz im Unternehmensbereich (KonTraG) § 91 Abs. 2 AktG eingefügt wurde, haben bei deutschen Versicherungsunternehmen Umfang und Bedeutung von Risikofrüherkennungssystemen stetig zugenommen. Nach § 289 Abs. 1 HGB bzw. § 315 Abs. 1 HGB und dem Deutschen Rechnungslegungsstandard DRS 5–20 ist im Lagebericht über die Risiken der künftigen Entwicklung zu berichten. Risikofrüherkennungssystem und Risikoberichterstattung sind gemäß § 317 Abs. 4 HGB und § 317 Abs. 2 HGB vom Wirtschaftsprüfer zu prüfen. Mindestanforderungen an das Risikomanagement werden in Veröffentlichungen der BaFin[18] definiert. Darüber hinaus muss der verantwortliche Aktuar in seinem Erläuterungsbericht diverse Risikoanalysen zum Nachweis der Angemessenheit der verwendeten Rechnungsgrundlagen belegen.

Die bestehenden Regularien sowie die Kapitalmarktkrisen der jüngsten Vergangenheit haben erreicht, dass das Risikomanagement zu einem wesentlichen Bestandteil im Anlageprozess

---

16   Nordea (2003) S. 4: „The effect of the solvency reform on fixed-income markets can be significant. The Swedish life insurers hold about one third of the Swedish government obligations. A simultaneous attempt to increase duration of the domestic fixed-income portfolios by several players can easily drain the market for the long government bonds. The empirical evidence suggests that even the very deep and liquid European markets for long bonds and interest-rate swaps can be affected by large duration-matching deals."

17   Vgl. FAZ (2004).

18   Vgl. z. B. Rundschreiben R 29/2002.

geworden ist. Durch Asset-Liability-Management-Studien, stochastische Simulationen und Szenarioanalysen bzw. Stresstests verfügt das Management über detaillierte Informationen zur Risikolage der Gesellschaft. Die Ergebnisse der Risikoanalysen sind sowohl bei der Definition der Anlagestrategie als auch im Rahmen der taktischen Asset-Allokation zu berücksichtigen. Die Operationalisierung ist über Anlagekonzepte, Investment-Guidelines sowie Risikobudgets in den Prozess einzubinden.

Durch die unter Solvency II geplanten risikoorientierten Eigenmittelanforderungen wird es insgesamt zu einer unternehmensweiten Integration bestehender Risikomanagementanforderungen kommen. Die Anforderungen an das Risikomanagementsystem und dessen Prüfung werden weiter steigen. Die komplexen statistisch-mathematischen Verfahren zur Ermittlung der Soll-Solvabilität sind in Anwendung und Entwicklung fachlich anspruchsvoll. Darüber hinaus gilt es, das Risikomanagement unternehmensweit in die Prozesse zu integrieren. Im Rahmen einer effizienten und wertorientierten Unternehmenssteuerung wird es wichtig sein, die exogenen aufsichtsrechtlich motivierten Treiber für die Verbesserung des quantitativen und qualitativen Risikomanagements als Fundament einer integrierten Unternehmenssteuerung zu nutzen.[19]

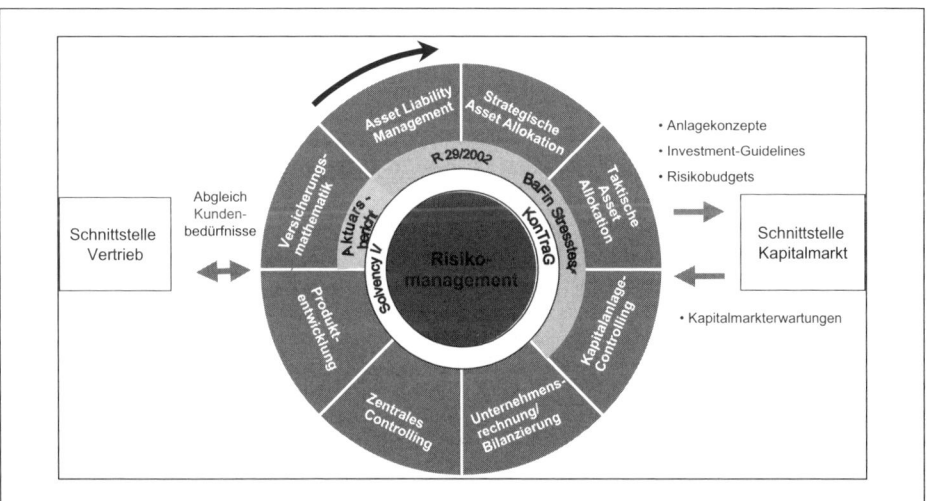

Abbildung 11: *Integrierter Risikomanagementprozess*

---

19   Vgl. Zimmermann/Bach/Raub (2004).

5.   Fazit

Die Übernahme von Risiken gehört zum Kerngeschäft von Versicherungsunternehmen. Durch Solvency II wird das Risikomanagement als ganzheitliches und zeitnahes System zur Risikobewertung bzw. -aggregation weiterentwickelt. Durch die Integration des Risikomanagements in die bestehenden Planungs- und Steuerungsprozesse wird das Risikobewusstsein weiter an Bedeutung gewinnen.

Bei dem erstrebenswerten Ziel, gleiche Wettbewerbsvoraussetzungen (Stichwort: level playing field)[20] für alle Finanzintermediäre zu schaffen, darf nicht außer Acht gelassen werden, dass bei simultaner Verwendung eines Risk-Based-Capital-Ansatzes unerwünschte Effekte auf den Kapitalmärkten auftreten können,[21] was gerade vor dem Hintergrund eines einheitlichen europäischen Modells nahe liegt: Marktteilnehmer mit denselben Regeln verhalten sich ähnlicher, als wenn die Regeln differieren. Zudem sollte das Risiko gesehen werden, dass ein gleichgerichtetes Marktverhalten mehrerer institutioneller Anleger, z. B. in Anleihen mit langer Laufzeit, durch die Enge des Marktes beschränkt wird.

Insoweit ist es richtig und zwingend notwendig, dass der Regulierungsprozess in Richtung interne Modellansätze geht, um eine stärkere Heterogenität der Risikomodelle zu erreichen. Ziel sollte nicht sein, lediglich die Mindestanforderungen von Solvency II zu erfüllen. Ein Bestehen vor dem Gesetzgeber sollte vom Bestreben, ein gutes (zukünftiges) Rating zu erreichen, ergänzt werden.

Eine wichtige Voraussetzung für die Entwicklung interner Modellansätze ist die Erlaubnis der Aufsicht, ähnlich wie unter Basel II, für einen gestuften Zugang zur Entwicklung interner Modelle. Neben dem Standardmodell sollten interne Partialmodelle für einzelne Assetklassen den Einstieg in unternehmensindividuelle Risikomodelle ermöglichen. Darüber hinaus sollte für fortgeschrittenere Unternehmen die Option zur Anerkennung umfassender interner Modelle bestehen. Mit dieser Vorgehensweise wird die Hürde für unternehmensindividuelle Modelle sukzessive gesenkt.

Die Fallstudie zeigt, dass ein modellhaftes Lebensversicherungsunternehmen im Rahmen des Standardmodells bei gleicher Portfoliostruktur zur Bedeckung der Solvabilität mit keinem signifikant erhöhten Eigenmittelbedarf im Vergleich zum derzeitigen Stand zu rechnen hat. Gleichwohl wird die Bedeutung der Kapitalausstattung gerade im Hinblick auf die Säule 3 (Markttransparenz) von Solvency II ansteigen und die direkte Kapitalunterlegung von Risiken die Rolle des Eigenkapitals als knappes Gut festigen. Die effiziente Eigenmittelallocation

---

20   Level Playing Field als gleichregulierter Markt für alle Teilnehmer ohne Regulierungsarbitrage, vgl. Europäische Kommission (2003).

21   Vgl. Daníelsson/Shin/Zigrand (2003), S. 1: „Prices are lower on average in the presence of risk regulation, while volatility is higher."

und ein wirksames Risikomanagement werden zunehmend als werttreibende Bestandteile an Gewicht gewinnen.

Die bestehenden regulatorischen Anforderungen haben wesentliche Grundlagen für die Gestaltung der Risikomanagementprozesse gelegt. Durch Solvency II werden insbesondere die Verfahren zur Risikobewertung verfeinert werden. Die Anforderungen der Aufsicht an das Risikomanagement setzen voraus, dass das Fachwissen zur Anwendung und Entwicklung derartiger Risikomodelle im Unternehmen vorhanden ist. Es erscheint unerlässlich, sich bereits heute in den relevanten Unternehmensbereichen mit den Ergebnissen von Standardmodellen (z. B. dem Vorschlag für ein mit Solvency II kompatibles Standardmodell von BaFin und GDV) auseinanderzusetzen und darüber hinaus die Entwicklung interner Modelle zu forcieren.

Die Auswirkungen von Solvency II auf die Versicherer werden bedeutend sein. Erste Strukturveränderungen auf das Kapitalanlagemanagement sind auf dem derzeitigen Stand der Entwicklung in Ansätzen erkennbar. Wer sich rechtzeitig mit dem neuen Umfeld auseinandersetzt, wird in Zukunft entscheidende Vorteile in einem sich verschärfenden Wettbewerb erzielen.

Literatur

ALBRECHT, P./KLETT, T. (2004): Referenzbezogene risikoadjustierte Performancemaße: Theoretische Grundlagen, in: Mannheimer Manuskripte zu Risikotheorie, Portfolio Management und Versicherungswirtschaft 2004.

BÖRSENZEITUNG (2004): Worauf sich die Bankenbranche von Baden bis Brasilia gefasst macht, 31.12.2004.

BPV (2003): Schweizer Solvenztest 2003 unter http://www.bpv.admin.ch/de/pdf/sst_-181204_de.pdf.

DANÍELSSON, J./HYUN, S. S./ZIGRAND, J.-P. (2003): The impact of risk regulation on price dynamics, London School of Economics unter: http://www.RiskResearch.org.

FINANCIAL TIMES (2004): VC firms plan to attack Basel II, 07.03.2004.

FAZ (2004): Versicherer fürchten Niedrigzinsphase, Frankfurter Allgemeine Zeitung 08.12.2004.

EUROPÄISCHE KOMMISSION (2003): Entwurf eines künftigen Aufsichtssystems in der EU, in: Markt/2509/03, 03.03.2003.

EUROPÄISCHE KOMMISSION (2004): Solvency II. Further issues for discussion and suggestions for preparatory work for CEIOPS, in: Markt/2502/04, 02.04.2004.

MEDOVA, E./BERG-YUEN, P. (2004): Economic Capital Gauged, Judge Institute of Management, University of Cambridge, unter: http://www.jims.cam.ac.uk/research/-working_papers/abstract_04/wp0407.pdf.

MERCER, O. W. (2004a): Going on the Offensive. The $1,600 BN Prize, The Future of Life Insurance 2004.

MERCER, O. W. (2004b): Life at the End of the Tunnel? The Capital Crisis in the European Life Sector.

KNAUTH, K.-W./SCHUBERT, T. (2003): Versicherungsaufsicht vor Paradigmenwechsel. Von der Produktgenehmigung zum unternehmerischen Risikomanagement, in: Versicherungswirtschaft 12/2003, S. 902 ff.

NORDEA, S. K. (2003): The Solvency reform in Sweden. Consequences and practical aspects.

OECD (2002): Insurance Solvency Supervision – OECD Country Profiles, 2002, unter http://titania.sourceoecd.org/vl=3457120/cl=39/nw=1/rpsv/~6675/v2003n20/s1/p1l.

PVK: Principles for a financial assessment framework, unter http://www.pvk.nl/engels/-algemeen/act_themas/ftk.html.

RITTMANN, M./ROCKEL, W. (2004): Rechnungslegung und Aufsicht von Versicherungsunternehmen. Zur Vereinbarkeit von IFRS und Solvency II, in: Münchner Betriebswirtschaftliche Beiträge 2004.

ROCKEL, W./SAUER, R. (2004): IFRS für Versicherungsverträge: Inhalte, Problemfelder und Auswirkungen auf Solvency II, Institut für Betriebswirtschaftliche Risikoforschung und Versicherungswirtschaft 2004.

SCHIERENBECK, H. (2002): Ertragsorientiertes Bankmanagement, Bände 1–3, 5. Auflage.

SCHUBERT, T./GRIEßMANN, G. (2004): Die EU treibt die zweite Phase des Projekts voran, in: Versicherungswirtschaft 7/2004, S. 470 ff. (I); 10/2004, S. 738 ff. (II);

SCHUBERT, T./GRIEßMANN, G. (2004): Europa in Vorbereitung auf Solvency II, in: Versicherungswirtschaft 14/2004, S. 1044 ff.

SCHUBERT, T./GRIEßMANN, G. (2004): Solvency II = Basel II+X. Banken können von der Assekuranz lernen, in: Versicherungswirtschaft 18/2004, S. 1399–1404.

SWISS RE (2003): European Insurance in Figures, Swiss Re Economic Research and Consulting 2003.

ZIELKE, C. (2004): Deutsche Versicherer. Ohne Risiko kein Gewinn, in: Versicherungswirtschaft 22/2004, S. 1716 ff.

ZIMMERMANN, C./BACH, C./RAUB, J. (2004): Von der Pflicht zur Kür im Risikomanagement (I), in: Versicherungswirtschaft 4/2004, S. 220 ff.

Was bedeutet Solvency II für die Lebensversicherung?

Michael Renz / Guido Best

1.   Einleitung

Das Projekt Solvency II zur Reform der Versicherungsaufsicht in den Mitgliedstaaten der EU wurde von der Europäischen Kommission Ende 1999 eingeleitet.[1] Mit Abschluss der ersten Projektphase (2001 bis 2003), in der Form und Rahmenbedingungen des umfassenderen Solvabilitätssystems festgelegt werden sollten,[2] liegen Empfehlungen der Kommissionsdienststellen zum Entwurf eines künftigen Aufsichtssystems in der EU[3] sowie erste Überlegungen zu einer entsprechenden Rahmenrichtlinie[4] vor. Derzeit läuft die zweite Projektphase, in der die Einzelheiten des Systems erarbeitet und, voraussichtlich bis Oktober 2006,[5] eine Rahmenrichtlinie zu Solvency II erstellt werden sollen.

In Presse und Fachzeitschriften werden bereits weitreichende, teilweise gegensätzliche Auswirkungen diskutiert, auf die Unternehmensberater und IT-Firmen, nicht aber die Versicherer selbst vorbereitet seien. Die Bandbreite reicht von einer strengeren und effizienteren Aufsicht bis hin zur „Selbstregulierung" mittels unternehmensinterner Modelle zur Bemessung der Solvabilität; auch die Möglichkeit existenzbedrohender Eigenkapitalanforderungen für kleine und mittlere Unternehmen, die zu einem Versicherungssterben in Europa führen könnten, wird genannt.[6]

Bevor im Hauptteil dieses Beitrags mögliche Auswirkungen des europäischen Projekts Solvency II auf das Versicherungsgeschäft und hier insbesondere die Bedeutung für die Lebensversicherung aufgezeigt werden, erfolgt einleitend eine Standortbestimmung. Anhand einer Definition und eines konkreten Beispiels zur Solvabilität werden zunächst Begriffe und Funktionsweise erläutert. Soweit für das Verständnis der weiteren Ausführungen zweckmäßig wird anschließend das derzeitige europäische Gesetzgebungsverfahren um Solvency II dargestellt. Neben beteiligten Institutionen sind Status und sich abzeichnende Trends bzw. Fragen für die Lebensversicherung sowie Schwerpunkte potenzieller Veränderungen in der Versicherungsaufsicht beschrieben.

Hierauf aufbauend lassen sich Konsequenzen für Lebensversicherungsunternehmen sowie Auswirkungen auf deren Produktgestaltung aufzeigen. Erstere sind Gegenstand des zweiten und letztere des dritten Kapitels.

---

1   Vgl. Europäische Kommission (1999).
2   Vgl. Europäische Kommission (2002c), S. 1.
3   Vgl. Europäische Kommission (2003a).
4   Vgl. Europäische Kommission (2003b).
5   Vgl. Europäische Kommission (2005), S. 2.
6   Vgl. Müller (2004), S. 723.

Abschließend erfolgt ein Fazit einschließlich der Betrachtung möglicher Ertrags- und Markt-potenziale für Lebensversicherer trotz oder durch Solvency II.

1.1 Solvabilität: Definition und Beispiel

Die in Deutschland und Europa derzeit geltende Solvenzaufsicht hat ihren Ursprung in den ersten beiden EWG-Koordinierungsrichtlinien aus den Jahren 1973 bzw. 1979.[7] Unter dem Stichwort Solvabilität I erfolgten aktuelle Anpassungen des bestehenden Systems durch zwei europäische Änderungsrichtlinien.[8] Mit der Umsetzung dieser Richtlinien in deutsches Recht sind zuletzt zum 1. Januar 2004 Modifizierungen in Kraft getreten.

Der Begriff Solvabilität, abgeleitet aus dem französischen Wort *solvabilité* für Solvenz bzw. Zahlungsfähigkeit, hat über die ersten europäischen Koordinierungsrichtlinien für die Scha-den- (1973) und die Lebensversicherung (1979) zur Vereinheitlichung der Versicherungsauf-sicht im Binnenmarkt Eingang in die deutsche Gesetzessprache gefunden.[9] Nach § 53c Abs. 1 Satz 1 des Versicherungsaufsichtsgesetzes (VAG) sind „Versicherungsunternehmen […] verpflichtet, zur Sicherstellung der dauernden Erfüllbarkeit der Verträge stets [sic!] über freie unbelastete Eigenmittel mindestens in Höhe einer Solvabilitätsspanne zu verfügen, die sich nach dem gesamten Geschäftsumfang bemisst. Ein Drittel der geforderten Solvabilitätsspan-ne gilt als Garantiefonds." Solvabilität in diesem Sinne ist eine aufsichtsrechtlich definierte Risikoreserve, die eine angemessene Kapitalausstattung[10] sicherstellen soll mit dem Ziel, die dauernde Erfüllbarkeit der Verträge zu gewährleisten. Hierzu wird derzeit in Abhängigkeit des Geschäftsvolumens eine Solvabilitätsspanne[11] ermittelt, das Solvabilitäts-Soll, der die freien unbelasteten Eigenmittel[12], das Solvabilitäts-Ist, gegenübergestellt werden.

In der Lebensversicherung ergibt sich das Solvabilitäts-Soll in Abhängigkeit der Arten und des Umfangs der übernommenen Geschäfte bzw. Vertragsrisiken. Anhand bestimmter Indika-toren – Deckungsrückstellung und Beitragsüberträge, riskiertes Kapital, und bei Zusatzversi-cherungen Beitragseinnahmen – wird die Risikolage durch Multiplikation mit festgesetzten

---

7   Schadenversicherungsrichtlinie 73/239/EWG bzw. Lebensversicherungsrichtlinie 79/267/EWG.

8   Richtlinien 2002/13/EG (Schadenversicherung) und 2002/12/EG bzw. 2002/83/EG (Lebensversicherung).

9   Vgl. Müller (2004), S. 723.

10 Vgl. zur Kapitalausstattung im Detail § 53c VAG in Verbindung mit Kapitalausstattungs-VO vom 13.12.1983 in der jeweils aktuellen Fassung.

11 Spanne steht nicht für eine Bandbreite, sondern einen festen Betrag.

12 Zu den Eigenmitteln im Sinn der Solvabilität zählen insbesondere das verfügbare Eigenkapital, Genuss-rechte und nachrangige Verbindlichkeiten, in der Lebensversicherung außerdem die Teile der Rückstellung für Beitragsrückerstattung (RfB), die zur Deckung von Verlusten verwendet werden dürfen und nicht auf festgelegte Überschussanteile entfallen (freie RfB und Schlussüberschussanteilfonds, SÜA). Auf Antrag und mit Zustimmung der Aufsichtsbehörde kommen zusätzlich stille Nettoreserven der Aktiva und für Le-bensversicherer – in engen Grenzen und nur bis Ende 2009 – die Hälfte künftiger Überschüsse in Betracht, vgl. § 53c VAG.

Faktoren „gemessen" bzw. bewertet. Das anhand der freien unbelasteten Eigenmittel ermittelte Solvabilitäts-Ist wird dem Soll gegenübergestellt und muss dies mindestens zu 100 Prozent bedecken.

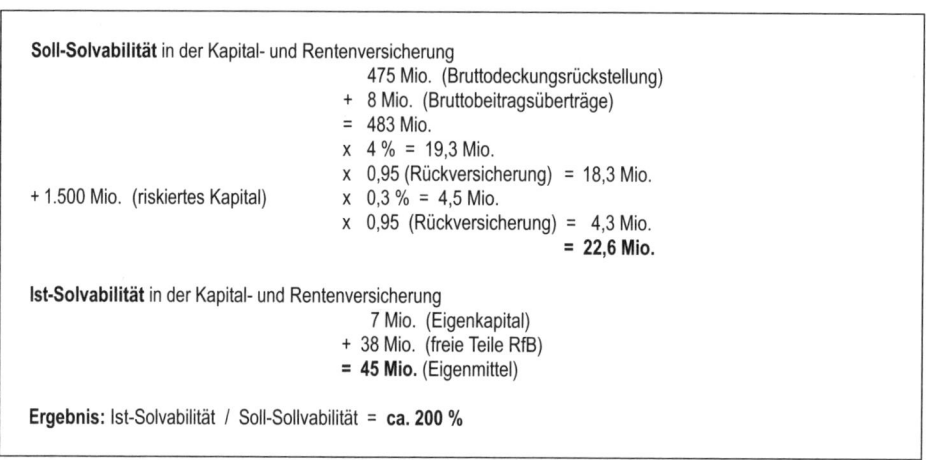

Abbildung 1:   *Berechnungsbeispiel für Kapital- und Rentenversicherung*

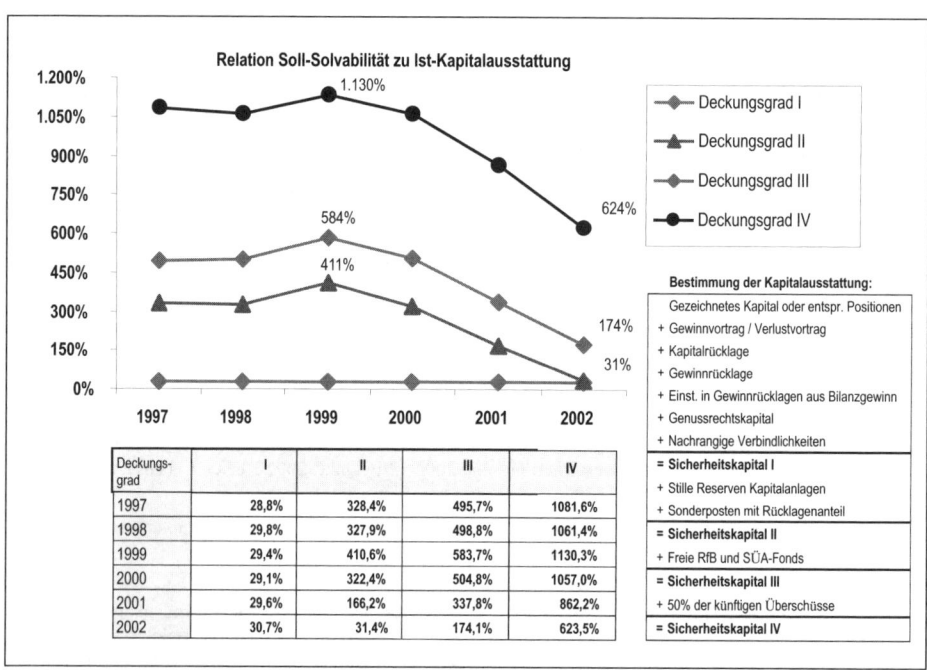

Quelle: Versicherungswirtschaft 18/2003

Abbildung 2:   *Entwicklung der Kapitalausstattung der Lebensversicherer*

In der Kapital- und Rentenversicherung werden erstens die Deckungsrückstellung und um Kostenanteile verminderte Beitragsüberträge nach Berücksichtigung der Rückversicherung (maximal 15 Prozent) mit 4 Prozent gewichtet. Zweitens wird das riskierte Kapital, im Wesentlichen im Versicherungsfall zu erbringende Leistungen (bzw. Barwerte bei aufgeschobenen Leistungen) abzüglich der Deckungsrückstellung und Beitragsüberträge (ohne Kostenanteile), in Abhängigkeit der Laufzeiten mit 0,3 Prozent (> 5 Jahre), bzw. 0,15 Prozent (> 3 Jahre) respektive 0,1 Prozent (bis 3 Jahre) nach Berücksichtigung der Rückversicherung (maximal 50 Prozent) bewertet. Abbildung 1 zeigt ein Berechnungsbeispiel, Abbildung 2 die Entwicklung der Kapitalausstattung der Lebensversicherer in Deutschland 1997 bis 2002 unter Berücksichtigung der stillen Reserven.

1.2 EU-Gesetzgebungsverfahren

Stand bei den beiden umgesetzten EU-Richtlinien zu Solvency I die Verbesserung bestehender Solvabilitätsvorschriften im Vordergrund, sollen im Rahmen des derzeit laufenden Solvency-II-Projekts die gesamte Finanz- und Risikolage eines Versicherungsunternehmens überprüft werden. Neben erweiterten und neueren Solvabilitäts- und Risikokapitalkonzepten stehen unter anderem mit Bewertungs- bzw. Berechnungsvorschriften für Aktiva und Passiva sowie deren Risiken und Kongruenz – Stichwort Asset Liability Management – Rückversicherung, Auswirkungen der Rechnungslegung, z. B. auch IAS/IFRS, ein wesentlich umfassenderer Themenkatalog zur Diskussion.[13] Auch auf Grund des genannten Umfangs und der Komplexität der zu betrachtenden Themen wurde für das weitere Verfahren inzwischen die Anwendung des so genannten Lamfalussy-Konzepts aus dem Wertpapierbereich für die Versicherungsregulierung vorgeschlagen.[14] Bei diesem Konzept handelt es sich um ein vierstufiges Verfahren mit den Zielen, einerseits die Gesetzgebung in der EU zu beschleunigen und andererseits qualitativ zu verbessern.[15]

Die für den Versicherungsbereich vorgesehenen Gremien sind neben der EU Kommission (Ebene 1) der Versicherungsausschuss (Ebene 2: Regulierung) und das Committee of European Insurance and Occupational Pensions Supervisors CEIOPS (Ebene 3: Beaufsichtigung). Das CEIOPS setzt sich aus Vertretern der Aufsichtsbehörden zusammen. Gegenwärtig sind acht Arbeitsgruppen eingesetzt, von denen sich fünf mit Solvency II und drei weitere mit Finanzstabilität, betrieblicher Altersversorgung und dem Helsinki Protokoll beschäftigen. Deutschland wird von der Bundesanstalt für Finanzdienstleistungsaufsicht (BaFin) vertreten.

---

13 Vgl. Europäische Kommission (1999) mit Zielen, Themenkatalog, sowie einem Entwurf zu Arbeitsmethode und -plan; ergänzend auch Europäische Kommission (2001), wo das vorgesehene Arbeitsprogramm weiter konkretisiert und in zwei Phasen unterteilt wird.

14 Vgl. im Detail Europäische Kommission (2002a), S. 5 ff., mit einer Beschreibung der geplanten Vorgehensweise.

15 Vgl. Schubert in diesem Band.

Der Unterausschuss Solvabilität des Versicherungsausschusses hatte unter anderem je eine Arbeitsgruppe zur Diskussion versicherungstechnischer Fragen der Lebens- und der Schadenversicherung eingesetzt. Die Arbeitsgruppe Lebensversicherungen untersuchte unter anderem die beiden folgenden Bereiche:[16]

1. Vorschriften für die Berechnung der versicherungsmathematischen Rückstellungen,

2. Methoden des Aktiv-Passiv-Managements (auch Asset Liability Management).

Die Gruppe identifizierte dabei fünf gemeinsame Aufsichtsprobleme, für die eine europäische Lösung sinnvoll wäre: Garantierte Zinssätze, Annuitäten und Sterberisiko, Gewinnbeteiligungsklauseln, fondsgebundene Produkte sowie in Lebensversicherungsverträgen enthaltene Optionen, und erarbeitete hierzu mögliche Änderungs- bzw. Verbesserungsvorschläge für die europäischen Vorschriften. Hieraus können sich spezielle Auswirkungen auf die Lebensversicherung und deren Produkte ergeben, die weiter unten erörtert werden. Im Ergebnis wurde auch vorgeschlagen, die Anwendung des Lamfalussy-Konzepts weiter zu prüfen, da einzelne dieser Themen auf verschiedenen Regulierungsebenen zu behandeln seien.[17]

Außerdem wurde vorgeschlagen, von Lebensversicherungsunternehmen den Einsatz von Asset-Liability-Management-Modellen zu verlangen und auf europäischer Ebene Mindestkriterien festzulegen bezüglich Umfang der Modelle, Validierung, Sensitivitätsanalysen, Dokumentation und Integration in Risikomanagement sowie Unternehmensführung.[18]

1.3   Potenzielle Veränderungen in der Aufsicht

Mit Abschluss der nach einer Vorbereitungsphase im Mai 2001 begonnenen Arbeiten der ersten Phase des Projekts Solvency II kristallisieren sich seit Ende 2002/Anfang 2003 wesentliche Bestandteile des künftigen europäischen Versicherungsaufsichtssystems heraus. Das neue System soll den Aufsichtsbehörden umfassende qualitative und erweiterte quantitative Werkzeuge zur Verfügung stellen, um die „Gesamtsolvabilität"[19] eines Versicherungsunternehmens zu beurteilen und damit neben rein quantitativen Koeffizienten und Indikatoren vor allem auch qualitative Aspekte einbeziehen, z. B. das Management, die interne Risikokontrolle und die Wettbewerbslage. Die allgemeinen Überlegungen sowie vorläufigen Empfehlun-

---

16   Vgl. im Detail Europäische Kommission (2002b).

17   Vgl. Europäische Kommission (2002b), S. 7.

18   Vgl. Europäische Kommission (2002b), S. 43.

19   Im Sinn der „Finanzsolidität eines Unternehmens unter Berücksichtigung der Bedingungen seines Geschäftsbetriebs (Produkte und Preise, Verwaltung, Qualität der Führungskräfte usw.) und seines äußeren Umfelds (Konjunkturzyklen, Wettbewerbsbedingungen, Qualität der Aktionäre usw.)", Europäische Kommission (2002c), S. 14.

gen der Kommissionsdienstellen stützen sich dabei auf die aus Basel II bekannte und für den Versicherungssektor anzupassende 3-Säulen-Struktur:[20]

▓ Säule 1: quantitative Anforderungen,

▓ Säule 2: qualitative Anforderungen,

▓ Säule 3: Offenlegungspflichten.

2. Konsequenzen für Lebensversicherungsunternehmen

Schon jetzt stellen z. B. Ratingagenturen und die Stresstests der BaFin hohe Anforderungen an das Risikomanagement der Versicherer bzw. Lebensversicherer. Auch das neue europäische Aufsichtssystem wird viel stärker als bisher die tatsächlichen Risiken eines Versicherungsunternehmens betrachten, so dass ein effektives Risikomanagementsystem zu einem entscheidenden Wettbewerbsfaktor wird.[21]

Bereits in der aktuellen Lebensrichtlinie,[22] die für die Lebensversicherung als Basis der zukünftigen Rahmenrichtlinie herangezogen wird,[23] heißt es derzeit: „Versicherungsunternehmen müssen neben versicherungstechnischen Rückstellungen, einschließlich der mathematischen Rückstellungen, die zur Erfüllung ihrer vertraglichen Verpflichtungen ausreichen, auch über eine zusätzliche Reserve, d. h. eine [...] so genannte Solvabilitätsspanne verfügen, die bei ungünstigen Geschäftsschwankungen als Sicherheitspolster dienen soll." [24]

Dabei „ist vorzusehen, dass sich diese Spanne nach den gesamten Verpflichtungen des Unternehmens und der Art und der Schwere der Risiken bemisst", und: „Diese Spanne muss folglich unterschiedlich hoch sein, je nachdem, ob es sich um das Anlagerisiko, das Sterblichkeitsrisiko oder lediglich das Betriebsrisiko handelt."[25] Zusätzlich zu dem mit „vertraglichen Verpflichtungen" implizierten Garantierisiko sind damit bereits wichtige Risiken benannt, die künftig mittels eines Standard- oder internen Modells zu modellieren und bei der Ermittlung der Kapitalanforderungen zu berücksichtigen sind.

---

20 Vgl. Europäische Kommission (2003a), S. 3; vgl. Schubert in diesem Band.

21 Vgl. GDV (2004a), S. 38.

22 Richtlinie 2002/83/EG des Europäischen Parlaments und des Rates vom 5.11.2002 über Lebensversicherungen.

23 Vgl. Europäische Kommission (2003b), S. 8.

24 Richtlinie 2002/82/EG (2002), Erwägungsgrund Ziffer (39).

25 Richtlinie 2002/82/EG (2002), Erwägungsgrund Ziffer (39).

Auf Grund eines vorläufigen, beispielhaften Definitionsversuchs der künftigen Solvabili-tätskapitalanforderung[26] ist von einer Erweiterung der explizit zu modellierenden Risikokar-ten auszugehen; außerdem werden erste Hinweise auf den zu betrachtenden Zeithorizont und die Kalibrierung einer Ruinwahrscheinlichkeit gegeben: „To be able to absorb significant unforeseen losses and to give [reasonable] assurance to policyholders, an insurance undertaking shall hold all times solvency capital which is adequate having regard to its overall risk profile. Solvency capital requirement shall cover the relevant [underwriting, credit, market, liquidity, operational and other] risks. It shall be calibrated so that the probability of failure of an undertaking within [one] year is sufficiently low ['1/200' or 'as defined in implementing measures'].“[27]

2.1   Risikomanagement und -modelle

Mit Solvency II sollen künftig alle verschiedenen Risiken eines Versicherungsunternehmens soweit wie möglich in Säule 1 quantifiziert und bzw. oder zumindest im Rahmen eines um-fangreichen Risikomanagementsystems innerhalb der Säule 2 berücksichtigt werden. Zur Berechnung des erforderlichen Risikokapitals wird es voraussichtlich verschiedene Möglich-keiten geben, einerseits einen risikobasierten Standardansatz und andererseits durch die Auf-sicht zu genehmigende, interne Risikomodelle bzw. Mischformen aus beiden. Durch die Verwendung geeigneter interner Modelle sollen Unternehmen Wettbewerbsvorteile erzielen können, da unternehmensspezifische Risiken gezielt gesteuert und hieraus verringerte Eigen-kapitalanforderungen resultieren können.[28]

2.1.1   GDV-Modell (2002)

Nicht zuletzt wegen der zunehmenden Bedeutung des Risikomanagements, in Deutschland unter anderem durch das Gesetz zur Kontrolle und Transparenz im Unternehmensbereich (KonTraG), hat der GDV bereits 2002 ein Standardmodell auf Basis des „UK Life Model“ von Standard & Poor's veröffentlicht,[29] das jetzt in einer überarbeiteten Fassung vorliegt.[30] In diesem Modell werden vier Risikokategorien berücksichtigt: Kapitalanlagerisiko, Kalkulati-onsrisiko, Garantierisiko und allgemeines Geschäftsrisiko. Für die einzelnen Kategorien wird das benötigte Risikokapital auf Basis eines BBB-Ratings von S&P ermittelt und – in Erweite-

---

26   Zuvor Target Capital bzw. Zielkapital, jetzt Solvency Capital Requirements (SCR); vgl. Europäische Kommission (2004c), S. 21 Fn. 28.

27   Europäische Kommission (2004c), S. 22.

28   Vgl. z. B. GDV (2004a), S. 41, und Europäische Kommission (2004c), S. 25.

29   Der GDV hat auf Grund der Besonderheiten der Branchen je einen Standardansatz für die Lebens- und die Schaden- und Unfallversicherer vorgestellt; vgl. zum Lebensmodell die Modellbeschreibung GDV (2002).

30   Vgl. Grießmann/Krüger/Oehlenberg in diesem Band.

rung des UK Life Model unter vereinfachten Korrelationsannahmen – auf Unternehmensebene aggregiert (siehe Abbildung 3). Getrennt hiervon wird das vorhandene Risikokapital der Aktionäre und Versicherungsnehmer berechnet, im Wesentlichen mittels einzelner Positionen des Geschäftsberichts, und dem betriebsnotwendigen Kapital gegenübergestellt.

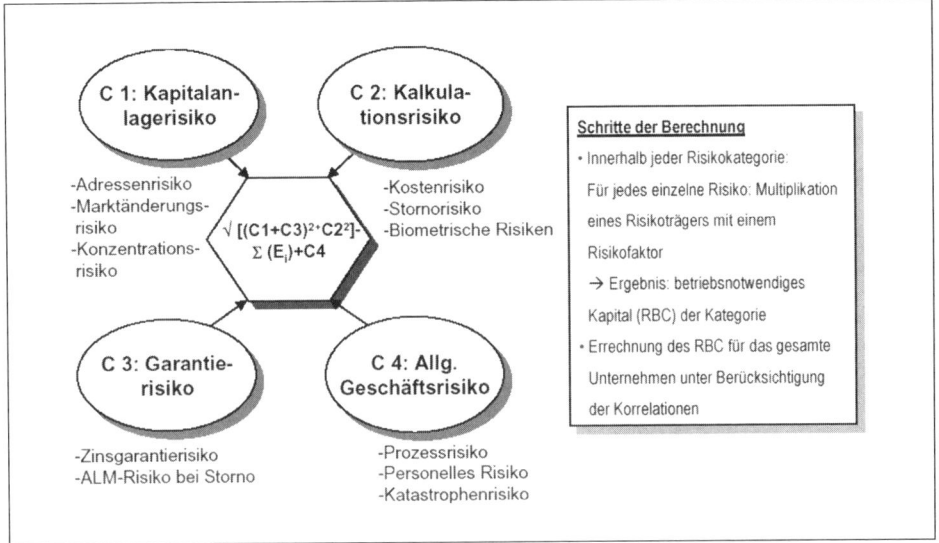

Quelle: GDV 2004

Abbildung 3: *Risikokategorien des GDV-Modells Leben*

Obwohl die Details des künftigen Aufsichtssystems noch nicht endgültig feststehen, eignet sich das von BaFin und GDV entwickelte neue risikoorientierte Modell prinzipiell für eine erste Ermittlung der Kapitalanforderungen der Säule 1 und zur Vorbereitung auf die diesbezüglichen Anforderungen nach Solvency II.

2.1.2   Interne Risikomodelle

Analog zu Basel II sieht Solvency II die Einführung bzw. Zulassung und Verwendung interner Risikomodelle für Aufsichtszwecke vor. Da derartige Modelle die unternehmensspezifischen Risiken grundsätzlich genauer und aktueller berücksichtigen können, liegt einer der Hauptvorteile auf der Hand. Daneben spricht für die vorgesehene Zulassung interner Modelle die Vermeidung von Doppelarbeiten für die Versicherungsunternehmen. Neben einer genaueren Bestimmung und Messung der unternehmensindividuellen Risiken und des erforderlichen Kapitalbedarfs können die vorhandenen Systeme und Ergebnisse sowohl intern durch das Management als auch extern für Aufsichtszwecke und andere Marktbeobachter, z. B. Ratin-

gagenturen, herangezogen werden. Ein weiterer Vorteil gegenüber allgemeinen Standardan-
sätzen liegt in der zeitnahen Weiterentwicklung, die im Interesse des jeweiligen Unternehmens bzw. der Unternehmensleitung liegt und nicht branchenweit oder gar auf europäischer
Ebene abzustimmen ist. Außerdem lassen sich durch genauere und aktuelle Ermittlung der
spezifischen Risikolage pauschale Sicherheitszuschläge vermeiden oder zumindest weitgehend reduzieren, so dass die knappe Ressource Kapital dadurch gezielter eingesetzt und „ge-
schont" werden kann. In Abbildung 4 sind beispielhaft für ein fiktives Unternehmen die
gewichteten Risikokategorien des oben beschriebenen GDV-Modells den gewichteten Risikoarten eines internen Modells auf Basis der amerikanischen RBC-Methode gegenübergestellt.

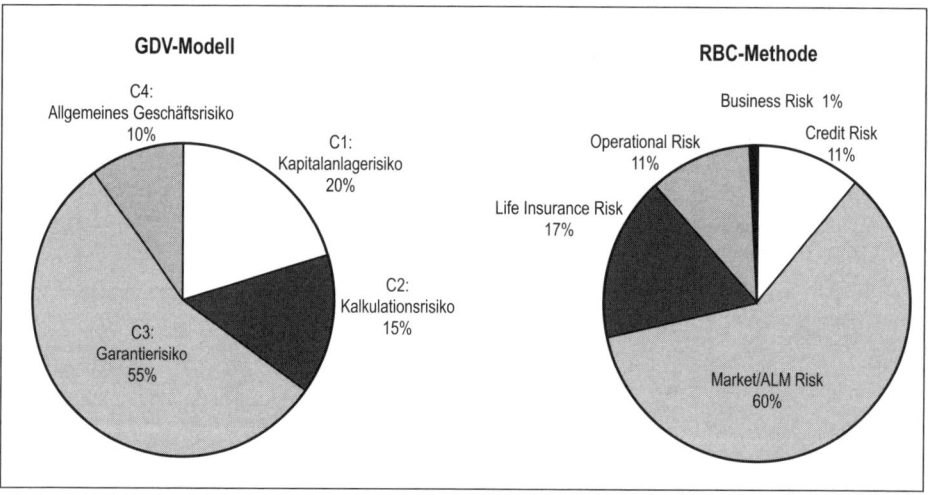

Abbildung 4:   *Alternative Risikoverteilung nach GDV-Modell (2002) und nach internem*
                    Modell auf Basis der RBC-Methode, berechnet für fiktiven Lebensversicherer

Bereits Ende 2001 hat auch der GDV einen ersten Vorschlag über Grundsätze für den Einsatz
interner Risikomodelle bei Versicherungsunternehmen zur Verbesserung der Finanzaufsicht
erstellt.[31] Unter anderem auf dieser Grundlage wird das Thema interne Modelle intensiv von
der deutschen Aufsicht behandelt und, unter Berücksichtigung der Erfahrungen im Bankensektor, in Branchengremien diskutiert und weiterentwickelt.

---

[31] GDV (2001).

2.2 Erwartete Auswirkungen

Gemäß den vorliegenden Empfehlungen der Kommissionsdienststellen für das künftige EU-Aufsichtssystem sind – über die bisher geschilderten potenziellen Veränderungen hinaus – weitreichende Konsequenzen für die Lebensversicherung zu erwarten, die sowohl die Unternehmenssteuerung als auch das Geschäftsmodell der Lebensversicherer betreffen und deren Produktgestaltung maßgeblich beeinflussen könnten.

Während mit Solvency I überwiegend bestehende Solvabilitätsvorschriften angepasst wurden, steht mit Solvency II ein Paradigmenwechsel in der Versicherungsaufsicht bevor. Auch wenn der quantitative Aspekt durch das neue Konzept einer risikobasierten, modellgestützten Eigenmittelberechnung wesentlich erweitert wird, wird sich der Fokus zusätzlich von einer eher quantitativen zu einer mehr qualitativen Aufsicht verlagern und von den Versicherungsunternehmen insbesondere den Auf- und/oder Ausbau eines umfassenden und integrierten Risikomanagementsystems sowie die Offenlegung diesbezüglicher Informationen und Ergebnisse erfordern. Obwohl die endgültigen Bestimmungen noch nicht vorliegen und anschließend zunächst in nationales Recht umzusetzen sind,[32] ist davon auszugehen, dass Auswirkungen der Veränderungen früher und teilweise schon heute sichtbar werden.[33]

2.2.1 Eigenkapitalanforderungen und Eigenmittelausstattung

Nach dem derzeitigen Stand ist beabsichtigt, sowohl ein Mindestkapitalniveau (minimum capital requirements, MCR), vermutlich ähnlich den bisherigen Solvabilitätsanforderungen, als auch eine „Solvabilitätskapitalanforderung" (solvency capital requirements, SCR) vorzusehen, wobei deren Unterschreitungen jeweils abgestufte aufsichtsrechtliche Maßnahmen nach sich ziehen sollen.[34]

Unabhängig davon, ob die erforderlichen Eigenmittel mit dem geplanten europäischen, gegebenenfalls auf nationale Besonderheiten angepassten Standardmodell oder zu genehmigenden internen Modellen ermittelt werden, wird deren Höhe künftig nicht mehr pauschal und ausschließlich anhand der Art und der Volumina der betriebenen Geschäfte bestimmt, sondern durch alle Risiken, die mit der Lebensversicherung zusammenhängen. Somit werden insbesondere Garantie- bzw. Mismatch-Risiken, Kapitalanlagerisiken, Kalkulations- und Optionsrisiken sowie das allgemeine Geschäfts- bzw. Betriebsrisiko quantitativ zu berücksichtigen, d. h. mit Risikokapital zu unterlegen sein.

---

32 Der aktuelle Zeitplan sieht die Erstellung und Annahme der europäischen Rahmenrichtlinie zu Solvency II jetzt erst gegen Oktober 2006 vor, vgl. Europäische Kommission (2005), S. 2; d. h. mit sukzessiver Umsetzung und Anwendung ist nicht vor 2008–2010 zu rechnen.

33 Vgl. z. B. Heistermann (2004b), S. 3.

34 Vgl. Europäische Kommission (2003a), S. 7 f.

Neben den mit der Einführung oder erforderlichen Anpassungen eines vorhandenen Risiko-modells verbundenen Aufwendungen[35] stellt sich insbesondere die Frage, ob und gegebenen-falls in welchem Umfang die Eigenmittelanforderungen steigen werden. Auf Grund zahlrei-cher Abhängigkeiten von den weiteren Entwicklungen der internationalen Rechnungslegung IAS/IFRS, insbesondere bezüglich der Bewertung der versicherungstechnischen Rückstel-lungen, sowie der im Rahmen der zweiten Phase des Solvency-II-Projekts noch zu klärenden Details lässt sich diese Frage derzeit nicht abschließend beantworten.[36] Tendenziell wird eher von höheren Kapitalanforderungen ausgegangen,[37] wobei die Lebensversicherer durch ge-zielte Maßnahmen zur Risikoreduktion in ihren Bilanzen und Geschäftsmodellen sowie in Produktmix und einzelnen Produktlinien unmittelbar gegensteuern können. So wird bei-spielsweise bei einer Kombination aus hohem Aktienanteil, hohem Garantiezins im Bestand und hohem Anteil an Rentenversicherungen mit erheblichen Mehranforderungen gerechnet, während ein geringes Aktienexposure, kleine Rentenbestände und ein hoher Anteil Risikole-bensversicherungsgeschäft geringere Mehranforderungen oder sogar eine Entlastung bewir-ken könnten.[38]

Im Ergebnis ist davon auszugehen, dass es mit der erforderlichen Kapitalunterlegung für alle Risikoarten verstärkt zu Zielkonflikten kommen wird. Zusätzliche Produktgarantien und Optionen, z. B. mit dem Ziel, durch attraktivere Produkte das Neugeschäft auszubauen, bin-den Risikokapital und müssen zudem am Kapitalmarkt, z. B. durch ein bewusst erhöhtes Risiko-Ertragsniveau in der Kapitalanlagenstrategie, verdient werden, was ebenfalls eine entsprechende Risikotragfähigkeit und damit -kapital voraussetzt.

2.2.2 Versicherungstechnische Rückstellungen und Reservierungspolitik

International wird im Rahmen der IAS/IFRS zeitgleich an einer Harmonisierung der Bewer-tung versicherungstechnischer Rückstellungen gearbeitet. Insbesondere die aktuelle Phase II des IASB-Projekts „Versicherungsverträge" ist für Bewertungsfragen der (Lebens-) Versiche-rung relevant. Die Auswirkungen auf die Versicherungsunternehmen und die endgültige Aus-gestaltung des künftigen Aufsichtssystems sind derzeit allerdings nur schwer abzusehen.[39] Ein für 2005 angekündigter Exposure Draft wird voraussichtlich nicht vor Mitte 2007 veröf-fentlicht, so dass kurzfristig keine konkreten Ergebnisse zu erwarten sind.

Auch der Versicherungsausschuss der Europäischen Kommission geht in seiner zweiten Wel-le spezifischer Detailfragen an das Committee of European Insurance and Occupational Pen-sions Supervisors (CEIOPS) davon aus, dass Solvency II in Verbindung mit IAS/IFRS zu

---

[35] Die Anforderungen an den Datenhaushalt von Versicherungen werden durch die Einführung von Solvency II bzw. Risikomodellen deutlich steigen, vgl. hierzu GDV (2004b), S. 45 ff.

[36] Vgl. z. B. GDV (2004b), S. 36 f.

[37] Vgl. z. B. Gauß (2004), S. 3 ff.

[38] Vgl. Heistermann (2004a), S. 19.

[39] Vgl. hierzu vertiefend z. B. GDV (2004b), Rittmann/Rockel (2004).

wichtigen Veränderungen der Reservierungsvorschriften führen wird, sowohl auf Grund der angestrebten Harmonisierung als auch einer weitergehenden Transparenz.[40]

Sofern versicherungstechnische Rückstellungen künftig und voraussichtlich IASB kompatibel als risikoadjustierte Schätzungen des Barwertes aller zukünftigen Cashflows aus den Verpflichtungen definiert werden, sollen diese Schätzungen zusätzlich explizit in die Bestandteile Erwartungswerte und Risikomargen zerlegt werden.[41] Hierin wird derzeit die wichtigste Tendenz bezüglich der Rückstellungen für Lebensversicherungen gesehen und deren Umsetzung wegen des Transparenzgrundsatzes für wahrscheinlich gehalten.[42] Der Transparenzgrundsatz soll sich zudem auf vertragliche Garantien und künftige Überschussanteile beziehen, die dementsprechend gesondert zu berücksichtigen und deren Regeln für die Zuteilung zu veröffentlichen wären.[43] Auf Grund der zahlreichen offenen Fragen, unter anderem bezüglich der anzuwendenden Abzinsungsfaktoren sowie z. B. hinsichtlich garantierter Rückkaufswerte und Kostenrückstellungen, werden die weiteren Entwicklungen zunächst abzuwarten sein.

2.2.3 Kapitalanlage und Asset Liability Management

Bisher werden Kapitalanlagerisiken in der Solvenzaufsicht der Lebensversicherung eher pauschal und nicht risikoorientiert berücksichtigt. Über die Einführung von Stresstests ergab sich zwar ein zusätzlicher, wenn auch lediglich mittelbarer Einfluss der Aufsichtsbehörde. Spätestens seit der letzten Kapitalmarktkrise und mit Blick auf die Zinslandschaft ist jedoch offensichtlich, dass die Kapitalanlagen bzw. -anlagepolitik einen der zentralen Risikofaktoren in der Lebensversicherung darstellen. Durch die im künftigen Aufsichtsystem explizit vorgesehene direkte Unterlegung mit Eigenmitteln mit der Konsequenz, dass risikoreiche Anlagen höhere (Kapital-) Kosten verursachen, wird eine risikoadäquate und auf die Risikotragfähigkeit abgestimmte Kapitalanlagepolitik aufsichtsrechtlich untermauert und zusätzlich durch Maßnahmen im Rahmen der zweiten Säule sanktioniert.

Neben einer expliziten Berücksichtigung der Kapitalanlagerisiken bei der Ermittlung der Solvabilitätskapitalanforderungen ist dazu die Anwendung des „prudent person approach" einschließlich geeigneter Asset-Liability-Management-Techniken vorgesehen.[44] Zusätzlich halten die Kommissionsdienststellen daran fest, dass nicht nur die versicherungstechnischen Rückstellungen, sondern auch die Eigenmittelanforderungen durch sichere, ausreichend

---

40 Europäische Kommission (2004c), S. 5.
41 Vgl. GDV (2004b), S. 16, und Europäische Kommission (2004c), S. 7 ff.
42 Vgl. Füser/Freiling/Hein (2005), S. 107
43 Vgl. Europäische Kommission (2004c), S. 10, sowie Füser/Freiling/Hein (2005), S. 107.
44 Vgl. Europäische Kommission (2004b), S. 4.

gestreute Vermögenswerte gedeckt sein sollen,[45] wenngleich für diese Vorschrift eine Übergangsfrist in Erwägung gezogen werden könnte.[46]

Weitere Anforderungen ergeben sich aus neu vorgesehenen Vorschriften zur Erstellung und Vorlage eines Plans für die Kapitalanlagepolitik sowie der verbindlichen Anwendung eines Asset-Liability-Management-Systems, auch wenn die praktischen Auswirkungen, insbesondere für kleinere Gesellschaften und in der Nichtlebensversicherung, dabei berücksichtigt werden sollen.[47]

2.2.4 Tarifierungs- und Zeichnungstätigkeit

Wegen des direkten Zusammenhangs zwischen Produktrisiken und erforderlichem Kapitalbedarf ist mit verstärkten Auswirkungen auf Tarifierungs- und Zeichnungstätigkeit in der Lebensversicherung zu rechnen. Bereits die derzeitigen pauschalierten Solvabilitätsanforderungen berücksichtigen zum Teil unterschiedliche Risiken verschiedener Produkte und haben in den letzten Jahren auf Grund der abnehmenden Eigenmittelausstattung der deutschen Lebensversicherer bei einigen Anbietern zu Veränderungen im Neugeschäftsmix geführt.

Neben der zunehmenden Verlagerung von Risiken auf den Versicherungsnehmer, z. B. durch fondsgebundene Produkte, bei denen dieser mehr oder weniger das Kapitalanlagerisiko trägt, zeigt auch die aktuelle Diskussion um Garantien in der Lebensversicherung, dass bereits jetzt Handlungsbedarf gesehen wird. So ist davon auszugehen, dass die explizite Berücksichtung von Garantien, Optionen und anderen Produktrisiken nach Solvency II weitergehende Auswirkungen auf die Produktkalkulation haben dürfte. Auch besteht die Möglichkeit, Risiken und den damit verbundenen Kapitalbedarf bei der Produktkalkulation stärker als bisher zu berücksichtigen und, falls erforderlich, einzupreisen. Abzuwarten bleibt, ob das neue Aufsichtssystem gemäß den Empfehlungen der Arbeitsgruppe Lebensversicherungen die Vorlage detaillierter Rentabilitätsprüfungen unter Berücksichtigung sämtlicher Garantien und verschiedener Szenarien für neue Produkte vorsehen wird.[48]

2.2.5 Marketing

Vor dem Hintergrund zunehmend kritischer werdender Kunden kommt der Kommunikation und Information über die Besonderheiten verschiedener Lebensversicherungsprodukte künftig noch mehr Bedeutung zu. So kam die Arbeitsgruppe Lebensversicherungen unter anderem zu dem Ergebnis, dass neben den traditionellen Vorsichtsgrundsätzen in den europäischen

---

45 Vgl. Europäische Kommission (2004b), S. 4 f.; zur ursprünglichen Begründung vgl. Europäische Kommission (2002c), S. 45 f.
46 Vgl. Europäische Kommission (2003a), S. 7.
47 Vgl. Europäische Kommission (2004c), S. 16 ff.
48 Vgl. Europäische Kommission (2002b), S. 17 f., und (2002c), S. 56.

Richtlinien insbesondere Grundsätze, die den Schutz der Versicherungsnehmer und eine redliche Geschäftstätigkeit zum Ziel haben, zusätzlich eingeführt oder wirksamer gestaltet werden könnten.[49]

Neben den in diesem Zusammenhang aufgeführten Überlegungen zur Einführung eines allgemeinen Grundsatzes der „fairen Gewinnbeteiligung" wurden hier auch Grundsätze für die Offenlegung bei fonds- und indexgebundenen Produkten für erforderlich gehalten, „damit sich die Versicherungsnehmer über die mit diesen Produkten verbundenen Risiken im Klaren sind."[50] Eine faire Gewinnbeteiligung ist in Deutschland durch die Verordnung über die Mindestbeitragsrückerstattung in der Lebensversicherung (ZR-Quotenverordnung) aufsichtsrechtlich bereits sehr stark reglementiert. Danach haben Versicherungsnehmer neben einer Garantieverzinsung Anspruch auf mindestens 90 Prozent der (Kapital-) Erträge der Lebensversicherer, während die Gesellschaften bzw. deren Anteilseigner das Risiko eines dauerhaften Absinkens der Kapitalanlagenrendite unter den Garantiezins zu 100 Prozent tragen. Durch die Entwicklung der Kapital- und Zinsmärkte in den letzten Jahren ist deutlich geworden, welchen Wert die Garantieverzinsung einerseits für die Versicherungsnehmer haben kann und andererseits, dass diese Garantie bisher nicht immer angemessen bei der Produktgestaltung berücksichtigt wurde.

Zusätzlich zur Zinsgarantie sind bei den aktuellen Lebensversicherungsprodukten vor allem die Rentengarantie und damit das Langlebigkeitsrisiko relevant. Die letzte Überprüfung der Sterbetafeln bei Rentenversicherungen und die dadurch für den Bestand notwendig gewordene Nachreservierung haben deutlich den Wert einer garantierten Rente und das Risiko lang laufender Rentenversicherungsverträge gezeigt. Für Neukunden haben sich die garantierten Renten durch die neue Sterbetafel verteuert. Da durch Solvency II derartige Garantien und die hieraus resultierenden Risiken direkten Einfluss auf das erforderliche Risikokapital haben werden, ist es künftig umso wichtiger, potenziellen Neu- sowie Bestandskunden den Wert und damit auch einen etwaigen Preis hierfür bewusst zu machen.

In diesem Zusammenhang wird in der Produktgestaltung und -vermarktung ein entscheidender Erfolgsfaktor für die Lebensversicherer gesehen. So sollten unterschiedlichen Kundenpräferenzen bezüglich Risiko und Ertrag durch unterschiedliche Produktgestaltung berücksichtigt und die Kunden deutlich auf die jeweiligen Vor- und Nachteile sowie Chancen und Risiken aufmerksam gemacht werden.[51]

---

49 Vgl. Europäische Kommission (2002b), S. 5.
50 Europäische Kommission (2002b), S. 5.
51 Vgl. Wolff Metternich (2004), insbesondere S. 374.

3.   Auswirkungen auf die Produktgestaltung

Mit Solvency II wird sich die Produktgestaltung noch stärker an den (Risiko-) Kapitalkosten orientieren als bisher. Unter diesem Aspekt werden die klassischen Produktmerkmale wie die Übernahme bzw. Abdeckung biometrischer Risiken sowie Gewährung von Garantien und Optionen auf den Prüfstein zu stellen sein. Denkbar sind einerseits gezielte Erhöhungen der Produktrentabilität, um bei risikobehafteten Produkten die erforderliche Kapitalunterlegung zu finanzieren. Andererseits kommt eine Veränderung der Produkte in Betracht, um das Risiko für das Versicherungsunternehmen und damit den Kapitalbedarf zu reduzieren. Die Bandbreite hierfür reicht von der weiteren Verlagerung der Risiken auf den Kunden oder Ausstieg aus bestimmten Produktlinien bis hin zur Übernahme der Risiken zu einem angemessenen Preis.

3.1   Biometrie

Das Geschäftsmodell der Lebensversicherer basiert unter anderem auf der Abdeckung biometrischer Risiken. Während die Absicherung des Todesfallrisikos hier eher nicht im Fokus steht, wird das Langlebigkeitsrisiko zunehmend kritischer betrachtet. Wegen der teilweise sehr langen Laufzeiten, insbesondere von Ansparrenten, ist bei Rentenversicherungen am ehesten mit Auswirkungen zu rechnen. So lässt sich bereits heute ein Trend zur risikogerechteren Gestaltung garantierter Verrentungsfaktoren beobachten. Dabei geht der Trend zu einer Festlegung bzw. Anpassung des Verrentungsfaktors zu Beginn der Rentenphase in Abhängigkeit der dann aktuellen Rechnungsgrundlagen. Auch mögliche Nachjustierungen der Faktoren während der Rentenlaufzeit sind bereits in der Diskussion.

3.2   Garantien

Auch die Garantieverzinsung ist ein wichtiges Merkmal der Lebensversicherung und sollte es nach Meinung der Verfasser auch bleiben. Ob der bisherige Anpassungsmechanismus ausreicht, im Wesentlichen eine gesetzlich vorgeschriebene regelmäßige Überprüfung und gegebenenfalls Anpassung für das Neugeschäft in Abhängigkeit der Entwicklung der durchschnittlichen Rendite 10-jähriger Staatspapiere, ist jedoch fraglich. Für den Fall, dass die bei Vertragsabschluss zugesagte Mindestverzinsung auch künftig während der gesamten Laufzeit als fest vereinbart gilt, ist mit einer Verteuerung und/oder Reduzierung derartiger Garantien zu rechnen. Alternativen könnten z. B. gestaffelte Garantien über die Vertragslaufzeit oder reduzierte Mindestverzinsungen sein. Bereits jetzt bieten britische Versicherungsgesellschaften erfolgreich Produkte in Deutschland an, die auf Grund einer niedrigeren Mindestverzinsung eine Kapitalanlagepolitik ermöglichen, die sich durch einen höheren Aktienanteil gravierend von der deutscher Lebensversicherungsunternehmen unterscheidet.

3.3   Optionen

In der deutschen Lebensversicherung gibt es eine Vielzahl von Optionen, die wiederum die Übernahme erweiterter oder zusätzlicher biometrischer Risiken oder Garantien beinhalten können, z. B.

- garantierte Rückkaufswerte,

- Dynamik und sonstige Erhöhungen bzw. Zuzahlungen bestehender Verträge,

- Vertragsverlängerung,

- Umtauschrecht,

- Einbeziehung oder Ausschluss von Zusatzversicherungen,

- Beitragsfreistellung oder Wechsel der Zahlweise sowie

- Kapitalabfindung statt Rentenbezug.

Insoweit gilt das bereits Gesagte: Der Wert bzw. die Risiken sind zu bemessen und gegebenenfalls zusätzlich einzupreisen. Da sich Optionen teilweise gegenseitig ausschließen (z. B. garantierte Ablaufleistung und Rückkaufswert) oder im Kollektiv aufheben können, kann es bei entsprechenden Größenordnungen auch zu Diversifikationsvorteilen kommen. Hier stellt sich die Frage, ob und inwieweit es gelingen wird, mit vertretbarem Aufwand die Auswirkungen auf den (Risiko-) Kapitalbedarf zu ermitteln und einen Preis der Option im Rahmen eines Produktkonzepts zu bestimmen. Denn die Ausübung von Optionen kann für eine Vielzahl von Versicherungsnehmern gleichzeitig interessant werden, z. B. die Inanspruchnahme garantierter Rückkaufswerte im Falle eines deutlichen Zinsanstiegs bzw. neuer, lukrativerer Anlagen.[52]

---

[52] Eine Übersicht und erste Ansätze zur Bewertung von bei Lebensversicherungen üblichen Optionen findet sich z. B. bei Herr (2004).

4.   Ertrags- und Marktpotenziale

Die Details des künftigen europäischen Aufsichtssystems für die Versicherungsgesellschaften stehen noch nicht fest und die angekündigte Rahmenrichtlinie wird voraussichtlich frühestens Ende 2006 vorliegen. Aus diesem Grund lassen sich die endgültigen Auswirkungen und damit die Vor- und Nachteile durch Solvency II nicht abschließend beurteilen, zumal unter anderem auch hierfür wichtige Ergebnisse der Phase II des IASB-Projekts „Versicherungsverträge" erst erarbeitet werden müssen.

Dennoch ist abzusehen, dass die künftigen quantitativen Regelungen, vor allem Risikokapital- bzw. Eigenmittelanforderungen, und die zusätzlichen qualitativen Anforderungen des neuen Aufsichtssystems, speziell bezüglich eines integrierten, umfassenden Risikomanagements, spürbare Veränderungen für die Versicherer und das Lebensversicherungsgeschäft mit sich bringen werden. Auch wenn sich beispielsweise die Frage nach der Höhe des künftigen Kapitalbedarfs nicht pauschal beantworten lässt, ist davon auszugehen, dass die Berücksichtigung aller messbaren Risiken zu einem gezielteren Einsatz der knappen Ressource Eigenkapital führen wird. Dies gilt umso mehr, als in diesen Zusammenhang sowohl der Einsatz maßgeschneiderter und deshalb genauerer interner Risikomodelle als auch ein qualitativ hochwertiges, umfassendes und in die Unternehmenssteuerung integriertes Risikomanagementsystem einschließlich geeigneter Asset-Liability-Management-Methoden bei der Höhe der Eigenmittelanforderungen berücksichtigt werden sollen.

Damit kommen die zum Schutz der Verbraucher erweiterten Aufsichtsbestimmungen aber nicht nur diesen und der Sicherheit und Stabilität der Versicherungs- und Finanzmärkte zugute, sondern letztlich auch den Unternehmen selbst: Durch die aufsichtsrechtliche Notwendigkeit zur Erfassung und Messung der tatsächlichen Risiken des Lebensversicherungsgeschäfts ergeben sich Möglichkeiten und Anreize, die Risiko-Ertragslage bis hin zur Ebene einzelner Produktlinien und Produktbestandteile kapitalkostenschonend zu optimieren.

Literatur

EUROPÄISCHE KOMMISSION (1999): The Review of the overall Financial Position of an Insurance Undertaking. Solvency 2 Review, Markt/2095/99, Dezember 1999.

EUROPÄISCHE KOMMISSION (2001): Mitteilung für die Untergruppe „Solvabilität" des Versicherungsausschusses. Solvabilität 2: Vorstellung der geplanten Arbeiten, Markt/2027/01, 13.03.2001.

EUROPÄISCHE KOMMISSION (2002a): Vermerk an die Mitglieder des Unterausschusses Solvabilität. Betrifft: Erwägungen zu den Verknüpfungspunkten zwischen dem Vorhaben Solvabilität II und der Erweiterung des „Lamfalussy-Konzepts" auf die Versicherungsregulierung, Diskussionspapier Markt/2519/02 vom 27.09.2002.

EUROPÄISCHE KOMMISSION (2002b): Bericht der Arbeitsgruppe Lebensversicherungen an den VA-Unterausschuss „Solvabilität", Markt/2528/02, September 2002.

EUROPÄISCHE KOMMISSION (2002c): Informationspapier für den Unterausschuss „Solvabilität". Betreff: Überlegungen zur Form eines künftigen Aufsichtssystems, Markt/2535/02, 28.11.2002.

EUROPÄISCHE KOMMISSION (2003a): Vermerk der Kommissionsdienststellen. Betrifft: Entwurf eines künftigen Aufsichtssystems in der EU. Empfehlungen der Kommissionsdienststellen, Markt/2509/03, 03.03.2003.

EUROPÄISCHE KOMMISSION (2003b): Note to the IC Solvency Subcommittee. Subject: Solvency II. Reflections on the general outline of a framework directive and mandates for further technical work, Markt/2539/03, 19.09.2003.

EUROPÄISCHE KOMMISSION (2004a): Note to the IC Solvency Subcommittee. Subject: Solvency II. Organisation of work, discussion on pillar I work areas and suggestions of further work on pillar II for CEIOPS, Markt/2543/03, 11.02.2004.

EUROPÄISCHE KOMMISSION (2004b): Note to the IC Solvency Subcommittee. Subject: Solvency II. Further issues for discussion and suggestions for preparatory work for CEIOPS, Markt/2502/04, 02.04.2004.

EUROPÄISCHE KOMMISSION (2004c): Specific Calls for Advice from CEIOPS (Second Wave). Annex 2 (sequel) to Framework for Consultation, Dezember 2004.

EUROPÄISCHE KOMMISSION (2005): Note to the Members of the Insurance Committee – Subject: Solvency II Roadmap. Towards a framework directive, Markt/2502/05, 23.03.2005.

FÜSER, K./FREILING, A./HEIN, B. (2005): Keine Angst vor Solvency II, in: Versicherungswirtschaft 2/2005, S. 107–111.

GAUß, U. (2004): Mögliche Auswirkungen von Solvency II für die Lebensversicherung, Folienvortrag anlässlich der Informationsveranstaltung „Solvency II" des Betriebswirtschaftlichen Instituts des GDV am 12.05.2004 in Köln.

GDV (2001): Grundsätze für den Einsatz interner Risikomodelle bei Versicherungsunternehmen zur Verbesserung der Finanzaufsicht. Vorschlag des Gesamtverbandes der Deutschen Versicherungswirtschaft, 12.12.2001.

GDV (2002): Aufsichtsmodell für deutsche Lebensversicherer. Modellbeschreibung. Stand: 01.07.2002.

GDV (2004a): Risikosteuerung im Versicherungsunternehmen. Risikoidentifizierung als Voraussetzung für ein integriertes Risikomanagementsystem, Betriebswirtschaftliches Institut, 2. Auflage 2004.

GDV (2004b): Zwischenbericht des Arbeitskreises „IAS/IFRS und Solvency II – Leben", unveröffentlichtes Manuskript. Stand: 8.12.2004, Berlin.

HEISTERMANN, B. (2004a): Auswirkungen von Solvency II auf die Versicherungswirtschaft, Folienvortrag anlässlich der Podiumsdiskussion „Entwicklung der Versicherungsaufsicht" des Instituts für Versicherungswissenschaft an der Universität zu Köln, 23.01.2004.

HEISTERMANN, B. (2004b): Risikomanagement und wertorientierte Steuerung im Kontext von Solvency II, in: GenRe, Assets & Liabilities 1/2004, S. 2–6.

HERR, H.-O. ET AL. (2004): Implizite Finanzoptionen. Schriftenreihe Angewandte Versicherungsmathematik, Heft 32, Karlsruhe 2004.

MÜLLER, H.(2004): Vom Sinn der Solvabilitätsvorschriften, in: Zeitschrift für Versicherungswesen 23/2004, S. 723–728, 24/2004, S. 764–767.

RITTMANN, M./ROCKEL, W. (2004): Rechnungslegung und Aufsicht von Versicherungsunternehmen. Zur Vereinbarkeit von IFRS und Solvency II, in: Zeitschrift für die gesamte Versicherungswissenschaft Nr. 3/2004, S. 441–475.

WOLFF METTERNICH, F. (2004): Zukunft der Lebensversicherung: Zwischen Marktchancen und Profitabilität, in: Versicherungswirtschaft 6/2004, S. 372–376.

Was bedeutet Solvency II für die Schaden- und Unfallversicherung?

Edmund Schwake / Jens Bartenwerfer

1.   Einleitung

Dieser Beitrag will aufzeigen, wie sich die Rahmenbedingungen für die Schaden- und Unfallversicherer durch Solvency II ändern (Abschnitt 3) und mit welchen Herausforderungen
dies für die Versicherer verbunden ist. Die Auswirkungen auf die Versicherungswirtschaft
sind immens. Es gibt kaum einen Unternehmensbereich, der nicht betroffen wäre. Abschnitt 4
skizziert das Spektrum der Auswirkungen auf die einzelnen Unternehmensbereiche und analysiert anschließend im Detail, mit welchen Folgen für Produktgestaltung, Tarifierung und
Zeichnungspolitik zu rechnen ist.

Das Thema Solvency II ist derart komplex, dass darauf verzichtet wird, jedem Aspekt in aller
Ausführlichkeit nachzugehen, erst recht, wenn bereits an anderer Stelle dieses Handbuches
hierauf eingegangen wird. So beschränkt sich dieser Beitrag ausschließlich auf die Sichtweise
eines Schaden- und Unfallversicherers und die Solvabilitätsbetrachtung einzelner Unternehmen; das Thema Rückversicherung von Erstversicherern bleibt weitgehend ausgespart.

Besondere Bedeutung im Kontext Solvency II kommt dem Gesamtverband der Deutschen
Versicherungswirtschaft e.V. (GDV) zu. Zusammen mit der Bundesanstalt für Finanzdienstleistungsaufsicht (BaFin) hat der GDV für den deutschen Versicherungsmarkt einen Standardansatz entwickelt. In Abschnitt 2 wird am Beispiel des versicherungstechnischen Teils
für Schaden- und Unfallversicherer die Philosophie dieses Ansatzes kurz skizziert. Welche
Herausforderungen mit Solvency II speziell für die Verbandsstatistik verbunden sind, wird in
Abschnitt 5 beschrieben.

2.   Unternehmensübergreifender Standardansatz für Schaden- und Unfallversicherer

BaFin und GDV haben gemeinsam für den deutschen Versicherungsmarkt einen Standardansatz als deutschen Diskussionsbeitrag zu Solvency II entwickelt.[1] Dieser Ansatz ist in weiten

---

[1]   Vgl. Grießmann/Krüger/Oehlenberg in diesem Band.

Teilen kompatibel zu dem von Seiten der IAA entwickelten globalen Modellansatz[2] und folgt der Tradition der (amerikanischen) Risk-Based-Capital-Modelle.

Folgende Eigenschaften machen den besonderen Charme dieses Standardansatzes aus: Der Aufbau des Ansatzes ist modular, um den Unternehmen stückweise den Übergang zu einem internen Modell zu erleichtern, und verhältnismäßig einfach und leicht zu handhaben, so dass auch Versicherungsgesellschaften ohne nennenswertes aktuarielles Know-how in der Lage sein sollten, ihre Solvenzkapitalanforderungen zu berechnen. Um das jeweilige Risikoprofil des Unternehmens so gut wie möglich abzubilden, lässt der Ansatz unternehmensspezifische Parameter zu, räumt den Unternehmen aber immer noch genug Spielraum für interne Modelle ein. Zum weiteren Verständnis werden die Überlegungen zu diesem Standardansatz kurz skizziert. Dabei wird der Schwerpunkt der Betrachtung auf das versicherungstechnische Risiko der Schaden- und Unfallversicherer gelegt.

Der Ansatz unterscheidet zwischen

■ Risikokategorien, die Schaden- und Unfall-, Lebens- und Krankenversicherer gemeinsam betreffen:
  - G1   Kapitalanlagerisiko
  - G2   Operatives Risiko

■ Risikokategorien, die spartenspezifische Risiken beschreiben:
  - L   Kalkulationsrisiko der Lebensversicherer
  - K   Kalkulationsrisiko der Krankenversicherer
  - S1   Versicherungstechnisches Risiko der Schaden- und Unfallversicherer
    S2   Rückversicherungsausfallrisiko für Schaden- und Unfallversicherer

Jede dieser Risikokategorien ist weiter unterteilt in diverse Subkategorien. Im Falle des S1-Risikos handelt es sich um das versicherungstechnische Risiko der Geschäftssegmente

1. Allgemeine Unfall, Krankheit,

2. Allgemeine Haftpflicht inklusive See-, Binnen- und Flussschifffahrtshaftpflicht,

3. Kraftfahrzeug-Haftpflicht,

4. Rechtsschutz,

5. Schienen-, Luftfahrzeug-, See-, Binnensee-, Flussschifffahrtskasko und Transportgüter,

6. Kredit- und Kautionsversicherung,

7. Industrie Sach und Technische Versicherung: Feuer-, Elementar- und Sachschäden im Industrie- und Gewerbegeschäft,

8. Allgemeine Sach: Feuer-, Elementar-, Sach- und sonstige Schäden im kleinsummigen Gewerbe- und Privatgeschäft,

---

2   Vgl. IAA (2004).

9. Autokasko und Beistandsleistungen,

10. Groß- und Kumulrisiken,

11. Indirektes Nicht-Lebensgeschäft und indirektes Lebensgeschäft in Schaden/Unfall.

Die meisten Standardansätze, die auf europäischer und internationaler Ebene derzeit vorliegen,[3] unterscheiden hinsichtlich des versicherungstechnischen Risikos zwischen Prämien- bzw. Tarifierungsrisiko (also dem Risiko nicht ausreichender Prämien) und Reserverisiko (nicht ausreichende Schadenreserven). Als Datengrundlage zur Ermittlung dieser Risikokategorien dienen im Allgemeinen das Prämien- bzw. das Schadenreservevolumen.

Im Gegensatz dazu verzichtet der von BaFin und GDV formulierte Standardansatz bewusst auf diese Unterscheidung und sieht stattdessen vor, das versicherungstechnische Risiko auf Basis der Net Combined Ratio (CR) abzubilden. Bei dieser Größe handelt es sich um die Schaden-Kosten-Quote nach Rückversicherung und Abwicklungsergebnis, aber vor Schwankungs- und Drohverlustrückstellung. Die CR ist eine Kenngröße für die Rentabilität des Versicherungsgeschäfts. Ist die CR = 100, dann ist das versicherungstechnische Ergebnis ausgeglichen. Ist die CR größer bzw. kleiner als 100, liegt ein versicherungstechnischer Verlust bzw. Gewinn in Höhe von (100 − CR) Prozent der verdienten Nettobeitragseinnahmen vor.

Der Vorteil einer Gesamtbetrachtung des versicherungstechnischen Risikos auf Basis der CR besteht unter anderem darin, dass im Gegensatz zur Einzelbetrachtung von Prämien- und Reserverisiko auf eine Modellierung der Interdependenzen zwischen diesen Risikokategorien verzichtet werden kann und jedes Untertarifieren und Unterreservieren unmittelbar durch ein entsprechend höheres Risikokapital „bestraft" wird. Last but not least erleichtert die Verwendung der CR den Übergang von einer HGB- zu einer IAS/IFRS-Bewertung, da die CR sehr viel robuster als die Schadenreserven auf eine solche Bewertungsumstellung reagiert.

Im vorliegenden Standardansatz werden Risikokapitalien zunächst für jede Risikokategorie und jede Risikosubkategorie berechnet. Die Ermittlung des Risikokapitals für das S1-Risiko erfolgt auf Basis der CR mit Hilfe des Value-at-Risk (VaR), einem Risikomaß, das die Exponiertheit des Unternehmens gegenüber dem jeweiligen Risiko misst. Konkret handelt es sich beim VaR um das α-Quantil der Wahrscheinlichkeitsverteilung der CR zu einem vorgegebenen prozentualen Sicherheitsniveau $1 - \alpha$ (z. B. 99,5 Prozent). Bezogen auf das versicherungstechnische Risiko entspricht der VaR unter den getroffenen Modellannahmen exakt der CR, die erforderlich ist, um innerhalb eines Geschäftsjahres z. B. mit 99,5-prozentiger Wahrscheinlichkeit den versicherungstechnischen Ruin ausschließen zu können.

Bei gegebener Wahrscheinlichkeitsverteilung lässt sich das Risikomaß zur Ermittlung des Risikokapitals wie folgt darstellen:

$$\text{VaR} = \mu + a(\alpha,\gamma)\,\sigma$$

---

3   Vgl. Sandström (2004).

Dabei ist μ der Erwartungswert und σ die Standardabweichung der Wahrscheinlichkeitsverteilung der CR, $a(\alpha,\gamma)$ eine Konstante in Abhängigkeit des vorgegebenen Sicherheitsniveaus $1 - \alpha$ und weiterer Parameter γ der zugrunde liegenden Wahrscheinlichkeitsverteilung.

Im Standardansatz werden μ und σ im Wesentlichen auf Basis der letzten fünf bzw. 15 Geschäftsjahre pro Geschäftssegment unternehmensindividuell ermittelt. Im Gegensatz dazu wird die Konstante $a(\alpha,\gamma)$ von der Aufsichtsbehörde festgelegt. Unterstellt man eine normalverteilte CR, dann entspricht $a(\alpha,\gamma)$ bei einem vorgegebenen Sicherheitsniveau von 99,5 Prozent dem 0,5-Prozent-Quantil der Standardnormalverteilung. Von einer Normalverteilung kann immer ausgegangen werden, wenn genauere Erkenntnisse über die Verteilung nicht vorliegen, denn die Normalverteilung kann stets als Approximation erster Ordnung an die wahre, aber unbekannte Verteilung aufgefasst werden. Liegen hingegen nähere Erkenntnisse über die wahre Verteilung vor, sollten diese auch genutzt werden. In dem Fall fällt $a(\alpha,\gamma)$ umso größer aus, je rechtsschiefer die Verteilung, d. h. je größer die Wahrscheinlichkeit für ein hohes CR und somit für hohe versicherungstechnische Verluste ist.

Das Risikokapital (RBC) in Prozent der verdienten Nettobeitragseinnahmen bzw. in absoluten Euro-Beträgen ergibt sich mittels des oben beschriebenen Risikomaßes wie folgt:

RBC in % der verdienten Nettobeitragseinnahmen = VaR − 100

RBC in Euro = (VaR − 100) × verdiente Nettobeitragseinnahmen

Demnach fällt das Risikokapital umso höher aus, je schlechter das versicherungstechnische Ergebnis im Mittel der letzten fünf Geschäftsjahre und je volatiler es in den letzten 15 Jahren war. Selbst bei einem im Mittel der letzten fünf Jahre ausgeglichenem versicherungstechnischen Ergebnis (CR = 100) fällt auf Grund der Ergebnisvolatilität noch ein Risikokapital in Höhe der verdienten Nettobeitragseinnahmen multipliziert mit { $a(\alpha,\gamma)$ σ } an. Nur wenn die versicherungstechnischen Ergebnisse im Mittel der letzten fünf Jahre derart gut waren, dass die Größe VaR − 100 einen Wert von kleiner oder gleich Null annimmt, darf das Unternehmen für das versicherungstechnische Risiko des Geschäftssegments auf jedes Risikokapital verzichten bzw. (im Fall eines negativen Risikokapitals) dieses sogar zur Kompensation anderer Risikokapitalien innerhalb des S1-Risikos einsetzen.

Nach Ermittlung der Risikokapitalien pro Risikosubkategorie werden diese zunächst zu einem Risikokapital pro übergeordnete Risikokategorie zusammengefasst. Diese Zusammenfassung der einzelnen Risikokapitalien erfolgt unter Berücksichtigung der Korrelationen zwischen den Risikosubkategorien. Auf diese Weise wird der Diversifikation des Versicherungsportefeuilles hinsichtlich der eingegangenen Risiken angemessen Rechnung getragen.

Zur Bestimmung der Korrelationen zwischen den Risikosubkategorien wird der bivariate Korrelationskoeffizient verwandt, der im Falle der Subkategorien des S1-Risikos beschreibt, inwieweit die Entwicklung der CR in einem bestimmten Geschäftssegment mit der Entwicklung der CR in einem anderen betrachteten Geschäftssegment korreliert. Das aus den Einzel-Risikokapitalien zusammengeführte Risikokapital für das S1-Risiko fällt umso höher aus, je stärker die CR der einzelnen Geschäftssegmente positiv miteinander korreliert sind. Wären die CR sämtlicher Geschäftssegmente vollständig positiv miteinander korreliert, dann ergäbe sich das Risikokapital von S1 aus der einfachen Addition der Einzelrisikokapitalien. Dieser Extremfall vollständiger Abhängigkeit wird beispielsweise im RBC-Modell von S&P unterstellt.

Im allgemeinen Fall beliebiger Korrelationskoeffizienten ergibt sich das aus den Einzelkapitalien zusammengeführte Risikokapital (RBC) für das S1-Risiko gemäß folgender Wurzelformel:

$$RBC = \sqrt{\sum_i RBC_i^{\,2} + \sum_{i \neq j} k_{ij}\, RBC_i\, RBC_j} + \mu - 100\,\%$$

mit k_{ij} als Korrelationskoeffizient

Je kleiner die Korrelationskoeffizienten sind, umso geringer ist das zusammengeführte Risikokapital. Ab einen Korrelationskoeffizienten < 1 wird das gemäß Wurzelformel berechnete zusammengeführte Risikokapital (RBC) kleiner als die einfache Addition der Einzelrisikokapitalien, da

$$\sqrt{\sum_i RBC_i^{\,2} + \sum_{i \neq j} k_{ij}\, RBC_i\, RBC_j} = \sum_i RBC_i, \text{falls } k_{ij} = 1$$

Dieser „Einspareffekt" gegenüber dem Extremfall vollständiger Korrelation wird als Diversifikationseffekt bezeichnet. Im Gegensatz zum S&P-Modell[4] lässt der von BaFin und GDV formulierte Standardansatz grundsätzlich derartige Diversifikationseffekte zu.

Anders als bei den unternehmensspezifischen Parametern μ und σ sind die Korrelationskoeffizienten für alle Unternehmen, die den Standardansatz anwenden, als markteinheitliche Größen vorgegeben. Während die Risikokapitalien einzelner Risikosubkategorien (z. B. Geschäftssegmente) im Einzelfall auch einen negativen Wert annehmen können, sieht der besagte Standardansatz vor, dass der Wert des aggregierten Risikokapitals (in diesem Fall des S1-Risikos) stets ≥ 0 sein muss.

Nach Ermittlung der Risikokapitalien pro Risikokategorie werden diese zu einer einzigen Solvenzkapitalanforderungsgröße – dem SCR – zusammengeführt. Diese Zusammenfassung erfolgt analog der oben genannten Wurzelformel. Dabei gilt es sicherzustellen, dass nicht nur die Bedingung SCR > MCR erfüllt ist, sondern auch ein gewisser Mindestabstand zwischen SCR und MCR gewahrt bleibt.

Im letzten Schritt werden dann die vorhandenen Ist-Mittel (ASM) den erforderlichen Soll-Mitteln (SCR) gegenübergestellt. Den vorhandenen Eigenmitteln sind nach den Vorstellungen des BaFin-GDV-Ansatzes unter anderem auch die Schwankungs- und Großrisikenrückstellungen sowie stille Reserven zuzurechnen. Kann das Unternehmen die Soll-Mittel nicht durch Ist-Mittel bedecken, ist die Aufsichtsbehörde je nach Grad der Unterdeckung zu entsprechend abgestuften, der jeweiligen Situation angemessenen Interventionsmaßnahmen aufgerufen.

---

4   Vgl. Rief in diesem Band.

3.   Veränderung der Rahmenbedingungen für Schaden- und Unfallversicherer durch Solvency II

Bereits die obigen Ausführungen lassen erahnen, dass das zukünftige Aufsichtssystem den Schaden- und Unfallversicherern neue Rahmenbedingungen setzt, die für sie mit einschneidenden Veränderungen verbunden sind. Nicht nur, dass sich das neue Aufsichtssystem hinsichtlich seiner Qualität und hinsichtlich seiner Ansprüche an die Versicherer deutlich von dem bisherigen System unterscheidet, so wird sich für die deutschen Schaden- und Unfallversicherer auch die Grundlage für die Bewertung der Risiken und für die Berichterstattung an die Aufsicht ändern. Bislang ist es der HGB-Abschluss, auf dem das deutsche Aufsichtsrecht aufsetzt. Aber bereits heute können für bestimmte aufsichtsrechtliche Belange Zahlenwerke, die auf internationalen Rechnungslegungsstandards basieren, herangezogen werden. So akzeptiert die BaFin im Rahmen der Beaufsichtigung von Versicherungsgruppen bei der Berechnung der bereinigten Solvabilität Konzernabschlüsse nach international anerkannten Rechnungslegungsstandards (IAS/IFRS, US-GAAP) als Grundlage für die Berechnung. Die Europäische Kommission hat deutlich gemacht, dass sie sich für ein Aufsichtssystem, das für alle Mitglieder der EU gleichermaßen gelten soll, als kleinsten gemeinsamen Nenner an den internationalen Rechnungslegungsstandards IAS/IFRS orientieren werde. Geplant ist ein Modell auf Basis einer Marktwertbetrachtung, wie sie auch Bestandteil der IAS/IFRS-Rechnungslegung sein wird. Die IAS/IFRS sind innerhalb der EU jedoch nur für den Konzernabschluss kapitalmarktorientierter Unternehmen verpflichtend.[5]

Im Gegensatz zum HGB-Abschluss richtet sich der IAS/IFRS-Abschluss nicht nach der Art des Unternehmens, sondern grundsätzlich nach der Art des Produktes. Nach der Philosophie des IASB sollen gleiche Produkte nach gleichen Rechnungslegungsstandards beurteilt werden. Für die Schaden- und Unfallversicherer stellt sich die Frage, ob und inwieweit ihre Produkte auch im Sinne des IFRS 4 Versicherungsverträge[6] noch als Versicherungsprodukte zu verstehen sind. Dies gilt insbesondere dann, wenn ihre Produkte Investmentkomponenten, Optionsrechte oder sonstige versicherungsfremde Leistungen beinhalten. Nach den Vorstellungen des IASB sollten im Rahmen der Rechnungslegung so genannte Mischprodukte grundsätzlich in ihre Einzelkomponenten „entbündelt" werden, die dann separat nach den für sie bestimmten Rechnungslegungsstandards zu beurteilen sind. Bei einem Versicherungsprodukt, das zugleich eine Investmentkomponente enthält, wäre demnach die Versicherungskomponente gemäß IFRS 4 und die Investmentkomponente als Bankprodukt gemäß IAS 39 „Finanzinstrumente: Ansatz und Beurteilung" zu bewerten. Allerdings lassen die internationalen Rechnungslegungsstandards unter gewissen Umständen Ausnahmen zu. Der GDV hat untersucht, ob und inwieweit die im Markt vorherrschenden Produkte von Versicherern den

---

5   Vgl. Meyer in diesem Band.

6   IFRS 4 „Versicherungsverträge" liegt seit der Veröffentlichung im Amtsblatt der Europäischen Union (Abl. L 392, 31.12.2004, S. 37 ff.) in allen EU-Amtssprachen und demzufolge auch in deutscher Sprache vor. Vgl. IASB (2004).

Kriterien des IFRS 4 genügen und ob und inwieweit eine Entbündelung dieser Produkte erforderlich ist und kam dabei zu dem Ergebnis, dass alle bekannten Standardprodukte im deutschen Versicherungsmarkt der Versicherungsdefinition des IFRS 4 genügen und in allen bekannten Fällen auf eine Entbündelung verzichtet werden darf.

Ob ein Versicherungsprodukt nach den Regeln des IFRS 4 oder anderen Rechnungslegungsstandards wie dem IAS 39 zu bewerten ist, hätte jedoch nicht nur Konsequenzen für die Rechnungslegung des Unternehmens, sondern vermutlich auch Einfluss darauf, welchen Aufsichtsregeln es zukünftig unterliegt. Würde beispielsweise die Kreditversicherung als Bankprodukt angesehen, so würden für Kreditversicherer vermutlich auch die Aufsichtsregeln für Banken (Basel II) und nicht die für Versicherer (Solvency II) anzuwenden sein.

Während der HGB-Abschluss dem Vorsichtsprinzip folgt und sich somit im Allgemeinen durch eine vergleichsweise stabile Ergebnisentwicklung auszeichnet, vertritt das IASB mit seinen IAS/IFRS die Philosophie, in einer „atmenden" Bilanz jede Änderung der wirtschaftlichen und finanziellen Situation eines Unternehmens zeitnah zu realistischen Preisen darstellen zu wollen. Wenn eine Versicherungsgesellschaft von einem Großschaden oder einem extremen Naturereignis betroffen ist, dann sollte dies auch in der Bilanz und der Gewinn- und Verlustrechnung zum Ausdruck kommen und nicht durch irgendwelche Glättungsinstrumente „verschleiert" werden. Stille Reserven und stille Lasten haben in der Philosophie des IASB deshalb ebenso wenig Platz wie Schwankungs- und Großrisikenrückstellungen. Schwankungs- und Großrisikenrückstellungen können für die Solvabilität der Versicherer aber eine große Rolle spielen. Aus diesem Grund behält es sich die Europäische Kommission vor, hier im Rahmen von Solvency II möglicherweise von den Prinzipien der IAS/IFRS abzuweichen.

Ein wesentliches Bewertungsprinzip eines IAS/IFRS-Abschlusses ist das so genannte Fair-Value-Prinzip. Beim Fair Value soll es sich um eine realistische, von allen Marktteilnehmern als richtig und angemessen empfundene Bewertung der bilanziellen Aktiva und Passiva handeln. Im Allgemeinen sind hierunter Marktpreise zu verstehen. Marktpreise existieren jedoch nur für Titel, die auch hinreichend handelbar sind, wie beispielsweise Aktien oder öffentliche Staatsanleihen. Für Verbindlichkeiten, wie die technischen Schadenreserven, liegen allgemein akzeptierte Marktpreise in der Regel nicht vor, so dass nach anderen Wegen einer realistischen Bewertung gesucht werden muss.

Der Europäischen Kommission schwebt vor, im Rahmen von Solvency II die Bewertung der Schadenrückstellungen in der EU zu harmonisieren, so dass die Versicherer in allen Mitgliedsländern Schadenrückstellungen nach denselben Prinzipien zu bilden und zu bewerten haben,[7] und zwar in Anlehnung an die IAS/IFRS wie folgt:

1. Ermittlung der Schadenreserven nach dem Prinzip der Gruppenreservierung,

2. Bewertung der Schadenreserven gemäß dem Ansatz eines hypothetischen Fair Value.

Während nach dem HGB-Abschluss bekannte Versicherungsfälle und Spätschäden grundsätzlich einzeln zu bewerten sind, wird im Rahmen von Solvency II eine analog zu den IAS/IFRS

---

7   Vgl. Europäische Kommission (2004).

erfolgende Gruppenbewertung von Schadenreserven für ein so genanntes Book of Contracts diskutiert. Darunter ist ein Kollektiv als homogen angesehener Risiken zu verstehen. Die Anforderung der Homogenität gilt dann als erfüllt, wenn die zusammengefassten Risiken einer ähnlichen Schadenzahl- und Schadenhöhenverteilung folgen. Die Ermittlung der Schadenreserven ist nach anerkannten aktuariellen Verfahren vorzunehmen.

IAS/IFRS sehen zurzeit nur für eine Reihe bilanzieller Aktiva zwingend eine Fair-Value-Bewertung vor, während für die Passiva noch die Wahlmöglichkeit besteht. Für den abschließenden Rechnungslegungsstandard für Versicherungsverträge, der frühestens Mitte 2008 vorliegen dürfte, ist gegebenenfalls auch für die Passivseite der Bilanz mit einer Fair-Value-Bewertung zu rechnen. Nach den bisherigen Vorstellungen des IASB, die auch vom Solvency-II-Projekt aufgenommen werden, soll der Fair Value der Schadenreserven durch einen Best Estimate plus einer Market Value Margin simuliert werden.

Mit Best Estimate wird der Erwartungswert aller zukünftigen Zahlungen bezeichnet, die sich aus der der Schadenreserve zugrunde liegenden Verbindlichkeit ergeben. Diese Zahlungen sind auf den Bilanzstichtag zu diskontieren. Begründet wird das Diskontierungsgebot damit, dass ein Versicherer zur Abdeckung seiner zukünftigen Zahlungsverpflichtungen keineswegs die gesamte Summe der zukünftig erwarteten Zahlungen als Reserve vorhalten muss, denn aus der Reserve lassen sich Erträge erwirtschaften, die zur Begleichung der Verpflichtungen herangezogen werden können. Zur Diskontierung der zukünftigen Zahlungen soll ein so genannter risikofreier Zinssatz zugrunde gelegt werden. Ein Abzinsungsgebot bedingt umgekehrt, dass bei einer Bewertung zukünftiger Zahlungsverpflichtungen Erwartungen über die zukünftigen Preis- und Wertschöpfungsverhältnisse in angemessener Weise Berücksichtigung finden sollten. Verbunden mit dem Abzinsungsgebot möchte das IASB den Versicherungsgesellschaften deshalb die Möglichkeit einräumen, ihre Reserven zu dynamisieren, d. h. an die erwarteten Preis- und Wertschöpfungssteigerungen anzupassen. Steigende Lebenserwartung, erwartete Kostensteigerungen im Gesundheitswesen etc. können somit angemessen in der Schadenreserve berücksichtigt werden. Ein Diskontierungsgebot hat zudem zur Folge, dass auch die Reserven zinsänderungsbedingt zeitlichen Schwankungen unterliegen. Die Dynamisierung der Reserven kann insofern über die Zeit zu einer Glättung der Reservebeträge beitragen.

Im langfristigen Mittel sollten die Schadenreserven ihrem Best Estimate entsprechen, so dass langfristig weder Abwicklungserträge noch Abwicklungsverluste anfallen. Doch der Fair Value ist eben nicht einfach nur der Best Estimate. Keiner wäre bereit, bloß zum Preis des Best Estimate die Verbindlichkeiten des anderen zu übernehmen, sondern würde hierfür verständlicherweise einen Risikozuschlag verlangen. Der Fair Value beinhaltet deshalb eine so genannte Market Value Margin, die die marktdurchschnittliche Risikobereitschaft der Marktteilnehmer reflektiert und als eine Marge für unvorhersehbare, nicht diversifizierbare Risiken angesehen werden kann, die sich aus den Zahlungsströmen der Verbindlichkeit ergeben können. Informationen zur Ermittlung dieser Marktmarge liegen jedoch kaum vor, so dass offen ist, wie diese Größe zu spezifizieren ist.

4.   Auswirkungen auf einzelne Unternehmensbereiche der Schaden- und Unfallversicherer

4.1   Vorbereitung auf geänderte Anforderungen

Das neue, den Vorstellungen von Solvency II entsprechende Aufsichtsmodell, verbunden mit einer Marktwert-Bewertung und -Berichterstattung, stellt die Versicherer vor eine enorme Herausforderung, da nahezu alle Unternehmensbereiche betroffen sind. Mit dem neuen Aufsichtsmodell ist zwar erst ab 2008 und mit dessen Umsetzung sicherlich nicht vor 2010 zu rechnen. Gleichwohl ist jedes Unternehmen schon wegen der Komplexität dieses Themas gut beraten, sich frühzeitig vorzubereiten. Dies gilt erst recht dann, wenn die Versicherungsgesellschaft ein unternehmensspezifisches internes Risikomodell anwenden möchte. Hierzu benötigt es umfangreiches Datenmaterial auf Marktwertbasis in möglichst langen Zeitreihen. Allein die Beschaffung der Daten und der Aufbau der erforderlichen Datenstrukturen und internen Statistiken ist für jede Versicherungsgesellschaft mit erheblichem Aufwand verbunden, der sich aber lohnt, wenn es ihr gelingt, durch Anwendung eines internen Risikomodells als integralem Bestandteil ihres Risikomanagements die an sie gestellten Solvenzkapitalanforderungen gegenüber dem Standardansatz hinreichend zu reduzieren. Die Grundlagen hierfür sind also bereits heute zu legen.

Die Anwendung interner Modelle setzt aktuarielles Know-how voraus. Deshalb wird sich im Zuge von Solvency II die Nachfrage der Versicherungsgesellschaften nach Mitarbeitern mit aktuariellen Kenntnissen weiter erhöhen. Insbesondere kleinere Versicherungsunternehmen werden verstärkt aktuarielles Know-how aufbauen oder anderweitig einkaufen müssen, wenn sie im Wettbewerb um möglichst geringe Solvenzkapitalanforderungen mithalten wollen.

Solvency II schafft auch Anreize zur Verbesserung des Controllings und des Risikomanagements, denn dessen Qualität wird im neuen Aufsichtssystem mit den Ausschlag geben, in welchem Maße das Unternehmen Solvenzkapital vorzuhalten hat. Vor diesem Hintergrund werden sich die qualitativen Anforderungen an die Mitarbeiter verändern, denen zukünftig auf allen Unternehmensebenen ein sehr viel stärker ausgeprägtes Risikobewusstsein abverlangt wird.

Solvency II und IAS/IFRS betreffen neben Rechungslegung, EDV, Aktuariat und Controlling insbesondere auch die Kapitalanlagen und das Asset Liability Management sowie – worauf im nächsten Abschnitt näher eingegangen wird – Produktgestaltung, Tarifierung, Zeichnungspolitik, Reservierungs- und Rückversicherungspolitik. Der Einkauf von Rückversicherung dürfte unter Solvency II für die Erstversicherer nicht mehr nur der Erhöhung von Zeichnungskapazitäten, sondern verstärkt zur Minderung der Ergebnisvolatilität und somit gleichsam als Ersatz für Solvenzkapital zu dessen Einsparung dienen. Aus diesem Grunde ist durchaus davon auszugehen, dass sich die Nachfragestruktur hinsichtlich der Rückversicherungsarten erheblich verändern wird.

Solvency II wird sich auf sämtliche Geschäftsbereiche des Unternehmens auswirken. Eine bewusste Untertarifierung von Risiken und das Eingehen besonders gefährlicher Risiken wird im neuen Aufsichtssystem nicht nur durch entsprechend hohe Kapitalanforderungen „bestraft", sondern stets der Aufsichtsbehörde, dem Aufsichtsrat, den Anteilseignern und der Öffentlichkeit vor Augen geführt, womit auf den Abbau nicht einträglicher und hochvolatiler Segmente hingewirkt werden soll. Indem das neue Aufsichtssystem die Rentabilität jedes Geschäftssegments transparent macht, verändert es auch die Rentabilitätsbetrachtung der Entscheidungsträger und Verantwortlichen im Unternehmen. Unterdurchschnittliche Renditen, beispielsweise in der Autoversicherung, lassen sich unter Solvency II nur dann rechtfertigen, wenn diese nachweislich z. B. durch Cross-Selling mit überdurchschnittlich hohen Renditen in anderen Versicherungszweigen und -arten einhergehen. Denn folgt man der reinen Lehre, dann sollte jeder Euro eingesetzten Kapitals in jedem Segment dieselbe Mindesteigenkapitalrendite erwirtschaften. Letztlich geht es um die Frage, wie das knappe Kapital gewinnbringend optimal auf die einzelnen Geschäftssegmente verteilt werde sollte. Solvency II wird deshalb dazu beitragen, dass die Versicherer verstärkt die Eigenkapitalrentabilität ihrer Geschäftssegmente hinterfragen und unrentable Segmente durch risikogerechte Prämien wieder profitabel gestalten oder gegebenenfalls abbauen werden. Auch könnten sich unter diesem Gesichtspunkt manche Versicherer aus einzelnen Versicherungssegmenten ganz zurückziehen und diese anderen Versicherern überlassen. Auch die Allokation der Betriebskosten wird neu zu beleuchten sein, nicht nur weil das neue Aufsichtssystem transparenter macht, welche Geschäftssegmente mit welchen Betriebskosten belastet werden, sondern weil unter dem Aspekt der Rentabilitätsbetrachtung ein Überdenken der bisherigen Kostenstrukturen sinnvoll sein dürfte.

4.2   Produktgestaltung

Die Versicherungsgesellschaften werden sich zukünftig bei jedem neuen Produkt die Frage stellen müssen, ob und inwieweit es der Versicherungsdefinition des IFRS 4 genügt und unter die für Versicherungsgesellschaften geltenden Aufsichtsregeln fällt. Freilich darf jeder Versicherer auch Nicht-Versicherungen in seine Produktpalette aufnehmen. Der Versicherer muss sich in dem Fall allerdings darüber im Klaren sein, dass deren Sonderbehandlung in der Rechnungslegung und unter aufsichtsrechtlichen Gesichtspunkten mit einem entsprechenden Mehraufwand verbunden ist.

Im von BaFin und GDV entwickelten Standardansatz fällt die SCR umso höher aus, je weniger auskömmlich das Versicherungsgeschäft und je volatiler der Indikator hierfür – die CR – ist. Verfolgt der Versicherer das Ziel, die SCR zu minimieren, um auf diese Weise über möglichst viel „freies" Eigenkapital zu verfügen, dann sollten die Versicherungsprodukte so gestaltet sein, dass sie eine schnelle Anpassung an veränderte Risikosituationen erlauben und die Risikovolatilitäten soweit wie möglich glätten. Folgende Instrumente können hierfür geeignet sein:

- Beitragsanpassungsklauseln erlauben es, die Beiträge im Bestandsgeschäft an Veränderungen im Schadengeschehen anzupassen. Allerdings sind die bisher üblichen Klauseln, die sich in der Regel an der Entwicklung des Zahlungsbedarfs der Vergangenheit orientieren, unter dem Gesichtspunkt Solvency II nicht mehr zeitgemäß. Deshalb hat der GDV ausgehend von der Verbundenen Wohngebäudeversicherung Bausteine für eine mögliche Beitragsanpassungsklausel entwickelt, die den zukünftigen Anforderungen unter Solvency II besser Rechnung tragen. Für die Wohngebäudeversicherung beispielsweise wäre eine Beitragsanpassungsklausel denkbar, die

  - für Teilsegmente des Gesamtbestands, die nach objektiven risikobezogenen Kriterien (z. B. nach der geografischen Lage) abgrenzbar sind, gesonderte Anpassungssätze zulässt, um auf diese Weise eine bessere Adjustierung der Prämien an die Risikoentwicklung zu gewährleisten,
  - bei der Ermittlung der Anpassungssätze etwaige Trends für die voraussichtliche künftige Schadenentwicklung berücksichtigt und
  - bei der Ermittlung der Anpassungssätze die durch die gesetzlich vorgeschriebene Veränderung des betriebsnotwendigen Solvenzkapitals entstehenden Kapitalkosten explizit mit einrechnet.

- In den Kraftfahrtversicherungen tragen Produkte mit schadenverlaufsabhängiger Prämie bzw. Bonus-Malus-Systeme einerseits durch den Anreiz sinkender Prämien im Schadenfreiheitsfall und andererseits durch die „Bestrafung" mittels Rückstufung des Versicherungsnehmers im Schadenfall erheblich zur Reduktion des Schadenaufwands bei. Nicht nur, dass die Versicherungsnehmer durch dieses Annreiz-Disziplinierungs-Instrument zu einem umsichtigeren Fahrverhalten veranlasst werden, überlegen es sich Versicherungsnehmer im Schadenfall auf Grund der drohenden Rückstufung zweimal, ob sie die Leistungen des Versicherers in Anspruch nehmen. Die Regulierung einer Vielzahl von Bagatellschäden lässt sich auf diese Weise vermeiden. Vor dem Hintergrund des neuen Aufsichtssystems wäre auch in anderen Versicherungssparten zu überlegen, ob und inwieweit dort der (verstärkte) Einsatz derartiger Instrumente sinnvoll sein könnte.

- Umstufungsmechanismen sind insbesondere in den Kraftfahrtversicherungen in Form von Regional- und Typklassenumstufungen sehr beliebt, denn sie ermöglichen den Versicherern jährliche eine Anpassung ihrer Tarife an neue veränderte Risikogegebenheiten. Doch auch in anderen Sparten, z. B. der Wohngebäudeversicherung, könnte dies ein adäquates Mittel sein, um die Prämien schneller auf neue Risikosituationen abzustimmen.

- Schadenverlaufsabhängige Beitragsrückerstattungen können nicht nur das Risikoverhalten der Versicherungsnehmer günstig beeinflussen, sondern auch zu einer besseren Kundenbindung beitragen, die wiederum den Risikoausgleich in der Zeit erleichtert.

- Feste wie auch prozentuale Selbstbehalte reduzieren den Schadenbedarf und können sich somit mindernd auf die CR auswirken. Nicht nur, dass der Versicherer im Schadenfall seinen Schadenaufwand um den Selbstbehalt ermäßigen kann, Selbstbehalte tragen im Allgemeinen auch zur Verbesserung des Risikoverhaltens der Versicherungsnehmer bei. Inwieweit sie die Volatilität des Schadenbedarfs beeinflussen, hängt jedoch von der Art des Selbstbehalts und der Zusammensetzung des Versicherungsportefeuilles ab. Auch spielt es eine Rolle, welches Maß zur Messung der Volatilität zugrunde gelegt wird: Die Standardabweichung (wie im beschriebenen Standardansatz) oder der Variationskoeffizient. Während sich der Variationskoeffizient mit wachsenden festen Selbstbehalten grundsätzlich erhöht, kann sich die Standardabweichung verringern oder erhöhen. Ob und inwieweit der gewünschte Effekt einer sich verringernden Standardabweichung eintritt, hängt von der jeweiligen Bestandszusammensetzung ab und ist deshalb im Einzelfall zu prüfen. Prozentuale Selbstbehalte lassen zwar den Variationskoeffizienten im direkt betroffenen Segment unverändert, in der Gesamtmischung des Portefeuilles kann er sich jedoch deutlich ermäßigen. Die Standardabweichung sinkt bei Verwendung prozentualer Selbstbehalte in der Regel auch im direkt betroffenen Segment. Unterm Strich lässt sich festhalten, dass im Standardansatz je nach Bestandszusammensetzung Selbstbehalte dem Versicherer gute Möglichkeiten bieten, sein SCR zu reduzieren.

- Unter Solvency II wird es zwecks Einsparung von Solvenzkapital insbesondere darauf ankommen, durch Bündelung weitgehend unabhängiger oder negativ korrelierter Risiken Diversifikationseffekte nutzbar zu machen. Die gewünschte diversifizierte Bestandsmischung ließe sich beispielsweise durch spezielle Kombinationsprodukte, die solche Risiken miteinander kombinieren, herstellen.

- Solvency II wird den Druck auf die Versicherer erhöhen, sich der potenziellen Risiken bewusst zu werden. Gut überlegte, erweiterte Ausschlussklauseln und zusätzliche Obliegenheiten bieten den Versicherern die Möglichkeit, die eingegangenen Risiken überschaubar und kalkulierbar zu halten.

Im Ergebnis lässt sich festhalten: Unter dem neuen Aufsichtssystem wird der Versicherer entweder für höhere Solvenzkapitalanforderungen ein entsprechendes Äquivalent in seiner Prämie verlangen oder zur Verminderung seiner Solvenzkapitalanforderungen es dem Kunden überlassen, einen Teil seiner Risiken in irgendeiner Form selber zu tragen.

4.3 Tarifierung und Zeichnungspolitik

Grundsätzlich soll Solvency II die Versicherer dazu anhalten, ihre Tarif- und Zeichnungspolitik an den Risikogegebenheiten auszurichten. Nicht auskömmliche Prämien, hohe Risikovolatilitäten und hochkorrelierte Risiken im Versicherungsbestand bedingen jeweils entsprechend hohe Solvenzkapitalanforderungen. Unter dem neuen Aufsichtssystem und den ihm zugrunde liegenden internationalen Rechnungslegungsstandards wird es deshalb wichtig sein, sich bei der Prämienbestimmung nicht nur am erwarteten Schadenbedarf zu orientieren, sondern darüber hinaus auch Erkenntnisse über Volatilitäten im Schadenbedarf, über Groß- und Kumulschadensensitivitäten der einzelnen Versicherungssparten sowie über die Korrelationen im Schadengeschehen zwischen den Sparten adäquat zu berücksichtigen. Wenn hohe Volatilitäten im Schadenbedarf oder eine hohe Groß- oder Kumulschadenanfälligkeit in einer Sparte ein entsprechend hohes Solvenzkapital nach sich ziehen, dann wird sich dies auch in der Prämie niederschlagen müssen.

Damit wird aber auch der Risikoselektionsprozess zunehmend komplexer. So wird sich das „cherry picking" innerhalb eines Risikosegments mehr und mehr auf Zielgruppen verlagern, deren Schadenbedarfe nicht nur niedriger, sondern auch weniger volatil sowie weniger groß- und kumulschadenanfällig als diejenigen anderer Risikogruppen sind. Auch wird sich unter den zukünftigen Rahmenbedingungen der Risikoselektionsprozess der Versicherer neu aus- richten. Der Fokus der Risikoselektion wird sich nicht mehr auf eine Versicherungsart oder ein Geschäftssegment beschränken, sondern auf die gewünschte Zusammensetzung des Ge- samtportefeuilles abzielen. Es wird darum gehen, durch eine geschickte Diversifikation des Versichertenbestandes und geeignete Rückversicherungsprogramme das versicherungstechni- sche Risiko und somit die Solvenzkapitalanforderungen möglichst klein zu halten. Während für eine einzelne Versicherungsart die Volatilität im Schadenbedarf extrem hoch sein mag, kann durch eine geeignete Bestandszusammensetzung und die Anwendung passender Rück- versicherungsinstrumente die Schadenbedarfsvolatilität für das Gesamtportefeuille durchaus gering ausfallen. In diesem Zusammenhang dürfte auch das ein oder andere Geschäftsseg- ment neu überdacht werden.

Die unternehmenspolitische Entscheidung über das Tarifniveau ist bislang abhängig von einer Vielzahl von Kriterien bis hin zu vertriebspolitischen Erwägungen. Solvency II wird die Unternehmen künftig dazu anhalten, das Tarifniveau stärker als bisher den Risikogegebenhei- ten anzupassen. Den Trends in der Schadenentwicklung dürfte deshalb bei der Bestimmung des Tarifniveaus zukünftig eine größere Beachtung geschenkt werden. Um die Schadentrends richtig einschätzen zu können, benötigen die Versicherer vor allem lange Zeitreihen zur Schadenentwicklung und ein gutes „prognostisches Instrumentarium". Nicht zuletzt können auch die Fortschreibungsstudien des Verbandes in diesem Zusammenhang hilfreich sein.

Zur fortlaufenden Adjustierung des Tarifniveaus an veränderte Risikogegebenheiten dürften – wie bereits ausgeführt – Beitragsanpassungsklauseln, die nach Teilsegmenten differenzieren, prospektiv ausgerichtet sind und die Veränderung der Kapitalkosten angemessen berücksich- tigen, an Bedeutung gewinnen. Überlegenswert sind auch Sicherheitszuschläge für Groß- und Schwankungsrisiken, deren Ausgestaltung und Höhe von der jeweiligen Kumul- und Groß- schadensensitivität wie auch von der steuerlichen Behandlung dieser Risiken abhängen sollte.

5. Auswirkungen von Solvency II auf die Verbandsstatistiken

Das neue Aufsichtsmodell soll soweit wie möglich kompatibel zu den Entwicklungen des IASB sein. Hierdurch werden die Verbandsstatistiken in zweierlei Hinsicht betroffen: Möglicherweise soll erstens neben einer Marktwertbetrachtung auch die den IAS/IFRS zugrunde liegende Gruppenbewertung für die Reservebildung und Reservebewertung übernommen werden. Sollte im Zuge von IAS/IFRS und Solvency II die Forderung nach einer Einzelbewertung von Reserven für bekannte Schäden entfallen, dann könnte dies erhebliche Konsequenzen für die Schadenbearbeitung haben. Theoretisch könnten sich die Schadenbearbeiter ihre Arbeit vereinfachen, indem sie die Schadenrückstellungen für Schäden aus Short-Tail-Versicherungszweigen (z. B. Hausrat) oder Short-Tail-Portefeuilles (z. B. KH-Sachschäden) nur noch pauschal ermitteln. Im Extremfall könnte beispielsweise für jeden KH-Sachschaden der aktuelle diesbezügliche Schadendurchschnitt zur Reservefindung herangezogen werden. Allen KH-Sachschäden wäre dann dieselbe Pauschalreserve zugeordnet, so dass der statistische Informationsgehalt der Einzelreserve gegen Null tendieren würde und nur noch eine Verbandsstatistik auf Basis des Zahlungsbedarfs möglich wäre. Der GDV hat deshalb für jeden Versicherungszweig untersucht, welche Auswirkungen es auf die Verbandsstatistiken (Risikoprämientarife) hätte, wenn auf Meldejahresbasis anstelle des Schadenbedarfs nur noch auf einen Zahlungsbedarf aufgesetzt würde, und kam zu dem Ergebnis, dass sich nicht nur die Aussagekraft der Statistiken signifikant verringern würde, sondern in vielen Fällen (insbesondere in der Allgemeinen Haftpflicht und der Allgemeinen Unfallversicherung) aussagekräftige Statistiken unmöglich wären.

Theoretisch ließe sich dieses Problem durch den Umstieg auf eine Anfalljahresstatistik lösen. Um sich die Vorteile der jetzigen Meldejahresstatistik zu erhalten (unter anderem Validität der Daten, Möglichkeit der Kupierung von Großschäden, Flexibilität hinsichtlich der Tarifstruktur, Möglichkeit der Berücksichtigung von Bestandsveränderungen etc.), wäre eine Statistik auf Basis von Einzelsätzen anzustreben. Dies ist jedoch sowohl für den Verband als auch für die Mitgliedsunternehmen mit einem derart hohen Aufwand verbunden, dass der GDV dafür plädiert, die Mitgliedsunternehmen mögen an einer Einzelbewertung von Reserven festhalten. Den Mitgliedsunternehmen des GDV muss klar sein, dass ein Verzicht auf eine Einzelbewertung von Reserven nicht nur die Verbandsstatistiken, sondern auch die eigenen Grundlagen zur Bewertung der Risiken, der Kalkulation und des Controlling gefährdet.

Infolge eines zusätzlichen Informationsbedarfs der Versicherer erhöhen sich zweitens die Anforderungen an die Verbandsstatistiken. Das neue Aufsichtssystem verändert den Informationsbedarf der Unternehmen. Insbesondere bei Vorliegen eines internen Risikomodells benötigen sie Informationen zur Preisbestimmung, Zeichnungspolitik, Produktgestaltung sowie zum Risikomanagement und Controlling, die die Einhaltung der Solvenzkapitalanforderungen erleichtern. Hierzu gehören Informationen unter anderem über Volatilitäten im Schadenbedarf, über Großschäden und Naturkatastrophenrisiken sowie über die Korrelationen im

Schadengeschehen zwischen den Sparten und zwischen den einzelnen Risikokomponenten. Der Verband erweitert deshalb aktuell seine Verbandsstatistiken um derartige Informationen. Zur besseren Einschätzung des Naturkatastrophenrisikos beispielsweise stellt er seinen Mitgliedern seit geraumer Zeit auf Gesamtmarktbasis sowohl für die Kraftfahrtversicherung als auch für die Sachversicherung in Form eines Elementarschadenkatalogs detaillierte Zahlen zur Verfügung. Diese Datenbasis wird vom GDV um weitere Studien ergänzt, die den Mitgliedsunternehmen helfen sollen, ihren Elementarschadenbedarf richtig einzuschätzen.

6.   Fazit

Solvency II liegt zwar noch in weiter Ferne. Mit der Umsetzung des neuen Aufsichtssystems ist nicht vor 2010 zu rechnen. Dennoch wirft dieses Thema schon heute seine Schatten weit voraus, so dass nicht frühzeitig genug mit den Vorbereitungen hierauf begonnen werden kann. Es gibt wohl kaum ein Thema, das wie dieses derart komplex ist und vergleichbar gravierende Auswirkungen auf die Versicherungsgesellschaften hat.

Eines sollten obige Ausführungen deutlich gemacht haben: Solvency II betrifft die Versicherer im Großen wie im Kleinen. Die gesamte Geschäftspolitik wird unter Solvency II neu auszurichten sein, und auch jeder einzelne Unternehmensbereich ist in massiver Weise betroffen. Manche Dinge lassen sich nicht von heute auf morgen realisieren, vor allem, wenn ein Versicherer die Vorteile eines internen Risikomodells nutzen möchte. Hierzu benötigt er differenziertes Zahlenmaterial in möglichst langen Zeitreihen auf Marktwertbasis. Allein der Aufbau solcher Datenbanken und die Schaffung neuer Datenstrukturen sind mit einem Vorlauf von etlichen Jahren verbunden. Doch neben den technischen Umstellungen braucht auch die Neuausrichtung der Mitarbeiter Zeit, auf die mit Solvency II neue Anforderungen und Herausforderungen zukommen.

Literatur

IAA (2004): A Global Framework for Insurer Solvency Assessment.
IASB (2004): IFRS 4 Insurance Contracts (IFRS 4 Insurance Contracts, Basis for Conclusions, Implementation Guidance).
EUROPÄISCHE KOMMISSION (2004): Note to the IC Solvency Subcommittee. Subject: Solvency II. Organisation of work, discussion on pillar I work areas and suggestions of further work on pillar II for CEIOPS, Markt/2543/03, 11.02.2004.
SANDSTRÖM, A. (2004): Solvency towards a Standard Approach, Draft 1.

Eckpunkte einer risikobasierten Solvabilitätsermittlung für die Krankenversicherung

Sybille Sahmer

1.   Besonderheiten des Krankenversicherungsrisikos

Solvabilitätsermittlung in Abhängigkeit von den die dauernde Erfüllbarkeit der Versicherungsverträge gefährdenden Risiken ist nur bei genauer Kenntnis des jeweils betriebenen Versicherungszweiges möglich. Der folgende Überblick soll deshalb zunächst die Besonderheiten des Krankenversicherungsrisikos herausarbeiten und dafür das sozialpolitische Umfeld sowie die rechtlichen und kalkulatorischen Rahmenbedingungen beleuchten.

1.1   Substitutivfunktion

Das Gesundheitswesen in Deutschland ist gekennzeichnet durch einen Dualismus von öffentlich-rechtlichen und privaten Versicherungsträgern, die bei der Absicherung des Personenkreises, der nicht auf Grund seiner Tätigkeit als Arbeitnehmer mit einem Gehalt unterhalb der Versicherungspflichtgrenze obligatorisch der gesetzlichen Krankenversicherung angehört, miteinander im Wettbewerb stehen. In dieser Ausgestaltung ist es innerhalb und außerhalb Europas einmalig. Die Aufgabe, für inzwischen über 8,1 Millionen Menschen als Substitut zur Mitgliedschaft in der gesetzlichen Krankenversicherung den alleinigen Schutz gegen den Krankheitsfall zu übernehmen, hat zu einem spezifischen Angebot geführt, das sich den im Versicherungsbereich üblichen Klassifizierungen entzieht. So wird die Krankenversicherung zwar auf die Person des Versicherten genommen, sieht im Kernbereich ihrer Leistungszusage aber Ersatz der für die medizinisch notwendige Heilbehandlung entstandenen Aufwendungen vor. Als Personenversicherung mit Schadenersatzcharakter lässt sie sich weder der Systematik des Versicherungsvertragsgesetzes – das grundsätzlich die Personenversicherung mit der Summenversicherung und die Sachversicherung mit der Schadenversicherung gleichsetzt – noch derjenigen der Europäischen Versicherungsrichtlinien – die lediglich zwischen Lebens- sowie Nichtlebensversicherung unterscheiden – eindeutig zuordnen. Lediglich das Versicherungsaufsichtsgesetz hat bei der Einteilung der Risiken die Krankenversicherung als gesonderte Sparte berücksichtigt. Für die europäische Normsetzung hat sich allerdings durchgängig die Handhabung durchgesetzt, die deutsche Krankenversicherung bei der Nichtlebensversicherung zu belassen, die Vorschriften für die Lebensversicherung jedoch entsprechend anzuwenden, wenn die Besonderheiten des Kalkulationsverfahrens es gebieten.

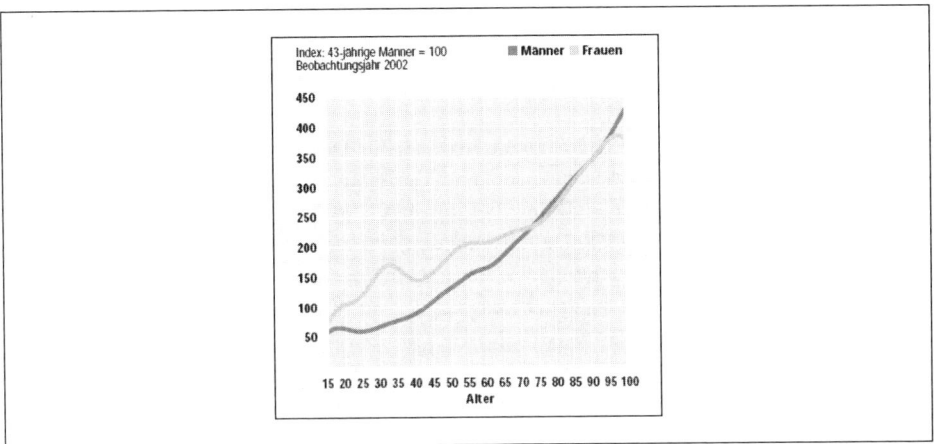

Abbildung 1:   *Altersabhängigkeit von Leistungsausgaben für ambulante Behandlung (ohne Arznei- und Verbandsmittel sowie zahnmedizinische Versorgung) in der privaten Krankenversicherung*

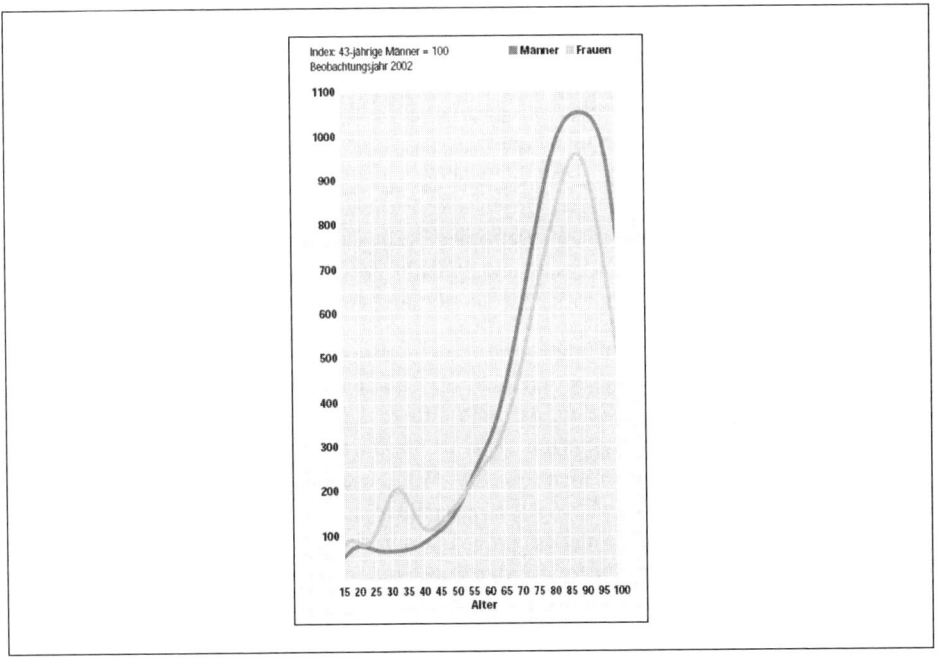

Abbildung 2:   *Altersabhängigkeit der Ausgaben für Krankenhausbehandlungen in der privaten Krankenversicherung*

1.2   Anwartschaftsdeckungsverfahren

Eine solche Analogie ergibt sich vor allem aus dem für Deutschland typischen Betrieb der Krankenversicherung im Anwartschaftsdeckungsverfahren („nach Art der Lebensversicherung"), das seit der europäischen Deregulierung durch § 12 VAG auch gesetzlich vorgeschrieben ist. Auf Grund ihrer Substitutivfunktion zur gesetzlichen Krankenversicherung muss die private Krankheitskostenvollversicherung ein der sozialen Sicherung vergleichbares Schutzniveau gewährleisten. Dazu gehört, dass in der substitutiven Krankenversicherung das ordentliche Kündigungsrecht des Versicherers ausgeschlossen ist.[1] Um gleichwohl die dauernde Erfüllbarkeit der grundsätzlich auf Lebenszeit der Versicherten abgeschlossenen Krankenversicherungsverträge zu gewährleisten, erfolgt die Beitragskalkulation auf versicherungsmathematischer Grundlage unter Anwendung des Äquivalenzprinzips und der Bildung einer Alterungsrückstellung.

1.2.1   Äquivalenzprinzip

Das Äquivalenzprinzip fordert die Gleichwertigkeit von Versicherungsleistungen und Versicherungsentgelten. Im Durchschnitt des versicherten Kollektivs muss der Barwert der erwarteten Prämien in jedem Vertragszeitpunkt gleich dem Barwert der erwarteten Leistungen sein. Krankheit ist allerdings ein altersabhängiges Risiko. Die Wahrscheinlichkeit, häufiger und schwerer zu erkranken, steigt mit dem Alter der versicherten Person. Stellt man die durchschnittlichen Versicherungsleistungen für jedes Teilkollektiv, das durch gleiches Lebensalter und Geschlecht charakterisiert ist, in grafischer Form dar, so zeigt sich, dass der Durchschnittsschaden pro versicherte Person mit zunehmendem Alter überproportional ansteigt („Versteilerung der Kopfschadenprofile", siehe Abbildungen 1 und 2).

Eine Anwendung des Äquivalenzprinzips in reiner Form würde daher zu mit dem Alter ansteigenden Beiträgen führen. Dieses Ergebnis ist jedoch unerwünscht. Deshalb wird die Beitragszahlung in der Form modifiziert, dass die infolge des Alterns der Versicherten tendenziell steigenden Versicherungsleistungen gleichmäßig über die gesamte Laufzeit des Vertrages verteilt werden. Damit lässt sich ein vom Alter unabhängiger Beitrag erreichen, der theoretisch – also z. B. unveränderte Risikozusammensetzung, gleich bleibender Versicherungsumfang und stabile Preise für Versicherungsleistungen unterstellt – lebenslang unverändert bleiben würde. Zu diesem Zweck werden die Beiträge jüngerer Versicherter höher angesetzt, als es zur Deckung der Schadenaufwendungen in diesem Alter erforderlich ist. Die überschießenden Beitragsteile werden in der Alterungsrückstellung reserviert und ab einem Grenzalter von dort entnommen, um die dann durch die Risikobeiträge allein nicht mehr gedeckten Schadenaufwendungen zu finanzieren. Die Äquivalenz ist bei dem modifizierten

---

1   Vgl. § 178i Abs. 1 VVG.

Kalkulationsmodell also dadurch gewährleistet, dass den Versicherungsleistungen der altersunabhängige Beitrag, aufgestockt durch die Alterungsrückstellung, gegenübersteht.

1.2.2 Alterungsrückstellung

Anders als in der kapitalbildenden Lebensversicherung stellt die Alterungsrückstellung aber nicht die Summe der Rückstellungen für die einzelnen Versicherungsverträge dar, sondern sie wird kollektivbezogen ermittelt. Der Grund dafür liegt darin, dass – bezogen auf die einzelne Versicherung – in der Krankenversicherung nicht nur die Zeitpunkte der möglichen Versicherungsfälle ungewiss sind, sondern auch die Häufigkeit des Eintritts sowie die Höhe der in jedem einzelnen Versicherungsfall ausgelösten Versicherungsleistungen. Für die jeweilige versicherte Person können diese Unbekannten nicht quantifiziert werden. Die risikorelevanten Kalkulationsgrundlagen werden deshalb aus einem – vorhandenen oder modellhaft dargestellten – Kollektiv abgeleitet. Diese kollektive Betrachtungsweise kann sich das Gesetz der großen Zahl zunutze machen, wonach zufallsbedingte Abweichungen von beobachteten Ereignissen umso eher vernachlässigbar sind, je größer die Beobachtungseinheit ist. Als Basis für die Kalkulation in der privaten Krankenversicherung dienen also nur kalkulatorische Durchschnittswerte. Das gilt auch für die Alterungsrückstellung. Die Bemessung geht von einem für statistische Aussagen hinreichend großen Bestand aus, in dem die Altersabhängigkeit des übernommenen Risikos ermittelt und daraus der Rückstellungsbedarf für diesen Bestand errechnet wird. Ihrer Höhe nach stellt die Alterungsrückstellung die Differenz zwischen dem Barwert der künftigen Versicherungsleistungen und dem Barwert der künftigen Beitragszahlungen für die Gesamtheit aller Versicherten dar. Dass einzelne Versicherte das Kollektiv verlassen, wird bereits bei der Kalkulation berücksichtigt. Der Ansatz von Ausscheidewahrscheinlichkeiten trägt der Tatsache Rechnung, dass Versicherungsverträge durch Tod der Versicherten oder Ausscheiden aus dem Unternehmen vorzeitig beendet werden. Die „Vererbung" der diesen Personen durchschnittlich zurechenbaren Anteile an der kollektiven Alterungsrückstellung auf den verbleibenden Bestand wird durch eine von vornherein entsprechend niedrigere Bemessung sowohl der Versicherungsbeiträge als auch der Alterungsrückstellung berücksichtigt. Für den Versicherten besteht die mit der Alterungsrückstellung verbundene Gegenleistung darin, dass seine Beiträge wegen der altersbedingten Gesundheitsverschlechterung nicht erhöht werden dürfen. Diese Zusage ist in den Allgemeinen Versicherungsbedingungen verankert.[2]

1.2.3 Bestandswirksame Vertragsänderung

Bei einer Abweichung der tatsächlichen von den kalkulierten Versicherungsleistungen können die Beiträge angepasst, bei einer dauerhaften Veränderung der Verhältnisse im Gesundheitswesen auch die Allgemeinen Versicherungsbedingungen geändert werden. Die angepass-

---

2   Vgl. § 8a Abs. 2 MB/KK.

ten Beiträge ebenso wie die geänderten Versicherungsbedingungen gelten nicht nur für das Neugeschäft, sondern werden auch für den Bestand der bereits Versicherten wirksam. Diese Möglichkeit der Vertragsänderung stellt das Gegengewicht zum Ausschluss des ordentlichen Kündigungsrechtes auf Seiten des Versicherers dar. Ergibt sich bei dem gesetzlich vorge-schriebenen jährlichen Vergleich von tatsächlichen und kalkulierten Aufwendungen ein An-passungsbedarf, so können bei dieser Gelegenheit nicht nur die Kopfschäden, sondern auch sämtliche anderen Rechnungsgrundlagen, insbesondere Sterbetafel, Stornowahrscheinlich-keit, Rechnungszins und Kostenzuschläge, angepasst werden.

2.   Gegenwärtige Solvabilitätsregelungen

Diese spezifische Vertragsgestaltung und Beitragskalkulation hat bei der Festlegung der Solvabilitätsanforderungen für die Krankenversicherungen nach Art der Lebensversicherung zu Sonderregelungen geführt. Anknüpfungspunkt für die Höhe der Solvabilitätsspanne ist entweder der Beitragsindex, also die im letzten Geschäftsjahr ausgewiesenen Bruttobeiträge einschließlich Nebenleistungen aus selbst abgeschlossenem und in Rückdeckung übernom-menem Versicherungsgeschäft, oder der Schadenindex. Letzterer bemisst sich nach den durchschnittlichen Aufwendungen für Versicherungsfälle der letzten drei Geschäftsjahre. Maßgebend ist jeweils der höhere Index. Dieses für die gesamte Schadenversicherung maß-gebende Berechnungsverfahren wird für Krankenversicherungen, soweit sie nach Art der Lebensversicherung betrieben werden, wie folgt abgeändert:

Wenn

- die Beiträge auf der Grundlage von Wahrscheinlichkeitstafeln nach versicherungsmathe-matischen Grundsätzen berechnet werden,

- eine Alterungsrückstellung gebildet wird,

- ein angemessener Sicherheitszuschlag erhoben wird und

- nach den Allgemeinen Versicherungsbedingungen

  - das Kündigungsrecht des Versicherungsunternehmens spätestens nach Ablauf des drit-ten Versicherungsjahres ausgeschlossen ist sowie
  - eine Erhöhung der Beiträge oder eine Herabsetzung der Leistungen mit Wirkung für bestehende Versicherungen vorbehalten ist,

dann kann die Solvabilitätsspanne auf ein Drittel gekürzt werden.[3] Damit wird dem Umstand Rechnung getragen, dass das Änderungsrisiko als wichtigstes versicherungstechnisches Risiko in der Krankenversicherung durch die Verwendung aktuarieller Verfahren sowie durch die Vertrags- und Beitragsanpassungsklausel weitestgehend beherrschbar wird. Das nach der geltenden Kapitalausstattungs-Verordnung berechnete Solvabilitätssoll liegt bei rund 6 Prozent der Beitragseinnahmen.

Die nach Art der Schadenversicherung betriebene Krankenversicherung hingegen, also z. B. die Auslandsreiseversicherung, die auch nicht dem für die substitutive Krankenversicherung geltenden Spartentrennungsgebot unterliegt, folgt den Regelungen für die Schadenversicherung. Daran dürfte sich auch in Zukunft nichts ändern.

3. Überlegungen zur Neuordnung

Auch die im Rahmen von Solvency II anstehende Neuordnung der Solvabilitätsanforderungen muss bei der Bewertung der jeweiligen Risikofaktoren den geschilderten Besonderheiten Rechnung tragen. Ermittelt man das benötigte Risikokapital anhand der drei Risikoklassen

- Kapitalanlagerisiko,

- Kalkulationsrisiko und

- operatives Risiko,

sind dabei die folgenden Gegebenheiten zu berücksichtigen, in denen die Krankenversicherung von anderen Versicherungssparten abweicht.

3.1 Kapitalanlagerisiko

Während Kredit- bzw. Bonitätsrisiko sowie Fremdwährungs- und Konzentrationsrisiko im Wesentlichen der auch für Lebens- und Schadenversicherung typischen Risikosituation entsprechen dürften, bedarf das Marktänderungsrisiko, also das Risiko, dem das Versicherungsunternehmen bei der Kapitalanlage durch Schwankungen des Kapitalmarktes ausgesetzt ist, gesonderter Betrachtung. Dabei sind Schwankungen der Marktzinsen nach oben (Zinsanstieg) und nach unten (Zinsrückgang) zu unterscheiden.

---

3   Vgl. § 1 Abs. 4 Kapitalausstattungs-Verordnung.

3.1.1 Zinsrückgang

Für den Fall des Zinsrückgangs muss sich das Krankenversicherungsunternehmen gegen die Möglichkeit absichern, dass der Marktzins unter den der Beitragskalkulation und Rückstellungsbildung zugrunde liegenden Rechnungszins absinkt. Daraus würde ein Nachreservierungsbedarf bei der Alterungsrückstellung folgen, der grundsätzlich über eine Anhebung der Versicherungsbeiträge aufgebracht werden kann. Denn der Rechnungszins in der Krankenversicherung ist nicht in festgelegter Höhe garantiert, sondern kann – und muss – wie auch jede andere Rechnungsgrundlage an die aktuelle Entwicklung angepasst werden. Eine solche Beitragsanpassung kann allerdings nicht immer als unmittelbare Reaktion auf das Absinken des Marktzinses erfolgen, da nach gegenwärtiger Rechtslage Auslöser für eine Beitragsüberprüfung nur Veränderungen bei den Kopfschäden sind. Erst wenn ein Auseinanderfallen der tatsächlichen Aufwendungen für Versicherungsfälle und der kalkulatorischen Annahmen feststellbar ist, können auch die anderen Rechnungsgrundlagen geändert werden. Die Erfahrungen der Vergangenheit zeigen jedoch, dass jedenfalls in der Krankheitskostenversicherung jährliche Beitragsanpassungen notwendig sind; lediglich in der Summenversicherung, also bei Krankentagegeld- und Krankenhaustagegeldversicherungen, kann sich der Anpassungszeitraum auch verlängern. Damit ergibt sich die Situation, dass trotz durchschnittlich 30-jähriger Vertragsdauern die Rechnungsgrundlagen mit Wirkung auch für den Bestand kurzfristig geändert werden können. Legt man den heutigen durchschnittlichen Änderungszeitraum von 1,76 Jahren zugrunde, so ist die Laufzeit der Kapitalanlagen auf der Aktivseite regelhaft länger als die unveränderte Dauer der Verpflichtungen auf der Passivseite. Ein mögliches Absinken des Marktzinses unter den Rechnungszins braucht also immer nur bis zum nächsten Beitragsänderungszeitpunkt abgesichert zu werden. Diese Frist könnte sich in Zukunft sogar noch zwingend auf ein Jahr verkürzen. Im Rahmen der anstehenden Reform des Versicherungsvertragsgesetzes ist vorgeschlagen worden, nicht nur Veränderungen der Kopfschäden, sondern auch des Rechnungszinses und der Mortalität als Auslöser für Beitragsanpassungen zuzulassen.

Auch die durch § 12a VAG vorgeschriebene Beteiligung der Versicherten an den über den Rechnungszins hinausgehenden Kapitalerträgen („Überzinsen") der Alterungsrückstellung, die den Versicherten in Höhe von 90 Prozent wieder gutzubringen sind, haben nicht den Charakter einer Garantieverzinsung. Der Anspruch besteht nicht in fester Höhe, sondern hängt immer nur von den jeweils erwirtschafteten Kapitalerträgen ab.

Berücksichtigt man ferner noch, dass die Beitragskalkulation, die jährliche Überprüfung der Tarife und die gegebenenfalls daraus folgende Anpassung einer umfassenden Überwachung und Prüfung durch den Verantwortlichen Aktuar des Unternehmens, den Treuhänder für die Beitragsanpassung und die Versicherungsaufsicht unterliegen, ist eine Ruingefahr auf Grund eines Zinsrückganges ausgeschlossen.

3.1.2   Zinsanstieg

Zinsschwankungen oberhalb des kalkulatorischen Zinses stellen bei Krankenversicherungsunternehmen kein Risiko dar. Grundsätzlich ergibt sich die Gefährdung bei einem Anstieg
des Marktzinses daraus, dass festverzinsliche Wertpapiere zu einem niedrigeren Zinsniveau
erworben wurden und nicht bis zur Endfälligkeit gehalten werden. Plötzlicher Liquiditätsbedarf, der zum Verkauf der Wertpapiere nötigen würde, ist bei Krankenversicherungsunternehmen jedoch nicht vorstellbar. Da die Alterungsrückstellung kollektiv kalkuliert wird und
der der Alterungsrückstellung gegenüberstehende Anspruch der Versicherten darin besteht,
dass die Beiträge wegen des Älterwerdens nicht erhöht werden dürfen, soweit eine Alterungsrückstellung gebildet worden ist, besteht kein Anspruch auf Rückkauf. Ein Mittelabfluss
deswegen, weil eine Vielzahl von Versicherungsnehmern in rentablere Kapitalanlagen investieren will, ist nicht möglich. Vielmehr können festverzinsliche Wertpapiere in der Krankenversicherung stets bis zur jeweiligen Endfälligkeit gehalten werden.

3.2   Kalkulationsrisiko

Gegenstand des Kalkulationsrisikos ist bei einem Krankenversicherungsunternehmen die
Gefahr, dass der tatsächliche Verlauf der Kopfschäden (Morbidität), der Sterblichkeit, der
Stornowahrscheinlichkeit und der Kosten von den in der Kalkulation zugrunde gelegten An-
nahmen abweicht. Ursächlich können insoweit eine schnelle und starke Steigerung der
Krankheitskosten sein, ferner eine Versteilerung der Profile (vgl. Abschnitt 1.2.1), eine
Antiselektion durch Änderungen im Underwriting, ein spürbar unterrechnungsmäßiges
Storno, also unerwartet hohe Stabilität des Versicherungsbestandes, und schließlich
überproportionaler Kostenanstieg durch schnelles und starkes Wachstum. Letzteres dürfte
sich allerdings nur bei „jungen" Unternehmen als Problem erweisen und sollte außerhalb der
Solvabilitätsanforderungen oder durch Sondervorschriften berücksichtigt werden.

3.2.1   Schäden, Kosten, Sterblichkeit und Storno

Der Vielfalt der Ursachen steht ein mindestens so breit gefächertes Instrumentarium an Maßnahmen gegenüber, die der Eingrenzung der aus der Versicherungstechnik folgenden Risiken
dienen. Hier sind zunächst die Kalkulationsvorschriften zu nennen. Auch nach der Deregulierung gibt es für die substitutive Krankenversicherung in den §§ 12, 12a–12f VAG in Verbindung mit der Kalkulationsverordnung ausführliche Bestimmungen zur Erstkalkulation der
Beiträge, zu späteren Beitragsanpassungen und zur Rückstellungsbildung. Die Krankenversicherungsunternehmen sind verpflichtet, stets neueste Rechnungsgrundlagen zu verwenden
und diese mit einem Trend zu versehen, um bereits vorhersehbare künftige Entwicklungen zu
berücksichtigen. Sämtliche Rechnungsgrundlagen sind darüber hinaus um einen Sicherheits-

zuschlag zu erhöhen, der mindestens 5 Prozent betragen muss. Durch die Verpflichtung, 90 Prozent der auf die Alterungsrückstellung erwirtschafteten Überzinsen den Versicherten wieder gutzubringen[4], wird ein indirekter Zwang zur Gewinnerzielung bewirkt, auf Grund dessen sich das versicherungsgeschäftliche Ergebnis im gesamten Krankenversicherungsmarkt seit Einführung dieser gesetzlichen Bestimmung dauerhaft positiv entwickelt. Auch der Anstieg der Alterungsrückstellungen aller Krankenversicherungsunternehmen von 17,21 Milliarden Euro im Jahre 1991 auf 85,14 Milliarden Euro im Jahre 2003 belegt die Beherrschbarkeit des versicherungstechnischen Risikos.

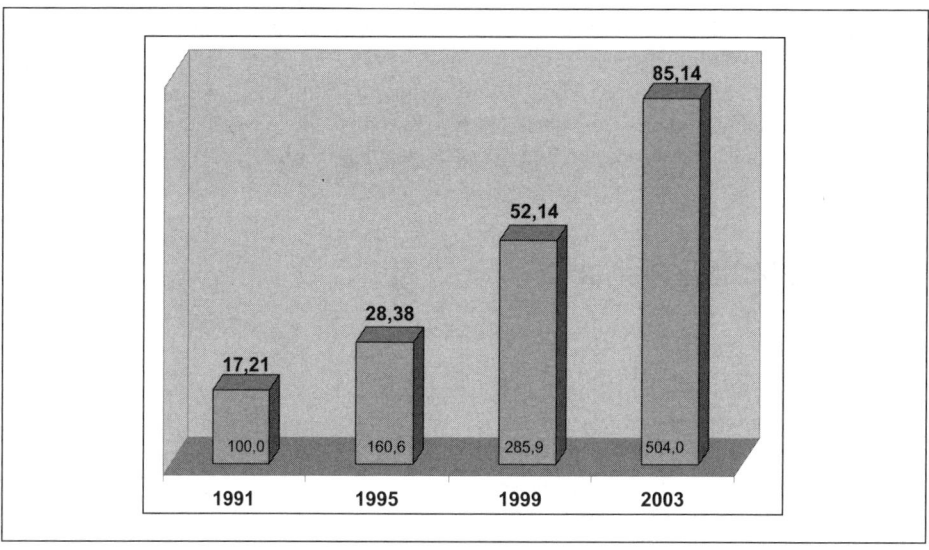

Abbildung 3: *Entwicklung der Alterungsrückstellung in Milliarden Euro (Index 1991 = 100)*

Die Einhaltung der Kalkulationsvorschriften wird zunächst durch den unternehmenseigenen Verantwortlichen Aktuar überwacht, der mit besonderen Befugnissen ausgestattet ist. Beitragsanpassungen werden erst wirksam, wenn ein vom Unternehmen unabhängiger Treuhänder zugestimmt hat, dem auch die Überprüfung der Rechnungsgrundlagen auf ihre Aktualität und Plausibilität obliegt. Schließlich hat die Versicherungsaufsichtsbehörde jederzeit die Möglichkeit, sich die Kalkulation im Einzelnen zur Überprüfung vorlegen zu lassen. Als weiteres Regulativ zur Minimierung des Kalkulationsrisikos ist die Beitragsanpassungsklausel zu nennen, die, wie schon dargestellt, dem Versicherer die Möglichkeit gibt, die dauernde Erfüllbarkeit der für ihn unkündbaren Krankenversicherungsverträge zu sichern. Kraft Gesetzes ist jeder Krankenversicherer verpflichtet, einmal jährlich die tatsächlichen mit den kalkulierten Aufwendungen zu vergleichen. Ergibt sich dabei eine Abweichung von mehr als 10 Prozent, müssen neben den Kopfschäden auch sämtliche anderen Rechnungsgrundlagen, wie

---

4   Vgl. § 12a VAG.

Sterbetafel, Stornowahrscheinlichkeit, Rechnungszins und Kosten, überprüft und gegebenenfalls aktualisiert werden. Vertraglich kann für die Abweichung auch ein geringerer Satz als 10 Prozent vereinbart werden. Auf Änderungen der kalkulatorischen Annahmen kann also kurzfristig reagiert werden, so dass das Risiko in der Regel nicht länger als ein Jahr besteht.

Durch eine weitere gesetzliche Vorschrift, nämlich § 81d VAG, wird der Krankenversicherer zu einer angemessenen Dotierung der Rückstellung für erfolgsabhängige Beitragsrückerstattung verpflichtet. Kann der in der Überschussverordnung festgelegte Zuführungssatz nicht bedient werden, kann die Aufsichtsbehörde die Erstellung eines Zuführungsplanes verlangen. Auch hieraus folgt also die Notwendigkeit, mit auskömmlichen Rechnungsgrundlagen zu kalkulieren, um ein ausgeglichenes versicherungsgeschäftliches Ergebnis zu erzielen.

3.2.2   Ermittlungsmethode

Der Solvabilitätsbedarf für das Kalkulationsrisiko lässt sich durch die Gegenüberstellung der versicherungstechnischen Risiken mit den Ertragsquellen aus der Versicherungstechnik bestimmen. Als Quelle lässt sich die Abrechnung der Risikoergebnisse gemäß Nachweisung 231 der Internen Rechnungslegung heranziehen. Danach liegt das Risiko aus Überschaden in der Differenz zwischen tatsächlichen und kalkulierten Kopfschäden der Versicherten, das Risiko aus der Sterblichkeit in der Differenz zwischen tatsächlicher und kalkulierter Lebenserwartung und damit einer verlängerten Vertragsdauer, und das Stornorisiko in der Differenz zwischen tatsächlichen und kalkulierten Stornoaktivitäten, wodurch die freiwerdenden Mittel aus der Alterungsrückstellung niedriger ausfallen als erwartet. Um eine intertemporäre Vergleichbarkeit zu gewährleisten, könnten die jährlichen Risikoergebnisse durch die verdienten Bruttobeitragseinnahmen normiert werden. Zur Quantifizierung der Schwankungen kann der Mittelwert eines bestimmten Zeitfensters gebildet und die Standardabweichung errechnet werden.

Das Kostenrisiko kann durch Summierung der unmittelbaren sowie der mittelbaren Abschlusskosten, des Schadenregulierungskosten- und des Verwaltungskostenergebnisses, der sonstigen Erträge und der sonstigen Aufwendungen, wiederum normiert durch die verdienten Bruttobeiträge, ermittelt werden. Auch hier werden die Schwankungen durch Mittelwertbildung und Standardabweichung bestimmt.

3.2.3   Kumul

Die Quantifizierung des Kumulrisikos kann mangels praktischer Erfahrungen nur anhand von Szenarien versucht werden. Als schwerwiegendstes Krankheitsrisiko gilt nach Auffassung der Weltgesundheitsorganisation eine Influenzapandemie. Im vergangenen Jahrhundert sind drei weltweite Grippewellen aufgetreten, wobei diejenigen in den Jahren 1957–1958 sowie 1968–1970 sich in den Statistiken der Krankenversicherungsunternehmen nicht niedergeschlagen haben. Rechnet man die Auswirkungen der Spanischen Grippe (1918–1920) mit weltweit 20 bis 50 Millionen Todesopfern[5] auf den Marktanteil der privaten Krankenversicherung um, so ergäbe sich eine Belastung mit circa 160.000 grippebedingten Krankenhaustagen. Legt man pro Tag einen durchschnittlichen Erstattungsbetrag von 100 Euro zugrunde, ergibt sich ein Schadenbedarf von 16 Millionen Euro. Das entspricht 1 Promille der Leistungsausgaben der privaten Krankenversicherung im Jahr 2003.

Die Auswirkungen von Terrorangriffen mit lokaler oder regionaler Dimension können angesichts des Marktanteils der privaten Krankenversicherung von circa 10 Prozent und unter der Annahme, dass der Marktanteil im betroffenen Gebiet nicht vom deutschlandweiten Durchschnitt abweicht, minimiert werden. So sind Terrorangriffe mit kurzfristigen Auswirkungen auf den Gesundheitszustand in der Regel durch den überregionalen Ausgleich abgedeckt. Langfristige Schäden können über eine Beitragsanpassung aufgefangen werden. Erst Angriffe, die mehrere Millionen Menschen betreffen, stellen eine Gefährdung dar. In diesem Falle wären jedoch auch die gesetzlichen Versicherungsträger und das Gesundheitswesen insgesamt derart überlastet, dass mit hoher Wahrscheinlichkeit völlig andere Regelungen greifen müssten.

Was Naturkatastrophen anbelangt, so sind auf Grund der Flutwellen in Südostasien erstmals konkrete Annahmen möglich. Geht man in einer Worst-Case-Rechnung von 2.500 Betroffenen mit einem durchschnittlichen Schadenbedarf von 20.000 Euro aus, so beliefe sich das Risiko auf rund 50 Millionen Euro insgesamt. Allein von der privaten Krankenversicherung wären jedoch nur die Aufwendungen für die Erstversorgung im Ausland zu tragen, während für die in Deutschland stattfindende Weiterbehandlung bei rund 90 Prozent der Verletzten die gesetzliche Krankenversicherung eintrittspflichtig ist. Unter Berücksichtigung der auch von vielen gesetzlich Versicherten abgeschlossenen Zusatzversicherungen für Wahlleistungen im Krankenhaus verbliebe ein Finanzierungsanteil der privaten Krankenversicherung von 15 Prozent bis höchstens 20 Prozent, also rund 10 Millionen Euro.

Diese Erwägungen zeigen, dass Kumulrisiken weder in der Zahl der Fälle noch in der Höhe der Versicherungsleistungen eine Ruinwahrscheinlichkeit beinhalten. Ein Ansatz von 1 Prozent der Leistungen aller Krankenversicherungsunternehmen, die sich im Jahre 2003 auf 15.810 Millionen Euro beliefen und beitragsproportional auf die einzelnen Unternehmen aufgeteilt werden, dürfte deshalb zur Quantifizierung des Kumulrisikos mehr als ausreichend sein.

3.3   Operatives Risiko

Über die bereits in den vorstehenden Risikokategorien beschriebenen Sachverhalte hinaus werden weitere Fehler eher selten auftreten. Von den das Geschäftsrisiko charakterisierenden

---

5   Vgl. Annahmen im Bundesgesundheitsblatt Nr. 10/2001, S. 969 ff.

Faktoren Prozessrisiken, personelle Risiken sowie Markt- und Rechtsrisiken dürften die externen Risiken in der Krankenversicherung das größte Gewicht haben, z. B. dann, wenn sich die gesetzlichen Rahmenbedingungen für die Tätigkeit der privaten Krankenversicherung ändern. Da diese Risikokategorie jedoch schwer zu quantifizieren und bisher keine diesbezügliche Datenbasis verfügbar ist, kann nur eine pauschale Berücksichtigung erfolgen. Diese dürfte eher an der unteren Grenze des Spektrums liegen. Zudem ist bei der Aggregation Unabhängigkeit von den sonstigen Risikokategorien zu unterstellen.

4. Zusammenfassung und Ausblick

Die Aufgaben, die die substitutive Krankenversicherung für rund 10 Prozent der Bevölkerung als alleinige Absicherung gegen den Krankheitsfall wahrnimmt, haben zu einer hohen Regelungsdichte geführt, die Vertragsgestaltung und Kalkulation an zwingende gesetzliche Vorgaben bindet. Das Änderungsrisiko bei Krankheitskosten und biometrischen Daten als weitaus wichtigsten Risikofaktoren wird dadurch zu einer beherrschbaren Größe. Dementsprechend waren die Solvabilitätsanforderungen für die Krankenversicherung schon in der Vergangenheit mehr als ausreichend. Die gesetzlichen Maßnahmen seit 1994 haben zu weitergehenden und nachweisbaren Verbesserungen geführt. Die Verpflichtung, die auf die Alterungsrückstellung erzielten Kapitalerträge den Versicherten wieder gutzuschreiben, sowie die Notwendigkeit ausreichender Zuführungen zur Rückstellung für Beitragsrückerstattung wirken sogar als Frühwarnsystem. Selbst die Einführung der privaten Pflegepflichtversicherung zum 1. Januar 1995, die für alle Krankenversicherungsunternehmen eine erhebliche Geschäftsausweitung mit sich brachte, hat, nicht zuletzt dank der vorhandenen Überdeckungen, zu keinen Schwierigkeiten geführt.

Allerdings sollte in Zukunft auch bei Krankenversicherungsunternehmen die Einbeziehung der freien Teile der Rückstellung für Beitragsrückerstattung in die anrechenbaren Eigenmittel möglich sein. Nach § 56a VAG können diese Beträge mit Zustimmung der Aufsichtsbehörde im Interesse der Versicherten zur Abwendung eines Notstandes herangezogen werden. Dabei wird nicht nach Versicherungszweigen unterschieden. Dennoch werden die ungebundenen Teile der Rückstellung für Beitragsrückerstattung nur bei Lebensversicherungen als Eigenmittel anerkannt, ohne dass ein sachlicher Grund für diese Differenzierung erkennbar ist. Auch die Errechnung als Differenz zwischen dem Gesamtrückstellungsbetrag abzüglich der für die folgenden Geschäftsjahre verbindlich festgelegten Entnahmebeträge ist unproblematisch.[6]

---

6 Vgl. § 21 Abs. 2 Satz 2 Nr. 3 KStG.

Im Ergebnis bleibt festzuhalten, dass bei unverändertem rechtlichen und mathematischen Koordinatensystem auch im Rahmen einer risikoorientierten Solvabilitätsermittlung keine Gründe ersichtlich sind, den Eigenmittelbedarf bei der im Anwartschaftsdeckungsverfahren betriebenen Krankenversicherung deutlich zu erhöhen.

VVaG-spezifische Besonderheiten bei Umsetzung von Solvency II

Werner Görg

1.   Ausgangssituation, Grundzüge und allgemeine Auswirkungen von Solvency II

Kaum ein Thema beschäftigt derzeit die europäische Versicherungswirtschaft so sehr wie das EU-Projekt Solvency II. Längst haben die großen Versicherungskonzerne umfangreiche Maßnahmen und Projekte zur Vorbereitung auf den Weg gebracht, wohingegen viele kleinere Unternehmen erst anfangen, sich mit diesem Thema zu beschäftigen und mit großer Sorge auf Umfang und Komplexität der kommenden Aufsichtsregeln blicken.

Hintergrund der forcierten Arbeiten der EU an Solvency II sind existenzgefährdende Krisen, die die europäische und insbesondere die deutsche Versicherungswirtschaft in den letzten Jahren erlebt hat. Der Crash an den Aktienmärkten und die seit einigen Jahren anhaltende Niedrigzinsphase haben zu massivem Abschreibungsbedarf und stillen Lasten bei vielen Versicherern geführt. Daneben ist aber auch ein stark wachsendes Gefährdungspotenzial durch Naturkatastrophen, Terror und Haftpflichtrisiken zu beobachten. Daher drängt die EU auf eine umfassende Neugestaltung der Versicherungsaufsicht innerhalb der Mitgliedstaaten. Ziel ist der Übergang vom statischen Aufsichtsmodell hin zu einem dynamischen, risikobasierten Ansatz.

Im Mittelpunkt von Solvency II stehen einerseits die Quantifizierung künftiger Solvabilitätsanforderungen (Säule 1), andererseits hohe qualitative Anforderungen an das Risikomanagement der Versicherungsunternehmen (Säule 2). Beim quantitativen Aspekt von Solvency geht es darum, die Solvabilitätsanforderungen auf die individuelle Risikoposition der Unternehmen abzustimmen. Die Versicherer müssen soviel Eigenmittel vorhalten, dass eine von der Aufsicht vorgegebene einjährige Ruinwahrscheinlichkeit nicht überschritten wird (zurzeit wird über einen Wert von 0,5 Prozent diskutiert). Ein solcher methodischer Ansatz ist zwar auf den ersten Blick nachvollziehbar, zeigt aber bei genauerem Hinsehen, dass für die Quantifizierung komplexe wahrscheinlichkeitstheoretische Rechenverfahren vonnöten sind. Aus diesem Grund wollen EU und Aufsichtsbehörden ein Standardmodell zur Berechnung der künftigen Soll-Solvabilität entwickeln, das einerseits alle wesentlichen Risiken der Unternehmen einbezieht, andererseits aber auch noch einfach in der Handhabung ist. Die hierfür notwendigen Vereinfachungen werden – um dem Sicherheitsaspekt Rechnung zu tragen – zu deutlich höheren Kapitalanforderungen führen als eine unternehmensindividuell angepasste Modellierung und Quantifizierung der Risiken.

Im Gegenzug wird man den Unternehmen gestatten, interne Modelle zur Berechnung der Solvabilität einzusetzen. Voraussetzung ist eine Zertifizierung durch die Aufsicht. Derartige stochastische Modelle, auch unter den Namen Asset Liability Management oder Dynamische

Finanzanalyse bekannt, erfordern große Investitionen in IT und Personal, so dass sich kleinere oder mittlere Unternehmen deren Einführung nicht leisten können.

Die durch Solvency II induzierte Komplexität bezieht sich aber nicht nur auf die Berechnungsmethodik der Soll-Solvabilität, sondern betrifft auch die Quantifizierung versicherungstechnischer Rückstellungen im Rahmen der Solvabilitätsüberprüfung. Hier ist vor allem der Zusammenhang zur neuen internationalen Rechnungslegung IFRS zu betonen, der der Gedanke einer Fair-Value-Bilanzierung zugrunde liegt. Eine faire Bewertung von Versicherungsverpflichtungen ist aber – gleichgültig, wie diese künftig ausgestaltet sein wird – mit komplexen aktuariellen Berechnungen verbunden. Für große Unternehmen, die ohnehin einen befreienden Konzernabschluss nach IFRS durchführen, bedeutet dies keinen wesentlichen Mehraufwand. Kleinere Versicherer jedoch, die bisher ausschließlich nach HGB bilanzieren, werden sich mit der Notwendigkeit eines umfassenden Know-how-Aufbaus konfrontiert sehen, um die geforderte Solvenzbilanz erstellen zu können.

Ein weiterer erwähnenswerter Aspekt im Zusammenhang mit der Quantifizierung von Risiken ist die Berücksichtigung von Diversifikationseffekten. Dies sind Ausgleichseffekte im Versichertenkollektiv, die das Risiko und damit das benötigte Risikokapital reduzieren. Diversifikationseffekte sind umso stärker, je größer und breiter über verschiedene Sparten gestreut der Bestand eines Versicherungsunternehmens ist. Kleinere und auf wenige Sparten konzentrierte Bestände sind weit weniger diversifiziert und haben damit einen deutlich höheren Risikokapitalbedarf (relativ zum Prämienvolumen).

Zusammenfassend ist festzustellen, dass die quantitative Säule von Solvency II zu erhöhten Kapitalanforderungen führen wird – insbesondere für kleinere und mittlere Unternehmen. Hieraus lässt sich unmittelbar die Notwendigkeit einer wertorientierten Unternehmenssteuerung ableiten: Um künftige Solvabilitätsanforderungen bedecken und weiteres Wachstum finanzieren zu können, muss das vorhandene Risikokapital durch die Erzielung adäquater Gewinne gestärkt werden. Adäquat ist hierbei im Sinne von risikoadäquat zu verstehen: Unternehmensbereiche mit starker Risikoexponierung binden mehr Eigenkapital als risikoarme Sparten und müssen somit mehr absoluten Gewinn erzielen, um ihre Kapitalkosten decken zu können.

Neben dem rein quantitativen Aspekt wird künftig die qualitative Versicherungsaufsicht an Bedeutung gewinnen. Von den Versicherern wird ein umfangreiches, effizientes und in die internen Prozesse eingebundenes Risikomanagement erwartet. In einem engen Dialog zwischen Unternehmen und Aufsicht sollen die Qualität und Wirksamkeit interner Kontrollsysteme analysiert werden. In diesen qualitativen Bereich fallen auch alle nicht quantifizierbaren Risiken, z. B. die mit der derzeitigen politischen Diskussion verbundenen Risiken für die private Krankenversicherung in Deutschland.

Aus Säule 2 von Solvency II resultieren nicht nur Anforderungen an die Versicherungsunternehmen, die die im Rahmen des Gesetzes zur Kontrolle und Transparenz im Unternehmensbereich (KonTraG) aufgebauten Risikomanagementmechanismen weit übersteigen, sondern es müssen auch ausreichend Kapazitäten zur Dokumentation und Erläuterung des Risikomanagements gegenüber der Aufsicht bereitgestellt werden. Versicherer, die kein adäquates qualitatives Risikomanagement vorweisen können, müssen künftig mit einer Bestrafung seitens der Aufsicht in Form von Zuschlägen bei der Solvabilitätsanforderung rechnen.

Zusammenfassend ist auch zum qualitativen Aspekt von Solvency II zu konstatieren, dass die Erfüllung der aufsichtsrechtlichen Anforderungen mit erheblichem zeitlichen und personellen Aufwand verbunden sein wird, was insbesondere kleinere Versicherer vor nicht unerhebliche Probleme stellen dürfte. Soweit der Überblick über die wesentlichen Auswirkungen, die auf Grundlage des heutigen Diskussionstandes bei Solvency II zu erwarten sind. Diese Auswirkungen betreffen die gesamte europäische Versicherungswirtschaft – unabhängig von der Rechtsform der jeweiligen Gesellschaft.

2. VVaG-spezifische Besonderheiten – Ist-Solvabilität

2.1 Berücksichtigung der Nachschusspflicht als Solvenzmittel

Soweit nicht die Voraussetzungen des Ausnahmetatbestandes des § 156a Versicherungsaufsichtsgesetz (VAG) erfüllt sind, richtet sich die erforderliche Kapitalausstattung aller Versicherungsunternehmen unabhängig von ihrer Rechtsform nach § 53c VAG und der hiernach erlassenen Kapitalausstattungsverordnung (KapAusstV). Danach sind Versicherungsunternehmen verpflichtet, zur Sicherstellung der dauernden Erfüllbarkeit der Verträge stets über freie unbelastete Eigenmittel in Höhe der Solvabilitätsspanne zu verfügen, die sich nach dem gesamten Geschäftsumfang bemisst. Ein Drittel der geforderten Solvabilitätsspanne gilt als Garantiefonds.

Die anzurechnenden Eigenmittel ergeben sich aus § 53c Abs. 3 VAG. Für die Kapitalausstattung von Versicherungsvereinen auf Gegenseitigkeit (VVaG) sieht § 53c Abs. 3 S. 1, Nr. 5 b) VAG folgende Sonderregelung vor: Auf Antrag und mit Zustimmung der Aufsichtsbehörde ist bei VVaG, die nicht die Lebens- oder Krankenversicherung betreiben, die Hälfte der Differenz zwischen den nach der Satzung in einem Geschäftsjahr zulässigen Nachschüssen und den tatsächlich geforderten Nachschüssen als Eigenmittel nach § 53c Abs. 1 VAG anzusehen. Allerdings wird die Anrechnungsmöglichkeit der Nachschüsse gemäß § 53c Abs. 3 S. 2 VAG weiter eingeschränkt, da diese nur bis zu einer Höchstgrenze von 50 Prozent des jeweils niedrigeren Betrages der Eigenmittel und der geforderten Solvabilitätsspanne zugerechnet werden.

Die genanten Regelungen wurden durch das Gesetz zur Umsetzung aufsichtsrechtlicher Bestimmungen zur Sanierung und Liquidation von Versicherungsunternehmen und Kreditinstituten vom 10. Dezember 2003 modifiziert.[1] Die Änderungen sind am 1. Januar 2004 in Kraft getreten. Allerdings wird Versicherungsunternehmen, die bereits am 21. März 2002 Versicherungsgeschäfte in Deutschland betrieben haben, eine Übergangsfrist bis zum 1. März 2007 gewährt. Für Pensions- und Sterbekassen verlängert sich diese Frist laut Artikel 6, § 1 des genannten Gesetzes bis zum 31. Dezember 2007.[2]

Während nach bisherigem Recht die Anrechnung von Nachschüssen nur bei Lebensversicherungsunternehmen entfiel, schließt die neue Regelung auch die Krankenversicherungsunternehmen aus dem Anwendungsbereich aus. Wurden bislang die Nachschüsse automatisch als Eigenmittel zugerechnet, erfolgt dies nun nur noch auf Antrag und mit Zustimmung der Aufsichtsbehörde. Aber da die solvabilitätsmäßige Anerkennung von statuarischen Nachschussverpflichtungen insbesondere für die kleineren VVaG von existenzieller Bedeutung ist, müssten Anträge gemäß § 53c Abs. 3 S. 1 Nr. 5 b) VAG künftig wohlwollend behandelt werden.

Die Neugestaltung der Nachschüsse als Antragseigenmittel wirft zunächst die Frage nach der Rechtsnatur der neu geschaffenen Antragspflicht auf. Stellt diese Regelung eine gesetzliche Repression dar oder handelt es sich lediglich um einen Erlaubnisvorbehalt? Zwar trifft der deutsche Gesetzgeber in der Gesetzesbegründung hierzu keine Aussage, jedoch finden sich entsprechende Anhaltspunkte im so genannten Müller-Report[3] für die dieser Neuregelung des VAG zugrunde liegenden EU-Richtlinien.[4] Darin heißt es unter anderem, potenzielle Nachschussforderungen würden ein gewisses Ausfallrisiko bergen, insbesondere in Krisensituationen. Der Aufsichtsbehörde sollte die Möglichkeit gegeben werden, die genannten Solvabilitätsmittel im Einzelfall einer Qualitätsprüfung zu unterziehen. Dennoch sprach man sich für die Beibehaltung der bisherigen Regelungen mit der Einschränkung aus, dass künftig die Summe aus anrechenbaren Eigenmittelsurrogaten und Nachschussforderungen 50 Prozent der Solvabilitätsspanne nicht übersteigen darf. Die vorgeschlagene Einschätzungsprärogative gebe der Aufsichtsbehörde die Möglichkeit einer differenzierten Einzelfallbetrachtung.[5] Hieraus ist aber zu schließen, dass die Anerkennung von Nachschüssen als Eigenmittel durch die Einführung der Antragspflicht nicht generell verboten werden soll, sie soll lediglich bewirken, dass die Zurechnung einer wirksamen vorherigen Kontrolle durch die Aufsichtsbehörde unterworfen wird. Auch nach dem Wortlaut des Gesetzes ist davon auszugehen, dass die Genehmigung als Regel- und die Ablehnung als Ausnahmefall gedacht ist.

Zusammenfassend ist damit festzuhalten, dass die Genehmigung auf Zurechnung der Nachschüsse eines VVaG zu den Eigenmitteln grundsätzlich zu erteilen ist. Eine Ablehnung des Antrages soll nur in Ausnahmefällen bei Vorliegen eines besonderen sachlichen Grundes

---

1   BGBl. I (2003), S. 2478.
2   BGBl. I (2003), S. 2478.
3   Müller-Report (1997), S. 41 f.
4   Vgl. EU-Richtlinien 2002/12/EG bzw. 2002/83/EG.
5   Vgl. Müller-Report (1997), S. 39, 40,42.

erfolgen. Die Aufsichtsbehörde hat nach allgemeinen verwaltungsrechtlichen Grundsätzen bei der Bescheidung des Antrags eine ermessensfehlerfreie Entscheidung zu treffen.

Hinsichtlich der sachlichen Gründe, die eine abschlägige Entscheidung rechtfertigen könnten, schweigt sowohl das Gesetz als auch die Gesetzesbegründung. Als sachliche Gründe könnten das tatsächliche oder rechtliche Risiko des Forderungsausfalls in Betracht kommen. Allerdings dürfte das im Müller-Report angeführte Ausfallrisiko für sich genommen noch keinen ausreichenden Grund für die Ablehnung des Antrages auf Zurechnung der Nachschüsse zu den Eigenmitteln bilden. Denn bereits mit der Einführung der Antragspflicht wurde dieser abstrakten Gefahr Rechnung getragen. Würde man sie als sachlichen Grund für die Zustimmungsverweigerung anerkennen, käme dies einem Verbot der Zurechenbarkeit von Nachschüssen gleich, was, wie bereits festgestellt, mit der Neuregelung gerade nicht beabsichtigt war. Darüber hinaus wurde durch die Begrenzung der Anrechnungsmöglichkeit der Eigenmittelsurrogate und Nachschüsse auf 50 Prozent der Solvabilitätsspanne dem Risiko des Forderungsausfalls zusätzlich Rechnung getragen.

Das genannte Ausfallrisiko kann somit nur bei Hinzutreten weiterer Umstände die Ablehnung der Aufsichtsbehörde rechtfertigen. Nur dann, wenn sich die Aufsichtsbehörde im Einzelfall auf konkrete Anhaltspunkte berufen kann, die eine Zahlungsverweigerung der Mitglieder des VVaG tatsächlich befürchten lassen, ist die Ablehnung des Antrags möglich. Als solchen Anhaltspunkt kann das im Müller-Report aufgeführte Argument, das Risiko eines Forderungsausfalls sei umso größer, je weniger der Versicherungsnehmer Veranlassung habe, sich als Vereinsmitglied mit den damit verbundenen Pflichten zu fühlen, was insbesondere bei Gegenseitigkeitsgesellschaften, die im Wettbewerb wie Aktiengesellschaften auftreten, der Fall sei,[6] nicht in Betracht kommen. Denn die Risikolage ist insofern mit der einer Publikums-Aktiengesellschaft vergleichbar, bei der auch nicht sichergestellt werden kann, dass im Rahmen einer Kapitalerhöhung das benötigte Kapital tatsächlich generiert werden kann. Das tatsächliche Forderungsausfallrisiko ist also nur dann geeignet, die Zurechnung der Nachschüsse als Eigenmittel abzulehnen, wenn im konkreten Einzelfall auf Grund besonderer Umstände darauf zu schließen ist, dass diese Forderung mit sehr großer Wahrscheinlichkeit nicht erfüllt werden wird.

Zu untersuchen ist hinsichtlich der Neugestaltung der Nachschüsse als Antragseigenmittel des Weiteren, ob als sachlicher Grund ein etwaiges rechtliches Risiko des Forderungsausfalls in Betracht kommen, d. h. das Mitglied des VVaG sich darauf berufen kann, die Nachschusspflicht sei nicht rechtlich wirksam begründet worden, z. B. weil es auf die Nachschusspflicht bei Vertragsabschluss nicht gesondert hingewiesen wurde. Vor diesem Hintergrund stellt sich zunächst die Frage der Rechtsnatur der statuarischen Nachschusspflicht. Handelt es sich um eine dem gesellschaftsrechtlichen Verhältnis zwischen dem VVaG und seinem Mitglied zuzuordnende Regelung oder ist das vertragsrechtliche Verhältnis zwischen dem VVaG und seinem Versicherungsnehmer betroffen? Die Entscheidung dieser Frage ist deshalb von besonderer Bedeutung, da § 310 Abs. 4 S. 1 BGB bestimmt, dass die Regelungen der Inhaltskontrolle von Allgemeinen Geschäftsbedingungen gemäß den §§ 305 ff. BGB auf gesellschafts-

---

[6] Vgl. Müller-Report (1997), S. 42.

rechtliche Verträge keine Anwendung finden, sich insofern also der Beurteilungsmaßstab für die wirksame Vereinbarung der Nachschusspflicht unterscheidet. Zu den gesellschaftsrechtlichen Regelungen im Sinne dieser Vorschrift zählt unter anderem das Vereinsrecht.[7] Der Bundesgerichtshof hat klargestellt, dass diese Bereichsausnahme auch für Rechtsverhältnisse zwischen VVaG und seinen Mitgliedern gilt, sofern diese unmittelbar auf dem Gesellschaftsvertrag beruhen, mitgliedschaftlicher Natur sind und dazu dienen, den Gesellschaftszweck zu verwirklichen.[8]

Die Basisregelung für die Nachschusspflicht ist § 24 VAG. Danach hat die Satzung zu bestimmen, wie die Ausgabendeckung des VVaG erfolgen soll. Das Gesetz unterscheidet als Beitragssystem das einfache Umlageverfahren und die Vorauserhebung von Beiträgen. Im letzteren Fall hat die Satzung außerdem zwingend zu bestimmen, ob Nachschüsse erhoben werden können. Der Nachschuss ist eine rechtsformspezifische Besonderheit des VVaG.[9] Im Gegensatz zu anderen Gesellschaftsformen hat der VVaG kein festes Eigenkapital, die Mitglieder haben keine Einlage zu bringen. Kapital, das der VVaG benötigt, um das Versicherungsgeschäft betreiben zu können, wird über die Beiträge der Mitglieder generiert. Die als Teil des Beitragssystems normierte Nachschusspflicht dient damit unmittelbar dem in § 15 VAG niedergelegten Zweck des VVaG, die Versicherung seiner Mitglieder nach den Grundsätzen der Gegenseitigkeit zu betreiben. Über die Regelungen des § 23 AktG hinaus gehören die Regelungen zum Beitragssystem gemäß § 24 VAG zu den zwingenden Satzungsbestandteilen eines VVaG, die der Bundesgerichtshof grundsätzlich als organisationsrechtliche Vorschrift gewertet hat.[10] Es handelt sich nicht um eine nur äußerlich (als unechter Satzungsbestandteil) in die Satzung aufgenommene Regelung einer schuldrechtlichen Beziehung, sondern um einen (echten) materiellen Satzungsbestandteil. Entscheidend für die Beurteilung ist, ob es sich um eine Regelung handelt, die lediglich auf Grund der Sondervorschrift des § 10 Abs. 2 VAG in die Satzung des VVaG aufgenommen werden kann, also entweder ausschließlich oder zumindest doch neben dem gesellschaftsrechtlichen das schuldrechtliche Verhältnis betreffen (Doppelcharakter) oder ob der Regelungsgegenstand ausschließlich die Mitgliedschaftsrechte und Pflichten im engeren Sinne betrifft.[11] Letzteres ist bei der Nachschusspflicht der Fall, denn diese Pflicht trifft nur die Mitglieder des VVaG, während die Nichtmitglieder hiervon ebenso wenig betroffen sein können wie die Aktionäre einer Versicherungsaktiengesellschaft.[12] Denn anstelle der Nachschusserhebung steht der Aktiengesellschaft das Mittel der Kapitalerhöhung zur Verfügung. Die mitgliedschaftliche Natur ergibt sich des Weiteren daraus, dass es sich bei der Nachschusspflicht nicht um eine ausschließlich nachteilige Regelung handelt. Vielmehr bietet es dem Mitglied eine weitgehende Sicherung seiner Ansprüche.[13] Letztlich ist die Regelung der Nachschusspflicht der

---

7   Vgl. BT-Drucksache 7/3919, S. 41.

8   Vgl. BGHZ 136, 394, 397.

9   Vgl. Weigel (1997), § 24 Rdn. 7; Präve (1996), 249 f.

10   Vgl. BGHZ 136, 394, 398.

11   Vgl. Fricke (1996), 1449 f.

12   Vgl. Weigel (1997), § 24 Rdn. 7.

13   Vgl. Präve (1996), 249 f.

Obersten Vertretung als Willensbildungs- und Beschlussgremium der Mitglieder übertragen, was ebenfalls für die Zuordnung zur vereinsrechtlichen Rechtssphäre spricht. Festzuhalten ist damit, dass die statuarische Nachschusspflicht des VVaG wegen ihres ausschließlich gesellschaftsrechtlichen Charakters nicht der Inhaltskontrolle der §§ 305 ff. BGB unterliegt.[14]

Allerdings sind zumindest die gesellschaftsrechtlichen Satzungsregelungen, die nicht individuell ausgehandelt wurden, sondern einseitig vom Unternehmen festgelegt wurden, wie dies bei den meisten VVaG der Fall sein dürfte, nicht vollständig von einer Inhaltskontrolle ausgenommen.[15] Für Satzungsbestimmungen von Publikumsgesellschaften hat der Bundesgerichtshof bereits entschieden, dass diese gemäß § 242 BGB nach den Grundsätzen von Treu und Glauben zu beurteilen sind.[16] Die anhand dieser Maßstäbe vorgenommene Überprüfung der Satzungsklauseln dürfte zwar nicht immer mit den Ergebnissen einer Kontrolle nach den AGB-rechtlichen Regelungen übereinstimmen, jedoch ist zu berücksichtigen, dass der Gesetzgeber bei Einführung des AGB-Gesetzes, dessen Regelungen heute in den §§ 305 ff. BGB enthalten sind, keine neue Rechtslage geschaffen, sondern lediglich die von der Rechtsprechung anhand der zivilrechtlichen Generalklauseln entwickelten Grundsätze kodifiziert hat.[17]

Es stellt sich daher die Frage, ob es, wie teilweise vertreten[18], zur wirksamen Vereinbarung der statuarischen Nachschusspflicht eines gesonderten Hinweises des Mitglieds bei Abschluss des Versicherungsvertrages bedarf. Nach § 24 VAG stehen die verschiedenen Beitragssysteme sowie die Erhebung und der Ausschluss von Nachschüssen gleichrangig nebeneinander. In der Vergangenheit wurde die Genehmigung von Nachschussausschlüssen von der Aufsichtsbehörde sehr restriktiv gehandhabt, während die Aufsichtspraxis heute, vorwiegend aus Wettbewerbsgründen, diesbezüglich großzügiger ist.[19] Dennoch ist die statuarische Nachschusspflicht heute noch sogar bei großen VVaG vielfach anzutreffen[20] und damit als branchenüblich anzusehen. Als, wie festgestellt, marktüblich ist diese Regelung für den Versicherungsnehmer nicht so ungewöhnlich, dass er beim Abschluss des Vertrages hierauf nochmals gesondert hinzuweisen wäre. Damit reicht es zur wirksamen Vereinbarung der statuarischen Nachschusspflicht aus, wenn dem Vereinsmitglied die diese Regelung enthaltende Satzung bei Vertragsabschluss übergeben wird. Die oben aufgeworfene Frage, ob als sachlicher Grund für die Ablehnung der statuarischen Nachschüsse ein etwaiges rechtliches Risiko des Forderungsausfalls in Betracht kommen, d. h. das Mitglied des VVaG sich darauf berufen kann, die Nachschusspflicht sei nicht rechtlich wirksam begründet worden, weil es auf die bestehende Nachschusspflicht nicht gesondert hingewiesen wurde, ist damit zu verneinen.

---

14 Vgl. auch Benkel 2002), S. 287; Weigel (1997), § 24 Rdn. 7; Präve (1996).
15 Vgl. Benkel (2002), S. 283.
16 Vgl. BGH NJW-RR 1996, S. 676 m. w. N.; BGH BB 1988, S. 1273 f.; Benkel (2002), S. 283 m. w. N.
17 Vgl. BGHZ 136, 394, 399; Fricke (1996), S. 1449, 1451.
18 Vgl. Weigel (1997), § 24 Rdn. 7.
19 Vgl. Präve (1996), S. 249, 250.
20 Vgl. Benkel (2002), S. 129.

Abschließend kann festgehalten werden, dass der Zurechnung der statuarischen Nachschüsse seitens der Aufsichtsbehörde grundsätzlich zuzustimmen ist, es sei denn, es liegen besondere Anhaltspunkte vor, die tatsächlich oder rechtlich einen Forderungsausfall im konkreten Einzelfall befürchten lassen. Diese Wertung der VVaG-spezifischen Besonderheit der Anrechnung der statuarischen Nachschüsse als Eigenmittel ist bei der Umsetzung von Solvency II zu berücksichtigen.

2.2 Statuarische Sanierungsinstrumentarien des § 41 III S. 2 VAG als Solvenzmittel

Neben der Nachschusspflicht besteht bei Versicherungsvereinen ein weiteres rechtsformspezifisches Sanierungsinstrument zur Bewältigung von versicherungstechnischen Schieflagen. Nach § 41 Abs. 3 S. 2 VAG sind unter bestimmten Voraussetzungen Beitrags- und Bedingungsanpassungen auch für bestehende Versicherungsverträge möglich.[21] Da es sich bei der alle Versicherungsnehmer betreffenden Nachschusspflicht ebenfalls um ein Sanierungsinstrument handelt, lässt sich immerhin erwägen, auch die statuarisch vorgesehene Beitrags- bzw. Bedingungsanpassung wie Solvenzkapital zu behandeln.

Es kann an dieser Stelle dahinstehen, ob eine solche statuarisch vorgesehene Eingriffskompetenz in bestehende Verträge als vertragsnahe Regelung verstanden wird, die den Vorschriften der §§ 10 Nr. 4 AGBG und 9 AGBG bzw. § 308 Nr. 4 BGB, § 307 BGB unterliegen.[22] Selbst wenn viel dafür sprechen sollte, diese statuarische Eingriffsermächtigung in bestehende Versicherungsverhältnisse eher dem Gesellschaftsrecht zuzuordnen, verbleibt doch die Erkenntnis, dass sich insoweit der gerichtliche Prüfungsmaßstab nach den generellen Normen der §§ 242, 315 BGB vom Prüfungsmaßstab des ehemaligen AGB-Gesetzes nicht fundamental unterscheidet.

Ein wesentlicher Unterschied besteht indessen in den praktischen finanzwirtschaftlichen Auswirkungen der Erhebung von Nachschüssen einerseits und der Anwendung des § 41 Abs. 3 S. 2 VAG andererseits. Letztere bleibt in ihrer Liquiditäts- und damit in ihrer unmittelbaren Sanierungswirkung weit hinter den Wirkungen einer Nachschusspflicht zurück. Eine Beitrags- bzw. Bedingungsanpassung mit Wirkung für bestehende Verträge greift nur versicherungszweig- bzw. versicherungsartenspezifisch. Sie ist damit gesamthaft bezüglich ihrer finanziellen Dimension, insbesondere aber wegen ihrer Volatilität nicht geeignet, dem solvenzrelevanten Eigenkapital etwa nach § 53c VAG de lege lata gleichgestellt zu werden.

---

21   Vgl. Wandt (2000), Rn. 17; Lorenz (1996), S. 1206 f.; OLG Hamm (VersR 1993), S. 1342 f.; Weigel (1997), § 41 VAG Rn. 1; Fricke (1996), S. 1449, 1455; BGH 1997, S. 1515, 1518; GB BAV (2000), S. 17, Amtliche Begründung zum VAG, Motive, S. 38; Baumann (1999), S. 881, 886; Rn. 113 f., Rn. 269.

22   Vgl. Präve (1996), S. 249, und (1994), S. 255 f.; GB BAV (1994), S. 20; zum allgemeinen Bestimmtheitsgebot vgl. Wandt (2000), Rn. 277, Rn. 282.

3.   Bedeutung künftiger Solvenzanforderungen für kleinere VVaG – Soll-Solvabilität

3.1   Aktuelle Solvabilitätsanforderungen

3.1.1   An kleine VVaG

Die geltenden Solvabilitätsvorschriften im Bereich der Kompositsparten unterscheiden bezüglich der Solvenzanforderungen drei Größenklassen.[23] Betreibt ein Versicherungsverein weder Haftpflichtversicherung noch Kredit- bzw. Kautionsversicherung und liegen seine jährlichen Beitragseinnahmen unter 1,9 Millionen Euro, so finden auf ihn die geltenden Solvabilitätsvorschriften der Kapitalausstattungsverordnung bzw. § 53c VAG keine Anwendung, wenn es sich als weitere Voraussetzung nach Feststellung der Aufsichtsbehörde um einen kleineren Versicherungsverein handelt.

1. Grundsätzlich ist für die Beaufsichtigung solcher Unternehmen die BaFin zuständig. Bei „geringwirtschaftlicher Bedeutung" kann die Aufsicht auf Antrag der BaFin mit Zustimmung der Landesregierung auf die Landesaufsichtsbehörde übertragen werden.

2. Bei Lebensversicherungsvereinen mit Beiträgen, die in drei aufeinander folgenden Jahren unter 5 Millionen Euro p. a. lagen, finden die Vorschriften der Kapitalausstattungsverordnung keine Anwendung (§ 7 KapAusstV). Für Pensions- und Sterbekassen gilt Entsprechendes (§ 8a KapAusstV).

Schließlich sind statuarisch Nachschüsse vorbehalten bzw. es dürfen in bestimmten Notsituationen Versicherungsansprüche gekürzt werden. Solche Sach- und Haftpflichtversicherten-Vereine haben regional, insbesondere in Norddeutschland, ganz erhebliche wirtschaftliche, wirtschaftspolitische, aber auch kulturelle Aufgaben. Darüber hinaus finden sich ähnliche Strukturen in zum Teil ausgeprägter Form in anderen europäischen Ländern, insbesondere in Frankreich und Österreich. Solche Versicherungsvereine bewahren traditionell eine am Subsidiaritätsprinzip orientierte Bewältigung von Risiken, meist Elementargefahren, und garantieren die Existenz eigenverantwortlicher Entscheidungskompetenz insbesondere im ländlichen Raum.

So sind im Verband der Versicherungsvereine auf Gegenseitigkeit e.V. 130 Versicherungsvereine zusammengeschlossen, von denen 100 ein jährliches Beitragsaufkommen von weniger als 500.000 Euro erzielen, einige sogar weniger als 50.000 Euro. Viele Vereine wurden im 16. und 17. Jahrhundert gegründet, der älteste bereits 1480. Bei solchen kleineren Versicherungs-

---

[23] Da die Anwendung zukünftiger Solvenzanforderungen für große VVaG selbstverständlich ist, beschränkt sich die Untersuchung zunächst auf kleinere und im Folgenden auf mittelgroße VVaG.

vereinen finden zwar die Regeln der Kapitalausstattungsverordnung und des § 53c VAG keine Anwendung; dies bedeutet indessen nicht, dass sie ohne Eigenkapitalausstattung ihr Versicherungsgeschäft betreiben dürften. Vielmehr müssen sie nach § 8 Abs. 1 S. 1 Nr. 3 VAG darlegen, dass die Belange der Versicherten ausreichend gewahrt und die Verpflichtungen aus Versicherungsverträgen dauerhaft erfüllbar sind. Für diesen Nachweis sind insbesondere statuarische Bestimmungen erforderlich, die den Verein zwingen, erzielte Überschüsse nicht etwa für Beitragsrückerstattungen oder eine Überschussverteilung zu verwenden, sondern im Unternehmen zu thesaurieren.

3.1.2   An mittlere VVaG

Neben den kleineren Versicherungsvereinen gibt es im Sach- bzw. Haftpflichtbereich noch die mittelgroßen Vereine mit Beitragsvolumina über 1,9 Millionen Euro, aber unter 5 Millionen Euro. Ein mittelgroßer VVaG erhält insofern solvabilitätsmäßige Erleichterungen, als der Mindestgarantiefonds auf 900.000 Euro in den Sparten Kredit/Kaution bzw. Haftpflicht und auf 600.000 in den sonstigen Sachsparten festgelegt ist, § 2 IV KapAusstV. Bei den großen Versicherungsvereinen erstrecken sich die solvabilitätsmäßigen Erleichterungen auf eine 2-prozentige Reduzierung des Mindestgarantiefonds.

3.2   Geltung künftiger Solvenzanforderungen für kleinere Versicherungsvereine

Für mittlere und große VVaG gibt es bei der Anwendung von Solvency II lediglich rechtsformspezifische Besonderheiten bei der Ist-Solvabilität zu beachten. Hierbei geht es namentlich darum, die statuarische Nachschusspflicht im Rahmen der Solvenzausstattung zu berücksichtigen.

Es erhebt sich grundsätzlich die Frage einer Anwendbarkeit zukünftiger Solvenzanforderungen für kleinere VVaG. Denn man muss zunächst konstatieren, dass bereits de lege lata die klassischen Solvabilitätsanforderungen für kleinere Versicherungsvereine nicht gelten. Es erscheint daher zumindest denkbar, dass auch Solvency II für diese Versicherungsunternehmen keine Geltung beanspruchen kann.

Des Weiteren könnte sich eine vollständige Anwendung von komplexen Solvabilitätsregeln bereits unter dem Blickwinkel administrativer Machbarkeit für kleinere VVaG verbieten. Gestärkt wird eine solche Ausgangsüberlegung von der Erkenntnis, dass auch in anderen europarechtlich vorangetriebenen Projekten die Notwendigkeit einer verwendergerechten Vereinfachung zwingend geboten erscheint. So wird im IASB unter dem Titel „Financial Reporting Standards for Small and Medium-sized Entities" darüber diskutiert, in welchem

Umfang IFR-Standards für kleine und mittelgroße Unternehmen modifiziert werden müssen. Getragen wird diese Diskussion von der These, dass die Erstellung von Abschlüssen bei voller Anwendung von IAS zu unvertretbaren Aufwendungen führen würde und demzufolge die temporäre Anwendung größenspezifischer Erleichterungen den Übergang auf die vollständige IAS-Bilanzierung erleichtern müsste. Schließlich sind die Parallelen von Solvency II zu Basel II zu berücksichtigen. Danach werden sowohl die Mindestanforderungen zum Betreiben des Kreditgeschäftes als auch die Vorschriften für interne Kontrollsysteme und das Risikomanagement zugunsten kleinerer Genossenschaftsbanken auf deren Geschäfte, Größe und interne Leistungsfähigkeit zum Teil deutlich angepasst.

Es erscheint wenig zielführend, sich auf Ausnahmetatbestände der geltenden Solvabilitätsbestimmungen (Solvency I) zu berufen. Sie sind in ihrer pauschalen Anknüpfung an Prämienvolumina (Sach/Haftpflicht, Kranken) oder den Bestand der Deckungsrückstellung (Leben) kaum an der tatsächlichen Risikolage eines Versicherungsunternehmens orientiert. Sieht man in Solvency II ein Bekenntnis zur wertorientierten Unternehmenssteuerung, dann ist nicht erkennbar, warum eine wertorientierte, risikomindernde Unternehmenssteuerung bei kleinen Versicherungsvereinen entbehrlich sein sollte. Im Ergebnis gilt diese Betrachtung auch für den Versuch, Parallelen zum IFRS-Projekt für kleine und mittlere Unternehmen des IASB zu ziehen. Hier geht es im Wesentlichen um die Befriedigung von Informationsbedürfnissen Dritter, wohingegen die Anwendung von Solvency II die Sicherheit der Ansprüche von Kunden oder Dritten in Fällen existenzvernichtender Schäden erhöhen soll. Abgesehen von der unterschiedlichen Zielrichtung verbietet sich eine solche Differenzierung marktbedingt. Denn ein Unternehmen, das marktweit geltende Standards nicht erfüllen muss, wird erhebliche Wettbewerbsnachteile erleiden.

Vor diesem Hintergrund werden sich auch kleinere VVaG mit Solvency II befassen und dieses System anwenden müssen. Hierbei wird den Belangen kleinerer Unternehmen implizit in der Weise Rechnung getragen, dass jeder Versicherer legitimiert ist, ein aufsichtsrechtlich anerkanntes Standardmodell anzuwenden. Dieses ist in seiner Komplexität stark reduziert und von den einzelnen Unternehmen problemlos einsetzbar, insbesondere wenn es ausschließlich mit Zahlen des Geschäftsberichtes oder der aufsichtsbehördlich geforderten Nachweisungen zu bewältigen ist. Sollte das VVaG-spezifische Sanierungsmedium einer Beitrags- und Bedingungsanpassung[24] von einem Verein mit Erfolg genutzt werden, kann dies im Zuge eines unternehmensspezifischen Solvenzmodells berücksichtigt werden.

Das klare Bekenntnis zu Solvency II beinhaltet indessen auch, dass die betroffenen Unternehmen den Anforderungen von Solvency II intellektuell und finanziell in vollem Umfang gerecht werden. Hiermit einher geht sodann die Feststellung, dass zusätzliche Anforderungen an diese Unternehmen entbehrlich sind, ja schädlich wären. Damit verbietet sich jede Art von Mindestanforderungen an die Solvabilitätsausstattung für kleinere VVaG. Eine solche Erstreckung etwa der Mindestgarantiefonds auf kleinere Unternehmen hätte deren Ende zur Folge.

---

[24] Vgl. § 41 III S. 2 VAG.

Im Ergebnis bleibt festzuhalten, dass Solvency II auch für kleine VVaG gelten wird. Sie werden das Standardmodell anwenden. Ausstattungs- bzw. Mindestanforderungen im Sinn eines Mindestgarantiefonds geltenden Rechts sind nicht erforderlich und wären weitgehend existenzvernichtend. Es kann allenfalls diskussionsfähig sein, die Schwellenwerte von 1,9 Millionen im Bereich Schaden/Unfall bzw. 5 Millionen im Bereich Leben inflationsbedingt anzupassen. Da es sich bei den übrigen solvabilitätsmäßigen Erleichterungen mittelgroßer und großer VVaG um eine rechtskonforme Transformation der EU-Richtlinie 2002/12/EG bzw. 2002/83/EG und 2002/13/EG handelt, bedarf es auch insoweit durch Solvency II keiner Modifizierung.

Literatur

BAUMANN, H. (1999): Bedingungsanpassungsklauseln bei Versicherungs-Aktiengesellschaften und -Gegenseitigkeitsvereinen, in: JZ 1999, 881–887.

BENKEL, G. A. (2002): Der Versicherungsverein auf Gegenseitigkeit. München 2002.

FRICKE, M. (1996): Gesetzgeberischer und autonomer Verbraucherschutz im Widerstreit, in: VersR 1996, 1449–1457.

GB BAV (1994): Geschäftsbericht des Bundesaufsichtsamts für das Versicherungswesen, Teil A.

GB BAV (2000): Geschäftsbericht des Bundesaufsichtsamts für das Versicherungswesen, Teil A.

LORENZ, E. (1996): Vorbehalt zur Änderung der AVB für bestehende Verträge in der Satzung eines VVaG, in: VersR 1996, S. 1206–1209.

MÜLLER-REPORT (1997): Bericht über die Solvabilität der Versicherungsunternehmen der Konferenz der Versicherungsaufsichtbehörden der Mitgliedstaaten der Europäischen Union, Brüssel, April 1997.

PRÄVE, P. (1994): Das dritte Durchführungsgesetz/EWG zum VAG. Ausgewählte Fragen des neuen Aufsichts- und Vertragsrechts, in: ZfV 1994, S. 255–262.

PRÄVE, P. (1996): AVB-Änderungsvorbehalte in Satzungen von Versicherungsvereinen auf Gegenseitigkeit, in: r+s 1996, S. 249–252.

WANDT, M. (2000): Änderungsklauseln in Versicherungsverträgen, Veröffentlichungen der Hamburger Gesellschaft zur Förderung des Versicherungswesens mbH 24/2000.

WEIGEL, H.-J.. (1997) in: Prölss (Hrsg.): Kommentar zum VAG, 11. Auflage, München 1997.

Spezifische Aspekte von Solvency II für öffentliche Versicherer

Doris Helbig / Rolf Kupitz

1.   Markt der öffentlichen Versicherer

Dieser Beitrag untersucht, welche spezifischen Aspekte von Solvency II für öffentliche Versicherer gelten. Grundsätzlich sind sie wie jedes andere Wettbewerbsunternehmen in Deutschland den gleichen internen und externen Risiken ausgesetzt. Spezifika ergeben sich aus Besonderheiten der Gruppe der öffentlichen Versicherer in der Marktstellung sowie der Struktur von Organisation, Eigentümern und Beständen.

Die Gruppe der öffentlichen Versicherer ist mit einem Beitragsaufkommen von insgesamt 15,8 Milliarden Euro und einem Marktanteil von 10,9 Prozent[1] die „Nummer zwei" im deutschen Versicherungsmarkt. Die einzelnen öffentlichen Versicherer sind in ihren jeweiligen Regionen fest verankert und beziehen dort starke Marktpositionen. Eigentumsverhältnisse, Größe, Rechtsform und Strukturen sind jedoch durchaus heterogen.

Bis zum Einsetzen der Deregulierung des Versicherungsmarktes im Jahr 1994 ließen sich im Wesentlichen zwei Kategorien öffentlicher Versicherer unterscheiden: zum einen Unternehmen, die die Gebäude-Feuerversicherung als Monopolanstalten betrieben, und zum anderen im vollen marktwirtschaftlichen Wettbewerb stehende Gesellschaften. Die Deregulierung leitete für die öffentlichen Versicherer einen Prozess der Umstrukturierung, Neuorientierung und Konzentration ein. Heute gehören zur Gesamtgruppe fünf größere und einige kleinere Gruppen, wobei die fünf größten Unternehmensgruppen über 90 Prozent des gesamten Prämienaufkommens erzielen.[2]

Die früher vorherrschende öffentlich-rechtliche Rechtsform der öffentlichen Versicherer wird seit einigen Jahren zunehmend durch die Bildung von Konzernen mit operativen Versicherungs-Aktiengesellschaften abgelöst. Hinzu kam für viele öffentliche Versicherer eine tief greifende Veränderung in der Trägerschaft. Die Gewährträgerhaftung ist in vielen Fällen durch die (Mit-) Eigentümerstellung der Sparkassen-Finanzgruppe ersetzt worden. Sparkassen und öffentliche Versicherer sind seitdem neben einer langjährigen und erfolgreichen Vertriebspartnerschaft durch die Eigentümerrolle eng miteinander verbunden.

Die Einbindung in die Sparkassen-Finanzgruppe bzw. die Gewährträgerschaft oder Trägerschaft anderer öffentlich-rechtlicher Institutionen bedeutet faktisch, dass sich die öffentlichen Versicherer Eigenkapital nicht auf dem Kapitalmarkt beschaffen. Gleichzeitig ist das Einbringen von Eigenkapital durch die Eigentümer oder Gewährträger nicht üblich. Die öffentlichen Versicherer bilden es also, wie schon während ihrer gesamten Geschichte, durch Thesaurierung selbst. Seit einigen Jahren werden verstärkt Gewinnausschüttungen auf bestehen-

---

1   Vgl. Verband öffentlicher Versicherer (2004), S. 8.
2   Vgl. Verband öffentlicher Versicherer (2004), S. 44 ff.

des Stamm- bzw. Grundkapital vorgenommen. Beides führt zu der Notwendigkeit einer auch ertragsorientierten Unternehmenspolitik, ohne die am öffentlichen Auftrag ausgerichteten Unternehmensziele zu vernachlässigen.

Vor diesem Hintergrund erklärt sich die überdurchschnittliche Eigenkapitalausstattung, insbesondere in der Schaden- und Unfallversicherung (vgl. Abbildung 1). Das versicherungstechnische Risiko, im Besonderen die von Elementarereignissen geprägte Volatilität in der Sachversicherung, das Kapitalanlagerisiko und das Unternehmensrisiko insgesamt werden so weitestgehend von den Gesellschaften getragen, ohne Eigentümer bzw. Gewährträger in Anspruch zu nehmen. Auch das Wachstum kann auf diese Weise mit Eigenkapital unterlegt werden.

	Sichtbares Eigenkapital in % der gebuchten Prämien feR	Gewinnausschüttung im Verhältnis zum Bruttoüberschuss nach Steuern
ÖVU	68,88	79,0
AG	43,51	93,7
VVaG	61,83	53,4
Markt	51,63	80,5

Quelle: KIVI (2004b)

Abbildung 1: *Eigenkapital und Ausschüttung in der Schaden- und Unfallversicherung 2003[3]*

2. Eigenmittelausstattung und Kapitalanlagerisiken

Abbildung 2 sind die Eigenmittel und die Eigenmittelquote für die Lebensversicherungsbranche insgesamt und die Gruppe der öffentlichen Lebensversicherer zu entnehmen. Zu den Eigenmitteln werden das Eigenkapital, die freie Rückstellung für Beitragsrückerstattung und

---

3   Zum Vergleich der öffentlichen Versicherer (ÖVU) mit den privaten Aktiengesellschaften, den Versicherungsvereinen auf Gegenseitigkeit (VVaG) und dem Gesamtmarkt wird in diesem Beitrag auf den Zahlenband des Kölner Institutes für Versicherungsinformation GmbH (KIVI) zurückgegriffen. Er bietet gegenüber anderen Veröffentlichungen (z. B. der BaFin) den Vorteil, dass die Zusammenfassung der öffentlichen Versicherer nach ihrem Selbstverständnis und nicht nach der Rechtsform erfolgt. Die KIVI-Zahlenbände sind repräsentativ; bei den Lebensversicherern wurden 75 Unternehmen mit einem Marktanteil von 97 Prozent, bei den Schaden- und Unfallversicherern 124 Unternehmen mit einem Marktanteil von 95 Prozent einbezogen.

der Schlussüberschussanteilfonds gezählt. Die Eigenmittelquote ist definiert als Eigenmittel dividiert durch die Summe aus 4 Prozent der mathematischen Reserven, 1 Prozent der Deckungsrückstellungen der fondsgebundenen Lebensversicherung und 3 Promille des riskierten Kapitals für eigene Rechnung.[4]

Am Stichtag 31. Dezember 2003 lag die Eigenmittelquote der öffentlichen Lebensversicherer knapp unter dem Niveau der Branche. Mit Hilfe noch durchzuführender Untersuchungen wird zu klären sein, wie sich die erweiterte Definition der Risikotragfähigkeit in Form der so genannten Available Solvency Margin beim Solvency-II-Projekt des deutschen Aufsichtsmodells auf einen Vergleich der öffentlichen Lebensversicherer mit der Branche auswirkt. Dabei ist der Einbezug der stillen Reserven der Kapitalanlagen in die Definition der Available Solvency Margin von großer Bedeutung.

Öffentliche Versicherer		Branche	
Mio. Euro	in %	Mio. Euro	in %
4.893	175,5	43.623	179,7

Quelle: KIVI (2004a)
Abbildung 2: *Lebensversicherer Eigenmittel und Eigenmittelquote 2003*

In Abbildung 3 sind das Eigenkapital und der Deckungsgrad für die Schaden- und Unfallversicherungsbranche insgesamt und die Gruppe der öffentlichen Schaden- und Unfallversicherer dargestellt. Unter Eigenkapital werden hier die Ist-Solvabilitätsmittel II (korrigiertes Eigenkapital) subsumiert. Deckungsgrad wird im Sinne eines Deckungsgrads II verstanden; dieser ist definiert als Deckungsgrad I, gekürzt um die Hälfte des nicht eingezahlten gezeichneten Kapitals, immaterielle Aktiva und latente Steuern sowie erhöht um die Hälfte des Sonderpostens mit Rücklageanteil. Dabei setzt der Deckungsgrad I das sichtbare Eigenkapital ins Verhältnis zur Soll-Solvabilität (Solvabilitätsspanne).[5]

Am 31. Dezember 2003 lag der Deckungsgrad der öffentlichen Schaden- und Unfallversicherer weit über dem Niveau der Branche. Dieser Unterschied wird durch den Einbezug der stillen Reserven der Kapitalanlagen in die Definition der Available Solvency Margin nach Solvency II kleiner werden, da die stillen Reserven – bezogen auf den Buchwert der Kapitalanlagen – bei der Gruppe der öffentlichen Schaden- und Unfallversicherer deutlich geringer sind als bei der Branche insgesamt. Die Branche der Schaden- und Unfallversicherer verfügte insbesondere in der Position Beteiligungen/Verbundene Unternehmen über weitaus höhere stille Reserven als die öffentliche Vergleichsgruppe.

---

4   Vgl. KIVI (2004a), S. 32.
5   Vgl. KIVI (2004b), S. 38.

Öffentliche Versicherer		Branche	
Mio. Euro	in %	Mio. Euro	in %
3.432	369,6	20.726	275,4

Quelle: KIVI (2004a)
Abbildung 3: *Schaden- und Unfallversicherer: Eigenkapital und Deckungsgrad 2003*

Abbildung 4[6] zeigt die Kapitalanlagestruktur aller Lebensversicherer und der Gruppe der öffentlichen Lebensversicherer zum 31. Dezember 2003. Größere Unterschiede sind kaum erkennbar; dem höheren Anteil, den die Lebensversicherungsbranche in festverzinslichen Wertpapieren direkt hält, steht bei den öffentlichen Lebensversicherern ein höherer Anteil von Rentenfonds an allen Kapitalanlagen gegenüber. Die risikopolitisch abgeleiteten erforderlichen Eigenmittel in Form von Solvency Capital Requirements (SCR) für Kapitalanlage- bzw. G_1-Risiken gelten für öffentliche Lebensversicherer in ähnlicher Weise wie für nicht öffentliche.

31. Dezember 2003	Öffentliche Versicherer		Branche	
	Mio. Euro	in %	Mio. Euro	in %
Grundstücke	963	1,4	14.121	2,3
Anteile und Ausleihungen an verbundene Unternehmen und Beteiligungen	3.804	5,7	35.099	5,8
Aktien, Investmentanteile und andere nicht festverzinsliche Wertpapiere	18.622	27,9	153.516	25,2
Inhaberschuldverschreibungen und andere festverzinsliche Wertpapiere	2.982	4,5	46.835	7,7
Hypotheken	7.731	11,6	66.976	11,0
Namensschuldverschreibungen, Schuldscheinforderungen und Darlehen	29.529	44,3	269.845	44,3
Policendarlehen	777	1,2	5.475	0,9
Einlagen bei Kreditinstituten	745	1,1	7.375	1,2
Übrige Ausleihungen und andere Kapitalanlagen	1.498	2,2	9.453	1,6
Summe aller Kapitalanlagen	**66.650**	**100,0**	**608.694**	**100,0**

Quelle: BaFin (2003)
Abbildung 4: *Kapitalanlagen bei Lebensversicherern*

---

6 Vgl. auch Verband öffentlicher Versicherer (2004).

Bemerkenswerte Besonderheiten auf Grund der Zugehörigkeit zur Gruppe der öffentlichen Unternehmen sind auf der Kapitalanlageseite kaum feststellbar. Die individuelle Kapitalanlagestrategie einzelner Lebensversicherer, beispielsweise im Hinblick auf die Duration der Aktiva oder die Höhe der Aktienquote, gibt für die Höhe der SCR-Anforderungen beim G_1-Risiko den Ausschlag.

Abbildung 5 enthält die Kapitalanlagestruktur aller und der öffentlichen Schaden- und Unfallversicherer. Es fällt auf, dass die Branche der Schaden- und Unfallversicherer insgesamt zum 31. Dezember 2003 einen um 5,7 Prozentpunkte höheren Anteil von Beteiligungen und verbundenen Unternehmen (einschließlich Ausleihungen an diese) an allen Kapitalanlagen hielt als die öffentlichen Schaden- und Unfallversicherer. Wenn die in Beteiligungen und verbundenen Unternehmen liegenden stillen Reserven in Zukunft in die Definition der Available Solvency Margin voll eingehen sollen, erscheint es erforderlich, auch die mit Beteiligungen und verbundenen Unternehmen involvierten G_1-Risiken adäquat, d. h. ohne ungerechtfertigte Sonderbehandlung, zu berücksichtigen. Andernfalls bestünde die Gefahr, dass Finanzbeteiligungen in Form von Aktieninvestments gegenüber strategischen Beteiligungen benachteiligt würden, wodurch die Wettbewerbsneutralität zwischen den Versicherungen beeinträchtigt werden könnte.

31. Dezember 2003	Öffentliche Versicherer		Branche	
	Mio. Euro	in %	Mio. Euro	in %
Grundstücke	665	4,8	3.961	3,7
Anteile und Ausleihungen an verbundene Unternehmen und Beteiligungen	2.069	14,8	22.144	20,5
Aktien, Investmentanteile und andere nicht festverzinsliche Wertpapiere	4.264	30,6	31.927	29,5
Inhaberschuldverschreibungen und andere festverzinsliche Wertpapiere	1.368	9,8	9.980	9,2
Hypotheken	239	1,7	1.947	1,8
Namensschuldverschreibungen, Schuldscheinforderungen und Darlehen	4.351	31,2	32.149	29,7
Policendarlehen	0	0,0	39	0,0
Einlagen bei Kreditinstituten	693	5,0	4.688	4,3
Übrige Ausleihungen und andere Kapitalanlagen	308	2,2	1.440	1,3
Summe aller Kapitalanlagen	**13.956**	**100,0**	**108.274**	**100,0**

Quelle: BaFin (2003)

Abbildung 5: *Kapitalanlagen bei Schaden- und Unfallversicherern*

3. Versicherungstechnische Risiken

3.1 Leben

Das Kalkulationsrisiko in der Lebensversicherung setzt sich aus dem Kostenrisiko, dem Forderungsausfallrisiko und den biometrischen Risiken zusammen. Grundsätzlich sind private und öffentliche Versicherer den gleichen versicherungstechnischen Risiken ausgesetzt. Besonderheiten könnten sich allenfalls auf Grund von Unterschieden in der Kostensituation, der Kunden- und Vertriebswegestruktur oder der Bestandszusammensetzung ergeben. In Abbildung 6 sind einige Kosten- und Strukturkennzahlen der deutschen Lebensversicherer aufgeführt.

Beim Kostenrisiko wird das Fixkostenrisiko und das Kick-back-Risiko, auf das hier nicht weiter eingegangen wird, unterschieden. Das Kick-back-Risiko erfasst den Rückgang der Erstattungen von Verwaltungskosten der Fonds auf Grund von Marktwertveränderungen und hängt somit eng mit den Kapitalanlagerisiken zusammen. Das Fixkostenrisiko berücksichtigt z. B. den Einbruch des Neugeschäftes oder einen höheren Anstieg der Kosteninflation gegenüber dem Produktivitätsgewinn. Die Branche kalkuliert in den Lebensversicherungstarifen unter Beachtung des Vorsichtsprinzips langjährig Beta-Kosten in Höhe von 3 Prozent ein. Die einmal kalkulierten Kosten bleiben auf Grund der langen Laufzeiten langfristig fest, während die tatsächlichen Kosten im langjährigen Verlauf eher steigen (Inflationsrisiko). Daher fahren Versicherer mit langfristig überdurchschnittlichen Kosten tendenziell ein höheres Risiko als Versicherer mit niedrigen Kostensätzen.

Die öffentlichen Versicherer sind als Gruppe Deutschlands zweitgrößter Lebensversicherer mit einem Marktanteil von 10,7 Prozent im Jahr 2003.[7] Sie weisen seit vielen Jahren günstigere Verwaltungskosten aus als der Gesamtmarkt. So lag der Verwaltungskostensatz 2003 bei den öffentlichen Versicherern fast 50 Prozent unter dem der VVaG und circa 25 Prozent unter dem der privaten Aktiengesellschaften. Einige Gesellschaften gehören sogar zu den Kostenführern im Lebensversicherungsgeschäft. Der Kostenvorteil bei den Verwaltungskosten ist zum einen durch die Regionalität bedingt: Die öffentlichen Versicherer in Deutschland sind dezentral aufgestellt, der einzelne öffentliche Anbieter in der Regel jedoch zentral an einem Standort in seinem Geschäftsgebiet. Der einzelne öffentliche Versicherer muss also keinen bundesweiten kostenintensiven Vertriebs- und Verwaltungsapparat vorhalten. Zum andern erzielen die öffentlichen Versicherer durch Kooperation zusätzliche Synergieeffekte z. B. durch gemeinsame Tochterunternehmen auf dem Sektor der betrieblichen Altersversorgung oder durch gemeinsame Produktentwicklung. Das zeigt einmal mehr, dass Kosteneffizienz von anderen Einflussgrößen bestimmt wird als von der reinen Unternehmensgröße.

---

7   Vgl. Die öffentlichen Versicherer (2004), S. 14.

Auch bei den Abschlusskosten, die überwiegend aus Provisionen oder provisionsähnlichen Aufwendungen bestehen, weisen die öffentlichen Versicherer einen Kostenvorteil gegenüber dem Markt aus. Die Sparkassen, die bundesweit knapp 70 Prozent des Neugeschäftes vermitteln, und der eigene Außendienst erhalten zwar eine angemessene und marktübliche Provision. Bei Versicherern, die auf die Vermittlung durch Makler oder wechselnde Vertriebspartner angewiesen sind, sind die Abschlusskosten jedoch höher.

	öVU	VVaG	Private AG
Abschlusskostensatz (in % der Beitragssumme Neugeschäft)	4,59	4,72	4,96
Verwaltungskostensatz (in % der verdienten Bruttobeiträge)	2,36	4,26	3,10
Stornoquote (in % des mittleren Bestandes)	4,08	5,70	5,68
Bestandsanteile in % Gesamtbestand (laufende Beiträge)			
Kapitalversicherungen	58,34	59,13	50,20
Rentenversicherungen	32,52	16,89	23,34
Kollektivversicherungen	4,52	9,45	11,60

Quelle: KIVI (2004a)
Abbildung 6:   *Kennzahlen Lebensversicherer 2003*

Bei dem Forderungsausfallrisiko werden potenzielle Verluste von Forderungen gegenüber Versicherungsvermittlern und Kunden betrachtet. Es wird im Wesentlichen durch die Stornoraten der letzten drei Jahre bestimmt. Abbildung 6 zeigt die Stornoquoten 2003. Auch im langjährigen Durchschnitt ist die Stornoquote der öffentlichen Versicherer im Schnitt knapp 30 Prozent niedriger als die des übrigen Marktes. Daraus ergibt sich, dass auch das Forderungsausfallrisiko der öffentlichen Versicherer als Gruppe wesentlich geringer sein dürfte als das der nicht öffentlichen Versicherer. Risikomindernd kommt noch die hohe Bonität des Hauptvertriebspartners im Lebensversicherungsgeschäft, der Sparkassen, hinzu.

Das biometrische Risiko besteht aus Schwankungsrisiko, Kumulrisiko und Trend- oder Änderungsrisiko. Auf das Schwankungsrisiko wird im Folgenden nicht näher eingegangen, da hier keine grundsätzlichen Unterschiede zwischen den öffentlichen Versicherern und dem Markt gesehen werden.

Das Kumulrisiko bezeichnet das gleichzeitige Auftreten von Schadenfällen, beispielsweise ausgelöst durch einen Flugzeugabsturz, einen Sprengstoffanschlag oder ein Erdbeben. Durch die regionale Dichte des Versicherungsbestandes ist das Kumulrisiko bei den öffentlichen Versicherern theoretisch höher als bei einem bundesweit agierenden Versicherer, aber in der Regel über Rückversicherung abgedeckt.

Das Langlebigkeitsrisiko in der Rentenversicherung ist derzeit das meist beachtete Trendrisiko. Grundsätzlich bestehen auf den einzelnen Vertrag bezogen keine Unterschiede in der Risikosituation zwischen den öffentlichen Versicherern und dem übrigen Markt. Eine signifikante Abweichung könnte sich allenfalls aus unterschiedlichen Anteilen der Rentenversicherung am Gesamtbestand der Unternehmen ergeben. In Bezug auf die Bestandsanteile der Renteneinzelversicherungen nach laufenden Jahresprämien weisen die öffentlichen Versicherer einen deutlich höheren Anteil und damit verbunden ein tendenziell höheres Risiko aus als VVaG und private Aktiengesellschaften. Allerdings zeigen die Renteneinzelversicherungen noch kein vollständiges Bild der Bestands- und Risikosituation. In den Kollektivversicherungen sind ebenfalls Rentenversicherungen enthalten. Da der Anteil der Kollektivversicherungen am Gesamtbestand im Markt deutlich höher ist als bei den öffentlichen Versicherern, nivellieren sich die Unterschiede wieder um einen nicht genau zu beschreibenden Prozentsatz. Leider liegen für den Markt keine Gesamtstatistiken für die Rentenversicherungen vor. Aus dem vorliegenden Zahlenmaterial (vgl. Abbildung 6) ergibt sich, dass der Anteil der Rentenversicherungen im Bestand bei den öffentlichen Versicherern etwas höher ist als im Markt. Daraus könnte eine tendenziell höhere Auswirkung des Langlebigkeitsrisikos abgeleitet werden.

Zusammenfassend lässt sich für die Lebensversicherung konstatieren, dass es keine gravierenden Unterschiede in der Risikosituation zwischen den öffentlichen Versicherer und dem restlichen Markt gibt. Mögliche Nachteile in einzelnen Feldern werden durch Vorteile in anderen Risikoarten kompensiert.

3.2   Schaden/Unfall

Zu den schadenspezifischen Risiken werden im aktuellen Solvency-II-Modell von BaFin und GDV[8] das Prämien- und Reserverisiko (S1-Risiko), das Risiko aus nach Art der Lebensversicherung betriebenem Geschäft (S2-Risiko) und das Rückversicherungsausfallrisiko (S3-Risiko) gezählt. Im Folgenden wird nur das eigentliche versicherungstechnische Risiko behandelt, also das Prämien- und Reserverisiko. Das S2-Risiko ist auf Grund des geringen Bestandes der Unfallversicherung mit Beitragsrückgewähr ebenso wie das S3-Risiko nicht von besonderer Bedeutung für die öffentlichen Versicherer im Vergleich zum Markt.

Im Markt der Schaden- und Unfallversicherer behaupten sich die öffentlichen Versicherer ebenfalls auf Platz 2 in Deutschland. Mit Bruttobeitragseinnahmen von rund 7 Milliarden Euro erzielten sie 2003 einen Marktanteil von 13,2 Prozent. In der Sachversicherung ist die Gruppe mit Abstand Marktführer, der Marktanteil beträgt hier knapp 25 Prozent. In der Verbundenen Wohngebäudeversicherung sind es bei einem Beitragsaufkommen von 1,52 Milli-

---

8   Vgl. Grießmann/Krüger/Oehlenberg in diesem Band.

arden Euro sogar 40,9 Prozent, das heißt, die öffentlichen Versicherer haben fast jedes zweite Wohngebäude in Deutschland versichert.[9]

Aus der Marktführerposition in der Gebäudeversicherung ergeben sich einige besondere Spezifika in Bezug auf die Risikoexponierung der öffentlichen Versicherer. Zum einen resultiert aus dem Regionalitätsprinzip ein höheres Kumulrisiko, zum andern ist durch den hohen Marktanteil eine besondere Gefährdung in Bezug auf Elementarschäden und Naturkatastrophen gegeben.

Traditionell gehört die Regionalität zu den Prinzipien der öffentlichen Versicherer und stellt einen zentralen Erfolgsfaktor dar. Die mit der regionalen Beschränkung einhergehenden Kumulrisiken erhöhen jedoch die Risikoexponierung des einzelnen öffentlichen Versicherers. So können Sturm, Hagel oder ebenfalls lokal auftretende Starkregen einen einzelnen öffentlichen Versicherer in einem höheren Anteil seines gesamten Bestandes treffen, als dies bei überregional tätigen Versicherern der Fall ist. Hinzu kommt, dass ein solches Ereignis besonders Gebäude gefährdet. Dies verschärft die Situation der öffentlichen Versicherer. Sie würden im Schadenfall nicht nur in einem Großteil ihres gesamten Bestandes getroffen, sondern zugleich in einem Bereich, in dem sie besonders stark engagiert sind. Auf Grund des hohen Marktanteils in der Gebäudeversicherung und des Bestandskumuls in der Region könnten die Schäden aus Naturkatastrophen zu einem Ruin des einzelnen öffentlichen Unternehmens führen. Dies ist ein deutlicher Unterschied zu der Situation der privaten Versicherer. Die Allianz als Marktführer hat zum einen einen wesentlich geringeren Gebäudeanteil als die öffentlichen Versicherer und verfügt zum andern über den europäischen bzw. internationalen Ausgleich.

Nun sind die öffentlichen Versicherer diesen Risiken natürlich nicht schutzlos ausgeliefert. Es stehen ihnen im Wesentlichen drei Instrumente zur Risikominimierung zur Verfügung: Rückversicherung, Tarifierung und Underwriting. Den öffentlichen Erstversicherern stehen mit der Deutschen Rückversicherung AG (insbesondere für das Sachversicherungsgeschäft) und dem Verband der öffentlichen Versicherer als genossenschaftlicher Rückversicherer (insbesondere für Leben und die HUK-Sparten) zwei Instrumente zum Risikotransfer zur Verfügung. Diese Struktur verschafft den öffentlichen Versicherern im Risikomanagement Größenvorteile, die nur die ganz großen privaten Versicherungskonzerne aufweisen, und dies bei einem weitgehend stabilen Preissystem.

Für die Absicherung des einzelnen öffentlichen Versicherers kommt es bei der Gestaltung des Rückversicherungsschutzes ganz entscheidend darauf an, den Probable Maximum Loss, also die maximale Schadenhöhe unter der Annahme bestimmter Eintrittswahrscheinlichkeiten, richtig einzuschätzen. Neben eigenem aktuariellen Know-how kann man dabei auch auf Zonierungsmodelle für das Underwriting und auf Kumulmodelle der Rückversicherer zurückgreifen.

Sturmereignisse sind sicherlich auf Grund der Häufigkeit ihres Auftretens die am besten erforschte und somit auch am besten in der Tarifierung berücksichtigte Elementargefahr.

---

9   Vgl. Verband öffentlicher Versicherer (2004), S. 26, 33.

Trotzdem sind hier in den letzten Jahren Ereignisse eingetreten, die vorher in der Konzentration und in dem Schadenausmaß in Deutschland nicht bekannt waren. Als Beispiel sei an den Sturm Lothar erinnert, der Weihnachten 1999 über Deutschland tobte und vor allem in Baden-Württemberg und Bayern Schäden in Höhe von insgesamt 650 Millionen Euro[10] verursachte. Die Deutsche Rückversicherung AG, gemeinsames Tochterunternehmen der öffentlichen Versicherer, führte Untersuchungen von Windfeldern der letzten 30 bis 40 Jahre durch. Dabei zeigte sich, dass die großen Sturmereignisse in Deutschland in diesem Zeitraum entweder im Norden und Nordwesten oder im Süden auftraten, selten aber im Norden und Süden zusammen.

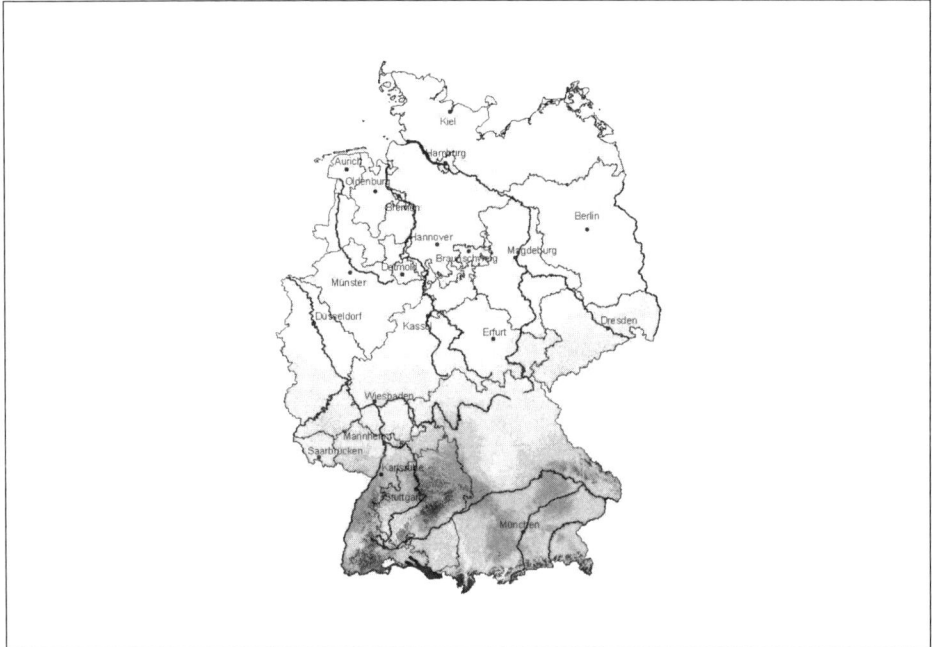

Quelle: Deutsche Rückversicherung AG, interne Studie
Abbildung 7:   *Windfeld Lothar 1999 – Darstellung der maximalen Böengeschwindigkeiten*

Zur Elementargefahr Sturm haben Rückversicherer bereits Kumulmodelle auf einem wissenschaftlich hohen Niveau entwickelt, die auch zur Bestimmung des Probable Maximum Loss bei der Gestaltung des Rückversicherungsschutzes herangezogen werden. Allerdings weisen diese Modelle für seltene Ereignisse, z. B. ein 100-Jahres-Sturmereignis, hohe Unsicherheiten auf. Beispielsweise ergeben Sturmszenarien für ein 100-Jahres-Sturmereignis im Geschäftsgebiet der Provinzial Rheinland, die von zwei unterschiedlichen namhaften Rückversicherern

---

10   Vgl. Münchener Rück (2001), S. 10.

erstellt wurden, eine Differenz von gut 100 Millionen Euro. In der Unsicherheit über die Modelle und deren Annahmen liegt also ein weiteres Risikopotenzial.

Auch die Elementarrisiken Erdbeben und Überschwemmung, die bislang im GDV-Modell bei den „NatCat"-Risiken noch nicht berücksichtigt sind, spielen für die öffentlichen Versicherer als Marktführer in der Gebäudeversicherung eine wichtige Rolle. Einige öffentliche Versicherer – hier sind vor allem die ehemaligen Monopolanstalten zu nennen – hatten die Elementargefahren obligatorisch in die Gebäudeversicherung eingeschlossen. Bei anderen öffentlichen Versicherern entstand erst durch entsprechende Naturkatastrophenereignisse in Deutschland die Nachfrage der Kunden nach dem Einschluss dieser Risiken. So wurde im Geschäftsgebiet der Provinzial Rheinland nach dem Erdbeben im Kreis Heinsberg im April 1992 (5,9 auf der Richterskala) eine Nachfragewelle zur Deckung von Erdbebenrisiken ausgelöst. Die Nachfrage zur Deckung von Überschwemmungsrisiken stieg deutschlandweit durch das Elbe-Hochwasser im Sommer 2002 drastisch an.

Für Überschwemmungsrisiken wurde ein Modell zur Risikoselektion im Underwriting entwickelt. Unter Federführung der öffentlichen Versicherer ist als GDV-Verbandslösung das Zonierungssystem ZÜRS (Zonierungsmodell für Überschwemmung, Rückstau und Starkregen) entstanden. Mit ZÜRS kann jedes einzelne Gebäude einer Zone zugeordnet werden, die den jeweiligen Gefährdungsgrad des Risikos wiedergibt. Auch hier ist die Modellunsicherheit ein weiterer Risikofaktor. Bei ZÜRS wird, wie bei allen Modellen, mit Vergangenheitsdaten gearbeitet. Damit können Gefahren, beispielsweise ein Deichbruch, nicht abgebildet werden, wenn dieses Ereignis in der statistisch erfassten Vergangenheit bisher nicht aufgetreten ist. Bis zum Elbe-Hochwasser wurde im ZÜRS-Modell beispielsweise mit einer Wiederkehrperiode bis 50 Jahren gerechnet, danach mit einer von 100 Jahren.

Kumulmodelle zur Abschätzung des Überschwemmungsrisikos gibt es erst vereinzelt, aber derzeit arbeiten mehrere Rückversicherer an diesem Thema. Im Wesentlichen handelt es sich hierbei um Szenariomodelle. Bei den Erdbebenrisiken sind die Kumulmodelle weiter entwickelt als bei den Überschwemmungsrisiken, weisen jedoch ebenfalls hohe Unsicherheiten auf.

In der Konsequenz erhöht die Volatilität des Schadenverlaufs der Elementarrisiken den Risikokapitalbedarf der öffentlichen Versicherer. Auf der Tarifseite könnte die Einführung von Solvency II für die Wohngebäudeversicherung möglicherweise zu einer Anhebung des Prämienniveaus oder zur Verabschiedung einiger Marktteilnehmer aus diesem Segment führen. Die Combined Ratio liegt seit Jahren über 100 Prozent, 2003 betrug sie im Marktdurchschnitt rund 108 Prozent.[11] Hier wird also nicht nur keine Rendite auf das Risikokapital erwirtschaftet, sondern sogar Kapital vernichtet. Möglicherweise wird es auch Auswirkungen auf die Produktgestaltung geben. So könnte über die Aufnahme einer Prämienanpassungsklausel in die Bedingungen, die Vereinbarung eines obligatorischen Selbstbehaltes oder eines Bonus-Malus-Systems eine Verminderung des Risikos erreicht werden.

---

11   Vgl. GDV (2004), S. 103.

4. Operative Risiken

Das operative Risiko oder allgemeine Geschäftsrisiko wird im Solvency-II-Projekt des GDV definiert als die Gefahr von Verlusten, die infolge der Unangemessenheit oder des Versagens von internen Verfahren, Menschen und Systemen oder infolge externer Ereignisse eintreten. Hierzu gehören Prozessrisiken, personelle Risiken, externe Risiken und das Katastrophenrisiko.

Grundsätzlich sollten private und öffentliche Versicherer denselben operativen Risiken ausgesetzt sein. Unzureichende Sicherheitsvorkehrungen, Technikausfall, Zerstörung des Geschäftsgebäudes, Managementfehler, Betrug durch Mitarbeiter, Änderung der Gesetzgebung: All das sind Risiken, die private und öffentliche Versicherer gleichermaßen bedrohen und treffen können. Im Folgenden sollen einige besondere Aspekte und Beispiele der Risikosituation der öffentlichen Versicherer näher beleuchtet werden, die sich aus der Regionalität, der Struktur des Geschäftes und der Eigentümerstruktur ergeben.

In der Regel ist die Verwaltung des einzelnen öffentlichen Versicherers geografisch an einem Standort zusammengefasst. Dies unterscheidet sie von vielen großen privaten Versicherern, die auch dezentrale Verwaltungseinheiten und Niederlassungen betreiben. Auf der einen Seite führt dies zu Kostenvorteilen, auf der anderen Seite ist eine zentralisierte Verwaltungseinheit stärker etwaigen Katastrophenereignissen ausgesetzt, die das Gebäude zerstören könnten. Die Wahrscheinlichkeit einer kompletten Zerstörung ist zum einen aber sehr gering. Zum anderen wurden bei den einzelnen öffentlichen Versicherern Sicherheits- und Katastrophenmaßnahmenpläne erarbeitet, die die Auswirkungen dieser Risiken mindern sollen. Ein prägnanter Unterschied in der Risikosituation des Katastrophenrisikos im Vergleich zur Branche ist eher nicht gegeben.

Besonderheiten der Risikosituation für die öffentlichen Versicherer könnten sich bei der Lebensversicherung aus der Abhängigkeit vom Vertriebsweg Sparkassen ergeben. Das Ausfallrisiko des Versicherungsvermittlers wird als personelles Risiko angesehen und gehört somit zu den operationalen Risiken. Der Vertrieb über die traditionelle Außendienstorganisation ist nach wie vor ein wichtiges Standbein bei allen öffentlichen Versicherern, neben dem sich die Sparkassen in den letzten zehn Jahren zur zweiten bedeutenden Vertriebsschiene entwickelt haben. Das Neugeschäft[12] in der Lebensversicherung wird mittlerweile zu knapp 70 Prozent[13] von den Sparkassen vermittelt. In der Schaden- und Unfallversicherung spielt der Vermittlungsanteil an den Beiträgen des Neugeschäfts[14] nicht die entscheidende Rolle

---

12 Vgl. Verbundstatistik des Verbandes öffentlicher Versicherer.
13 2004: 68,4 Prozent des Neugeschäfts, gemessen an der Beitragssumme.
14 2004: 11,9 Prozent.

wie in der Lebensversicherung. In der privaten Krankenversicherung liegt der Vermittlungsanteil bei 23 Prozent.[15]

Eine besondere Abhängigkeit vom Vertriebsweg Sparkassen ist also vor allem bei den Lebensversicherern gegeben. Sparkassen und öffentliche Versicherer in Deutschland sind durch
die Eigentümerrolle der regionalen Sparkassen- und Giroverbände, der Landesbanken und
Sparkassen bei den öffentlichen Versicherern eng miteinander verbunden. Sowohl im Privat-
als auch im Firmenkundengeschäft sind die Zielgruppen von Sparkassen und öffentlichen
Versicherern nahezu identisch. Diese Übereinstimmung hat frühzeitig eine Vertriebskoopera-
tion nahe gelegt, und Sparkassen und öffentliche Versicherer arbeiten hier seit vielen Jahren
zusammen. Für die Sparkassen bietet dies angesichts sinkender Margen im Kreditgeschäft
eine immer wichtigere Ertragsquelle aus Provisions- und Beteiligungseinnahmen. Durch die
Verzahnung zwischen Eigentümer- und Vertriebsfunktion, die in den letzten zehn Jahren bei
allen öffentlichen Versicherern verstärkt worden ist, ergibt sich eine hohe Stabilität in der
Beziehung der Sparkassen zu den öffentlichen Versicherern. Hinzu kommt die hohe wirtschaftliche Stabilität der Sparkassen, die auf Grund ihrer Bonität einen konstanten Wirt-
schaftsfaktor darstellen.

Der hohe Anteil der Sparkassen am Neugeschäft der Lebensversicherer stellt also keine höhere, sondern eine geringere Risikoexponierung dar als das Vertriebswegrisiko im übrigen
Markt. Versicherer, die im Neugeschäft stark vom Vertriebsweg Makler abhängig sind, sind
hier auf Grund der Volatilität in der Beziehung zwischen Makler und Versicherer einem wesentlich höheren Risiko ausgesetzt.

Besonderheiten in der Risikosituation der öffentlichen Versicherer bei Markt- und Rechtsrisiken können sich allenfalls aus überproportionalen Bestandsanteilen in bestimmten Sparten
oder Geschäftssegmenten ergeben. Insbesondere dort, wo die öffentlichen Versicherer Marktführer sind, sind sie diesen Risiken in besonderem Maße ausgesetzt. Das gilt etwa traditionell
für das kommunale Geschäft, insbesondere im Sachversicherungsbereich. Auf Grund der
Rechtsentwicklung in Bezug auf die Ausschreibungspflicht gehen Kommunen und öffentlich-
rechtliche Körperschaften zunehmend dazu über, ihren Versicherungsbedarf auszuschreiben.
Hieraus könnte man eine besondere Risikoexponierung, genauer den potenziellen Verlust der
Marktführerschaft und ein mögliches Untertarifierungsrisiko ableiten. Auf der anderen Seite
zwingt die Ausschreibungsstruktur alle Anbieter, den spezifischen Versicherungsbedarf einer
Kommune konzeptionell in angemessenem Umfang abzudecken, so dass scheinbare Preisvor-
teile nicht mit verdeckten Schlechterstellungen, die für Kunden häufig nicht transparent sind,
erkauft werden können. Es ist zu beobachten, dass sich der Trend zur Ausschreibung des
Versicherungsbedarfes bei den Kommunen deutlich verstärkt. Durch die Ausschreibungsver-
fahren sind die persönlichen Beziehungen zwischen Versicherer und den kommunalen Ent-
scheidungsträgern in den Hintergrund getreten. Bei der Entscheidung über Versicherungsbe-
ziehungen sind ausschließlich wirtschaftliche Gründe entscheidend für die Kommunen. Infolgedessen wird der Verdrängungswettbewerb im kommunalen Geschäft größer, dadurch
wächst tendenziell das Untertarifierungsrisiko. Dennoch können die öffentlichen Versicherer

---

[15] 2004: 23,3 Prozent auf der Basis des Monatsbeitrages.

ihr spezifisches Know-how in diesem Geschäftssegment nutzen und im Rahmen eines transparenten Preiswettbewerbs durch Erarbeitung spezifischer Deckungskonzepte ihre Marktposition behaupten.

Auch die Verbundene Wohngebäudeversicherung mit dem hohen Marktanteil von rund 41 Prozent ist besonders anfällig gegen externe Risiken. Als Beispiel sei hier auf den Deckungseinschluss von Ableitungsrohren außerhalb versicherter Gebäude hingewiesen. In vielen Bundesländern wurden seit Mitte der neunziger Jahre die Landesbauordnungen in Bezug auf die Ableitungsrohre außerhalb von Gebäuden verändert. Länder und Kommunen verpflichten nun die Grundstückseigentümer zu Dichtigkeitsprüfungen an Anschlusskanälen und verlagern somit die Verantwortlichkeit für das Rohrnetz auf die Nutzer. Nach neueren Schätzungen weisen vermutlich 30 bis 50 Prozent der Rohre, für die der private Grundstückseigentümer verantwortlich ist, Schäden auf, pessimistische Schätzungen sprechen sogar von 70 Prozent.[16] Dies wird in absehbarer Zeit zu Aufwendungen in mehrstelliger Millionenhöhe führen. Unter Einbeziehung der Hauptwasserkanäle ergaben wissenschaftliche Feldversuche, dass Schadenszenarien im Bereich von Milliarden Euro nicht mehr auszuschließen sind. Die früher verbandsseitig formulierten Bedingungen (VGB 88) sahen einen vollständigen Ausschluss der Ableitungsrohre außerhalb von Gebäuden vor. Nach der Liberalisierung des Marktes haben die Versicherungsunternehmen sukzessive Deckungsschutz für Ableitungsrohre gewährt. Zum Teil waren diese auch mit unbegrenzter Deckungssumme beitragsfrei eingeschlossen. Auf Grund des enormen Risikopotenzials in Verbindung mit extremen Schadenprognosen und bereits vorhandenen Schadenerfahrungen hat sich der GDV im Jahr 2002 entschlossen, die sehr weitreichende Empfehlung zur Versicherung von Ableitungsrohren zu widerrufen. Dieses Risiko trifft die öffentlichen Versicherer auf Grund ihrer Marktführerschaft besonders. Da es jedoch frühzeitig erkannt wurde, wurden bereits vor Jahren Gegenmaßnahmen eingeleitet, z. B. geänderte Versicherungsbedingungen und Bestandsumstellungen.

Ein weiteres Beispiel für ein bereits eingetretenes externes Risiko ist das zum 1. Januar 2005 in Kraft getretene Alterseinkünftegesetz (AltEinkG). Hiervon sind grundsätzlich alle Lebensversicherer betroffen. Es brachte den Lebensversicherern Ende 2004 noch einen Neugeschäftsboom, dämpft hingegen künftig die Neugeschäftserwartungen. Bei den Kapitallebensversicherungen wird 2005 branchenweit mit einem großen Einbruch des Neugeschäfts gerechnet. Stärker betroffen sind daher – zumindest kurzfristig – Versicherer mit einem traditionell hohen Anteil von Kapitallebensversicherungen im Neugeschäft.

Die öffentlichen Versicherer hatten in 2003 mit 43 Prozent einen circa 6 Prozentpunkte höheren Anteil der Kapitalversicherungen am gesamten Neuzugang.[17] Fraglich ist allerdings, ob dies eine dauerhaft höhere Risikoexponierung der öffentlichen Versicherer bedeutet. Entscheidend für ihre zukünftige Marktpositionierung wird sein, wie sie sich unter den neuen Rahmenbedingungen und mit den neu geschaffenen Produkten im Markt behaupten. Diese

---

16 Vgl. Buser/Geyer (2002), S. 1398.
17 Vgl. GDV-Statistiken und Statistiken des Verbandes öffentlicher Versicherer.

Herausforderung betrifft wiederum nicht nur die öffentlichen Versicherer, sondern den gesamten Markt.

5.   Fazit und Ausblick

Die öffentlichen Schaden- und Unfallversicherer verfügen durchschnittlich über eine deutlich höhere Eigenkapitalquote als die privaten Aktiengesellschaften. Auch die Quote des gesamten Sicherheitskapitals ist höher. Dies gilt allerdings auch für die Versicherungsvereine auf Gegenseitigkeit

Durch Solvency II bzw. die damit einhergehende wertorientierte Unternehmenssteuerung wird der Druck insbesondere bei den börsennotierten Aktiengesellschaften zunehmen, eine mindestens zweistellige Rendite auf das Risikokapital in den einzelnen Geschäftssegmenten zu erzielen. Wachstum und Zeichnungspolitik müssen noch stärker auf Ertrag ausgerichtet werden. Dies führt tendenziell zu einem Rückzug einzelner privater Versicherer aus kapitalintensiven Geschäftsfeldern, wenn sich die entsprechenden Margen nicht am Markt erzielen lassen, und eröffnet den öffentlichen Versicherern dort Wachstumschancen. Die Sparkassen als Eigentümer der öffentlichen Versicherer erwarten zwar auch eine angemessene Gewinnausschüttung. Diese ist jedoch nicht an den Mechanismen der börsennotierten Aktiengesellschaften orientiert und sollte Spielraum geben für die Investition in Wachstum. Sicherheitsmittel sind bei den öffentlichen Versicherern in ausreichendem Maße vorhanden.

Durch das Projekt Solvency II werden die aufsichtsrechtlichen Solvabilitätsanforderungen besser an die jeweilige Gesamtrisikosituation der Versicherungen geknüpft, als dies bisher der Fall war. Obwohl die europaweite Umsetzung von Solvency II noch einige Zeit in Anspruch nehmen dürfte, empfiehlt es sich, in den Unternehmen zügig mit den Vorarbeiten zu beginnen. Denn das demnächst aufsichtsrechtlich geforderte Risikomanagement kann als ein Mindeststandard interpretiert werden, den die einzelnen Unternehmen schon aus ökonomischem Eigeninteresse im Zuge einer hausweiten wert- und risikoorientierten Steuerung möglichst übertreffen sollten.

Im deutschen Aufsichtsrecht für Solvency II sind die Datenanforderungen grundsätzlich so ausgerichtet, dass Versicherer, die ihren Jahresabschluss nur nach HGB, nicht aber nach IAS/IFRS erstellen, alle Eingabefelder füllen können. Dennoch findet mit dem Übergang auf Solvency II ein Paradigmawechsel statt, dessen mittel- bis langfristige Auswirkungen aus heutiger Sicht nur schwer abgeschätzt werden können. Das Projekt Solvency II hat eine besondere Nähe zu Angaben, die auf Marktwerten beruhen. Damit gibt es auch eine gewisse Affinität zu Bilanzen, die nach IAS/IFRS erstellt werden. Es bleibt abzuwarten, ob Versicherer wie die Gruppe der öffentlichen Versicherer in Deutschland, für die absehbar keine gesetzliche Regelung zum Aufstellen von Einzelabschlüssen nach IAS/IFRS gilt, über den Umweg von Solvency II dazu gedrängt werden, parallele Jahresabschlüsse auch nach IAS/IFRS zu erstellen.

Die Entwicklung leistungsfähiger, aufsichtsbehördlich testierter interner Modelle dürfte in Zukunft ein Wettbewerbsfaktor werden, da auf diese Weise Eigenmittelanforderungen verringert werden können. Kleinere Unternehmen werden sich schwer tun, die erforderlichen Kapazitäten für mächtige dynamische Asset-Liability-Tools zu stellen, die – basierend auf Cashflows – stochastische Modellierungen der Aktiv- und Passivseite mit all ihren Interdependenzen abbilden. Die Gruppe der öffentlichen Versicherer könnte eine solche Aufgabe ganz oder teilweise durch Kooperation und Arbeitsteilung bewerkstelligen.

Literatur

BAFIN (2004): Jahresbericht der Bundesanstalt für Finanzdienstleistungsaufsicht 2003, Berlin

BUSER, M./GEYER, H. (2002): Leitungswasserversicherung – Ein Spiel mit dem Feuer, in: Versicherungswirtschaft 18/2002, S. 1395-1400.

GDV (2004): Die deutsche Versicherungswirtschaft. Jahrbuch des Gesamtverbands der Deutschen Versicherungswirtschaft 2004.

KIVI (2004a): Geschäftsergebnisse der Lebensversicherung. Zahlenband 2003. Kölner Institut für Versicherungsinformation GmbH 2004.

KIVI (2004b): Geschäftsergebnisse der Schadenversicherung. Zahlenband 2003. Kölner Institut für Versicherungsinformation GmbH 2004.

MÜNCHNER RÜCK (2001): Winterstürme in Europa (II), Schadenanalyse 1999 – Schadenpotenziale, Münchener Rückversicherungs-Gesellschaft 2001.

VERBAND ÖFFENTLICHER VERSICHERER (Hrsg.) (2004): Jahrbuch 2004, Düsseldorf 2004.

Rückversicherung und Solvency II – Herausforderungen und Chancen

Jörg Schneider

1.   Versicherungswirtschaft im Sturm umwälzender Entwicklungen

Kernelement der Versicherung ist seit eh und je der Risikoausgleich im Kollektiv. Auf diesem Prinzip beruht bis heute die Tätigkeit jedes Versicherungsunternehmens, und auch seine Rentabilität hängt bis heute von seiner optimalen Nutzung ab. Die relativ stabilen wirtschaftlichen Rahmenbedingungen sowie die Regulierung des Versicherungsmarktes gepaart mit einer gewissen Bescheidenheit auf der Kostenseite sorgten in Deutschland wie in anderen westeuropäischen Ländern in den ersten Nachkriegsjahrzehnten für auskömmliche Margen bei den meisten Versicherungsunternehmen. In ihrer Produktpolitik konnten sie dem vorgegebenen Konditionen- und Preisrahmen folgen. Auf dem soliden Fundament einer konservativen Kapitalanlage sowie der vom Vorsichtsprinzip geprägten Rechnungslegung und Ertragsbesteuerung konnten Schwankungen im Schadenanfall und auf den Kapitalmärkten zumeist problemlos abgefedert werden. Eine große Differenz zwischen einem aus heutiger Sicht relativ hohen Zinsniveau für risikoarme festverzinsliche Kapitalanlagen einerseits und den in der Produktkalkulation und Reservierung zugrunde gelegten Zinsen andererseits sorgte bei Kapital bildenden Vorsorgeprodukten in der Lebens- und Krankenversicherung für komfortable Sicherheitsmargen und stabile Gewinne (siehe Abbildung 1).

Die meisten Unternehmen konnten so auf eine komplizierte interne Mess- und Steuerungssystematik für die genaue Erfassung, die Bepreisung und die systematische Auswahl zu versichernder Risiken verzichten. Unter diesen Rahmenbedingungen war die Maximierung des Geschäftsvolumens, wenn es zu halbwegs vertretbaren Vertriebsprovisionen erzielt wurde, fast gleichbedeutend mit wirtschaftlichem Erfolg. Und so ging es den meisten Unternehmen folgerichtig vor allem um die Steigerung der Beitragseinnahmen durch eine kontinuierliche Ausweitung der Vertriebsorganisationen und die Etablierung volumenorientierter Anreizsysteme. Das Gesamtbild war stimmig.

Die Anfang der neunziger Jahre beginnende und sich in der Folge beschleunigende Deregulierung des Versicherungsmarktes, an deren Ende eine fast vollständige Freigabe der Preise und der Konditionen für alle Produkte stand, setzte den Gleichgewichtsverhältnissen und dem bis dato eher beschaulichen Wettbewerbsverhalten innerhalb der Versicherungswirtschaft ein Ende. Wie es volkswirtschaftliche Modelle bei der Aufhebung regulierter Märkte erwarten lassen, entwickelte sich schon bald ein starker, in einigen Zweigen sogar ungehemmter Preiswettbewerb zwischen bestehenden und neu auf den Markt drängenden Anbietern. Die Wettbewerbsintensivierung führte zu einem Preisrückgang beträchtlichen Ausmaßes (siehe Abbildung 2).

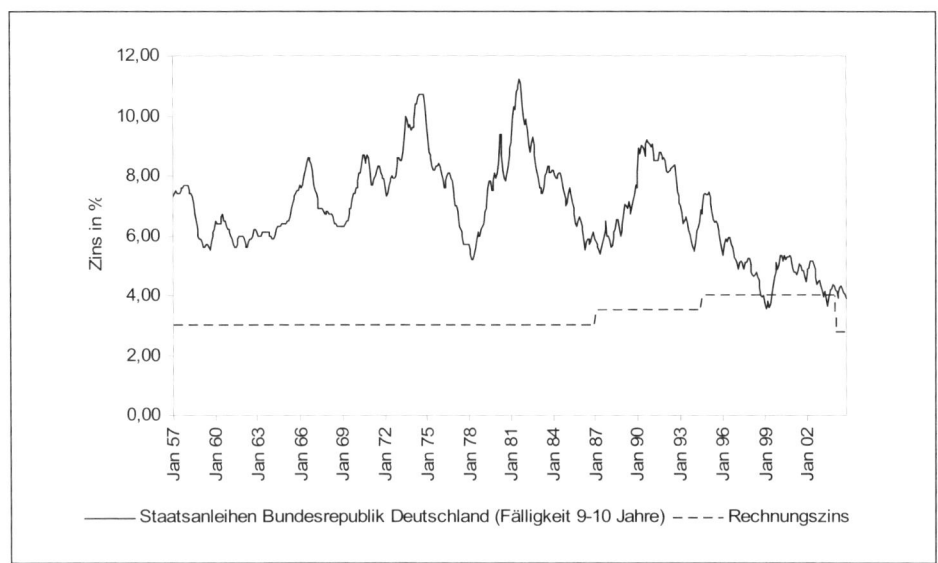

Quelle: Datastream International Ltd.

Abbildung 1:   *Zinsentwicklung langfristiger deutscher Staatsanleihen und Mindestrech-
nungszins für Deckungsrückstellungen deutscher Lebenserstversicherer*

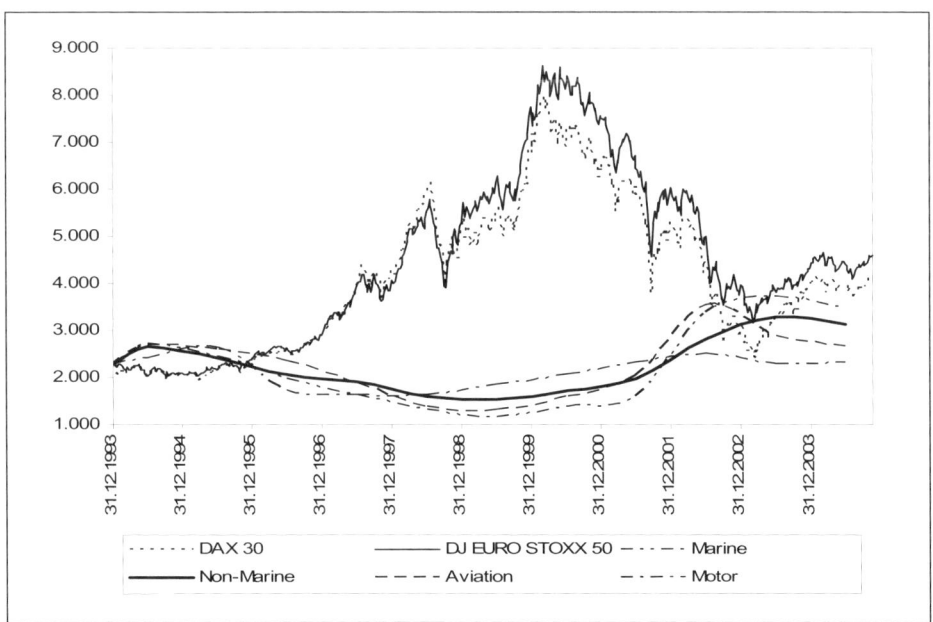

Quelle: CBS Private Capital Ltd., Datastream International Ltd.

Abbildung 2:   *Entwicklung des CBS-Lloyds-Preisindexes und zweier Aktienindizes*

Hohe versicherungstechnische Verluste hätten den Anstoß für ein radikales Umdenken der Versicherungsunternehmen geben müssen, wurden allerdings von dem zeitgleich einsetzenden – rückblickend für die Versicherungswirtschaft wohl nur als fatal zu bezeichnenden – Boom der Aktienmärkte vollständig überlagert. Defizite im Kerngeschäft konnten Ende der Neunziger und bis zum Höhepunkt im Jahr 2000 in scheinbar beliebigem Ausmaß durch die Realisierung von Wertsteigerungen im Aktienvermögen kompensiert werden. Diese vermeintlich nicht versiegende Ertragsquelle verhinderte nicht nur eine frühzeitige Anpassung des Geschäftsmodells, sondern führte vereinzelt zu einer Selbstüberschätzung der eigenen Stärke innerhalb der Branche und der Branche als Ganzer.

In konsequenter Ausschöpfung der Ertragspotenziale hatten viele Versicherungsunternehmen ihre Aktienbestände bis zu den zulässigen – in Deutschland gerade in der Endphase des Booms erweiterten – Höchstgrenzen ausgedehnt und wurden von der historisch einmaligen Baisse der Aktienmärkte von 2000 bis 2003 bis ins Mark getroffen. Erschwerend wirkte, dass viele Marktteilnehmer das Ausmaß der Kursverluste so nicht für möglich gehalten hatten und deshalb zu spät durch den Abbau risikotragender Aktiva auf ihre verschlechterte Vermögenslage reagierten. Produktkalkulationen, denen Fortschreibungen der rasanten Aktienpreisentwicklung der Boomjahre zugrunde lagen, waren hinfällig. Zunächst schmolzen die über Jahrzehnte aufgebauten stillen Reserven auf die Kapitalanlagen dahin, letztlich mussten sogar beträchtliche stille Lasten ausgewiesen werden. Zudem wurden die dringend notwendigen Korrekturen in Form von Preiserhöhungen bzw. einer Reduktion der Überschussbeteiligungen in der Hoffnung auf eine schnelle Erholung der Märkte vielfach zu spät vorgenommen.

Leicht gemildert wurden die bilanziellen Auswirkungen allein durch einen Zinsrückgang und den damit einhergehenden Anstieg der Marktwerte festverzinslicher Wertpapiere. Mit der Realisierung dieser neu zuwachsenden Bewertungsreserven würde das niedrige Zinsniveau für die Dauer der Wiederanlage mit entsprechenden Konsequenzen für die Ertragssituation der Folgejahre festgeschrieben. Zudem würde ein deutlicher Zinsanstieg auf Grund der viel höheren Gewichtung festverzinslicher Wertpapiere in den Portfolios von Versicherungsunternehmen mit Marktwertbilanzierung das bilanzielle Eigenkapital erheblich mindern. Denn nach den IFRS-Regeln wird ein Großteil der festverzinslichen Wertpapiere zu Marktwerten, bei Zinsanstieg also mit verminderten Beträgen verbucht, während Verbindlichkeiten – undiskontiert und deshalb nicht zinsreagibel – zum erwarteten Rückzahlungsbetrag abgebildet werden (Accounting Mismatch).

Trotz der also noch immer bestehenden Herausforderungen durch die Kapitalmärkte scheint die Versicherungswirtschaft sich am Ende dieser turbulenten Entwicklungen allmählich wieder stabilisiert zu haben. Allerdings ist eine Rückkehr zu den Boom-Verhältnissen der Jahre bis 2000 in Anbetracht der tief greifend veränderten Rahmenbedingungen nicht mehr denkbar. Die Margen sind enger geworden. Selbst die auf nun bescheidenerem Niveau stattfindende Hausse an den Aktienmärkten ermöglicht zwar Zusatzerträge, erlaubt aber keine nachhaltig auf diese Einnahmequelle abzielende Geschäftspolitik.

Die negativen realwirtschaftlichen Entwicklungen der letzten Jahre waren Anlass für eine verstärkte wissenschaftliche und praktische Auseinandersetzung mit den Instrumenten zur

Bewältigung von Schwankungsrisiken. Besonders hervorzuheben sind in diesem Zusammenhang die erheblichen Erkenntnisfortschritte im Bereich des integrierten Finanzmanagements
und des Risikomanagements, insbesondere die Konzepte zum aktiven Asset Liability Management, die in den letzten Jahren in vielen deutschen Versicherungsunternehmen umgesetzt
wurden. Neben anfänglichen Theoriedefiziten lagen die Herausforderungen vor allem in der
beschränkten Quantität und Qualität der Daten, die für die Abbildung der Verbindlichkeiten
mit ihren Charakteristika zur Verfügung standen. Auch die IT-Systeme ermöglichten wegen
unzureichender Integration von Kapitalanlagen und Verbindlichkeiten keine stabile und belastbare Entscheidungsunterstützung. Inzwischen wurden in vielen Unternehmen bei der
Entwicklung der theoretischen Konzepte, der Erfassung und Aufbereitung der Basisinforma-
tionen sowie dem Aufbau der nötigen EDV-Instrumente beträchtliche Fortschritte erzielt.

Eine besondere Herausforderung wird gleichwohl darin liegen, die für eine exposureorientier-
te Steuerung des Unternehmens benötigten Daten in die bestehenden Kernadministrationssys-
teme aufzunehmen oder in ergänzenden Systemen in einer angemessenen Näherung abzubilden, um sie einer Modellierung und Auswertung zugänglich zu machen. So bleibt selbst für
die Pioniere in den kommenden Jahren viel zu tun, nicht nur im Vorgriff auf künftige aufsichtsrechtliche Vorgaben, sondern vor allem im Eigeninteresse der Unternehmen an einer
verbesserten Risiko-Rendite-Steuerung.

2. Solvency II und IFRS – Prinzipien und Berührungspunkte

2.1 Entwicklung der Rückversicherungsaufsicht in Deutschland und Europa

Die dargestellten realwirtschaftlichen Veränderungen mit ihren gravierenden Implikationen
für die deutsche Versicherungswirtschaft blieben selbstverständlich auch für die staatliche
Aufsichtssystematik nicht folgenlos. Allerdings ist die Entwicklung der Erstversicherungs-
und der Rückversicherungsaufsicht bisher aus gutem Grund wegen der signifikant verschiedenen Schutzbedürftigkeit der jeweiligen Vertragspartner unterschiedlich verlaufen.

Für die Erstversicherung existiert in Deutschland auf nationaler Ebene bereits seit Anfang des
20. Jahrhunderts eine relativ umfassende Aufsicht zum Schutz der Versicherungsnehmer, die
sich seit 1973 in Anpassung an europarechtliche Vorgaben fortentwickelt hat. Innerhalb der
EU hat sich für den Erstversicherungsbereich mit einer Vielzahl von EU-Richtlinien ein be-

reits weitgehend harmonisierter Aufsichtsrahmen herausgebildet, der seit der Verschärfung 2002 zusammenfassend als Solvency I bezeichnet wird. Solvency I bezieht jedoch – wie seine nationalen Vorläufer – hinsichtlich der Eigenkapitalanforderungen lediglich versicherungstechnische Risiken in die Betrachtung ein und wird den wachsenden Zusammenhängen mit den Kapitalanlageentwicklungen nicht mehr gerecht. Kapitalanlagerisiken finden insofern Berücksichtigung, als die einschlägigen Regelungen hohe Qualitätsanforderungen an die zur Bedeckung der Versicherungsverbindlichkeiten und der Solvabilitätsspanne gehaltenen Vermögensgegenstände stellen. Demgegenüber soll Solvency II eine umfassende Kontrolle der Risikoexponierung und eine umfassende risikoadäquate Bemessung der Solvenzanforderungen für Versicherer etablieren.[1]

Verglichen mit der Erstversicherung ist die Rückversicherung bislang nur wenig reguliert gewesen; die Aufsicht wird zudem national unterschiedlich gehandhabt. So wurden in Deutschland – wie in fast allen anderen EU-Ländern – Rückversicherer lange Zeit traditionell mittelbar beaufsichtigt, im Wege der sog. indirekten Aufsicht, d. h. durch die Kontrolle der Angemessenheit des Rückversicherungsschutzes des Erstversicherers. Durch das 4. Finanzmarktförderungsgesetz vom 1. Juli 2002 wurde erstmals Elemente der direkten Aufsicht hinzugefügt. Hierunter fallen z. B. Vorschriften hinsichtlich der Rechtsform und der Eignung und Zuverlässigkeit der Geschäftsführer sowie sehr weit gehende Eingriffsmöglichkeiten bei dauernder Gefährdung der Erfüllbarkeit der Rückversicherungsverträge.[2] Mit der VAG-Novelle 2004 hat der Gesetzgeber die Rückversicherungsaufsicht weiter ausgedehnt, indem er die wichtigsten Teile der auf EU-Ebene geplanten Richtlinie vorweggenommen hat. Damit kommen im Wesentlichen folgende neue Standards ab 2005 für die deutsche Rückversicherungsaufsicht hinzu:

■ Zulassungsprinzip, d. h. jeder professionelle Rückversicherer benötigt eine Lizenz für den Geschäftsbetrieb,

■ Finanzaufsicht in Form einer Solvabilitätsaufsicht nach definierten Solvabilitätskriterien (analog der Solvabilitätsaufsicht für Erstversicherer),

■ Erweiterung der Eingriffsbefugnisse und Sanktionsmöglichkeiten der Aufsichtsbehörde.

Die Aufsicht im Rückversicherungsbereich ist naturgemäß weniger detailorientiert, weil im Gegensatz zur Erstversicherung hier eine Schutzbedürftigkeit des Versicherungsnehmers allenfalls eingeschränkt gegeben ist. Zu Recht wird unterstellt, dass Erstversicherer die finanzielle Situation ihres „Lieferanten" besser beurteilen können als Versicherungsnehmer die Qualität des Erstversicherers. Die Aufsicht hat lediglich sicherzustellen, dass die Belange der

---

[1] Zu einem ausführlichen Überblick der aufsichtsrechtlichen Entwicklung in Deutschland und Europa vgl. Schradin (2003), S. 617–635.

[2] Vgl. Pörschmann et al. (2004), S. 106, Hölzl/Schüller (2004), S. 134.

Versicherungsnehmer durch einen Ausfall von Forderungen gegenüber Rückversicherern nicht mittelbar gefährdet werden.[3]

Im Rahmen von Solvency II wird die Intensität der Rückversicherungsaufsicht erneut auf dem Prüfstand stehen. Dabei ist abzusehen, dass es künftig konzeptionell kaum noch Unterschiede zwischen Erst- und Rückversicherern bei der Aufsicht geben wird. Eine solche Entwicklung bedeutet für Rückversicherer eine zusätzliche Belastung. Nicht auszuschließen ist, dass unter Solvency II zumindest für Unternehmen mit stark konzentrierten Geschäftsportfolios mehr Solvenzkapital zur Risikobedeckung notwendig sein wird. Weiterhin müssen mit erheblichem Aufwand interne Risikomanagementsysteme implementiert und ausgebaut werden. Dazu gehört unter anderem die detaillierte Erfassung der Risikoexposures, denen das Unternehmen ausgesetzt ist.

Andererseits können Rückversicherer jedoch auch von einer ökonomisch sinnvollen Ausgestaltung der Solvency-II-Vorschriften profitieren, da sich die Parameter für den Einsatz von Rückversicherung auf Seiten der Erstversicherer ändern werden. Risikoentlastung sollte unmittelbar in Entlastung von Kapitalbedarf resultieren. Und während die Rückversicherung nach den derzeitigen Vorschriften den Kapitalbedarf nur bis zu einer gewissen Grenze mindert[4], wäre eine starre Kappung in einem auf Risikoadäquanz basierenden System wie Solvency II systemwidrig (vgl. Abschnitte 2.2 und 3.4).

Ein wichtiger Vorteil liegt für die international tätigen Unternehmen darin, dass durch die europäische Harmonisierung der Aufsichtsregeln das heutige Nebeneinander inkonsistenter nationaler Aufsichtssysteme beseitigt wird. Der European Financial Services Round Table, dem führende Vertreter europäischer Finanzunternehmen angehören, fordert in diesem Zusammenhang die Verwirklichung des Konzepts eines Lead Supervisors.[5] Danach sollen multinationale Finanzunternehmen innerhalb der EU inklusive sämtlicher Zweigniederlassungen nur noch von ihrer Heimatbehörde beaufsichtigt werden. Für Tochterunternehmen sollte der Lead Supervisor zumindest eine Koordinationsfunktion wahrnehmen. Eine derart konzentrierte Aufsicht wäre effizient und kostengünstig. Insgesamt übersteigt für breit aufgestellte Rückversicherer der Nutzen, den sie aus sinnvollen und international abgestimmten Aufsichtsregelungen ziehen, deutlich den Aufwand, solche Regelungen zu implementieren.

3　Gelegentlich wird hier die Frage aufgeworfen, ob Rückversicherer ein systemisches Risiko darstellen, d. h. dass durch die Insolvenz eines größeren Rückversicherers eine Kettenreaktion mit negativen Auswirkungen auf die Finanzmärkte ausgelöst werden könnte. Ein solches Risiko konnte bisher jedoch nicht nachgewiesen werden, vgl. dazu Swiss Re (2003), S. 3f.

4　Die bei der Berechnung des Prämien- sowie des Schadenindexes zu berücksichtigende Selbstbehaltquote darf 50 Prozent nicht unterschreiten.

5　Vgl. European Financial Services Round Table (2004), S. 6–8, und (2005), S. 6 ff.

2.2   Prinzipien von Solvency II

In einem frühen Papier[6] des Solvency-II-Projektes wurden seitens der EU die Prinzipien
definiert, denen die neue Regulierung genügen soll. Drei dieser Prinzipien – maximale Harmonisierung, Risikoadäquanz und Gesamtsolvenz als Maßstäbe für Solvenzkapital – gewinnen zusammen mit dem Grundsatz der Transparenz[7] für die zukünftige Rückversicherung
eine herausragende Bedeutung.

Die derzeit innerhalb der EU gültigen Regulierungsvorschriften sollen soweit wie möglich
harmonisiert werden. Anders als bei Solvency I sollen nicht lediglich Minimalforderungen
festgeschrieben werden, die dann durch nationales Recht verschärft und mehr oder weniger
streng ausgelegt werden. Vielmehr strebt die EU-Kommission im Rahmen einer maximalen
Harmonisierung die Schaffung eines „Level Playing Field" an, das Wettbewerbsverzerrungen
innerhalb der EU soweit als möglich vermeidet.[8] Die Standards sollen so ausgestaltet werden,
dass die Einzelstaaten sich nicht veranlasst sehen sollten, durch ergänzende gesetzgeberische
Maßnahmen darüber hinauszugehen.

Ein zweites Prinzip von Solvency II besteht in der ganzheitlichen Betrachtung von Versicherungsunternehmen. Die Risikoklassen werden zunächst auf Grund ihrer Eigenheiten einzeln
betrachtet und danach zu einem Gesamtrisiko aggregiert, um die Gesamtsolvenz eines Versicherungsunternehmens zu regeln.

Transparenz ist das wesentliche Ziel des Solvency-II-Projektes. Schon der Weg dahin soll für
alle Beteiligten und Betroffenen in transparenter Art und Weise ablaufen ebenso wie das
zukünftige Handeln der Aufsicht. Insofern ist Transparenz nicht nur eine Forderung an Versicherungsunternehmen, sondern auch ein Gestaltungsprinzip der Solvency-II-Initiative.

2.3   Der zukünftige Regulierungsrahmen

Neben den Prinzipien von Solvency II zeichnet sich die Grobstruktur für die Anforderungen
der Säule 1 ab. Sie beziehen sich zum einen auf vorsichtig gestellte Reserven einschließlich

---

6   Vgl. Europäische Kommission (2003), S. 3–5.
7   Vgl. Europäische Kommission (2004c), S. 21–24, 28–29.
8   Vgl. Sharma-Report (2002), S. 72–74.

eines bestimmten Sicherheitszuschlags und zum anderen auf das darüber hinausgehende Risikokapital.[9]

Für die Höhe der Reserven soll die Wahrscheinlichkeit vorgegeben werden, mit der bereits bestehende Altreserven zur Abdeckung zukünftiger Schäden ausreichen werden.[10] An die Stelle von nicht näher quantifizierten, impliziten Sicherungsmechanismen, z. B. in Form einer konservativen Wahl von Parametern, sollen explizite Sicherheitsmargen treten.

Künftig soll sowohl in einer Standardformel als auch in internen Modellen die Höhe des benötigten Risikokapitals risikoadäquater bemessen sein als unter Solvency I. Dazu sind voraussichtlich Basis- bzw. Groß- und Katastrophenrisiken zu modellieren und Diversifikationseffekte in die Risikomodelle einzubeziehen. Die Höhe des Diversifikationseffekts für den einzelnen Versicherer hängt stark von Portefeuillegröße und Geschäftsmodell ab. Die Schwankungsanfälligkeit des Schadenaufkommens sinkt mit der Größe des Portefeuilles, und je mehr in ihrer Größe vergleichbare Sparten ein Versicherungsunternehmen betreibt, je breiter das geografische Tätigkeitsgebiet ist, desto eher werden sich positive und negative Abweichungen vom angestrebten Geschäftsverlauf einzelner Einheiten ausgleichen. Je höher der Diversifikationsgrad ist, desto leichter lässt sich der Verlauf der kumulierten Ergebnisse voraussagen und desto weniger Risikokapital sollte die Einheit im Idealfall für Solvenzzwecke – relativ zu jeder einzelnen Risikoeinheit im Portefeuille – aufbringen müssen.

Ergänzend zu den quantitativen Anforderungen werden in Säule 2 qualitative Standards definiert, insbesondere für Risiken, die sich einer vollständigen Quantifizierung entziehen, wie etwa operationelle Risiken oder Liquiditätsrisiken. Dazu gehören Regelungen zur Reduzierung von Modellrisiken, sei es bei Berechnungen nach der Standardformel oder insbesondere bei der Aufstellung und Pflege interner Risikomodelle.

2.4 Parallelen und Schnittstellen zu IFRS

Quantitative Aufsichtsmodelle sollten idealerweise mit Daten aus dem Rechnungswesen gespeist werden, ohne dass es einer aufwändigen Überleitung bedarf. Indes weichen die nationalen Vorschriften für die Bewertung von versicherungstechnischen Rückstellungen auch im europäischen Raum stark voneinander ab. Schon wegen ihrer Anlehnung an die unterschiedlichen Rechnungslegungsstandards ist die Aufsicht in verschiedenen europäischen

---

9   Vgl. Europäische Kommission (2003), S. 15–16. Bei der Bestimmung der Risikokapitalanforderungen werden die von der International Actuarial Association (IAA) vorgeschlagenen Risikokategorien berücksichtigt. Vgl. zu Underwriting-Risiken, Marktrisiken (inklusive Asset-Matching-Risiko) und Kreditrisiken IAA (2004), S. 25–59. Inwieweit auch operative Risiken und Liquiditätsrisiken durch Risikokapital hinterlegt werden müssen, ist noch offen.

10 Vgl. Europäische Kommission (2004a), S. 14–17.

Staaten unterschiedlich streng und führt damit zu Wettbewerbsverzerrungen und Aufsichtsarbitrage.

Deshalb hat die EU-Kommission bereits Mindestanforderungen für die Bestimmung der versicherungstechnischen Verbindlichkeiten ausführlich diskutiert,[11] denn harmonisierte Kapitalanforderungen sind, solange die Regelungen für die übrigen Passiva noch nicht harmonisiert sind, wenig sinnvoll.

Doch auch die Rechnungslegung erfährt derzeit tief greifende Veränderungen. So sind europäische börsennotierte Versicherungskonzerne seit dem 1. Januar 2005 dazu verpflichtet, ihren Konzernabschluss entsprechend der International Financial Reporting Standards (IFRS, vormals IAS) aufzustellen. IFRS 4 markiert den Abschluss einer ersten Phase in der Entwicklung eines konsistenten Rechnungslegungsstandards für Versicherungsverträge, lässt es indes noch zu, dass versicherungstechnische Rückstellungen auf Basis nationaler handelsrechtlicher oder international anerkannter Rechnungslegungsstandards unverändert mit einem vom Zeitwert abweichenden Wert bilanziert werden können. Auch deshalb hat das IASB unmittelbar die Phase II des Projekts eingeleitet. Ziel ist eine angemessene und konsistente Bewertung von Aktiva und Passiva aus Versicherungsverträgen.

Unabhängig von der Ausgestaltung der jeweiligen Regelwerke werden sowohl das neue Aufsichtssystem als auch das neue Rechnungslegungssystem eine möglichst realistische Abbildung der Verpflichtungen mit Auszahlungsmustern und substantiierten Schwankungsannahmen erfordern. Eine negative Veränderung der Risiko- und Vermögensposition eines Versicherungsunternehmens, insbesondere ein verstärkter Asset Liability Mismatch, sollte sich unmittelbar im Bilanzbild niederschlagen und damit einen Frühwarnindikator für die Aufsicht liefern.

Eine zeitnähere Bewertung der Verbindlichkeiten in der Bilanz erleichtert die Entwicklung eines leistungsfähigen internen Risikomanagements und setzt Impulse zu einer Geschäftssteuerung, bei der übermäßige Schwankungen der Ergebnisse verhindert werden. Praxisgerechte IFRS können darüber hinaus die Basis für eine angemessene Offenlegung hinsichtlich der in Säule 3 von Solvency II geforderten Marktdisziplin sein.[12] Insofern bieten die parallele Entwicklung von IFRS und Solvency II die Chance einer im Interesse der Verbraucher und der Unternehmen liegenden, höchst sinnvollen Konvergenz.

---

11   Vgl. Europäische Kommission (2004c), S. 17–30, und (2004a), S. 5–17.

12   In diese Richtung weist bereits Exposure Draft 7 für einen neuen IFRS, der Vorschläge zur detaillierten Veröffentlichung von Daten über gehaltene Finanzinstrumente beinhaltet, vgl. IASB (2004).

3. Geschäftspolitische Herausforderungen und Chancen für Rückversicherer durch Solvency II

3.1 Ausgangslage der Kunden und daraus abzuleitende Anforderungen

Insgesamt erwarten die meisten Beobachter, dass die Kapitalanforderungen unter Solvency II bei unverändertem Geschäft per Saldo ansteigen werden. Der Kapitalbedarf wird dabei nicht mehr aus wenigen eindimensionalen Größen ermittelt, z. B. Prämienvolumen oder Schadenaufwand, sondern wesentlich von der Zusammensetzung des Geschäfts sowie dem bestehenden Diversifikationsgrad abhängen. Dabei soll mehr auf die wirkliche Risikoexponierung als auf reine Geschäftsvolumengrößen abgestellt werden.

Darüber hinaus wird sich für Erstversicherer die Notwendigkeit einer präziseren Steuerung des Geschäfts ergeben. Voraussetzung wird die möglichst frühzeitige Implementierung eines soliden und umfassenden Risikomanagements sein, das insbesondere das Risikoexposure erfasst. Im Rahmen von Solvency II hat jedes Versicherungsunternehmen zu entscheiden, ob es ein internes Risikomodell oder ein von der Aufsichtsbehörde vorgegebenes Standardmodell verwenden will. Grundsätzlich sollen Anreize zum Aufbau und zur Verwendung interner Modelle geschaffen werden, damit die Unternehmen sich intensiver und stärker steuernd als bisher mit ihren Risiken befassen, um damit ihren Kapitalbedarf senken zu können. Die Implementierung eines internen Risikomodells ist jedoch auch mit erheblichem Zeit- und Kostenaufwand verbunden. Vor allem bei kleineren und mittleren Unternehmen kann im Zuge der Implementierung solcher Modelle ein hoher Beratungsbedarf entstehen, wenn die notwendigen Kompetenzen nicht im Unternehmen vorgehalten werden.

Das Risikomanagement dürfte sich auch zu einer zentralen Schnittstelle zwischen Erst- und Rückversicherern entwickeln. Die in einem Risikomodell abgebildete Risikosituation eines Erstversicherers ist für die Gestaltung der Rückversicherungsbeziehung von großer Bedeutung. Es ist zu erwarten, dass sich durch Solvency II die Geschäftsbeziehungen zwischen Erst- und Rückversicherern stärker als bisher individualisieren. Geschäfts- und Schadenportefeuilles werden noch differenzierter gemäß ihren Risikoausprägungen mit unterschiedlich hohen Kapitalanforderungen belegt. In der Konsequenz werden Rückversicherungsprodukte für den Kunden transparenter und können gezielter und wirksamer auf jede individuelle Risikosituation zugeschnitten werden.

3.2 Reaktionsmöglichkeiten der Erstversicherer unter Solvency II

Die europäischen Versicherer werden in den nächsten Jahren nicht auf die endgültige Verabschiedung von Solvency II und der damit verbundenen Festlegung der Parameter für jede der drei Säulen warten. Viele beginnen schon heute damit, die möglichen Effekte aus Solvency II in unterschiedlichen Szenarien abzubilden.

Nach dem Inkrafttreten der neuen Regeln wird die Aufmerksamkeit bei Kunden und Investoren sich auf die Kapitalausstattung der Versicherer richten. Erstversicherer stehen schon wegen der Renditeerfordernisse vor der Herausforderung, ihr notwendiges Risikokapital im Hinblick auf das zu zeichnende Geschäft zu optimieren, also weder zu knapp noch zu üppig zu bemessen. Bei Engpasssituationen kann ein Erstversicherer sein vorhandenes ökonomisches Kapital durch geeignete Maßnahmen erhöhen oder durch den Einsatz von Rückversicherung bzw. die Aufgabe von Geschäft sein notwendiges Risikokapital senken (siehe Abbildung 3).

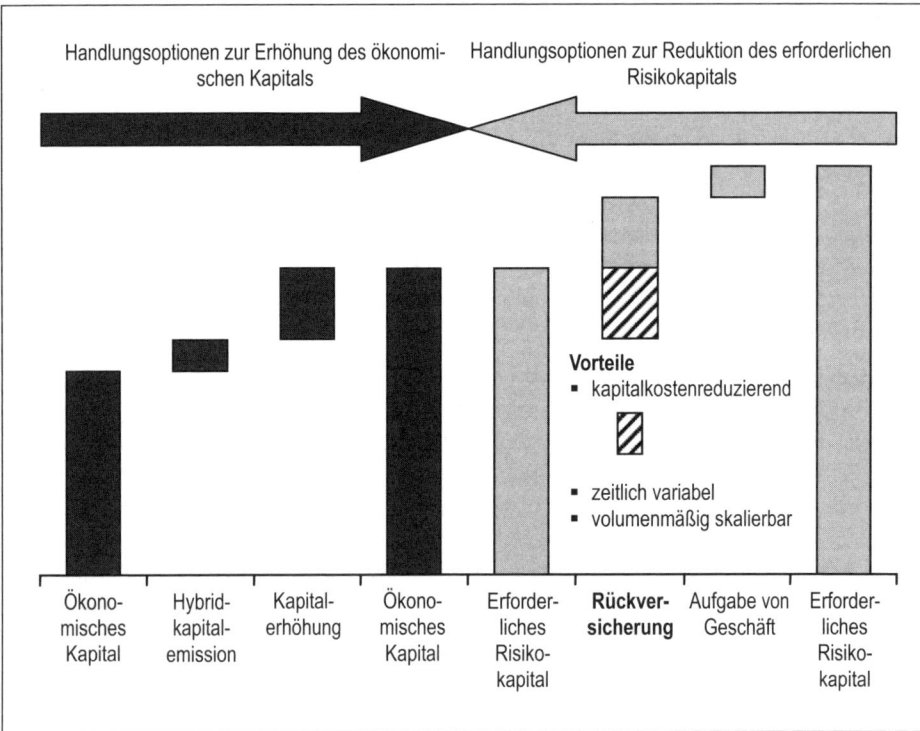

Abbildung 3:   *Handlungsoptionen der Erstversicherer unter Solvency II*

Zur Erweiterung der Kapitalbasis kommt neben der klassischen Kapitalerhöhung die Emission von Hybridkapital[13] in Betracht. Jedoch verfügen nicht alle Versicherer über einen Zugang zum Kapitalmarkt. Auch sind die hohen Kosten von Eigenkapital bzw. nachrangigem Fremdkapital als Eigenkapitalsubstitut zu beachten. Zudem besteht bei einer Kapitalmaßnahme in einem nervösen Kapitalmarkt die Gefahr, dass sie als Notmaßnahme gewertet wird. Die Verbriefung und Platzierung leicht standardisierbarer Versicherungsrisiken im Kapitalmarkt wäre eine wirksame Maßnahme zur Verbesserung der Kapital-Risiko-Relationen, dürfte aber bis auf weiteres, insbesondere auf Grund des beträchtlichen Umfangs solcher Transaktion, nur in Ausnahmefällen in Betracht kommen. Der Kapitalmarkt ist zumindest bisher ein recht starres Ventil. Schon wegen der hohen Transaktionskosten sollten Kapitalbeschaffungsmaßnahmen jeweils mit großen Beträgen durchgeführt werden und sind deshalb kaum geeignet für die situationsangepasste Feinsteuerung eines Versicherers.

Im Falle einer zu knappen Risikokapitalausstattung kann auch durch eine Reduktion der Risiken, insbesondere die Aufgabe von Märkten oder Sparten, das Gleichgewicht wiederhergestellt werden. Mit einem solchen Schritt ist naturgemäß die Preisgabe von Zukunftschancen verbunden. Stattdessen kann traditionelle Rückversicherung hier unmittelbar und ohne vergleichbare schmerzhafte Reduktion Abhilfe schaffen. In jedem Fall lässt sich mit ihrer Hilfe Zeit zugunsten einer sorgfältigen Neupositionierung des Portfolios gewinnen.

Rückversicherung kann in Zeit und Umfang entsprechend den Risikotragungspräferenzen des Versicherers bedarfsgerecht eingesetzt werden. Das entscheidende Element im Geschäftsmodell des Rückversicherers ist die Risikodiversifikation in einem großen Portfolio möglichst heterogener Risiken. Ein Erstversicherer kann mit Hilfe der Rückversicherung an dieser Ausgleichswirkung teilhaben, seine Risikoposition verbessern und eine deutliche Entlastung für seinen Kapitalbedarf erzielen.

3.3   Wertbeitrag des Rückversicherers im Kontext von Solvency II

Erzwungen durch die stärker risikobasierte Aufsichtssystematik werden Erstversicherer künftig über weitaus präzisere Informationen hinsichtlich der Risiken in den eigenen Portefeuilles und des dadurch ausgelösten Kapitalbedarfs verfügen; der Wert der Rückversicherung wird damit offenkundig.

---

13   Unter Hybridkapital sind unter anderem Genussscheine sowie verbriefte und unverbriefte nachrangige Schuldverschreibungen mit begrenzter oder aber auch unbegrenzter Laufzeit zu verstehen. Es wird im Falle der Insolvenz des Unternehmens erst nach der Befriedigung der Forderungen sämtlicher Fremdkapitalgeber bedient. Auf Grund des damit für den Kapitalgeber verbundenen höheren Risikos ist auf diese Finanzierungsform im Vergleich zur gewöhnlichen Fremdkapitalfinanzierung ein Risikozuschlag durch den Emittenten zu entrichten.

Der Rückversicherer kann seinen Kunden mit seinem Wissen, das auf einer wesentlich breiteren Datenbasis beruht, beratend zur Seite stehen. Die Risikoübernahme kann so noch effektiver gestaltet werden. Selbstbehalte und Gesamtsolvenz im Sinne von Solvency II können optimal gesteuert werden. Gerade in Bezug auf die Nutzung von Diversifikationseffekten, die Homogenisierung von Versicherungsportefeuilles, die Einschätzung von Naturkatastrophenrisiken und die Messung von Schwankungsrisiken aus Reserven haben Rückversicherer einen Erfahrungsvorsprung gegenüber kleinen und mittelgroßen Versicherungsunternehmen.

Noch bedeutsamer ist natürlich die Rolle des Rückversicherers für den Kapital entlastenden Risikotransfer. Wird ein Risiko in ein besser diversifiziertes Portfolio transferiert, ist die Kapitalentlastung beim Abgebenden größer als der Kapitalbedarf beim Aufnehmenden. Ein weltweit tätiges Rückversicherungsunternehmen kann dabei Wert aus Größeneffekten schöpfen; daneben treten Diversifikationseffekte aus seiner Tätigkeit in den verschiedensten Staaten, Geschäftsarten und geografischen Zonen auf. Während Erstversicherer in der Regel mit geografisch beschränktem Tätigkeitsgebiet eine Exponierung nur gegenüber einigen wenigen Naturgefahrenszenarien aufweisen, fasst der global tätige Rückversicherer Risiken aus vielen miteinander nicht korrelierten Ereignissen zusammen und nutzt den daraus resultierenden Effekt einer Senkung des ökonomisch notwendigen Risikokapitals. Das Gleiche gilt für alle anderen Arten von Spitzenrisiken. Mit einem gezielt und individuell gestalteten Rückversicherungsschutz kann ein Erstversicherer also selbst bei anspruchsvolleren aufsichtsrechtlichen Solvenzanforderungen am hohen Diversifikationsgrad und an den relativ geringeren Kapitalkosten auf Rückversicherungsseite partizipieren und die Kapitalintensität des eigenen Portefeuilles senken. Aus diesem Grunde sieht auch die EU-Kommission in der Rückversicherung das wesentliche Instrument eines effektiven Risikomanagements.[14]

3.4   Angebotsspektrum des Rückversicherers

Bei der Gestaltung der neuen Aufsichtsregeln und bei ihrer Umsetzung im Unternehmen können Rückversicherer mit ihrem Know-how wichtige Beratungsdienstleistungen erbringen. Für Erstversicherer besonders interessant kann die Unterstützung bei der Einführung der internen Risikomodelle sein. Viele Rückversicherer sind auf diesem Gebiet schon länger aktiv; sie erweitern und verfeinern die für eigene Zwecke erarbeiteten Kompetenzen und Tools laufend, um sie als Dienstleistungen ihren Kunden zur Verfügung stellen zu können. Auch beim Asset Liability Management haben größere Rückversicherer umfangreiches Know-how erarbeitet. Einige von ihnen bieten bereits jetzt ihren Kunden entsprechende Serviceprodukte aktiv an, bis hin zu einer kompletten Übernahme eines an den besonderen Erfordernissen des Versicherungsunternehmens ausgerichteten Asset-Managements von Teilportfolien.

---

14 "Reinsurance is the key risk management tool in insurance", Europäische Kommission (2004a), S. 29.

Der eigentliche Rückversicherungsschutz wird unter Solvency II wegen der zu erwartenden Erhöhung der Kapitalanforderungen aufgewertet. Ein Wegfall der gegenwärtigen Höchstgrenzen einer Kapitalentlastung beim Einsatz von Rückversicherung würde den Zedenten zudem in Zukunft deutlich mehr Flexibilität verschaffen.

Mit dem Einsatz von Rückversicherung kann für den Erstversicherer indes auch ein signifikantes Kreditrisiko verbunden sein, das Eingang in seine Gesamtrisikobetrachtung findet. Im Vergleich zur bisherigen Regelung könnte die Bewertung noch deutlich differenzierter erfolgen. Dabei sollte in erster Linie darauf abgestellt werden, ob und in welchem Ausmaß der Rückversicherer seinerseits den harmonisierten Solvency-II-Anforderungen genügt.

Hinsichtlich der Produktgestaltung wird der Rückversicherer grundsätzlich auch in Zukunft auf die bestehende Produktpalette zurückgreifen können, um die Bedürfnisse der Kunden nach Senkung des Solvenzkapitalbedarfs zu befriedigen. Dass bei einem am Risikoexposure orientierten Aufsichtssystem die Kapital entlastende Wirkung besser zum Tragen kommt, lässt sich am Beispiel einer üblichen nicht-proportionalen Naturkatastrophendeckung verdeutlichen: Der Eigenkapitalbedarf nach Solvency I bemisst sich nach den Schaden- bzw. Prämienindizes der Vergangenheit. Der Schadenindex berechnet sich aus dem tatsächlichen, durch den Zufall getriebenen Schadenaufwand, der sich über einen bestimmten Zeitraum eingestellt hat. Das in dem Portefeuille tatsächlich enthaltene Exposure, welches z. B. mit Hilfe von Szenarioanalysen erfasst werden könnte, bleibt bislang unberücksichtigt. Ausgehend von einem zufallsbedingt geringen Bruttoschadenaufwand in der relevanten Berechnungsperiode fällt somit auch die rechnerische Entlastung durch Rückversicherung relativ gering aus. Ebenso ist die für den „Prämienindex" relevante Rückversicherungsprämie für nicht-proportionale NatCat-Deckungen im Vergleich zur Bruttoprämie des Zedenten unter Umständen marginal. Trotz einer womöglich signifikanten Risikoentlastung fällt die Kapitalentlastung mit Hilfe einer solchen NatCat-Deckung unter Solvency I eher gering aus. Unter Solvency II verändert sich die Situation für Anwender interner Risikomodelle. Dank ihres Einsatzes können deutlich längere und dem spezifischen Portefeuille entsprechende, unter Umständen sogar in die Zukunft gerichtete Betrachtungszeiträume berücksichtigt werden. Eine NatCat-Deckung wird in einem internen Risikomodell mit ihrer Risiko mindernden Wirkung abgebildet werden können. Letztlich wird das erhöhte Sicherheitsniveau deutlich ablesbar; als Folge sollte das benötigte Sicherheitskapital signifikant sinken.

Schwieriger wird die Berücksichtigung nicht-proportionaler Risikoentlastung in einem künftigen Standardmodell. Je mehr es den derzeit bekannten Faktormodellen und deren Systematik ähnelt,[15] desto stärker fällt der Entlastungseffekt aus proportionalen Rückversicherungsdeckungen im Vergleich zu nicht-proportionaler Rückversicherung aus. Kernelemente bekannter Faktormodelle sind die so genannten Risikofaktoren, die portefeuillespezifisch festgelegt werden und auf die entsprechende Basisgröße anzuwenden sind. Die für das Underwriting-Risiko relevanten Größen sind die Prämieneinnahmen sowie die versicherungstechnischen Reserven. Beide fließen jeweils nach Abzug der Rückversicherungsanteile in die

---

15 Vgl. IAA (2004): Dort werden einfache Faktormodelle als zu grob betrachtet, um den Effekt der Rückversicherung ausreichend wiederzugeben.

Berechnung ein. Der Einsatz von proportionaler Rückversicherung ermöglicht dem Erstversicherer, seine Nettoprämie und die im Laufe der Vertragsperiode sich aufbauende Nettoschadenreserve wirkungsvoll zu reduzieren. Als direkte Folge reduziert sich der aus dem Underwriting-Risiko resultierende Solvenzkapitalbedarf.

Außerdem werden Rückversicherungsprodukte, die die Übernahme von Abwicklungsrisiken aus bestehenden Schadenportefeuilles bieten, stärker in den Mittelpunkt rücken. Im Rahmen der vorbereitenden Diskussionen zu Solvency II wird das Reservierungsrisiko mit Recht als eines der wesentlichen Risikokriterien bezeichnet.[16] Deshalb soll das Reservierungsrisiko künftig explizit berücksichtigt werden. Der Versicherer wird damit konfrontiert werden, dass seine Nettoschadenreserven selbst nach der Aufgabe eines Geschäftsfelds einen Teil seines knappen Risikokapitals absorbieren.

Mit Loss Portfolio Transfers und Adverse Development Covers stehen bereits jetzt Rückversicherungsprodukte zur Verfügung, die die Übernahme des Risikos der Schlechterabwicklung gesamter Schadenportefeuilles ermöglichen. In der Funktionsweise sind diese Deckungen einer Quotenrückversicherung bzw. einem Gesamtschadenexzedenten sehr ähnlich; sie beziehen sich aber auf abgelaufene Risikoperioden. Entsprechend dem Transfer des Reservierungsrisikos auf den Rückversicherer wird die Solvenzkapitalberechnung des Versicherers entlastet. Frei werdendes Risikokapital kann für zukünftiges Geschäft eingesetzt werden.

Auch Rückversicherungsprodukte mit Finanzierungselementen bzw. alternative Risikotransferlösungen unter Einbezug des Kapitalmarktes können zur Reduzierung des Kapitalbedarfs eingesetzt werden. Es ist jedoch darauf zu achten, dass sie gemäß der jeweiligen Rahmenbedingungen (insbesondere Aufsicht, Rechnungslegung, Steuern etc.) ausgestaltet sind sowie hohen Transparenzanforderungen genügen.

Explizit auf Solvency II abstellende Produktneuerungen sind noch nicht klar erkennbar, werden aber mit fortschreitender Konkretisierung der Regelungen angeboten werden. Zu denken ist zum einen an Deckungskonzepte für bereits bekannte Risiken, die durch die neue Solvenzberechnung an Gewicht gewinnen, wie etwa Zins-, Währungs- und Marktrisiken. Zum anderen könnten sich Absicherungsmodelle für zusätzliche Risikokategorien ergeben, die bisher weniger im Blickpunkt standen, z. B. neue Arten von Kredit- bzw. Ausfallabsicherungen, marktgerechte Lösungen zur Abdeckung operationeller Risiken oder potenzieller Lücken in betrieblichen Pensionsfonds. Ein kundenorientiertes Rückversicherungsunternehmen wird diesem neuen Absicherungsbedarf in Zukunft mit neuen innovativen Lösungsansätzen begegnen.

---

16 Vgl. Europäische Kommission (2004a), S. 14, und KPMG (2002).

4.   Zusammenfassung

Die derzeitige Vielfalt von Rechnungslegungs- und Versicherungsaufsichtssystemen wird den Bedingungen einer globalisierten Wirtschaft nicht gerecht. Versicherungsmärkte sind immer noch in hohem Maße von lokalen Besonderheiten, insbesondere gesellschaftlichen, politischen, steuerlichen und sonstigen rechtlichen Rahmenbedingungen geprägt. Da jedoch ein Ausgleich von Risiken zwischen den Individuen und Unternehmen sowie über Zeit und Raum die wesentliche volkswirtschaftliche Funktion der Versicherungswirtschaft ist, spielen international aktive Anbieter eine wichtige Rolle.

Gerade die europäischen Rückversicherer mit ihrer traditionell starken Stellung sind inzwischen intensiver Konkurrenz aus anderen Territorien ausgesetzt. Anbieter aus Staaten mit niedrigen Aufsichtsstandards nutzen ihre Wettbewerbsvorteile. Die europäischen Rückversicherer sollten im europäischen Binnenmarkt nicht einer unübersehbaren Vielfalt nationaler Restriktionen ausgesetzt sein. Fairer Wettbewerb setzt Harmonisierung in Europa und darüber hinaus voraus. Um Aufsichts- oder Rechnungslegungsarbitrage zulasten der Verbraucher und Wettbewerbsverzerrungen zu vermeiden, bedarf es einer weitaus stärkeren Angleichung der zugrunde liegenden Systeme an einen Weltstandard.

Die Initiative Solvency II bietet die Chance, die überkommenen Unterschiede der Aufsichtsregeln abzubauen und ein harmonisiertes Aufsichtssystem zu etablieren, bei dem die wirklichen Risiken erfasst und gezielt eingegrenzt werden können. Hierzu bedarf es qualitativer Mindeststandards für das Risikomanagement und vereinheitlichter, quantitativer Kapitalanforderungen, die auf die Risikoexposures abstellen. Bei einer konsequenten Umsetzung mit Hilfe praxisgerechter Risikomaße ist der inneren Ausgleichswirkung von Risiken im jeweiligen Portefeuille in angemessener Weise Rechnung zu tragen. Die Diversifikation der Risiken spielt insofern eine Schlüsselrolle bei der Bemessung der Ausfallrisiken und der daraus abgeleiteten Kapitalanforderungen. Denn anders als in den gegenwärtig dominierenden, faktorbasierten Kapitalmodellen mindert die verringerte Volatilität der Ergebnisse den Kapitalbedarf. Kapitalanforderungen für Rückversicherer mit einem gut diversifizierten Geschäftsportfolio dürften nach Solvency II entsprechend niedriger ausfallen als der Eigenmittelbedarf von in der Summe gleich stark exponierten Unternehmen mit weniger starker Streuung ihrer Aktivitäten. Dies setzt eine methodisch und hinsichtlich der Datengrundlage ausreichend sichere Identifikation und Quantifizierung der verschiedenen Risiken voraus.

Der Aufwand für die Ausgestaltung eines integrierten Risikomanagements beim Rückversicherer ist deshalb entsprechend groß. Die Umsetzung von Solvency II und der daraus abgeleiteten Folgevorschriften wird, soweit die Systeme nicht für die interne Steuerung bereits etabliert sind, großen Aufwand und hohe Kosten verursachen. Investitionen und Lernfortschritte versetzen Pionierunternehmen jedoch in die Lage, ihren Kunden zahlreiche Dienstleistungen im Zusammenhang mit Solvency II anzubieten und hierdurch Wettbewerbsvorteile zu gewinnen.

Beim Erstversicherer wird die Umsetzung der Anforderungen von Solvency II verbesserte Transparenz hinsichtlich der übernommenen Risiken mit sich bringen. Noch stärker als im gegenwärtigen Aufsichtsrahmen dürften die Risikoentlastung durch Rückversicherer und die damit einhergehende Reduktion von Kapitalkosten mit den Kosten der Rückversicherung zu vergleichen sein. Die Zusammenführung von Risiken in einem besser diversifizierten Portefeuille müsste auf der Basis einer konsequent risikobasierten Systematik einen günstigen Saldo aus Kapitalmehrbedarf beim Rückversicherer und Kapitalminderbedarf beim Erstversicherer ergeben. Rückversicherung wird dadurch noch attraktiver. Andere Finanzierungsformen zur Erhöhung des ökonomischen Kapitals oder auch eine Rückführung des Geschäftsvolumens durch Markt- bzw. Spartenaustritte zur Reduktion des erforderlichen Risikokapitals bieten auf Grund geringerer zeitlicher und volumenmäßiger Flexibilität, höherer Kosten und eines beschränkten Zugangs zum Kapitalmarkt keine gleichwertige Alternative zur Rückversicherung. Für die Rückversicherer bringt Solvency II deshalb zwar Belastungen und Mehrkosten mit sich, gleichzeitig jedoch weit darüber hinaus gehende geschäftliche Chancen.

Literatur

SHARMA-REPORT (2002): Conference of Insurance Supervisory Services of the Member States of the European Union (2002): Prudential Supervision of Insurance Undertakings, Dezember 2002, in: http://europa.eu.int/comm/internal_market/insurance/solvency/solvency2-conference_en.htm.

EUROPÄISCHE KOMMISSION (2003): Entwurf eines künftigen Aufsichtssystems in der EU – Empfehlungen der Kommissionsdienststellen, in: Markt/2509/03, http://europa.eu.int/comm/internal_market/insurance/solvency/solvency2-workpapers_en.htm.

EUROPÄISCHE KOMMISSION (2004a): Draft Second Wave Calls for Advice from CEIOPS and Stakeholder Consultation on Solvency II, in: Markt/2515/04, http://europa-.eu.int/comm/internal_market/insurance/solvency/solvency2-workpapers_en.htm.

EUROPÄISCHE KOMMISSION (2004b): Proposed Framework for Consultation, in: Markt/2506/04, http://europa.eu.int/comm/internal_market/insurance/solvency/solvency2-workpapers_en.htm.

EUROPÄISCHE KOMMISSION (2004c): Solvency II. Organisation of work, discussion on pillar I work areas and suggestions for further work on pillar II for CEIOPS, in: Markt/2543/03, 11.02.2004, http://europa.eu.int/comm/internal_market/insurance/-docs/markt-2543-03/markt-2543-03_en.pdf.

EUROPEAN FINANCIAL SERVICES ROUND TABLE (2004): Towards a Lead Supervisor for Cross Border Financial Institutions in the European Union, Juni 2004, www.efr.be.

EUROPEAN FINANCIAL SERVICES ROUND TABLE (2005): On the lead supervisor model and the future of financial supervision in the EU. Follow-up recommendations of the EFR, Juni 2005, www.efr.be.

HÖLZL, W./SCHÜLLER, J. (2004): Rückversicherer: Bonität wird immer wichtiger, in: Versicherungswirtschaft 3/2004, S. 134–137.

IASB (2004): Exposure Draft of an International Financial Reporting Standard (IFRS) ED 7 Financial Instruments: Disclosures, International Accounting Standards Board, London, 22. Juli 2004, www.iasb.org.

IAA (2004): A Global Framework for Insurer Solvency Assessment, Research Report of the Insurer Solvency Assessment Working Party, Ottawa 2004, International Actuarial Association, http://www.actuaries.org.

KPMG (2002): Study into the methodologies to assess the overall financial position of an insurance undertaking from the perspective of prudential supervision 2002.

PÖRSCHMANN, S./SAUER, R./HARTUNG, T. (2004): Die zukünftige Rückversicherungsaufsicht in der Europäischen Union, in: Zeitschrift für Versicherungswesen 4/2004, S. 106–110, 5/2004, S. 131–134.

RITTMANN, M./ROCKEL, W. (2004): Rechnungslegung und Aufsicht von Versicherungsunternehmen – Zur Vereinbarkeit von IFRS und Solvency II, in: Zeitschrift für die gesamte Versicherungswissenschaft (93), S. 441-475, 2004.

SCHRADIN, H.R. (2003): Entwicklung der Versicherungsaufsicht, in: Zeitschrift für die gesamte Versicherungswissenschaft (92), S. 611-664, 2004.

SWISS RE (2003): Systemisches Risiko Rückversicherung, sigma, Nr. 5/2003.

Solvency II – Auswirkungen auf die Eigenmittelbeschaffung und -bewirtschaftung

Wolfgang Weiler / Volker Machalett

1.   Eigenmittelbeschaffung und -bewirtschaftung im Solvency-II-Umfeld

Eine zentrale Konsequenz aus den gemäß Solvency II abgeleiteten Solvabilitätsanforderungen ist die Bereitstellung der notwendigen bzw. von den Versicherungsunternehmen gewünschten Eigenmittelvolumina. Im Mittelpunkt dieses Beitrags steht daher die Beschaffung und Bewirtschaftung dieser Eigenmittel, wobei insbesondere folgende Fragen näher betrachtet werden sollen:

■ Welche internen und externen Einflussfaktoren (Eigenmittelrahmen) determinieren den Eigenmittelbedarf in welcher Weise und in welcher Höhe?

■ Ist – vor dieser Ausgangsbasis – die zur Kapitalkosten- bzw. Renditeoptimierung günstigste Eigenmittelstruktur und -bewirtschaftung mit den aktuellen Handlungsmöglichkeiten des Finanz- und Kapitalmanagements realisierbar?

■ Falls nicht, welche Rückkoppelungen ergeben sich hieraus, auch für Handlungsfelder im Risikobereich bzw. auf Seiten der Versicherungstechnik?

Als Grundlage für die weitere Analyse soll die kurze schematische Darstellung der Eigenmittelbeschaffung bzw. -bewirtschaftung und ihrer Zielsetzungen im Solvency-II-Umfeld in Abbildung 1 dienen.

Die Sicherstellung einer ausreichenden Solvabilität wird durch Solvency II wesentlich stärker als durch die bisherigen Bestimmungen des VAG (insbesondere §53c VAG) und der Kapitalausstattungsverordnung von der individuellen Risikoposition des jeweiligen Versicherungsunternehmens abhängig gemacht. Zwangsläufig wird dadurch die gezielte Steuerung der Risiken und der Eigenmittelbedarfe immanent gefordert und gefördert. Verstärkt wird diese Entwicklung durch die Möglichkeit, ein vom Standardmodell der Aufsichtsbehörde abweichendes, internes bzw. unternehmensspezifisches Risikomodell zu nutzen. Hiermit ist nach den derzeitigen Vorstellungen der EU-Gremien bzw. Arbeitskreise (z. B. CEIOPS) unter anderem auch sein Einsatz zur (wertorientierten) Unternehmenssteuerung verbunden,[1] was den Anforderungen des Shareholdervalue-Gedankens bzw. des Value-Based-Managements Rechnung trägt. Vor dem Hintergrund der deutlich erweiterten Offenlegungspflichten und der zunehmenden Transparenz kann die zielgerichtete Risiko- und Eigenmittelsteuerung dabei, z. B. im Hinblick auf Financial-Strength-Ratings, auch zu einer besseren Wettbewerbspositio-

---

1   Vgl. Europäische Kommission (2004a), S. 25 ff.

nierung beitragen. Insgesamt zeichnet sich damit bereits heute eine gravierende Beeinflussung der Unternehmenssteuerung durch Solvency II ab.[2]

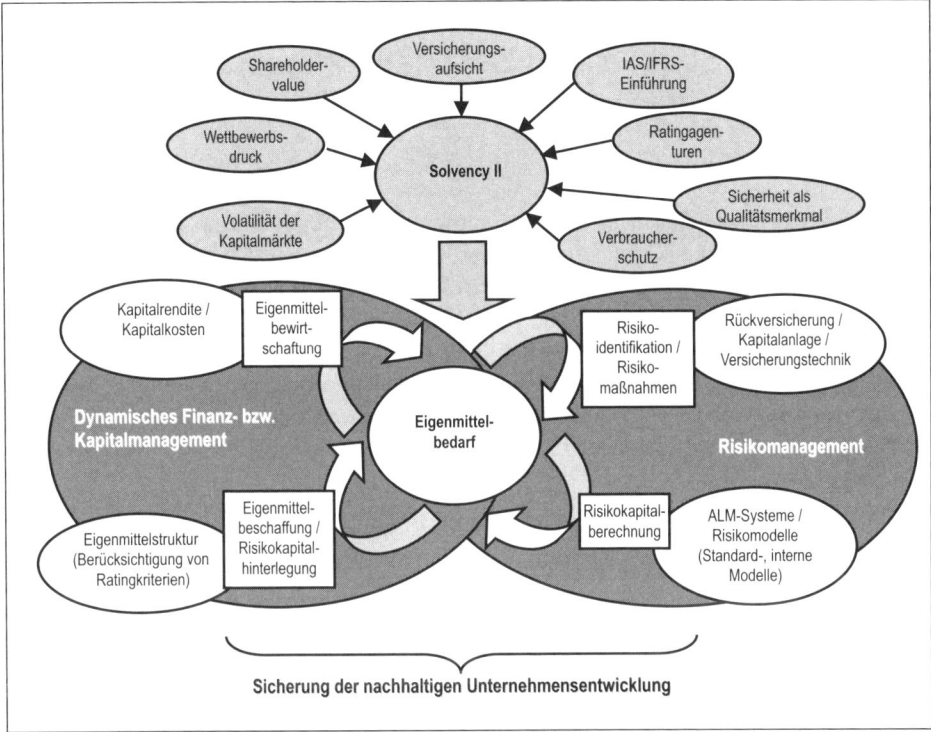

Abbildung 1: *Eigenmittelbeschaffung bzw. -bewirtschaftung im Solvency-II-Umfeld*

Die effiziente Eigenmittelbewirtschaftung stellt vor allem auf Grund der a priori konkurrierenden Ziele Risiko- bzw. Kapitalkostenminimierung einerseits bzw. Renditeoptimierung andererseits sowie wegen der Vielzahl der in der unternehmerischen Praxis gegeneinander abzuwägenden Faktoren eine komplexe Managementaufgabe dar. Ihr Ziel muss es sein, die nachhaltige Unternehmensentwicklung zu sichern bzw. aktiv voranzutreiben. Da sich je nach individueller Unternehmenssituation (Rechtsform, Geschäftsfelder, Prozessbeteiligte) mannigfaltige Herausforderungen ergeben, werden zur dargestellten Problematik in diesem Aufsatz vornehmlich grundsätzliche und praxisorientierte Überlegungen angestellt. Ihre detaillierte Erörterung und Weiterentwicklung wird in den nächsten Jahren sicherlich eine Kernaufgabe für wissenschaftliche Forschung und unternehmerische Praxis sein.

---

2   Vgl. Meister (2004).

2.   Der Eigenmittelrahmen

2.1   Form, Struktur und Beschaffungsmöglichkeiten der Eigenmittel

Die Eigenmittelausstattung von Versicherungsunternehmen unterliegt aus Gründen des Verbraucherschutzes und wegen der speziellen Gläubigerstellung der Versicherungsnehmer traditionell einer umfangreichen gesetzlichen Regulierung. Die derzeitigen Solvabilitätsbestimmungen, auch nach dem seit 1. Januar 2004 geltenden Solvency-I-Standard, stellen dabei lediglich auf Art und Umfang des Versicherungsbereichs im engeren Sinn (z. B. Schaden-Beitragsindex als Maßgröße bei Schaden-Versicherungsunternehmen) ab. Eine umfassende Abbildung des unternehmensindividuellen Risiko-Solvabilitäts-Zusammenhangs ist daher nicht gegeben, so dass hieraus spürbarer Handlungsdruck für die europäische Versicherungswirtschaft erwachsen ist.[3]

Mit dem EU-Solvabilitätsmodell Solvency II wird nun dem unmittelbaren und unstrittigen Zusammenhang zwischen der unternehmensspezifischen Gesamtrisikosituation, der resultierenden Insolvenzgefährdung und der damit vorzuhaltenden Kapitalausstattung Rechnung getragen. Insbesondere wird – als wesentlichste Neuerung des aufsichtsrechtlichen Rahmens – die Ermittlung der so genannten „Solvabilitätsspanne" und damit die Bemessung der auf der Passivseite zu ihrer Finanzierung erforderlichen Eigenmittel an alle im Unternehmen vorhandenen Risiken (Versicherungstechnik, Rückversicherungs-, Kapitalanlagerisiko, operationale Risiken und vieles mehr) geknüpft.

Während sich durch Solvency II im Hinblick auf die Berechungsmethodik, die bestimmenden Einflussfaktoren und damit wohl auch auf die Höhe der erforderlichen Eigenmittel gravierende Veränderungen abzeichnen, wird die Zusammensetzung der Eigenmittel nach Solvency II voraussichtlich keine wesentlich andere Struktur als bisher aufweisen, wie in Abbildung 2 für ein Lebensversicherungsunternehmen überblicksartig dargestellt ist.

In der Praxis wird bei den deutschen Lebensversicherungsunternehmen die Solvabilitätsspanne bislang zum weitaus größten Teil (2002 z. B. zu rund 80 Prozent) mit Eigenmittel-B-Bestandteilen abgedeckt. Während den Eigenmitteln A und damit vor allem dem originären Eigenkapital mit knapp unter 20 Prozent noch eine mittlere Bedeutung zukommt, spielen die C-Mittel – trotz der Ertragseinbrüche auf Grund der Kapitalmarktkrise in den Jahren 2001 bis 2003 – nur eine sehr geringe Rolle. Die Anrechenbarkeit heutiger C-Mittel auf Zustimmung der BaFin wird wahrscheinlich ohnedies bald nicht mehr zulässig sein.

---

3   Vgl. Gründl/Schmeiser (2004), S. 473 f.

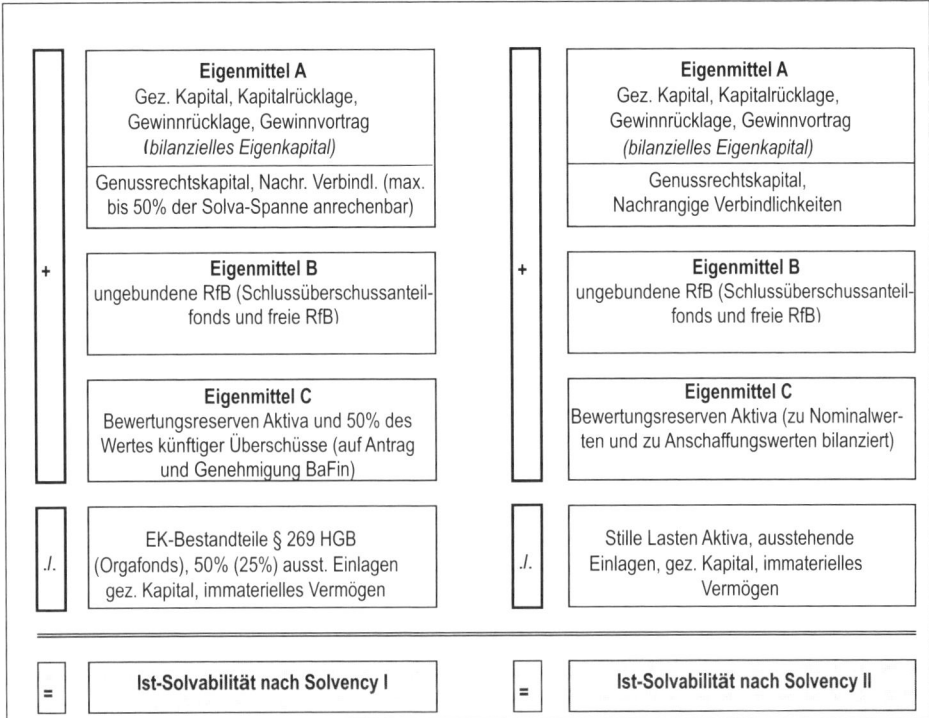

Abbildung 2:   *Ermittlung von Solvabilitätsspanne und Eigenmittelbestandteilen bei Le-*
                bensversicherungsunternehmen gemäß Solvency I und Solvency II (nach heu-
                tiger Einschätzung)

Auf Grund der voraussichtlich geringfügigen strukturellen Veränderungen der Ist-Solvabilität durch Solvency II[4] ergeben sich zwangsläufig kaum Änderungen bei den entsprechenden Eigenmittelbeschaffungsmöglichkeiten. Sie stellen sich außerhalb der Handlungsfelder Gewinnthesaurierung, Produktgestaltung und Kapitalanlage weiterhin in erster Linie rechtsformabhängig dar, wie Abbildung 3 zeigt.

Während den Versicherungs-AGs zusätzlich die Möglichkeiten Kapitalerhöhung, Börsengang und die Begebung von Wandelanleihen offen stehen, können sich Versicherungsvereine auf Gegenseitigkeit (VVaG) und öffentlich-rechtliche Versicherungsunternehmen letztlich nur aus einbehaltenen Gewinnen und/oder durch Herausgabe von Genussscheinen bzw. Nachrangdarlehen Eigenmittel beschaffen. Die verschiedenen Beschaffungsmöglichkeiten sind hinlänglich beschrieben und sollen hier nur kurz dahingehend charakterisiert werden, dass eine Fi-

---

4   Neben der kompletten Anrechnung der nachrangigen Verbindlichkeiten, der Nichtanrechnung der Hälfte der ausstehenden Einlagen ist in Zeiten volatiler Kapitalmärkte materiell vor allem die Berücksichtigung stiller Lasten bei den Aktiva herauszustellen.

nanzierung aus eigener Kraft bzw. kontinuierlichem Gewinn natürlich die nachhaltigste Option ist und einer langfristigen Ausrichtung der Unternehmensführung bedarf.

Kategorie	Kapitalbedarf	Mittelherkunft / Beschaffungsmöglichkeit	möglich für VU-Rechtsform
Eigenmittel A	Eigenkapital	Gewinnthesaurierung	AG, VVaG, ÖRVU
		Börsengang, Kapitalerhöhung	AG
	Hybridkapital	Genussscheine, Nachrangdarlehen	VVaG, ÖRVU
		Wandelanleihen	AG
Eigenmittel B	Schlussüberschuss-anteile, freie RfB	Produktgestaltung	AG, VVaG, ÖRVU
Eigenmittel C	Bewertungsreserven bei den Aktiva	Kapitalanlage	AG, VVaG, ÖRVU

Abbildung 3: *Beschaffungsmöglichkeiten der wesentlichen Eigenmittelarten*

Kapitalerhöhungen oder ein erstmaliger Börsengang sind ebenfalls mittel- bis langfristig ausgerichtet und werden in der Regel nur bei einer deutlichen Erweiterung der Geschäftsbereiche oder zur Unterlegung von Fusionen und Übernahmen ins Auge gefasst. Weiterhin liegt bei diesen Finanzierungsinstrumenten naturgemäß eine enge Verknüpfung mit der Kapitalmarkt-Performance (Umfang und Zeitrahmen) vor. Genussscheine, Nachrangdarlehen und Wandelanleihen als so genanntes „Hybridkapital" – charakterisiert durch die Zwitterstellung zwischen Eigen- und Fremdkapital – werden demgegenüber in der Praxis eher als kurz- bis mittelfristig ausgelegtes Finanzierungsinstrument eingesetzt. Insbesondere seit dem Kapitalmarkt-Zusammenbruch im Jahre 2002 und vor dem Hintergrund der zunehmenden Financial-Strength-Ratings gewinnt die Finanzierung durch Hybridkapital stärkere Beachtung. Da das Eigenkapital regelmäßig als wichtigster Maßstab dieser Ratings herangezogen wird und Hybridkapitalformen – bei Vorliegen bestimmter qualifizierender Merkmale (unter anderem Laufzeit, Art der Verzinsung) – trotz ihrer Nachrangigkeit als Eigenkapital-Surrogat Berücksichtigung finden,[5] können die Versicherungsunternehmen das in den Ratings abgebildete Sicherheitsniveau damit gezielt steigern. Weil die detaillierten Anforderungen zur Berücksichtigung der B-Mittel und der verschiedenen Hybridkapitalformen als Eigenmittel noch nicht abschließend vorliegen, können zur Zeit noch keine endgültigen Aussagen getroffen werden, welche Bedeutung den verschiedenen Eigenmittelbestandteilen und damit wiederum auch deren Beschaffungsmöglichkeiten künftig zukommt. Die B-Mittel (Schlussüberschussanteile) sind aber im Bereich der Lebensversicherung bereits heute überaus bedeutend und es

---

5   Vgl. Leiding (2004).

liegt ein sehr enger Bezug zur Produktgestaltung (siehe Abschnitt 3.3) vor. Insofern ist im Rahmen der Solvency-II-Gremienarbeit hierzu eine rasche Klärung der endgültigen Anforderungskriterien erforderlich, da Änderungen der Anrechenbarkeitskriterien im Bereich der B-Mittel unter Umständen enorme Auswirkungen nicht nur auf die Finanzseite, sondern eben auch auf die Produktseite hätten.

2.2 Grundsätzliche Bemessungsmethodik und Höhe des Eigenmittelbedarfs

Eine grundsätzliche Änderung durch Solvency II wird sich künftig daraus ergeben, dass voraussichtlich ein zweistufiges Interventionsmodell der Versicherungsaufsicht eingeführt wird („two-level approach")[6], das sich bei der Ermittlung des Eigenmittelbedarfs bzw. des erforderlichen Solvenzkapitals in einer differenzierten Methodik niederschlägt. Es definiert zum einen eine Mindesteigenmittelausstattung („minimum capital requirements", MCR), deren Höhe voraussichtlich nach den bisherigen, weitgehend risikounabhängigen Solvabilitätsvorschriften (Solvency I) ermittelt wird. Als zweite Stufe wird durch Solvency II ein Solvabilitätskapital („solvency capital requirements", SCR) verankert, dessen Höhe, wie bereits dargestellt, künftig die unternehmensspezifische Gesamtrisikosituation widerspiegeln soll. In diesem Zusammenhang ist daher auch der Begriff „Risikokapital" gebräuchlich.

Methodisch kann das Risikokapital entweder über die Nutzung eines faktorbasierten, auf Marktdaten beruhenden Standardmodells oder wie bereits erwähnt über ein internes, individuell konzipiertes Modell berechnet werden. Letzteres muss bezüglich seiner Methodik und seiner Annahmen zunächst von der Versicherungsaufsicht akkreditiert werden. Während die Berechnungsweise des Standardmodells[7] auf vorab definierte Stress-Szenarien abstellt und weitestgehend als deterministisch bezeichnet werden kann, beruhen die diskutierten Ansätze für interne Modelle auf stochastischen Ansätzen (Anwendung von so genannten „Monte-Carlo-Simulation").[8]

Durch die Möglichkeit, viele risikobehaftete Einflussfaktoren (z. B. Schadenquoten) anhand der unternehmensspezifischen Wahrscheinlichkeitsverteilungen abzubilden, liefern interne Modelle – zutreffende Wahrscheinlichkeitsverteilungen vorausgesetzt – somit nicht nur realistischere Solvabilitätsberechnungen für die individuelle Risikosituation des Versicherungsunternehmen, sondern tendenziell auch niedrigere Risikokapitalbedarfe gegenüber vergleichbaren Berechnungen nach dem Standardmodell, da nicht nur fixierte Szenarien, sondern alle

---

6   Vgl. Schubert in diesem Band; Schradin (2003), S. 653.

7   Vgl. Ludka und Grießmann/Krüger/Oehlenberg in diesem Band.

8   Eine ausführliche Darstellung zu faktorbasierten, deterministischen und stochastischen Modellen liefern Kriele/Lim/Reich (2004).

denkbaren Verläufe einfließen.[9] Somit kann sich ein Versicherungsunternehmen, gerade im Hinblick auf die bereits angesprochenen Financial-Strength-Ratings, durch die Anwendung eines internen Modells – bei ansonsten unveränderter Risiko- und Solvabilitätslage – positiv und wettbewerbswirksam abgrenzen und sich dadurch eine Art „Differenzierungsmarge" gegenüber Wettbewerbern erschließen. Allerdings stellen die internen Modelle auch deutlich höhere aktuarielle und technische Anforderungen an die jeweiligen Häuser und bedingen damit ungleich höheren Aufwand für Erstellung und Pflege. Es darf daher vermutet werden, dass Individualmodelle zunächst vor allem durch mittlere und große Versicherungsunternehmen verwendet werden, die sie trotz des höheren Aufwands einsetzen, da sich über sie eine Vielzahl weiterer Einsatzgebiete zur internen Risiko- und Unternehmenssteuerung abdecken lässt.[10] Unabhängig vom gewählten Modell und trotz vieler noch offener Detailfragen, die die tatsächliche Veränderung des Eigenmittelbedarfs durch Solvency II noch nicht abschließend beurteilen lassen,[11] wird meist davon ausgegangen, dass die Eigenmittelanforderungen im Durchschnitt gegenüber der derzeitigen Kapitalausstattung ansteigen und somit – marktweit betrachtet – zusätzlicher Finanzierungsbedarf entsteht.[12]

2.3 Tendenzielle Entwicklung des Kapitalkostenverhaltens

Neben den dargestellten, unmittelbaren Folgen der künftigen Solvabilitätsvorschriften auf die zu hinterlegende Eigenmittelstruktur und -höhe ergeben sich aus dem Solvency-II-Umfeld auch spürbare „indirekte" Konsequenzen auf die Kapitalkosten bzw. den „Preis" dieser Eigenmittel und damit auf eine, wenn nicht sogar die wesentliche Steuerungsgröße der in Abschnitt 3 näher dargestellten Aufgaben im Rahmen der Eigenmittelbewirtschaftung: Optimierung der Kapitalstruktur und der Kapitalallokation sowie der Rendite des eingesetzten Kapitals. Die für den Versicherungsmarkt hierbei häufig anzutreffende Eingrenzung der Kapitalkostenthematik auf eine reine Eigenkapitalbetrachtung würde unserer Ansicht nach zu kurz greifen, da die Bewirtschaftungsaufgabe sich an allen tatsächlich vorhandenen Kapitalbestandteilen ausrichten muss, die mit Verzinsungsanforderungen belegt sind.[13]

---

9   Vgl. Schubert/Grießmann (2004), S.1046.

10 Vgl. Gründl/Schmeiser (2004), S. 474.

11 Vgl. Knauth (2005). Neben den noch offenen Fragen bei Solvency II wird im Hinblick auf die erforderliche Kapitalausstattung auch die Einführung der internationalen Rechnungslegung abzuwarten sein, worauf unter anderem Fourie/Müller-Arnold/Uden (2005), S. 101, und Füser/Freiling/Hein (2005), S. 107, verweisen.

12 Vgl. Köhler (2003). Der dort dargestellten Studie zufolge erwarten die befragten Finanzvorstände und Abteilungsleiter Controlling überwiegend eine Erhöhung der Eigenkapitalausstattung infolge Solvency II. Eine konkrete quantitative Auswirkungsstudie soll durch CEIOPS im Auftrag der EU-Kommission in Kooperation mit Versicherungsunternehmen erstellt werden. Vgl. auch Füser/Freiling/Hein (2005).

13 Vgl. Farny (2000), S. 728 ff.

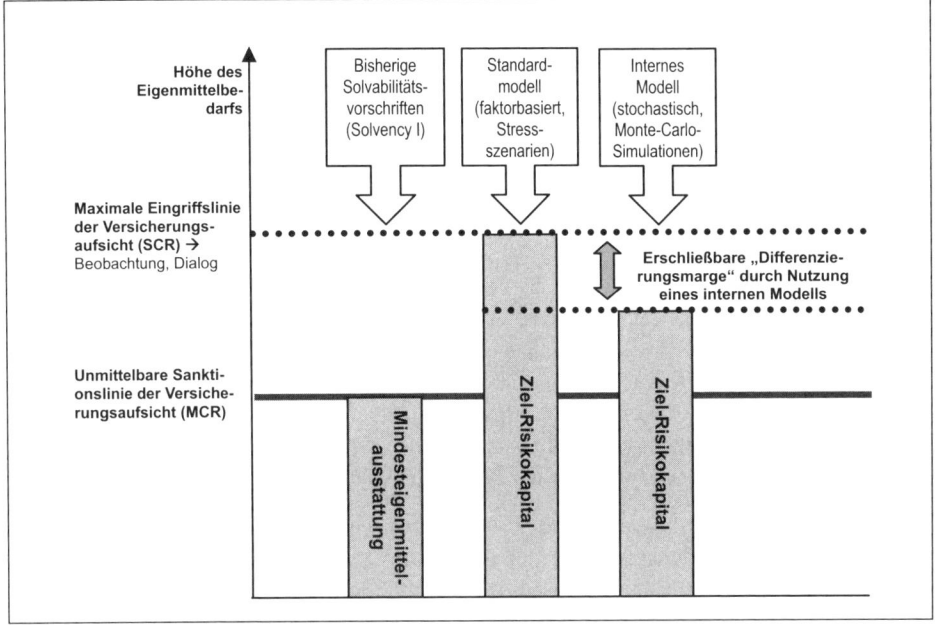

Abbildung 4:   *Eigenmittelstufen nach Solvency II*

Insbesondere wird sich in der Finanzmanagementpraxis der Versicherungswirtschaft unseres Erachtens durch Solvency II ein verstärkter Fokus auf die Finanzierungsmöglichkeit Hybridkapital richten. Je nach endgültiger Ausgestaltung der künftigen Solvabilitätsbestimmungen zu Art und maximaler Höhe der hinterlegbaren Hybridkapitalien kann – wie noch aufgezeigt wird – davon ausgegangen werden, dass der Anteil der Hybridfinanzierung spürbar zunimmt. Insofern würde sich auch in der Versicherungswirtschaft eine ähnliche Entscheidungssituation wie bei industriellen bzw. gewerblichen Unternehmen einstellen – die Abwägung, ob und in welcher Höhe die erforderlichen Solvabilitätsmittel mit klassischem Eigenkapital oder mit zum Teil fremdkapitalnahem Hybridkapital hinterlegt werden sollen.[14] Maßgeblich für das Fund-Raising bzw. die Bewirtschaftung des gewählten Eigenmittelmixes werden dabei natürlich die (Gesamt-) Kapitalkosten sein.

Die Bewirtschaftung in Versicherungstechnik und Kapitalanlage ist als ganzheitliche Aufgabe (siehe Abschnitt 3) zu sehen. Dabei ist die erforderliche Verzinsung der versicherungstechnischen Fremdkapitalvolumina (in Abgrenzung zu Fremdkapital im engeren Sinn) zu berücksichtigen. Dies betrifft insbesondere den Zweig der Lebensversicherung. Auch die Kosten von Rückversicherungslösungen als Eigenmittel-Surrogat sind in die Betrachtung einzubeziehen.[15] Wichtig erscheint uns zudem der stets zukunftsgerichtete Charakter der oben ge-

---

14 Wie in der Vergangenheit auch wird „klassisches Fremdkapital" unserer Meinung nach demgegenüber weiterhin nur eine untergeordnete Rolle (z. B. bei technischen Investitionen) spielen.
15 Aus Komplexitätsgründen wird hierauf in diesem Aufsatz nicht näher nicht eingegangen.

nannten Managementaufgaben: Auf Grund der zeitlich nicht beliebigen Dispositionsfähigkeit der Eigenmittelbeschaffungsmöglichkeiten (siehe Abschnitt 2.1) müssen sich die Planungen und Entscheidungen des Finanz- und Kapitalmanagements zwangsläufig mit mittelfristiger Perspektive an der künftigen Risikosituation und den hieraus resultierenden Solvabilitätsanforderungen ausrichten. Daher werden für die Bewirtschaftung die erwarteten Verzinsungsanforderungen der Eigen- und Hybridkapitalgeber zur entscheidenden Richtgröße und sind als kalkulatorische Kapitalkosten im Steuerungsprozess zu berücksichtigen.[16]

Entscheidend für die Beurteilung des Kapitalkostenverhaltens im Solvency-II-Umfeld ist damit vor allem, ob bzw. inwieweit sich gegenüber der bisherigen Situation durch die neuen Solvabilitätsbestimmungen eine veränderte Investorensicht auf die Versicherungsunternehmen als risikobehaftete Investitionsobjekte ergibt und damit auch veränderte Verzinsungsanforderungen seitens der Kapitalgeber an ihre Adresse gerichtet werden.[17] Sie münden letztlich in einer Zielrendite, die es mit geeigneten versicherungstechnischen und nicht versicherungstechnischen Maßnahmen nachhaltig sicherzustellen gilt. Hierbei stellt sich natürlich die Frage, wie sich diese Plan-Kapitalkosten methodisch quantifizieren lassen.

In der betriebswirtschaftlichen Forschung wurde bzw. wird das Kapitalkostenverhalten spätestens seit der Entwicklung der kapitalmarkttheoretischen Modelle (ab 1950) intensiv und zum Teil sehr kontrovers diskutiert. Insbesondere ist die wissenschaftliche Analyse des Kapitalkostenverhaltens vom CAPM-Ansatz geprägt. Ergänzend wurden bzw. werden die Arbitrage-Pricing-Theory sowie optionspreis-, spiel- und verhaltenstheoretische Ansätze verfolgt. Die Kritik der Praxis an den kapitalmarkttheoretischen Ansätzen beruht insbesondere auf ihren nicht unproblematischen Modellprämissen, z. B. der Annahme eines vollkommenen Kapitalmarkts, und der (fehlenden) empirischen Belegbarkeit.[18] Dennoch finden kapitalmarkttheoretische Modelle auch in der betrieblichen Praxis zunehmend Beachtung und Anwendung (spätestens auf Grund der Asset-Liability-Thematik im Rahmen des Risikomanagements). Im Hinblick auf die Quantifizierung erwarteter Kapitalkosten bzw. Verzinsungsanforderungen wird das CAPM unserer Ansicht nach jedoch erst fragmentarisch genutzt, vielmehr überwiegen unverändert konventionelle Sichtweisen.[19] Das Kapitalgeberverhalten

---

16 Zum grundsätzlichen Charakter von Investitionsentscheidungen als zukunftsorientierte Planungsrechnungen vgl. Perridon/Steiner (2003), S. 98.

17 Zur aktionärsorientierten Steuerung von Versicherungsunternehmen vgl. Elgeti/Maurer (2000), S. 577.

18 Vgl. Hartung (2001), Gleißner/Müller-Reichart/Romeike (2005), S. 91, Sauer (2003), S. 17. Zur Voll- bzw. Unvollkommenheit des Kapitalmarkts vgl. z. B. Drucarzcyk (1993), S. 6, und Bartscherer (2004), S. 39 f.

19 Auf Grund der – in vielen CAPM-Anwendungen – häufig herangezogenen Vergangenheitswerte als Berechnungsbasis für den Marktzins (und den Beta-Faktor) liegt zum einen gewissermaßen ein methodischer Bruch zur Zukunftsorientierung der Kapitalkostenquantifizierung vor. Zum anderen zeigen empirische Studien eine hohe Variabilität der Ergebnisse bei dieser Vorgehensweise auf und unterstreichen damit die Schwierigkeit, diese Modelle in der Praxis für die Unternehmenssteuerung heranzuziehen. CAPM-Modelle mit zukunftsgerichteter Berechnungsbasis wiederum sind wegen der damit verbundenen Unsicherheit mit subjektiven Beurteilungsspielräumen Investor verbunden. Der gewünschte höhere Objektivierungsgrad gegenüber traditionellen Ansätzen kann damit nicht bzw. nur bedingt erreicht werden, vgl. Hartung (2001), Gleißner/Müller-Reichart/Romeike (2005). Die Anwendung der finanztheoretischen Konzepte fokussiert daher verstärkt auf den Bereich der Kapitalanlagensteuerung, vgl. Sauer (2004), S. 10. Durch die Entwicklung differenzierterer Verfahren auf CAPM-Basis könnte unseres Erachtens ihre praktische Bedeutung wie auch ihre Validität für die Kapitalkostenbestimmung künftig dennoch durchaus zunehmen.

wird dabei als vermögensmaximierend, risikoscheu und zeitdifferent beschrieben.[20] Als praxisrelevant anzuführen sind z. B. die klassische investitionstheoretische bzw. erwartungsnutzentheoretische Sichtweise, Opportunitätskosten-Betrachtungen wie zum Teil auch empirische Zeitreihenanalysen.[21] Im Rahmen dieses Aufsatzes gehen wir daher sowohl für die Eigenkapital- als auch für die Hybridkapitalfinanzierung davon aus, dass die auf objektiven und subjektiven Komponenten beruhende Risikowahrnehmung der Investoren[22] (neben der Berücksichtigung einer Opportunitäts- bzw. Alternativanlage mit gleichem Zeithorizont) die Verzinsungsanforderungen entscheidend beeinflusst. Für ein höher wahrgenommenes Risiko wird also eine höhere Verzinsung des zur Verfügung gestellten Kapitals erwartet.[23]

In der wirtschaftswissenschaftlichen Literatur wird diese Sichtweise unserer Ansicht am treffendsten durch einen „Friktionskostenansatz" zusammengefasst. Demnach orientiert sich speziell die Verzinsung des klassischen Eigenkapitals daran, welche Rendite (potenzielle) Aktionäre bei einer direkten Investition ihres Kapitals in ein Referenzportfolio bzw. in Investmentfonds erzielen könnten („Basiskapitalkosten") zuzüglich eines Entgelts bzw. Zuschlags für versicherungsspezifische Friktionskosten.[24]

$$Kapitalkosten \ = \ Basiskapitalkosten + Friktionskosten$$

Durch eine geringfügige Erweiterung bzw. Spezifikation dieses Grundansatzes mit

$$Kapitalkosten \ = \ Basiskapitalkosten + versicherungsmarktspezifische\ Friktionskosten + unternehmensspezifische\ Friktionskosten$$

können unserer Ansicht nach die Veränderungen des Kapitalkostenverhaltens im künftigen Solvency-II-Umfeld noch deutlicher abgebildet werden.[25] Als wesentliche Einflussfaktoren

---

20 Vgl. Schulze (1994), S. 13.

21 Vgl. Gleißner/Müller-Reichart/Romeike (2005), S. 91 ff.

22 Vgl. Perridon/Steiner (2003), S. 100 f. Für die üblicherweise länger ausgerichteten Investitionsentscheidungen liegen dabei so genannte objektive Wahrscheinlichkeiten seltener vor.

23 Vgl. Perridon/Steiner (2003), S. 102 ff.

24 Vgl. Sauer (2003), S. 24 ff. sowie S. 44 ff.; vgl. Hancock/Huber/Koch (2002), S.13 ff. Üblicherweise werden als Friktionskosten unter anderem die Doppelbesteuerung und die so genannten Agency-Kosten zwischen Eigner und Manager angeführt. Weiterhin fallen darunter die Kosten für die Übernahme der versicherungstechnischen Risiken und die Kosten durch aufsichtsrechtliche Restriktionen. Grundsätzlich unterscheidet Sauer nach Friktionskosten auf Grund von Marktunvollkommenheiten und auf Grund unsystematischer Risiken, die letzten Endes im individuellen Versicherungsunternehmen selbst begründet sind.

25 Grundsätzlich ist dieser Ansatz in erster Linie sicherlich für börsennotierte Versicherungsunternehmen geeignet, lässt sich aber – in abgeschwächter Form bzw. mit geeigneten Anpassungen – unseres Erachtens auch auf öffentlich-rechtliche Versicherungsunternehmen und VVaG übertragen. Hierauf soll jedoch nicht näher eingegangen werden.

lassen sich dabei die in Abbildung 5 dargestellten Punkte bzw. tendenzielle Wirkungsweisen evaluieren.[26]

Einflussfaktor	mit Bedeutung für:	Wesentliche Wirkungsweise beim Investor (tendenziell):
Zeithorizont des Finanzierungsvorganges unter Berücksichtigung der Verzinsung einer risikolosen Anlage über die Referenzdauer	Mögliche Referenz-/ Alternativinvestitionen (Basiskapitalkosten)	In der Regel wird für länger ausgelegte Engagements eine höhere Verzinsung gegenüber kurzfristigen Finanzierungsvorgängen erwartet.
Transparenz / Informationslage der Investoren bzw. Finanziers	Allgemeines Umfeld der Risikowahrnehmung Markt- und unternehmensspezifische Friktionskosten	Auf Grund unterschiedlicher Informationslagen liegt nicht nur eine relevante Kapitalkostenverzinsung als Anforderung für eine Investitionsentscheidung vor. Die Verzinsungsanforderungen (für ein Investitionsobjekt) bewegen sich vielmehr innerhalb einer variablen Bandbreite.
Wahrgenommenes Risiko des relevanten Marktes	Marktspezifische Friktionskosten	Ein höher wahrgenommenes Marktrisiko führt zu einem höheren Anspruchsniveau der Kapitalverzinsung.
Wahrgenommenes Individual-Risiko des relevanten Unternehmens bzw. Investitionsobjektes	Unternehmensspezifische Friktionskosten	Je nach wahrgenommener Risikolage des spezifischen Unternehmens innerhalb der relevanten Marktes liegt die geforderte Kapitalverzinsung oberhalb oder unterhalb des Marktverzinsungsniveaus.
Anteilige Höhe der Hybrid-/ (Fremdkapital-) Finanzierung	Unternehmensspezifische Friktionskosten	Mit zunehmendem Hybrid-/ (Fremdkapital-) Anteil steigt das Überschuldungsrisiko, woraus sich tendenziell progressiv steigende Verzinsungsanforderungen für alle Finanzierungsarten ergeben. Die „klassische" Fremdkapitalfinanzierung ist dabei in der Versicherungswirtschaft als unbedeutend anzusehen.

Abbildung 5: *Risikowahrnehmung und Kapitalkostenverhalten: wesentliche Einflussfaktoren auf die Verzinsungsanforderungen der Kapitalgeber*

Als grundsätzliche Ausgangsbasis für die weitere Erörterung der Eigenmittelproblematik sollen daher die in Abbildung 6 dargestellten, tendenziellen Kapitalkostenverläufe unterstellt

---

26 Zum Zusammenhang zwischen Zeithorizont und Kapitalkosten wird unter anderem auf die Bewertung von Optionen verwiesen, vgl. Perridon/Steiner (2003), S. 326 ff. Als Haupterklärungsansatz unterschiedlicher Verzinsungsanforderungen gegenüber ein- und demselben Investitionsobjekt wird die so genannte Informationsasymmetrie verschiedener Investorengruppen in der institutionalistischen Finanzierungstheorie angeführt. Entsprechend der Agency-Theorie ist es dabei unerheblich, ob der Investor Eigen- oder Fremdkapitalgeber ist, vgl. Bartscherer (2004), S. 41 ff. Die Bedeutung der (subjektiven) Risikowahrnehmung für Investitionsentscheidungen bzw. Verzinsungsanforderungen wird unter anderem auch durch die Literatur zu Investor-Relations oder zur Finanzpsychologie aufgegriffen, vgl. z. B. Bartscherer (2004), Drill (1995).

werden, die der traditionellen Sichtweise folgen. Um dem verstärkt zu beachtenden Aspekt der Hybridkapitalfinanzierung Rechnung zu tragen, wurde eine Darstellung des tendenziellen Kapitalkostenverhaltens in Abhängigkeit der anteiligen Hybridkapitalhinterlegung gewählt.

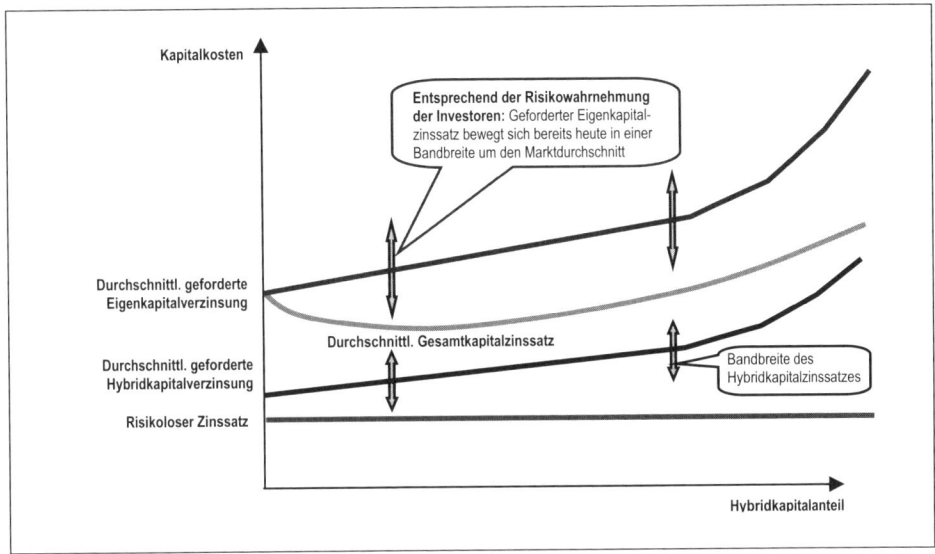

Abbildung 6:   *Tendenzielles Kapitalkostenverhalten (grundsätzlich)*

Neben den bereits genannten Punkten werden im Solvency-II-Umfeld – auf Grund des öffentlichen Augenmerks und des sicherheitsorientierten Nachfrageverhaltens der Versicherungsnehmer – auch die den Versicherungsnehmern zustehenden Kapitalvolumina wie die Überschussanteile bei der Lebensversicherung (Eigenmittel B) als Einflussfaktor auf die Eigenmittelbewirtschaftung zu beachten sein. Ergeben sich Zweifel an der Sicherheit des versicherungstechnischen Fremdkapitals (z. B. auf Grund zu niedrigerer Eigenmittelhinterlegung oder eines schlechten Ratings), wird über die verringerte Zahlungsbereitschaft der Versicherungsnehmer für die Versicherungsprodukte das künftig erschließbare Prämienvolumen des betrachteten Versicherungsunternehmens, hierüber das voraussichtlich erzielbare versicherungstechnische Ergebnis und damit letztlich ein wesentlicher Teil des Eigenfinanzierungspotenzials beeinflusst.[27]

Weiterhin hängt speziell im Bereich der Lebensversicherung die Attraktivität der Versicherungsprodukte und damit des Prämienvolumens wesentlich von deren offerierten Verzinsung im Vergleich zu alternativen Anlage- bzw. Absicherungsprodukten ab. Die durch die Versicherungsunternehmen angebotene Verzinsung ist also nur in Grenzen bzw. mit erheblichen Konsequenzen anpassbar. Der Garantiezins ist ohnedies mindestens zu erwirtschaften.

Nachfolgend sollen – über diese grundsätzlichen Ausführungen hinaus – die Einflussfaktoren auf das Kapitalkostenverhalten noch detaillierter vor dem Solvency-II-Hintergrund und mit Bezug auf das vorgestellte Friktionskostenmodell beleuchtet werden.

2.3.1 Auswirkung der höheren Markttransparenz

Die auf Grund der Transparenzvorschriften von Solvency II (Säule III) künftig weitaus offener und dezidierter als bisher aufzuzeigenden Individualrisiken werden auf Seiten der Kapitalgeber zu einer wesentlich differenzierteren Risikowahrnehmung als bisher führen. Wegen des vergrößerten Spektrums der relevanten Risikofaktoren und deren häufigeren Publizierung wird sich dementsprechend auch die Bandbreite der geforderten Kapitalverzinsung im Versicherungsmarkt stärker spreizen. Ein Versicherungsunternehmen wird bei zusätzlich bekannt werdenden Risiken (im Rahmen der Offenlegungspflicht) entsprechend höheren Kapitalkosten als bisher gegenüberstehen, da das Investitionsrisiko aus Sicht der Finanziers zunimmt. Umgekehrt werden bei Nachweis einer günstigeren Risikosituation – z. B. über ein internes Modell – die Kapitalkosten desselben Versicherungsunternehmens gegenüber der derzeitigen Situation absinken.

Nachdem somit – z. B. durch anlassbezogene Publikationen – auch in kurzen Abständen die Risikowahrnehmung der Investoren beeinflusst werden kann, wird auch die Volatilität des Kapitalkostenverhaltens im Solvency-II-Umfeld zunehmen. Dies kann sowohl mit Marktbezug (z. B. Entdecken neuer gesundheitsgefährdender Baumaterialien) als auch unternehmensindividuell gelten. Diese Entwicklung zu einem variableren Kapitalkostenverhalten könnte in Erwartung volatilerer Gewinne infolge der IFRS-Einführung noch verschärft werden.

---

[27] Vgl. Gründl/Schmeiser (2002), S.802 ff. Hinsichtlich der Zahlungsbereitschaft der Versicherungsnehmer für Versicherungsschutz belegen z. B. die empirischen Studien von Wakker/Thaler/Tversky (1997) den überproportionalen Rückgang um –28,6 Prozent bei dem geringen Ansteigen der Ausfallwahrscheinlichkeit um 1 Prozent. Wenngleich neben der reinen Ausfallwahrscheinlichkeit auch der Überschuldungsgrad (Kommt es zu einem vollständigen Ausfall der Versicherungsnehmeransprüche?) zu berücksichtigen wäre, wird hieraus deutlich, dass Kunden die Insolvenzsicherheit als Qualitätsmerkmal als wesentlich wahrnehmen. Über die erhöhte Solvency-II-Risikotransparenz, z. B. auf Grund einer schlechten Risikopositionierung, können sich somit empfindliche Prämieneinbußen ergeben. Dieser Effekt lässt sich (im kapitalwirtschaftlichen Bereich) nur durch erhöhte Eigenmittelzufuhr bzw. Sicherheitsniveau-Anhebung lösen. Andernfalls wird voraussichtlich ein negativer Risiko-Selektionsprozess in Gang gesetzt.

2.3.2 Auswirkung versicherungsmarktspezifischer Friktionen bzw. Risiken

Hierunter sind Besonderheiten des „relevanten" Versicherungsmarktes zu fassen, die von den Investoren – unabhängig von der individuellen Situation der einzelnen Versicherungsunternehmen – als risikobehafteter bzw. ungünstiger gegenüber einem Engagement in einem Marktportfolio (Basiskapitalkosten) wahrgenommen werden und daher mit einem marktspezifischen Risikozuschlag „eingepreist" werden. Hierbei kommt als besondere Komponente die bereits mehrfach erwähnte, zunehmende Bedeutung der Financial-Strength-Ratings (z. B. von Standard & Poor's oder Moody) zum Tragen. Sie könnten zusätzliche Friktionskosten dadurch verursachen, dass aus Wettbewerbsgründen eine markt- oder marktsegmentweite Eigenmittelausstattung z. B. mindestens in der A-Kategorie erforderlich ist. Für den Kapitalgeber bildet dieser Umstand jedoch lediglich ein zusätzliches Investmentrisiko, da ein „Reißen" der Financial-Strength-Kriterien unter Umständen auch die Profitabiliät seines Engagements beeinträchtigen kann.

Weiterhin könnte auch der Aspekt einer stärkeren Europäisierung bzw. gar Globalisierung bestimmter Teilmärkte zunehmende Beachtung finden. Neben den differenzierten Sichtweisen verschiedener Investorengruppen (Kleinanleger, institutionelle Investoren) fließt hierüber das unterschiedliche, vom Herkunftsland geprägte Investitionsverständnis in die Bewertung vorhandener Marktfriktionen ein und beeinflusst das Kapitalkostenverhalten.[28]

Wenngleich solche marktweiten Komponenten in Reinkultur nur bedingt vorliegen – sie sind in der Regel durch unternehmensspezifische Faktoren überlagert – werden unserer Ansicht nach zumindest unterschwellig bestimmte Kapitalverzinsungsniveaus an alle Versicherungsunternehmen eines relevanten Marktes (z. B. alle Lebensversicherungs-AGs in Deutschland) gerichtet. Je nach wahrgenommener Risikopositionierung in diesem „relevanten Markt" werden die an das einzelne Versicherungsunternehmen gerichteten Verzinsungsanforderungen über weitere Zuschläge über dieses Niveau hinausreichen oder – im Falle einer besseren Risikolage – demgegenüber absinken.

2.3.3 Auswirkung unternehmensspezifischer Friktionen bzw. Risiken

Insbesondere wenn ein Versicherungsunternehmen ein internes Modell zur Risikokapitalberechnung heranzieht, könnte es sich hierüber deutlich vom Markt differenzieren und bzw. eventuell sogar von a priori marktweiten Einflussfaktoren etwas abkoppeln. Umgekehrt ist durch die Akkreditierung des internen Modells auch die Verpflichtung verbunden, regelmäßig detaillierte Einblicke in die individuellen Parameter der Versicherungstechnik (wie die exakte Bestandszusammensetzung, segmentierte Schadenverteilungen) oder des Kapitalanlagever-

---

28 Beispielsweise dürften die „agency costs" im angelsächsischen oder im kontinentalen Raum durchaus unterschiedlich beurteilt werden.

haltens zu gewähren. Damit ist das jeweilige Unternehmen auch besonderen Risiken bei der Beurteilung durch potenzielle Investoren ausgesetzt, die gegenüber dem Markt sicherlich als unternehmensspezifische Friktionen „eingepreist" werden. Die Bandbreite solcher unternehmensspezifischen Friktionen reicht aus Investorsicht von den oben genannten versicherungstechnischen Faktoren über DV-technische Fragen bis hin zum Humankapital.

2.3.4 Auswirkung der anteiligen Höhe des Hybridkapitals

Bei der dargestellten stärkeren Bedeutung von Hybridkapital-Instrumentarien kommen neben Privatplatzierungen auch und gerade über den freien Kapitalmarkt gehandelte Emissionen in Betracht. Derartige Anleihen sind als Finanzierungsinstrument gegenüber einem klassischen Eigenkapital-Funding vergleichsweise kurzfristig auflegbar. Auf Grund der geringeren Ausfallrisiken für die Hybridkapitalgeber bzw. ihres teilweisen Fremdkapitalcharakters sind sie zudem mit deutlich niedrigeren Verzinsungen begebbar und kalkulierbar als hinterlegtes Eigenkapital in gleicher Höhe.[29] Durch die Aufnahme von Hybridkapital lassen sich somit die durchschnittlichen Kapitalkosten absenken, gleichzeitig kann die Eigenmittelausstattung erweitert werden. Speziell bei börsennotierten Versicherungsunternehmen ist in Höhe des hybridkapitalorientierten Anteils darüber hinaus eine weitgehende Entkoppelung der Finanzierung von der Aktienmarktentwicklung erzielbar.[30] Ein weiterer Vorteil liegt in der gezielten Erschließung spezifischer, z. B. internationaler Investorenkreise und der steuerlichen Abzugsfähigkeit der Zinsen (vgl. § 8a KStG) bei entsprechender Ausgestaltung der Emission.

Allerdings muss bei der Strukturierung des Eigenmittelmixes auch bedacht werden, dass auf Grund des Rangs von Hybridkapital gegenüber klassischem Eigenkapital auch Abstriche bei Financial-Strength-Ratings gemacht werden müssen und die anteilige Höhe der Hybridkapitalfinanzierung wiederum (differenzierte) Auswirkungen auf die geforderte bzw. zu erwirtschaftende Eigenkapitalverzinsung hat. Hierfür ist unter anderem das Zusammenspiel mit anderen Faktoren bzw. Informationen maßgeblich, die die Wahrnehmung der Investoren zur Gesamtrisiko- und Finanzierungssituation des Versicherungsunternehmens beeinflussen.[31] Entsprechend der traditionellen Kapitaltheorie wird dabei tendenziell ab einem als kritisch perzeptierten Hybridkapitalanteil sowohl von den Hybrid- bzw. (Fremd-) als auch Eigenkapitalgebern eine Risikoprämie für die zunehmende Verschuldungsgefahr gefordert, so dass ab diesem Punkt bzw. Bereichs sowohl die Hybrid- bzw. Fremd- als auch die Eigenkapitalkostenkurve ansteigt.[32]

---

[29] Die offerierte Verzinsung von Hybridkapital-Emissionen ist vor allem in Abhängigkeit von der (gerateten) Finanzstärke des auflegenden Unternehmens wie auch den Niveaus des risikolosen Zinssatz (im Referenzzeitraum) einerseits und des Fremdkapitalzinssatzes andererseits zu sehen, da in diesem Spektrum die Alternativ-Anlagemöglichkeiten des Investorenkreises liegen. Vgl. Leiding (2004).

[30] Vgl. Leiding (2004).

[31] Vgl. Leiding (2004).

[32] Vgl. Steiner/Perridon (2003), S. 495 ff.

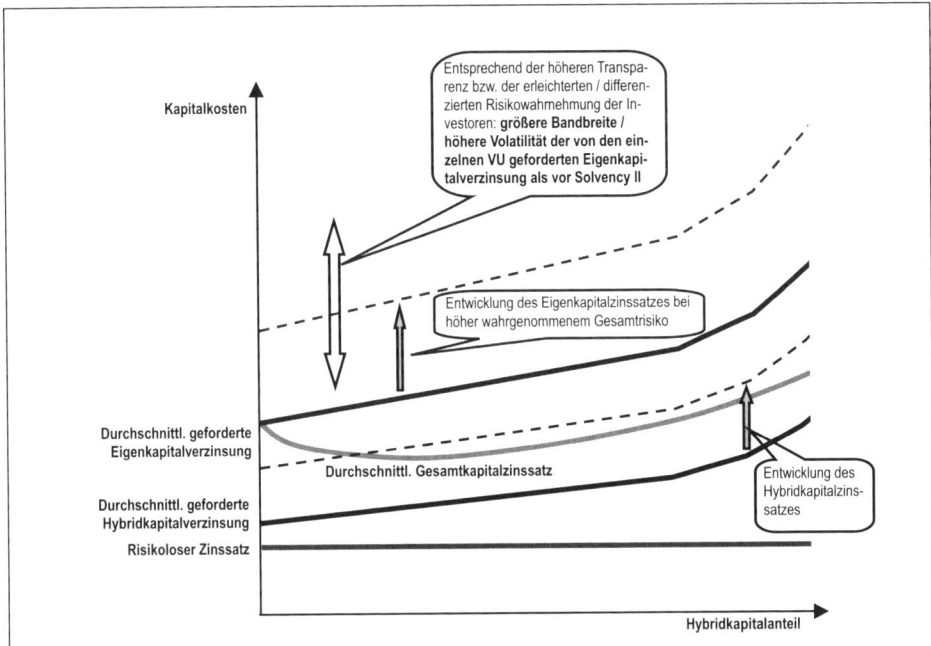

Abbildung 7: *Tendenzielles Kapitalkostenverhalten im Solvency-II-Umfeld*

Zusammenfassend können die sich aus Solvency II ergebenden Entwicklungen des Kapitalkostenverhaltens im Vergleich zur bisherigen Situation demnach auf folgende Kernaussagen verdichtet werden (siehe auch Abbildung 7):

- variableres Kapitalkostenverhalten (höhere Volatilität und Reagibilität) vor allem infolge der erweiterten und häufigeren Publizierung der Risikosituation sowie

- insgesamt höhere Verzinsungsanforderungen bei gleichzeitig stärkerer Spreizung zwischen den einzelnen Versicherungsunternehmen.

3. Einbettung der Eigenmittelbeschaffung bzw. -bewirtschaftung im ganzheitlichen Management- und Steuerungsprozess

3.1 Wertorientierte Steuerung

Nicht zuletzt zur Erzielung von Synergieeffekten durch die erweiterte Nutzung interner Risikomodelle fördert die risikobasierte Solvabilitätsberechnung nach Solvency II einen ganzheitlichen Ansatz der Unternehmenssteuerung, der eine optimierte Balance zwischen Rendite und Risiko zwischen den unterschiedlichen Geschäftsfeldern (versicherungstechnisches Geschäft, nicht versicherungstechnisches Geschäft) des Versicherungsunternehmens herstellt.[33] Ziel muss sein, die Unternehmensentwicklung nachhaltig zu sichern bzw. positiv zu beeinflussen, so dass damit auch dem Shareholdervalue-Gedanken Rechnung getragen wird. Als Steuerungsgröße für die ganzheitliche Unternehmensentwicklung rückt daher in der Praxis neben den traditionellen Bewertungsmaßstäben (Gewinn-, Renditegrößen) zunehmend der (risikobasierte) Unternehmenswert in den Vordergrund, so dass sich der Begriff „wertorientierte Steuerung" mittlerweile fest etabliert hat.

Abseits dieser grundsätzlichen Entwicklung besteht unserer Ansicht nach allerdings (noch) kein Standard bei der Ausgestaltung des detaillierten Steuerungskonzepts, und auch in der betriebswissenschaftlichen Beurteilung hat sich noch kein „Königsweg" durchgesetzt. Stellvertretend für eine Reihe von Ansätzen seien an dieser Stelle nur das Embedded-Value- bzw. Appraisal-Value-Konzept oder der Discounted-Cashflow-Ansatz genannt. Als Steuerungsmaße werden z. B. RAROC (Risk Adjusted Return on Capital), ROCE (Return on Capital Employed) oder EVA (Economic Value Added) diskutiert.

Die dogmatische Verfolgung eines bestimmten Ansatzes erscheint auch nicht opportun.[34] Vielmehr muss jedes Unternehmen das für sein Geschäft und seine Struktur passende Modell wählen. Die weitere Betrachtung des Aufsatzes beschränkt sich daher auf die Betrachtung der grundsätzlichen Gemeinsamkeiten dieser Ansätze und ihrer Konsequenzen für das Kapital- bzw. Finanzmanagement rund um die erforderlichen bzw. verfügbaren Eigenmittel, ohne einen Ansatz besonders zu favorisieren.

---

[33] Vgl. Schradin/Zons in diesem Band.
[34] Vgl. Neumann (2000), S. 243.

3.2   Dynamisches Finanz- und Kapitalmanagement

Es ist als allgemeiner Konsens in Wissenschaft und Praxis festzustellen, dass, schon allein aus pragmatischen Erwägungen heraus, die künftige Unternehmenssteuerung die für die (internationale) Rechnungslegung erforderliche Fair-Value-Sicht mit den (gegebenenfalls bereits implementierten) internen Modellen zur Risikokapitalentwicklung und zur Asset-Liability-Steuerung koppeln muss,[35] um Insellösungen, Doppelaufwand und vor allem widersprüchliche Steuerungsansätze zu vermeiden.

3.2.1   Grundfunktionalitäten, Kernaufgaben, methodische Hinterlegung

In der Konsequenz muss dies in ein dynamisches Finanz- und Kapitalmanagement münden, das sich als Querschnittsfunktion über alle Geschäftsfelder des versicherungstechnischen und nicht versicherungstechnischen Bereichs hinweg erstreckt und damit das komplette Wertschöpfungsnetz des Versicherungsunternehmens umfasst. Der Produktionsfaktor Kapital mit seinen verschiedenen „Qualitäten" (Höhe, Art, möglicher Beschaffungshorizont und vor allem Kosten) bildet darin den wesentlichen Engpass bzw. die Richtschnur, an der sich die erforderlichen Managemententscheidungen im Spannungsfeld zwischen Rendite und Risiko ausrichten.

Die Kernaufgabe des Ansatzes ist zum einen die Vorbereitung und Initiierung strategischer Entscheidungen, wie das erforderliche bzw. eingesetzte Kapital beschafft und auf die einzelnen Wert- bzw. Risikoträger das Versicherungsunternehmen alloziert werden sollte. Zum anderen muss das Finanzmanagement aus dem Blickwinkel der so hergestellten Ist-Kapitalbindung und der darauf basierenden (voraussichtlichen) Kapitalrendite frühzeitige Steuerungsimpulse an das zentrale Risikomanagement senden, um gegebenenfalls operative Maßnahmen einzuleiten, die es ermöglichen, den kalkulatorisch erforderlichen Soll-Wertbeitrag zu erreichen bzw. die Solvenz-Bestimmungen zu erfüllen.

Auf Grund der nicht zu beliebigen Zeitpunkten einsetzbaren Instrumentarien zur Kapitalbeschaffung (siehe Abschnitt 2.1) und der sich im Zeitablauf ändernden Rahmenbedingungen für Kapitalbedarf, -kosten, -anlage und -ertrag kommt dabei der dynamischen Ausrichtung des Finanzmanagements künftig eine noch hervorgehobenere Bedeutung als bislang zu. Die entscheidende Qualität wird dabei in der Fähigkeit liegen, die ganzheitliche zukünftige Finanzsituation eines Hauses in seiner Vielschichtigkeit zu analysieren, in Szenarien bzw. Simulationen abzubilden und hieraus entsprechende Entscheidungsvorschläge für das Topmanagement vorzubereiten. Eine treffende Beschreibung des Analyse- und Handlungsrahmens findet sich bei Friese/Mittendorf. Demnach umfasst er die „gesamte Finanzlage eines Versi-

---

35   Vgl. Güllner-Kea/Scheu (2004), S. 17 f.

cherungsunternehmens im Zeitablauf, wobei die gegenseitigen Abhängigkeiten zwischen Kapitalanlagen und versicherungstechnischem Portefeuille sowie die stochastische Natur der das Ergebnis beeinflussenden Faktoren berücksichtigt werden."[36]

Als methodische Grundlage für das dynamische Finanzmanagement dienen im Wesentlichen Monte-Carlo-Simulationen, die zunächst über die Modellierung wichtiger Einflussfaktoren in Form stochastischer Verteilungen deren potenzielle Realisierungsmöglichkeiten abbilden. Im Anschluss daran werden durch eine große Anzahl zufallszahlengetriebener Simulationsläufe über alle Einflussfaktoren hinweg die verschiedenen Pfade der resultierenden Realisierung des Gesamtmodells berechnet, die sich wiederum in Form einer Verteilung abbilden.[37]

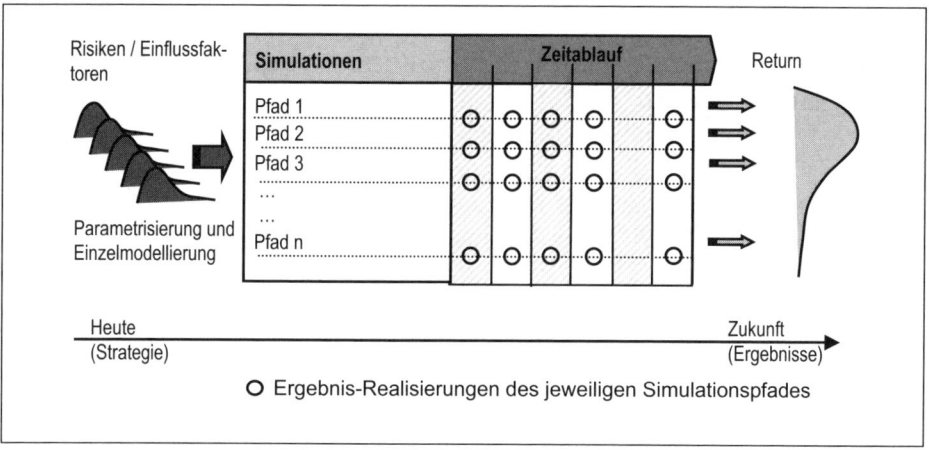

Quelle: Romeike/Müller-Reichart (2005), S. 285

Abbildung 8:   *Monte-Carlo-Simulationen als Grundlage des dynamischen Kapital- und Finanz-Managements*

Diese Verfahrensweise hat sich in der Praxis bereits in den implementierten Asset-Liability-Management-Modellen (ALM-Modellen) etabliert, wobei sich hier die modellierten Risiken bzw. Einflussfaktoren in vielen Fällen bislang nur auf die versicherungstechnischen und kapitalanlagebezogenen Risiken beziehen dürften. Somit müsste die umfassendere Solvency-II-Risikosicht erst noch erweitert einfließen (vgl. die oben erwähnte Koppelung von Risiko- und ALM-Modellen).

---

[36] Friese/Mittendorf (2003), S. 11.

[37] Vgl. Romeike/Müller-Reichart (2005), S.285 ff.

3.3 Wirkungskette Kapitalbedarf – Kapitalstruktur – Kapitalallokation – Kapitalanlage bzw. -rendite

3.3.1 Kapitalbedarf und Kapitalstruktur

Auch vor dem Solvency-II-Hintergrund ist die Ist-Risikolage eines Unternehmens der Ausgangspunkt für die oben grob umrissene, dynamische Betrachtung des Finanz- und Kapitalmanagements. Dabei wird unterstellt, dass die berücksichtigten Einzelrisiken auf einer sorgfältigen, strategischen Unternehmensführung beruhen bzw. zumindest nicht kurzfristig beeinflussbar sind. Finanztechnisch wird dieser Ausgangspunkt wiederum charakterisiert durch das daraus resultierende risikoadjustierte Mindestkapital und Solvabilitätskapital (Soll I) und die demgegenüber tatsächlich vorliegende Ist-Eigenmittelausstattung. Zusätzlich ist für das Soll auch noch das gewünschte „Ratingkapital" zu berücksichtigen (Soll II = die zusätzliche Eigenmittelausstattung, die benötigt wird, um z. B. ein A-Rating zu erreichen). Alle drei Komponenten zusammen bilden das erforderliche ökonomische Kapital bzw. die Soll-Eigenmittelausstattung, die es effizient zu bewirtschaften gilt (vgl. Abschnitt 2.3). In einem Konzern wird der Fokus dabei wohl primär auf der Gruppensolvabilität, d. h. den Eigenmittelanforderungen liegen, die sich nach internen Diversifikationseffekten aller Konzerngesellschaften bzw. -aktivitäten ergeben.

Liegt die Ist-Ausstattung unter der Mindest- bzw. Soll-Ausstattung, entsteht Handlungsdruck für das Finanz- und Kapitalmanagement zur Eigenmittelbeschaffung. Dieser ist umso gravierender, je näher die Ist-Eigenmittelausstattung an der Mindeststufe liegt. Sofern „nur" die Rating- bzw. Soll-II-Messlatte gerissen wird, sind „lediglich" wettbewerbsnachteilige Auswirkungen zu erwarten, während sich das Versicherungsunternehmen ab Unterschreiten der Soll-I-Höhe aufsichtsrechtlichem Einfluss zu stellen hat. Je nach vorliegender Soll-Ist-Differenz der vorhandenen Kapitalstruktur sowie in Abhängigkeit der aktuellen Kapitalkostensituation (siehe Abschnitt 2.1) ist dann zu bestimmen, wie dieser Eigenmittelbedarf idealerweise abgedeckt werden sollte, um eine möglichst optimale Kapitalstruktur herzustellen. Hierzu sei der Hinweis gestattet, dass in der Praxis – zum Teil durchaus entgegen der wissenschaftlichen Diskussion – wohl auch zukünftig eher eine optimierte Bandbreite verfolgt wird, als dass ein optimaler Punkt für die Soll-Kapitalhöhe und den Soll-Kapitalmix gesucht wird, obgleich dies in einem zunehmend rechnerisch geprägten Entscheidungsfeld (ALM- und Risikomodelle mit in wesentlichen Teilen stochastisch hinterlegten Parametern) und unter bestimmten Prämissen gegebenenfalls durchaus denkbar wäre.

Entscheidend hierfür ist unter anderem auch, dass in die unternehmerische Disposition neben der erwarteten Kapitalkostenentwicklung (siehe Abschnitt 2.3) auch künftig grundlegende Erwägungen einfließen werden, die letztlich sowohl die Kapitalhöhe als auch den Kapitalmix bestimmen, z. B.:

▪ Eigenkapital bietet Unabhängigkeit und Entscheidungsfreiheit.

- Eigenkapital kann bzw. muss in ertragsschwachen Zeiten nicht verzinst werden.

- Hybridkapitalzinsen sind unter bestimmten Voraussetzungen steuerlich abzugsfähig.

- Hybridkapital erleichtert dynamisches Wachstum, weil zeitlich einfacher beschaffbar.

- Ein höherer Hybridkapitalanteil erhöht – bei positiver Ertragslage und fixem Zinssatz – die Rendite des eingesetzten Eigenkapitals.

Weiterhin liefern natürlich auch die rechnerischen Modelle – man wird die Optimierung der Eigenmittelausstattung sinnvollerweise nicht auf wenige Simulationsergebnisse mit kurzem (z. B. einjährigem) Zeithorizont basieren – nicht nur einen einzigen Punkt, sondern wieder eine Ergebnisverteilung, an der sich der „optimale" Weg von der Ist-Kapitalausstattung der Gruppe in die angestrebte Soll-Zusammensetzung ausrichten kann.

3.3.2   Kapitalallokation

Im nächsten Schritt stellt sich das Problem der Kapitalallokation,[38] d. h. die Fragestellung, wie wird das Kapital im Konzern verteilt. Hierbei spielt eine wichtige Rolle, inwieweit die Tochtergesellschaften in der Lage sind, die Eigenmittel aus eigener Kraft aufzubringen, ob konzernintern eventuell fehlende Mittel bereitgestellt oder überschüssige Mittel zu anderen Zwecken eingesetzt werden können. Im Rahmen der Konzerngegebenheiten ist nun für eventuell bestehende Teilkonzerne bis hin zu jeder Einzelgesellschaft eine zieladäquate Kapital-ausstattung (Kapitalhöhe, -mix bzw. -struktur) anzustreben, die die insgesamt gelieferte Wert-schöpfung optimiert.

So wie die Kapitalausstattung der Einzelgesellschaften von den Konzernerfordernissen beein-flusst wird, wirken sich andererseits die speziellen Ausstattungserfordernisse jeder Teilgesell-schaft auf die Kapitalausstattung des Konzerns aus. Hier wird deutlich, dass es sich in der Tat um ein dynamisches Optimierungsproblem handelt, obgleich bislang nur die Kapitalseite betrachtet wurde und die Wechselwirkung auf die Risiko- bzw. Produktseite außen vor blieb. Als Richtschnur bzw. Steuerungsgröße für dieses Optimierungsproblem könnte gegebenen-falls der marginale Beitrag einer Sparte oder eines Geschäftsfeldes zur Gesamtrisikoposition oder zum Unternehmenswert dienen,[39] der sich z. B. im Rahmen eines iterativen bzw. Cete-ris-paribus-Berechnungsverfahrens (Berechnung einmal mit, einmal ohne die betreffenden Sparten bzw. Geschäftsfelder) annähernd einschätzen ließe.

Eine heikle Frage im Rahmen der Kapitalallokation stellt sich insbesondere in dem an und für sich positiven Fall, wenn das vorhandene Ist-Kapital die erforderliche bzw. gewünschte Soll-Ausstattung übersteigt und somit ein „excess capital" vorliegt. In diesem Zusammenhang ergeben sich viele diffizile Fragestellungen: Geht man zusätzliche Geschäfte bzw. Risiken

---

38 Vgl. Schradin/Zons in diesem Band.

39 Vgl. Gleißner/Müller-Reichart/Romeike (2005), S. 91. Sauer (2003), S. 45 f., vertritt vor dem Hintergrund eines Friktionskostenansatzes eine ganzheitliche Berücksichtigung der drei Kriterien Risikoanforderungen (im engeren Sinn), regulatorische Anforderungen und Ratinganforderungen.

ein, die durch das vorhandene Kapital abgedeckt werden, um eine Überkapitalisierung zu vermeiden bzw. um das vorhandene Kapital zu nutzen (siehe Abschnitt 3.3)? Schüttet man Teile an Aktionäre oder Kunden aus? Wer verzinst das Excess-Kapital? Wer bewirtschaftet das Excess-Kapital, das durch Diversifikation entsteht?

3.3.3   Kapitalanlage bzw. -rendite

Den – bei reiner Betrachtung der Kapitalseite – letzten Teilschritt bildet die vielleicht wichtigste Aufgabe des Finanz- und Kapital-Managements bzw. der Eigenmittelbewirtschaftung. Es gilt dafür Sorge zu tragen und zu überwachen, dass die allozierten Eigenmittel bzw. das eingesetzte Kapital „ins Verdienen" gebracht werden, d. h. dass die aus dem vorliegenden Kapitalmix resultierenden Verzinsungsanforderungen (bzw. kalkulatorischen Zinsen) durch die jeweilige Gesellschaft bzw. den jeweiligen Risikoträger auch erwirtschaftet werden. Dieser Teilschritt stellt für sich betrachtet wieder ein dynamisches Problem nach Rendite-Risikoerwägungen dar, wobei sich insbesondere die Frage nach dem zunächst verlangten (und später gelieferten) anteiligen Ergebnisbeitrag der Versicherungstechnik einerseits und der Kapitalanlage andererseits stellt. Dies soll jedoch hier nicht weiter vertieft werden, zumal in diese Problematik vielfältige strategische Erwägungen und unternehmensindividuelle Besonderheiten einfließen.

Sofern nun durch Versicherungstechnik und Kapitalanlage – nach Maßgabe der unterstellten Modellannahmen bzw. -parametrisierungen – der gewünschte Kapital- bzw. Eigenmittelmix sich realistischerweise ausreichend bewirtschaften lässt und die geforderte Verzinsung erzielt wird, ergibt sich kein weiterer Entscheidungs- und Handlungsbedarf. Liefert jedoch das Kapitalmanagement bzw. die dynamische Finanzanalyse im Rahmen der strategischen Planung das Ergebnis, dass das erforderliche Risikokapital bzw. die gewünschte Soll-Eigenmittelausstattung mit den markt- bzw. unternehmensüblichen bzw. risikoneutralen Maßnahmen nicht hinreichend bzw. kapitalkostendeckend verzinst werden kann, so wird der Rückkoppelungsmechanismus zur Produkt- bzw. Risikoseite in Gang gesetzt.

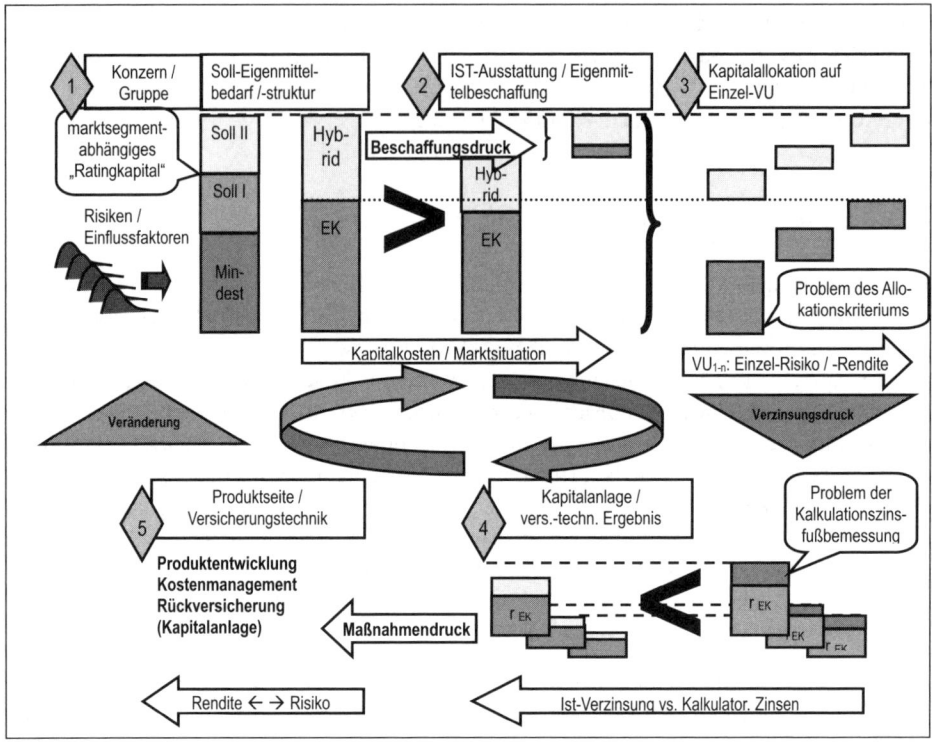

Abbildung 9: *Regelkreismodell „Dynamisches Finanz- und Kapitalmanagement" im Solvency-II-Umfeld*

3.4 Regelkreis Eigenmittel – Kapitalrendite – Versicherungstechnik: Kritischer Faktor „Zeit"

Durch gezielte Maßnahmen im Produktangebot, im Kostenmanagement und insbesondere auch in der Rückversicherungspolitik können die Risikofaktoren innerhalb einzelner Sparten optimiert und gesteuert werden. Das Gleiche gilt damit für die Gesamtrisikoposition des Versicherungsunternehmens und seinen Eigenmittelbedarf. Welche versicherungstechnischen Maßnahmen sich anbieten, hängt von der individuellen Situation des Hauses, seinen Geschäftsfeldern, der Kunden- und Vertriebsstruktur sowie insbesondere dem bestehenden Produktmix ab und kann daher nur grundsätzlich beschrieben werden. Letztendlich wird künftig auch hier der (potenzielle) Wertschöpfungsbeitrag des betrachteten Produktes in Relation zu dem gebundenen bzw. erforderlichen Risikokapital den Ausschlag dafür geben, welche produktseitigen Maßnahmen ergriffen werden. Die Palette reicht dabei von einer Verkaufs- oder

Run-off-Strategie kapitalintensiver Bestände über die Reduktion von Garantieleistungen (siehe aktuelle Diskussion zu Garantiezins und Überschussbeteiligung bei der Lebensversicherung) bis hin zur Rückversicherungsgestaltung und Zeichnungspolitik (Marktsegmentierung, Vertriebssteuerung etc.).

Auch vor dem Hintergrund des bereits angesprochenen Excess-Kapital-Szenarios stellt sich im Bereich der Versicherungstechnik bzw. produktseitig prinzipiell die gleiche Problematik: Sofern nicht – z. B. auf Grund entsprechenden Drucks der Aktionäre – eine Ausschüttung des Excess-Kapitals ins Auge gefasst wird, muss dieses Kapital wie oben dargestellt notwendigerweise bewirtschaftet werden, wobei eine „versicherungstechnische Investition", z. B. in neue Geschäftsfelder bzw. Risiken, auch mittels der beschriebenen Maßnahmenpalette so gestaltet werden muss, dass sie einen höheren Wertschöpfungsbeitrag gegenüber der Alternativinvestition im Bereich der Kapitalanlage liefert.

An dieser Stelle kommt nun ein entscheidender Gesichtspunkt im Regelkreis „Eigenmittelbedarf bzw. -ausstattung – Kapitalrendite – Produkt bzw. Versicherungstechnik" zum Tragen: der kritische Faktor „Zeit".

Die besondere Problematik versicherungstechnischer Maßnahmen im engeren Sinn gegenüber den Maßnahmen im nicht versicherungstechnischen Bereich liegt darin, dass sie in der Regel nicht nur einen längeren Vorlauf als Veränderungen auf der Kapitalanlageseite benötigen, sondern oftmals nur eine unmittelbare Wirkung auf das Neugeschäft haben und der Durchsatz auf den Ist-Bestand damit nur zögerlich erfolgt. Der Bestand aber bestimmt sehr stark die Risikoposition und damit den erforderlichen Eigenmittelbedarf. Es kann daher vermutet werden, dass die mittel- bis langfristig orientierten, versicherungstechnischen Steuerungs-Maßnahmen zunächst eher von Versicherungsunternehmen mit einer guten bzw. auskömmlichen Solvabilitätslage ergriffen werden. Für Versicherungsunternehmen, die befürchten, innerhalb eines mittelfristigen Zeithorizontes nicht die gewünschte bzw. erforderliche Eigenmittelausstattung aufweisen zu können, darf dagegen unterstellt werden, dass auf Grund der kurzfristigen Reaktionszeit, der schnelleren Umsetzbarkeit und der rascheren Wirksamkeit vornehmlich Maßnahmen im Bereich der Kapitalanlage ergriffen werden. Dies gilt umso mehr, da mit einer solchen Verfahrensweise auch eine größere Flexibilität im Hinblick auf noch unklare rechtliche Rahmenbedingungen und „moving targets" im Marktverhalten gegeben ist.

Das maßgebliche strategische Ziel im künftigen Solvency-II-Umfeld dürfte für viele Versicherungsunternehmen sein, im Rahmen eines dynamischen Finanz- und Kapitalmanagement relativ rasch eine ausgewogene Kapital- bzw. Risikosituation herzustellen, die dem jeweiligen Versicherungsunternehmen in seinem Marktsegment eine solide, wettbewerbsfähige Plattform liefert. Auf dieser Basis können anschließend mittel- bis langfristige Optimierungsmaßnahmen in der Versicherungstechnik aufsetzen, die den Unternehmenswert aktiv und dauerhaft sichern bzw. steigern.

4.   Zusammenfassung

Im Hinblick auf die Fragestellungen zur Eigenmittelbeschaffung und zur Eigenmittelbewirtschaftung ist demnach unserer Ansicht nach zu erwarten:

- Strukturell werden sich durch Solvency II voraussichtlich keine wesentlichen Auswirkungen auf den Eigenmittelrahmen ergeben. Die Eigenmittelbeschaffung im engeren Sinne
  wird sich dementsprechend gegenüber dem heutigen Stand kaum verändern.

- Auf Grund der größeren Transparenz und einer entsprechend differenzierteren Risikowahrnehmung seitens der Eigen- und Hybridkapitalgeber wird hingegen das Kapitalkostenverhalten deutlich beeinflusst, wobei tendenziell eine höhere Variabilität der Zinsentwicklung sowie insgesamt angehobene Verzinsungsanforderungen erwartet werden.

- Gravierend verändern wird sich vor allem die Eigenmittelbewirtschaftung im Rahmen des
  Unternehmenssteuerungsprozesses, wodurch letztlich der Eigenmittelbeschaffungsprozess
  im engeren Sinn erst ausgelöst wird. Der Steuerungsprozess der Zukunft wird sich dabei
  voraussichtlich als Kombination aus Risikomanagement, Wertorientierung und dynami-
  schem Finanz- und Kapitalmanagement darstellen und eine Klammer über bisher eher un-
  abhängigere Managementprozesse bilden.

- Insbesondere im kurz- bis mittelfristigen Bereich wird, bis zum tatsächlichen Greifen der
  endgültigen Solvency-II-Bestimmungen, auf Grund der höheren Reagibilität ein Primat
  der Maßnahmen im Kapitalanlagebereich bzw. im nicht versicherungstechnischen Bereich
  erwartet, um rasch eine ausgewogene Kapital- bzw. Risikomischung herzustellen.

- Dabei wird insbesondere hybridkapitalorientierten Finanzierungsformen stärkere Bedeutung zukommen, da sie neben niedrigeren Kapitalkosten vor allem auch eine kurzfristigere
  Option bieten als die klassische Eigenkapitalfinanzierung.

- Nach Abschluss der Vorbereitungs- bzw. Übergangszeit wird im Solvency-II-Umfeld
  allerdings gerade die klassische Eigenkapital-Finanzierung in Form einer nachhaltigen
  Gewinn- bzw. Ertrags- und Wertsteigerung die entscheidende Finanzierungsquelle bilden
  und sollte daher bereits heute mit langfristig orientierten Maßnahmen im versicherungs-
  und risikotechnischen Bereich unterlegt werden.

Literatur

BARTSCHERER, M. (2004): Investor Relations in Versicherungsunternehmen (-
    konzernen), Karlsruhe 2004.
DRILL, M. (1995): Investor Relations, Bern/Stuttgart/Wien 1995.
DRUKARCZYK, J. (1993): Theorie und Politik der Finanzierung, 2. Auflage, München
    1993.

ELGETI, R./MAURER, R. (2000): Zur Quantifizierung der Risikoprämien deutscher Versicherungsaktien im Kontext eines Multifaktorenmodells, in: Zeitschrift für die gesamte Versicherungswissenschaft 89/2000, S. 577–603.

EUROPÄISCHE KOMMISSION (2004a): Markt 2515/04, Brüssel, 11.10.2004.

FARNY, D. (2000): Versicherungsbetriebslehre, 3. Auflage, Karlsruhe 2000.

FOURI, K./FREILING, A./HEIN, B. (2005): Abschlussanalyse quo vadis?, in: Versicherungswirtschaft, 2/2005, S. 101–106.

FRIESE, S./MITTENDORF, T. (2003): Asset-Liability-Management bei Komposit- und Lebensversicherern, Universität Hannover, Diskussionspapier Nr. 288.

FÜSER, K./FREILING, A./HEIN, B. (2005): Keine Angst vor Solvency II, in: Versicherungswirtschaft 2/2005, S. 107–111.

GLEIßNER, W./MÜLLER-REICHART, M./ROMEIKE, F. (2005): Risikoaggreagation im Versicherungsunternehmen basierend auf einem einfachen Simulationsmodell, in: Zeitschrift für Versicherungswesen 3/2005, S. 88–93.

GRÜNDL, H./SCHMEISER, H. (2002): Marktwertorientierte Unternehmens- und Geschäftsbereichssteuerung in Finanzdienstleistungsunternehmen, in: Zeitschrift für Betriebswirtschaft 8/2002, S. 797–822.

GRÜNDL, H./SCHMEISER, H. (2004): Solvency II und interne Risikosteuerungsmodelle unter Solvency II, in: Versicherungswirtschaft 7/2004, S. 473–474.

GÜLLNER-KEA, P./SCHEU, A. (2004): Wertorientierte Steuerung in der Versicherungsindustrie – Grundlagen und aktuelle Entwicklungen, in: Trendmonitor 5/2004, S. 15–19.

HARTUNG, T. (2001): Kritische Betrachtung marktorientierter Kapitalkostenbestimmung bei der Bewertung von Versicherungsunternehmen, in: Zeitschrift für die gesamte Versicherungswissenschaft 90/2001, S. 635–645.

HANCOCK, J./HUBER, P./KOCH, P. (2002): Management des Unternehmenswertes, Publikation der SwissRe, Zürich 2002.

KNAUTH, K.-W. (2005): Die Freiheit von Solvency II wird der Assekuranz gut tun, in: Börsen-Zeitung, 29.01.2005, Sonderbeilage Versicherungswirtschaft.

KÖHLER, M. (2003): Sind die deutschen Schaden-/Unfallversicherer auf die Anforderungen durch Solvency II vorbereitet?, in: Assets & Liabilities 4/2003, S. 11–13.

KRIELE, M./LIM, G. / REICH, H. (2004): Das Solvabilitätskapital in Solvency II, in: Versicherungswirtschaft 14/2004, S. 1048–1052.

LEIDING, J. (2004): Hybridkapital als Finanzierungsinstrument für Versicherungsunternehmen, in: Versicherungswirtschaft 21/2004, S. 1633–1635.

MEISTER, D. (2004): Risiken sollen besser unterlegt werden, in: Handelsblatt, 5.11.2004, Beilage Global Insurance, S. b02.

NEUMANN, O. (2000): Shareholder Value – Wertorientierte Steuerung auch für Versicherungsunternehmen?, in: Zeitschrift für Versicherungswesen 8/2000, S. 239–243.

PERRIDON, L./STEINER, M. (2003): Finanzwirtschaft der Unternehmung, 12. Auflage, München 2003.

ROMEIKE, F./MÜLLER-REICHART, M. (2005): Risikomanagement in Versicherungsunternehmen, Weinheim 2005.

SAUER, R. (2003): Investororientierte Bewertung von Versicherungsverträgen: Ein ökonomisches Modell unter besonderer Betrachtung der Rückversicherungsnahme. Dip-
lomarbeit an der Fakultät für Betriebswirtschaftslehre der Ludwig-Maximilians-
Universität München (Lehrstuhl Prof. Dr. Helten).

SCHRADIN, H. (2003): Entwicklungen der Versicherungsaufsicht, in: Zeitschrift für die
gesamte Versicherungswissenschaft 92/2003, S. 611–664.

SCHUBERT, T./GRIEßMANN, G. (2004): Europa in Vorbereitung auf Solvency II, in: Versicherungswirtschaft 14/2004, S. 1044–1046.

SCHULZE, S. (1994): Berechnung von Kapitalkosten, Wiesbaden 1994.

WAKKER, P./THALER, R./TVERSKY, A. (1997): Probabilistic Insurance, in: Journal of Risk
and Uncertainty 15/1997, S. 7–28.

Solvency II und Rating aus Sicht der Versicherungsunternehmen

Dietmar Meister

1.   Entstehung und Bedeutung des Ratings

Die Ursprünge des Ratings gehen zurück auf Henry Varnum Poor und John Moody. Beide gelten als Gründungsväter der heute wohl wichtigsten und einflussreichsten Ratingagenturen der Welt: Standard & Poor's (im Folgenden S&P) und Moody's. Poor sammelte schon Mitte des 19. Jahrhunderts Informationen über den seinerzeit in den USA wichtigen Eisenbahnsektor und veröffentlichte sie für Investoren. In dieser Zeit erkannte auch John Moody den Bedarf von Anlegern an Informationen und Statistiken über Unternehmen und staatliche Einrichtungen, in die sie auf den amerikanischen Kapitalmärkten investieren wollten. Das von ihm ab 1900 herausgegebene „Moody's Manual of Industrial and Miscellaneous Securities" entwickelte sich seinerzeit zu einem Verkaufsschlager. Als eigentliche Geburtsstunde des Ratings gilt das Jahr 1909, als Moody die Jahresabschlüsse der wichtigsten Eisenbahngesellschaften analysierte, deren Anleihen bewertete und schließlich Empfehlungen aussprach. Seine Qualitätsempfehlungen drückte Moody in einer Buchstabenfolge aus, die bis heute bei den meisten Ratingagenturen als gängiges Bewertungssystem fortgeführt wird. S&P und Moody's gehören mittlerweile zu den größten weltweit operierenden Ratingagenturen. Die Agentur S&P existiert seit 1860 und beschäftigt heute in 19 Ländern rund 5000 Mitarbeiter. Das erste Büro in Deutschland wurde 1992 in Frankfurt gegründet. Die Ratingagentur Moody's (vgl. Moody's Investors Service) wurde 1914 gegründet und zeigt heutzutage weltweite Präsenz mit Ratings in mehr als 100 Ländern, auch mit einem Büro in Frankfurt.

In der Versicherungsbranche spielten Ratings bis Mitte der neunziger Jahre eine untergeordnete Rolle. Versicherungsunternehmen galten durch die starke Regulierung und Beaufsichtigung lange Zeit als krisenfest. Dies änderte sich 1994 mit der Deregulierung des Versicherungsmarktes, und parallel entwickelte sich die materielle Staatsaufsicht zunehmend zu einer Finanzaufsicht. Die zuvor verordnete Einheitlichkeit der Versicherungsprodukte wurde aufgehoben und das Angebot der Versicherungen immer heterogener. Daraus resultierten ein starker Bedarf an detaillierten Informationen über die Qualität von Versicherungsprodukten und deren Anbietern und zugleich der Wunsch nach möglichst objektiven Vergleichen und Beurteilungen durch unabhängige Personen oder Institutionen. Im Zuge dieser Entwicklung hat die Bedeutung von Ratings zugenommen.

Nicht zu verwechseln mit Ratings sind Versicherungsrankings, wie sie von Map-Report, Morgen & Morgen oder Franke & Bornberg – um nur einige bekannte Agenturen zu nennen – angeboten werden. Im Gegensatz zu Ratings werden Rankings vor allem bei Produktvergleichen eingesetzt. Ein Ranking ist eine Ergebnisdarstellung vom ersten bis zum letzten Platz, wobei die Unterschiede zwischen den Rangplätzen sehr groß oder klein sein können, wohingegen ein Rating die Bewertung bestimmter wirtschaftlicher Sachverhalte und die entsprechende Einordnung in Qualitätsklassen beinhaltet.

In den letzten Jahren spielt das Thema Rating für die rund 400 deutschen Erstversicherungsgesellschaften eine immer größere Rolle. Für den Wertewandel rund um das Thema Rating im deutschen Wirtschaftsraum dürfte die propagierte Neutralität der Agenturen im Hinblick auf die Bewertung der finanziellen und wirtschaftlichen Verfassung der Unternehmen von Bedeutung sein. Es stellt sich allerdings die Frage, was die originären Gründe der Versicherungsunternehmen sind, sich raten zu lassen. Fremdfinanzierungen und eine damit einhergehende Emission von Schuldtiteln spielen für Unternehmen der Versicherungsbranche bislang eine untergeordnete Rolle. Laut einer Studie der Swiss Re[1] erhielt nur rund ein Viertel aller Versicherungsunternehmen weltweit ein Emissionsrating.

Versicherungsunternehmen richten sich mit dem Ratingergebnis bisher stärker an ihre Endkunden und Vermittler: Der Versicherungsnehmer stellt heute sein Geld zur Verfügung, um sich damit das Leistungsversprechen des Versicherers in der Zukunft zu sichern. Bei den lang laufenden Versicherungsverträgen, wie sie regelmäßig in der Lebensversicherung vorkommen, hat der Versicherungsnehmer ein besonders starkes Interesse an der Sicherheit der ihm zugesagten Leistungen. Mit so genannten Finanzkraftratings (*financial strength ratings*) soll dieses Maß an Sicherheit quantifiziert werden.

2.   Arten des Ratings

Die verschiedenen, auf dem deutschen Versicherungsmarkt existierenden Ratings lassen sich grundsätzlich nach drei Kriterien gliedern:

- nach Ratingobjekten (wer oder was wird geratet?); Beispiele sind Produktratings, die lediglich die Analyse einzelner Produkte umfassen, oder Unternehmensratings, bei denen ein Unternehmen als Ganzes analysiert wird,

- nach Ratingverfahren (wie wird geratet?); hier differenziert man zwischen externem oder Public-Information-Rating (kurz pi-Rating) und interaktivem Rating,

- nach Ratingempfängern (wer ist Nutzer?); Empfänger von Ratings können private Versicherungsnehmer, industrielle Versicherungsnehmer, Versicherungsvermittler wie Makler oder auch Investoren. Insbesondere für Letztere kann ein Rating, bzw. eine Ratingänderung ein Ansatzpunkt für Investitions- oder Desinvestitionsentscheidungen sein.

Ein pi-Rating basiert auf veröffentlichten Finanzkennzahlen der Unternehmen und weiteren öffentlich zugänglichen Informationen, insbesondere aus Geschäftsberichten. Der Analyseschwerpunkt liegt auf quantitativen Merkmalen und die Daten sind überwiegend vergangenheitsorientiert. Pi-Ratings werden in der Regel einmal jährlich auf Basis der Jahresabschlusszahlen erstellt. Hierbei werden je nach Art des Versicherungsgeschäfts (also z. B. Schaden-

---

1   Vgl. Swiss Re, sigma 4/2003, S. 5

Unfall- oder Lebensversicherung) unterschiedliche Ansätze mit weitestgehend standardisier-ten Methoden verwendet. Die Analyse wird in verschiedene Ratingkategorien (z. B. Risiko-position in Kapitalanlage und Versicherungstechnik, Profitabilität, Liquidität, Kapitalisie-rung) zerlegt, und die eingeflossenen Daten werden dann in einem Verfahren bewertet, das einem Scoring vergleichbar ist. Die Analysen der einzelnen Ratingkategorien werden unab-hängig voneinander vorgenommen und die Ergebnisse zu einem Gesamt-Score zusammenge-fasst. So entfallen auf das so genannte Risiko-Exposure und die versicherungstechnischen Rückstellungen jeweils 20 Prozent, und auf die Kategorien Profitabilität, Vermögensanlagen, Liquidität, Rückversicherungsschutz und Firmenprofil jeweils 15 Prozent. Anschließend wird die Ratingentscheidung von einem Ratingkomitee auf der Grundlage der Ergebnisse der verschiedenen Bewertungskriterien getroffen. Pi-Ratings sind kostenlos und werden ohne ein Mandat der Unternehmen erstellt. Allerdings haben Unternehmen auch keine Möglichkeit, Einwände gegen ein aus ihrer Sicht „falsches" Ratingergebnis vorzubringen.[2]

Wesentlich aussagekräftiger als pi-Ratings sind interne oder interaktive Ratings. Sie sind kostenpflichtig und werden unter intensiver Beteiligung des zu ratenden Unternehmens er-stellt. Ein wichtiger Bestandteil aller von Ratingagenturen durchgeführten interaktiven Ra-tings sind Managementinterviews, in denen die Geschäftsleitung des Unternehmens zum Geschäftsmodell und zur Unternehmensstrategie befragt wird. Zusammen mit den internen Daten ergibt sich so eine umfassende Beurteilung des Unternehmens, die individuelle Beson-derheiten berücksichtigt. In Abbildung 1 werden anhand der Ratingmethoden von S&P die Unterschiede zwischen pi- und interaktivem Rating deutlich.

Die für den europäischen Wirtschaftsraum wichtigsten und größten Ratingagenturen sind S&P, Moody's und Fitch. Hinzu kommt die Ratingagentur Assekurata, die gegenwärtig nur auf dem deutschen Markt tätig ist. Diese Unternehmen teilen sich den deutschen Markt für das Rating von Versicherungsunternehmen auf oligopolistische Weise. Nicht alle Agenturen verfolgen den gleichen Ratingansatz. Daher sollen im Folgenden die Agenturen, ihre jeweili-gen Ratingansätze bzw. ihre wesentlichen Unterscheidungsmerkmale kurz vorgestellt werden.

---

[2] Man kann jedoch häufig feststellen, dass Unternehmen, die im Anschluss an ein pi-Rating interaktiv
     geratet werden, ein besseres Ratingergebnis erhalten. Inwieweit dann noch die Ergebnisse eines pi-Ratings
     objektiv und vertrauenswürdig sind, wäre kritisch zu analysieren. Außerdem drängt sich die Frage auf, ob
     tendenziell schlechte pi-Ratings die Unternehmen zu einem interaktiven Rating verleiten sollen.

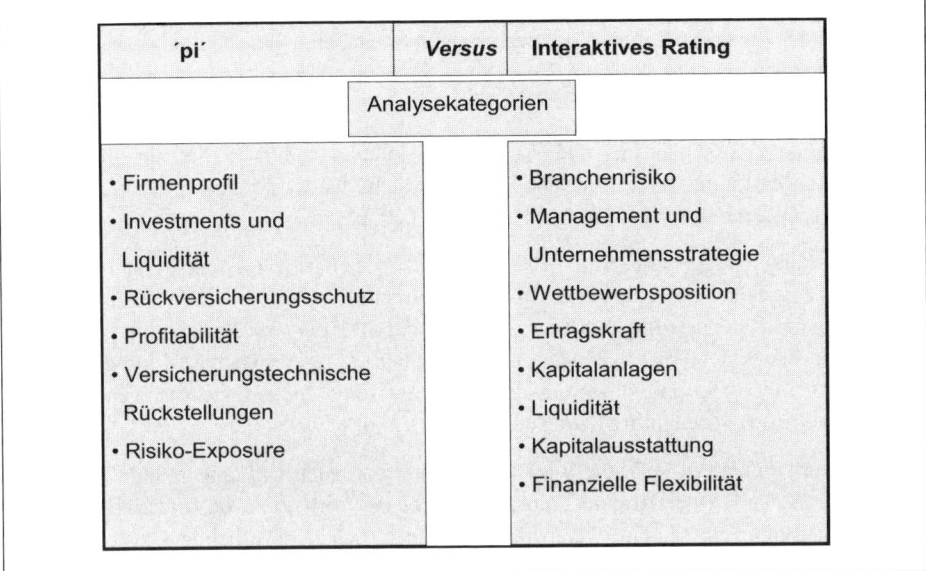

Quelle: Standard & Poor's, Inside View; Ausgabe 2, www.standardandpoors.com
Abbildung 1:   Analysekategorien von pi-Rating (links) und interaktivem Rating (rechts)
                am Beispiel von Standard & Poor's

2.1   Ratings von Standard & Poor's

Im Fokus des interaktiven Ratings durch S&P stehen folgende Bereiche:[3] Branchenrisiko, Geschäftsprofil- und Wettbewerbssituation, Management- und Unternehmensstrategie, Ertragskraft, Anlagestrategie, Kapitalausstattung (Basis: Kapitaladäquanzmodell, siehe Abschnitt 2), Liquidität und finanzielle Flexibilität.

Beim Branchenrisiko werden die Rentabilität und ihre Dauerhaftigkeit untersucht. Unter Einbeziehung der geografischen Verhältnisse und der in den Geschäftssparten gezeichneten Policen wird das Konkurrenzumfeld des Versicherers analysiert. Für jede große Sparte bzw. jeden Sektor analysiert S&P Drohpotenziale und Risiken. Dazu zählen beispielsweise Substitutionsprodukte branchenfremder Anbieter, die Marktmacht von Anbietern und Nachfragern sowie wirtschaftliche und gesetzliche Rahmenbedingungen. Der Einfluss auf das Rating richtet sich nach dem Risikogehalt der Sparte und des Sektors.

---

3   Vgl. Life Insurance Criteria Interactive Rating Methodology; www.standardandpoors.com.

Der Bereich der Management- und Unternehmensstrategie stellt das Schlüsselelement in der Ermittlung der Finanzkraft und Wettbewerbsposition dar. Strategie, die operationale Effektivität, selbige umzusetzen, und die Einstellung des Managements zu finanziellen Risiken stehen auf dem Prüfstand.

Das Kriterium Geschäftsprofil- und Wettbewerbssituation analysiert die allgemeine „Gesundheit" im Marktumfeld. Hier werden Vertriebssystem, Kosteneffizienz, Märkte, Diversifizierung in Produkten und regionale Marktspezifika betrachtet.

Beim Kriterium Ertragskraft prüft S&P, inwiefern es der Versicherung gelingt, Gewinne dauerhaft zu erzielen; ausschlaggebend ist die wirtschaftliche und nicht die bilanzielle Perspektive. In der Kategorie Anlagenstrategie untersucht S&P die Asset-Allokation eines Versicherers und betrachtet Volatilität und Liquidität. Ebenso werden Bonität, Liquiditätsrisiko, Marktrisiko, Zinsrisiko (allerdings nur Zinssenkungsrisiko), Sicherungsinstrumente und die Diversifikation des Portefeuilles betrachtet.

Bei der Beurteilung der Liquidität[4] wird selbige unter normalen Umständen und Stressszenarien betrachtet. Im Bereich Komposit untersucht S&P das Verhältnis von Underwriting-Cashflow zu Auszahlungen (bezahlte Versicherungsschäden, Schadenbearbeitungskosten, Verwaltungsaufwand), den Cashflow aus Kapitalanlagen, Liquiditätsbedarf in diversen Situationen sowie externe Liquiditätsquellen wie z. B. Bankkreditlinien.

Hinsichtlich der finanziellen Flexibilität wird geprüft, ob die Kapitalquellen den Kapitalbedarf decken. Als Kapitalquellen gelten die operative Gewinne, die Möglichkeiten, Zugang zu kurz- und langfristigen Kapital zu finden, und nicht zuletzt die Rückversicherung (unter Einbeziehung der Bonität des Rückversicherers).

2.2   Ratings von Moody's

Moody's prüft mit seinem Insurer Financial Strength Rating (IFSR), ob Versicherer ihren Verpflichtungen gegenüber Versicherungsnehmern nachkommen können. Als Merkmale des IFSR können die zukunftgerichtete Perspektive und der Expected-Loss-Fokus gesehen werden. Die Ratings stützen sich auf qualitative und quantitative Faktoren. Moody's führt keine pi-Ratings durch. Bei den interaktiven Ratings gibt es weder ein vordefiniertes Kapitaladäquanzmodell noch starre Finanzparameter. Als wichtigste Bewertungskriterien gelten Marktanalyse, operative Stellung und Wettbewerbsposition, Unternehmensstrategie und Management, Eigentumsverhältnisse und Organisationsstruktur sowie Finanzanalyse.

Bei der Marktanalyse werden Entwicklungen im aufsichts-, steuerrechtlichen und gesellschaftlichen Umfeld und Trends in der Rechnungslegungspraxis betrachtet. Des Weiteren

---

4   Zur Liquidität gehören Barmittel, Kapitalanlagen im Umlaufvermögen, Staatspapiere, öffentlich gehandelte Obligationen und Vorzugsaktien mit Investmentgrade-Einstufung.

werden Nachfragepotenzial und Wachstumsfaktoren der betreffenden Branche untersucht. Außerdem findet eine Einschätzung der Wettbewerbssituation statt. Bei der Beurteilung der gegenwärtigen und zukünftigen operativen Stellung und Wettbewerbsposition des Unternehmens werden z. B. relativer Marktanteil, Zuwachs der Beitragseinnahmen und Neugeschäft, Vertriebskanäle, Qualität und Diversifikation, Kontrolle und Effizienz, Produktinnovation und Produktimage sowie Administration und Technologie berücksichtigt. Beim Kriterium Unternehmensstrategie und Management werden hauptsächlich drei Punkte betrachtet:

▓ langfristige Unternehmensstrategie, interne Kommunikation der Ziele und Implementierung,

▓ Finanzpolitik und die Einstellung zur Risikobereitschaft, sowie

▓ die Kontrollmechanismen und Corporate Governance der Unternehmen.

Bei der Finanzanalyse untersucht Moody's die Berichtszahlen der letzten fünf Jahre und Planzahlen für die nächsten zwei oder drei Jahre – soweit vorhanden. Es werden unter wirtschaftlichen Gesichtspunkten die Kapitalausstattung, die Kapitalanlagen- und Anlageperformance sowie die Rentabilität bzw. Ertragskraft untersucht. Im Bereich Kapitalausstattung wird deren Entwicklung, Umfang und Qualität der Kapitalausstattung überprüft. Zielwerte bzw. Benchmarks für die Kapitalausstattung werden definiert. Auch die Bonuspolitik und langfristige Finanzierbarkeit (Leben) stehen auf dem Prüfstand. Im Bereich Komposit wird die Reservepolitik (Schaden/Unfall) untersucht. Der Fokus im Bereich Kapitalanlagen und Anlageperformance liegt im Anlagemanagement, den internen Kontrollverfahren, der Mischung und Streuung der Kapitalanlagen sowie dem Asset Liability Management.

2.3   Ratings von Fitch

Fitch hat im Frühjahr 2005 erstmals ein so genanntes quantitatives Finanzstärkerating, kurz Q-Rating für Erstversicherer in Deutschland durchgeführt. Es basiert auf öffentlich zugänglichen Informationen wie Geschäftsberichten und wird nicht beantragt.

Das interaktive Rating von Fitch beinhaltet eine Beurteilung der finanziellen Lage und eine Einschätzung einer möglichen Veränderung dieser finanziellen Lage in der Zukunft. Demzufolge umfasst die Bewertungsmethodik quantitative und qualitative Faktoren, die durch Analysten auf der Grundlage von intensiven Gesprächen mit der Unternehmensleitung eingeschätzt werden. Fitch ist der Ansicht, dass eine reine Analyse der Kennziffern nur eingeschränkt aussagekräftig ist. Die Bewertung von Versicherungen durch Fitch besteht allgemein zu rund 60 Prozent aus quantitativen und zu rund 40 Prozent aus qualitativen Anteilen, wobei diese Gewichtungen schwanken können. Die Beurteilung der Finanzkraft und der Bonität gründet schwerpunktmäßig auf der Fähigkeit des Versicherers, seine Verpflichtungen zu erfüllen. Diese Fähigkeit wird von Fitch im Rahmen einer Reihe von Krisenszenarien beurteilt. Sowohl der Sicherheitskoeffizient als auch die Stabilität bzw. Volatilität dieses Koeffizienten spielen eine wichtige Rolle. Die Analysemethodik beinhaltet sowohl unternehmensspezifische Kriterien als auch makroökonomischen Tendenzen, die die Branche und die jeweilige Sparte betreffen. Bewertungsentscheidungen gründen auf Faktoren, die je nach Unternehmen oder bedientem Markt schwanken.

Fitch konzentriert sich auf die Analysebereiche Branchenbeurteilung, Beurteilung der Wettbewerbssituation, Beurteilung interner Strukturen und Versicherungsgruppen, Beurteilung der Strategie und des Managements sowie die finanzielle Bestandsaufnahme.

Bei der Branchenbeurteilung prüft Fitch den Konkurrenzgrad und die Wettbewerbssituation in den spezifischen Sparten und die Konstanz im Zeitablauf. Des Weiteren werden Hindernisse und Bedrohungen für die Markteinführung neuer Produkte evaluiert. Neben einer finanziellen Bestandsaufnahme werden die Strategie und das Management beurteilt. Beim Kriterium Beurteilung der Wettbewerbssituation werden die Vertriebskanäle, die Positionierung im Markt, die Markenqualität, Kosteneffizienz und Produktionsniveau beurteilt. Zusätzlich werden die Policen und das darüber vorhandene Fachwissen, der Produktmix und die Vermarktungsgeschwindigkeit der einzelnen Produkte, die verwaltungstechnischen und technologischen Fähigkeiten analysiert. Hinsichtlich der internen Strukturen und Versicherungsgruppen beurteilt Fitch Unternehmen einzeln und gegebenenfalls im Zusammenhang mit der Konzernstruktur hinsichtlich Synergien, finanzieller und rechtlicher Aspekte. Ein wichtiger Gesichtspunkt des Bewertungsverfahrens besteht in der Beurteilung der Strategie und des Managements. Analysiert werden strategische Vision, Risikobereitschaft, Glaubwürdigkeit, Controlling und Risikomanagement, Struktur des Managements und die Fähigkeiten der Topführungskräfte. Die finanzielle Bestandsaufnahme beinhaltet die Analyse verschiedener finanzieller Kennziffern und sonstiger quantitativer Bemessungen. Fitch gliedert diese in die Hauptbereiche operative Rentabilität, Solvabilität und Kapitalausstattung, Kapitalanlagen, Asset Liability Management, Liquiditätsmanagement und finanzielle Flexibilität.

2.4   Ratings von Assekurata

Assekurata zieht zur Bewertung von Unternehmen eine Vielzahl von Kennzahlen heran, die sowohl positive als auch negative Trends frühzeitig erkennbar machen sollen. Die Kennzahlen werden anschließend mit Benchmarks verglichen, um eine adäquate Beurteilung zu ergeben. Assekurata führt außerdem intensive Gespräche mit dem Management. Folgende Kriterien werden bei der Assekurata betrachtet: Kundenorientierung, Unternehmenssicherheit, Wachstum, Gewinn, Beitragsstabilität (Kranken), Gewinnbeteiligungsstabilität (Leben).

Beim Kriterium Kundenorientierung werden Kennzahlen zur Zufriedenheit mit den Versicherungsvermittlern, den Produkten, der Beschwerdebearbeitung und dem Versicherungsunternehmen insgesamt ermittelt. Bei der Unternehmenssicherheit betrachtet Assekurata die Ausstattung mit Eigenkapital, versicherungstechnischem Fremdkapital und die Fähigkeit, auf-sichtsrechtliche Eigenmittelanforderungen zu erfüllen. Es werden Solvabilitätskennziffern, Risk-based-Capital- und Value-at-Risk-Kennzahlen ermittelt. Beim Thema Gewinn wird dessen Höhe und Zusammensetzung (differenziert nach versicherungstechnischem Ergebnis, Kapitalanlageergebnis, Betriebskosten und Rückversicherungsergebnis) sowie der Umfang der Gewinnbeteiligung betrachtet. Bei der Beurteilung der Beitragsstabilität finden histori-sche durchschnittliche Beitragsanpassungen, Umfang der erfolgsabhängigen RfB sowie Zu-führung zur erfolgsabhängigen RfB Eingang. Für die Gewinnbeteiligungsstabilität sind der Umfang der freien RfB, die Zuführung zur freien RfB sowie der Umfang und die Zusammen-setzung der Bewertungsreserven von Kapitalanlagen bewertungsrelevante Größen.

Die Bewertungskriterien beim Rating können auch Aufschluss auf die hauptsächlichen Ad-ressaten eines Ratings geben. Die Analysen von S&P, Moody's und Fitch sollen vor allem Gläubigern und Investoren einen umfassenden Überblick über die Gesamtsituation eines Unternehmens geben und so Investitionsentscheidungen erleichtern. Betrachtet man die Kri-terien bei Assekurata so lässt sich feststellen, dass hier der Versicherungsnehmer als Adressat im Fokus des Ratings steht.

3.   Standardmodell der Säule 1 im Vergleich zu Kapitaladäquanzmodellen im Rating

Vergleicht man das Standardmodell, welches künftig unter Solvency II für die Berechnung von Risikokapital und Solvabilität maßgeblich sein soll, mit den Kapitaladäquanzmodellen, wie sie in interaktiven Ratingprozessen verwendet werden, dann lassen sich viele Parallelen, aber auch einige bedeutende Unterschiede feststellen. Grundsätzlich ist festzuhalten, dass beide Ansätze die gleiche Zielrichtung verfolgen. In beiden Fällen geht es um die Prüfung, ob das dem Unternehmen zur Verfügung stehende Risikokapital ausreicht, um seine Risiken, die erstens aus der Kapitalanlage, zweitens aus der Versicherungstechnik und drittens aus dem Zusammenspiel von Kapitalanlage und Versicherungstechnik resultieren, adäquat zu bede-cken.

Vor diesem Hintergrund stellt sich die Frage, welches Modell diese Aufgabe am besten er-füllt. Als Vergleichsmaßstab soll hier ein Kapitaladäquanzmodell, wie es im Ratingverfahren angewandt wird, herangezogen werden. Modelle aus einem pi-Ratingprozess erscheinen für einen Vergleich weniger geeignet, da diese Ansätze auf Grund ihrer Ausgestaltung nur auf öffentlich verfügbare Informationen zurückgreifen. Da es an dieser Stelle nicht möglich ist, alle für den deutschen oder gar europäischen Versicherungsmarkt relevanten Kapitaladä-quanzmodelle von Ratingagenturen umfänglich zu vergleichen, soll hier beispielhaft das S&P-Modell zur Ermittlung der Financial Strength zugrunde gelegt werden. Die Methodik von S&P ist wegen der Internationalität des Ansatzes und der Reputation der Ratingagentur im deutschen und im internationalen Umfeld sowohl beim Rating von Unternehmen im Allgemeinen als auch von Versicherungsunternehmen im Besonderen gut geeignet. Eine grundlegende Anforderung einer Einsetzbarkeit im gesamten europäischen Umfeld ist damit auch für das Modell zur Ermittlung der Financial Strength gegeben.

Da eine Entscheidung über das Standardmodell im Solvency-II-Umfeld bisher nicht gefallen ist, soll der Vorschlag der BaFin, das deutsche Aufsichtsmodell, hier als Vergleichsmaßstab für das Modell von S&P dienen. Im Folgenden ist, wenn vom Standardmodell gesprochen wird, immer dieser Vorschlag gemeint. Vorsorglich sei darauf hingewiesen, dass Aussagen, die aus diesem Vergleich (Modellstand Anfang 2005) getroffen werden, nicht zwingend auf das in der Zukunft zum Einsatz kommende Standardmodell übertragen werden können. Das hier gewählte Vorgehen bietet jedoch die Chance, die positiven und negativen Kriterien des S&P-Modells mit dem möglichen zukünftigen Standardmodell zu vergleichen.

Das S&P-Modell befindet sich seit Jahren im Einsatz. Es wurde im Rahmen des regelmäßigen Updates im Jahr 2003 überarbeitet. Hierbei wurde auch die grundlegende Struktur des Modells modifiziert, so dass die Kernelemente über den nachfolgenden Quotienten berücksichtigt werden:

$$CAR = \frac{Risk\ adjusted\ capital}{Total\ capital\ required} = \frac{TAC - C1 - C2 - C3}{C4 + C5 + C6 + C7 + C8 + C9}$$

Mit:

CAR:	Capital Adequacy Ratio
TAC:	Total Adjusted Capital
C1:	Required capital for investment risk (non life & shareholder)
C2:	Required capital for other credit risk
C3:	Required capital non insurance risk
C4:	Required capital for non life net premium risk
C5:	Required capital for non life reserve risk
C6:	Required capital for life reinsurance risk
C7:	Required capital life insurance sums risk
C8:	Required capital for life insurance reserve & general business risk
C9:	Required capital for life insurance asset risk

Mit dem beschriebenen Quotienten wird die Financial Strength der zu beurteilenden Versicherung gemessen. In Abhängigkeit von der Höhe des Quotienten wird eine bestimmte Ratingklasse entsprechend der nachfolgenden Einteilung zugeordnet:

Bereiche der Financial Strength	Klassifizierung
CAR > 175 Prozent +	AAA
150 Prozent < CAR ≤ 175 Prozent	AA
125 Prozent < CAR ≤ 150 Prozent	A
100 Prozent < CAR ≤ 125 Prozent	BBB
75 Prozent < CAR ≤ 100 Prozent	BB
50 Prozent < CAR ≤ 75 Prozent	B

Abbildung 2: Ratingkategorien im S&P Rating

Das Standardmodell vergleicht im Gegensatz zum S&P-Modell das vorhandene Risikokapital, welches als Available Solvency Margin (ASM) bezeichnet wird, mit dem notwendigen Risikokapital, dem Solvency Capital Requirement (SCR):

$$ASM \geq SCR$$

Wenn dieses Verhältnis gilt, erfüllt das Versicherungsunternehmen die Solvabilitätsvorschriften. Eine Einteilung in verschiedene Rating- oder Solvenzklassen ist nicht vorgesehen. Es wird allerdings eine Grenze definiert werden, ab der ein aufsichtsbehördlicher Eingriff erfolgt.

Um sich von den unterschiedlichen Begriffen im S&P-Modell und im Standardmodell zu lösen, soll zukünftig immer vom vorhandenen Risikokapital, welches häufig als Risk Capital (RC) bezeichnet wird, und vom erforderlichen Risikokapital, auch Risk-bearing Capital (RBC), gesprochen werden. Als RC wären demnach das verfügbare Risikokapital (TAC) aus dem S&P-Ansatz und das ASM des Standardmodells zu verstehen. Die Risikokategorien C1 bis C9 sind die jeweiligen RBCs. Das Standardmodell leitet seinerseits die SCR aus den RBCs ab:

Leben: $$SCR = \sqrt{(G1 + E_{G1})^2 + G2^2 + L^2} - E_{G1}$$

Komposit: $$SCR = \sqrt{(G1 + E_{G1})^2 + G2^2 + S1^2 + S2^2 + S3^2} - E_{G1}$$

Kranken: $$SCR = \sqrt{(G1 + E_{G1})^2 + G2^2 + K^2} - E_{G1}$$

Mit:

G1:   Kapitalanlagerisiko

G2:   Operatives Risiko

L: Kalkulationsrisiko Leben

S1:   Rückversicherungsrisiko

S2:   Reserve- und Prämienrisiko

S3:   Risiko aus dem nach Art der Lebensversicherer kalkulierten Geschäft

K: Kalkulationsrisiko Kranken

E_{G1}:   Ertragserwartung G1

Das S&P-Modell ist für alle Versicherungsunternehmen geeignet. Wie in den Summanden des Quotienten zu erkennen ist, gibt es keine eigene Risikokategorie für das Segment Kranken. Die Krankenversicherung wird stattdessen dem Bereich Komposit zugeordnet. Im internationalen Umfeld wird das Segment Kranken auf Grund seines versicherungstechnischen Charakters häufig der Kompositversicherung zugeordnet. Für den deutschen Markt ist dies jedoch nicht sachgerecht, da die private Krankenversicherung eher die Wesensmerkmale einer Lebensversicherung (z. B. RfB und Langfristigkeit der Verträge) aufweist.

Das oben beschriebene Modell eignet sich sowohl für die Analyse auf Einzelunternehmensebene als auch für Gruppen bzw. Konzerne, da konsolidierte Daten aus den verschiedenen Sparten eingegeben werden können, um auf diesem Wege die Angemessenheit der Kapitalausstattung für die Gruppe bzw. den Konzern zu ermitteln.

Ähnlich wie das Standardmodell ist das S&P-Modell ein faktorbasiertes Modell[5], welchem ebenfalls ein Risk-based-Capital-Ansatz zugrunde liegt. Obwohl die Modelle damit eine ähnliche Grundlage haben, wird sich bei der Analyse zeigen, dass es große Differenzen zwischen ihnen gibt.

Ausgangspunkt der Ermittlung der Financial Strength ist die Berechnung des verfügbaren Risikokapitals (TAC). Wie die obige Formel zeigt, werden dann die erforderlichen Risikokapitalbeträge für die Risikokategorien C1 bis C3 abgezogen und durch die Summe der RBCs für die Risikokategorien C4 bis C9 dividiert. Eine Besonderheit des S&P-Modells ist, dass bestimmte RBCs vom verfügbaren Risikokapital abgezogen werden und damit den Zähler des Quotienten beeinflussen, während die verbleibenden RBCs den Nenner des Quotienten bilden. Eine Erklärung für dieses Vorgehen scheint es nicht zu geben. Demgegenüber er-

---

5   In Faktormodellen wird in einem ersten Schritt für jedes Risiko getrennt der im ungünstigsten Fall zu erwartende Verlust auf einen Risikoträger bezogen. Für jedes Risiko sind dann analoge Rechnungen anzustellen, die so ermittelten Verluste werden aggregiert.

scheint das Standardmodell, welches direkt das vorhandene Risikokapital mit dem erforderlichen Risikokapital vergleicht, stringenter.

Die RBCs des S&P-Modells werden ermittelt, indem die verschiedenen Risiken, denen das Unternehmen ausgesetzt ist, mit Risikofaktoren gewichtet werden. Diese Risikofaktoren werden im Modell von S&P kategorisch und unabhängig von den individuellen Gegebenheiten wie Unternehmensgröße, Vertrieb, Region, Risikostruktur, etc. vorgegeben. Schon an dieser Stelle, an der unternehmensindividuelle Verhältnisse nur unzureichend berücksichtigt werden, liegt eine Schwäche des Kapitaladäquanzmodells gegenüber dem Standardmodell. Gleichzeitig dienen die Prämien als Risikoträger, wodurch generell eine Ausweitung des Geschäfts mehr Risiko bedeutet, unabhängig vom wirklichen Risikogehalt des (zusätzlichen) Geschäftes. Eine wesentlich risikoadäquatere Vorgehensweise ist im Standardmodell gegeben. Dort werden beispielsweise aus den Combined Ratios der Unternehmen Risikofaktoren abgeleitet, so dass das Geschäft mit seinem wirklichen Risikogehalt bewertet wird. S&P wählt im Gegensatz zu diesen unternehmensindividuellen Risikofaktoren das Vorgehen, individuelle Daten erst im Rahmen der sonstigen Informationen oder so genannten Analyst Adjustments im Rating zu berücksichtigen. Objektivität, Standardisierung und insbesondere Nachvollziehbarkeit, wie diese im Standardmodell gegeben sind, gehen hierdurch verloren. Insofern ist der Ansatz des Standardmodells, der unternehmensindividuelle Daten bei der Bestimmung der Risikofaktoren zulässt, wegen seiner deutlich besseren Abbildung der individuellen Risikosituation dem S&P-Ansatz vorzuziehen.

Welche weiteren generellen Unterschiede findet man bei diesem Vergleich? Neben Unterschieden in der Versicherungstechnik und der Betrachtung der Kapitalanlagen, die später analysiert werden, ist festzuhalten, dass sich das Standardmodell als vollständig wirtschaftlicher Ansatz von der zugrunde liegenden Rechnungslegungsart löst. Die Einschätzung der Risikosituation richtet sich nach einem reinen Fair Value und wird nicht durch Bilanzierungs- und Bewertungsvorschriften oder -wahlrechte beeinflusst. In Deutschland ist die Ausgangsbasis im S&P-Ansatz eine HGB-Bewertung, bei der stille Reserven über den Ansatz von Marktwerten für die Kapitalanlagen hinzugenommen werden. Sofern eine IFRS-Bilanzierung vorliegt, werden die Bewertungsreserven vielfach nicht mehr unmittelbar, sondern ebenfalls über die bereits erwähnten Analyst Adjustments berücksichtigt. Dabei bleibt die Frage offen, ob alle Umbewertungen der IFRS-Bilanzierung (gegenüber einer HGB-Bilanzierung) rückgängig gemacht werden oder aber nur ein Ansatz der aktivseitigen Umbewertungen erfolgt. Auch die Behandlung der aktivierten Abschlusskosten bzw. des DAC ist uneinheitlich, so dass insgesamt keine Unabhängigkeit der Finanzkraft von der verwendeten Rechnungslegung gegeben ist. Daneben sind in vielen Bereichen des Modells von S&P weitergehende, nicht standardisierte Analyst Adjustments möglich, um das teilweise zu grob arbeitende Modell an die unternehmensindividuellen Gegebenheiten anzupassen. Hierdurch verliert das Modell an Objektivität und Eindeutigkeit.

Weitere Unterschiede zwischen den beiden Modellen sind zu erkennen, wenn man sich die Einzelbestandteile der Ermittlung der Financial Strength genauer ansieht. Das Total Adjusted Capital (TAC) ergibt sich aus der Summe von Hard Capital und Soft Capital, eine Unterscheidung, die das Standardmodell nicht kennt. Dort wird lediglich das verfügbare Risikokapital bestimmt. Das Hard Capital im S&P-Ansatz errechnet sich aus dem bilanziellen Eigenkapital abzüglich der Minderheitenanteile zuzüglich der Schwankungsrückstellungen, der Bewertungsreserven, der freien und latenten RfB, des Schlussüberschussanteilsfonds und abzüglich des Firmenwertes (Goodwill). Das Soft Capital enthält den Barwert der Abwicklungszinserträge, den Barwert der Über- bzw. Unterreservierung der Schadenreserven, das Hybridkapital, den Value in Force[6] (50 Prozent), einen Abzug für aktivierte Abschlusskosten und nicht eingezahltes Kapital.

Schon bei der Bestimmung des verfügbaren Kapitals ist also erkennbar, dass der S&P-Ansatz vielfältige Unterschiede im Vergleich zum Standardmodell aufweist. Als wesentlichen Unterschied berücksichtigt das TAC den Value in Force und somit einen Bestandswert, der im Standardmodell nicht angesetzt wird. Ähnlich dem Standardmodell werden stille Reserven aus Schadenreserven der Kompositversicherer berücksichtigt, wobei der Ansatz relativ grob ist und die individuellen Verhältnisse nicht adäquat berücksichtigt. Zudem findet im S&P-Ansatz ein Abzug von Steuerzahlungen statt, wohingegen das Standardmodell vollständig von Steueraspekten abstrahiert.

Im *Kapitalanlagerisiko Komposit (C1)* ist sowohl das Ausfallrisiko, das Volatilitätsrisiko, das Kumulrisiko (Konzentrationsrisiko) als auch ein Analyst Adjustment für das Duration Gap[7] enthalten. Eine vergleichbare Ermittlung erfolgt für das *Kapitalanlagerisiko Leben (C9)*. Im Bereich der Kapitalanlage ist grundsätzlich ein vergleichbarer Ansatz zum Standardmodell festzustellen, wobei die Risikofaktoren im Standardmodell keine Möglichkeiten zur Aufsichtsarbitrage zulassen. Eine Aufsichtsarbitrage ist beispielsweise im Bereich der Kreditrisiken im S&P-Ansatz möglich, da bei den Kreditrisiken die Kategorien A und höher mit dem gleichen Risikofaktor belegt werden. Da niedriger geratete Anlagen allerdings einen höheren (erwarteten) Ertrag haben, erscheint ein identischer Risikofaktor für unterschiedliche Ratingklassen nicht sachgerecht. Darüber hinaus sind die Risikofaktoren im S&P-Modell für Kreditrisiken von der Diversifikation innerhalb des Kreditrisikoportfolios unabhängig. Demgegenüber verlangt das Standardmodell hier ein wohl diversifiziertes Portefeuille, da die Risikofaktoren nur für hinreichend gut diversifizierte Kreditrisikoportfolien Gültigkeit haben. Würde bei niedriger gerateten Positionen keine hinreichende Diversifizierung innerhalb der jeweiligen Ratingklassen stattfinden, so wären deutlich höhere Risikofaktoren anzusetzen, da es sich bei den von Agenturen ermittelten Ausfallkennziffern immer um Durchschnittswerte über die gesamte Ratingklasse handelt. Auch im Bereich der Hypotheken orientiert sich S&P eher an angloamerikanischen Verhältnissen und weniger am tatsächlichen Risikogehalt des Hypothekengeschäfts in Deutschland. Daneben enthält das S&P-Modell einen *size factor*, der berücksichtigen soll, dass die Kapitalanlagen in kleinen Unternehmen beispielsweise auf Grund niedriger Diversifikation stärker risikobehaftet sind. Für den Bereich Aktien- und

---

6   Der Value in Force kann als Wert des Versicherungsportefeuilles definiert werden.

7   Unter Duration Gap soll hier ganz allgemein die Differenz der Anlage- und Verpflichtungsdauer in den aktiv- und passivseitigen Bilanzpositionen eines Versicherers verstanden werden, wobei Lebensversicherer im Allgemeinen eine kürzere aktivseitige Duration haben. Umgekehrtes gilt häufig für Kompositversicherer. Auf die verschiedenen Definitionen, die für die Ermittlung der Duration verwendet werden können, soll an dieser Stelle nicht eingegangen werden.

Immobilieninvestments wird nach den jeweiligen Investitionsländern differenziert, welchen im S&P-Ansatz unterschiedliche Risikofaktoren zugeordnet sind. Im Bereich Lebensversicherung wird das Zinsänderungsrisiko (bei steigenden Zinsen Stornorisiko bzw. bei fallenden Zinsen Wiederanlagerisiko) nicht adäquat berücksichtigt. Lediglich für den Fall, dass das Duration Gap zwischen Aktiv- und Passivseite auf weniger als 1,5 Jahre reduziert wird, wird ein Benefit gewährt. Insgesamt wird jedoch das Wiederanlagerisiko in diesem Ansatz nicht risikogerecht abgebildet, insbesondere wenn der Wiederanlagezins in der Nähe des (durchschnittlichen) Garantiezinses liegt. Auch für den Bereich Komposit ist das Zinsänderungsrisiko nicht risikoadäquat berücksichtigt: Für Kompositversicherer (mit Ausnahme der Unfallversicherung mit Beitragsrückerstattung und andere Sparten oder Schadenzahlungen, die dem Lebensversicherungsgeschäft ähneln) ist das Risiko eher in einer zu langen aktivseitigen Duration zu sehen, da die passivseitigen Verbindlichkeiten in der Regel kurzlaufend sind.

Um das benötigte Kapital der *sonstigen Kreditrisiken (C2)* zu erhalten, ist das Ausfallrisiko der Rückversicherungsdeckung sowie das des sonstigen Vermögens heranzuziehen. Im Bereich dieser Risiken stellt der Ansatz von S&P auf die Bonität des Rückversicherers ab und berücksichtigt damit das Kreditrisiko des Rückversicherers. Dieses Vorgehen entspricht weitgehend dem Vorgehen im Standardmodell. Auch das Kreditrisiko in den sonstigen Vermögensgegenständen ist vergleichbar.

Die *versicherungsfremden Risiken (C3)* stellen im Wesentlichen das benötigte Kapital für die Risiken außerhalb der Bilanzdarstellung dar. Dabei wird ein pauschaler Ansatz, der ähnlich dem Standardmodell arbeitet, gewählt.

Das *Prämienrisiko Komposit C4* analysiert, inwiefern die erhobenen Prämien für das jeweils abgeschlossene Geschäft auskömmlich sind. Es leitet sich aus den Kompositsparten und den jeweiligen Prämienhöhen ab, wobei es sich auf Nettowerte bezieht. Das C4-Risiko setzt sich aus Erstversicherungsgeschäft, proportionaler und nicht-proportionaler Rückversicherung zusammen. Dem Erstversicherungsgeschäft sind die Sparten Kranken (basierend auf Morbiditätstafeln), Unfall, Kfz, Hausrat (inklusive Feuer und Wohngebäude), Haftpflicht, Vermögensschaden- und Kreditrisikoversicherung zugeordnet. Die Aufteilung in proportionale und nicht-proportionale Rückversicherung folgt derjenigen der Erstversicherung. Für das C4-Risiko ist festzuhalten, dass das S&P-Modell grundsätzlich sowohl direktes Geschäft als auch in Rückdeckung genommenes Geschäft berücksichtigt, wobei bei aktiver Rückversicherung nochmals zwischen proportionaler und nicht-proportionaler Rückversicherung unterschieden wird. In den drei angesprochenen Bereichen werden die verschiedenen *lines of business* betrachtet, wobei grundsätzlich eine grobe Clusterung erfolgt. Wie bereits erwähnt, wird die Krankenversicherung im S&P-Modell dem Bereich der Sachversicherungen zugerechnet.

Das erforderliche Kapital für das *Reservierungsrisiko Komposit (C5)* errechnet sich aus den Schadenreserven der verschiedenen Sparten. Ebenso wie im C4-Risiko wird auf die Aufteilung in Erstversicherungsgeschäft, proportionale und nicht-proportionale Rückversicherung geachtet. Auch bei der weiteren Aufteilung der Sparten wird analog des C4-Risikos verfahren. Die stillen Reserven in den Schadenrückstellungen werden über Analyst Adjustments berücksichtigt. Grundlage ist weiterhin die Frage, inwiefern die Reservierung der Passivseite dem Risikogehalt angemessen ist. Es können damit die gleichen Kritikpunkte geäußert werden, die schon beim C4-Risiko angemerkt wurden. Insgesamt ist für die Risiken C4 und C5 festzuhalten, dass die tatsächliche Risikosituation nicht über die Prämien- und Reservenhöhe korrekt abgebildet werden kann. Zielorientierter und sachgerechter arbeitet in diesem Bereich das Standardmodell, in dem über die individuellen, historischen Schadenentwicklungen die Risiken adäquater abgebildet werden.

Die *Risiken der Lebensrückversicherung (C6)* ergeben sich im Bereich der proportionalen Rückversicherung aus dem Selbstbehalt der Risikosumme, dem Selbstbehalt der aktuariellen Reserven und dem Selbstbehalt der gebuchten Nettoprämieneinnahmen der Lebensrückversicherung. Letzterer ist auch Bestandteil im Bereich nicht-proportionaler Rückversicherung. Zudem werden finanzielle Rückversicherungen im Bereich Lebensversicherung berücksichtigt. Da das Standardmodell auf Erstversicherungen abzielt, ist dieses nicht unmittelbar mit dem Ansatz im S&P-Modell vergleichbar.

Im Bereich der *C7-Risiken* wird die Versicherungssumme als Risikomaßstab zugrunde gelegt. Diese wird in verschiedene Tranchen zerlegt und daraus das erforderliche Risikokapital abgeleitet. Der Risikofaktor ist von der ersten Tranche mit 0,2 Prozent auf 0,08 Prozent in der höchsten Tranche fallend. Eine Unterscheidung nach verschiedenen Lebensversicherungsprodukten findet nicht statt, so dass der Risikogehalt der Versicherungstechnik Leben nur überschlägig berücksichtigt wird. Zudem dient lediglich die Versicherungssumme als Risikoträger. Das Standardmodell geht in diesem Bereich deutlich weiter. Hier wird auf unternehmensindividuelle Daten abgestellt, was deutliche Vorteile im Hinblick auf die Verlässlichkeit bei der Abschätzung des tatsächlichen Risikogehaltes hat.

Das *C8-Risiko* berücksichtigt schließlich für das Lebensversicherungsgeschäft das Reserve- und das Geschäftsrisiko. Dieses wird aus den Deckungsrückstellungen der verschiedenen Produktbereiche der Lebensversicherung bzw. aus den Bruttoprämien abgeleitet. Es findet damit zwar eine gewisse Differenzierung nach den verschiedenen Produkten statt, dieses erscheint dennoch sehr überschlägig und nicht am Risikogehalt ausgerichtet. Wie im Bereich der Sachversicherer ist auch für die Lebensversicherung festzuhalten, dass das Risiko in den verschiedenen Geschäftsfeldern im S&P-Ansatz nicht ausreichend abgebildet wird, wodurch es einen wesentlichen Nachteil im Vergleich zum Standardmodell hat. Dort werden biometrische Risiken der Lebensversicherer durch die Verwendung unternehmensindividueller Parameter bei der Ermittlung des RBCs deutlich besser abgebildet.

Zusammenfassend ist festzustellen, dass das S&P-Modell zwar grundsätzlich die gleiche Zielsetzung wie das Standardmodell verfolgt. Das Standardmodell kann allerdings vielfältige Schwächen des S&P-Modells überwinden. Auch wenn es sich formal als Faktormodell nicht vom S&P-Ansatz unterscheidet, kann es durch die vielfache Verwendung unternehmensspezifische Daten die individuelle Risikolage des analysierten Versicherungsunternehmens besser und risikogerechter abbilden. Inzwischen wird es als *personalized factormodel* bezeichnet. Offen bleibt die Frage, ob das S&P-Modell im Rahmen des Ratingprozesses sinnvollerweise angewendet werden sollte – wobei die Risikosituation durch Adjustments zu berücksichtigen wäre – oder im Rahmen des Ratings unmittelbar auf das Standardmodell ausgewichen werden kann. Insbesondere die Tatsache, dass die Adjustments keinen festen Regeln folgen, sondern häufig individuell ausgestaltet werden, reduziert die Objektivität und Transparenz des S&P-Modells. Im Ergebnis bleibt festzuhalten, dass das Standardmodell deutliche Vorteile im Vergleich zum S&P-Modell aufweist.

4. Können interne Modelle die Modelle der Agenturen ablösen?

Um sich der Beantwortung dieser provokativen Frage zu nähern, sollen, aufbauend auf den Analysen des letzten Abschnitts, zunächst die Ziele interner Modelle dargestellt werden. In einem weiteren Schritt werden die aktuellen Solvabilitätsvorschriften, Faktormodelle und stochastische Modelle in einen Gesamtzusammenhang bezüglich Modellkomplexität und Modellgenauigkeit gebracht. Hierauf aufbauend wird die Frage beantwortet, ob interne Modelle eine Verbesserung im Prozess des Unternehmensratings sind und welche Konsequenzen sich daraus für die Arbeit der Ratingagenturen ergeben.

Ziel eines internen Modells ist die Ableitung eines an den unternehmensindividuellen Verhältnissen ausgerichteten und wahrheitsgetreuen Bildes über das vorhandene Risikokapital und die eingegangenen Risiken. Diese Informationen über die Risikoposition des Unternehmens bilden die Grundlage für Risikostrategie und -management des Gesamtunternehmens. Darauf aufbauend kann die Gesamtrisikostrategie im Rahmen des Value Based Management auf die einzelnen Unternehmensteile heruntergebrochen und gesteuert werden. Um ein risikoadäquates Bild des Versicherers aus einem internen Modell abzuleiten, können grundsätzlich zwei unterschiedliche Ansätze gewählt werden. Einerseits können im Rahmen einfacher ALM- und DFA-Analysen[8] komplexe deterministische Faktormodelle genutzt werden, die nicht nur unternehmensindividuelle Daten nutzen, sondern gleichzeitig auch komplexe Verteilungen für die einzelnen Risiken zulassen. Andererseits können interne Modelle auf stochastischen Simulationen beruhen. Abbildung 3 gibt die Einordnung der bisher beschriebenen Modellansätze sowie die aktuellen Solvabilitätsvorschriften grafisch wieder.

Abbildung 3 ordnet die deterministisch arbeitenden Top-down-Ansätze und Bottom-up-Modelle, die auf stochastischen Simulationen beruhen, hinsichtlich Modellkomplexität und Modellgenauigkeit. Zu den deterministisch arbeitenden Ansätzen gehören die aktuellen Solvabilitätsberechnungen und die ergänzenden BaFin-Stresstests, aber auch Faktormodelle wie der Ansatz von S&P oder das Standardmodell. Daneben können einfache ALM- und DFA-Modelle unter die deterministischen Modelle subsumiert werden. Die stochastischen Ansätze umfassen als interne Modelle DFA- und ALM-Analysen, die auf stochastischen Simulationen

---

8   ALM steht für Asset Liability Management, DFA für Dynamic Financial Analysis.

über die einzelnen Risiken beruhen, dabei allerdings die einzelnen Sparten allerdings isoliert analysieren. Daneben existieren integrierte Ansätze, die, aufbauend auf holistischen Simulationen, nicht nur die Risikosituation der Einzelsparten und einzelnen Unternehmen analysieren, sondern die gesamte Risikosituation in einer Konzernstruktur abbilden, die bis auf die einzelnen Konzernunternehmen heruntergebrochen werden kann.[9] Grundsätzlich gilt bei allen beschriebenen Ansätzen jedoch, dass eine höhere Modellgenauigkeit immer durch ein höheres Maß an Modellkomplexität erkauft werden muss.

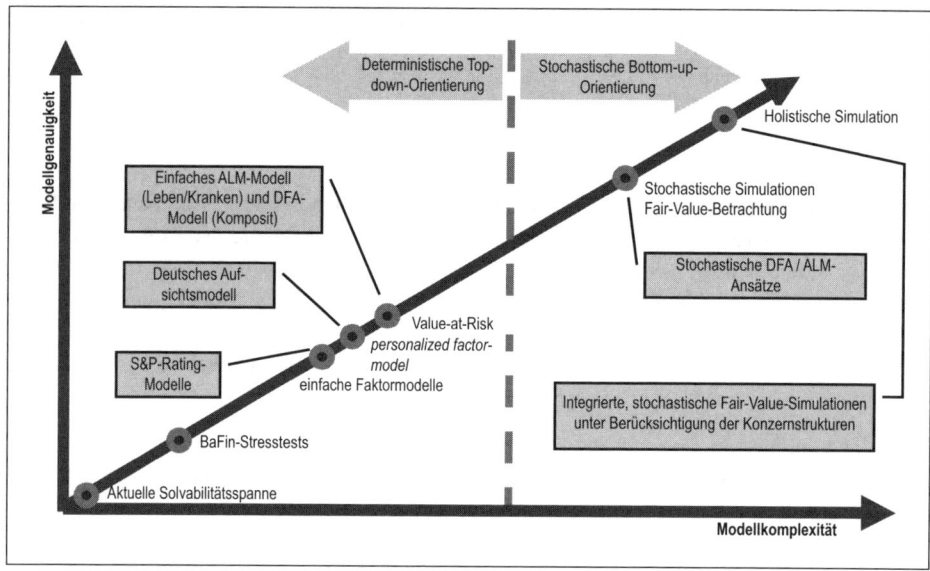

Abbildung 3:   *Modellgenauigkeit und Modellkomplexität im Überblick*

Das niedrigste Maß an Komplexität und Genauigkeit in diesem Vergleich haben die aktuellen Verfahren zur Solvabilitätsberechnung. Ohne auf die Ursachen hierfür einzugehen, ist festzustellen, dass deren Schwächen sowie die nicht risikoadäquate Abbildung der Unternehmensverhältnisse ein Grund für die aktuellen Entwicklungen zum Thema Solvency II sind. Auch die zusätzlichen Stresstests sind nicht hinreichend, um die Risikosituation abzubilden. Diese ermöglichen lediglich isolierte Aussagen über die Entwicklungen unter den vorgegebenen Szenarien.

Eine bessere Aussage über die Risikosituation des Unternehmens ermöglichen Faktormodelle wie das Modell von S&P, das Standardmodell oder einfache ALM- und DFA-Modelle. Grundsätzlich ist das Standardmodell auf Grund der individualisierten Risikofaktoren besser geeignet, die Unternehmenssituation zu beleuchten, als ein Modell mit fixen Risikofaktoren.

---

9 Die Frage, ob ein Diversifikationsbenefit, der in einer Versicherungs- oder Finanzdienstleistungsgruppe entstehen kann, ganz oder teilweise in die jeweiligen Einheiten zurückverteilt werden kann, ist in Abhängigkeit von der Zeitstabilität des Diversifikationsbenefits zu beantworten.

Einfache ALM- und DFA-Modelle ermöglichen eine weitergehende Verbesserung, da solche Value-at-Risk-Ansätze im Rahmen ihrer deterministischen Analyse ausschließlich unternehmensindividuelle Faktoren nutzen, keine Normalverteilung der Einzelrisiken erfordern und daher ein erster Schritt in Richtung interner Modelle sind.

Doch selbst Faktormodelle können die Risikosituation innerhalb eines Unternehmens nicht umfassend beleuchten. Vielfältige Zusammenhänge können in Faktormodellen nur bruchstückhaft dargestellt werden. So unterstellen Faktormodelle häufig normalverteilte Einzelrisiken und einfache (pfadunabhängige) Varianz-Kovarianz-Matrizen. Nicht-normalverteilte Risiken lassen sich nur schwer abbilden oder werden über die Parameter Erwartungswert und Varianz beschrieben, so dass sie die tatsächliche Wahrscheinlichkeitsverteilung nur unzureichend analysieren. Während sowohl das S&P-Modell als auch das Standardmodell für alle betrachteten Risiken eine Normalverteilung unterstellen, lassen sich in einfachen ALM- und DFA-Ansätzen auch komplexere Verteilungsannahmen treffen. Probleme bereitet hier jedoch die Aggregation der Teilrisiken zur Gesamtrisikoposition. Zudem ist die Interpretation und Nutzung von Risikoaussagen bei nicht-normalverteilten Risiken schwierig, wenn diese – wie in deterministischen Ansätzen üblich – über die Parameter der Verteilungsfunktion beschrieben werden. Lediglich die vollständige Ableitung der Wahrscheinlichkeitsverteilung des Risikokapitals, wie dieses auf Basis stochastischer Simulationen möglich ist, lässt eine umfassende Interpretation und Nutzung im Risikomanagement und Value Based Management zu.

Abbildung 4 verdeutlicht, wie im Rahmen stochastischer Simulationen aus den Verteilungen der Einzelrisiken eine Wahrscheinlichkeitsverteilung für das Risikokapital abgeleitet wird.

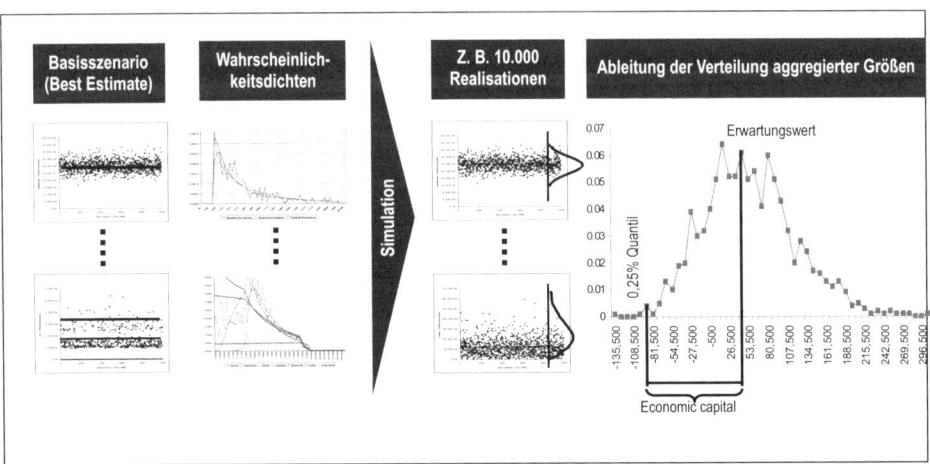

Abbildung 4: *Stochastische Modelle zur Herleitung der Verteilung des Economic Capital*

Neben der oben beschriebenen Problematik ist der Aussagegehalt von Faktormodellen beschränkt, da diese häufig eine 1-Jahres-Sicht unterstellen. Wird diese Annahme aufgegeben, entstehen Probleme, da für die nachfolgenden Jahre die Startwerte für die zu analysierenden Positionen nicht bekannt sind. Um dennoch Ergebnisse zu erzielen, werden in praktischen Anwendungen häufig die jeweiligen Erwartungswerte als Startwerte für die nachfolgende Periode unterstellt. Dieses Vorgehen beinhaltet eine deutliche Schwachstelle: Sie kann dazu führen, die Risikosituation deutlich zu unterschätzen, da die Analyse der nachfolgenden Perioden niemals auf einem Wert am Rande der Verteilungsfunktion startet, sondern immer im Erwartungswert.

Schließlich bieten die stochastischen Simulationen die Möglichkeit, Korrelationen zwischen den jeweiligen Teilrisiken besser in die Analyse zu integrieren. Während Faktormodelle in der Regel mit vereinfachenden Varianz-Kovarianz-Matrizen arbeiten, bieten stochastische Simulationen auch die Möglichkeit, pfadabhängige Korrelationszusammenhänge zu integrieren. Dieses ist insbesondere bei so genannten Extremevents von Bedeutung, da sich bei diesen häufig die Korrelationen der Tail-Wahrscheinlichkeiten, d. h. für Ausprägungen an den äußeren Rändern der Wahrscheinlichkeitsverteilung, anders verhalten als für den Normalbereich der Verteilung. Als Beispiel lässt sich der Terroranschlag des 11. September 2001 nennen, an dem sich die normalerweise vorliegende Unkorreliertheit zwischen Versicherungstechnik und Kapitalanlage eines Schaden-Unfall-Versicherers in eine hohe positive Korrelation zwischen Versicherungstechnik und Kapitalanlage änderte. Solche extremen Verhaltsmuster lassen sich lediglich in stochastischen Simulationsmodellen beschreiben, um auf dieser Basis die Risikosituation abzuleiten.

Obige Analyse verdeutlicht, dass nur interne Modelle zu vollständigen Aussagen gelangen können. Sie müssen bei den stochastischen Simulationen neben dem Verhalten der Aktiv- und Passivseite die dynamische Interaktion der Aktiv- und Passivseite integrieren, um die Ausfallwahrscheinlichkeit des vorhandenen Risikokapitals zu bestimmen. Eine dynamische Verknüpfung von Aktiv- und Passivseite in stochastischen Simulationen spielt insbesondere für die Lebensversicherer eine bedeutende Rolle. Ohne Verknüpfung würde sich die Passivseite vollkommen unabhängig von den Verhältnissen auf der Aktivseite über den Simulationszeitraum von typischerweise 30 Jahren und mehr entwickeln. Unterstellt man, dass in diesem Zeitraum vielfache Zinsanstiege und Zinssenkungen, Aktienbooms und Aktiencrashs stattfinden, so würde bei einer starren und in der Entwicklung der Überschussbeteiligung unflexiblen Passivseite die Risikosituation des Unternehmens falsch wiedergegeben. Stochastische Simulationen erfordern zwingend Managementregeln, die zum einen das Verhalten der Passivseite – insbesondere die Entwicklung der Überschussbeteiligung – und zum anderen das Verhalten der Aktivseite – speziell die Asset-Allokation und den Aktienanteil im Portefeuille – beschreiben. Im Bereich Komposit sollten eine Aufteilung der Schäden in die verschiedenen Sparten und nach Masse-, Groß- und Katastrophenschäden sowie die Ableitung der jeweiligen Wahrscheinlichkeitsverteilung (inklusive Verteilungsparameter) erfolgen. Bei Lebensversicherern sollten stochastische Berechnungen geeignet sein, die in den Versicherungsprodukten enthaltenen Garantien und Optionen in die Bewertung einzubeziehen. Hierbei muss ein besonderes Augenmerk auf das Verhalten des Versicherungsnehmers gelegt werden, denn die Risikosituation des Unternehmens wird auch durch das Verhalten des Versicherungsnehmers beeinflusst. Dessen Verhalten wird allerdings nicht monokausal finanzmathematisch getrieben, sondern durch vielfältige sozioökonomische Aspekte (Arbeitslosigkeit, familiäre Verhältnisse, Besteuerung, wirtschaftliche Entwicklung, Gesundheitssituation usw.) determiniert, was eine geschlossene Bewertung erschwert.

Um nun die Frage zu beantworten, ob interne Modellansätze im Ratingprozess angewendet werden sollten, müssen die Voraussetzungen und die Aufgaben der Ratingagenturen bei einer Nutzung der internen Modelle beschrieben werden. Wesentliche Voraussetzung für die korrekte Beurteilung der Risikosituation des Unternehmens – und damit für eine Anwendbarkeit im Rahmen eines Ratingprozesses – ist die Güte der eingesetzten Modelle. Diesbezüglich eignen sich internen Modelle besonders gut, da diese vor einer Anerkennung im Rahmen von Solvency II durch die BaFin zu zertifizieren sind. Obwohl die Verfahren der Zertifizierung durch die BaFin noch nicht feststehen, kann man unterstellen, dass eine Zertifizierung nur dann erfolgt, wenn das zur Anwendung kommende interne Modell die Risikosituation des Unternehmens adäquater beschreibt als das Standardmodell.

Hierbei kommt auf die Ratingagenturen eine wichtige Aufgabe zu. Voraussetzung für die Eignung des internen Modells als Substitut für das Kapitaladäquanzmodell im Ratingprozess ist, dass die Risikosituation besser beschrieben wird als durch ein Kapitaladäquanzmodell. Nutzt die Ratingagentur ihre Stellung als unabhängige und hochstandardisierte Instanz sowie ihre Kenntnis über die in der Versicherungsbranche verwendeten internen Modelle, so kann sie in der Rolle einer Qualitätssicherungsinstanz das Management insoweit disziplinieren, als sie die Anerkennung interner Modelle im Rating von definierten Standards abhängig macht.

Ratingagenturen könnten zukünftig eine weitere Aufgabe erhalten. Im Ratingverfahren werden ihnen bereits heute vielfältige interne Plandaten und Maßnahmen für die Zukunft bekannt gemacht. Da solche Daten ein elementarer Bestandteil interner Modelle sein sollten, könnte die Ratingagentur im Rahmen des durchzuführenden Ratingreviews gleichzeitig die Zielerreichung und Maßnahmendurchsetzung überprüfen und die Bestätigung des Ratings an die Erreichung der Plandaten und Durchführung der Maßnahmen koppeln. Eine weitere Aufgabe der Ratingagenturen könnte in der Überprüfung einer Einbindung der internen Modelle in ein professionelles Risikomanagement und die Value-Based-Management-Prozesse bestehen. Die Integration interner Modelle ist eine elementare Voraussetzung einer risikoorientierten Unternehmensführung. Sie beinhalten wesentliche Vorteile im Vergleich zu einem Standardmodell oder Kapitaladäquanzansatz, da lediglich interne Modelle bei einer vollständigen Einbindung in Risikomanagement und Value Based Management korrekte Hinweise bezüglich Risikosteuerung und Wertschöpfung bzw. Wertvernichtung geben können.

Fasst man die obige Analyse zusammen, so sollten Ratingagenturen interne Modelle nicht als Konkurrenz zu ihren Kapitaladäquanzmodellen im Ratingprozess sehen. Interne Modelle,

- die auf Basis von Verteilungsfunktionen für die Einzelrisiken und Korrelationszusammenhänge zwischen den Einzelrisiken eine vollständige Wahrscheinlichkeitsverteilung für das Unternehmen als Ganzes ableiten sowie

- in ein Risikomanagement und Value Based Management eingebunden werden können, sind dauerhaft zielführend im Rahmen der Stabilitäts- und Solvenzprüfung. Ihre Nutzung im Rating bietet den Agenturen eine zusätzliche Chance,

- detaillierte, risikoadäquate Information über das zu bewertende Unternehmen zu erhalten,

- durch einen Branchenvergleich der eingesetzten internen Modelle die Validität des internen Modells nach erfolgter Zertifizierung zu bestätigen,

- das Management auf eine vollständige Einbindung in Risikomanagement und Value Based Management zu verpflichten und bezüglich der Erreichung der Plandaten und Maßnahmen zu disziplinieren.

Nehmen Ratingagenturen diese Aufgaben wahr, so können Rating und Ratingprozess für das Unternehmen wichtige Unterstützungsfunktionen im Rahmen der Kommunikations- und Informationspolitik gegenüber Kapitalmarkt und Kunden übernehmen. Die von außen höchst intransparente finanzielle und wirtschaftliche Gesundheit kann durch die Veröffentlichung von standardisierten und leicht verständlichen Ratings – generiert durch Auswertung vielfältiger, zum größten Teil vertraulicher Daten – beschrieben werden. Wie das Rating in einem solchen Informations- und Kommunikationsprozess genutzt werden kann und welche Chancen daraus für Ratingagenturen entstehen, betrachtet der nachfolgende Abschnitt.

5.   Rating als komprimiertes Urteil einer objektivierten Unternehmensanalyse für den Kunden und den Kapitalmarkt

Eine glaubwürdige Kommunikation zu seinen Kunden, aber auch zum Kapitalmarkt ist für ein Versicherungsunternehmen besonders aufwändig, da dessen finanzielle und wirtschaftliche Gesundheit schwierig darstellbar, für den Kunden mit langfristigem Vertragsverhältnis oder den Kapitalgeber jedoch von großer Bedeutung ist. Ursächlich für die schwierige Kommunikation ist der hochgradig abstrakte Charakter der Versicherung, die es dem Unternehmen schwer macht, Kunden und Kapitalmarkt nachhaltig und glaubwürdig von seiner Güte zu überzeugen. Doch gerade diese Güte steht in letzter Zeit erheblich im Interesse von Kunden und Investoren, da Versicherungen in Schieflagen geraten und Kundenvermögen wie Investorengelder gefährdet sein können.

Die Bemühungen der Versicherungen, ihren Kunden die eigene Stabilität nachzuweisen, haben dementsprechend deutlich zugenommen. Aber auch der Kapitalmarkt ist bei Investitionen (als Eigen- oder als Fremdkapital) in Versicherungsunternehmen und Finanzdienstleistungskonzerne vorsichtiger geworden, wovon auch die teilweise dramatischen Kursverluste vieler Versicherungsaktien in den letzten Jahren zeugen. Nachrichten wie die Schieflage von

Versicherungsunternehmen, Reservierungsprobleme, Milliardenschäden aus Naturkatastrophen und Terroranschlägen, Fehlinvestitionen und vieles mehr haben Kunden und Anleger deutlich verunsichert. Aber der Blick sollte über bestehende Kundenbeziehungen hinausgehen, da insbesondere der Erfolg der Neukundenakquisition vom Vertrauen in den Versicherer abhängt. Potenzielle Neukunden müssen davon überzeugt werden, dass nicht nur die Produkte des Unternehmens kurzfristig attraktive Bedingungen haben, sondern die Unternehmen auch langfristig ihren Versprechungen nachkommen können. Nur wenn der Neukunde dem Unternehmen dieses nachhaltig zutraut, wird er eine Versicherung abschließen und nicht zu einem Konkurrenten oder zu einem Produktsubstitut wechseln. Während Kunden in der Vergangenheit vorwiegend preissensitiv waren, kommt heute zu der Preissensitivität mehr und mehr ein ausgeprägtes Qualitätsbewusstseins bezüglich der Unternehmensstärke hinzu.

Damit bleibt die Frage, wie das Unternehmen die bestehende Informationsasymmetrie überwinden und ob und wie ein Rating dabei unterstützen kann. Aus Kunden- oder Investorensicht wäre es wünschenswert, vielfältige Informationen aus dem Unternehmen zu erhalten, die weit über das Niveau dessen hinausgehen, was üblicherweise Externen zur Verfügung gestellt wird. Detaillierte und vielfach vertrauliche Informationen kann das Unternehmen allerdings nicht der Allgemeinheit – und damit den Wettbewerbern – zugänglich machen. Während die Unternehmen auf der einen Seite noch bereit sind, Großinvestoren oder speziellen Analysten Informationen zu geben, die über das Standardniveau an Informationen hinausgehen, ist es nicht umsetzbar, allen Interessierten auch vertrauliche Informationen zukommen zu lassen. Auf der anderen Seite können viele externe Privatpersonen die Informationen nicht entsprechend auswerten, um daraus Rückschlüsse ziehen zu können. Es stellt sich damit die Frage, wie ein Unternehmen seine externe Kommunikation effizient und mit dem Ziel gestalten kann, Kunden und Investoren ohne die Bekanntgabe von vertraulichen Informationen die Güte und Solvenz des Unternehmens verlässlich nachzuweisen.

Um zu beantworten, inwieweit ein Rating die externe Unternehmenskommunikation unterstützen kann, ist nicht nur die Ermittlung der Financial Strength, sondern auch der weitere Ratingprozess innerhalb eines interaktiven Ratings detailliert zu betrachten. Will man Kunden und Investoren eine ausreichende Informationsgrundlage bieten, ist eine Analyse der Branche, des Unternehmens und des Unternehmensmanagements erforderlich. Im interaktiven Rating werden daher nicht nur das Unternehmen und seine Stellung im Wettbewerbsumfeld überprüft, sondern auch die Entwicklung und die Zukunft der Versicherungsbranche als Ganzes und die Implikationen auf das analysierte Unternehmen werden vor dem Hintergrund aktueller Entwicklungen kritisch hinterfragt. Zudem überprüft das interaktive Rating neben einer ausreichenden Kapitalausstattung der Unternehmen vielfältige Gebiete, um sich auf diese Weise einen Gesamtüberblick über die finanzielle und wirtschaftliche Situation des Unternehmens, seine Strategie, seine Wettbewerbsstellung und seine Potenziale und Risiken zu verschaffen. Das Management Meeting bildet den Abschluss des Ratingprozesses und vervollständigt das Bild über die zu beurteilende Unternehmung.

Zielsetzung der gesamten Analyse ist nicht die Feststellung, welches Unternehmen seinen Kunden aktuell attraktive Konditionen bieten kann. Es interessiert vielmehr, wie nachhaltig das Unternehmen seine Versprechen einhalten kann, also wie das Unternehmen langfristig solide und attraktive Produkte für den Kunden bieten kann und gleichzeitig für den Investor eine interessante Investition ist. Dieses ist kein Widerspruch in sich. Ein Unternehmen, welches ein Prädikatsrating von einer Ratingagentur erhält, ist hocheffizient organisiert und geführt, wodurch es sowohl Kunden als auch Investoren interessante Möglichkeiten bietet. Um diese Effizienz in Organisation und Führung des Unternehmens feststellen zu können, sind – neben einem Gesamtausblick auf die Branche und deren Entwicklung – vielfältige Themengebiete in einem interaktiven Rating zu betrachten. Im Bereich Management und Strategie werden beispielsweise neben einem Ergebnisausblick für die einzelnen Unternehmensteile, die Strategie des Unternehmens, interne (und gegebenenfalls externe) Zielvorgaben sowie Risiken der Zielerreichung für die laufende und zukünftige Perioden überprüft, um schließlich den Einfluss aktueller Entwicklungen auf Strategie und Ziele zu betrachten. Auch Kapitalausstattung – im Sinne qualitativer Aussagen über die Zusammensetzung des vorhandenen Kapitals – und Dividendenpolitik, Risiken im Bereich Versicherungstechnik, Kapitalanlage sowie operative Risiken und ihre Behandlung im Risikomanagement gehören zu den Analysefeldern. Im Themengebiet Wettbewerbsstellung werden neben der Wettbewerbsposition und den Hauptwettbewerbern die Vertriebswege und Kooperationen, neue Produktbereiche, aber auch Abhängigkeiten und Risiken in diesem Bereich untersucht. Für das langfristige Überleben und die finanzielle Stabilität des Versicherers ist die Ertragskraft von entscheidender Bedeutung, um sowohl Kunden als auch Investoren interessante Produkte und Investitionsmöglichkeiten zu bieten. Eine detaillierte Ergebnisquellenanalyse, möglichst differenziert nach Produkten und Vertriebswegen, eine Überprüfung von Gewinnmargen und Profitabilität von Produkten und Vertriebswegen sowie Embedded-Value-Berechnungen erlauben das Ableiten entsprechender Aussagen. Durch alle diese Analysen wird der Bereich Versicherungstechnik in den jeweiligen Sparten abgedeckt. Um für das Unternehmen insgesamt eine hohe Stabilität zu gewährleisten, ist der Bereich Kapitalanlagen von elementarer Bedeutung. Daher überprüft man im Hinblick auf Kapitalanlagen und ALM sowohl die nachhaltige Ertragsstärke der Kapitalanlage auf einem sehr detaillierten Niveau als auch die Risikoüberwachung und das Risikomanagement in diesem Bereich. Prüfstein ist hier insbesondere die Effizienz der Assetmanager im strategischen wie im taktischen Bereich. Die in diesem Zusammenhang durchgeführten Analysen beschränken sich nicht allein auf die quantitativen Berechnungen im Modell der Financial Strength, da nicht die Kapitalanlagen als Gesamtheit betrachtet werden, sondern untersuchen die jeweiligen Assetklassen detailliert auf enthaltene Potenziale und Risiken. Dies gibt im Zusammenhang mit der Analyse von Risikomanagement und Asset Liability Management ein verlässliches Bild über die aus der Aktivseite resultierenden Risiken und das Asset-Liability-Risiko.

Insgesamt erhält man durch diese intensive und interaktive Befragung und Analyse des Unternehmens sowie die Berücksichtigung weiterer Aspekte – wie z. B. Rückversicherung oder Schadenzahlungen – aus den einzelnen Facetten ein hoch detailliertes Bild über das Unternehmen als Ganzes. Auf dieser Grundlage ist es den Agenturen möglich, durch Aggregation der Einzelinformationen aus dem interaktiven Rating, der Finanzkraft und einem Vergleich dieser Unternehmensdaten mit denen von Wettbewerbern, ein objektives Bild der Situation des Unternehmens zu erhalten. Durch die objektive und weitgehend standardisierte Auswertung von vielfach vertraulichen Informationen durch einen neutralen Dritten erhält man eine leicht vergleichbare und einfach kommunizierbare Aussage über die finanzielle und wirtschaftliche Lage des Versicherungsunternehmens, die der Empfänger unmittelbar nutzen kann, um Unternehmen gegeneinander abzugrenzen.

Auf Grund dieser Überlegungen bietet das interaktive Rating ein nahezu ideales Instrument, die Kommunikation eines Versicherungsunternehmens gegenüber Kunden und Investoren zu unterstützen. Der Kunde erhält ein objektives und über die Wettbewerber vergleichbares Gütemaß der verschiedenen Anbieter, welches nicht nur die finanzielle Situation anhand eines Solvenzmaßes festlegt, sondern ein Gesamtbild des Unternehmens zeichnet.

Diese Möglichkeit der Ratingagenturen, die Kommunikation des Unternehmens zu unterstützen, ist jedoch an einige wesentliche Voraussetzungen geknüpft. Unternehmen stehen zunächst einem Angebotsoligopol an Ratingagenturen gegenüber, welches außerdem über seine Qualitätsaussagen über die jeweiligen Unternehmen eine extreme Marktmacht ausüben kann. Die Möglichkeiten der gerateten Unternehmen, sich gegen ein „falsches" Ratingurteil zu wehren, sind im Vergleich zur Macht der Ratingagenturen äußerst begrenzt. Daher sollte es für Ratingagenturen selbstverständlich sein, dass diese sich einem sehr strengen Verhaltenskodex unterwerfen. Nur wenn nachhaltig und zweifelsfrei sicher ist, dass

▧ das Urteil einer Ratingagentur unabhängig und objektiv ist,

▧ die Beauftragung zu einem interaktiven Rating nicht zwingend mit einer Verbesserung der Beurteilung einhergeht und

▧ die Beurteilungskriterien hochstandardisiert, nachvollziehbar und risikogerecht sind,

wird das Rating in der Kunden- und Kapitalmarktkommunikation zu einem dauerhaften und vertrauenswürdigen Instrument.

6.   Resümee

Die Begriffe Solvenz, Solvency II und Rating tauchen seit einigen Monaten im Zusammenhang mit Versicherungsunternehmen in der öffentlichen Diskussion und der Presse immer stärker auf. Dieses mag ein Ausdruck dafür sein, dass Kunden und Investoren ein erhöhtes Maß an Sicherheit von den Versicherungsunternehmen erwarten. Schon lange vor den Kunden haben viele Versicherer, aber auch die Aufsicht erkannt, dass die Risikosituation sich in den Unternehmen – häufig getrieben und verstärkt durch die Kapitalmarktkrise der letzten Jahre – verschlechtert hat. Hiervon zeugen vielfältige Reaktionen der Aufsicht, die inzwischen wesentlich detailliertere Informationen von den Versicherern fordert. Dennoch können diese zusätzlichen Informationen die Defizite der alten Solvenzanforderungen nicht überwinden. Sie sind nicht geeignet, ein an den tatsächlichen Verhältnissen ausgerichtetes Bild über die Risikosituation der Unternehmen zu liefern. Längst haben Ratingagenturen erkannt, dass die bestehenden Solvenzvorschriften nicht risikoadäquat sind. Um den Versicherungsnehmern Informationen über die Versicherungsunternehmen mit dem Ziel zukommen zu lassen, diese über die finanzielle und wirtschaftliche Gesundheit der Unternehmen zu informieren, haben die Agenturen schon früh eigene Modelle zur Beurteilung der Unternehmen entwickelt. Ob dabei die Objektivität und Neutralität der Agenturen immer vollständig erhalten ist oder diese teilweise ihre Marktmacht ausgenutzt haben, soll an dieser Stelle nicht näher thematisiert werden. Aber auch die Versicherungsunternehmen haben in der Vergangenheit immer stärkeres Gewicht darauf gelegt, die Kunden und Investoren von ihrer eigenen Güte und Stabilität zu überzeugen, indem die Kommunikation zu Kunden und Kapitalmärkten intensiviert und zeitnah gestaltet wurde. Gleichzeitig scheuen die Unternehmen in Zeiten wachsenden Wettbewerbs davor zurück, vertrauliche Informationen weiterzugeben, die Konkurrenten ausnutzen können. Schließlich haben auch viele Kunden und Investoren ihre Informationsbeschaffung über die Unternehmen deutlich ausgeweitet, ohne ein probates Mittel gefunden zu haben, welches sie umfänglich über die Güte der Versicherer informieren kann. Fasst man dies alles zusammen, so sind Unternehmen, Aufsicht, Ratingagenturen sowie Kunden – und damit alle am Kommunikationsprozess Beteiligten – gewillt, eine bessere Informationspolitik zu betreiben.

Ausgangspunkt der hier durchgeführten Analyse war die Frage, welches Instrument geeignet ist, die Informationsasymmetrie zu beseitigen. Es konnte gezeigt werden, dass das Modell zur Bestimmung der Financial Strength dem Vorschlag zum Standardmodell unterlegen ist, wenn es um die adäquate Bestimmung der Risikoposition des analysierten Unternehmens geht. Wesentliche Ursache hierfür war die ungenaue Abbildung der individuellen Verhältnisse und die fehlende Objektivität und Standardisierung des Modells zur Bestimmung der Financial Strength im Vergleich zum Standardmodell. Letztgenanntes bietet als einfaches, leicht anwendbares Modell den Vorzug individueller Risikofaktoren, welche zu einer deutlich verbesserten Risikoabbildung führen. Aber auch das Standardmodell stößt an seine Grenzen, wenn die vollständige Beurteilung der Risikosituation und die Einbindung in Risikomanagement sowie Value Based Management gefordert sind. Einen großen Schritt in Richtung vollständiger Risikoabbildung und Integration in die Managementprozesse bieten die internen Modelle, wenn sie auf stochastischen Simulationen beruhen. Hiermit ist ein Instrument gegeben, welches auch komplexe Zusammenhänge zwischen den einzelnen Risiken in die Analyse integriert. Interne Modelle für die einzelnen Versicherungssparten, die auf stochastischen Simulationen beruhen, bieten ein adäquates Instrument zur Beurteilung der Risikosituation und ermöglichen die Einbindung in Risiko- und Value-Based-Management-Prozesse. Aber auch interne Modelle, die die einzelnen Versicherungsparten isoliert betrachten, sind nicht das Ende der Entwicklung. Insbesondere für Versicherungsgruppen und Versicherungs- oder Finanzdienstleistungskonzerne sind holistische Ansätze, die neben den Verhältnissen der Einzelsparten auch die Konzernzusammenhänge in die Analyse integrieren, eine deutliche Weiterentwicklung. Solche Ansätze integrieren neben der Korrelation innerhalb einer Sparte auch sparten- und unternehmensübergreifende Korrelationen, welche den Risikokapitalbedarf des Unternehmens drastisch reduzieren können. Gleichzeitig bieten interne Modelle für

Einzelunternehmen und holistische Ansätze für Konzerne sowohl für Aufsichts- als auch für Ratingzwecke die beste Basis zur Beurteilung der Risikosituation.

Mit Hilfe interner Modelle gelingt es, die Anforderungen des Unternehmens, der Aufsicht und schließlich der Ratingagenturen in Gleichklang zu bringen, so dass eindeutige Steuerungsimpulse abgeleitet werden können, ohne Nebenbedingungen beachten zu müssen. Dieses bietet eine enorme Verbesserung, da aktuelle Systeme zu unterschiedlichen Steuerungsimpulsen führen können und daher für die Steuerung des Unternehmens häufig vielfältige Nebenbedingungen zu erfüllen sind.

Greifen Agenturen im Ratingprozess auf solche Modellansätze zurück, so bieten diese die Chance, die Qualität des Ratingprozesses deutlich zu verbessern. Die Agenturen erhalten ein risikoadäquates Bild von dem Unternehmen und können daraus die Informationsbedürfnisse von Kunden und Kapitalmarkt nachhaltig, glaubhaft und umfassend bedienen. Hierbei entstehen vielfältige neue Aufgaben für die Agenturen und daneben die Anforderung, dass sich die Agenturen eindeutig einem Verhaltenskodex unterwerfen.

Solvency II aus Sicht einer Ratingagentur

Wolfgang Rief

1.   Volatileres Umfeld fördert Einfluss von Ratings

Auf den Risiko- und Kapitalmärkten konnten in den letzten Jahren einschneidende Veränderungen und Paradigmenwechsel beobachtet werden. War es seit Mitte der neunziger Jahre zunächst die Deregulierung nunmehr auch des Privatversicherungsgeschäfts, wo der Wettbewerb durch die Abschaffung von Preis- und Produktaufsicht mit teilweise drastischen Folgen für die Rentabilität der Versicherer verschärft wurde, so waren später die Folgen von Groß- und Katastrophenschäden, der Börsencrash und die lang anhaltende Niedrigzinsphase Ursachen für in diesem Umfang und Konzentration seit Kriegsende als noch nie da gewesene Herausforderungen der Branche. Die Kombination von Deregulierung – die ja nach den Erfahrungen in anderen Märkten zu höheren Volatilitäten und auch zu Insolvenzen führen kann – gepaart mit ungeahnten Schadenszenarien und Aktiencrash brachte auch deutsche Versicherer in Schieflagen.

Inzwischen hat sich die Lage zwar insgesamt relativ entspannt, aber der Branche stehen angesichts eines immer komplexer werdenden Umfeldes große Anstrengungen bevor. Unternehmen, deren Management nicht ganzheitliche Risikomanagement- und Controllinginstrumentarien aufbaut und beherrscht, werden Probleme haben, eine ertragsorientierte Wettbewerbspositionen zu halten, auszubauen oder eventuell sogar nur zu erreichen.

Insbesondere für die Lebensversicherungsbranche stellt das niedrige Zinsniveau unverändert ein großes Problem dar. Haben sich doch Garantiezins und erzielbare Investmentrenditen besorgniserregend angenähert und bei einigen Unternehmen sogar vorübergehend zu Unterdeckungen geführt. Hinzu kommen zunehmende Reservierungsaufwendungen bei Rentenversicherungen auf Grund der gestiegenen Lebenserwartung, der soziodemografische Wandel auf Grund der dramatischen Verschiebung in der Altersstruktur sowie erwartete Änderungen im aufsichts- und steuerrechtlichen Umfeld. Sie stellen die Branche vor äußerst anspruchsvolle Herausforderungen im Hinblick auf die Ausrichtung ihres Geschäftsmodells.

Nach verlustreichen Jahren können die Schadenversicherer für 2003 und 2004 auf eine günstigere Ergebnisentwicklung verweisen, vornehmlich getrieben von einer spürbaren Verbesserung der versicherungstechnischen Ergebnisse. Ungeachtet dessen müssen die Schadensversicherer die Fokussierung auf eine vernünftige, nachhaltige Zeichnungspolitik fortsetzen. Die Stabilisierungstendenzen dürften sich zwar 2005 fortsetzen, da sich das höhere Prämienniveau zeitverzögert in den versicherungstechnischen Ergebnissen widerspiegelt. Allerdings befürchtet Standard & Poor's (S&P), dass erneut anziehender Wettbewerb die Marktdisziplin mittelfristig aushöhlen könnte sowie dass das Risiko von Volatilität und Naturkatastrophen generell unterschätzt wird.

Bis zur Deregulierung Mitte der neunziger Jahre war die Branche durch hohe Konformität und Kontinuität geprägt und der Wettbewerb fokussierte sich weitestgehend auf vertriebliche und Servicevorteile. Wegen der dann möglichen und von den Unternehmen auch genutzten neuen Freiheit zu Produkt- und Preisvielfalt hätten sich insbesondere die Schadenversicherer auf eine adäquate Prämienpolitik konzentrieren müssen, denn Erfahrungen mit volatileren versicherungstechnischen Ergebnissen waren aus bereits früher deregulierten Märkten vorhanden. Da aber bis Anfang 2000 auf Grund des boomenden Kapitalmarktes und des hohen Zinsniveaus hohe Investmenterträge flossen und die Unternehmen auf in Jahrzehnten angesammelte Reservepolster bauen konnten, wurde dies vernachlässigt und um Marktanteile gekämpft. Die daraus resultierenden technischen Verluste, die noch durch Großschäden und Naturkatastrophen verstärkt wurden, konnten infolge der Börsenkrise und des abgesenkten Zinsniveaus nicht mehr durch Investmenterträge ausgeglichen werden.

Das mit all diesen Entwicklungen einhergehende Bedürfnis von Kunden, Vertrieben und Investoren nach Soliditäts- und Transparenzmerkmalen in verunsicherten Märkten hat dazu geführt, dass die Bedeutung von Ratings auch für die deutsche Versicherungswirtschaft wuchs und wächst. So hat S&P über 120 Finanzkraftratings durchgeführt, davon 53 interaktiv sowie 67 auf Basis von öffentlich verfügbaren Daten, was in der Leben- sowie Schaden- und Unfallversicherung – gemessen an Bruttobeiträgen – einer Marktabdeckung von 80 Prozent entspricht. In der Rückversicherung beträgt sie sogar nahezu 100 Prozent.

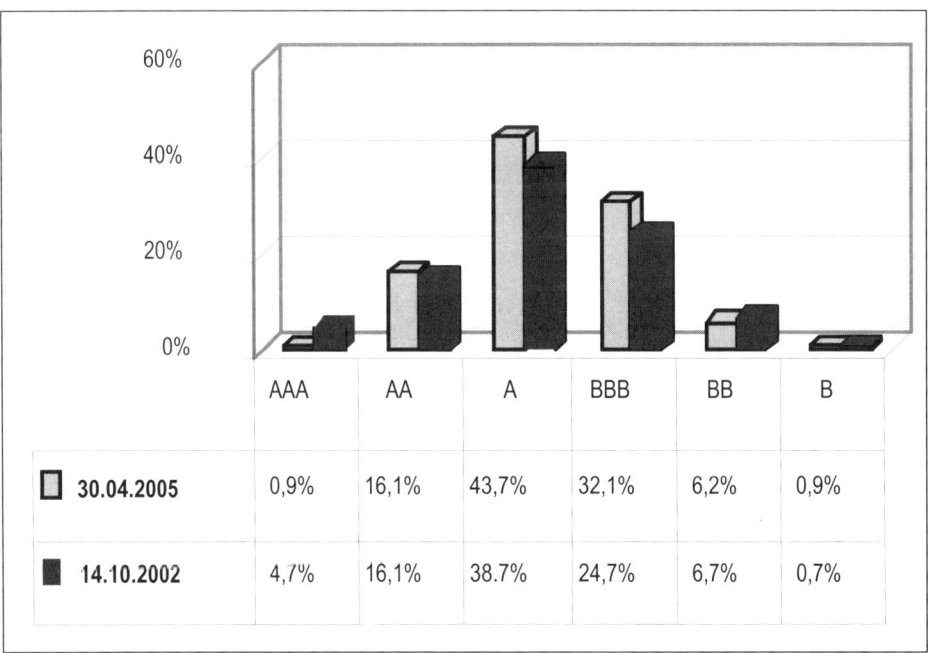

Stand: April 2005

Abbildung 1:   *Ratings deutscher Versicherungsunternehmen*

Abbildung 1 zeigt, wie sich die Schwächeperiode der deutschen Versicherungsunternehmen in der Zusammensetzung der Ratings widerspiegelt. Gleichwohl bezeugen ein durchschnittliches Rating von BBB+ für die Lebensversicherer und von A– für die Schaden- und Unfallversicherer die insgesamt hohe Solidität des deutschen Versicherungsmarktes.

Ein Rating beruht auf einer gesamtheitlichen Analyse eines Unternehmens, komprimiert komplexe Zusammenhänge und bringt diese mit leicht verständlichen Symbolen auf einen national und international vergleichbaren Nenner. Die Qualität eines Ratings wird durch die Expertise, Seriosität und Reputation der Ratingagentur untermauert. Marktteilnehmer können sich damit einen Überblick über die Finanzkraft der am Markt tätigen Erst- und Rückversicherer verschaffen und nutzen Ratings als wertvolle Entscheidungshilfe. Nutzer von Ratings sind beispielsweise Versicherungsnehmer, Vermittler und Investoren. Insbesondere für Vermittler können Ratings bei der Auswahl als Orientierung hilfreich sein, entbinden allerdings nicht von der Verantwortung für seine Empfehlungen. Auf Grund der gestiegenen Sensibilität der Versicherungsnehmer für die finanzielle Stabilität eines Versicherers sind Vermittler gefordert, sich stärker mit dem finanziellen Profil der Versicherer auseinandersetzen. Hier können Finanzkraftratings einen wichtigen Beitrag zur Transparenz leisten.

Für die Versicherer kann die Beurteilung durch eine unabhängige anerkannte Institution von großem Nutzen sein, je nach Geschäfts- und Kundensegment zudem als wirkungsvolles Marketinginstrument. Für bestimmte Geschäftszweige, z. B. die Rückversicherung oder die Industrieversicherung, ist ein Rating bereits wichtig für den Marktzugang. Da der Ratingprozess selbst auf einer holistischen und risikorientierten Durchleuchtung eines Unternehmens beruht, kann er den Unternehmen bei der Durchsetzung von Risikomanagement und ertragsorientieren Unternehmensstrategien helfen, also sinnvoll mit Corporate-Governance-Prozessen oder wertorienter Steuerung verbunden werden.

2.   Hinleitung zu integriertem Risikomanagement und wertorientierter Steuerung

Auch die Aufsichtsbehörden haben sich mit den veränderten Rahmenbedingungen beschäftigt und sind sich sehr wohl bewusst, dass das Aufsichtssystem diesem Wandel Rechnung tragen muss. So gab die EU-Kommission frühzeitig Überprüfungen der bestehenden Solvenzanforderungen in Auftrag. Dabei wurde insbesondere die fehlende Abdeckung der Risiken der Kapitalmärkte in der Solvenzrechung für die Nichtlebensversicherung hervorgehoben. Für dieses Risiko wird – und die Erfahrungen der letzten Jahre unterstreichen dies – ein erheblicher Teil des Risikokapitals benötigt. Auf Grund dieser Studien hat die EU-Kommission im Jahr 2000 das ehrgeizige Langfristprojekt Solvency II gestartet, das eine umfassende Überprüfung der externen und internen Aufsicht beinhaltet und den Rahmen für eine umfassende, ganzheitliche Erfassung und Messung der Faktoren schaffen soll, die die finanzielle Situation eines Unternehmens beeinflussen. Außerdem sollen die Aufsichtssysteme in Europa angeglichen, das Solvabilitätssystem verbessert und gleichzeitig mit den Regelungen für das Bankensystem harmonisiert werden. Hierzu soll analog zu Basel II ein 3-Säulen-System aufgebaut werden.

Auch wenn von Solvency II bislang nur die Rahmenbedingungen bekannt sind, so sind doch für viele Unternehmen weitreichende Änderungen und Anstrengungen absehbar. Als wesentliche Zielrichtung von Solvency II im Sinne einer präventiven Aufsicht darf sicherlich verstanden werden, die Unternehmen zu veranlassen, ein integriertes Risikomanagement unter dem Aspekt der Ermittlung einer Gesamtsolvabilität zu betreiben und zugleich eine wertorientierte Steuerung, kombiniert mit einer Art Selbstregulierung, zu installieren.

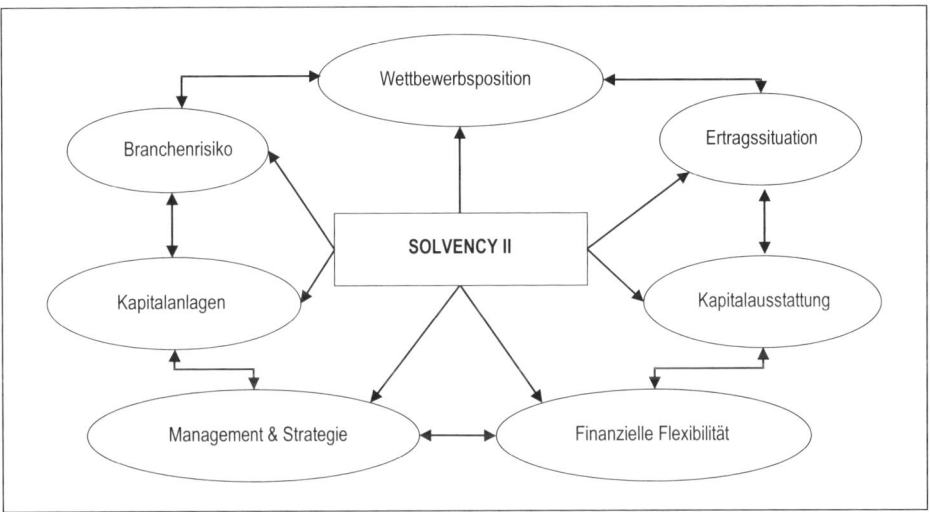

Quelle: S&P (2005), S. 5
Abbildung 2:   *Interdependente Auswirkungen von Solvency II*

Nach Solvency II soll die tatsächliche ganzheitliche ökonomische Risikosituation eines Unternehmens abgebildet, im Detail transparent, messbar und kontrollierbar gemacht und die gesamte Unternehmenssteuerung hieran ausgerichtet werden. Dieser holistische Ansatz beinhaltet eine Ausweitung der bislang eher quantitativ ausgerichteten aktuellen Solvenzaufsicht um qualitative Aspekte, z. B. Management oder Wettbewerbsposition. Beide sind für die Beurteilung der Bonität eines Unternehmens unverzichtbare Parameter. So ist bei aller Bedeutung einer angemessenen Kapitalhinterlegung zu betonen, dass der Eigenkapitalausstattung letztlich nur eine Pufferfunktion zuzuordnen ist. Schieflagen von Unternehmen werden im Allgemeinen nicht durch ein zu geringes Eigenkapital verursacht, sondern durch Ursachen wie eine spekulative Kapitalanlagepolitik oder eine unvorsichtige Prämien- und Rückstellungs- oder Rückversicherungspolitik. Deshalb kommt dem in Säule 2 geforderten Aufbau von umfassenden Risikomanagementsystemen so große Bedeutung zu, damit die Risiken des gesamten Unternehmens durch adäquate Prozesse und Modelle abgebildet werden.

Während Säule 2 in hohem Maße qualitative Aspekte beinhaltet, befasst sich Säule 1 mehr mit den quantitativen Aspekten, insbesondere mit den Bestimmungen zur Finanzausstattung, deren theoretische Grundlagen sich großteils aus Säule 2 ableiten. Während z. B. die aktuelle Solvenzrechnung nur summarisch auf versicherungstechnische Risiken fokussiert ist, werden die Kapitalbedeckungsanforderungen die besondere Risikosituation jeder einzelnen Sparte sowie der jeweiligen Kapitalanlagerisiken berücksichtigen. Dies wird zu einer risikoadäquateren Kapitalhinterlegung führen. Allerdings sind die Vorschriften im Vorgriff auf die umfassende Reform bereits 2004 im Rahmen von Solvency I angepasst und für besonders risikoreiche Sparten wie die Haftpflichtversicherung höhere Kapitalanforderungen eingeführt worden.

Bei der Kapitalausstattung kommt neben der Mindestkapitalausstattung (minimum solvency requirements, MCR) dem Konzept des risikobasierten ökonomischen Kapitals (solvency capital rquirements, SCR) eine besondere Bedeutung zu. Es bietet den Anreiz, durch unternehmensindividuelle Risikomodelle zu einer effektiven Risikomessung zu gelangen. Solche internen Modelle sollen aber nur dann das generelle Standardmodell ersetzen können, wenn die spezielle Eignung für das eigene Unternehmen nachgewiesen werden kann.

Sehr wesentlich ist die Bemessung der technischen Rückstellungen, stellen diese doch einen Großteil der Bilanzsumme von Versicherungsunternehmen dar. Zu niedrig gestellte Schadenreserven bzw. unrealistische Szenarien können auch eine vordem starke Kapitalisierung zunichte machen.

Säule 3 strebt durch die Offenlegung aufsichtsrelevanter Informationen mehr Transparenz für die interessierte Öffentlichkeit an sowie die Förderung der Marktdisziplin. In diesem Zusammenhang ragt die Entwicklung eines versicherungsspezifischen International Financial Reporting Standards (IFRS) heraus, sollte dieser doch die Grundlage für die von Solvency II geforderte ökonomische Betrachtungsweise von Versicherungsunternehmen sein. Bezüglich des Umfangs der Offenlegung wird es wichtig sein, das Informationsinteresse der Öffentlichkeit und das Wettbewerbsinteresse der Unternehmen abzuwägen.

3. Auswirkungen für die Unternehmen

Die risikoadäquate Kapitalhinterlegung wird aus unserer Sicht dazu führen, dass Unternehmen sich die Frage stellen müssen, welche Geschäftsfelder sie unter ertragsorientierten Gesichtspunkten weiterhin betreiben wollen. Insbesondere kapitalintensive Bereiche, wie das Industriegeschäft oder die klassische Kapitalleben- und Rentenversicherung mit vereinbarter Garantiezahlung, werden wohl höhere Kapitalanforderungen haben. Unternehmen werden sich stärker auf die Sparten konzentrieren, in denen sie mehr als ihre Kapitalkosten verdienen. Letztlich wird Solvency II die Unternehmen dahin führen, das knappe Gut Kapital möglichst effizient einzusetzen und im Unternehmen eine Kultur von Ertragsorientierung zu schaffen. Dies wird tendenziell zu einer Verengung von Kapazität und Anbieterzahl in kapitalintensiven Sparten führen. Entscheidungsgrundlage dieser unternehmensindividuellen Überlegungen werden die Erkenntnisse aus anspruchsvollen Risikomanagementsystemen sein, die bei etlichen Unternehmen noch in der Anfangsstufe sind oder erst noch entwickelt werden müssen.

Die zukünftige Forderung nach Kapitalhinterlegung für Kapitalanlagerisiken wird tendenziell bewirken, dass sich nur Unternehmen mit ausreichender Risikokapitalausstattung höhere Investitionen in volatilere Anlageklassen leisten können. Weniger kapitalstarke Unternehmen oder solche, die für die risikoreichere Kapitalanlage geringe Kapitalvolumina zur Verfügung stellen können oder wollen, werden sich auf festverzinsliche Anlagen konzentrieren. Dies wird letztlich in deutlich divergierenden Kapitalanlagestrategien in der deutschen Versicherungslandschaft und somit auch in stärkeren Unterschieden in den laufenden Kapitalanlageerträgen mit entsprechenden Auswirkungen auf die Erzielung von Wettbewerbsvorteilen enden.

In der Lebensversicherung hat das Gros der Unternehmen seine Lehren gezogen und die Überschussbeteiligung für die Versicherungsnehmer auf ein angemessenes Maß zurückgeführt, das eher im Einklang mit den im Kapitalanlagemanagement erzielten Renditen steht. Dies ist wichtig, weil auf lange Sicht ein Lebensversicherer nur das ausschütten kann, was er am Kapitalmarkt verdient. Der Einsatz von Asset Liability Management wird die Lebensversicherer unterstützen, ihre Ausschüttungspolitik der finanziellen Situation des Unternehmens anzupassen.

Die Anbieterauswahl für die Platzierung bestimmter Risiken dürfte sich, insbesondere in kapitalintensiven Bereichen (z. B. das Industriegeschäft), für Versicherungsnehmer und Vermittler weiter einschränken. Zudem werden Versicherungsvertriebe einer sich verändernden Produktlandschaft ausgesetzt sein, also erhebliche Anstrengungen leisten, um der Entwicklung zu folgen und entsprechendes Wissen aufzubauen.

4.   Ganzheitlicher Bewertungsansatz von S&P

4.1   Ratingansätze und -definitionen

Insurer Financial Strength Ratings oder Finanzkraftratings von Versicherungsunternehmen sind Meinungsäußerungen von S&P und beurteilen die finanzielle Stabilität eines Versicherungsunternehmens, also die Fähigkeit einer Gesellschaft, ihre Zahlungsverpflichtungen aus einem Versicherungsvertrag jederzeit erfüllen zu können. Finanzkraftratings sind reine Unternehmensratings, d. h. sie geben weder eine Kaufempfehlung für einzelne Produkte noch Hinweise für Investoren, ob Beteiligungen gehalten, gekauft oder verkauft werden sollen. Ein Finanzkraftrating ist nicht mit Produktratings zu verwechseln. Dies liegt auch nahe, denn ein Unternehmen kann von einer Ratingagentur natürlich nur ein einziges Finanzkraftrating erhalten, während für bestimmte Zielgruppen unterschiedlich attraktive Produkte auch unterschiedliche Produktratings erhalten können. Finanzkraftratings sind eine Indikation über die Finanzstärke eines Unternehmens, beurteilen also nicht die Zahlungswilligkeit eines Unternehmens, z. B. zeitnahe Schadenregulierungspraktiken.

S&P kennt grundsätzlich zwei Ansätze zur Bewertung der finanziellen Stabilität eines Versicherungsunternehmens, die sich primär in Art und Umfang der zugrunde liegenden Informationen unterscheiden. Das interaktive Finanzkraftrating stellt dabei den umfassendsten Analyseansatz dar. Die Bewertung beruht auf einer breit gefächerten Informationsbasis, die eine Vielzahl von quantitativen und qualitativen Merkmalen berücksichtigt. Die Erstellung des interaktiven Finanzkraftratings erfolgt im Auftrag der zu bewertenden Versicherungsgesellschaft. Im Rahmen der Analyse hat S&P Zugang zu unternehmensinternen Daten sowie intensiven Kontakt mit dem Management der Gesellschaft.

Public Information Ratings oder kurz pi-Ratings beruhen dagegen ausschließlich auf öffentlich zugänglichen Informationen. Diese Unterscheidung wird durch die Kennzeichnung des Ratings mit dem Zusatz pi verdeutlicht.

Interaktive Finanzkraftratings beruhen auf einer gesamtheitlichen Betrachtung eines Unternehmens. Neben quantitativen Analysen unter anderem der versicherungstechnischen Rückstellungen, Eigenmittelausstattung und Kapitalanlagen wird die Bonität unter Berücksichtigung aller Facetten des Geschäftsbetriebs, des äußeren Umfelds und potenzieller Entwicklungen beurteilt. Finanzkraftratings sind prospektiv und beinhalten eine Indikation über die mittelfristige Entwicklung der Finanzstärke, normalerweise für einen Zeithorizont von bis zu zwei Jahren. Von ihrer Konzeption her sollen Ratings die Finanzstärke durch einen Marktzyklus hindurch beurteilen. Allerdings ist ein Rating Stressszenarien unterworfen, insoweit dies angemessen ist. Mit einem interaktiven Finanzkraftrating ist darüber hinaus immer ein Ausblick (Outlook) verbunden, der die mögliche Richtung der mittelfristigen Entwicklung (positiv, stabil oder negativ) eines Ratings reflektiert.

Erfordern bestimmte Ereignisse oder kurzfristige Trends eine besondere Beobachtung eines Ratings, wird dieses auf die Beobachtungsliste CreditWatch gesetzt. Faktoren, die einen solchen Schritt auslösen können, sind beispielsweise Unternehmenszusammenschlüsse oder unerwartete und hohe Nachreservierungen.

Finanzkraftratings unterliegen einer fortlaufenden Beobachtung. Dies beinhaltet regelmäßige Kontakte zwischen S&P und dem Kunden. Das umfassende Ratingverfahren wird in der Regel einmal im Jahr komplett durchlaufen. Sollte S&P eine Änderung des Ratings für notwendig erachten, erfolgt eine Veröffentlichung erst nach intensivem Dialog mit dem Kunden. Allerdings hat die Gesellschaft nicht die Möglichkeit, die Veröffentlichung einer Änderung zu einem der Öffentlichkeit bekannten Rating zurückzuhalten oder unangemessen zu verzögern.

Für die Bewertung von Versicherern bedient sich S&P grundsätzlich einheitlicher Verfahren und Methoden mit quantitativen und qualitativen Ratingfaktoren, denen kein allgemeingültiges Standardgewicht beigemessen wird. Vielmehr erfordert jedes Unternehmen eine individuelle Beurteilung der relativen Wichtigkeit einzelner Bewertungsfaktoren, die im Zeitablauf für die gesamte Branche oder auch für einzelne Unternehmen durchaus schwanken können. Neben Branchenrisiko und Marktzyklus werden Trends für das individuelle Unternehmen sowie Benchmarks zu Hauptwettbewerbern analysiert.

Generell kann festgehalten werden, dass Management und Strategie sowie Wettbewerbsposition für Unternehmen mit hohen Ratings die ausschlaggebenden und differenzierenden Faktoren sind. Für niedrigere Ratings sind generell dagegen Kapitalausstattung und finanzielle Flexibilität von relativ größerem Gewicht, da hier der Puffer zur Mindestkapitalisierung niedriger und daher im Stressfall anfälliger ist. In der jüngsten Kapitalmarktkrise bei gleichzeitig angespannten technischen Ergebnissen war es allerdings auch für hoch bewertete Unternehmen die stark reduzierte Kapitalkraft, die die Ratings anfällig gemacht hat. Umgekehrt konnten etliche starke Unternehmen in diesen angespannten Zeiten ihre hohe finanzielle Flexibilität einsetzen und den Level der Kapitalisierung wieder verbessern. Anzumerken ist, dass für die zahlreichen Ratingherabstufungen bei Rückversicherern in den letzten Jahren, stärker noch als die Kapitalisierung, die jahrelange schwache Ertragslage ausschlaggebend war.

4.2 Ratingkriterien im Detail

4.2.1 Branchenrisiko

Die Zukunftsperspektiven eines Unternehmens hängen wesentlich von den Marktgegebenheiten ab. Eine isolierte Betrachtung der Gesellschaft ohne eine vorherige Einschätzung des Branchenrisikos wäre daher unvollständig. Ausgangspunkt der Analyse von S&P ist dementsprechend eine Untersuchung der jeweiligen nationalen und gegebenenfalls internationalen Rahmenbedingungen sowie des Spartenmixes und der geografischen Diversifizierung des Unternehmens.

4.2.2 Wettbewerbsposition

Das Geschäftsprofil, die Marktposition sowie die Wettbewerbsfähigkeit eines Versicherungsunternehmens stellen ein zentrales Thema in den Diskussionen mit dem Management des zu bewertenden Unternehmens dar. Die Wettbewerbsstärken und -schwächen der Gesellschaft sind maßgeblich für den langfristigen Unternehmenserfolg. Zur Beurteilung der Wettbewerbsfähigkeit zieht S&P unter anderem Informationen über Vertriebskanäle, Produkt- und Serviceleistungen sowie zur Diversifikation heran.

Generell wird unter Wettbewerbsposition einer Gesellschaft die Fähigkeit verstanden, ihr Geschäft ausweiten und dabei gleichzeitig ein gesundes Risikoprofil und angemessene Rentabilität beibehalten zu können. So kann in Marktphasen mit ungenügenden Margen ein geringes Wachstum oder sogar ein Beitragsrückgang durchaus im Interesse der langfristigen Ertragskraft sein.

Die veränderten Rahmenbedingungen des Branchenumfelds haben die Versicherer generell zu einem verschärften Ertragsdenken veranlasst. Zwar haben die Unternehmen erkannt, dass Wertbeiträge wegen der geschrumpften Investmenterträge im operativen Geschäft erwirtschaftet werden müssen, allerdings erscheinen die Vertriebsbereiche noch immer häufig umsatzgetrieben. Vergütungssysteme und Steuerungsprozesse der Vertriebsperformance sind vielerorts nicht in ein durchgängiges Konzept überführt worden.

Diversifikationen von Einkommensströmen nach Regionen, Kunden, Vertriebskanälen und Produkten sind wichtige Parameter. Die S&P-Analyse konzentriert sich weder allein auf die Unternehmensgröße noch gibt es eine festgeschriebene Ratingobergrenze für kleinere Unternehmen oder Versicherungsvereine. S&P ist zwar der Ansicht, dass die Größe und Diversifikation an sich keine verlässlichen Indikatoren für die Finanzkraft eines Unternehmens sind. Im Allgemeinen besteht aber doch ein positiver Zusammenhang zwischen Unternehmensgröße und Diversifikationspotenzial. Dies gilt aber erst dann, wenn sie mit den notwendigen operationellen Fähigkeiten kombiniert werden, um systematische Managementfehler zu vermeiden, und wenn es gelingt, dass die einzelnen Segmente langfristig einen Wertbeitrag leisten. So müssen Unternehmen, bevor sie in neuen Produktlinien oder Regionen tätig werden, sorgfältig abwägen, ob die notwendigen Fähigkeiten, Ressourcen und Infrastruktur vorhanden sind, um in den erweiterten oder neuen Operationen ähnlich erfolgreich zu sein, wie sie dies eventuell in ihren bestehenden Aktivitäten sind. Wenn umgekehrt ein fokussierter Nischenanbieter auf Diversifikation verzichtet, gleichzeitig aber seine Finanzkraft beibehalten möchte, muss sich das Management sehr sicher sein, dass es seine Überlebenskraft und Rentabilität in den traditionellen Aktivitäten und Regionen langfristig und nachhaltig unter Beweis stellen kann.

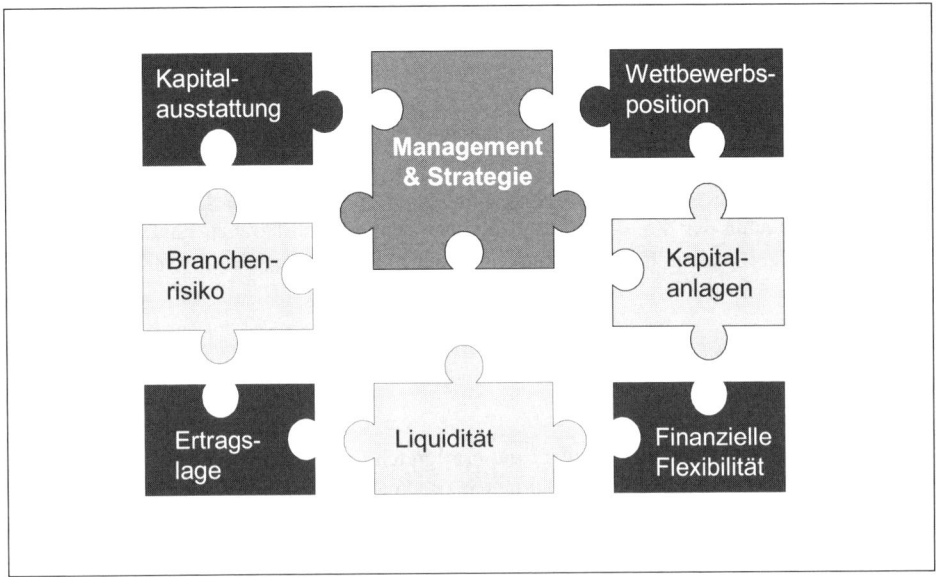

Quelle: S&P (2005), S. 24
Abbildung 3:   *Kriterien im interaktiven Ratingverfahren*

4.2.3   Management und Unternehmensstrategie

Die Beurteilung des Managements und der Unternehmensstrategie ist zwar in hohem Maße subjektiv, stellt aber gleichzeitig einen überaus wichtigen Aspekt der Unternehmensanalyse dar. S&P konzentriert sich im Wesentlichen auf die Bereiche Strategie, operative Planung und Finanzpolitik. Planungen und Strategien müssen hierbei auf ihre Wirklichkeitsnähe überprüft werden.

Die Fähigkeit des Managements, Marktpotenziale zu erkennen und zu nutzen sowie auf Veränderungen der Marktgegebenheiten rechtzeitig und flexibel zu reagieren, bestimmt wesentlich den Erfolg einer Gesellschaft. Erfolgsbilanz und Risikobereitschaft des Managements spielen bei der Beurteilung eine maßgebliche Rolle. S&P ist der Ansicht, dass das Management der meisten Versicherer sich der Bedeutung von Kontrollmechanismen bewusst ist. Gleichwohl sind kritische Situationen häufig mit unzureichendem Controlling verbunden. Da es die Rolle eines Versicherers ist, Risiken zu übernehmen, sind Risikomanagementkompetenzen zur Risikobeurteilung und Preisfindung sowie eine wertorientierte Steuerung fundamental. In diesem Zusammenhang beobachtet S&P die Maßnahmen von Versicherern für eine risikoadäquate Preisgestaltung und wie dabei das häufig diskutierte Zyklusmanagement tatsächlich in der Praxis umgesetzt wird.

Eine Strategie sollte immer einen formalen Plan beinhalten, der konsistent ist mit den übergeordneten Unternehmenszielen. Zusätzlich wird ein Analyst auf die technische und administrative Erfahrung des Managements schauen, z. B. in welchem Maße vorherige Pläne erfolgreich umgesetzt werden konnten und welche Ressourcen für die Umsetzung zukünftiger Pläne notwendig sind bzw. zur Verfügung stehen.

Zwar hat das Management eines Versicherers nur einen relativ geringen Einfluss auf das generelle Branchenrisiko, es besitzt aber gleichwohl unternehmensinterne Handlungsspielräume, um auf Veränderungen des Marktes zu reagieren. Zudem können Fokus, Implementierung und Umsetzung der Strategie anhand der Entwicklung von härteren Faktoren wie z. B. Ertragskraft oder Qualität der Kapitalisierung zum Teil auch quantitativ nachvollziehbar gemacht werden.

4.2.4   Ertragskraft

In der Ertragskraft spiegelt sich wieder, wie erfolgreich eine Gesellschaft ihre Strategie und unternehmerischen Stärken im Versicherungsmarkt umsetzen kann. Ein Unternehmen, das höhere Gewinnmargen und Renditen erzielt, ist eher in der Lage, intern Kapital zu bilden, Investoren anzuziehen und sich in Zeiten schwacher Konjunktur zu behaupten. S&P betrachtet sowohl das versicherungstechnische als auch das nichtversicherungstechnische Ergebnis und untersucht Art und Herkunft der einzelnen Ergebniskomponenten anhand einer Reihe von Finanzkennzahlen, die um erfolgsbeeinflussende Komponenten bereinigt werden, um aussagefähige und vergleichbare Größen zu erhalten. Vergleiche erfordern zusätzliche Sorgfalt, da Eckdaten z. B je nach Spartenmix erheblich variieren. Bei der Berechnung der Kennzahlen werden mindestens die letzten fünf Geschäftsjahre herangezogen. Von besonderer Bedeutung sind die geplanten Maßnahmen des Managements zur Sicherung von Ertragswachstum. Entsprechend diskutiert S&P die Planzahlen der nächsten zwei bis drei Jahre sowie die zu deren Verwirklichung notwendigen Schritte.

4.2.5   Kapitalanlagen

Die Qualität der Kapitalanlagen sowie deren Performance bilden einen wichtigen Baustein für die Wettbewerbsfähigkeit eines Versicherungsunternehmens. Die Investitionen aus Prämieneinnahmen und Rückstellungen müssen eine Verzinsung erwirtschaften, die einen positiven Beitrag für die Verpflichtung zur dauernden Erfüllbarkeit der Versicherungsverträge sowie zur Ergebnisglättung leistet. Deshalb untersucht S&P insbesondere die Kapitalallokation hinsichtlich des Risikos sowie der Liquiditätsstruktur, in Abhängigkeit der betriebenen Versicherungsarten. Neben der Evaluierung der Laufzeitstruktur von Kapitalanlagen und korrespondierenden Verbindlichkeiten ist die Bewertung von vorhandenen Markt- und Kreditrisiken von Bedeutung. Hierbei werden unter anderem die Volatilität sowie mögliche Absicherungsstrategien analysiert, aber auch Konzentrations- und Währungskursrisiken.

4.2.6 Liquidität

Eine ausreichende Liquidität ist eine unabdingbare Voraussetzung für den Fortbestand einer Gesellschaft. Dies geht mit der Forderung einher, dass ein Unternehmen in der Lage sein muss, die zu einem bestimmten Zeitpunkt fälligen Zahlungsverpflichtungen uneingeschränkt zu erfüllen. Wesentliche Liquiditätsquellen sind Cashflows, Kapitalanlagen sowie externe Barmittel.

S&P beurteilt die Liquiditätsentwicklung im Wesentlichen mit einer Cashflowanalyse, die zum einen den technischen Cashflow und zum anderen den gesamten operativen Cashflow betrachtet. Während S&P beim technischen Cashflow die Ein- und Auszahlungen aus der reinen Versicherungtätigkeit gegenüberstellt, fließen beim operativen Cashflow insbesondere die Ein- und Auszahlungen aus dem Kapitalanlagebereich mit ein. Hierdurch können wertvolle Schlüsse hinsichtlich des operativen Erfolges eines Versicherungsunternehmens gewonnen werden. Bei Lebensversicherern hängt die Sicherung der Liquidität stark von der Qualität des Asset Liability Managements ab. Die Möglichkeiten der externen Liquiditätsbeschaffung spielen beispielsweise für Rückversicherer bei ungeahnten und hohen Schadenfällen eine wichtige Rolle.

4.2.7 Kapitalausstattung

Bei der Analyse der risikobasierten Kapitalausstattung konzentriert sich S&P auf zwei Aspekte: zum einen auf die Höhe und zum anderen auf Struktur und Qualität. S&P analysiert neben der Kapitalausstattung des konkret zu bewertenden Unternehmens auch die Kapitalausstattung der zugehörigen Versicherungsgruppe.

Ausgangspunkt der Analyse ist das von S&P entwickelte Risk-Based-Capital- oder kurz RBC-Model. Mit Hilfe dieses Standardmodells wird die Mindestkapitalausstattung ermittelt, die auf Grund der von der Gesellschaft eingegangenen versicherungstechnischen Risiken, Investment- und sonstigen Kreditrisiken notwendig ist. Eine für viele Unternehmen interessante Erkenntnis ist hierbei das Ausmaß der Bedeckungsanforderungen für Kapitalanlagen, das häufig 50 Prozent der Anforderungen übersteigt, im Falle von Lebensversicherern oft sogar deutlich mehr. Im nächsten Schritt wird das aus wirtschaftlicher Sicht verfügbare Kapital berechnet. Anschließend werden die Mindestkapitalanforderungen und das vorhandene Kapital gegenübergestellt. Aus dieser Rechnung resultiert die so genannte Capital Adequacy Ratio (CAR) der adäquaten Kapitalausstattung. Die Limitierungen eines Standardmodells sind anerkannt, weshalb individuelle Adjustierungen durch die Analysten durchaus akzeptabel sind. Die Höhe der Kapitalstärke eines Versicherers wird in der Regel als gut eingeschätzt, wenn seine CAR mindestens 100 Prozent beträgt.

Ein häufiges Missverständnis beruht darauf, dass das endgültige Rating für einen Versicherer vermeintlich aus dieser Ratio abgeleitet werden kann. Richtig ist dagegen, dass die Quote nur einen ersten Anhaltspunkt bei der Beurteilung der Kapitalausstattung darstellt. Die erforderliche Informationsfülle für die Bewertung der Kapitalausstattung eines Versicherers kann eine einzige Messzahl nicht liefern. Außerdem ist beim Ratingverfahren eine auf vergangenheitsorientierten Daten basierende CAR weit weniger ausschlaggebend als die Erwartungen der künftigen Entwicklungen.

Weitere wesentliche Faktoren sind insbesondere die Qualität des Kapitals, die Reservekraft und die Nutzung von Rückversicherung. Zusätzlich wird analysiert, in welchem Verhältnis sich das ökonomische Kapital aus härteren (z. B. Eigenkapital) und weicheren Komponenten (z. B. Hybridkapital, Überreservierungen in der Schadensversicherung) zusammensetzt. Rückstellungen für Versicherungsleistungen sind die bei weitem größte Verbindlichkeit in der Bilanz und bilden deshalb eine Kernkomponente in der Kapitalkraftanalyse.

Weitere Aspekte sind Fremdfinanzierung, Verwendung von Hybridkapital und die Höhe und Volatilität eventuell vorhandener Bewertungsreserven auf der Aktiv- und Passivseite der Bilanz. Typische Kennziffern sind

■ Fremdkapital/Gesamtkapital,

■ Zinsdeckung (interest coverage),

■ Hybridkapital/Eigenkapital.

S&P nimmt aktiv an den Diskussionen über interne Kapitalmodelle teil und berücksichtigt die Ergebnisse auch in den Komiteediskussionen, in denen über Ratings entschieden wird. Die intensive Auseinandersetzung des Managements eines Versicherers mit Risiken und deren Messung wird als positiv beurteilt. Ähnliches gilt für die Diversifikationskomponente, für die im S&P-Modell kein quantitativer Kredit im Kapitalmodell gegeben wird, wohl aber in der Beurteilung von Wettbewerbsvorteilen, wenn Diversifikation als positiver Beitrag zu einer Verbesserung und Stabilisierung des Ertragspotenzials angesehen werden kann. Allerdings wird im Rahmen einer 2005 und 2006 von S&P durchzuführenden Initiative zu Enterprise Risk Management auch untersucht werden, inwieweit Erkenntnisse aus nachhaltig robusten unternehmensindividuellen Modellen auch quantitativen Niederschlag in S&Ps Kapitalmodellen für diese Unternehmen finden können.

4.2.8   Finanzielle Flexibilität

In diesem – vorwiegend qualitativen – Teil der Analyse untersucht S&P den potenziellen Kapitalbedarf eines Versicherers und vergleicht diesen mit den der Gesellschaft zur Verfügung stehenden Mitteln. An dieser Stelle wird auch der Handlungsspielraum einer Gesellschaft unter finanzieller Belastung behandelt. Der Kapitalbedarf eines Versicherers steht in enger Wechselbeziehung zur Unternehmensstrategie. So können z. B. Unternehmensübernahmen sowie Änderungen im allgemeinen Unternehmensrisiko den Kapitalbedarf einer Gesellschaft deutlich erhöhen. Aber auch rasches originäres Wachstum stellt erhöhte Anforderungen an die Eigenmittelausstattung einer Gesellschaft. Ein eingeschränkter Zugang zu zusätzlichen Finanzierungsmitteln ist nicht grundsätzlich negativ zu bewerten, vorausgesetzt, dass der potenzielle Bedarf ebenfalls begrenzt ist. S&P bewertet jedoch sorgfältig die verschiedenen Situationen, in denen der Bedarf an Kapital die potenziell zur Verfügung stehenden Mittel übersteigen könnte.

4.3 Bewertung von Versicherungsgruppen

S&P untersucht neben dem zu bewertenden Versicherer auch den Einfluss anderer maßgeblicher Unternehmen der Versicherungsgruppe, um ein umfassendes Bild der finanziellen Stabilität der Gruppe oder des Konzerns zu erhalten. Das Verfahren beginnt mit der Festlegung eines virtuellen Gruppenratings, das dann auf alle Tochtergesellschaften übertragen werden kann, die von S&P als Kerngesellschaft angesehen werden. Dieses Gruppenrating wird als virtuell bezeichnet, da Ratings nur für einzelne Rechtspersonen erteilt werden können. Dieses Gruppenrating ist zugleich generell die obere Grenze für publizierte Einzelratings. S&P ist sich bewusst, dass diese Zuweisung von Ratings an einzelne juristische Personen (Gesellschaften) innerhalb einer Versicherungsgruppe nicht in jedem Fall der optimale analytische Ansatz ist. Die isolierte Betrachtung einer Einzelgesellschaft ohne Berücksichtigung der übrigen Konzernaktivitäten kann ein unangemessen günstiges oder ungünstiges Bild ergeben. Falls erforderlich, zieht S&P im Rahmen des Ratingverfahrens auch Analysten anderer Disziplinen – insbesondere Bankenanalysten – hinzu, um eine vollständige Erfassung der Konzernrisiken sicherzustellen.

Grundsätzlich geht S&P davon aus, dass eine Konzerngesellschaft in Zeiten finanzieller Belastung durch ihre Muttergesellschaft Unterstützung erfährt. Die Vergangenheit hat jedoch gezeigt, dass es wichtig ist, diese Erwartung kritisch zu hinterfragen. Immer wieder werden Gesellschaften eines Konzerns verkauft, die vordem als unverzichtbar für die Erreichung der strategischen Konzernziele galten. Umgekehrt kann eine strategische Neuausrichtung dazu führen, dass Tochtergesellschaften, die bisher als vernachlässigbar eingeschätzt wurden, innerhalb der Gruppe zunehmend an Bedeutung gewinnen.

In einem ersten Schritt beurteilt S&P die finanzielle Stabilität der Versicherungsgruppe. Die Analyse berücksichtigt Erkenntnisse aus dem konsolidierten Jahresabschluss und den Jahresabschlüssen einzelner maßgeblicher Konzerngesellschaften. Die Bewertung der Kapitalausstattung erfolgt sowohl für den Konzern insgesamt als auch für die wichtigsten Einzelunternehmen. Bei der Beurteilung der Wettbewerbsposition sowie der Ertragskraft zielt die Analyse vor allem auf die relative Marktpositionierung der wesentlichen Einzelgesellschaften sowie deren Ergebnissituation ab. Basierend auf der Bewertung der wesentlichen operativen Einheiten wird dann ein Rating für den Konzern ermittelt.

In der zweiten Phase werden die Tochtergesellschaften in drei Gruppen unterteilt: Kerngesellschaften, strategisch wichtige Tochtergesellschaften und nicht strategische Tochtergesellschaften. Kerngesellschaften sind integraler Bestandteil einer Gruppe, ohne die sie ihre Identität nachhaltig verändern würde, die dem Verständnis von S&P zufolge integraler Bestandteil der Konzernstrategie sind und die signifikante Beiträge zu Rentabilität und Kapitalausstattung der Gruppe leisten. Kerngesellschaften erhalten deshalb automatisch das im ersten Schritt erarbeitete Gruppenrating.

Strategisch wichtige Gesellschaften erfüllen einen Großteil der Anforderungen an eine Kerngesellschaft, verfügen aber generell über schwächere Finanzkrafteigenschaften. Auch wenn ein Verkauf in absehbarer Zeit eher unwahrscheinlich ist, so kann ein Engagement von S&P als weniger stark als für Kerngesellschaften angesehen werden.

Das auf Grund der Einzelbeurteilung erzielte Rating wird dann auf Grund der als implizit angesehenen Gruppenunterstützung um bis zu einer vollen Kategorie erhöht (z. B. von A auf AA). Eine solche implizite Heraufstufung ist generell allerdings insofern limitiert, als sie um eine Feinabstufung (notch) unter dem des Gruppenratings bleiben muss, um so im Regelfall eine Differenzierung zwischen Kerngesellschaften und strategisch wichtigen Gesellschaften anzuzeigen (ist z. B. das Gruppenrating AA und das Einzelrating A, kann das publizierte Einzelrating nicht auf AA heraufgestuft werden: Die Heraufstufung ist auf A+ beschränkt).

Nicht strategische Tochtergesellschaften werden ausschließlich auf eigenständiger Basis bewertet. Das aus der Einzelbeurteilung resultierende Rating kann unter Umständen um eine Feinabstufung (notch) erhöht werden (z. B. von A auf A+), wenn die Tochtergesellschaft offenkundig nicht kurzfristig verkauft werden soll und S&P zudem davon überzeugt ist, dass sie im Falle einer finanziellen Belastung durch die Muttergesellschaft unterstützt werden würde.

5.   Ausblick

Obwohl nach den außergewöhnlichen Ereignissen und Herausforderungen der letzten Jahre – auf die die Branche unzureichend vorbereitet war – eine gewisse Entspannung zu verzeichnen ist, sind die Versicherer jetzt aufgefordert, sich den Lehren zu stellen bzw. an weiterer Verfeinerung der entwickelten Instrumente zu arbeiten. Solvency II ist dabei der aufsichtsrechtliche Rahmen, der die Unternehmen im Sinne einer präventiven Aufsicht zu einer wertorientierten Steuerung leiten wird.

Solvency II und Ratings haben gemeinsam, dass sie die Risikosituation eines Unternehmens auf realistischer ökonomischer Basis darstellen. Das zukünftige Aufsichtssystem wird sich aller Voraussicht nach dem ganzheitlichen interaktiven Bewertungsansatz der Ratingagenturen annähern. Ein fachlich anspruchsvolles Ratingverfahren kann aus Sicht von S&P diesen Prozess unterstützend begleiten. Die vollständige Einführung von Solvency II wird in der Branche nicht vor Ende dieses Jahrzehnts erwartet. Dennoch ist die Implementierung derart komplex, dass viele Versicherer mit der Vorbereitung bereits begonnen haben.

Letztlich wird die finanzielle Stabilität und langfristige Zahlungsfähigkeit eines Versicherungsunternehmens aus unserer Sicht zu einem entscheidenden Wettbewerbskriterium. Starke Unternehmen werden stärker und Schwache schwächer, was jedoch nicht unbedingt mit der Größe eines Unternehmens korreliert sein muss. Eine Marktbereinigung wird sich mittelfristig vermutlich mehr auf die Einstellung bestimmter Produkte und Sparten konzentrieren als auf Fusionen oder Übernahmen. Die finanzielle Stabilität sollte viel stärker in der Prämienkalkulation und im Wettbewerb berücksichtigt werden, um den Unternehmen, die bereit sind, mehr Sicherheitskapital aufzubauen, auch einen entsprechenden Anreiz zu liefern. Es wird interessant sein zu beobachten, inwieweit das Rating eines Versicherers – wie bei der Bepreisung von Unternehmensanleihen an den Kapitalmärkten längst üblich – Einfluss auf die Preispolitik von Versicherungspolicen nehmen wird.

Für die Branche insgesamt erwartet S&P eine verstärkte Polarisierung und Konsolidierung, sei es in Form von Kooperationsvereinbarungen, Bestandsübertragungen oder Zusammenschlüssen. Damit sollen Skalenvorteile und eine weitere Fokussierung erreicht werden. Allerdings ist es nach den dramatischen Einschnitten zu Beginn des neuen Jahrtausends bislang nur wenigen europäischen Versicherungsgruppen gelungen, ihre finanzielle Flexibilität und Kapitalstärke wieder soweit herzustellen, dass sie sich an Fusionen und Übernahmen beteiligen können. Ausnahmen bestätigen allerdings die Regel. Angesichts der starken Fragmentierung des deutschen Marktes dürften Fusionen und Übernahmen sowohl inländische wie auch ausländische Versicherer auf den Plan rufen.

Auswirkung auf Geschäftsprozesse und Informationstechnologie

Peter Weiler / Jörg Welter

1.   Einleitung

Aufsichtsrechtliche Rahmenbedingungen sowie Prinzipien nationaler und internationaler Rechnungslegung stehen in engem Zusammenhang mit den Ausprägungen der Geschäftsmodelle der Versicherungswirtschaft. Sicherlich erscheint es unternehmerisch angemessen, wenn sich die Regeln des Aufsichtsrechts und der Bilanzierung an den etablierten und erfolgreichen Geschäftsmodellen der Unternehmen orientieren (z. B. langfristige und periodenübergreifende Betrachtung des Versicherungsgeschäftes versus Stichtagsbetrachtung mit Ausblick auf eher kurzfristige Perioden). Realistisch ist jedoch damit zu rechnen, wenn nicht gar zu befürchten, dass aufsichtsrechtliche Anforderungen aus Solvency II einen wesentlichen Einfluss auf die Unternehmensführung von Versicherungsunternehmen haben werden. In diesem Sinne beschäftigt sich dieser Beitrag mit der Fragestellung, inwieweit die operativen Geschäftsprozesse eines Versicherungsunternehmens (mit Schwerpunkt auf Schaden- und Unfallversicherern) und die diese unterstützende Informationstechnologie durch Solvency II beeinflusst werden könnten.

Ausgangspunkt von Solvency II ist eine ganzheitliche Beurteilung und Steuerung der Risiken und Erträge, denen ein Versicherer ausgesetzt ist. Dies erfordert die Implementierung geeigneter Risikomanagementverfahren, die auf strategischer Ebene im Hinblick auf Kapitalmanagement und Mittelzuweisung sowie auf operativer Ebene im Hinblick auf Produktentwicklung, Preisfindung und Risikobewertung in die bestehenden Geschäftsprozesse und Anwendungssysteme integriert werden müssen. Dies führt zu einer Überprüfung der bestehenden Prozesse eines Versicherers.

Eine unter Solvency II notwendige ganzheitliche Abbildung der Risikolage eines Versicherungsunternehmens erfordert eine adäquate Datenbasis. Die spartenübergreifende Bewertung und Aggregation von Risiken stellt besondere Anforderungen an die unterstützenden Geschäftsprozesse und die Informationstechnologie. Die Bereitstellung von adäquaten, vollständigen und standardisierten Informationen für Rechnungswesen, Aktuare, Risikomanagement und Unternehmensführung muss gewährleistet sein.

Vor diesem Hintergrund ergibt sich die Anforderung, unterschiedliche Teilbereiche eines Versicherungsunternehmens und hiermit verbunden die Geschäftsprozesse und Anwendungssysteme (Informationstechnologie) zu integrieren und kompatibel aufeinander abzustimmen. Darüber hinaus stellt sich die Frage, ob Versicherer eine grundsätzliche Neugestaltung ihrer Informationstechnologie vornehmen müssen.[1]

---

1   Nach Schradin (2004) bildet die Neugestaltung der Informationstechnologie eines der Hauptprobleme, die durch Solvency II zu erwarten sind.

Der Schwerpunkt bisheriger Beiträge zu Solvency II und den Auswirkungen auf Informationstechnologie liegt auf den unmittelbaren Anforderungen eines Data Warehouse. Allerdings wirken sich die künftigen regulatorischen Rahmenbedingungen auch auf die Geschäftsprozesse aus, so dass operativ auf allen Ebenen Maßnahmen getroffen werden müssen: in Produktpolitik, Vertrieb, Zeichnungspolitik, Bestandspolitik, Assetmanagement, Organisation, Rückversicherungspolitik und letztlich auch Unternehmensführung und -kommunikation. Und diese Aktivitäten sind langfristig mit anderen Großprojekten (IFRS/IAS oder Einführung neuer Systeme) abzustimmen.

Auch wenn die endgültigen gesetzlichen Rahmenbedingungen von Solvency II zum derzeitigen Zeitpunkt nicht feststehen, soll der potenzielle Handlungsbedarf für Versicherungsunternehmen bereits heute beleuchtet werden. Der Fokus der bisherigen Veröffentlichungen zu den Auswirkungen von Solvency II auf Versicherungsunternehmen liegt eher auf inhaltlichen Fragestellungen. In dem vorliegenden Beitrag sollen die Auswirkungen auf die operative Tätigkeit eines Versicherers, insbesondere der Geschäftsprozesse und unterstützenden Anwendungssystemen bzw. Informationstechnologie analysiert werden.

## 2.	Geschäftsprozesse und Informationstechnologie in Versicherungsunternehmen

## 2.1	Kerngeschäftsprozesse und unterstützende Prozesse

Geschäftsprozesse können grundsätzlich in Kerngeschäftsprozesse (Produktentwicklung, Akquisition/Underwriting, Bestandsverwaltung, Assetmanagement, Schadenmanagement und Rückversicherung) und unterstützende Prozesse (Unternehmensführung, -steuerung, Controlling, Finanz- und Rechnungswesen, Personalwesen und Informationstechnologie) aufgeteilt werden.

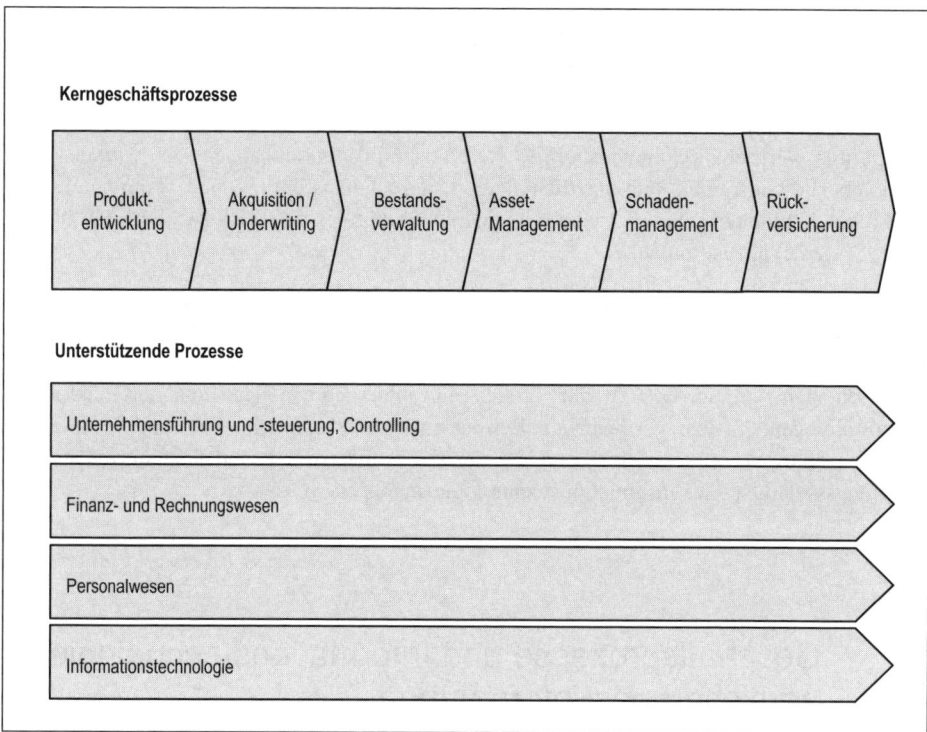

Abbildung 1: *Geschäftsprozesse im Versicherungsunternehmen*

2.2   IT-Anwendungslandschaft in einem Versicherungsunternehmen

Branchenweit wird die Informationstechnologie von Insellösungen beherrscht, die in vertikaler und horizontaler Hinsicht weder ausreichend integriert noch kompatibel sind. Es liegt also eine weitgehend heterogene Anwendungslandschaft vor. Die Informationstechnologie sollte zukünftig eine regelmäßige und standardisierte Aufbereitung unternehmensrelevanter Kennzahlen für Entscheidungsträger und Aufsichtsbehörden bereitstellen.[2] Es ist eine Vielzahl unterschiedlicher Daten und IT-Prozesse so zu verknüpfen, dass Auswertungen bzw. entsprechende Informationen standardisiert und zeitnah bereitstehen. Der Aufbau einer vernetzten,

---

2   Vgl. accenture (2002), S. 6.

übergreifenden IT-Anwendungslandschaft wird für Versicherer, die eine herkömmliche IT-Ausstattung besitzen, zu einer zentralen wettbewerbspolitischen Herausforderung.[3]

Als Hauptproblem von Solvency II wird zumeist die Datenbereitstellung und -aufbereitung angeführt. Eine differenzierte Ermittlung und spartenübergreifende Aggregation von Risiken erfordern einen hohen Detaillierungsgrad der zugrunde liegenden Daten. Es gilt neben Erwartungswerten und Standardabweichungen auch Verteilungen zu ermitteln, die nur aus den Originaldaten generiert werden können. Geeignete IT-Systeme sollten in der Lage sein, ad hoc Bestands-, Schaden- und Kapitalanlagedaten[4] aufzubereiten, Volatilitäten zu analysieren und Abhängigkeiten untereinander zu ermitteln.[5]

Im Folgenden werden die unter Solvency II erforderlichen Anpassungen bei Kerngeschäfts- und unterstützenden Prozessen untersucht, einschließlich möglicher Änderungen hinsichtlich des Verantwortungsbereiches, der am Prozess Beteiligten, des erforderlichen Know-hows und der Entscheidungsprozesse.

3.   Integration von Solvency II in Geschäftsprozesse und Informationstechnologie

3.1   Kerngeschäftsprozesse

3.1.1   Produktentwicklung

Im Geschäftsprozess Produktentwicklung wird unter Solvency II eine verstärkte Einbeziehung der Risikokapitalkosten und Risikotragfähigkeit als neue Dimension neben der herkömmlichen Versicherungstechnik und absatzpolitischen Überlegungen erfolgen. Dies hat insbesondere zur Konsequenz, dass die Risikokapitalkosten als zusätzliche Komponente in die Tarifierung einfließen werden. Ein Versicherungsunternehmen wird vor dem Hintergrund von Solvency II umso mehr Risikokapital bereitstellen müssen, je volatiler die Ergebnisse sind. Zur Glättung der Risikovolatilität kann es folgende Instrumente einbauen:

■ stärker an Risikogegebenheiten orientierte Prämiengestaltung, d. h. Trends in der Schadenentwicklung sollten zukünftig mit einfließen,

---

3   Vgl. Vanderschelden (2004), S. 34.
4   Etwa jährliche Schadenverläufe von Sparten oder Renditeverläufe von Wertpapieren.
5   Vgl. O.V. (2004), S. 772.

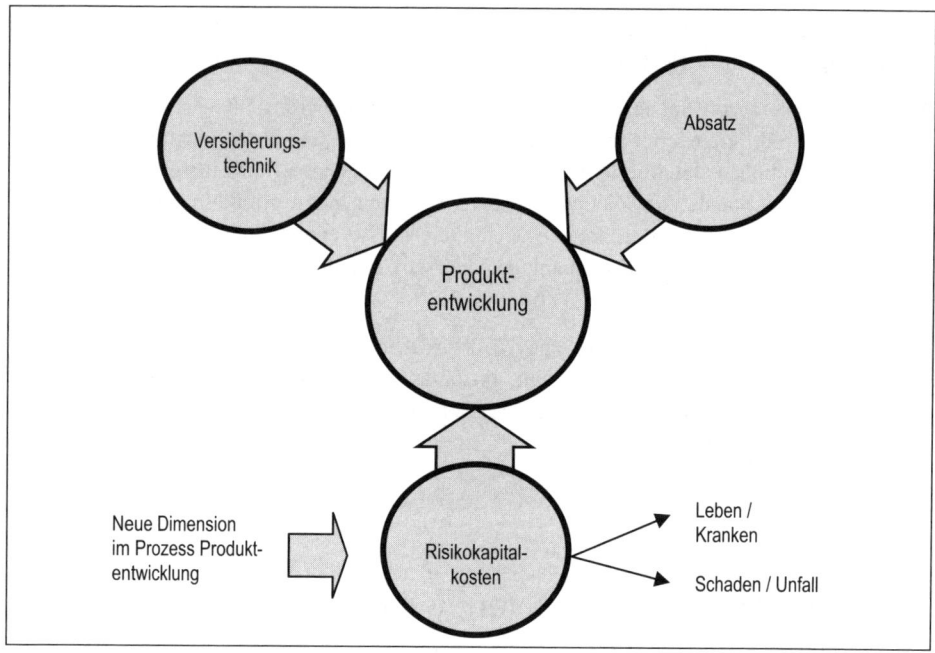

Abbildung 2:   *Anpassung der Produktentwicklung unter Solvency II*

▪ verstärkte Risikodifferenzierung,

▪ Produkte mit schadenverlaufsabhängiger Prämiengestaltung,

▪ dynamisierte Selbstbehaltmodelle, die eine Verbesserung des Risikoverhaltens der Versicherungsnehmer und folglich eine Dämpfung der Risikovolatilität mit sich bringen,

▪ spezielle Kombinationsprodukte, die durch Bündelung unabhängiger Risiken zu Volatilitätsglättung beitragen,[6]

▪ erweiterte Ausschlussklauseln und zusätzliche Obliegenheitspflichten.[7]

Der Bedarf zur Glättung der Risikovolatilität wird wegen der gleichzeitigen individuellen Anpassung des Versicherungsschutzes an die tatsächliche Risikolage des Versicherungsnehmers zur Folge haben, dass die Versicherungsprodukte unter Solvency II grundsätzlich einen modulareren Charakter annehmen.[8] Die Modularität resultiert zudem aus der Notwendigkeit, alle in Verträgen eingeschlossenen Komponenten zu bepreisen.

---

6   Letztlich zielt dieser Punkt auf ein optimales Produktportfolio hin, dessen Gestaltung in Punkt 3.1.2 aufgegriffen wird.

7   Vgl. GDV (2004), S. 21; vgl. Schwake/Bartenwerfer in diesem Band.

8   Vgl. zur „Normierten und Individuellen Versicherungsschutzgestaltung" etwa Farny (2000), S. 374–375.

Darüber hinaus wird Rückversicherung bereits in der Produktentwicklung wichtiger.[9] Da Rückversicherer in der Regel mehr Erfahrung mit Schadenverläufen besitzen, werden vor allem kleine und mittlere Versicherungsunternehmen verstärkt ihre Beratung in Anspruch nehmen.[10] Die Zeichnung von Rückversicherungsschutz wird davon abhängen, ob die eingesparten Risikokapitalkosten größer als die Kosten für den Rückversicherungsschutz sind. Simulationstools werden verstärkt als Entscheidungsgrundlage dienen.

Als Ergebnis kann festgehalten werden, dass eine differenziertere Erfassung des Risikokapitalbedarfs sich vermutlich in der Prämiengestaltung eines Produkts niederschlagen wird.

3.1.2 Akquisition/Underwriting

Die geschilderten möglichen Veränderungen bei der Produktentwicklung werden Auswirkungen auf den nachgelagerten Prozess Akquisition/Underwriting haben. Die Europäische Kommission fordert im Rahmen von Solvency II, dass bei der Prämienbestimmung Erkenntnisse über Volatilitäten im Schadenbedarf, Großschaden- und Kumulschadensensitivitäten in Versicherungssparten sowie Korrelationen im Schadengeschehen zwischen Sparten adäquat berücksichtigt werden müssen.[11]

Die Folge wird die Berücksichtigung des Kapitalbedarfs in der Prämienermittlung sein. Die Umsetzung dieser zusätzlichen Information kann im Prozess Akquisition/Underwriting zum einen in der Meidung von Risiken mit zu hohem Kapitalbedarf bestehen und zum anderen eine weitere Selektion guter Risiken sein. Der Prozess wird zunehmend komplexer, da das „cherry picking" sich mehr und mehr auf solche Zielgruppen verlagern wird, deren erzielbare Prämien nach Einpreisung des Risikokapitalbedarfs niedriger, weniger volatil und weniger schaden- und kumulanfällig sind.[12]

Dies wird auch die Provisionierung betreffen. Bei der Ermittlung der Provision kann der Versicherer die Risikokapitalkosten von der Bruttoprämie abziehen (ex ante) oder die risikoadjustierte Performance einzelner Sparten bzw. Produkte in die erfolgsabhängige Vergütung einbeziehen (ex post). Eine Berücksichtigung der Risikokapitalkosten ex ante bei der Bestimmung der Provision[13] zeigt Abbildung 3 auf der nächsten Seite.

Die Provisionierung kann auf Grundlage der Prämie die Kapitalkosten entweder einbeziehen oder nicht. Sollen die Kapitalkosten berücksichtigt werden, so sind Versicherer angehalten, geeignete alternative Provisionsmodelle zu entwickeln. Eine erfolgsabhängige Vergütung kann die Performance einer einzelnen Sparte berücksichtigen. So kann das Versicherungsun-

---

9 Bislang wurde Rückversicherung eher als eigenständiger Geschäftsprozess angesehen. Unter Solvency II wird Rückversicherung verstärkt in den Prozess der Produktentwicklung eingebunden werden.

10 Vgl. Swiss Re (2004), S. 33–34.

11 Vgl. GDV (2004), S. 22.

12 Vgl. GDV (2004), S. 22.

13 Im gewählten Beispiel wird von einer Provision in Höhe von 10 Prozent ausgegangen.

ternehmen eine zusätzliche Vergütung gewähren, falls einzelne Sparten oder Produkte Erträge erwirtschaftet haben, die eine vorher definierte Benchmark übersteigen.

	Sturmdeckung	Haftpflicht
Prämie	100	100
Provision ohne Berücksichtigung von Risikokapitalkosten	10	10
Risikokapitalkosten	20	5
Prämie unter Abzug der Risikokapitalkosten	80	95

Abbildung 3: *Risikoorientiertes Provisionsmodell (ex ante)*

Neben der Fokussierung auf bestimmte Zielgruppen kann der Versicherer eine direkte Steuerung des versicherungstechnischen Risikos durch eine Optimierung des Versicherungsbestandes betreiben.[14] Hierbei sollte der Versicherer die Volatilität des gesamten Versicherungsbestandes unter Berücksichtigung von Risiko-Ertragsgesichtspunkten steuern. Vor diesem Hintergrund wird sich der Risikoselektionsprozess nicht nur auf eine Versicherungsart, sondern auf die Zusammensetzung des Gesamtportfolios ausrichten. Es besteht die Möglichkeit, die gewünschte Zusammensetzung durch eine entsprechende Zeichnungspolitik, Provisionsanreize oder Inanspruchnahme geeigneter Rückversicherungsinstrumente zu erreichen.[15] Um eine optimale Portfoliostruktur zu erzielen, wird sich der Bedarf an relevanten Informationen im Unternehmen deutlich erhöhen. Die adäquate Abbildung der versicherungstechnischen Risiken in einem geeigneten Modell erfordert zusätzliche detaillierte Informationen über:

- Volatilitäten der Schadenbedarfe – idealerweise pro Risikoträger,

- Elementarschadensensitivitäten einzelner Sparten, differenziert nach Gefahren und Regionen,

- Wahrscheinlichkeitsverteilung der Jahresschadenlast elementarexponierter Sparten,

- Großschadensensitivitäten einzelner Sparten,

- Korrelationen im Schadenverlauf zwischen Versicherungszweigen und

- regionalen Versicherungssummenverteilungen.[16]

---

14 Ein besserer Ausgleich im Kollektiv und geeignete Diversifikationsstrategien werden es vor allem den größeren Versicherern ermöglichen, Produkte mit weniger Risikokapital zu unterlegen. Vgl. Heistermann (2004), S. 24.

15 Vgl. GDV (2004), S. 22.

16 Vgl. GDV (2004), S. 22–23.

Neue Anforderungen an die Informationssysteme und die Qualität der Datenbeschaffung resultieren daraus, dass Informationen nicht nur auf Sparten-, sondern auf Produktebene vorliegen müssen.

Im Rahmen einer differenzierten Betrachtung zwischen Breitengeschäft und Individualgeschäft steht der Grad der Normierung im Vordergrund. Im Breitengeschäft kann der Versicherer das Risiko durch einen angemessenen Ausgleich im Kollektiv steuern (beispielsweise im Haftpflichtgeschäft). Beim Individualgeschäft ist eine bessere Einschätzung des tatsächlichen Risikos des versicherten Objektes möglich, was sich entsprechend in der Vertragsgestaltung niederschlagen wird. Unter Solvency II wird vermutlich eine stärkere Individualisierung des Versicherungsgeschäftes erfolgen, um eine Anpassung des Versicherungsschutzes an die tatsächliche Risikolage des Versicherten bzw. des versicherten Objektes gewährleisten zu können.

Denkbar ist, dass einer bewussten Vertriebssteuerung unter Risikogesichtspunkten eine Schlüsselposition zur Schaffung von Unternehmenswert zukommen wird.[17] Versicherungsunternehmen müssen ihre bestehenden Vertriebssteuerungssysteme und insbesondere die verwendeten Steuerungsgrößen auf Grundlage des risikoorientierten Kapitalbedarfes hinterfragen und gegebenenfalls anpassen. Neben den „klassischen", quantitativen Steuerungsgrößen wie Beitrags- und Produktionsentwicklungen, Deckungsbeiträge, Stornoquoten, Schadenquoten und Spartenerträge werden weitere Kenngrößen wie Cross-Selling-Kennzahlen oder Profit-Center-Performancerechnungen an Bedeutung gewinnen. Daraus ist abzuleiten, dass neben der Unternehmensführung die Vertriebsressorts und der Vertrieb selbst bei der Entwicklung von Modellen zur Berechnung des risikoorientierten Kapitalbedarfs einzubeziehen sind. Dies verdeutlicht, dass Überlegungen zur Risikokapitalausstattung und -management bis in die Vertriebssteuerung wirken werden.

3.1.3 Bestandsverwaltung

Vor dem Hintergrund der aufgezeigten Veränderungen in der Produktentwicklung wird auch die Bestandsverwaltung der Versicherungstechnik modularer angelegt sein. Damit die bestehenden Bestandsführungssysteme in der Lage sind, die versicherten Risiken adäquat zu erfassen und zu verwalten, werden neue Bestandsfelder hinzutreten, um zusätzliche Risiken zu erfassen und später zu verarbeiten. Dies impliziert eine aufwändigere Datenerfassung und -verarbeitung, was mit einem zusätzlichen Personalbedarf verbunden ist.

Der Prozess Bestandsverwaltung wird unterjährig regelmäßige Auswertungen erforderlich machen, um die Risikosteuerung (Zeichnungslimits, Rückversicherung) gegebenenfalls anzupassen. Die Bestandssysteme sollten trotz eines erhöhten Informationsbedarfs (qualitativ und quantitativ) standardisiert sein, um eine Vergleichbarkeit zwischen Sparten bzw. Produkten zu gewährleisten sowie effizientere Bewertungen und Analysen vorzunehmen. Die Ent-

---

17 Vgl. Bittner/Trapp (2004), S. 816.

wicklungen werden auf ein derart ausgestaltetes Data Warehouse hinauslaufen, in dem alle Bestandsfelder auf einer gemeinsamen Plattform liegen.

Versicherungsunternehmen werden Verträge im Bestand hinsichtlich einer risikoadjustierten Prämiengestaltung überprüfen und gegebenenfalls mittels der aufgezeigten Instrumentarien im Rahmen der regulatorischen Möglichkeiten anpassen. Die Folge wird ein Ausleseprozess sein: Über mehrere Perioden hinweg wird dieser in der Weise stattfinden, dass letztlich diejenigen Anbieter am Markt verbleiben, die ihre Prämien risikoadjustiert kalkuliert bzw. angepasst haben. Anbieter, die zunächst aus Gründen des Wettbewerbs ihre Prämien zu niedrig angesetzt haben, werden aus dem Markt verdrängt werden, da diese vor allem Zulauf von so genannten „schlechten" Risiken bekommen werden und die Kapitalanforderungen unter Solvency II vermutlich nicht mehr erfüllen.

3.1.4   Assetmanagement

Im Rahmen des Assetmanagements wird unter Solvency II zunehmend eine Abstimmung der Kapitalanlagepolitik auf die Versicherungstechnik notwendig sein. Die Implementierung eines Asset Liability Managements kann diese Anforderung unterstützen. Die bislang gültigen Solvabilitätsvorschriften beziehen sich ausschließlich auf den versicherungstechnischen Bereich. Im Bereich Schaden/Unfall wird bislang kein Eigenkapital zur Deckung der Kapitalanlagerisiken gefordert. Im Bereich Leben soll das von der Höhe der Deckungsrückstellung abgeleitete Solvabilitätskapital dem Kapitalmarktrisiko pauschal entsprechen.[18] Solvency II beabsichtigt, dass ausreichend Eigenmittel zur Bedeckung des Kapitalanlagerisikos in den Segmenten Schaden/Unfall und Leben hinterlegt werden. Idealerweise sind die einzelnen Anlagearten entsprechend ihrer Volatilität zu gewichten. In der Folge werden Unternehmen mit geringerer Anlagevolatilität auch geringere Eigenmittel bereitstellen müssen.

Kerninhalt eines Asset Liability Managements wird die risikobewusste Gestaltung der Fälligkeitsstrukturen der Kapitalanlagen unter Berücksichtigung der eingegangenen Verpflichtungen sein. Vor allem größere Versicherungsunternehmen haben im Bereich der Personenversicherung ihre Prozesse auf ein Asset Liability Management ausgerichtet. Aber auch im Bereich Schaden/Unfall werden Zeitpunkt und Kalkulierbarkeit der Schadenzahlungen die Struktur des Kapitalanlageportefeuilles beeinflussen. Die Quantifizierung und Steuerung der wesentlichen Risikotreiber ermöglicht eine stärkere Ausrichtung der Aktivseite auf die Größen vorhandenes Kapital und Kapitalbedarf.

Regelmäßige, auch unterjährige Berichterstattungen (für interne und aufsichtsrechtliche Zwecke) hinsichtlich der Anlageaktivität und des gegenwärtigen Kapitalanlagenportefeuilles werden zunehmend als standardisierter Prozess implementiert. Damit einhergehend sind Organisations- und Controllingstrukturen den veränderten Reportinganforderungen anzupassen.

---

[18]   Vgl. Lutz/Bittermann (2003), S. 392.

Die Neuregelungen unter Solvency II werden sich auf die internen Überwachungsverfahren, die Dokumentation und das Reporting der Unternehmen auswirken. Die Informationssysteme im Assetmanagement sollten standardisiert werden, um eine adäquate Datenbasis bereitstellen zu können. Dies erfordert eine transparente und zeitnahe Aufbereitung relevanter Informationen und damit einer Vielzahl unterschiedlicher Daten und IT-Prozesse über sämtliche Bereiche des gesamten Assetmanagements, um komplexe und unterschiedliche Auswertungen vornehmen zu können.[19]

3.1.5 Schadenmanagement

Für den Bereich Schadenmanagement werden Versicherer angemessene Methoden zur Bewertung der Rückstellungen einsetzen und entsprechend Wertansätze anpassen, falls dies durch neue relevante Informationen erforderlich ist.[20] Hilfreich sind eine klare Definition der Verantwortlichkeiten im Bereich Schadenmanagement und entsprechende Vorschriften für eine exakte Erfassung und regelmäßige Aktualisierung der Schäden. Darüber hinaus ist eine adäquate statistische Aufbereitung der Schadendaten sicherzustellen. Dies erfordert den Einsatz von qualifiziertem Personal und eine Überprüfung der bisher eingesetzten Methoden und Systeme der Schadenreservierung. Letztlich sind diese Verfahren zu dokumentieren und es ist eine regelmäßige interne Kontrolle und Berichterstattung erforderlich.[21]

Vor diesem Hintergrund sind Versicherer angehalten, die Methoden der Schadenreservierung zu überprüfen und vorhandene Methoden zu erweitern (Fair-Value-Methode) oder deterministische durch stochastische Ansätze zu ergänzen. Eine adäquate Aufbereitung der Schadendaten (Historie, Volatilitäten, Schadenursachen etc.) bringt einen Informationsgewinn hinsichtlich der Schadenverläufe. Diese zusätzliche Kenntnis sollte ein Unternehmen in den Prozess der Produktentwicklung einbringen.

3.1.6 Rückversicherung

Rückversicherung wird verstärkt als Substitut für Eigenkapital und Instrument des Kapitalmanagements eingesetzt werden. Die Ableitung des optimalen Rückversicherungsschutzes erfordert die Identifikation der Risikotreiber und des Risikokapitalbedarfs eines Geschäftsbereiches auf Gesellschafts- und Konzernebene sowie die Information über die Risikokapitalkosten entlastende Wirkung und die Kosten der Rückversicherung. Dabei werden geeignete Simulationstools, die unter Einsatz stochastischer Methoden eine Entscheidung für die Wahl des Rückversicherungsprogramms erarbeiten, in den Vordergrund treten. Die Implementie-

---

19 Vgl. Vanderschelden (2004), S. 34.

20 Etwa die Beachtung des Vorsichtsgrundsatzes beispielsweise bei der Verwendung von Rechnungsgrundlagen in der Lebensversicherung, vgl. Schradin (2004), S. 656.

21 Vgl. Schradin (2003), S. 656.

rung solcher Tools und anschließende Simulationen und Analysen erfordern mehr mathematisches und aktuarielles Wissen im Versicherungsunternehmen.[22]

Rückversicherung wird im Prozessmodell direkt auf die Produktentwicklung folgen bzw. verstärkt in den Prozess der Produktentwicklung integriert. Dies schafft die Voraussetzung, um festzustellen, wie viel Risikokapital bei einer Nettobetrachtung für ein Produkt bzw. eine Sparte zu hinterlegen ist. Abbildung 4 verdeutlicht noch einmal zusammenfassend mögliche Veränderungen der Kerngeschäftsprozesse in Versicherungsunternehmen.

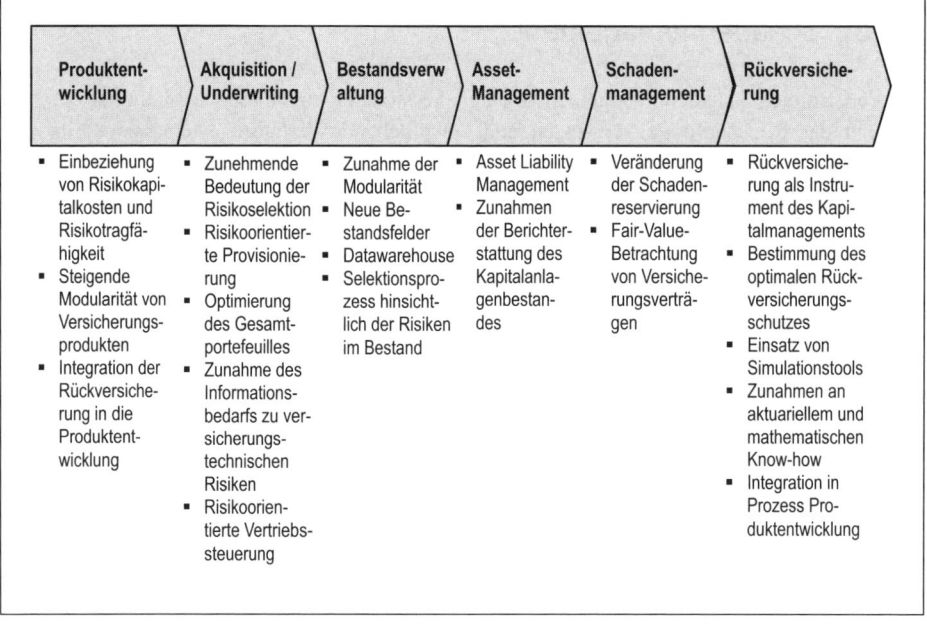

Abbildung 4: *Veränderungen der Kerngeschäftsprozesse unter Solvency II*

3.2   Unterstützende Geschäftsprozesse

3.2.1   Unternehmensführung und -steuerung, Controlling

Unter Solvency II wird die risikoadjustierte Performancemessung als Instrument der Unternehmensführung und -steuerung und des Controllings in den Vordergrund treten. Grundlage einer derartigen Messung ist der Ausweis der Rentabilität von Segmenten und Produkten.

---

22 Vgl. Swiss Re (2004), S. 33–34.

Arten von Centern	Maßgrößen für Verantwortung und Anreiz
Profit-Center	Risikoadjustierte Performance, Marktpreise
Service-Center	Budget, Planmengen und Plankosten
Cost-Center	Kosten (z. B. Einhaltung des vorgegebenen Kostenbudgets)

Abbildung 5:   *Arten von Centern in Versicherungsunternehmen*

Eine Strukturierung in Form von Centern bildet eine Möglichkeit der Risikosteuerung. Voraussetzung für die Verwirklichung der Center-Konzeption ist die Bildung organisatorischer Einheiten nach dem Objektprinzip.[23] Üblicherweise findet eine Unterteilung in Profit-, Cost- und Service-Center statt. Ein Profit-Center liegt dann vor, wenn für einen abgegrenzten Geschäftsbereich (etwa Privatkundengeschäft Schaden/Unfall) eine Erfolgszurechnung vorgenommen wird. Die Maßgrößen der Performancemessung werden üblicherweise um Risikokapitalkosten erweitert. Dies setzt voraus, dass jedem Geschäftsbereich Erträge, Kosten und Risikokapital eindeutig zugewiesen werden können. Bei einem Cost-Center (etwa die Rechtsabteilung) wird die jeweilige Einheit über die Kosten gesteuert. Dabei besteht die Möglichkeit, dass entweder bestimmte Kostenbudgets einzuhalten sind oder die Kosten bei vorgegebenem Leistungsvolumen und festgelegter Qualität minimiert werden. Die organisatorische Einheit Service-Center (etwa die Informationstechnologie) hat Verrechnungskosten zu verantworten. Voraussetzung für ein Service-Center ist, dass das zugehörige Leistungsprogramm nach Art, Quantität und Qualität bestimmt und in seiner Entwicklung quantitativ verfolgt werden kann.

Eine Umstrukturierung eines Versicherers hin auf eine Center-Konzeption wird weit reichende Folgen im operativen Geschäft des Versicherers haben. Mit einer Center-Konzeption ist eine Erhöhung der Ergebnis- und Kostentransparenz auf Ebene der Sparten bzw. Geschäftsbereiche eines Versicherungsunternehmens verbunden.

Die Bestimmung des Risikokapitals eines Versicherungskonzerns erfordert einen neuen Prozessablauf im unternehmerischen Risikomanagement. Im ersten Schritt kann die Aggregation der Risikokategorien zwischen den Gesellschaften zum Gesamtrisiko der jeweiligen Risikokategorie (z. B. Kapitalanlagerisiko) auf Konzernebene erfolgen. Im zweiten Schritt werden die Risikokategorien auf Konzernebene zum Gesamtrisiko eines Konzerns aggregiert. In diesem Fall sind beim zweiten Aggregationsschritt Diversifikationseffekte zu berücksichtigen.

---

23   Vgl. Bea/Göbel (2002), S. 327–329.

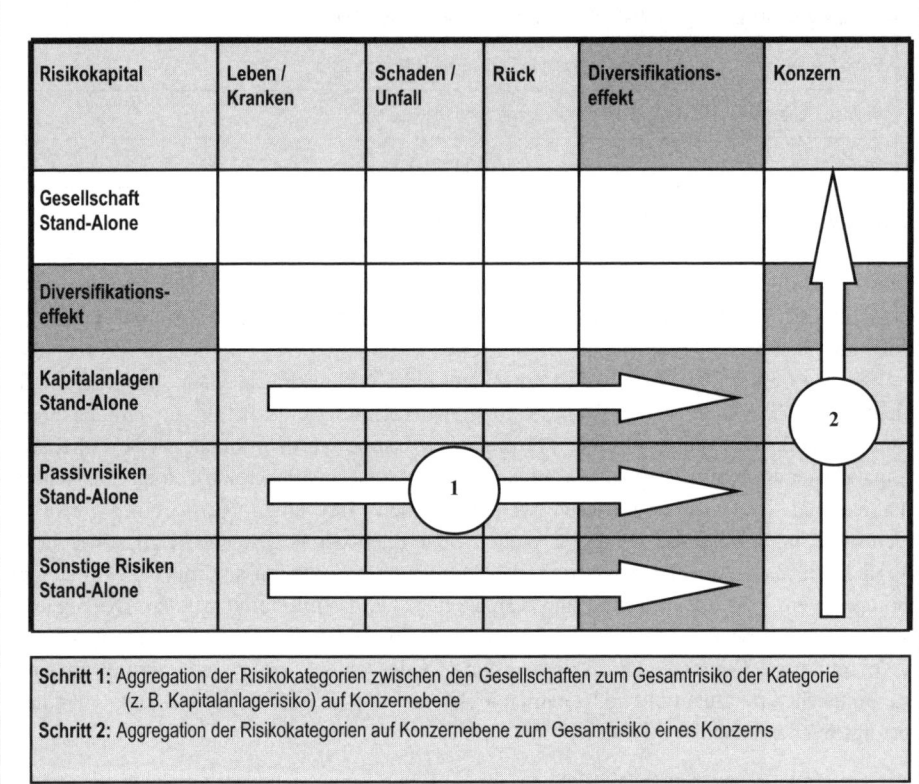

Risikokapital	Leben / Kranken	Schaden / Unfall	Rück	Diversifikations-effekt	Konzern
Gesellschaft Stand-Alone					
Diversifikations-effekt					
Kapitalanlagen Stand-Alone					
Passivrisiken Stand-Alone					
Sonstige Risiken Stand-Alone					

Schritt 1: Aggregation der Risikokategorien zwischen den Gesellschaften zum Gesamtrisiko der Kategorie (z. B. Kapitalanlagerisiko) auf Konzernebene

Schritt 2: Aggregation der Risikokategorien auf Konzernebene zum Gesamtrisiko eines Konzerns

Abbildung 6: *Ermittlung des Risikokapitals eines Versicherungskonzerns*

3.2.2   Finanz- und Rechnungswesen

Es erscheint erstrebenswert, dass die Projekte Solvency II und IFRS auf den gleichen An-nahmen zur Bewertung der versicherungstechnischen Passiva (insbesondere Rückstellungen) beruhen (Säule I). Dies würde die Prozesse im Finanz- und Rechnungswesen vereinheitlichen und vereinfachen.

Unter Solvency II (Säule III) ist zu erwarten, dass der Umfang der erforderlichen Angaben im Anhang des Jahresabschlusses stark ausgeweitet wird.[24] Ziel der Ausweitung der Offenle-gungspflichten ist, den jeweiligen Anspruchsgruppen ein besseres Verständnis hinsichtlich der Abschlüsse zu ermöglichen und die Markttransparenz und Marktdisziplin zu fördern.

---

24 Hier ist zu erwarten, dass sich die Offenlegungspflichten von Solvency II an IFRS 4 orientieren werden.

Wenn auch die endgültigen Anforderungen noch nicht feststehen, so sollten sich Versicherer schon heute auf eine Ausweitung hinsichtlich Umfang und Detaillierungsgrad einstellen, die voraussichtlich folgende Aspekte betreffen:

▓ Rechnungslegungsgrundsätze für Versicherungsverträge,

▓ ausgewiesene Vermögenswerte, Verbindlichkeiten, Erträge, Aufwendungen und Mittelzuflüsse aus Versicherungsverträgen,

▓ das Verfahren zur Bestimmung der Annahmen hinsichtlich der Bewertung der ausgewiesenen Beträge,

▓ mögliche Auswirkungen von Änderungen der Annahmen,

▓ Überführung der Veränderung von Versicherungsverbindlichkeiten, Rückversicherungs-Vermögenswerten und gegebenenfalls aktivierten Abschlusskosten.[25]

Darüber hinaus werden wohl – in Anlehnung an IFRS 4 – Angaben hinsichtlich Zeitpunkt und Unsicherheit künftiger Mittelflüsse aus Versicherungsverträgen erforderlich. Dies betrifft aller Voraussicht nach folgende Angaben:

▓ Ziele und Grundsätze des unternehmerischen Risikomanagements,

▓ Informationen zum Versicherungs-, Zins- und Kreditrisiko.[26]

Letztlich ist zu erwarten, dass die Offenlegung der Angaben in Zukunft auch unterjährig (1/4-jährlich) erfolgen wird.

3.2.3 Personalwesen

Die bisherigen Ausführungen haben gezeigt, dass in allen Geschäftsprozessen zusätzliches Know-how des Personals erforderlich ist. Versicherer können durch interne Schulungsmaßnahmen dem Personal das entsprechende Know-how vermitteln. Mitarbeiter im Bereich Akquisition/Underwriting müssen hinsichtlich einer Provisionierung geschult werden, die verstärkt Risikoaspekte mit einbezieht.

Darüber hinaus wird der zunehmende Einsatz finanzmathematischer und aktuarieller Methoden eine steigende Nachfrage nach Fachkräften mit entsprechenden theoretischen und praktischen Kenntnissen (Mathematiker, Aktuare) mit sich bringen.

Schließlich wird die Nachfrage nach externem Beratungsbedarf steigen. Im Bereich Produktentwicklung wird die Nachfrage nach aktuariellen Analysen und Beratungen zunehmen, um schnellstmöglich die branchenüblichen Standards implementieren zu können. Auch bei der Implementierung interner Modelle zur Ermittlung des Risikokapitals und einer Umgestaltung auf ein Center-Konzept werden viele Versicherer auf externe Beratung zurückgreifen.

---

25 Vgl. Swiss Re (2004), S. 15.
26 Vgl. Swiss Re (2004), S. 15.

Nachfolgende Abbildung verdeutlicht noch einmal zusammenfassend mögliche Veränderungen der unterstützenden Geschäftsprozesse in Versicherungsunternehmen.

Unternehmensführung und -steuerung, Controlling

- Risikoadjustierte Performancesteuerung, Aufbau einer Profit-, Service-, Cost-Center-Struktur
- Profitabilitätsmessung einzelner Geschäftsbereiche, Sparten, Versicherungsvertragstypen
- Implementierung eines Risikomanagementprozesses
- Koordination des Controllings verschiedener Geschäftsbereiche als Grundlage einer wertorientierten Steuerung

Finanz- und Rechnungswesen

- Möglichst Harmonisierung von IFRS und Solvency II
- Zunahme an Veröffentlichungspflichten, Zunahme der Bereitstellungsfrequenz unternehmensrelevanter Informationen

Personalwesen

- Steigender Bedarf an externer Beratung (Organisationsstruktur, Change Management, interne Risikokapitalmodelle, Implementierung geeigneter Risikomanagementprozesse)
- Zunehmender Bedarf an geeigneten Fachkräften (Aktuare, Mathematiker)

Abbildung 7: *Veränderungen der unterstützenden Geschäftsprozesse unter Solvency II*

3.3 Informationstechnologie

Auch wenn die endgültigen Rahmenbedingungen von Solvency II noch nicht gesetzlich festgeschrieben sind, kann aus den bestehenden Standards und aufsichtsrechtlichen Anforderungen ein Handlungsbedarf an die Informationstechnologie abgeleitet werden.

Durch den Detaillierungsgrad der Datenanforderungen und die zukünftige spartenübergreifende Aggregation von Risiken werden besondere Anforderungen an die IT-Unterstützung gestellt. Eine frühzeitige Prüfung der Folgen für die Daten- und Anwendungslandschaft sowie die Verfügbarkeit notwendiger Datenfelder ist vorzunehmen.

Ein flexibles und erweiterbares Data Warehouse erleichtert die Erfüllung der Anforderungen von Solvency II. Dieses bildet die Grundlage der Bereitstellung qualifizierter und vollständiger Informationen für Aktuare, Rechnungswesen, Risikomanager und Entscheidungsträger.[27] Obwohl viele Versicherer die Notwendigkeit der Erstellung einer solchen Infrastruktur erkannt haben, fehlen vielerorts Zeit und Personal, diese zu entwickeln.

27 Vgl. Hassel/Kasprowicz (2004), S. 14.

Die Anforderungen von Solvency II zwingen die Versicherer, rechtzeitig die Verfügbarkeit notwendiger Datenfelder zu überprüfen. Danach sollte auf Grundlage der beschriebenen Geschäftsprozesse (siehe vorherige Abschnitte) der Anpassungsbedarf bei Zuliefersystemen (Bestände, Kundendaten etc.) und Auswertungssystemen (Risikobewertung, externes Meldewesen etc.) sowie bei den vorhandenen Speicherkapazitäten (Hardware) festgestellt werden. Hierbei würde eine zentrale und standardisierte Datensammlung, die über die reinen Solvency-II-Anforderungen hinausgeht, erhebliche Vorteile für das Versicherungsunternehmen mit sich bringen.[28] Integrale Vorteile eines solchen Ansatzes sind die Reduzierung von Weiterentwicklungs- und Pflegeaufwendungen durch eine Reduktion der Schnittstellen, einer Erhöhung der Datenqualität sowie eine effizienterer Ausbau von Datenhistorien.

Nachfolgende Abbildung zeigt vereinfacht ein idealtypisches Modell einer Informationsarchitektur eines Versicherungsunternehmens. Nachdem bislang die Anforderungen an die Geschäftsprozesse dargelegt wurden, wird im Folgenden untersucht, welche konkreten Auswirkungen mit Solvency II auf die Informationstechnologie verbunden sind.

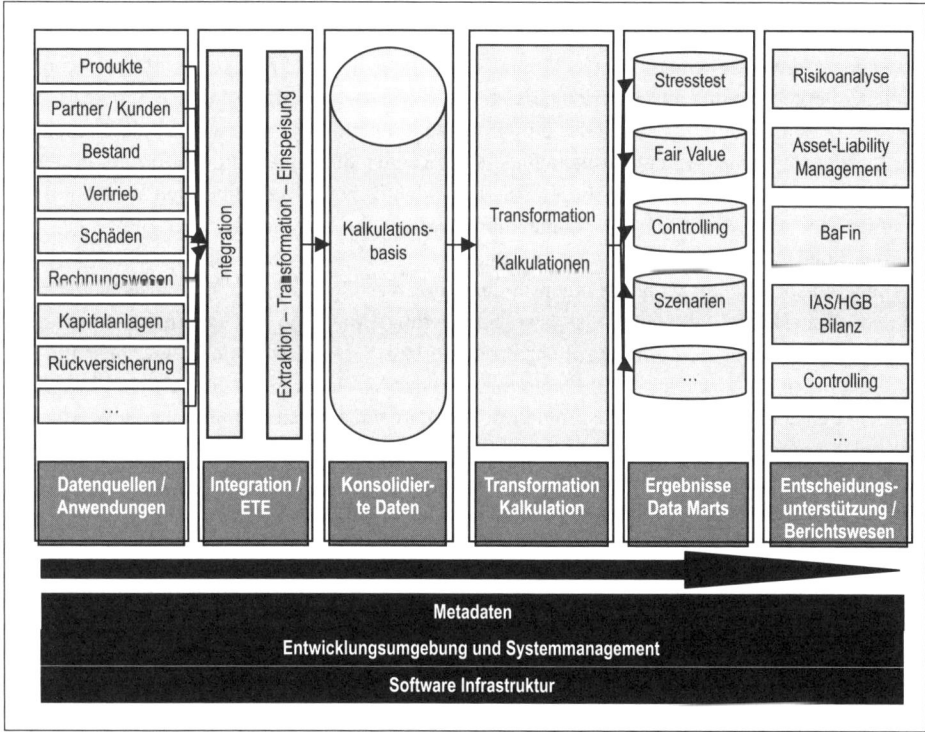

Quelle: IBM (2004), S. 14

Abbildung 8: *Referenzmodell einer Solvency-II-Informationsarchitektur*

---

28 Vgl. Hassel/Kasprowicz (2004), S. 14–15.

Zunächst erfolgt eine Bestandsaufnahme der im Unternehmen zu Verfügung stehenden Datenquellen bzw. Anwendungen. Üblicherweise werden die benötigten Daten in geschäftsbereichsbezogenen Datenbanken gehalten. Eine Analyse der einzelnen Datenquellen legt die konkreten Auswirkungen von Solvency II auf die Informationstechnologie im Versicherungsunternehmen offen:

Versicherungsprodukte werden wie bereits analysiert einen modulareren Charakter aufweisen. Die Abbildung der Produkte erfordert nun eine deutlich höhere Flexibilität der zugrunde liegenden Informationstechnologie, da neben der Erfassung aller in den Produkten eingeschlossenen Komponenten auch Risikokapitalkosten einbezogen werden. Die Informationstechnologie muss eine breitere Informationsbasis liefern. Des Weiteren müssen die zur Risikoglättung eingesetzten Instrumente schon im Rahmen der Produktentwicklung entsprechend in die Systeme integriert werden. Ebenso sollten die Systeme in der Lage sein, die Auswirkung von Rückversicherung auf die Rentabilität einzelner Produkte abzubilden.

Die Bestandsführungssysteme müssen fähig sein, die modulareren Produkte zu erfassen. Neue Bestandsfelder werden hinzutreten, um alle in den Versicherungsprodukten enthaltenen Komponenten in die Systeme integrieren zu können. Des Weiteren sollten die Systeme den Anwendern die Möglichkeit geben, Veränderungen der in den Produkten enthalten Komponenten zu erkennen und auszuwerten. Dies bildet die Entscheidungsgrundlage, um gezielt auf die Zusammensetzung des Bestandes einwirken zu können. Die Folge wird ein Risikoselektionsprozess sein: Die Systeme sollten für die Anwender die notwendige Information bereitstellen, um „schlechte" Risiken im Bestand zu identifizieren und eine Neukalkulation der Prämie oder eine Stornierung vorzunehmen zu können. Insbesondere im Breitengeschäft werden hohe Anforderungen an die Informationstechnologie gestellt, da aus der Masse der Verträge entsprechende Veränderungen in den Einzelverträgen erkannt und ausgewertet werden müssen. Basis von Selektions- bzw. Stornierungsprozessen im Unternehmen ist allerdings nicht nur die Abbildung einzelner Produkte bzw. Geschäftsbereiche. Vielmehr müssen die Systeme in der Lage sein, den Gesamtbestand des Versicherers zu erfassen, um Diversifikationseffekte zwischen Produkten und Geschäftsbereichen darstellen und nutzen zu können. Die Ausführungen zeigen, dass Informationssysteme dem Spannungsfeld gestiegener Modularität und zunehmender Standardisierung ausgesetzt sind. Es gilt, die Systeme unter Kosten-Nutzen-Gesichtspunkten adäquat zu gestalten.

Die Informationssysteme des Vertriebs müssen die Anforderungen einer veränderten Provisionierung unterstützen. Neben den bisherigen Komponenten sind die Risikokapitalkosten eines Produktes in die bestehenden Systeme zu integrieren, um entsprechende Auswertungen bereitzustellen, die nicht nur klassische Kennzahlen (etwa Deckungsbeiträge, Stornoquoten, Schadenquoten) liefern, sondern auch Größen zur risikoorientierten Rentabilität eines Produktes oder Geschäftsbereiches. Damit wird die Grundlage für eine risikoadjustierte Provisionierung geschaffen.

Die verstärkte Ausrichtung des Assetmanagements auf ein Asset Liability Management muss entsprechend in der bestehenden Informationstechnologie implementiert werden. Um eine Ausrichtung der Kapitalanlagetätigkeit auf die versicherungstechnischen Cashflows zu gewährleisten, müssen die Systeme im Assetmanagement Zugriff auf selbige haben. Im Bereich Personenversicherung ist in den meisten Unternehmen entsprechende Software bereits implementiert. Da unter Solvency II auch im Bereich Schaden/Unfall Kapitalanlagerisiken mit Eigenmittel zu hinterlegen sind, müssen die Systeme auch hier auf Zeitpunkt und Höhe der versicherungstechnischen Cashflows zugreifen können, damit eine auf die Anforderungen eines Asset Liability Management ausgerichtete Kapitalanlagenpolitik ermöglicht wird. Die Informationssysteme sollten imstande sein, eine integrierte Sichtweise der Kapitalanlage und der Versicherungstechnik zu gewährleisten.

Die Ableitung des optimalen Rückversicherungsschutzes erfordert die Implementierung geeigneter IT-gestützter Tools. Viele Versicherer leiten bislang ihre Entscheidung zur Wahl ihres Rückversicherungsprogramms auf Grundlage bilanzieller Daten und deterministischen Szenarien ab. Für eine sachgerechte Abbildung des Versicherungsgeschäftes sind solche Verfahren eher ungeeignet. In diesem Zusammenhang haben sich Verfahren durchgesetzt, die methodisch auf der Monte-Carlo-Simulation basieren. Mittels solcher Verfahren ist man in der Lage, Wahrscheinlichkeitsverteilungen der Rückversicherungs- und Netto-Ergebnisse abzuleiten. Bewertungen von Rückversicherungsprogrammen können sowohl auf Ebene der Einzelgesellschaften als auch auf Ebene des Konzerns durchgeführt werden. Wesentliche Voraussetzung der Implementierung entsprechender Tools ist eine adäquate Datenbasis und die Darstellung der Wahrscheinlichkeitsverteilung der zugrunde liegenden Parameter.

In einem weiteren Schritt erfolgt die Integration der Daten durch geeignete Extraktion, Transformation und Einspeisung. Dabei findet eine Entkoppelung der Daten von den operativen Systemen statt. Diese sollten gemäß einem einheitlichen Zieldatenmodell aufbereitet werden, um eine Qualitätserhöhung dahingehend zu erzielen, dass Daten in standardisierter Form in ein Data Warehouse integrierbar sind. Um als Kalkulationsbasis für weitere Analysen und Auswertungen dienen zu können, müssen folgende Anforderungen erfüllt sein:

- die Daten müssen in konsolidierter Form vorliegen,

- die Datenhaltung sollte unternehmensweit standardisiert sein,

- die Integration der Daten sollte zielgruppenorientiert erfolgen,

- Historien und Zeitreihen sollten vorliegen.

Die genannten Anforderungen erleichtern entsprechende Transformationen und Kalkulationen für Stresstests, Fair-Value-Berechnungen, Controlling etc. vorzunehmen. Des Weiteren dienen derart aufbereitete Daten als Basis für Rentabilitätsmessungen einzelner Geschäftsbereiche und der Ermittlung des Risikokapitals mit einem internen Modell. Die aus den Daten generierten Informationen sind die Grundlage steuerungsrelevanter Entscheidungen und entsprechender Anwendungen des internen und externen Berichtswesens.

Die Ausführungen zeigen, dass schon heute bei der IT-Anwendungslandschaft Handlungsbedarf in Versicherungsunternehmen besteht. Hinsichtlich quantitativer Anforderungen verlangt Solvency II deutlich mehr Informationen für entsprechende Modellrechnungen (inklusive

Szenarioanalysen). Derartige Berechnungen erfordern eine hohe Datenqualität und eine hinreichende Konsolidierung der Daten.

Des Weiteren werden sich die Anforderungen in qualitativer Hinsicht verändern. Die Abbildung aller Risikomanagementprozesse bewirkt höheren Informationsbedarf sowie höhere Anforderungen an die Nachvollziehbarkeit und Transparenz hinsichtlich Integrität der Systeme und der Konsistenz. Die Modelle müssen sich zudem schnell an veränderte Rahmenbedingungen anpassen.

4.   Implikationen für Versicherungsunternehmen unter Solvency II

Obwohl das endgültige Rahmenwerk von Solvency II seitens der Gesetzgeber noch nicht manifest ist, sind die Rahmenbedingungen jetzt schon erkennbar. Vor diesem Hintergrund können Handlungsbedarf und Implikationen bereits zum heutigen Zeitpunkt abgeleitet werden. Daher ist es erforderlich, heute erste Umsetzungsschritte einzuleiten.

Die Analyse der Kerngeschäftsprozesse hat gezeigt, dass vor allem Veränderungen in den Prozessen Produktentwicklung, Akquisition/Underwriting und Rückversicherung zu erwarten sind. Im Rahmen der Produktentwicklung sind Risikokapitalkosten und Erträge zu berücksichtigen. Des Weiteren wird die Rückversicherung verstärkt in den Prozess einzubeziehen sein. Im Prozess Akquisition/Underwriting wird die Risikoselektion und Risikotragfähigkeit eine noch stärkere Rolle einnehmen. Darüber hinaus werden auch die Provisionierung und die Vertriebssteuerung stärker als bisher Risikokapitalaspekte berücksichtigen müssen. Das Assetmanagement wird im Rahmen der Anlagepolitik verstärkt die versicherungstechnische Seite (Asset Liability Management) einbeziehen müssen. Es ist zu erwarten, dass sich die Rolle der Rückversicherung verändern wird. Sie wird verstärkt als Instrument zur Stabilisierung der Ergebnisvolatilität und zur Reduktion des Risikokapitalbedarfs schon im Rahmen der Produktentwicklung implementiert werden.

Da unter Solvency II eine risikoadjustierte Performancemessung verstärkt in den Vordergrund treten wird, werden sich Änderungen im unterstützenden Geschäftsprozess Unternehmensführung und -steuerung und Controlling ergeben. Da Risikosteuerung im Rahmen des Risikomanagementprozesses eine Strukturierung bestehender Verantwortungsbereiche voraussetzt, werden Versicherer Verantwortungsbereiche für eine Erfolgszurechnung an abgegrenzte Organisationseinheiten neu definieren. In fast allen Geschäftsprozessen werden sich die Anforderungen an das Personal verändern. Hier werden die Unternehmen Schulungsmaßnahmen durchführen, entsprechend qualifiziertes Personal nachfragen oder auf externe Beratung zurückgreifen müssen.

Die große Herausforderung für die Informationstechnologie besteht darin, Insellösungen zu beseitigen und Strukturen zu schaffen, die eine regelmäßige, flexible und standardisierte Aufbereitung unternehmensbezogener Kennzahlen für steuerungsrelevante Entscheidungen und für die Berichterstattung an Aufsichtsrat, Aktionäre, Ratingagenturen, Aufsichtsbehörden und die interessierte Öffentlichkeit leisten können. Die Anforderungen von Solvency II bieten die Chance, dass Versicherungsunternehmen bestehende Prozesse überprüfen und mögliche Ineffizienzen beseitigen, um letztlich entscheidende wettbewerbspolitische Vorteile generieren zu können.

Literatur

ACCENTURE (2002): Informationstechnologie als Wettbewerbsfaktor. Die strategische Bedeutung von IT-Investitionen und Versicherungsunternehmen. Eine Umfrage in Deutschland, Österreich und der Schweiz, Studie von accenture und dem Institut für Versicherungswirtschaft an der Universität St. Gallen, 2002.

BEA, F.X./GÖBEL, E. (2002): Organisation. Theorie und Gestaltung, 2. Auflage, Stuttgart 2002.

BITTERMANN, L./LUTZ, A. (2003): Parallelen im Risikomanagement von Banken und Versicherungen, in: Versicherungswirtschaft 6/2003, S. 391–393.

BITTNER, A./TRAPP, J. (2004): Die Mühen der Ebenen. Auswirkungen von Solvency II und IAS/IFRS auf den Vertrieb, Versicherungswirtschaft 11/2004, S. 815–818.

FARNY, D. (2000): Versicherungsbetriebslehre, 3. Auflage, Karlsruhe 2000.

GDV (2004): Zwischenbericht der AG „Auswirkungen von IAS/IFRS und Solvency II auf Produktgestaltung, Tarifierung und Verbandsstatistiken", Berlin, Juli 2004.

HASSEL, P., KASPROWICZ, T. (2004): Das Top-Thema der Branche zwingt zu schneller Aktion, Versicherungsbetriebe 3/2004, S. 14–15.

HEISTERMANN, B. (2004): Auswirkungen von Solvency II auf die Versicherungswirtschaft, IVK, 23.01.2004.

IBM (2004): Solvency II – Herausforderungen für die europäische Versicherungswirtschaft, Köln, Dezember 2004.

SWISS RE (2004): Die Auswirkungen der IFRS auf die Versicherungswirtschaft, in: sigma 7/2004, Zürich 2004.

O.V. (2004): Solvency II: Standardsysteme für die Kleinen, in: Versicherungswirtschaft, 10/2004, S. 771–772.

SCHRADIN, H. (2004): Integrierte Steuerung dient zuerst Unternehmenszwecken, in: FAZ, 13.12.2004, S. 20.

SCHRADIN, H. (2003): Entwicklung der Versicherungsaufsicht, in: ZVersWiss 2004, S. 611–664.

VANDERSCHELDEN, B. (2004): IT-Systeme im Asset-Management – Der Handlungsdruck wächst, Versicherungsbetriebe 3/2004, S. 34–35.

Teil IV

Finanzkonglomerate, Banken und
Entwicklungen im Ausland

Solvency II in internationalen Versicherungsgruppen

Jan Wicke / Christoph Jurecka

1. Solvenzregulierung im Spannungsfeld von Vertrauensschutz und Regulierungskosten

2. Mehrfachregulierung von internationalen Versicherungsgruppen

3. Risikokapitalmanagement in einer internationalen Gruppe

4. Solvency II als Katalysator einer effizienteren Risikokapitalallokation in internationalen Gruppen?
    4.1 Regulierung der Gruppensolvabilität
    4.2 Berücksichtigung der Gruppenzugehörigkeit bei der Solo-Solvabilität

5. Ausblick

Literatur

1.   Solvenzregulierung im Spannungsfeld von Vertrauensschutz und Regulierungskosten

Das Risikomanagement von Unternehmen im Allgemeinen und von Versicherern im Besonderen ist derzeit Gegenstand politischer Diskussionen und regulatorischer Aktivitäten. Ausgelöst wurde das öffentliche Interesse einerseits von Bilanzskandalen wie der Enron-Pleite, durch die die Veröffentlichungspflichten für kapitalmarktorientierte Unternehmen drastisch verschärft und erweitert wurden, insbesondere in Bezug auf das Risikomanagement. Andererseits führte die wirtschaftliche Schieflage der Equitable Life in Großbritannien und der Mannheimer Versicherungsgruppe in Deutschland zu einer kritischen Reflexion der Regulierung von Versicherern[1] und zu Ad-hoc-Überarbeitungen von nationalen Verordnungen zum Schutz der Versicherungsnehmer.

In diesem oft von der Tagespolitik bestimmten Umfeld wird in der EU seit 1999 an einem neuen Aufsichtssystem für Versicherer gearbeitet, dem Projekt Solvency II. Das gewachsene Aufsichtssystem Solvency I kann grob skizziert werden als ein System von lose harmonisierten, nur einen Rahmen setzenden europäischen Regeln, die durch nationale Bestimmungen zum Teil erheblich verschärft werden.[2] Das führt zur ungleichen Behandlung gleichartiger Versicherungen in den EU-Ländern. Darüber hinaus sind die Methoden, wie die Solvabilität in den einzelnen Mitgliedstaaten gemessen wird, nicht unproblematisch. Die zukünftige Solvenzaufsicht soll deshalb drei Prinzipien folgen:

- maximale Harmonisierung innerhalb der EU, um Wettbewerbsverzerrungen zu vermeiden oder zu begrenzen,

- Risikoadäquanz als Maßstab für das Solvenzkapital und

- Transparenz.

Mitte 2003 wurde die erste Phase des Projektes Solvency II abgeschlossen. Analog zur Bankenregulierung wurden drei Säulen mit Rahmenbedingungen definiert, die bis 2008 inhaltlich konkret ausgestaltet werden sollen.[3]

Bevor man die Auswirkungen der beabsichtigten Solvency-II-Regulierung für internationale Versicherungsgruppen untersucht, sollte man nach dem Zweck der Regulierung fragen. Ganz allgemein formuliert bieten Versicherer ihren Kunden gegen Prämie einen Risikoausgleich

---

[1]   Vgl. z. B. Penrose Report (2004).
[2]   Eine Zusammenstellung der EU-Richtlinien findet sich auf der Homepage der BaFin, www.bafin.de.
[3]   Vgl. Schubert in diesem Band.

über ein Kollektiv an. Die Kunden müssen bei Vertragsschluss darauf vertrauen, dass der Versicherer im Leistungsfall seinen Verpflichtungen nachkommt. Der Zukunfts- und Risikobezug der Versicherung gestattet keine absolute Gewissheit. Das Vertrauen der Kunden in Versicherungsanbieter ist schützenswert und löst die Regulierung aus.[4] Ein geeigneter institutioneller Rahmen aus Gesetzen und Verordnungen sowie die dazugehörigen Informations- und Sanktionssysteme reduzieren nachhaltig die Wahrscheinlichkeit, dass ein Versicherer im Leistungsfall nicht zahlt.

Die Durchsetzung dieser Regulierung verursacht Kosten, die entweder den Versicherungsschutz für die Kunden verteuern oder die Renditen für die Versicherungsanbieter mindern. Die Kosten der Regulierung beschränken sich nicht auf direkt erfassbare Aufwendungen, etwa für die Entwicklung und den Betrieb von Risikomodellen, sondern entstehen vor allem durch entgangene Opportunitäten. Zum einen könnte das zur Sicherheit reservierte Risikokapital auch anders gewinnbringend verwendet werden, zum anderen beschränken Risikomanagementvorschriften die Handlungsspielräume: Formalistische Regulierungen behindern teilweise eine effizientere Diversifikation und verringern die Wertschöpfungspotenziale der Versicherung.

Ergebnis ist ein Spannungsfeld zwischen wünschenswertem Vertrauensschutz für die Versicherungskunden und den Kosten der Regulierung. Dieses Spannungsfeld ist bei international tätigen Finanzgruppen besonders ausgeprägt, weil sie in verschiedenen Ländern unterschiedlich und oft mehrfach reguliert werden.

2.   Mehrfachregulierung von internationalen Versicherungsgruppen

International tätige Versicherungsgruppen fallen auf Grund ihrer Tätigkeit in mehreren nationalen Märkten in den Zuständigkeitsbereich mehrerer Aufsichtsbehörden. Eine zweite Mehrfachregulierung ergibt sich, wenn Risiko- oder Fremdkapital über verschiedene nationale Kapitalmärkte beschafft wird. Die Problematik soll im Folgenden an einem konkreten Beispiel illustriert werden, der DBV-Winterthur Gruppe (DBV).

Die Aktien der DBV-Winterthur Holding AG werden zu rund 70 Prozent von der Winterthur Group (WGR) gehalten, die wiederum eine 100-prozentige Tochter der Credit Suisse Group (CSG) ist. Die übrigen Anteile an der DBV verteilen sich auf DBV Öffentlich-rechtliche Anstalt für Beteiligungen (25 Prozent plus eine Aktie) und Kleinaktionäre. Die DBV hält

---

4   Vgl. Schradin (2003).

ihrerseits 100 Prozent der Aktien der DBV Verzekeringen NV in den Niederlanden (DBV NL).

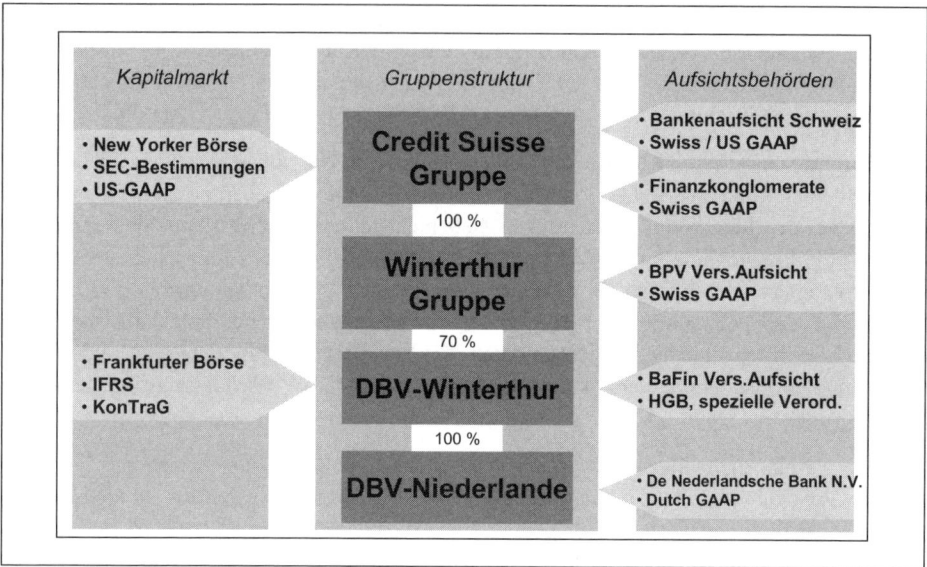

Abbildung 1: *Einflussnahmen auf Risikomanagement und Risikoberichterstattung*

Die Konzernobergesellschaft Credit Suisse ist an den Börsen in New York und Zürich notiert. Als Rechnungslegungsstandard gilt US-GAAP für den gesamten Konzern. Ab 2005 müssen die Bestimmungen des Sarbanes-Oxley-Acts eingehalten werden. Diese Vorschriften begründen umfangreiche formale Risikomanagement-, Dokumentations- und Veröffentlichungspflichten, die mit sehr hohen Strafandrohungen durchgesetzt werden. Der Aufwand für die Implementierung dieser Regeln betrug allein bei der DBV-Winterthur und ihren Töchtern rund 1 Prozent der gesamten Verwaltungskosten ohne Provisionen. Im Hinblick auf die laufende externe Berichterstattung wird infolge dieser Bestimmungen mit einem Anstieg der jährlichen Reportingkosten von rund 10 bis 15 Prozent gerechnet.

Die Credit Suisse hat darüber hinaus bankaufsichtsrechtliche Regelungen einzuhalten, die unter anderem sicherstellen sollen, dass alle Geschäftsrisiken adäquat mit Kapital unterlegt sind. Und da sie sich wie die meisten Banken früher als die Versicherungsgesellschaften mit der Entwicklung quantitativer Risikomodelle befassen und die Risiken ihrer Versicherungstochter in das Konzernrisikosteuerungssystem integrieren musste, ergibt sich eine im Vergleich zu Mitbewerbern relativ frühzeitige Entwicklung von quantitativen Risikomodellen bei der Winterthur. Die CSG hat ein konsistentes Maß für alle quantifizierbaren Risiken – auch die der Winterthur – nach dem Economic-Risk-Capital-Modell[5] eingeführt. Die in der Bank

---

5 Vgl. Abschnitt 3.

verwendete Methode wurde für Versicherungen adaptiert, regelmäßig ausgewertet und mit den Bankenrisiken konsolidiert.

Neben der Regulierung des Risikokapitals gelten für die CSG weitere qualitative Anforderungen, die sich aus der Beaufsichtigung von Banken und Finanzkonglomeraten ergeben und sich nicht zuletzt auf die DBV-Winterthur oder DBV-Niederlande auswirken. Als Beispiel sei nur die Meldepflicht für gruppeninterne Transaktionen genannt.

Die Winterthur-Gruppe bündelt das Versicherungsgeschäft der CSG. Das Schweizerische Bundesamt für Privatversicherungen (BPV) in Bern übt die konsolidierte Gruppenaufsicht aus. Über die „Winterthur Risk Management Policy" werden dessen Anforderungen an die DBV weitergereicht. Sie verlangt neben organisatorischen Vorkehrungen (z. B. das Risk Management Committee als gruppeneinheitliches Risikogremium) auch einheitliche Standards, etwa für das Asset Liability Management. Diese Regelungen ergänzen jene aus dem einschlägigen BaFin-Rundschreiben R29/2002.

Die auf Winterthur-Ebene notwendige, gruppenweit einheitliche Methodik der quantitativen Modelle gewinnt besondere Bedeutung durch den Swiss Solvency Test (SST): Das BPV hat unter Mitarbeit der großen Schweizer Versicherungen mit dem SST ein neues Solvenzsystem entwickelt, das in der Schweiz voraussichtlich 2006 in Kraft treten wird. Es beinhaltet viele Elemente, die in ähnlicher Form auch für Solvency II erwartet werden, z. B. die Möglichkeit, zur Bemessung des Solvenzkapitals ein Standardmodell oder ein internes Modell zu verwenden. Obwohl die Kompatibilität mit den Solvency-II-Vorschriften für die Entwicklung des SST zentral war, ist nach wie vor offen, inwieweit er tatsächlich mit diesen vereinbar sein wird, denn die Solvency-II-Regelungen liegen noch nicht vor.

Die DBV-Winterthur Holding AG ist als Obergesellschaft des deutschen Konzerns an der Frankfurter Börse notiert. Damit ist ab 2005 ein IFRS-Konzernabschluss aufzustellen: Die Bestimmungen des KonTraG finden Anwendung und schlagen sich im deutschen Konzerngeschäftsbericht nieder, z. B. in einer ausführlichen Risikoberichterstattung gemäß DRS 5-20.[6] Schon die geforderte Verwendung eines von US-GAAP abweichenden Rechnungslegungsstandards führt dazu, dass an Risikomodelle und Berichterstattung andere Anforderungen gestellt werden, als sie sich über die CSG aus der amerikanischen Börsenzulassung ergeben. Im Ergebnis sind parallele Kontroll- und Reportingsysteme zu unterhalten, die inhaltlich oft sehr ähnliche Ziele verfolgen.[7]

Aufsichtsrechtlich wird die DBV-Winterthur als überwiegend deutscher Versicherungskonzern durch die BaFin reguliert. Es gelten die aktuellen Solvabilitäts- und Gruppensolvabilitätsanforderungen sowie die zahlreichen Verordnungen zum Risikomanagement (z. B. R29/2002). Reportingstandard ist das HGB, sofern nicht ergänzend auf Marktwerte zurückgegriffen wird. Inhaltlich sind die BaFin-Regelungen etwa mit den Schweizer Vorschriften durchaus kompatibel, in der formalen Ausgestaltung bestehen jedoch regelmäßig Unterschiede.

---

6   Vgl. DBV-Winterthur Geschäftsbericht 2003, S. 44–53.
7   Vgl. zu unterschiedlichen Reportingstandards bei Versicherungen grundsätzlich Schöllhammer (2003), S. 83 ff.

Am unteren Ende der Konsolidierungskette befindet sich die DBV Niederlande Gruppe. Sie wird, derzeit noch nach dem niederländischen Rechnungslegungsstandard, von der De Nederlandsche Bank reguliert. Da die DBV Niederlande sowohl in die DBV-Winterthur und Winterthur Gruppe als auch in den Konsolidierungskreis der CSG einbezogen ist, muss sie alle Standards der übergeordneten Gesellschaften adaptieren. Bei ihr kumulieren sich daher die verschiedenen Risikomanagementanforderungen und Berichtspflichten.

Der heutige Zustand der Solvenzregulierung kann an den Mindestkapitalvorschriften exemplifiziert werden. Solo-Solvabilitäten sind für alle einzelnen Versicherungsgesellschaften zu ermitteln und beruhen regelmäßig auf der jeweiligen nationalen Rechnungslegung, oft noch verbunden mit landesspezifischen Besonderheiten bei der Anrechnung (z. B. die freie Rückstellung für Beitragsrückerstattung in der deutschen Lebensversicherung). Gruppensolvabilität ist auf allen drei Stufen nachzuweisen (Schweiz, Deutschland und mit Erleichterungen in den Niederlanden). Die Anforderungen an Hybridkapital, das auf die Mindestkapitalausstattung angerechnet werden darf, unterscheiden sich in allen drei nationalen Systemen.

Im Ergebnis stellen die unterschiedlichen kapitalmarktorientierten und aufsichtsrechtlichen Anforderungen an das Risikomanagement auf den verschiedenen Ebenen des Konzerns zunächst einmal einen erheblichen Mehraufwand dar, der durch eine ausreichende Anzahl von Mitarbeitern im Risikomanagement zur parallelen Entwicklung und Pflege der Modelle aber erbracht werden kann. Als Vorteil ist immerhin zu nennen, dass sich die Mitarbeiter auf unterschiedlichen Ebenen mit ähnlichen Fragestellungen beschäftigen, so dass ein intensiver Austausch unter Umständen die Qualität aller Modelle verbessert und auf jeden Fall das Gesamtverständnis des Risikomanagements vertieft.[8] Dabei müssen Modelle, die auf CSG-Ebene Zahlen für die weltweite Konsolidierung liefern, die Spezifika beispielsweise der deutschen Krankenversicherung nicht in demselben Detaillierungsgrad abbilden, wie die Modelle zur tatsächlichen Aussteuerung der Kapitalanlagen vor Ort.

Die Gesamteffizienz der Regulierung ist trotzdem kritisch zu bewerten. Der Grenznutzen eines zusätzlichen Risikomanagementsystems nimmt immer stärker ab, je mehr Systeme bereits bestehen. Insgesamt erzeugt die Regulierung eine Komplexität in der Gruppensteuerung, die schon durch Abstimm- und Erläuterungsarbeiten zwischen unterschiedlichen Konzernbereichen zu Ineffizienzen und suboptimalen Managemententscheidungen führt. Darüber hinaus be- bis verhindern die unterschiedlichen Vorschriften oft eine sinnvolle länderübergreifende Diversifikation und mindern dadurch die Wertschöpfungspotenziale der Versicherungen. Es stellt sich deshalb die Frage, ob Vertrauensschutz für Versicherungsnehmer und Aktionäre nicht durch eine effizientere Regulierung erreicht werden kann.

---

8   Materielle Ergebnisse der konzernweiten Zusammenarbeit sind z. B. die Weiterentwicklung der Asset-Liability-Management-Ansätze für die deutsche Lebensversicherung, die auf eine bessere Berücksichtigung von Optionalitäten abstellen. Vgl. Oechslin et al. (2004), Herr (2004).

3.   Risikokapitalmanagement in einer internationalen Gruppe

Viele internationale Finanzdienstleistungsgruppen haben in den vergangenen Jahren interne Risikosteuerungsmodelle entwickelt, die quantifizierbare Gefahren vollständig und konsistent erfassen. Sie dienen einerseits zur Überwachung und Steuerung der Risikoexposures, andererseits soll so die Kapitalstruktur der Gruppen optimiert werden. Die Modelle unterstützen die Darstellung der Kapitaladäquanz gegenüber Ratingagenturen und die Kapitalmarktkommunikation. Im Unterschied zu aufsichtsrechtlich getriebenen Modellen handelt es sich um Ansätze, die in der Regel von nationalen Rechnungslegungsstandards abstrahieren und auf eine rein ökonomische Risikobetrachtung abstellen.

In der Credit Suisse wird, wie erwähnt, das ökonomische Risikokapital oder Economic Risk Capital (ERC) gemessen und gesteuert. Mit ERC werden alle Risiken anhand ihres ökonomischen Verlustpotenzials gemessen, unabhängig von deren buchhalterischen oder aufsichtsrechtlichen Behandlung. ERC wird hierbei folgendermaßen definiert: Das ökonomische Risikokapital (ERC) ist der Betrag an ökonomischem Kapital, welcher sicherstellt, dass die Gruppe auch in außerordenlichen Markt-, Geschäfts- oder operationellen Situationen für ein bestimmtes vorgegebenes Solvenzniveau (d. h. Kreditrating, im Fall der CSG AA) zahlungs- und handlungsfähig bleibt.

ERC stellt in der Credit Suisse ein wichtiges Element im Risikokapitalbewirtschaftungs- und -planungsprozess dar. Es wird bei der gruppeninternen Rentabilitätsmessung berücksichtigt und bestimmt zu großen Teilen die Risikobudgetierung. Die Entwicklung des ERC-Modells läuft seit mehreren Jahren und wird vermutlich niemals abgeschlossen sein, weil immer neue Risikoprofile entstehen und in die Modelllandschaft integriert werden müssen. Mit dem ERC hat sich die CSG intern auf eine gemeinsame Sprache verständigt, mit der Risiken beschrieben werden. Das verbessert einerseits die Risikotransparenz und fördert andererseits den Austausch von einschlägigem Know-how. Die Winterthur Gruppe profitierte erheblich von den methodischen Vorarbeiten der Banksparte bei der Modellierung von Kapitalanlage- und Kreditrisiken und konnte umgekehrt ihr Fachwissen zu versicherungstechnischen Risiken, Szenario-Modellierung und Diversifikationsberechnungen einbringen.

Die Winterthur Gruppe verwendet den ERC-Ansatz intern analog zur Credit Suisse, und der nachhaltige Transparenzgewinn hat ihr Risikomanagement erheblich verbessert. Der wichtigste Erkenntnisgewinn aus der ERC-Analyse des Winterthur-Gesamtrisikos lässt sich in folgenden drei Aussagen festhalten:

▪ In Personenversicherungen hängt das Gesamtrisiko weit überwiegend von den Kapitalanlagerisiken ab, während im Bereich Property & Casualty (P&C) die versicherungstechnischen Risiken dominieren.

■ Im Gegensatz zu klassischen aufsichtsrechtlichen Kapitalanforderungen (Solvabilität) spielen Diversifikationseffekte zwischen Risikokategorien, Rechtsträgern und Ländern eine große Rolle.

■ Innerhalb der Kapitalanlageportefeuilles der Versicherer führen nationale Anlageverordnungen teilweise zu Klumpenrisiken (z. B. bei den Collaterals) und folglich zu suboptimalen Diversifikationsergebnissen.

Das ERC-Modell erlaubt der Winterthur Gruppe, das Soll-ERC einer Gruppengesellschaft jeweils mit dem tatsächlichen vorhandenen ökonomischen Risikokapital abzugleichen und daran abzulesen, ob die einzelne Gruppengesellschaft bei konstanter Fortführung ihres Risikoprofils, gemessen an den Bestimmungen des Modellansatzes, über- oder unterkapitalisiert ist. Diese Gegenüberstellung erfolgt grundsätzlich auf jeder Konsolidierungsstufe.

Positionsrisiko-Trends in Mio. CHF	Credit Suisse Group*		
	31.12.2003	31.12.2002	31.12.2001
Zinssatz-, Zinsrisikoprämien-, Wechselkursrisiko ERC	3.222	3.125	4.082
Aktienpreisrisiko ERC	2.631	3.882	10.998
Kreditgeschäft Schweiz ERC	1.831	2.097	2.310
Internationales Kreditgeschäft ERC	2.662	3.857	4.011
Emerging Markets ERC	1.699	1.900	2.595
Immobilienpreis ERC und strukturierte Produkte ERC	3.445	4.296	4.516
Versicherungsrisiko ERC	650	944	753
Summe über alle Risikokategorien	**16.140**	**20.101**	**29.265**
Diversifikationseffekt	(5.405)	(7.086)	(11.519)
Total Positionsrisiko ERC	**10.735**	**13.015**	**17.746**

Quelle: CSG (2003), S. 76
Abbildung 2:   *Economic Risk Capital der Credit Suisse Group*

Daneben gestattet das Modell in der gruppeninternen Steuerung, die Renditeziele für die Gruppengesellschaften in Verbindung mit ihrem Verbrauch an Risikokapital zu diskutieren. Damit unterstützt der ERC-Ansatz den modellhaften Aufbau eines gruppeninternen Kapitalmarkts. Die Konzernobergesellschaft als zentrale Kapitalvergabestelle entscheidet anhand eigener Risiko- und Renditeziele, wie sie das Kapital in der Gruppe verteilt. Die operativen Gruppengesellschaften hingegen konkurrieren intern um das knappe Risikokapital und müssen dessen Zuordnung mit adäquaten Ergebnisbeiträgen rechtfertigen, die nicht nur die Kapitalkosten tragen.

Die Ergebnisse des ERC-Modells sind also für die Diskussion von Renditezielen für Gruppengesellschaften durchaus sinnvoll einsetzbar. Aber die praktische Risikokapitalbemessung innerhalb der Versicherungsgruppe kann den Indikationen des Modells nur sehr begrenzt folgen – dazu sind die nationalen Bestimmungen hinsichtlich des Mindestkapitals und des Transfers von Risikokapital von einer Einheit auf die andere zu restriktiv.

Die größte praktische Relevanz hat die ERC-Messung in der regelmäßigen Risikoüberwachung, denn sie signalisiert zuverlässig die Veränderung des Risikoprofils über die Zeit. In der Risikobudgetierung und -steuerung ist der ERC-Ansatz jedoch nur begrenzt nutzbar, denn er blendet aufsichtsrechtliche und bilanzielle Anforderungen zugunsten einer rein ökonomischen Betrachtung aus. So verwendet z. B. die DBV-Winterthur intern zusätzliche eigene Modelle, um den Umgang mit Risikorestriktionen aus der HGB-Bilanzierung oder anderen lokalen Solvabilitäts- und Bedeckungsvorschriften zu steuern. Regelmäßig wird die Risikosteuerung praktisch von staatlichen Regulierungen bestimmt und nicht von dem ERC-Modell. Dies überrascht zunächst, da es mit seiner Ausrichtung am AA-Rating als sehr strenger Maßstab interpretiert werden kann. Das Ergebnis wird unter Einbeziehung von zwei Aspekten jedoch verständlicher: Einerseits ist die ERC-Modellierung in Teilen weiter zu verbessern, um die Realität adäquater abzubilden.[9] Andererseits ist dieses Ergebnis ein Indikator für eine ökonomische Ineffizienz der bestehenden Regulierung.

4. Solvency II als Katalysator einer effizienteren Risikokapitalallokation in internationalen Gruppen?

Zur Berechnung des Kapitalbedarfs gemäß Solvency II sind künftig zwei Verfahren möglich: Die Vorschriften sehen einerseits ein relativ einfaches risikobasiertes Standardmodell, andererseits den Einsatz interner Modelle vor. Vorausgesetzt, die Risikomodelle der internationalen Finanzgruppen wie das vorgestellte ERC-Modell entsprechen den Anforderungen der Aufsicht an interne Modelle, wäre die oben beschriebene Diskrepanz zwischen ökonomischem und aufsichtsrechtlichem Kapitalbedarf aufgelöst. Dies hätte nachhaltige Vorteile in der Risikosteuerung innerhalb der Versicherungsrechtsträger, die sich dann stärker an den ökonomischen Sachverhalten ausrichten können, ohne den Vertrauensschutz für die Versicherungsnehmer zu reduzieren.

---

9   Ohne hier den komplexen Modellaufbau im Detail beschreiben zu wollen, einige praktische Beispiele: Modellierung von RfB, Schwankungsreserve, Überschussmechanik oder Optionalitäten in Versicherungsverträgen.

Weitgehend ungeklärt ist jedoch der Einsatz von internen Risikomodellen bei nationalen und internationalen Versicherungsgruppen. Einerseits ist die Regulierung der Gruppensolvabilität noch zu definieren, andererseits ist offen, ob und inwieweit die Zugehörigkeit eines Versicherers zu einer Finanzgruppe positiv bei der Solo-Solvabilität berücksichtigt werden kann. Beide Fragen müssen im Rahmen des weiteren Projektverlaufs von Solvency II beantwortet werden.

4.1   Regulierung der Gruppensolvabilität

Aktuell beschränken sich die aufsichtsrechtlichen Regelungen zu Versicherungsgruppen auf Anforderungen zur Berechnung der bereinigten Solvabilität[10], um „double gearing" von Kapital zu verhindern. Für die Winterthur werden diese Gruppensolvabilitätszahlen auf den Ebenen Winterthur, DBV-Winterthur Deutschland und DBV Niederlande ermittelt und an die jeweilige Länderaufsicht übermittelt. Zusätzlich stehen seit 2002 Finanzkonglomerate im Fokus der Aufsicht.[11]

Bei der Berechnung der Gruppensolvabilität nach Solvency II wird die Berücksichtigung der Diversifikation entscheidend. In nationalen Versicherungsgruppen werden verschiedene Versicherungssparten in getrennten Rechtsträgern betrieben. Aus dem Blickwinkel von Solvency II stellt sich die Frage, ob Diversifikationseffekte zwischen einer Lebens- und einer Schadengesellschaft positiv bei der Bemessung des Risikokapitals für die nationale Gruppe berücksichtigt werden dürfen. Mit den ERC-Modellen lassen sich solche Effekte regelmäßig belegen. Noch viel weitergehender sind die Diversifikationseffekte bei international tätigen Gruppen. Es bestehen erhebliche Diversifikationsvorteile in den P&C-Sparten, wenn Geschäft geografisch über mehrere Länder verteilt betrieben wird. Die Diversifikationseffekte in der Lebensversicherung sind weniger ausgeprägt, weil hier das Hauptrisiko – das Kapitalanlagerisiko – in der Regel bereits eine gewisse internationale Diversifikation auf der Ebene der nationalen Ländergesellschaft berücksichtigt. Die Diversifikationsvorteile in den P&C-Sparten sind größer, weil z. B. Ereignisse wie Stürme, Glatteis und Hagel regional begrenzt sind.

Unter dem Aspekt des Vertrauensschutzes ist zu beachten, dass Diversifikationseffekte ausreichend vorsichtig bemessen werden. Eine aufsichtsrechtliche Überprüfung der internen Modelle sollte einen Schwerpunkt insbesondere auf diesen Aspekt legen, um zu verhindern, dass unzureichende Modellannahmen oder zu optimistisch gewählte Parameter den Schutz der Versichertengemeinschaft unterlaufen.

---

10   Vgl. EU-Richtlinie 98/78/EG, SolBerV, §§104a–104i VAG.

11   Vgl. EU-Richtlinie 2002/87/EG, Finanzkonglomeraterichtlinie-Umsetzungsgesetz. Die Bedeutung von Fragen der Gruppenaufsicht wurde im Rahmen des Projekts Solvency II in der zweiten Welle des „Call for Advice from CEIOPS (Committee of European Insurance and Occupational Pensions Supervisors)" am 11. Oktober 2004 berücksichtigt, vgl. European Commission (2004).

4.2   Berücksichtigung der Gruppenzugehörigkeit bei der Solo-Solvabilität

Tief verankert in der deutschen Versicherungsgesetzgebung ist das Spartentrennungsprinzip gemäß § 8 Abs. 1a VAG, nach dem die Erlaubnis zum Betrieb der Lebens- bzw. Krankenversicherung und die Erlaubnis anderer Versicherungssparten sich für einen Rechtsträger ausschließen. Dies führt dazu, dass bei Solvabilitätsberechnungen gemäß Solvency I traditionell Leben und Schaden getrennt berechnet werden. Etwaig vorhandene Diversifikationseffekte können so aktuell bei der Solo-Solvabilität nicht angesetzt werden.

Bei Solvenzberechnungen gemäß Solvency II sollte eine Anrechnung von gruppeninternen Diversifikationseffekten auch auf Ebene der Solo-Solvenz möglich sein, könnten so doch die ökonomischen und nicht die rechtlichen Gegebenheiten abgebildet werden. Zunächst wäre von der Aufsicht wie bei der Gruppensolvabilität vorrangig die Modellierung der Diversifikationseffekte einschließlich der Aufteilung auf die verschiedenen Rechtsträger zu prüfen, darüber hinaus aber auch zu beachten, ob belastbare Garantien oder Rückversicherungsverträge innerhalb der Gruppe vorhanden sind. Sie müssten einen Kapitaleinschuss der Schwester- oder Muttergesellschaften in die Einzelgesellschaft sicherstellen, wenn vorher auf Grund der Gruppenzugehörigkeit ein um Diversifikationsvorteile verringertes Risikokapital bei der Aufsicht geltend gemacht wurde. Durch diesen Ansatz wäre ein effizientes Kapitalmanagement mit einem starken Fokus auf die Gruppensolvabilität und relativ knapper Aussteuerung der Solo-Solvabilitäten der Einzelgesellschaften erleichtert, ohne den Vertrauensschutz der Versicherten auszuhöhlen.

5.   Ausblick

Solvency II bietet internationalen Finanzkonglomeraten große Chancen, wenn die Prinzipien der Harmonisierung, der Risikoadäquanz, der Gesamtsolvabilität und der Transparenz bei der Ausgestaltung durchgehalten werden. In diesem Fall kann insbesondere die internationale Diversifikation bei den Mindestkapitalanforderungen berücksichtigt werden. Ökonomisch werden die richtigen Anreize gesetzt, um die Diversifikation in Versicherungsgruppen auf neue Qualitätsniveaus zu bringen. Die nationalen Regulierungsentwürfe im Vorgriff auf die finale Ausgestaltung von Solvency II wecken jedoch Skepsis, inwieweit die angestrebten Ziele erfüllt werden. Die Abschaffung von ineffizienten nationalen Regulierungsvorschriften wird vermutlich in der Durchsetzung schwierig. Politisch sind die Aufsichtsbehörden sehr leicht dem populistischen Vorwurf auszusetzen, dass sie zugunsten der Versicherer den

Verbraucherschutz reduzieren, selbst wenn die zur Abschaffung vorgesehenen Regulierungs-bestimmungen keinen zusätzlichen Nutzen für die Kunden stiften. Man darf daher gespannt sein, ob Solvency II am Ende des politischen Prozesses nicht nur einfach eine zusätzliche Regulierung begründet. Zu hoffen ist, dass mit Solvency II die Chance zu einer effizienteren Regulierung genutzt wird.

Literatur

CSG (2003): Credit Suisse Group. Geschäftsbericht 2003.

DBV (2003): DBV-Winterthur. Geschäftsbericht 2003.

EUROPÄISCHE KOMMISSION (2004): Draft Second Wave Calls for Advice from CEIOPS and Stakeholder Consultation on Solvency II (MARKT/2515/04).

HERR (Hrsg.) (2004) Implizite Finanzoptionen. Schriftenreihe Angewandte Versiche-rungsmathematik, Karlsruhe 2004.

OECHSLIN ET AL. (2004): Incoporating policyholder expectations into ALM, in: Risk Magazine 2004, S. 99–103, deutsche Fassung in: Versicherungswirtschaft 21/2004, S. 1626 ff.

PENROSE REPORT (2004): Report on the Equitable Life Inquiry, www.hm-treasury.gov.uk ./media/953/33/penrose_prelimhs.pdf.

SCHÖLLHAMMER (2003): Financial Reporting by Insurers, Bamberg 2003.

SCHRADIN, H. (2003): Mitteilungen des Instituts für Versicherungswirtschaft an der Universität zu Köln, Abteilung Versicherungswirtschaft 3/2003, S. 613–664.

Basel-II-Rahmenwerk: Ein Meilenstein der Bankenaufsicht

Hermann Schulte-Mattler / Thorsten Manns

1.   Der Weg zum Basel-II-Rahmenwerk

Im Jahr 1988 wurde am Sitz der Bank für Internationalen Zahlungsausgleich die Baseler Eigenkapitalübereinkunft unterzeichnet (Basel I).[1] Das Abkommen wurde vom Baseler Ausschuss für Bankenaufsicht mit dem Ziel ausgearbeitet, die Stabilität des internationalen Finanzsystems durch weltweit gültige Eigenkapitalvorschriften für Kreditinstitute zu verbessern.[2] Die Regelungen von Basel I sind in die nationalen Bankaufsichtsvorschriften von über einhundert Ländern eingeflossen und haben dadurch sicherlich zur Stabilität der Finanzmärkte beigetragen.

Basel I ist als erster international einheitlicher Eigenkapitalgrundsatz für Kreditrisiken (einschließlich der Risiken aus traditionellen und derivativen bilanzunwirksamen Geschäften) ein Meilenstein der Bankenaufsicht. Es war die Blaupause für die europäische Harmonisierung des Bankaufsichtsrechts, da die wesentlichen Inhalte von Basel I in die drei im Jahre 1989 verabschiedeten zentralen EU-Normen übernommen wurden (Zweite Bankrechtskoordinierungs-, Eigenmittel- und Solvabilitätsrichtlinie). Im Jahr 1992 wurden die Regelungen in der Bundesrepublik Deutschland mit der 4. KWG-Novelle in nationales Recht transformiert.

Um mit den Innovationen eines rasant wachsenden Finanzmarktes Schritt halten zu können und Gestaltungsmissbräuchen unter den derzeitigen Regelungen entgegenzuwirken, hat der Baseler Ausschuss für Bankenaufsicht am 26. Juni 2004 unter dem Titel „International Convergence of Capital Measurement and Capital Standards, A Revised Framework"[3], kurz Basel II genannt, ein Papier zur Revision der Eigenkapitalempfehlung aus dem Jahre 1988 veröffentlicht. Mit der Revision von Basel I verfolgt der Baseler Ausschuss insbesondere das Ziel, durch die Berücksichtigung interner und externer Bonitätsbeurteilungen (Ratings) ein flexibleres System zur Erfassung und Unterlegung von Kreditrisiken zu schaffen. Die erste Anwendung der neuen Regelungen erfolgt für international tätige Banken zum 1. Januar 2007.

Der Weg zum Baseler Rahmenwerk begann am 3. Juni 1999. An diesem Tag legte der Baseler Ausschuss unter dem Titel „A New Capital Adequacy Framework" das Erste Konsultationspapier zur Stellungnahme vor. Am 16. Januar 2001 folgte die Veröffentlichung des Zweiten

---

[1]   Vgl. Baseler Ausschuss für Bankenbestimmungen und -überwachung (1988).

[2]   Der 1974 gegründete Baseler Ausschuss für Bankenaufsicht ist ein Gremium der G10-Bankaufsichtsbehörden. Die G10-Staaten umfassen die sieben führenden Industrienationen (Vereinigte Staaten von Amerika, Japan, Deutschland, Großbritannien, Frankreich, Italien und Kanada) sowie die Schweiz, Schweden, Belgien und die Niederlande. Es sind derzeit also elf Staaten beteiligt.

[3]   Vgl. Baseler Ausschuss für Bankenaufsicht (2004). Die Baseler Dokumente können von der Website der Bank für Internationalen Zahlungsausgleich heruntergeladen werden (http://www.bis.org).

und am 29. April 2003 des Dritten Konsultationspapiers.[4] In allen Papieren wurden eine Vielzahl von Stellungnahmen und Anregungen aus der Kreditwirtschaft aufgenommen.[5]

Die Baseler Arbeiten werden begleitet durch quantitative Auswirkungsstudien (Quantitative Impact Studies, QIS) zur Sammlung von Daten über die möglichen Wirkungen der neuen Regelungen auf die Eigenkapitalanforderung der Institute. So führte der Baseler Ausschuss vom 1. Oktober bis 20. Dezember 2002 seine QIS 3 zur „Feinkalibrierung" der Anrechnungssätze für Kreditrisiken und operationelle Risiken durch. Eine neue Evaluierung der Anrechnungssätze, die QIS 4, startete am 1. Dezember 2004 und wurde bis Ende Februar 2005 bei den nationalen Bankenaufsehern einzureichen. Dabei wurden in Deutschland und den USA bei einer Vielzahl von Instituten eine vollständige Datenerhebung durchgeführt, während in anderen Staaten nur Teilportfolien bzw. eine kleine Anzahl von Instituten untersucht wurden.

Die Bedeutung von bankaufsichtlichen Vorschriften und damit auch das Interesse der Öffentlichkeit an dem Thema Basel II besteht darin, dass sie maßgeblich die geschäftspolitischen Rahmenbedingungen der Kreditinstitute bestimmen, in dem sie in mehr oder minder restriktiver Form die Geschäfts- oder die Risikoübernahmemöglichkeiten begrenzen. Die Ergebnisse des Baseler Ausschusses werden grundsätzlich als Empfehlungen für international tätige Kreditinstitute veröffentlicht. Sie haben daher zwar keinen bindenden Charakter, werden aber regelmäßig in den Richtlinien der Europäischen Union übernommen. Im Unterschied zu den Baseler Empfehlungen müssen die Brüsseler Richtlinien formal in nationales Recht überführt werden. Die bankaufsichtlichen Richtlinien geben den nationalen Gesetzgebern Mindestnormen vor, d. h., die nationalen Vorschriften dürfen schärfer, aber nicht weicher gefasst sein.

Da auch die Europäische Union präzise, international kohärente und zeitgemäße Aufsichtsstandards für Kreditrisiken benötigt, hat sie seit November 1999 mit Beteiligten und Interessengruppen parallel zu den Baseler Arbeiten ebenfalls Konsultationen durchgeführt.[6] Mitte Juli 2004 hat die Europäische Kommission den diesbezüglichen Richtlinienvorschlag angenommen und veröffentlicht.[7] Die Inhalte orientieren sich weitestgehend an denen, die auch in den Baseler Papieren zu finden sind. Die EU-Vorschriften werden sowohl für Kreditinstitute als auch für Wertpapierhäuser gelten. Sie müssen verhältnismäßig sein, um der großen Vielfalt der Finanzinstitute in der EU umfassend Rechnung zu tragen.

Die EU-Änderungsrichtlinie wird in der angelsächsischen Presse als „Capital Adequacy Directive III" zitiert, kurz CAD III, obwohl genau genommen zwar die Kapitaladäquanzrichtlinie I und II angepasst werden, aber in der Hauptsache die Kodifizierungsrichtlinie geändert und erweitert wird. Die Kodifizierungsrichtlinie ersetzte im Jahr 2000 die Eigenmittel- und Solvabilitätsrichtlinie zusammen mit anderen bankaufsichtlich relevanten Richtlinien. Mit der CAD III (oder besser Kodifizierungsrichtlinie II) werden die Baseler Regelungen nicht nur für die international agierenden sondern für alle europäischen Kreditinstitute Geltung erlan-

---

4   Vgl. Baseler Ausschuss für Bankenaufsicht (1999), (2001) und (2003).
5   Vgl. Schulte-Mattler (1999a), (2001) und (2003).
6   Erstes, Zweites und Drittes EU-Konsultationspapier vom 22. November 1999, 5. Februar 2001 und 1. Juli 2003.
7   Vgl. Europäische Kommission (2004).

gen.[8] Die CAD III soll bis Ende 2005 erlassen werden, nachdem der legislative Prozess in der EU (Rat und Parlament) durchlaufen ist. Der Ecofin-Rat trifft hierzu die politische Entscheidung.

In der Bundesrepublik Deutschland ist gemäß Gesetz über das Kreditwesen (KWG) für die Umsetzung der internationalen Regelungen das Bundesministerium der Finanzen in Berlin und die Bundesanstalt für Finanzdienstleistungsaufsicht (BaFin) in Bonn zuständig. Das deutsche Bankaufsichtsrecht weist die Besonderheit auf, dass das haftende Eigenkapital eines Kreditinstituts als Referenzgröße im Gesetz selbst definiert wird (§ 10 KWG), während die Bemessung der Risiken und die Modalitäten der Relation zwischen Risiken und Kapital, also die Beurteilung der Angemessenheit der Eigenkapitalausstattung, Gegenstand des Eigenkapitalgrundsatzes I ist.[9] Die Aufsichtstriade Basel – Brüssel – Berlin/Bonn bestimmt damit die bankaufsichtlichen Normen der deutschen Kreditinstitute.[10]

Ziel dieses Beitrages ist es, im Überblick die wesentlichen Regelungsbereiche des Basel-II-Rahmenwerks darzustellen. Abschnitt 2 stellt die drei Säulen einer effektiven Bankenaufsicht dar, deren Struktur mit anderen Inhalten von Solvency II für die Versicherungsaufsicht übernommen worden ist. Die Baseler Methodik zur Quantifizierung von Kreditrisiken in den fortgeschritteneren Verfahren bildet den Schwerpunkt der Betrachtung. Abschnitt 3 schließt den Beitrag mit einer Zusammenfassung und kritischen Würdigung der Ergebnisse ab.

2.   Drei Säulen einer effektiven Bankenaufsicht

Das schützende Dach des neuen Hauses einer effektiven Bankenaufsicht, die die Stabilität der internationalen Finanzmärkte bewahren kann, ruht nach Ansicht des Baseler Ausschusses für Bankenaufsicht auf drei Säulen (Pillars), deren Einzelheiten nachstehend dargestellt werden:[11]

- ■ Mindeststandards quantitativer und qualitativer Art für die Eigenkapitalausstattung der Institute für Kreditrisiken und operationelle Risiken (Säule 1),

- ■ Bankaufsichtlicher Überprüfungsprozess der Adäquanz der Kapitalausstattung und des Risikomanagements eines Kreditinstitutes (Säule 2) und

- ■ Leitlinien für Offenlegungspraktiken zum Zweck einer Stärkung der Marktdisziplin durch erweiterte Transparenzvorschriften (Säule 3).

---

8   Vgl. Europäische Kommission (2001) und (2000).
9   Vgl. Schulte-Mattler (2004a).
10   Vgl. Schulte-Mattler (1997), (1998) und (1999b).
11   Vgl. Schulte-Mattler (2004b).

2.1 Eigenkapitalanforderungen für Kreditrisiken

Das Kreditrisikopotenzial eines Institutes wird – wie schon bei Basel I – an die Höhe seines Eigenkapitals gebunden, wobei sowohl die Definition des haftenden Eigenkapitals (Kern- und Ergänzungskapital) als auch die Mindesthöhe der Eigenkapitalunterlegung weitestgehend unverändert bleiben (Solvabilitätskoeffizient in Höhe von 8 Prozent). Sämtliche Eigenkapitalanforderungen sind auf konsolidierter Basis anzuwenden, wobei die BaFin auf eine parallele Einzelinstitutsaufsicht auch künftig nicht verzichten wird. Dadurch soll sichergestellt werden, dass die Eigenkapitalausstattung auf allen darunter liegenden Ebenen, bis hin zum einzelnen Institut, zufrieden stellend ist.

Nach der zentralen Eigenkapitalunterlegungsnorm darf das Verhältnis zwischen dem haftenden Eigenkapital (EK) eines Institutes und seinen mit dem Bonitätsgewicht des Schuldners (G) multiplizierten Risikoaktiva (RA) täglich 8 Prozent nicht unterschreiten. Mit dem Bonitätsgewichtungsfaktor wird die jeweilige Bemessungsgrundlage eines Geschäftes (B), d. h. die Höhe des risikobehafteten Betrages, entsprechend der Bonität des Geschäftspartners verändert. Bilanzunwirksame Geschäfte werden zuvor mittels eines geschäftsspezifischen Umrechnungsfaktors (U) in Kreditbeträge umgerechnet (Kreditäquivalenzbeträge), die mit dem Verlustrisiko von bilanzwirksamen Geschäften identisch sind:

$$\frac{EK}{RA \cdot G} \geq 8\% \text{ oder } EK \geq RA \cdot G \cdot 8\% = B \cdot U \cdot G \cdot 8\%$$

Die Frage, welches Bonitätsgewicht ein Institut einer Forderung nach den neuen Basel-II-Regelungen zuordnen muss, wird von der Bankenaufsicht durch die Festlegung von drei Methoden beantwortet. Im Standardansatz können die Institute zur Festlegung des Bonitätsgewichtes für die Schuldnerklassen Staaten, Institute und Nichtbanken auf die Kreditbeurteilungen von externen Ratingagenturen zurückgreifen.[12] Das Basisverfahren sowie das fortgeschrittene Verfahren, als Anwendungsbereiche interner Ratingansätze (Internal Ratings-Based Approach, IRB), bestimmen die Bonitätsgewichtungsfaktoren auf der Grundlage interner Ratings des Institutes und einer vorgegebenen kontinuierlichen Umrechnungsfunktion.

2.1.1 Standardansatz (externes Rating)

Im Standardansatz (Standardised Approach) können die Institute zur Festlegung des Bonitätsgewichtes auf die externen Kreditbeurteilungen von Ratingagenturen zurückgreifen (wie das Ratingsystem privater Ratinggesellschaften oder auf Länderrisikogewichtungen der Exportversicherungsagenturen der G10-Staaten). Die Verwendung externer Ratings bedarf der Zustimmung der jeweiligen Bankaufsichtsbehörde, die ihrerseits die Güte des Bonitätsbeurteilungssystems zu prüfen hat. Die Aufsicht legt die Bonitätsgewichtungsfaktoren für Schuld-

---

12   Vgl. Boos/Schulte-Mattler (2001).

nerklassen oder Forderungsarten und damit die Risikosensitivität in Abhängigkeit von der externen Bonitätseinstufung verbindlich fest (siehe Abbildung 1).

Kategorie	Fitch	Moody`s	S&P	Bonitätsgewichtungsfaktoren im Basel-II-Framework				
				Staaten	Banken			Unter-
					1. Option	2. Option	kurzf. Ford.	nehmen
Prime	AAA	Aaa	AAA	0	20	20	20	20
High	AA+	Aa1	AA+	0	20	20	20	20
Grade	AA	Aa2	AA	0	20	20	20	20
	AA-	Aa3	AA-	0	20	20	20	20
Upper-	A+	A1	A+	20	50	50	20	50
medium	A	A2	A	20	50	50	20	50
Grade	A-	A3	A-	20	50	50	20	50
Lower-	BBB+	Baa1	BBB+	50	100	50	20	100
medium	BBB	Baa2	BBB	50	100	50	20	100
Grade	BBB-	Baa3	BBB-	50	100	50	20	100
Low-grade	BB+	Ba1	BB+	100	100	100	50	100
Speculative	BB	Ba2	BB	100	100	100	50	100
	BB-	Ba3	BB-	100	100	100	50	100
Highly	B+	B1		100	100	100	50	150
Speculative	B	B2	B	100	100	100	50	150
	B-	B3		100	100	100	50	150
Substantial	CCC+		CCC+	150	150	150	150	150
Risk	CCC	Caa	CCC	150	150	150	150	150
Extremely	CCC-		CCC-	150	150	150	150	150
Speculative	CC	Ca	CC	150	150	150	150	150
	C	C	C	150	150	150	150	150
Default	DDD			150	150	150	150	150
	DD			150	150	150	150	150
	D		D	150	150	150	150	150
			unrated	100	100	50	20	100

Abbildung 1: *Bonitätsgewichte für Schuldner in der Baseler Standardmethode im Vergleich zu korrespondierenden Ratingsymbolen verschiedener Ratingagenturen*

Für Staatenforderungen, d. h. Forderungen an die Deutsche Bundesbank, EU-Institutionen, Zentralregierungen und Zentralbanken, sind in Abhängigkeit von der Beurteilung des Bonitätsrisikos durch eine externe Ratingagentur fünf verschiedene Gewichte vorgesehen. Durch diese Neuregelung wird die derzeitige grundsätzliche Privilegierung für Staaten und diesen gleichgestellten öffentlichen Stellen aufgegeben.

Grundsätzlich haben die Bankaufsichtsbehörden zwei Möglichkeiten bei der Ermittlung des Bonitätsgewichtungsfaktors für Bankenforderungen. Beim indirekten Ansatz (Option 1) bekommt das Institut den jeweils nächst höheren Bonitätsgewichtungsfaktor als die Zentralregierung, in dem das Institut ihren Sitz hat. Hat eine Zentralregierung ein Bonitätsgewicht von 100 Prozent oder mehr, werden diese für Bankenforderungen übernommen. Alternativ können auch Gewichte auf der Grundlage direkter Ratings verwendet werden (Option 2). Kürzerfristige Forderungen mit einer (vertraglichen) Ursprungslaufzeit unter drei Monaten, bei denen keine Prolongation üblich ist, erhalten innerhalb der Option 2 bei bestimmten Ratings günstigere Gewichte. In der Forderungsklasse Banken sind vier Bonitätsgewichtungsfaktoren vorgesehen (20, 50, 100 und 150 Prozent). Die deutschen Bankenaufseher werden wohl den indirekten Ansatz der Option 1 umsetzen.

Derzeit gilt die Regelung in Basel I wie auch im Grundsatz I, dass alle anzurechnenden Geschäfte oder bilanziellen Bestände, die nicht ausdrücklich einen privilegierten Anrechnungssatz erhalten, mit 100 Prozent anzurechnen sind. Dies sind im Wesentlichen (unbesicherte) Forderungen an Kunden (genauer: private Nichtbanken) sowie von privaten Nichtbanken emittierte Wertpapiere. Nach Basel II erhalten private Nichtbanken, die eine sehr gute Bonität aufweisen, niedrigere Gewichtungssätze als 100 Prozent (20 oder 50 Prozent). Demgegenüber werden Unternehmen mit sehr schlechter Bonität ein Gewicht in Höhe von 150 Prozent erhalten. Neben den Schuldnergewichten werden auch Bonitätsgewichte für bestimmte Geschäftsarten vorgesehen, bei denen regelmäßig ein geringeres Ausfallrisiko unterstellt wird (wie 35 Prozent für wohnwirtschaftliche Realkredite, 75 Prozent für das Retailgeschäft).

Ein vereinfachter Standardansatz (Simplified Standardised Approach) ist insbesondere für die Nicht-G10-Länder vorgesehen. Bei diesem wird bei allen Forderungen mit der Ausnahme von verbrieften Forderungen weitgehend auf ein externes Rating verzichtet. Forderungen an Nichtbanken erhalten ein pauschales Bonitätsgewicht in Höhe von 100 Prozent. Bei Forderungen an Staaten und deren Zentralbanken richtet sich das zuzuordnende Bonitätsgewicht nach den Länderrisikogewichtungen der Exportversicherungsagenturen der G10-Staaten. Das Bonitätsgewicht für Forderungen an Banken orientiert sich am Gewicht des Sitzlandes. Allen anderen Forderungen wird ein Gewicht in Höhe von 100 Prozent zugeordnet.

2.1.2 IRB-Ansatz (internes Rating)

Die wohl bedeutendste Änderung im Basel-II-Rahmenwerk ist die Zulassung bankinterner Ratings bei der Ermittlung der Bonitätsgewichte. Basisverfahren (Foundation Approach) und fortgeschrittenes Verfahren (Advanced Approach) bestimmen die Bonitätsgewichte der Schuldnerklassen oder Kreditarten auf der Grundlage interner Ratings der jeweiligen Institute und einer vorgegebenen kontinuierlichen Umrechnungsfunktion (IRB-Formel). Die Anerkennung der institutsinternen Ratingverfahren setzt die Verwendung der Baseler Ausfalldefinition voraus. Danach ist ein Schuldner als ausgefallen zu betrachten, wenn eines oder beide der folgenden Ereignisse eintritt/eintreten: Es ist unwahrscheinlich, dass der Schuldner seine Zahlungsverpflichtungen (wie Zins und Tilgung) voll erfüllen kann (Unlikeliness to Pay) oder der Schuldner ist mit einer Zahlungsverpflichtung mehr als 90 Tage in Verzug.

Besitzt ein Institut das Einverständnis der Bankenaufsicht zur Anwendung eines IRB-Verfahrens muss es die Forderungen des Anlage- und Handelbuchs konsistent in vordefinierte Klassen einordnen (Staaten, Institute, Nichtbanken, Retailgeschäft und Beteiligungsbesitz). Für diese Forderungsklassen bestehen jeweils spezifizierte Risikoparameter und damit ratingabhängige Bonitätsgewichtungsfaktoren sowie quantitative und qualitative Mindestanforderungen für ihre Anwendung. Aus Gründen der Übersichtlichkeit werden im Folgenden nur die Forderungsklassen private Nichtbanken (Corporates), Institute (Banks) und Staaten (Sovereigns) betrachtet, da diese in den IRB-Verfahren grundsätzlich gleich behandelt werden.

Bei der Berechnung eines risikosensitiven Bonitätsgewichtungsfaktors im IRB-Ansatz sind jeweils vier Risikoparameter zu berücksichtigen:

- Forderungsbetrag bei Ausfall (Exposure at Default, EAD): Bei dieser Größe geht es im Wesentlichen um die Festlegung des schon erwähnten Umrechnungsfaktors (U) für eine Forderung, der im Baseler Papier auch Credit Conversion Factor (CCF) genannt wird. Die Multiplikation des Exposures (E) – genauer der Bemessungsgrundlage (B) – mit dem Umrechnungsfaktor (U) ergibt den Exposure at Default in Geldeinheiten (EAD), der in der Baseler Standardmethode Risiko(äquivalenz)betrag oder Risikoaktiva (RA) genannt wird $(EAD = RA = B \cdot U = E \cdot CCF)$.[13]

- Ausfallwahrscheinlichkeit der Ratingkategorie des Kreditnehmers (Probability of Default, PD): Die Größe PD_i schätzt die Wahrscheinlichkeit, dass ein (hypothetischer) Kreditnehmer i aus einer bankintern spezifizierten Ratingklasse in einem (angenommenen) Zeitraum von einem Jahr ausfällt. Als Mindestgröße für den von den Kreditinstituten zu schätzenden PD-Wert legt die Bankenaufsicht für Forderungen an private Nichtbanken und an Institute einen Wert in Höhe von 3 Basispunkten fest.[14]

- Verlust bei Ausfall (Loss given Default, LGD): Jedem Schuldner wird ein bestimmtes Rating zugeordnet und damit auch nur ein bestimmter Wert für die PD. Der LGD-Wert (in Prozent) ist die Schätzung des durchschnittlichen Verlustes pro Einheit eines spezifischen Geschäftes (Exposure) bei Ausfall des Schuldners. Mit verschiedenen Exposures gegenüber einem Kontrahenten können demnach auch verschiedene LGD-Werte einhergehen. Nur im IRB-Basisverfahren gibt die Bankenaufsicht die LGD-Werte vor. So erhalten unbesicherte Forderungen und nicht anerkannte Sicherheiten einen LGD-Wert in Höhe von 45 Prozent. Nachrangige Forderungen an Unternehmen ohne ausdrücklich anerkannte Sicherheiten sind mit einem LGD-Wert in Höhe von 75 Prozent versehen.

- Restlaufzeit der Forderung (Maturity, M): Die maximale Zeitspanne, die dem Kreditnehmer zur vollständigen Erfüllung seiner vertraglichen Verpflichtungen (Rückzahlung der Kreditsumme, Zinsen, Gebühren) unter den Bedingungen des Kreditvertrags gewährt wurde, spielt bei der Quantifizierung des Kreditrisikos eine wichtige Rolle.

Im IRB-Basisverfahren schätzt das Institut lediglich die Ausfallwahrscheinlichkeit und greift bei den anderen drei Parametern auf die Vorgaben der Bankenaufsicht zurück. Im Fortgeschrittenen IRB-Verfahren muss ein Institut neben der Ausfallwahrscheinlichkeit auch die anderen drei Risikokomponenten intern schätzen. Wählt ein Institut eines der beiden IRB-Verfahren zur Berechnung der erforderlichen Eigenkapitalanforderung zunächst nur für bestimmte Forderungen, so muss es in einer überschaubaren Zeit den Ansatz auf alle bedeutsamen Forderungsklassen und Geschäftsbereiche ausweiten. Dazu wird die Bankenaufsicht zur

---

13 Die Gleichheit der Parameter B und E sowie U und CCF bezieht sich auf die finanzwirtschaftliche Definition. Durch die bankinternen Schätzungen im Fortgeschrittenen IRB-Verfahren können sich die numerischen Werte für die Parameter durchaus unterscheiden.

14 In der Forderungsklasse „Staaten" besteht kein PD-Floor in Höhe von 3 Basispunkten.

Genehmigung des internen Ratings einen Einführungsplan (Rollout Plan) des Institutes verlangen.

Der Baseler Ausschuss hat die Verwendung bankinterner Kreditrisikomodelle zur Bestimmung der Eigenkapitalanforderung auf Grund der nach Einschätzung der Aufsichtsbehörden noch nicht ausreichenden Daten- und Methodensituation zwar untersagt, verwendet aber ein „Merton-style credit risk model" zur Festlegung der Umrechnungsfunktionen im IRB-Ansatz. Das Merton-Modell geht davon aus, dass zwischen der zukünftigen Bonitätsentwicklung eines Schuldners und künftigen Marktwertveränderungen seines Vermögens (seiner Aktiva) ein funktionaler Zusammenhang besteht. Es wird angenommen, dass ein Schuldner ausfällt, wenn der Wert seiner Aktiva unter den Wert seines Fremdkapitals fällt.[15]

Zentraler Baustein zur Herleitung der IRB-Formel ist ein hypothetisches Kreditportfolio (Benchmark Portfolio) mit einem systematischen Risikofaktor (Z). [16] Als Szenario unterstellt Basel nur eine Periode mit einer Länge von einem Jahr. Am Ende der Periode hat der unterstellte Risikofaktor die Kreditbonität der Schuldner im Portfolio beeinflusst. Die Verbindung zwischen dem unterstellten Szenario und der bedingten Wahrscheinlichkeit wird durch eine weitere Variable hergestellt, der indexierten Ratingeinstufung des Schuldners. Ob ein Schuldner ausgefallen ist, wird durch einen bestimmten Wert des Ratingindexes bestimmt.

Die Baseler IRB-Formel zur Bestimmung der risikosensitiven Bonitätsgewichtungsfaktoren stellt ausschließlich auf die unerwarteten Verluste aus einem Kreditgeschäft ab und kann als Produkt von drei Faktoren dargestellt werden, die im Einzelnen näher betrachtet werden sollen:

$$G = F_1 \cdot F_2 \cdot F_3$$

Erster Faktor der IRB-Formel

Im Baseler Modell kann der Ratingindex (Y_i) des Schuldners i als die Wertveränderung oder standardisierte Rendite seiner Aktiva interpretiert werden. Analog zum Merton-Modell tritt ein Ausfall nur ein, wenn der Index unter eine unbedingte kritische Ausfallschwelle α_i fällt. Dieser Wert wird so gewählt, dass die unbedingte Ausfallwahrscheinlichkeit des Schuldners i nur mit einer gewissen Wahrscheinlichkeit PD_i eintreten wird.

---

15 Vgl. Merton (1974). In einem Kreditrisikomodell sind grundsätzlich die systematischen (also nicht diversifizierbaren) Risikofaktoren zu modellieren (wie makroökonomische Faktoren), die einen Einfluss auf die Bonität des Kreditnehmers haben sollen. Der Forderungsbetrag (Exposure) und die Recovery Rates werden im Baseler Modell als deterministisch unterstellt. Im IRB-Modell „there is a single systematic risk factor and the values of borrowers' assets are assumed lognormally distributed". Es soll die bekannten Modelle CreditMetrics und KMV Portfolio Manager als Spezialfälle beinhalten und eine angemessene Approximation an das CreditRisk⁺-Modell bieten.

16 Vgl. zur Herleitung der IRB-Formel Schulte-Mattler/Tysiak (2002) und auch Schulte-Mattler/Manns (2004).

Zur näheren mathematischen Beschreibung, wie der Ratingindex des Schuldners i sich künftig entwickeln wird, verwendet der Baseler Ausschuss die stochastische Formel

$$Y_i = w \cdot Z + \sqrt{1 - w^2} \cdot \varepsilon_i$$

wobei ε_i die (diversifizierbaren) Änderungen der Aktiva des Schuldners und w das Gewicht der Forderung eines einzelnen Gläubigers im Gesamtindex angibt. Damit beschreibt der erste Summand der rechten Seite der Gleichung die systematische und der zweite Summand die spezifische (idiosyncratic) Komponente des Indexes. Wie der Risikofaktor Z ist auch ε_i standardnormalverteilt. Alle Zufallsvariablen werden zudem als unabhängig unterstellt.

Die bedingte Ausfallschwelle (β_i) für einen einzelnen Schuldner i ist über dessen Ratingklasse festgelegt, der eindeutig eine unbedingte Ausfallwahrscheinlichkeit (PD_i) zugeordnet wird: $\beta_i = N^{-1}(PD_i)$. Die Wahrscheinlichkeit N_i, dass der Schuldner i ausfällt, unter der Bedingung, dass er der Ratingklasse PD_i angehört, kann somit wie folgt angegeben werden:

$$
\begin{aligned}
N_i &= P\left(\text{Ausfall von } i \mid i \text{ besitzt Rating } PD_i\right) \\
&= P\left(Y_i < \beta_i \mid i \text{ besitzt Rating } PD_i\right) \\
&= N\left(w \cdot Z + \sqrt{1 - w^2} \cdot \varepsilon_i < N^{-1}\left(PD_i\right)\right) \\
&= N\left(\varepsilon_i < \frac{N^{-1}\left(PD_i\right) - w \cdot Z}{\sqrt{1 - w^2}}\right).
\end{aligned}
$$

N bezeichnet die Verteilungsfunktion und N^{-1} die Umkehrfunktion der Verteilungsfunktion der Standardnormalverteilung und PD die Ausfallwahrscheinlichkeit der Ratingkategorie des Kreditnehmers. Bedingt auf ein bestimmtes Szenario Z sind die Ausfälle der Schuldner unabhängig. Auf Grund der Eigenschaft der Unabhängigkeit gibt es verschiedene Methoden, die bedingte Verlustverteilung für das Portfolio zu ermitteln.

Im hypothetischen Benchmark-Kreditportfolio mit einer unendlichen Granularität setzt der Baseler Ausschuss alle Assetkorrelationen (ρ), deren Höhen von einem systematischen Risikofaktor abhängen, auf den Wert $\rho = w^2$. Damit ist die Korrelation mit dem Gewicht der Forderung eines einzelnen Gläubigers im Gesamtindex verbunden. Der systematische Risikofaktor Z ist über die Vorgabe des unbedingten Sicherheitsniveaus $Z = N^{-1}(\alpha) = -N^{-1}(1 - \alpha)$ festgelegt. Als Konfidenzniveau α des systematischen Risikofaktors Z wird 99,9 Prozent unterstellt, sodass Z die Größe $Z = -N^{-1}(0{,}999) = N^{-1}(0{,}001) = -3{,}09023$ annimmt. Die Wahrscheinlichkeit eines Ausfalls des Schuldners i im Benchmark-Kreditportfolio unter der Bedingung, dass er der Ratingklasse PD_i angehört, kann somit wie folgt angegeben werden:

$$N_i = N\left(\frac{N^{-1}(PD) + 3{,}09023 \cdot \sqrt{\rho}}{\sqrt{1 - \rho}}\right)$$

Bei der Festlegung der Risikosensitivität einzelner Schuldnergruppen oder Geschäftsarten kommt der Assetkorrelation (ρ) eine bedeutende Rolle zu. Auf Basis der Assetkorrelation differenziert der Baseler Ausschuss letztlich das unterstellte Kreditausfallrisiko. Je höher die

Assetkorrelation ist, desto höher ist c. p. der unerwartete Verlust bei Ausfall einer Forderung für eine vorgegebene Ausfallwahrscheinlichkeit (*PD*) und damit die von Basel verlangte Eigenkapitalanforderung. Die Korrelationsfunktion für Forderungen an Unternehmen hat beispielsweise folgende Struktur:

$$\rho = 0,12 \cdot \left(\frac{1-e^{-50 \cdot PD}}{1-e^{-50}} \right) + 0,24 \cdot \left(1 - \frac{1-e^{-50 \cdot PD}}{1-e^{-50}} \right) - \left\{ 0,04 \cdot \left(1 - \frac{Max\left[Min\left[S;50 \right];5 \right] - 5}{45} \right) \right\}$$

Die ersten beiden Summanden zeigen, dass die zwei exponentiellen Gewichtungsfaktoren in den Klammern, die sich stets auf den Wert Eins summieren, einen Korrelationswert zwischen 0,12 und 0,24 erzeugen. Natürlich müssen für dieses Intervall auch die Extremwerte 0 und 1 für die Ausfallwahrscheinlichkeit zugelassen werden.

Die Größe eines Unternehmens (Schuldners) wird mit seinem Jahresumsatz (Total Sales, *S*) gemessen. Die durch den Größenabschlag bewirkte Reduzierung der Korrelation um maximal 0,04 ist auf Forderungen an Unternehmen mit einem konsolidierten Jahresumsatz von 5 bis unter 50 Millionen Euro beschränkt. Bei Jahresumsätzen kleiner als 5 Millionen Euro wird einheitlich ein Abschlag bei der Korrelation in Höhe von 0,04 vorgesehen. Ist der Jahresumsatz 50 Millionen Euro oder größer entfällt der Korrekturfaktor. Bei bestimmten Unternehmen kann alternativ zum Jahresumsatz die Bilanzsumme (Total Assets) verwendet werden.

Der erste Faktor (F_1) gibt die in Prozent ausgedrückte Summe der unerwarteten Verluste des Benchmark-Kreditportfolios für einen Prognosezeitraum von einem Jahr an:[17]

$$F_1 = N_i - PD$$

Beispiel

Unterstellen wir ein mittelständisches Unternehmen mit einem Jahresumsatz von 4 Millionen Euro (*S* = 4), das von einem Institut in eine bankinterne Ratingkategorie BBB+ mit einer Ausfallwahrscheinlichkeit in Höhe von 200 Basispunkten eingeordnet wird (*PD* = 0,02). Setzt man diese Werte in die obige Formel zur Berechnung der Assetkorrelation ein, ergibt sich ein Wert von 0,1242:

$$\rho = 0,12 \cdot \left(0,6321 \right) + 0,24 \cdot \left(0,3679 \right) - 0,04 = 0,1242$$

Der erste Faktor gibt für einen PD-Wert in Höhe von 2 Prozent und einer Assetkorrelation von 0,1242 die Summe der unerwarteten Verluste mit 13,13 Prozent an:

$$F_1 = N \left(\frac{-2,0538 + 3,09023 \cdot 0,3524}{0,9359} \right) - 0,02 = 0,1313.$$

---

17 N_i gibt die in Prozent ausgedrückte Summe der erwarteten und unerwarteten Verluste des Benchmark-Kreditportfolios an. Die dezidiert von der Kreditwirtschaft geforderte Kalibrierung des ersten Faktors auf die unerwarteten Verluste wird also lediglich durch Abzug der *PD* von N_i erreicht.

Zweiter Faktor der IRB-Formel

Durch den zweiten Faktor (F$_2$) erfolgt eine Anpassung des ersten Faktors, der eine Restlaufzeit der Transaktion von einem Jahr unterstellt, auf die tatsächliche Laufzeit M. Im Fortgeschrittenen IRB-Verfahren müssen die Institute für jede Forderung die Restlaufzeit in Jahren bestimmen, wobei eine Floor-Cap-Regelung zu berücksichtigen ist. Das heißt, Restlaufzeiten kleiner als 1 Jahr (Floor) werden gleich 1 und Laufzeiten größer als 5 Jahre (Cap) werden gleich 5 gesetzt:

$$F_{2,IRB-Adv} = \frac{1 + \left(Max\left[Min[M;5];1 \right] - 2.5 \right) \cdot \left(0,11852 - 0,05478 \cdot \ln\left(PD\right) \right)^2}{1 - 1,5 \cdot \left(0,11852 - 0,05478 \cdot \ln\left(PD\right) \right)^2}$$

Beispiel

Hat das Institut für die Forderung gegen das mittelständische Unternehmen eine effektive Restlaufzeit von 7,5 Jahren ermittelt, ergibt sich ein Wert für den zweiten Faktor in Höhe von 1,5314, d. h., die explizite Berücksichtigung der Laufzeit führt zu einer Erhöhung des ersten Faktors von 53,14 Prozent:

$$F_2 = \frac{1 + \left(Max[5;1] - 2.5 \right) \cdot 0,110770}{1 - 1,5 \cdot 0,110770} = 1,5314.$$

Ist eine Laufzeitanpassung vom Baseler Ausschuss nicht explizit gefordert – wie im IRB-Basisverfahren – und verzichtet die deutsche Bankenaufsicht auch darauf, ist die unterstellte effektive Restlaufzeit für alle Forderungen gleich und beträgt 2,5 Jahre (M = 2,5). Bei Repogeschäften wurde die implizite Restlaufzeit auf 6 Monate abgesenkt. Die Formel für F$_2$ vereinfacht sich dann zu

$$F_{2,IRB-Basis} = \frac{1}{1 - 1,5 \cdot \left(0,11852 - 0,05478 \cdot \ln\left(PD\right) \right)^2}$$

Dritter Faktor der IRB-Formel

Der dritte Faktor (F$_3$) transformiert die restlaufzeitadjustierte bedingte Ausfallwahrscheinlichkeit, also das Produkt von F$_1$ und F$_2$, durch die Multiplikation mit 12,5 (Kehrwert von 8 Prozent) in ein Bonitätsgewicht (G). Durch die ausschließliche Kalibrierung der IRB-Formel auf die unerwarteten Verluste und der damit verbundenen Reduzierung des ersten Faktors sind die Bonitätsgewichte mit einem Skalierungsfaktor (SF) pauschal um 6 Prozent zu erhöhen (SF = 1,06). Der Skalierungsfaktor wurde auf Basis der Daten der dritten Auswirkungsstudie (QIS 3) ermittelt und kann sich zukünftig – beispielsweise durch die QIS 4 – noch ändern. Durch die Implementierung des Skalierungsfaktors adjustiert der Baseler Ausschuss die Eigenkapitalanforderung für Kreditrisiken letztlich auf einen gewünschten Wert.

Des Weiteren berücksichtigt der dritte Faktor die Schätzung des durchschnittlichen Verlustes eines spezifischen Geschäftes bei Ausfall des Schuldners, also den LGD-Wert in Prozent. F_3 lässt sich dann wie folgt angeben:

$$F_3 = LGD \cdot 12,5 \cdot SF$$

Beispiel

Der dritte Faktor für eine unbesicherte Forderung (LGD = 0,45) gegenüber einem mittelständischen Unternehmen beträgt 5,9625:

$$F_3 = 0,45 \cdot 12,5 \cdot 1,06 = 5,9625$$

Die restlaufzeitadjustierte bedingte Ausfallwahrscheinlichkeit für diese Forderung in Höhe von 20,11 Prozent,

$$F_1 \cdot F_2 = 0,1313 \cdot 1,5314 = 0,2011$$

wird also in ein Bonitätsgewicht in Höhe von 119,91 Prozent umgewandelt:

$$F_1 \cdot F_2 \cdot F_2 = 0,2011 \cdot 5,9625 = 1,1991$$

Basel-II-Norm zur Eigenkapitalunterlegung

Bei der Bestimmung eines risikosensitiven Bonitätsgewichtes im IRB-Ansatz muss noch ein Cap-Wert berücksichtigt werden, um zu verhindern, dass das Gewicht eine Größe erlangt, bei dem mehr Eigenkapital unterlegt werden muss, als betragsmäßig im Risiko steht. Unter Berücksichtigung des LGD-Wertes und des Skalierungsfaktors darf das Bonitätsgewicht (G) nicht größer werden als G_{Cap}. Es gilt

$$G_{Cap} = LGD \cdot 12,5 \cdot SF \text{ und damit } G = Min \Big[F_1 \cdot F_2 \cdot F_3; \ G_{Cap} \Big].$$

Die Basel-II-Norm für die Eigenkapitalunterlegung von Kreditrisiken im IRB-Ansatz ist der Norm im Baseler Standardansatz damit sehr ähnlich:

$$EK \geq EAD \cdot G \cdot 8\%$$

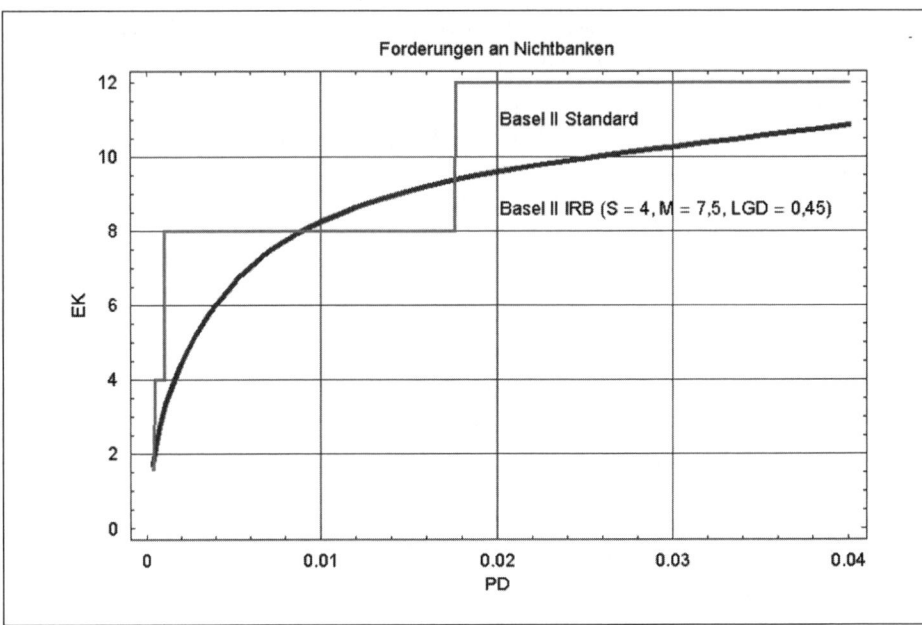

Abbildung 2: *Eigenkapitalunterlegung für eine Forderung gegenüber einem Unternehmen in Höhe von 100 Euro in Abhängigkeit von der Ausfallwahrscheinlichkeit*

Beispiel

Die Eigenkapitalanforderung für eine unbesicherte Forderung in Höhe von 100.000 Euro mit den bereits oben genannten Annahmen beträgt 9.591,17 Euro, so dass in diesem Fall der Eigenkapitalunterlegungssatz rund 9,6 Prozent beträgt:

$$EK \geq 100.000 \cdot Min[1,1919; \; 5,9625] \cdot 8\% = 9.591,17.$$

Abbildung 2 zeigt den Verlauf der IRB-Eigenkapitalunterlegungsfunktion der im Beispiel zugrunde gelegten Forderung an das mittelständische Unternehmen in Abhängigkeit von der Ausfallwahrscheinlichkeit sowie die korrespondierenden Eigenkapitalunterlegung im Standardansatz.

Im Rahmen der Bestimmung der Eigenkapitalanforderung im IRB-Ansatz drängt sich nach der Analyse der bankaufsichtlichen Kalibrierung bestimmter Parameter und deren Auswirkungen auf die Unterlegung die Vermutung auf, die IRB-Formel müsse immer ein bestimmtes, von welcher Gruppe auch immer gewünschtes Ergebnis hervorbringen.

2.1.3 Risikominderungstechniken

Das Basel-II-Rahmenwerk erkennt im Vergleich zu Basel I eine größere Bandbreite risikomindernder Verfahren (Credit Risk Mitigation Techniques) an. Damit sind Techniken zur Minderung von Kreditrisiken gemeint, indem zum Beispiel Sicherheiten hereingenommen, Kreditderivate oder Garantien erworben oder Gegenpositionen eingegangen werden, die einer Nettingvereinbarung unterliegen.[18]

Um eine bankaufsichtliche Anerkennung für die Absicherungstechniken zu erhalten, müssen Institute bestimmte qualitative und quantitative Offenlegungsanforderungen erfüllen. So muss das Kreditinstitut insbesondere über seine globale Strategie und sein Verfahren für die Verwaltung von Sicherheiten, die wichtigsten internen Grundsätze für die Anrechnung von Besicherungen, seine Strategie und Verfahren für die Überwachung der Bonität von Sicherungsgebern und die Verwaltung von Garantien und Kreditderivaten informieren.

Die risikomindernden Techniken beeinflussen im Wesentlichen die Höhe des anrechnungspflichtigen Betrages und die damit verbundene Höhe des Bonitätsgewichtungsfaktors. Das bankaufsichtliche Ausmaß der Risikominderung bei einer bestehenden Forderung durch eine erworbene Kreditabsicherung lässt sich grundsätzlich an einem reduzierten Bonitätsgewicht festmachen, das der Baseler Ausschuss „effektives Bonitätsgewicht" der Forderung nennt. Grundsätzlich wird an eine Forderung, für die eine Kreditabsicherung erworben wurde, keine höhere Eigenkapitalanforderung gestellt, als an eine ansonsten identische Forderung, für die keine Kreditabsicherung besteht.

Die Risikominderung bei Garantien und Kreditderivaten beruht auf dem Zahlungsversprechen des Garantie- oder Sicherungsgebers. Die Ausweitung des Kreises anerkannter Garanten auf Staaten, sonstige öffentliche Stellen und Kreditinstitute (die ein niedrigeres Bonitätsgewicht als der Schuldner haben) sowie Unternehmen einschließlich Versicherungsunternehmen (die ein Rating von A oder besser aufweisen) – hierzu zählen auch Garantien von Mutterunternehmen für ihre Töchter – wird von der Kreditwirtschaft vor dem Hintergrund der Weiterentwicklung des Marktes für Garantien nachdrücklich begrüßt.

Die Risikominderung im Falle von Sicherheiten besteht darin, dass die kreditgebende Bank einen Vermögensgegenstand erhält, den sie bei Ausfall des Kreditnehmers verwerten kann. Der Kreis der bankaufsichtlich anerkennungsfähigen Sicherheiten ist deutlich ausgeweitet worden. Im IRB-Ansatz können künftig neben Bareinlagen bei der kreditgebenden Bank sowie von Staaten oder sonstigen öffentlichen Stellen, die von der nationalen Aufsichtsinstanz wie Staaten behandelt werden, auch emittierte Schuldverschreibungen mit einem Rating von BB– oder besser anerkannt werden. Auch von Kreditinstituten, Wertpapierfirmen und Unternehmen, mit einem Rating von BBB– oder besser, emittierte Schuldverschreibungen sind anerkennungsfähig. Das Gleiche gilt für Aktien, die zu einem Hauptindex zählen, und Gold. Zusätzlich zu den oben genannten Instrumenten sind Aktien, die nicht zu einem Hauptindex gehören, aber an einer anerkannten Börse gehandelt werden, im Fortgeschrittenen IRB-

---

18 Vgl. zu diesem Abschnitt Schulte-Mattler/Meyer-Ramloch (2005) und Schulte-Mattler/Manns (2005).

Verfahren anerkennungsfähig. Emittiert ein Kreditinstitut Credit-Linked Notes für die Absicherung von Krediten in ihrem Anlagebuch, werden diese Kredite als bar besichert angesehen.

Das Aufrechnen von Forderungen und Einlagen gegenüber einem Kontrahenten, also das Netting von Bilanzpositionen (On-Balance-Sheet Netting), wird einem Institut unter bestimmten Vorraussetzungen gestattet. Insbesondere muss auch im Fall eines Insolvenzverfahrens eine fundierte rechtliche Grundlage für das Netting in allen betroffenen Rechtsordnungen vorliegen. Das Kreditinstitut hat die betroffenen Positionen und die Anschlussrisiken auf Nettobasis zu überwachen und zu kontrollieren. Darüber hinaus müssen bestimmte Offenlegungsanforderungen von dem Kreditinstitut erfüllt werden.

Besicherungstechniken mit Laufzeitinkongruenzen, also das Vorliegen unterschiedlicher Restlaufzeiten des Sicherungsinstrumentes und der zugrunde liegenden Forderung, aber Mindestdeckungen von mehr als einem Jahr werden bankaufsichtlich anerkannt. Absicherungen mit einer Restlaufzeit von weniger als einem Jahr, die nicht die gleiche Laufzeit wie die zugrunde liegende Forderung haben, werden aufsichtlich somit nicht anerkannt. Die Länge des besicherten Zeitraumes im Verhältnis zur verbleibenden Restlaufzeit determiniert das Ausmaß der bankaufsichtlich anerkannten Kreditrisikominderung.

2.2   Eigenkapitalanforderungen für operationelle Risiken

Operationelle Risiken haben in den letzten Jahren insbesondere vor dem Hintergrund der wachsenden IT-Abhängigkeit und der höheren Komplexität von Bankgeschäften zunehmend an Bedeutung gewonnen. Das operationelle Risiko wird definiert als „die Gefahr von Verlusten, die infolge der Unangemessenheit oder des Versagens von internen Prozessen, Menschen und Systemen oder von externen Ereignissen eintreten". Rechtsrisiken werden von dieser Definition des operationellen Risikos implizit abgedeckt, da sie sich jeweils den genannten vier heterogenen Risikotreibern Prozesse, Menschen, Systeme und externe Ereignisse zuordnen lassen. Von der Definition nicht erfasst werden das generelle Geschäftsrisiko sowie das Reputationsrisiko. Für die Kreditinstitute ist das operationelle Risiko nach dem Kreditrisiko der zweitwichtigste Risikobereich. Aus diesem Grund sieht das Basel-II-Rahmenwerk erstmals eine Eigenkapitalunterlegung für operationelle Risiken vor.

Bei der Quantifizierung des operationellen Risikos hat sich bislang – im Gegensatz zu den Value-at-Risk-Modellen für Preisänderungsrisiken – noch kein Industriestandard herausgebildet, auf den der Baseler Ausschuss hätte zurückgreifen können. Basel II sieht deshalb drei Ansätze zur Ermittlung der erforderlichen Kapitalanforderung für operationelle Risiken vor, die sich durch eine zunehmende Risikosensitivität bei gleichzeitig sinkender Eigenkapitalbelastung auszeichnen: einen auf einem gesamtbankbezogenen Indikator basierenden Basisindikatoransatz, einen verschiedene Geschäftsfelder differenzierenden Standardansatz sowie die ambitionierten Messansätze. Den Instituten soll damit ein bankaufsichtlicher Anreiz gegeben werden, im Sinne eines evolutionären Prozesses kontinuierliche Verbesserungen im Management operationeller Risiken anzustreben (Continuum of Approaches). Vor der Anwendung der verschiedenen Ansätze haben die Institute mehr oder weniger umfangreiche qualitative Anforderungen zu erfüllen.

2.2.1 Basisindikatoransatz

Als einfachstes Verfahren sieht Basel einen standardisierten Basisindikatoransatz vor (Basic-Indicator-Approach), in dem die Mindesteigenkapitalanforderung für operationelle Risiken als fixer Prozentsatz Alpha des Bruttoertrags eines Instituts festzulegen ist. Das derzeitige Alpha in Höhe von 15 Prozent leitet sich aus der Adjustierung der Eigenkapitalanforderung für operationelle Risiken (Alpha x Bruttoertrag) auf 12 Prozent des ökonomischen Kapitals von internationalen Banken ab. Empirische Untersuchungen (wie QIS 3) zeigen nämlich, dass das Verhältnis zwischen dem regulatorischen Mindesteigenkapital für Kreditrisiken und operationelle Risiken bei internationalen Banken 7 zu 1 beträgt.

Der Basisindikatoransatz ist von jedem Institut anwendbar, da es sich hierbei um *keine echte Risikomessung*, sondern nur um eine pauschale Schätzung handelt. Für international tätige Institute mit signifikanten operationellen Risiken ist dieses Verfahren deshalb bankaufsichtlich auch nicht zugelassen.

2.2.2 Standardansatz

Beim Standardansatz (Standardised Approach) wird auf der Grundlage eines Indikators je Geschäftsfeld und eines vorgegebenen Kapitalfaktors (Beta) das potenzielle Risiko abgeschätzt. Als Indikator für das operationelle Risiko in den einzelnen Geschäftsfeldern wird – wie im Basisindikatoransatz – der jeweils erwirtschaftete Bruttoertrag herangezogen. Dieser soll als Näherungswert für die Höhe des operationellen Risikos in dem Bereich dienen. Basel II sieht acht standardisierte Geschäftsfelder vor, mit denen die Aktivitäten eines Instituts abgebildet werden sollen: Unternehmensfinanzierung, Handel, Privatkundengeschäft, Commercial Banking, Zahlungsverkehr, Agency Services und Custody sowie Vermögensverwaltung und Wertpapierprovisionsgeschäft. Die heterogenen Geschäfts- und Organisationsstrukturen der Institute können mit diesem Schema natürlich nicht adäquat abgebildet werden.

Die Eigenkapitalanforderung für die einzelnen Geschäftsfelder wird durch Multiplikation des Indikators mit einem für dieses Geschäftsfeld festgelegten Beta-Wert von 12, 15 oder 18 Prozent bestimmt. Beta dient als Näherungswert für das branchenweite Verhältnis zwischen einem dem operationellen Risiko zuzuordnenden Schadensverlauf in einem gegebenen Geschäftsfeld und dem Indikator für dieses Geschäftsfeld. Die Gesamteigenkapitalunterlegung für das operationelle Risiko ist dann die Summe der Kapitalanforderungen für die acht Geschäftsfelder.

Ein wissenschaftlicher Nachweis für einen signifikanten Zusammenhang zwischen dem Bruttoertrag und der Höhe des operationellen Risikos in einem Geschäftsbereich fehlt bislang. Aus diesem Grund kann nicht der Schluss gezogen werden, dass durch diesen Indikator das den Geschäftsbereichen inhärente operationelle Risiko adäquat quantifiziert wird. Damit bietet auch der Standardansatz keine genaue Messung der operationellen Risiken, da keine institutsspezifischen Verlustdaten zugrunde gelegt werden.

Die nationalen Bankaufsichtsbehörden haben die Möglichkeit, ihren Instituten die Anwendung eines alternativen Standardansatzes (ASA) zu erlauben. Die Berechnung der Kapitalanforderungen im ASA entspricht der Vorgehensweise im normalen Standardansatz mit Ausnahme der Behandlung der Geschäftsfelder Privatkunden- und Firmenkundengeschäft. In diesen beiden Geschäftsfeldern wird der Größenindikator Bruttoertrag durch das Kreditvolumen ersetzt und mit einem Beta von 15 Prozent multipliziert. Als weitere Vereinfachung kann es den Instituten erlaubt werden, dass der Bruttoertrag nicht weiter auf die übrigen sechs Geschäftsfelder aufgeteilt werden muss. Das Institut kann den Betrag, der insgesamt auf diese sechs Geschäftsfelder entfällt, mit einem Beta von 18 Prozent gewichten.

2.2.3   Ambitionierte Messansätze

Die Ambitionierten Messansätze (Advanced Measurement Approaches, AMA) zur Quantifizierung der operationellen Risiken sollen im Wege der Einzelgenehmigung anerkennungsfähig sein, sofern sich diese auf eine umfassende interne Verlustdatenbank stützen (Datenhistorie mindestens 5 Jahre, übergangsweise 3 Jahre) und hohen quantitativen und qualitativen Mindestanforderungen genügen. Jedes analytische Verfahren zur Quantifizierung oder Modellierung operationeller Risiken, das den Anspruch hat, risikosensitiv zu sein, setzt eine genaue Kenntnis der aus operationellen Risiken entstandenen Verluste voraus. Die Banken unternehmen in jüngster Zeit verstärkte Anstrengungen zum Aufbau umfassender Verlustdatenbanken, um den Zusammenhang zwischen operationellen Risiken, der Wahrscheinlichkeit und dem Umfang der daraus entstehenden Verluste abzubilden. Als Beispiele für AMA-Verfahren lassen sich der interne Bemessungsansatz, der Verlustverteilungsansatz und das Scorecard-Verfahren nennen.

Im internen Bemessungsansatz sollen die Institute ihre individuellen Erfahrungen mit operationellen Verlusten berücksichtigen. Von der Aufsicht werden dabei neben den Geschäftsfeldern zusätzlich auch sieben Verlusttypen des operationellen Risikos vorgeschlagen (wie interne und externe arglistige Täuschung, Geschäftsunterbrechungen und Systemfehler). Es wird also nicht nur nach Geschäftsbereichen sondern auch nach der Art des operationellen Verlustes in jedem Geschäftsbereich unterschieden. Je nach Verlusttyp und Geschäftsfeld wird auf der Grundlage bankinterner Verlustdaten (soweit nötig, ergänzt durch externe Verlustdaten) die Höhe des operationellen Verlustes geschätzt. Die Verluste werden dann durch Multiplikation mit Gamma-Werten in eine Eigenkapitalanforderung umgesetzt. Durch den

Gamma-Parameter könnte der operationelle Verlust so skaliert werden, dass die Kapitalanforderung zur Abdeckung der erwarteten und unerwarteten Verluste über alle Geschäftsfeld/Verlusttyp-Kombinationen ausreicht.[19]

Beim Verlustverteilungsansatz schätzt ein Institut eine Verlustverteilungsfunktion für jedes Geschäftsfeld oder für jede Verlusttypkombination auf Basis interner Verlustdaten. Dabei wird insbesondere der unerwartete Verlust direkt geschätzt und nicht aus einer unterstellten Relation zum erwarteten Verlust abgeleitet. Auch kann die Struktur der Geschäftsfelder und Risikotreiber bankintern den spezifischen Gegebenheiten angepasst werden. Die Abweichungen der bankindividuellen von der branchenbezogenen Verlustverteilung werden ebenfalls abgebildet. Die Gesamtkapitalanforderung ergibt sich als Summe der Verluste aller Geschäftsfelder oder Verlusttypkombinationen.

Beim Scoring-Verfahren wird eine Erstausstattung an Eigenkapital für operationelle Risiken auf Institutsebene oder auf Ebene einzelner Geschäftsfeld/Verlusttyp-Kombinationen festgelegt. Die Eigenkapitalausstattung wird dann regelmäßig auf Grundlage der Auswertung von Scorecards angepasst. Scorecards enthalten Checklisten oder Fragebögen, mit denen Veränderungen des Risikoprofils und der Kontrollumgebung erfasst werden sollen.

Institute, die ein AMA-Verfahren anwenden, können auch Versicherungen für operationelle Risiken mit externen Versicherungsunternehmen eigenkapitalreduzierend einsetzen. Die bankaufsichtliche Anerkennung setzt voraus, dass die Wirksamkeit des Risikotransfers auf einen Dritten nachgewiesen wird. Bei einem solchen Transfer wird gegebenenfalls das operationelle Risiko durch ein Adressenausfallrisiko, also Kreditrisiko, ersetzt.

2.3 Bankaufsichtliches Überprüfungsverfahren

Das bankaufsichtliche Überprüfungsverfahren (Supervisory Review Process) stellt eine wesentliche Neuerung für die traditionell quantitativ ausgerichtete deutsche Bankenaufsicht dar. Obwohl der Baseler Ausschuss zu der Erkenntnis: „Capital is not the answer to everything" gekommen ist, sollen Eigenkapitalzuschläge als integraler Bestandteil in der Säule 2 verankert werden. Sie baut auf vier Grundsätzen auf, von denen sich ein Institut leiten lassen und deren Einhaltung im Rahmen des Überprüfungsverfahrens sichergestellt werden soll. Darüber hinaus stehen neben Risiken auf Grund von Konjunkturzyklen insbesondere die Zinsänderungsrisiken im Anlagebuch, für die in Säule 1 keine Eigenkapitalanforderungen vorgesehen sind, im Mittelpunkt des Interesses.

---

[19] Der Baseler Ausschuss kalibriert die Kapitalanforderung für operationelle Risiken fälschlicherweise auf erwartete und unerwartete Verluste. Ihm ist dabei bewusst, dass – in Analogie zur bankaufsichtlichen Behandlung der anderen Bankrisiken – eine Beschränkung auf die unerwarteten Verluste finanzwirtschaftlich richtig wäre.

2.3.1   Vier zentrale Prinzipien

1. Institute sollen einen Prozess zur Festsetzung des Kapitalbedarfs vor dem Hintergrund ihres Risikoprofils haben. Sie sollen darüber hinaus auch eine Strategie besitzen, wie das Kapitalniveau künftig beibehalten werden kann. Die Banken sind also aufgefordert, intern Techniken zu entwickeln, um die Größe des für ihre Geschäftstätigkeit erforderlichen Risikopuffers in Form von Eigenkapital selbst zu ermitteln (beispielsweise durch ein Kapitalallokationsmodell). Die folgenden fünf Elemente sollen insbesondere Bestandteil des Prozesses sein: Überwachung durch Geschäftsleitung und oberstes Verwaltungsorgan, gut fundierte Beurteilung der Kapitalausstattung, umfassende Einschätzung der Risiken, Überwachung und Berichtswesen sowie Überprüfung des internen Kontrollsystems.

2. Bankaufseher sollen die Regelungen zur Risikoerfassung und Eigenkapitalunterlegung eines Institutes durch einen laufenden Überprüfungsprozess flankieren. Für ein bestimmtes Institut kann als Ergebnis dieser Überprüfung auch eine höhere als die Mindesteigenkapitalunterlegung formell festgelegt werden, wenn dies nach der Risikostruktur und dem „Risikoappetit" des Instituts erforderlich erscheint. Die regelmäßige Überprüfung kann eine Kombination darstellen aus Vor-Ort-Prüfungen, externen Überprüfungen anhand eingereichter Unterlagen, Gesprächen mit dem Bankmanagement, Durchsicht der Arbeitsergebnisse externer Wirtschaftsprüfer (sofern sich diese mit den notwendigen Eigenkapitalaspekten befasst haben) und regelmäßiger Berichterstattung.

3. Die Aufsichtsinstanzen sollten von den Instituten erwarten, dass sie eine höhere Eigenkapitalausstattung als das aufsichtsrechtlich geforderte Mindesteigenkapital vorhalten, und die Aufsichtsinstanzen sollten die Möglichkeit haben, von den Instituten eine höhere als die Mindesteigenkapitalausstattung zu fordern. Den Aufsichtsinstanzen stehen verschiedene Mittel zur Verfügung, um sicherzustellen, dass einzelne Institute mit einer angemessenen Eigenkapitalausstattung arbeiten. Unter anderem kann die Aufsichtsinstanz Auslöserquoten (Trigger) und Kapitalquotenziele oder Kategorien oberhalb der Mindestquoten definieren (gut kapitalisiert und angemessen kapitalisiert), um das Niveau der Kapitalausstattung des Instituts zu bestimmen.

4. Der Supervisory Review Process soll ein frühes Eingreifen der Aufsicht bei Gefahr der Nichteinhaltung der geforderten Mindestausstattung erlauben. Die Aufsichtsinstanzen sollten schnelle Abhilfe fordern, wenn das Eigenkapital nicht erhalten oder nicht wieder ersetzt wird.

2.3.2   Zinsänderungsrisiken im Anlagebuch

Für Zinsänderungsrisiken im Anlagebuch eines Kreditinstitutes besteht keine obligatorische aufsichtsrechtliche Eigenkapitalunterlegung. Basel II sieht für diese Risiken ein Ausreißer-Verfahren (Outlier Approach) vor. Die Institute müssen danach besonders hohe Zinsrisiken (Outlier) ermitteln, die über das „normale" (durchschnittliche) Risiko hinausgehen. Eine

Outlier-Situation wird angenommen, wenn bei einer unterstellten parallelen Verschiebung der Zinsstrukturkurve um 200 Basispunkte, also bei einer angenommenen Veränderung der Renditen um 2 Prozent, das Eigenkapital durch potenzielle Verluste aus Zinspositionen um mehr als 20 Prozent verringert würde.

Das bankaufsichtliche Überprüfungsverfahren stellt für die Aufsicht in Deutschland eine große Herausforderung dar. Sehr viel stärker als bisher ist die Nähe der Bankenaufsicht zu den Instituten gefordert, um Risiken frühzeitig zu identifizieren und gegebenenfalls bankaufsichtliche Maßnahmen einzuleiten.

2.4 Marktdisziplin durch erweiterte Offenlegung

Die erweiterten Offenlegungsanforderungen an die Institute stellen neben den Mindestkapitalvorschriften (Säule 1) und dem bankaufsichtlichen Überprüfungsprozess (Säule 2) die dritte Säule einer effektiven Bankenaufsicht dar. Ziel von Säule 3 ist es, durch eine verbesserte Eigenkapitalpublizität zu einer adäquaten Eigenkapitalunterlegung beizutragen. Dazu ist es nach Ansicht des Baseler Ausschusses erforderlich, den Marktteilnehmern die notwendigen Einblicke in die Geschäftsstruktur und Risiken eines Institutes zu vermitteln. Gut geführte Institute sollen vom Markt belohnt und schlecht geführte Banken, genauer Institute mit unzureichender Offenlegung, sollen belastet werden (z. B. durch erhöhte Risikoprämien). Insgesamt sollen durch die Regelungen für die Institute positive Anreize gegeben werden, ihr Risikomanagement und ihre internen Kontrollen zu stärken.

Ein bestimmter Informationskatalog wird für das Funktionieren der Marktdisziplin als wesentlich unterstellt. Es werden von Basel qualitative und quantitative Angaben gefordert, für letztere werden Tabellen und Formblätter vorgegeben. Die Offenlegung kann flexibel im Rahmen des Jahresabschlusses, der Zwischenberichte oder über moderne Medien (wie Internet) erfolgen. Die Informationen der Institute sollen umfassend, relevant, zeitnah, verlässlich, vergleichbar und wesentlich sein.

2.4.1 Umfang und Häufigkeit

Unabhängig von der Größe bestehen hinsichtlich des Umfanges der Offenlegung grundsätzlich einheitliche Anforderungen für alle Institute. In der Praxis sind jedoch nach den Grundsätzen der „Wesentlichkeit" und des „Vertrauensschutzes" unterschiedliche Offenlegungsniveaus denkbar. In bestimmten Teilbereichen werden gegebenenfalls Bagatellgrenzen vorgegeben.

Grundsätzlich strebt der Baseler Ausschuss bei der Häufigkeit der Offenlegung eine halbjährige Informationsgewährung an, wobei in Teilbereichen (wie Marktrisikopositionen, Kernkapitalausstattung und Eigenkapitalquoten) ein vierteljährlicher Rhythmus vorgesehen ist. Bei allgemeinen qualitativen Informationen (wie Definitionen, Ziele des Risikomanagements und Berichtssysteme) kann eine jährliche Berichterstattung erfolgen. Institute mit regionaler und geschäftlicher Begrenzung, die ein stabiles Risikoprofil aufweisen, können ebenfalls nur jährlich Bericht erstatten.

2.4.2 Umsetzung und Verbindlichkeitsgrad

Der Baseler Ausschuss erwartet, dass die Institute Leitlinien für die Offenlegungspraxis einführen, regelmäßig bewerten und überprüfen. Auch die Bankenaufsicht sollte die Offenlegungspraxis der Institute im Rahmen der Säule 2 überprüfen.

Insgesamt sind die Vorschläge zur Offenlegung als Empfehlungen („moralische Ermahnungen") einzustufen, da die Bankenaufsicht häufig nicht die Zuständigkeit für den Erlass von Rechnungslegungsvorschriften hat. Sollte ein Institut gegen die Empfehlungen verstoßen, hat es wahrscheinlich nicht mit zusätzlichen Kapitalanforderungen zu rechnen. Für den Fall, dass sich die Offenlegung auf die Anwendung bestimmter interner Verfahren (wie der Nutzung des internen Ratings), der Verbriefung von Kreditforderungen oder der Berücksichtigung von Sicherheiten bei der Ermittlung des mit Eigenkapital zu unterlegenden Kreditrisikos bezieht, haben sie den Status von Vorschriften.

2.4.3 Offenlegungsbereiche

Die qualitativen und quantitativen Offenlegungsanforderungen beziehen sich inhaltlich auf drei Bereiche:

- Anwendungsbereich: Institute (und Institutsgruppen) sollen umfassend offen legen, in welchem Bereich die Eigenkapitalvorschriften angewendet werden. Das Institut soll zunächst aufzeigen, welche Gesellschaften zur Gruppe gehören. Wendet ein Institut die Eigenkapitalvorschriften auf konsolidierter Basis an, soll es darlegen, welche Gesellschaften zur Unternehmensgruppe gehören. Auch ist anzugeben, ob diese Beteiligungen bei der Berechnung der Risikopositionen und der haftenden Eigenmittel konsolidiert oder vom Kapital abgezogen werden. Darüber hinaus sind die Auswirkungen auf das Kern- und Ergänzungskapital darzustellen.

- Eigenkapitalstruktur und Eigenkapitalausstattung: Die zentralen Informationsvorschriften beziehen sich auf die Offenlegung der Art und des Umfanges der einzelnen Kapitalelemente und des haftenden Eigenkapitals insgesamt. Im Mittelpunkt stehen dabei das Kernkapital und dessen Komponenten. Die Angaben sollen den Marktteilnehmern zeigen, inwieweit ein Institut in der Lage ist, finanzielle Verluste aufzufangen. Darüber hinaus sollen die Eigenkapitalanforderungen in den einzelnen Risikobereichen und die Eigenkapitalkennziffern auf konsolidierter Basis offen gelegt werden. Die Offenlegungsempfehlungen stellen grundsätzlich auf solche Informationen ab, die sich aus dem internen Rechnungswesen ohne weiteres entnehmen lassen. Die Belastung der Institute soll dadurch möglichst gering gehalten werden.

▪ Risikopositionen und Risikobewertung: Basel II sieht die Offenlegung von Informationen über vier Schwerpunktrisiken der Institute vor (Kreditrisiko, Marktrisiko, Zinsänderungsrisiko im Anlagebuch und operationelles Risiko), damit die Marktteilnehmer die Risikopositionen und das Risikomanagement eines Institutes einschätzen können. Einen Eindruck über die Zuverlässigkeit und Wirksamkeit der gewählten Risikosteuerungsverfahren soll die Gegenüberstellung des aktuellen Risikoprofils (Ex-ante-Risikoeinschätzung) und der tatsächlich eingetretenen Risiken im Berichtszeitraum (Ex-post-Betrachtung) geben.

Die Baseler Offenlegungsvorschriften sind maßgeblich von den internationalen Rechnungslegungsstandards geprägt, d. h., die vorgeschlagene Offenlegung wird von den nach diesen Standards bilanzierenden Instituten bereits weitgehend erfüllt. Auch der neue DRS 5-10 zur Risikoberichterstattung von Kreditinstituten deckt die Anforderungen weitestgehend ab.

3.   Ausblick

Der Baseler Ausschuss ist mit seinem Basel-II-Rahmenwerk zur Eigenkapitalunterlegung für Kreditrisiken und operationelle Risiken am Ziel angelangt. Das Interesse der Öffentlichkeit richtet sich nunmehr auf die europäische Kommission, die die Baseler Regelungen im Rahmen einer Änderungsrichtlinie, CAD III, in EU-Recht überführen wird. Man erwartet, dass die CAD III im Sommer 2005 verabschiedet werden kann. Zeitgleich arbeitet die deutsche Bankenaufsicht daran, die neuen Vorschriften in eine Solvabilitätsverordnung zu fassen. Damit ist schon jetzt absehbar, dass das Thema Basel II die Bankenwelt und deren Kunden mindestens das ganze derzeitige Jahrzehnt beschäftigen wird.

Die neuen Basel-II-Regelungen weisen zweifelsfrei eine Reihe von Vorteilen gegenüber den derzeitigen Vorschriften auf. Sie erlauben insbesondere verschiedene Aufsichtsmethoden für verschiedene Banken, anstatt einen One-size-fits-all-Ansatz zu verfolgen. Basel II bringt auch das bankaufsichtsrechtliche Kapital näher an das ökonomische Kapital, was aus Sicht der Risikosteuerung ein sehr wichtiger Aspekt ist. Es werden auch bankaufsichtliche Anreize gegeben, die bankinternen Datensammlung und Datenanalyse zu verbessern.

Als der wohl größte Nachteil des Basel-II-Rahmenwerkes ist die Überfrachtung mit Regeln und detaillierten Standards anzusehen, von denen wahrscheinlich viele schon vor dem Inkrafttreten als überholt betrachtet werden können. Man hätte gut daran getan, die zeitloseren Prinzipien und nicht die praktischen Methoden der Risikoquantifizierung in den Vordergrund der bankaufsichtlichen Betrachtung zu stellen. Das vorliegende Rahmenwerk braucht ein flexibles Änderungsverfahren. Dies ist in Basel gewährleistet, nicht jedoch automatisch auch in Brüssel, wo es den Anschein hat, dass fast jedes technische Detail ein politisches Thema sein kann. Es wäre für die europäischen Institute ein Wettbewerbsnachteil, wenn künftig notwendige und vom Baseler Ausschuss relativ schnell verabschiedete Änderungen des Rahmenwerkes, in der EU einen langwierigen Level-1-Legislation-Prozess durchlaufen müssten.

Ein weiterer Nachteil kann darin gesehen werden, dass Basel II die Entwicklung von bankinternen Risikomessmodellen für Kreditrisiken eher behindert als fördert, da diese nicht als Alternative zur Bestimmung der bankaufsichtlichen Eigenkapitalunterlegung zugelassen sind. Nur im Rahmen von Kreditrisikomodellen ist auch das Problem lösbar, dass die Basel-II-Regeln die zyklischen Bewegungen im Kreditvergabeverhalten fördern.

Die Bundesanstalt für Finanzdienstleistungsaufsicht, die Deutsche Bundesbank sowie die kreditwirtschaftlichen Verbände haben zur nationalen Umsetzung einen Arbeitskreis eingerichtet, dem Fachgremien aller zentralen Bereiche unterstehen (IRB, Sicherheiten, ABS, OpRisk, SRP, Offenlegung). Ziel des Arbeitskreises ist es, Konkretisierungen und Auslegungen bestimmter Baseler Vorgaben herbeizuführen, damit sie für die Kreditinstitute umsetzbar werden. Die deutsche Bankenaufsicht strebt grundsätzlich eine enge Anlehnung an die Baseler Vorgaben an, doch sollen insbesondere EU-spezifische Besonderheiten des Bankensektors Berücksichtigung finden.

Die Eigenkapitalanforderungen für Kredit- und Preisänderungsrisiken werden begleitet durch untergesetzliche Regelungen, die Mindestanforderungen an ein integriertes Risikomanagement von Kreditinstituten festlegen. Diese Anforderungen sind eine logische Konsequenz einer nunmehr stärker präventiv agierenden Finanzaufsicht. Aus diesem Grund sollen die derzeitigen qualitativen Mindestanforderungen gemäß § 25 KWG unter die Mindestanforderungen an das Risikomanagement (MaRisk) subsumiert werden. MaRisk wird die bereits bestehenden Mindestanforderungen an die Handelsgeschäfte (MaH), an das Kreditgeschäft (MaK), an das Outsourcing sowie an die interne Revision (MaIR) zu einem umfassenden Regelwerk ausbauen, das praxisnahe Rahmenbedingungen schaffen soll.

Ab 2007 werden die meisten Kreditnehmer mittels bankinternen Ratingverfahren individuell nach der Bonität in Ratingklassen eingeteilt sein. Je besser die Bonität, umso weniger Eigenkapital muss das Kreditinstitut als Puffer für unerwartete Verluste aus dem Engagement vorhalten. Durch die risikosensitive Differenzierung der Eigenkapitalanforderungen kann das Institut seine Eigenkapitalkosten dem Schuldner genauer zuordnen. Das heißt, geringere Kreditzinsen könnten die Folge für die Schuldner sein.

Ein intensiverer Informationsaustausch zwischen Bank und Kreditnehmer (Steuerberater) ist unvermeidbar. Die Bank wird wesentlich mehr Informationen über den Schuldner benötigten, als bislang bei der traditionellen Kreditwürdigkeitsprüfung üblich ist. Dies ist aber keine One Way Street. Die Schuldner erhalten im Gegenzug eine qualifizierte Einschätzung ihrer Bonität. So können Schwachpunkte im Dialog mit dem Kreditinstitut beseitigt werden.

Es wäre nicht überraschend, wenn der Baseler Ausschuss für Bankenaufsicht die Dynamik der letzten Jahre nutzen würde, um beispielsweise die notwendigen Diskussionen zur Überarbeitung der Definition des bankaufsichtlichen Eigenkapitals mit der Kreditwirtschaft zu führen oder auch andere bankaufsichtliche Probleme anzugehen. Basel II ist nur ein weiterer Meilenstein in einer umfassenderen Entwicklung bankaufsichtlicher Normen. Eines kann deshalb mit Sicherheit gesagt werden: Basel III und Basel IV werden kommen.

Literatur

BASELER AUSSCHUSS FÜR BANKENAUFSICHT (1999): A New Capital Adequacy Framework, Basel, Nr. 50, Juni 1999.

BASELER AUSSCHUSS FÜR BANKENAUFSICHT (2001): The New Basel Capital Accord, Basel, Januar 2001.

BASELER AUSSCHUSS FÜR BANKENAUFSICHT (2003): Consultative Document, The New Basel Capital Accord, Basel, 29. April 2003.

BASELER AUSSCHUSS FÜR BANKENAUFSICHT (2004): International Convergence of Capital Measurement and Capital Standards – A Revised Framework, Basel, 26. Juni 2004.

BASELER AUSSCHUSS FÜR BANKENBESTIMMUNGEN UND -ÜBERWACHUNG (1988): Internationale Konvergenz der Eigenkapitalmessung und Eigenkapitalanforderungen, Basel, Juli 1988.

BOOS, K. H./SCHULTE-MATTLER, H. (2001): Basel II: Externes und internes Rating, in: Die Bank 5/2001, S. 346–354.

EUROPÄISCHE KOMMISSION (2000): Richtlinie 2000/12/EG des Europäischen Parlaments und des Rates vom 20. März 2000 über die Aufnahme und Ausübung der Tätigkeit der Kreditinstitute (2000/12/EG), in: Amtsblatt der Europäischen Gemeinschaften, Nr. L 126, 26. Mai 2000, S. 1–59 (Kodifizierungsrichtlinie).

EUROPÄISCHE KOMMISSION (2001): Commission Services' second Consultative Document on Review of Regulatory Capital for Credit Institutions and Investment Firms (Markt/1000/01), 05. Februar 2001.

EUROPÄISCHE KOMMISSION (2004): Vorschlag für Richtlinien des europäischen Parlaments und des Rates zur Neufassung der Richtlinie 2000/12/EG des Europäischen Parlaments und des Rates vom 20. März 2000 über die Aufnahme und Ausübung der Tätigkeit der Kreditinstitute und der Richtlinie 93/6/EWG des Rates vom 15. März 1993 über die angemessene Eigenkapitalausstattung von Wertpapierfirmen und Kreditinstituten, Vorlage der Kommission vom 14. Juli 2004, KOM(2004) 486 endgültig.

MERTON, R. C. (1974): On the Pricing of Corporate Debt: The Risk Structure of Interest Rates, in: Journal of Finance 29/1974, S. 449–470.

SCHULTE-MATTLER, H. (1997): Von der ersten zur dritten Generation bankaufsichtlicher Strukturnormen, in: Gröner/de Jongste/Kracke/Senne (Hrsg.): Wirtschaftswissenschaft, Anwendungsorientierte Forschung an der Schwelle des 21. Jahrhunderts, Juli 1997, S. 113–125.

SCHULTE-MATTLER, H. (1998): Regulatory Framework for the Risk Management of German Credit Institutions, in: Bol/Nakhaeizadeh/Vollmer (Hrsg.): Risk Measurement, Econometrics and Neural Networks, Heidelberg (Physika) 1998, S. 245–257.

SCHULTE-MATTLER, H. (1999a): Baseler Vorschlag zur Erfassung und Begrenzung von Kreditrisiken, in: Die Bank 8/1999, S. 530–535.

SCHULTE-MATTLER, H. (1999b): Drei Generationen bankaufsichtlicher Strukturnormen im neuen Eigenkapitalgrundsatz I, in: Pfingsten, A. (1999): Hg., Münsteraner Bankentage 1997, Wandel als Chance. Perspektiven für die Kreditwirtschaft, ifk edition Sonderband 1, Münster (Lit), S. 19–36.

SCHULTE-MATTLER, H. (2001): Neuere Entwicklungen in der bankaufsichtsrechtlichen Behandlung von Kreditrisiken, in: Rolfes, B.; Schierenbeck, H. (2001): Hg., Ausfallrisiken, Quantifizierung, Bepreisung und Steuerung, zeb / Schriftenreihe des Zentrums für Ertragsorientiertes Bankmanagement, Band 26, S. 53–71.

SCHULTE-MATTLER, H./TYSIAK, W. (2002): Basel II: Neue IRB-Formel für den Mittelstand, in: Die Bank 12/2002, S. 836–841.

SCHULTE-MATTLER, H. (2003): Basel II: Das Dritte Konsultationspapier (CP3), in: Die Bank 6/2003, S. 386–393.

SCHULTE-MATTLER, H. (2004a): Grundsatz I: Grundsätze über die Eigenmittel und die Liquidität der Kreditinstitute, in: Boos/Fischer/Schulte-Mattler (Hrsg.): Kreditwesengesetz, Kommentar zu KWG und Ausführungsvorschriften, 2. Auflage, München (Beck) 2004, S. 1536–1714.

SCHULTE-MATTLER, H. (2004b): Neue Baseler Eigenkapitalübereinkunft (Basel II): Ein Überblick, in: Boos, K.-H.; R. Fischer; H. Schulte-Mattler (2004): Kreditwesengesetz, Kommentar zu KWG und Ausführungsvorschriften, 2. Auflage, München (Beck) 2004, S. 2254–2310.

SCHULTE-MATTLER, H./MANNS, T. (2004): Basel II: Falscher Alarm für die Kreditkosten des Mittelstandes, in: Die Bank 6–7/2004, S. 376–380.

SCHULTE-MATTLER, H./MANNS, T. (2005): Techniken zur Kreditrisikominderung im Framework von Basel II, in: Becker/Gaulke/Wolf (Hrsg.): Praktiker-Handbuch Basel II, Kreditrisiko, operationelles Risiko, Überwachung, Offenlegung, Schäffer-Poeschel Stuttgart 2005.

SCHULTE-MATTLER, H./MEYER-RAMLOCH, D. (2005): Bankaufsichtliche Behandlung von Kreditderivaten in Deutschland, in: Burghof/Henke/Rudolph/Schönbucher/Sommer (Hrsg.): Kreditderivate. Handbuch für die Bank- und Anlagepraxis, 2. Auflage, Schäffer-Poeschel Stuttgart 2005, S. 441–478.

Auswirkungen von Basel II und Solvency II auf Finanzkonglomerate

Gerd Geib / Peter Ott

1. Reformen in der Beaufsichtigung des Finanzdienstleistungssektors

Wie kaum ein anderer Wirtschaftszweig ist der Finanzdienstleistungssektor national und international durch Aufsichtsnormen reglementiert.[1] Das Umfeld des Finanzdienstleistungssektors gleicht heute nicht mehr den wirtschaftlichen Verhältnissen, die zu Beginn der Versicherungs- und Bankenaufsicht herrschten.[2] Dies ist einerseits in den starken Veränderungen auf den internationalen Finanzmärkten und der wirtschaftlichen Situation der letzten Jahre begründet, andererseits hat das Konkurrieren von Banken, Versicherungsunternehmen und Finanzdienstleistungsinstituten auf den gleichen Märkten mit ähnlichen Produkten zur Bildung von großen Finanzkonglomeraten geführt, die auch in Deutschland eine wesentliche Rolle spielen.[3] Diesen Veränderungen wird bei der Beaufsichtigung von Banken und Versicherungsunternehmen durch verschiedene Vorhaben Rechnung getragen.[4]

Für Banken werden sich große Veränderungen bei der Beaufsichtigung durch das Reformprojekt Basel II ergeben.[5] Die dadurch entstehende Neuordnung der Beaufsichtigung hat die bankwirtschaftliche Diskussion geprägt wie kein anderes Thema.[6] Für Versicherungsunternehmen gibt es parallel dazu Änderungsvorschläge der Versicherungsaufsicht, die unter dem Stichwort Solvency II bekannt sind.[7] Beiden Reformvorschlägen ist ein 3-Säulen-Ansatz gemeinsam, bei dem sich die erste Säule mit den Anforderungen an Verfahren zur Messung des notwendigen Mindestkapitals eines Unternehmens, die zweite Säule mit dem aufsichtsrechtlichen Überprüfungsverfahren und daraus abgeleitet mit Anforderungen an die Prozesse des Unternehmens und die dritte Säule mit Offenlegungsvorschriften auseinander setzt.[8]

Diese Reformvorhaben betreffen nur die Beaufsichtigung einzelner Unternehmen eines Konzerns. Zusätzlich hierzu und zu der im Zuge der Umsetzung der Versicherungsgruppenrichtlinie eingeführten Gruppenaufsicht wurden Vorschriften für Finanzkonglomerate entwickelt. In einem Aktionsplan kündigte die Europäische Kommission 1999 Maßnahmen zu deren Beaufsichtigung mit dem Ziel an, zusätzliche Regelungen für Finanzgruppen mit branchenübergreifenden Tätigkeiten einzuführen.[9] Der Aktionsplan mündete in der Finanzkonglomeraterichtli-

---

1   Vgl. Schradin (2003), S. 3.
2   Vgl. Sanio (2004), S. 1.
3   Vgl. Sanio (2004), S. 1.
4   Vgl. beispielsweise Präve (2004), S. 1800 f.
5   Vgl. Paul (2002) S. 5 ff., bzw. Schulte-Mattler (2005).
6   Vgl. Jakob (2004), S. 5.
7   Vgl. KPMG (2002) bzw. Helten/Hartung (2004).
8   Vgl. Schubert/Grießmann (2004).
9   Vgl. Bundesregierung (2004), S. 1.

nie,[10] die 2002 verabschiedet wurde. In Deutschland wurde der Gesetzesentwurf zur Umsetzung der Finanzkonglomeraterichtlinie (Finanzkonglomeraterichtlinie-Umsetzungsgesetz) 2004 in den Bundestag eingebracht und verabschiedet. Das am 1. Januar 2005 in Kraft getretene[11] Finanzkonglomeraterichtlinie-Umsetzungsgesetz führt zu einer zusätzlichen Beaufsichtigung von Konzernen, die mindestens aus einem Unternehmen der Banken- und Wertpapierdienstleistungsbranche und einem Unternehmen der Versicherungsbranche bestehen.

Für Finanzkonglomerate stellen sich vor diesem Hintergrund aktuell folgende Fragen:

■ Welche Konsequenzen ergeben sich aus der Umsetzung der Finanzkonglomeraterichtlinie?

■ Welche zusätzlichen Auswirkungen ergeben sich aus den Reformprojekten Basel II und Solvency II?

2. Beaufsichtigung von Finanzkonglomeraten ab 2005

Den Begriff Finanzkonglomerat definieren KWG und VAG identisch.[12] Gemäß § 104k Nr. 4 VAG[13] versteht man darunter eine Gruppe von Unternehmen,[14]

■ die aus einem Mutterunternehmen und seinen Tochterunternehmen besteht (eventuell zuzüglich den Unternehmen, an denen Mutter- oder Tochterunternehmen Beteiligungen halten) oder aus Unternehmen, die zu einer horizontalen Unternehmensgruppe zusammengefasst sind;

■ an deren Spitze ein beaufsichtigtes Finanzkonglomeratsunternehmen steht, bei dem es sich um ein Mutterunternehmen eines Unternehmens der Finanzbranche,[15] ein Unternehmen, das eine Beteiligung an einem Unternehmen der Finanzbrache hält, oder ein Unternehmen, das mit einem anderen Unternehmen der Banken- und Wertpapierdienstleistungsbranche oder der Versicherungsbranche zu einer horizontalen Unternehmensgruppe zusammengefasst ist, handelt; wenn kein beaufsichtigtes Finanzkonglomeratsunternehmen an der Spit-

---

10 Richtlinie 2002/87/EG.

11 Vgl. Bundesregierung (2004).

12 Vgl. § 1 Abs. 20 KWG bzw. § 104k Nr. 4 VAG.

13 Vgl. Bundesregierung (2004), S. 6 f.

14 Um als Finanzkonglomerat eingestuft zu werden, müssen bestimmte Schwellenwerte überschritten werden, vgl. § 51a Abs. 2–6 KWG.

15 Die Finanzbranche umfasst gemäß § 104k Nr. 2 VAG die Versicherungsbranche, die Banken- und Wertpapierdienstleistungsbranche sowie die Branche der aus gemischten Finanzholdings gebildeten Unternehmen.

ze steht, die Gruppe jedoch mindestens eines dieser Unternehmen als Tochterunternehmen aufweist, ist die Gruppe ein Finanzkonglomerat, wenn sie vorwiegend in der Finanzbranche tätig ist;[16]

■ der mindestens ein Unternehmen der Versicherungsbranche sowie mindestens ein Unternehmen der Banken- und Wertpapierdienstleistungsbranche angehören und

■ in der die konsolidierte oder aggregierte Tätigkeit bzw. die konsolidierte und aggregierte Tätigkeit der Unternehmen der Gruppe sowohl in der Versicherungsbranche als auch in der Banken- und Wertpapierdienstleistungsbranche erheblich ist.[17]

In Deutschland gibt es derzeit acht Unternehmensgruppen, die als Finanzkonglomerat eingestuft werden. Ihre Bedeutung ist erheblich, ihr Marktanteil an der gesamten Finanzbranche beträgt 14,4 Prozent.[18] Finanzkonglomerate unterliegen seit 2005[19] einer zusätzlichen Beaufsichtigung. Dadurch ergeben sich Änderungen bei den Informationspflichten für beaufsichtigte wie unbeaufsichtigte Unternehmen eines Finanzkonglomerates, zum einen durch die Definition homogener Solvabilitätsanforderungen für Finanzkonglomerate und zum anderen durch die Vermeidung von Aufsichtsarbitrage durch Anpassung der bestehenden Aufsichtsgesetze. Die zusätzliche Aufsicht umfasst die Bereiche[20]

■ angemessene Eigenkapitalausstattung des Finanzkonglomerates,

■ Risikokonzentration im Finanzkonglomerat,

■ gruppeninterne Transaktionen innerhalb der Unternehmensgruppe,

■ interne Kontrollmechanismen und Risikomanagement auf Ebene des Finanzkonglomerates.

Den Schwerpunkt in der Beaufsichtigung von Finanzkonglomeraten bildet die neue Forderung nach § 104q VAG, dass ein Finanzkonglomerat insgesamt angemessene Eigenmittel aufweisen muss. Da Detailfragen der Berechnung der angemessenen Eigenmittel noch durch

---

16 Eine Gruppe ist gemäß § 104 Abs. 2 VAG vorwiegend in der Finanzbranche tätig, wenn der Anteil der Bilanzsumme der in einer Finanzbranche tätigen Unternehmen der Gruppe an der Bilanzsumme der Gruppe insgesamt mehr als 40 Prozent beträgt.

17 Die erhebliche Tätigkeit ist alternativ durch zwei unterschiedliche Kriterien erfüllt:
1. Sowohl für die Versicherungsbranche als auch für die Bankenbranche gilt: Durchschnittlicher Anteil der Bilanzsumme an der Bilanzsumme aller Finanzunternehmen der Gruppe und Anteil der Solvabilitätsanforderungen derselben Finanzbranche an der Gesamtsolvabilitätsanforderung aller Finanzunternehmen der Gruppe im Durchschnitt größer als 10 Prozent.
2. Die Bilanzsumme der Unternehmen in der Versicherungsbranche sowie der Unternehmen in der Banken- und Wertpapierbranche übersteigen jeweils 6 Milliarden Euro.

18 Vgl. Handelsblatt (2004).

19 Die erstmalige Anwendung erfolgt grundsätzlich im Rahmen der aufsichtsrechtlichen Prüfung der Abschlüsse von Geschäftsjahren ab dem 1. Januar 2005, wobei einzelne Anzeigepflichten erst im Jahr 2006 erbracht werden müssen.

20 Vgl. Bundesregierung (2004), S. 1.

eine Verordnung festgelegt werden,[21] kann an dieser Stelle nur das Prinzip beschrieben werden, wie es in der EU-Richtlinie dargestellt ist. Folgende Methoden sollen für die Berechnung des zusätzlichen Mindestbetrages[22] an Eigenmitteln zulässig sein:

1. Berechnung auf Grundlage des konsolidierten Abschlusses,

2. Abzugs- und Aggregationsmethode,

3. Buchwert- bzw. Anforderungsabzugsmethode,

4. Kombination der Methoden 1 bis 3.

Auf Grundlage des konsolidierten Abschlusses berechnet sich die zusätzliche Kapitalanforderung durch einen Betrag in Höhe der Differenz zwischen den Eigenmitteln des konsolidierten Abschlusses und der Summe der einzelnen Solvabilitätsanforderungen der dem Finanzkonglomerat zugehörigen Unternehmen. Bei der Berechnung mit Hilfe der Abzugs- und Aggregationsmethode ergibt sich eine zusätzliche Eigenkapitalanforderung in Höhe der Summe der Eigenmittel aller Unternehmen der Finanzbranche des Finanzkonglomerates abzüglich der Summe der einzelnen Solvabilitätsanforderungen und abzüglich der Buchwerte der Beteiligungen an anderen Gruppenunternehmen.[23] Die Buchwert- bzw. Anforderungsabzugsmethode errechnet die zusätzliche Kapitalanforderung als Differenz zwischen den Eigenmitteln des Mutterunternehmens abzüglich der Solvabilitätsanforderungen des Mutterunternehmens und abzüglich eines höheren Betrags aus den Buchwerten der Beteiligungen an anderen Gruppenunternehmen oder den Solvabilitätsanforderungen dieser Unternehmen.

Weitere Anforderungen ergeben sich hinsichtlich der Anzeigepflicht von Risikokonzentrationen und gruppeninternen Transaktionen.[24] Gemäß einer Übergangsvorschrift gilt als anzeigepflichtige Risikokonzentration, wenn das Adressenausfall-, das Kredit- oder das Marktrisiko gegenüber einer verbundenen Adresse 10 Prozent der Eigenkapitalanforderung auf Konglomeratsebene erreicht oder überschreitet.[25] Eine gruppeninterne Transaktion gilt als bedeutend, wenn die einzelne Transaktion 5 Prozent der Kapitalanforderungen auf Konglomeratsebene erreicht oder übersteigt.[26]

---

21 Vgl. § 104q Abs. 1 VAG i. V. m. dem Entwurf einer Verordnung über die Angemessenheit der Eigenmittelausstattung von Finanzkonglomeraten (FkSolV-E).

22 Vgl. Schradin (2003), S. 33: Der Begriff „zusätzliche Eigenkapitalanforderung" ist missverständlich. Denn es ist gerade nicht Ziel der Richtlinie, zusätzliche im Sinne von erhöhten Eigenkapitalanforderungen zu formulieren. „Zusätzlich" meint vielmehr allein die neben der Solo-Solvabilität ergänzend zu berechnende Solvabilität auf Konglomeratsebene. Semantisch besser geeignet erscheint der Begriff der bereinigten Solvabilität.

23 Bei dieser Methode werden die Eigenmittel und die Solvabilitätsanforderungen anteilig in Höhe der jeweiligen Beteiligung angesetzt.

24 Vgl. § 104r VAG. Auch hier wird das Bundesministerium der Finanzen ermächtigt, durch Rechtsverordnung nähere Bestimmungen zu Risikokonzentrationen und gruppeninternen Transaktionen zu erlassen.

25 Vgl. § 123c Abs. I Nr. 4 VAG.

26 Vgl. § 123c Abs. I Nr. 4 VAG.

Zusätzlich ergeben sich erhöhte Anforderungen an die organisatorischen Pflichten auf Konglomeratsebene.[27] Die beaufsichtigten Finanzkonglomerate haben sicherzustellen, dass auf Konglomeratsebene ein angemessenes Risikomanagement und angemessene interne Kontrollmechanismen einschließlich ordnungsmäßiger Kontrollverfahren vorhanden sind. Vor große Herausforderungen sind die Unternehmen durch die Implementierung eines angemessenen Risikomanagements gestellt. Sie umfasst[28]

- das fachmännische Führen und Management mit Genehmigung und regelmäßiger Überprüfung der Strategien und Maßnahmen durch die jeweiligen Leitungsgremien auf Konglomeratsebene hinsichtlich aller eingegangenen Risiken,

- eine angemessene Politik der Eigenkapitalausstattung, welche die Auswirkungen der Geschäftsstrategie auf das Risikoprofil und auf die Eigenkapitalanforderungen im Voraus berücksichtigt, also die Einhaltung der Eigenkapitalanforderungen auf Gruppenebene explizit in die Planung einbezieht,

- geeignete Verfahren, die sicherstellen, dass die Systeme zur Risikoüberwachung angemessen in die Geschäftsorganisation integriert sind und durch entsprechende Maßnahmen gewährleistet ist, dass die in den der zusätzlichen Beaufsichtigung unterliegenden Unternehmen angewandten Systeme miteinander vereinbar sind, damit alle Risiken auf Konglomeratsebene quantifiziert, überwacht und kontrolliert werden können.

Die ebenfalls erforderlichen internen Kontrollmechanismen umfassen

- geeignete Mechanismen in Bezug auf die Eigenkapitalausstattung zur Ermittlung und Quantifizierung aller wesentlichen Risikoposten und die angemessene Unterlegung dieser Risiken mit Eigenmitteln,

- ein ordnungsgemäßes Berichtswesen und ordnungsgemäße Rechnungslegungsverfahren zur Ermittlung, Quantifizierung, Überwachung und Kontrolle gruppeninterner Transaktionen und der Risikokonzentration.

Ein Finanzkonglomerat ist seit der Umsetzung der Konglomeraterichtlinie verpflichtet, auf Konglomeratsebene die Einhaltung der Mindestkapitalvorschriften zu gewährleisten und bestimmte Transaktionen und Risikokonzentrationen in Abhängigkeit von diesen Mindestkapitalvorschriften zu melden. Das konzernweit notwendige Mindestkapital hängt aber von den Mindestkapitalvorschriften für die einzelnen Unternehmen der Gruppe ab. Daher muss eine Steuerung und Kontrolle der Höhe des notwendigen Mindestkapitals der einzelnen Banken und Versicherungsunternehmen auf Konzernebene erfolgen. Da durch die Projekte Solvency II und Basel II die Methoden zur Ermittlung des Mindestkapitals für Banken und Versicherungsunternehmen geändert werden, gewinnen diese Reformen des Aufsichtsrechts nicht nur für einzelne Unternehmen des Finanzkonglomerates, sondern auch für die Einhaltung der zusätzlichen Solvabilität auf Konzernebene an Bedeutung.

---

27 Vgl. § 104s VAG.
28 Vgl. Bundesregierung (2004), S. 66.

3. Auswirkungen der neuen Mindesteigenmittelanforderungen (Säule 1)

Für die Banken, die einem Finanzkonglomerat angehören, ergeben sich durch die Vorschläge der ersten Säule von Basel II wesentliche Änderungen bei den quantitativen Eigenkapitalanforderungen.[29] Hierzu werden die Methoden zur Ermittlung des notwendigen Mindestkapitals für das Kreditrisiko und das operationelle Risiko grundsätzlich überarbeitet.[30] Danach wird es für beide Risiken zulässig sein, das notwendige Mindesteigenkapital mit einem Standardansatz bzw. mit einem fortgeschrittenen Ansatz zu berechnen. Der fortgeschrittene Ansatz, der höhere Anforderungen an die Modelle stellt, wird jeweils zu einem verminderten Kapitalbedarf im Vergleich zu der Bewertung mit dem standardisierten Modell führen.[31] Im Bankenbereich ist es mit der Einführung der 6. KWG-Novelle derzeit schon möglich, das Marktrisiko mit fortgeschrittenen (internen) Risikomodellen zu bewerten. Auch hier senkt die Verwendung eines internen Modells die Kapitalanforderungen im Vergleich zur Verwendung des standardisierten Modells.[32] Allerdings führen die Vorschläge der ersten Säule von Basel II nur dazu, die Methoden für die Ermittlung des Kapitalbedarfs einzelner Risiken zu überarbeiten und nicht des Gesamtrisikos der Bank.

Im Versicherungsbereich hingegen ist die Zielsetzung sehr viel weitreichender.[33] Mit Solvency II wird versucht, durch standardisierte bzw. fortgeschrittene interne Modelle das Gesamtrisiko des Versicherungsunternehmens zu ermitteln und daraus den notwendigen Kapitalbedarf abzuleiten. Dies führt zu einer Reihe von Auswirkungen auf Konglomeratsebene:

■ Solange beispielsweise die Anforderungen an die Berücksichtigung des Bonitäts- bzw. Kreditrisikos bei Banken und Versicherungsunternehmen nicht im Gleichklang sind, wenn z. B. Basel II zeitlich früher verabschiedet wird als Solvency II oder die Anforderungen an die Berücksichtigung des Kreditrisikos bei Banken höher ausfallen als bei Versicherungsunternehmen, wird eine Verlagerung der Kreditrisiken durch Basel II indirekt oder sogar direkt auf die Versicherungsunternehmen des Finanzkonglomerates erfolgen.[34]

■ Die Inanspruchnahme von Wahlrechten bzw. Optionen (z. B. Standardansatz versus fortgeschrittener Ansatz) bei Solvency II und Basel II für das Mindestkapital einzelner Unternehmen kann sich auf das konzernweit notwendige Mindestkapital auswirken. Daher ist eine konzernweite Koordinierung der genutzten Methoden von Solvency II und Basel II und der Ergebniskontrolle notwendig.

---

29 Vgl. Schulte-Mattler (2005).
30 Vgl. Paul (2002), S. 10 ff.
31 Vgl. Schubert/Grießmann (2004), S. 1399.
32 Vgl. Deutsch (2001), S. 445.
33 Vgl. Schubert/Grießmann (2004), S. 1403.
34 Vgl. Ullrich (2004), S. 1890. Die Vermutung wird in einem Interview der Zeitschrift Versicherungswirtschaft mit dem Analysten Ben Ashby von JP Morgan geäußert.

■ Bei Solvency II werden vor allem bei den internen Modellen für Versicherungsunternehmen die Abhängigkeiten der einzelnen Risiken wesentlich stärker berücksichtigt als bei Basel II. Dies kann zu Aufsichtsarbitragen führen.

Analysiert man die Diskussion über den Einsatz interner Modelle bei Finanzkonglomeraten, erscheint folgende Entwicklung wahrscheinlich: Aufbauend auf den internen Modellen des Versicherungsbereiches, die eine Ausfallwahrscheinlichkeit der einzelnen Versicherungsunternehmen des Konglomerates ermitteln, werden in einem zweiten Schritt Methoden für die Ermittlung des Gesamtrisikos für die Banken des Finanzkonglomerates entwickelt.[35] In einem dritten Schritt werden dann Modelle benötigt, um die Abhängigkeiten zwischen den einzelnen Banken und den einzelnen Versicherungsunternehmen des Finanzkonglomerates zu messen und die Ausfallwahrscheinlichkeit des Finanzkonglomerates zu bestimmen. Als Schlusspunkt der Entwicklung des Aufsichtsrechts bei Finanzkonglomeraten könnte bei einer Übernahme der Ideen von Basel II und Solvency II auch für die zusätzliche Kapitalanforderung auf Konzernebene die Zulässigkeit eines internen Modells für das Gesamtrisiko des Finanzkonglomerates als Nachweis der Einhaltung der Eigenkapitalanforderungen der Unternehmensgruppe stehen.

4.   Auswirkungen des neuen aufsichtsrechtlichen Überprüfungsverfahrens (Säule 2)

Die zweite Säule von Basel II bzw. Solvency II führt zu Regelungen, die in den deutschen Aufsichtsvorschriften bisher nicht verankert waren.[36] Die Vorschriften sind angelehnt an Regelungen in den Vereinigten Staaten von Amerika. Dort werden die Ressourcen und Prozesse einer Bank in regelmäßigen Abständen einer Überprüfung unterzogen, wobei das Ergebnis Grundlage für eventuelle Aufschläge bei den Eigenkapitalanforderungen ist.[37] Dies führt zu einem aufsichtsrechtlichen Überprüfungsverfahren, das im Wesentlichen vier inhaltliche Bereiche umfasst:[38]

■ Einhaltung der Vorschriften aus den Säulen 1 und 3,

■ Berücksichtigung der Risiken, die in Säule 1 nicht oder nicht angemessen enthalten sind,

■ Überprüfung der bankinternen Verfahren zur Bestimmung der Eigenkapitalausstattung,

---

35 Vgl. Schubert/Grießmann (2004), S. 1403. Hier können die Banken Anregungen aus Solvency II und dem wahrscheinlichkeitstheoretischen Wissen der Versicherungsbranche erhalten.
36 Vgl. Paul (2002), S. 10.
37 Vgl. Paul (2002), S. 10.
38 Vgl. Jakob (2004), S. 8.

■ Beurteilung der bankinternen Kontrollsysteme.

Die Vorschriften der Säule 2 stellen einen Paradigmenwechsel von rein quantitativen Aufsichtsregeln zu mehr qualitativ orientierten Bankaufsichtsregeln dar, die sich in Mindestanforderungen konkretisieren werden.[39] Auch für den Versicherungsbereich ist es Ziel der Säule 2, ein aufsichtsrechtliches Prüf- und Kontrollverfahren zu installieren,[40] und auch wenn es noch nicht konkretisiert wurde, wird es im Ergebnis dem Verfahren bei Banken ähneln.[41]

Durch die Vorschriften der jeweiligen Säule 2 werden sich die Anforderungen an die Prozesse und die Kontrollen in den Prozessen sowohl bei Banken als auch bei Versicherungsunternehmen erhöhen. Bei Banken sind diese qualitativen Anforderungen in einigen Bereichen schon kodifiziert, beispielsweise durch die Mindestanforderungen an das Kreditgeschäft der Kreditinstitute[42] (MaK), durch die Mindestanforderungen an das Betreiben von Handelsgeschäften[43] (MaH) sowie durch die Mindestanforderungen an die Ausgestaltung der internen Revision der Kreditinstitute[44] (MaIR), die in den Mindestanforderungen an das Risikomanagement (MaRisk) zusammengefasst werden sollen.[45] Da im Bankenbereich damit derzeit eine umfassendere Kodifizierung von Prozessanforderungen vorliegt, wird es im Versicherungsbereich wohl zu einer Orientierung an den Bankenstandards und zu einem Transfer auf das Versicherungssegment kommen.[46] Auch die Vorschriften des Sarbanes-Oxley-Act (SOX), hier konkret Section 404, nach denen für SEC-Unternehmen hohe Anforderungen an das interne Kontrollsystem und damit auch an das Risikomanagement gestellt werden, wirken sich auf die diesbezüglichen Anforderungen in den Finanzkonglomeraten aus.[47]

---

39 Vgl. Jakob (2004), S. 18.
40 Vgl. Helten/Hartung (2004), S. 299.
41 Vgl. Schubert/Grießmann (2004), S. 1402.
42 Vgl. BaFin (2002).
43 Vgl. BAKred (1995).
44 Vgl. BAKred (2000).
45 Die BaFin hat zwischenzeitlich einen Entwurf der MaRisk veröffentlicht.
46 Vgl. Bach/Raub/Zimmermann (2004), S. 222.
47 Vgl. Bach/Raub/Zimmermann (2004), S. 222.

5. Implikationen für das konzernweite Risikomanagement des Finanzkonglomerats

Der Vorstand einer Aktiengesellschaft[48] hat gemäß § 91 Abs. 2 AktG geeignete Maßnahmen zu treffen, damit den Fortbestand der Gesellschaft gefährdende Risiken früh erkannt werden. Dazu gehört insbesondere die gesetzliche Verpflichtung, ein Risikofrüherkennungssystem einzurichten, das konzernweit auszugestalten ist.[49] Das Risikofrüherkennungssystem besteht aus den Komponenten

■ Festlegung der Risikofelder, die zu bestandsgefährdenden Entwicklungen führen können,

■ Risikoerkennung und Risikoanalyse,

■ Risikokommunikation,

■ Zuordnung von Verantwortlichkeiten und Aufgaben,

■ Einrichtung eines Überwachungssystems und

■ Dokumentation der getroffenen Maßnahmen.[50]

Die Risikoanalyse beinhaltet nach IDW PS 340 eine Beurteilung der Tragweite der erkannten Risiken in Bezug auf Eintrittswahrscheinlichkeit und quantitative Auswirkungen. Hierzu gehört auch die Einschätzung, ob einzelne Risiken, die isoliert betrachtet von nachrangiger Bedeutung sind, in ihrem Zusammenwirken oder durch Kumulation im Zeitablauf zu einem bestandsgefährdenden Risiko werden können.[51]

Durch die Anreize von Basel II und Solvency II, eigene Risikomodelle zu verwenden, werden sich die quantitativen Methoden zur Risikomessung im Finanzkonglomerat weiterentwickeln. Dann stehen bessere Methoden zur Messung einzelner Risiken in den Unternehmensbereichen zur Verfügung und vor allem durch Solvency II ein besserer Einblick in Interdependenzen zwischen den Risiken.

Auch die Anforderungen der zweiten Säule wirken sich auf das gesamte Finanzkonglomerat aus. Durch die Weiterentwicklung der Anforderungen an die Prozesse und das Risikomanagement bei Banken wie Versicherern werden sich die qualitativen Anforderungen an das Risikomanagement weiterentwickeln und vereinheitlichen. Das aufsichtsrechtliche Überprüfungsverfahren, das die Einhaltung dieser Anforderungen überwacht, übt weiteren Druck zur Verbesserung der Unternehmensprozesse aus.

---

[48] Durch Verweis in den entsprechenden Gesetzen auch für andere Rechtsformen der Finanzdienstleistungsbranche analog anzuwenden.

[49] Vgl. IDW PS 340 (2000), Tz. 34.

[50] Vgl. IDW PS 340 (2000), Tz. 7 ff.

[51] Vgl. IDW PS 340 (2000), Tz. 10.

Die Umsetzung der Konglomeraterichtlinie werden die Berechnungen zur Ermittlung des Mindesteigenkapitals mit der Planung und dem Controlling des Finanzkonglomerats stärker als bisher verknüpfen, die geforderte Kompatibilität der einzelnen Risikomesssysteme untereinander Methoden und Prozesse stärker vereinheitlichen und das geforderte Monitoring des Konzentrationsrisikos und der konzerninternen Geschäfte das quantitative Risikomanagement auf Konzernebene verbessern.

6. Auswirkungen von Basel II und Solvency II auf die Prüfung von Finanzkonglomeraten

Es ergeben sich einige wesentliche Konsequenzen für die Prüfung der Konzernabschlüsse von Finanzkonglomeraten. Bei börsennotierten Aktiengesellschaften ist gemäß § 317 Abs. 4 HGB im Rahmen der Abschlussprüfung zu beurteilen, ob das konzernweit eingerichtete Risikofrüherkennungssystem seine Aufgaben erfüllen kann.[52] Die Prüfung umfasst nach IDW PS 340 die Risikoanalyse und -bewertung des jeweiligen Konzerns; der Wirtschaftsprüfer steht also in der Pflicht, sich zu den Methoden der Risikobewertung des Finanzkonglomerats zu äußern. Da sich diese Methoden durch Basel II und Solvency II stark verändern, ist im Rahmen der Prüfung des Risikofrüherkennungssystems gemäß § 317 Abs. 4 HGB eine Beurteilung der geanderten Modelle durchzuführen. Dies stellt noch höhere Anforderungen an die Prüfung des Risikofrüherkennungssystems als bisher, sie wird noch umfangreicher und anspruchsvoller.

Die Prüfung wesentlicher Teile der internen Risikomodelle wird daher eine Aufgabe sein, die sowohl vom Wirtschaftsprüfer im Rahmen der Prüfung des Risikofrüherkennungssystems als auch im aufsichtsrechtlichen Überprüfungsverfahren durchzuführen ist. Es stellt sich die Frage, ob und inwieweit die BaFin unabhängig von den Wirtschaftsprüfern die Methoden und Modelle der Risikobewertung zusätzlich überprüft,[53] oder ob sie sich auf die Erfahrung und das Know-how der Wirtschaftsprüfer aus der Prüfung des Risikofrüherkennungssystems stützt und analog zu den Sonderprüfungen gemäß § 44 KWG im Bankenbereich[54] Wirtschaftsprüfer mit der Prüfung der Risikomodelle beauftragt.

---

52 Vgl. IDW PS 340 (2000), Tz. 34 ff. Bei nicht börsennotierten Unternehmen erfolgt die Prüfung des Risikofrüherkennungssystems häufig durch eine Erweiterung des Prüfungsauftrages.

53 Vgl. Jakob (2004), S. 15.

54 Vgl. Dicken (2003), S. 36. Nach § 44 Abs. 1 Satz 2 KWG können Sonderprüfungen durch die BaFin selbst oder auf deren Anordnung durch Wirtschaftsprüfungsgesellschaften vorgenommen werden. Gemäß Wohlert (2004) unterliegt beispielsweise die Einhaltung der MaH häufigen Sonderprüfungen gemäß § 44 KWG durch Wirtschaftsprüfungsgesellschaften.

Die Überprüfung der Kontrollsysteme des Finanzkonglomerats im Rahmen des aufsichtsrechtlichen Überprüfungsverfahrens ist eine Tätigkeit, bei der der Berufsstand der Wirtschaftsprüfer sein Wissen aus den Erfahrungen bei der Prüfung einbringen kann, sei es allgemein im Rahmen der Jahresabschlussprüfung, sei es durch die Prüfung der bisherigen
Mindestanforderungen beispielsweise an Handelsgeschäfte bei Banken im Rahmen der Jahresabschlussprüfung,[55] sei es durch die Prüfung gemäß SOX 404 bei SEC-Unternehmen.
Auch hier ist noch unklar, inwieweit die Aufsicht sich auf das vorhandene Know-how der
Wirtschaftsprüfer stützen wird.

7.   Zusammenfassende Schlussbemerkung

Die Beaufsichtigung von Finanzkonglomeraten steht vor großen Veränderungen, einerseits
durch die Umsetzung der Finanzkonglomeraterichtlinie, andererseits durch die Reformpro-
jekte Basel II für Banken und Solvency II für Versicherungsunternehmen.

Durch den Anreiz von niedrigeren Mindestkapitalanforderungen bei Verwendung interner
Risikomodelle wird ein Prozess der Verbesserung von quantitativen Methoden zur Risikomessung bei Banken und Versicherungsunternehmen in Gang gesetzt. Die Vorschläge zur
Implementierung von aufsichtsrechtlichen Überprüfungsverfahren führen zusätzlich zu einer
Weiterentwicklung und Vereinheitlichung der qualitativen Anforderungen an das Risikomanagement bei Banken und Versicherungsunternehmen. Für Finanzkonglomerate ergibt sich
eine weitere Verbesserung des Risikomanagements durch die Umsetzung der Finanzkonglomeraterichtlinie, die zu einer stärkeren Verknüpfung der Berechnungen zur Ermittlung des
Mindesteigenkapitals mit der Planung und dem Controlling des Finanzkonglomerates führt
sowie zu einer stärkeren Vereinheitlichung der Methoden und der Prozesse im Bereich des
Risikomanagements. Insgesamt ergeben sich durch Solvency II, Basel II und die Finanzkonglomeraterichtlinie wesentliche Impulse zur Verbesserung und Vereinheitlichung des
konzernweiten Risikomanagements.

Auch haben die aufsichtsrechtlichen Reformen Auswirkungen auf die Prüfung von Finanzkonglomeraten. So wird sich die Prüfung des Risikofrüherkennungssystems bei Finanzkonglomeraten stark verändern. Der Umfang, die Komplexität und der Schwierigkeitsgrad der
Prüfung werden sich massiv erhöhen. Zusätzlich entstehen neue Prüfungsaufgaben im Rahmen des aufsichtsrechtlichen Überprüfungsverfahrens, für die der Berufsstand der
Wirtschaftsprüfer durch seine Erfahrung und sein Know-how prädestiniert ist.

---

55 Vgl. Hanenberg/Kreische/Schneider (2003), S. 408.

Literatur

BAFIN (2002): Mindestanforderungen an das Kreditgeschäft der Kreditinstitute, Bundesanstalt für Finanzdienstleistungsaufsicht 2002.

BAKRED (2000): Mindestanforderungen an die Ausgestaltung der internen Revision, Bundesaufsichtsamt für das Kreditwesen 2000.

BAKRED (1995): Mindestanforderungen an das Betreiben von Handelsgeschäften der Kreditinstitute, Bundesaufsichtsamt für das Kreditwesen 1995.

DEUTSCH, H.-P. (2001): Derivate und interne Modelle: Modernes Risikomanagement, Stuttgart 2001.

DICKEN, A. J. (2003): Bankenprüfung, Berlin 2003.

BUNDESREGIERUNG (2004): Entwurf eines Gesetzes zur Umsetzung der Richtlinie 2002/87/EG des Europäischen Parlaments und des Rates vom 16. Dezember 2002 (Finanzkonglomeraterichtlinie-Umsetzungsgesetz), Berlin, 12. August 2004.

HANDELSBLATT (2004): Gesetzentwurf: Informationen zu Finanzkonglomeraten, Düsseldorf 28. Mai 2004.

HANENBERG, L./KREISCHE, K./SCHNEIDER, A. (2003): Mindestanforderungen an das Kreditgeschäft der Kreditinstitute, in: Die Wirtschaftsprüfung 56/2003, S. 396–409.

HELTEN, E./HARTUNG, T. (2004): Modernisierung versicherungswirtschaftlicher Eigenkapitalnormen durch Solvency II, in: Finanzbetrieb 4/2004, S. 293–302.

IDW PS 340 (2000): IDW Prüfungsstandard. Die Prüfung des Risikofrüherkennungssystems nach § 317 Abs. 4 HGB. (PS 340) Institut der Wirtschaftsprüfer e.V., Düsseldorf 2000.

JAKOB, K. (2004): Das Aufsichtsrechtliche Überprüfungsverfahren aus Sicht der Bankenaufsicht, in: Becker/Gruber/Wohlert (Hrsg.): Handbuch Bankenaufsichtliche Entwicklungen, S. 3–18, Stuttgart 2004.

KPMG (2002): Study into the methodologies to assess the overall financial position of an insurance undertaking from the perspective of prudential supervision, 2002, http://www.kpmg.de/pdf/solvency_Complete_Report.pdf.

PAUL, S. (2002): Basel II im Überblick, in: Hofmann (Hrsg.): Basel II und MaK, S. 5–44, Frankfurt/Main 2002.

PRÄVE, P. (2004): Aufsichtsrecht im Dilemma, in: Versicherungswirtschaft 23/2004, S. 1800–1801.

SANIO, J. (2004): Finanzdienstleistungsaufsicht im „Stresstest" – wo liegen die zukünftigen Herausforderungen?, http://banken-symposium.de/pdf/Sanio.pdf.

SCHRADIN, H. (2003): Entwicklungen der Versicherungsaufsicht, in: Institut der Versicherungswissenschaft an der Universität zu Köln (Hrsg.): Mitteilungen 3/2003, www.ivk.uni-koeln.de/mitteilungen/m3_2003.pdf.

SCHUBERT, T./GRIEßMANN, G. (2004): Solvency II = Basel II + X, in: Versicherungswirtschaft 18/2004, S. 1399–1403.

SCHULTE-MATTLER, H. (2005): Basel II: Entwicklungen im Bankenbereich, in: Gründl/Perlet (Hrsg.): Handbuch Solvency II, Berlin 2005.

ULLRICH, E.-B. (2004): Versicherer müssen ihr Aktiv-Passiv-Management verbessern, in: Versicherungswirtschaft 24/2004, S. 1890–1891.

WOHLERT, D. (2004): MaH-Prüfungsfeststellungen hinsichtlich des Risikocontrollings, in: Becker/Gruber/Wohlert (Hrsg.): Handbuch Bankenaufsichtliche Entwicklungen, Stuttgart 2004.

ZIMMERMANN, C./BACH, C./RAUB, J. (2004): Von der Pflicht zur Kür im Risikomanagement (I), in: Versicherungswirtschaft 4/2004, S. 220–224.

Swiss Solvency Test

Phillip Keller / Thomas Luder / Mark Stober

1.   Introduction

Insurance regulators have historically taken a number of approaches to protecting policyholders. The most common approach has been to set strict standards for provisioning for future liabilities, for pricing of products, and even regulating benefits. While these approaches can indeed help protect policyholders, they can also carry systemic risks. For instance, prescribing a standard set of pricing assumptions for all insurers will create systemic risk for the market in that all insurance companies will be susceptible to the same mispricing risks. More importantly it gives no incentive to companies to compete on prices and to develop innovative products.

At the same time companies are rewarded if they can "beat the system" and write business which increases those types of risk that are not monitored by the regulatory regime. In particular, asset-liability mismatch risks have been poorly identified and assessed by the regulatory regime in the past. The FOPI (Federal Office of Private Insurance) proposal is both to improve the protection for policyholders and to enhance the company's risk management within a more transparent system. This translates into introducing a risk-based solvency standard in Switzerland.

The aim of risk-based solvency is to relate the actual risk taken on by a company to its capital requirement. The higher the risk, the higher the capital requirement, and in the extreme case when there is no risk, there should be no extra capital requirement.

This risk-based supervision aims to take all financial and insurance risks into account, especially asset and liability risks. The system will focus on explicitly measuring risks and minimizing systemic risk via transparency. In the medium term, this should lead to the convergence of regulatory measurement and company specific economic risks models.

Since risk profiles of the supervised insurers can be very heterogeneous, a regulatory model capturing correctly the risk situation of each company would be very complex. For the Swiss Solvency Test (SST), simpler models were developed which have to be adapted by each company to fit its specific risk profile, thereby also making companies responsible for the calculation of the required capital ("target capital").

While a standard model is being developed to ensure that all companies can implement a minimum standard, the SST encourages companies to develop internal models (within a given framework) and to complement these models with scenarios. Companies can deviate from the standard models, parameters etc. with the permission of the regulator. This permission is granted if a company can show that its internal model better reflects the risk situation than the standard model.

Each company has to evaluate the effect of potential adverse scenarios on the risk-bearing capital (market-consistent value of assets minus best-estimate of liabilities) of the company.

While some scenarios are proposed by the regulator, others will have to be created or adapted by the actuary to reflect the specific situation of the company.

The possibility of using internal models will lead to convergence of regulatory and economic capital. Responsibility for economic capital remains with the companies which then have an incentive to introduce and apply better risk management techniques and processes, leading to lower economic capital requirements and thus directly to lower target capital requirements.

2.   Concept of SST

2.1   Risk-bearing capital and target capital

Risk-bearing capital is defined as the difference between the market-consistent value of assets and the best-estimate of liabilities. Hence, risk-bearing capital is the available capital to backup changing values of assets and liabilities.

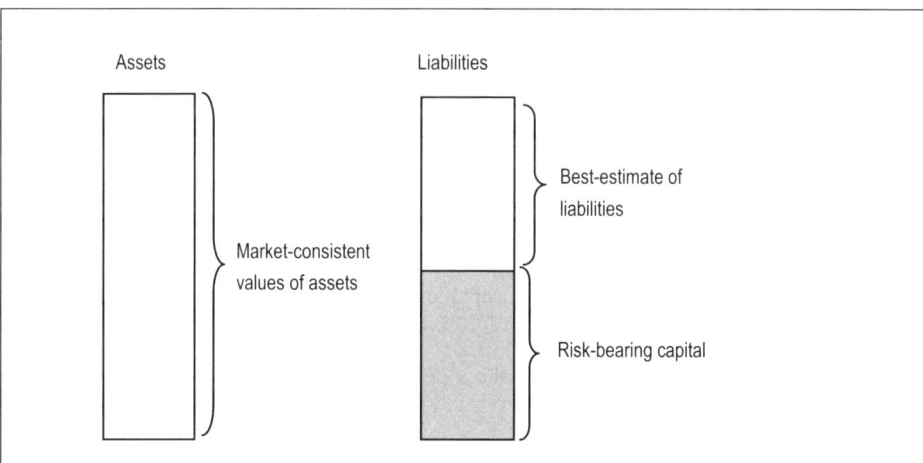

Figure 1:   *Risk-bearing capital*

Then, target capital relates the risks incurred by an insurer to a capital requirement. The time horizon for the SST is one year. This means that the derived target capital is the amount needed to be sure on the chosen confidence level that the assets at the end of the year are sufficient to cover the liabilities.

Target capital consists of two components: The **risk margin** and the capital necessary for the risks emanating within a one year time horizon, which is denoted by **ES** (ES since the 1-year risk is quantified using the expected shortfall of change of risk-bearing capital).

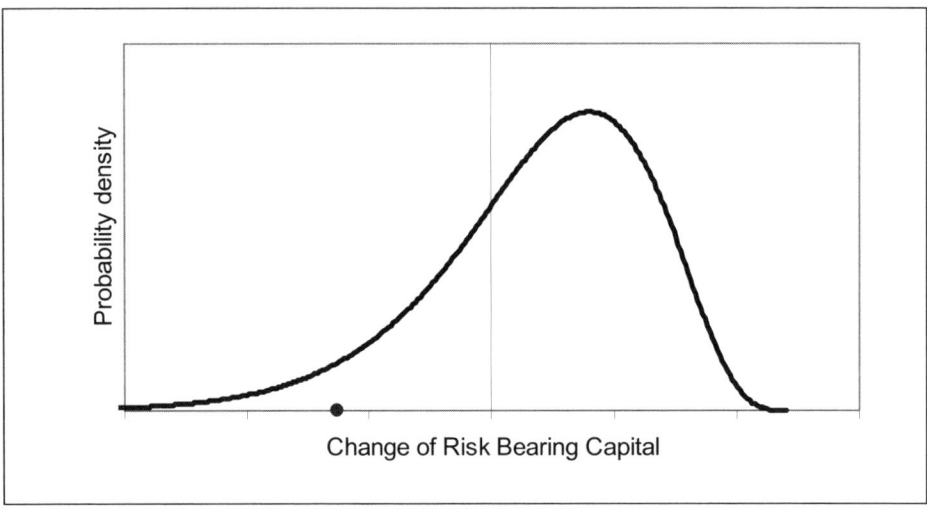

Figure 2:   *Target capital equals expected shortfall of change in risk-bearing capital. The point marks Value at Risk (VaR). The expected shortfall is the average of all possible changes in risk-bearing capital which are worse than VaR.*

The risk margin is defined such that a second insurer would be compensated for the risk—or more precisely for the capital cost due to having to hold regulatory capital—when taking over the first insurer's assets and liabilities.

ES is defined as the amount of risk-bearing capital necessary today, such that if the worst fraction (e.g. $\alpha = 1\%$) of scenarios over the next year are considered then, on the average of those scenarios, the remaining risk-bearing capital will exceed the risk margin.

In formal terms, ES is the minimum sum capable of compensating for the α worst-case expected loss.

The confidence level $(1-\alpha)$ will be set by the supervisor. The supervisor may permit a higher α for certain types of insurer.

Risk-bearing capital and target capital are determined on the following basis:

■ Assets and liabilities are valued market-consistently.

■ Relevant risks are market, credit and insurance risks.

■ Risk is measured using the expected shortfall of change in risk-bearing capital over one year.

- There are standard models for market, credit and insurance risks.

- There are scenarios to take into account rare events or risks not covered by the standard models.

- The results of the standard models and the evaluation of the scenarios are aggregated to determine the target capital.

- In case of financial distress of an insurer, policyholders are protected by a risk margin.

- Internal models can be used for the calculation of target capital. The assumptions and internal models used have to be documented in an SST report.

- Reinsurance can be fully taken into account.

- The market-consistent value of insurance liabilities is the sum of the best-estimate and a risk margin.

- The assumptions and internal models have to be documented in an SST report and must be disclosed to the regulator.

2.2   Consistent valuation of assets and liabilities

Companies, investors and regulators have long struggled with interpreting accounting information where assets and liabilities are valued on different bases. The inconsistency can cause artificial volatility in free capital.

This has led to companies building internal models that focus more on the "economic" value of their businesses. The theme has been followed on in discussions at the IASB, and proposals for a "fair value" accounting system, and also by various regulatory bodies around the world.

The SST is based on "market-consistent valuation" of both assets and liabilities. Essentially it means that assets are valued at their price in the market (if available), while liabilities are valued based on the price that financial markets would place on these liabilities, taking into account all embedded options and financial guarantees.

The market-consistent valuation has a number of advantages:

- Completeness: The valuation takes into account all options and guarantees within the liabilities.

- Best-estimate principle: The valuation contains no implicit or explicit loadings, but is based on the best-estimate assumptions for insurance risks (e.g. mortality, disability).

- Up-to-date: The valuation is always based on the most recent information.

■ Objectivity: The valuation is based on observable market parameters and is less prone to manipulation.

■ Consistency: Assets and liabilities are measured consistently.

Where possible, market-consistent valuation of assets and liabilities will be based on observable market prices. If no actual market prices are available, market-consistent values will be determined by examining comparable market values, taking into account liquidity and other product-specific features.

It is important to note that for SST purposes all liabilities with the exception of a company's own equity have to be taken into account, even those not currently on the balance sheet. For most of the assets on the balance sheet, market prices will be available, or suitable proxies can be used. Market-consistent valuation of insurance liabilities comprises expected future obligations under insurance policies discounted using the risk-free yield curve (for Switzerland). All relevant embedded options and guarantees have to be valued explicitly.

2.3   Risks considered

Financial and insurance risks give rise to target capital requirements, while some other risks are treated qualitatively. The split is shown in the following diagram:

Risks which are to be quantified in the SST include:

■ Financial risks: For example the risk of a fall in equity prices, or default on loans held.

■ Insurance risk: For example the risk of a significant winter storm over Europe, the risk of reserves for liability insurance being inadequate, or of future mortality experience deviating from expectation.

A number of risks inherent to insurance companies are difficult to measure reliably, and treated more appropriately qualitatively than quantitatively until generally accepted methods have been developed.

Examples of risks which are treated qualitatively include operational risk, for example employee fraud, errors in systems, political risk etc.

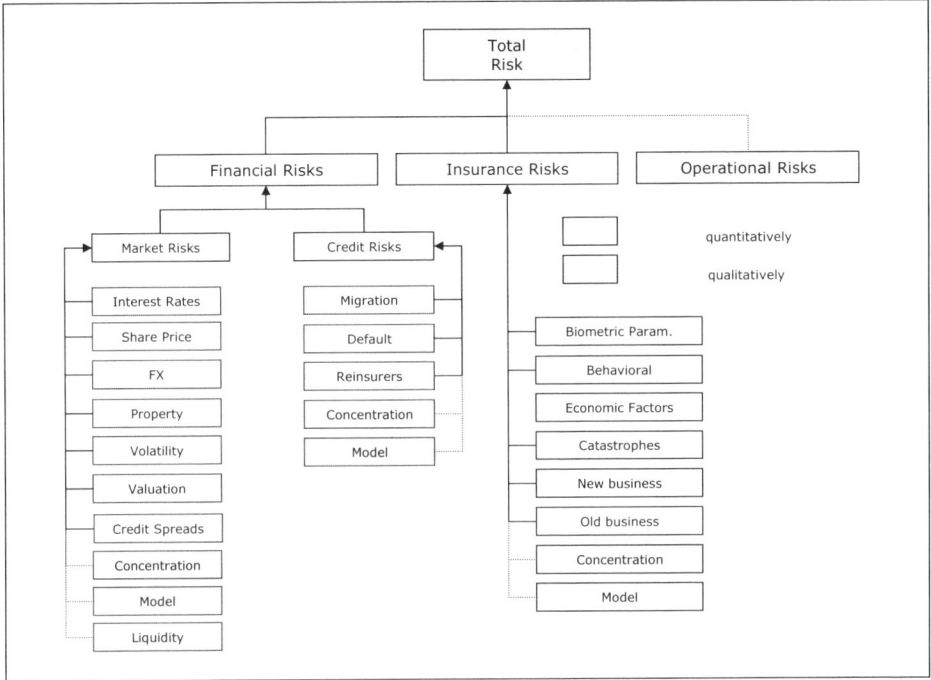

Figure 3:   *Quantitative and qualitative risks considered by in the SST*

2.4   Risk margin

The risk margin of an insurance portfolio is defined as the hypothetical cost of regulatory capital necessary to run-off all the insurance liabilities, following financial distress of the company.

For the regulator it is imperative that in the case of insolvency, the rightful claimants be protected. Policyholders are best served if a third party can take over the assets and liabilities of their initial insurer. A third party will only be prepared to do this if the cost of setting up the regulatory capital that would be required is covered by the portfolio.

Without this risk margin being available, it would not be possible to find a third party to take over the portfolio. It should be noted that the risk margin is only indirectly risk-bearing and does not belong to the insurer but to the policyholders, and is part of the market-consistent liabilities of the company. In case of a transfer of the portfolio, the risk margin has to be transferred too.

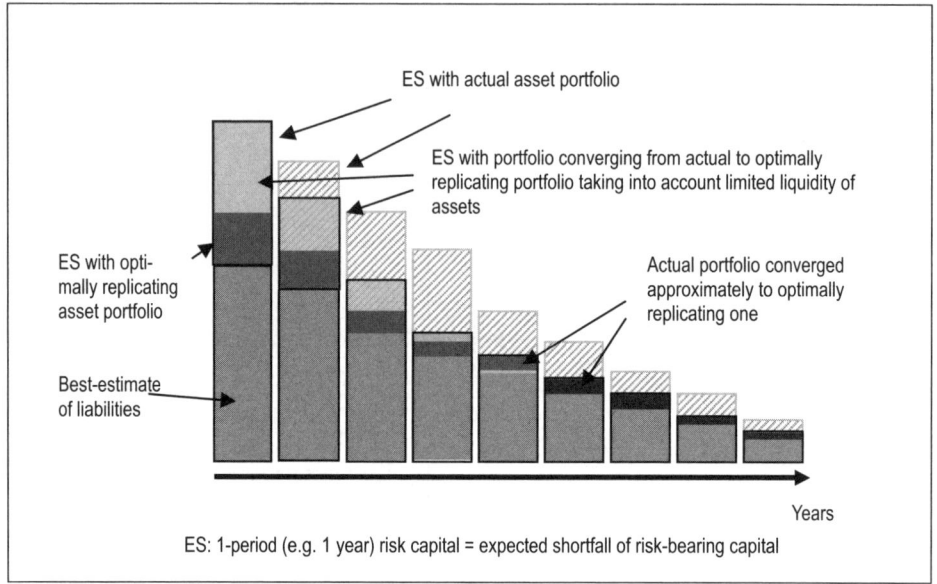

Figure 4:   *Projection of future target capitals*

The risk margin is calculated as being the discounted value of the future costs of maintaining the SST target capital level if the insurance portfolio was being run off by a third party. For the field test 2004, cost of capital was set at 6%.

Asset allocation can be changed to optimally represent the insurance liabilities. This asset allocation is called optimally replicating portfolio. If an optimally replicating portfolio is achieved, target capital requirements are minimized.

The insurance company setting up the risk margin should not be penalized if, in the case of insolvency, a third party does not converge the asset portfolio to the optimally replicating portfolio as fast as possible. However the third party insurer (taking over the portfolio of assets and liabilities and receiving the risk margin) should not be penalized if the original insurer invested in an illiquid asset portfolio. This is allowed for in the model by assuming that future 1-period risk capital requirements (expected shortfalls) converge to minimal values, representing a situation where assets optimally match liabilities, as fast as possible given liquidity constrains.

The speed of convergence is given by the speed with which assets could be sold off without losing significant market value. Figure 8 shows how the theoretical 1-year target capital (ES) is calculated under the assumption that the asset portfolio is converging to an optimally replication portfolio.

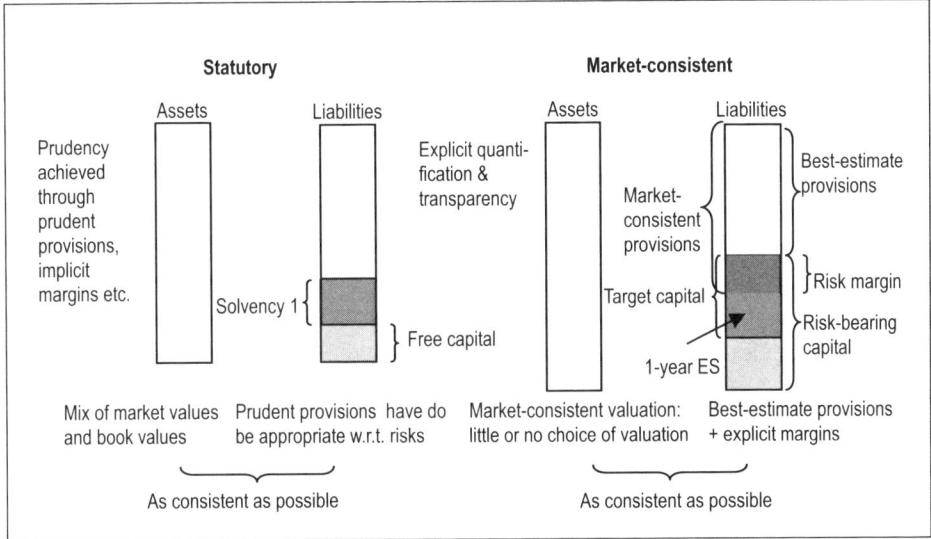

Figure 5:   *Statutory and market-consistent balance sheets compared*

2.5   SST as a pillar 2 requirement

Target capital is a pillar 2 requirement. It is warning signal which does not lead automatically to insolvency. For the minimal capital requirement the Solvency I calculation is kept which—while not risk-sensitive—has the advantage to be simple to calculate.

3.   Standard models

3.1   Market risk model

The market risk model quantifies the market risks, which stem from possible changes on both the assets and the liability side due to changes in market risk factors. The market risk model considers both assets and liabilities simultaneously.

The market risk model is conceptually similar to the well-know RiskMetrics approach. The risk factors are:

- Discretized term structure of interest rate in different currencies (CHF, EUR, GBP, USD, JPY) using time buckets of 0–1, 1–2, 2–3, 3–4, 4–5, 5–6, 7–8, 8–9, 9–10, 10–15 years, 15–20 years, 20–30 years, 30 and more years.

- Implied volatility of interest rates.

- Exchange rates (FX): EUR/CHF, GBP/CHF, USD/CHF, JPY/CHF.

- Implied volatility of FX rates.

- Share price index (including dividends, modelled by 4 or 5 regional indices).

- Private equity (modelled by one global index).

- Hedge funds (modelled by one global index or about 5 style indices).

- Participations.

- Other equity.

- Implied volatility of share price index.

- Real estate (residential and commercial, real estate funds, real estate companies).

- Credit spread (AAA, AA, A, BBB and sub-investment grade).

All the risk factor changes are assumed to be normally distributed (with individual standard deviations). The joint behaviour of the risk factors is described by their covariance matrix.

Changes in risk factors lead to changes in the risk-bearing capital. For reasons of simplicity, it is assumed that the change in risk-bearing capital is a linear function of the risk factor changes. The coefficients are defined as the difference quotient (the sensitivities) for each risk factor. This means that if the share prices drop by 20%, the change in risk-bearing capital is twice the change that occurs when the share prices drop by 10%.

For an insurer it is sufficient to determine the sensitivities of the risk-bearing capital with respect to the risk factors. Given the assumptions outlined above, the change of risk-bearing capital with respect to all the risk factors together is univariate normally distributed. The volatility can be directly calculated from the sensitivities and the covariance matrix of the risk factor changes.

As an example, the sensitivity to interest rates has an impact on both the asset side (an increase will for instance reduce the value of the bonds) and also on the liability side (an increase will reduce the value of the liabilities). The change in risk-bearing capital is then the difference between the change in assets and liabilities.

To calibrate the volatilities and correlation matrix, monthly data is used, if possible. In cases where the market is sufficiently liquid, the volatilities can be estimated directly using observable data. In cases where the market is illiquid, observed data has to be supplemented or adjusted to take into account illiquidity or intransparency.

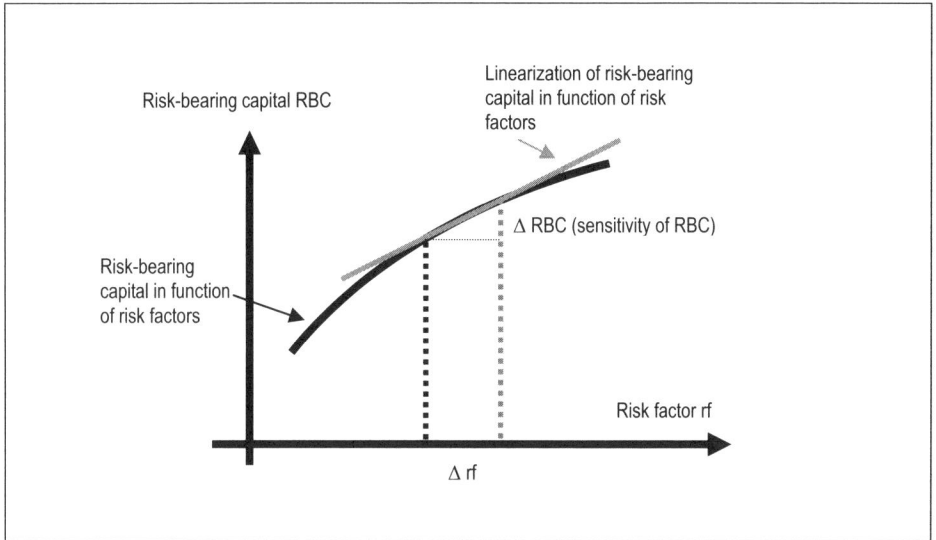

Figure 6:   *Linearisation of risk-bearing capital in risk factor rf*

Some volatilities will be prescribed by the regulator (for example the interest rate volatilities or foreign exchange volatilities) whereas some parameters will have to be estimated by the company if the standard parameters are not appropriate (for instance the volatility of the equity portfolio).

The market risk model is supplemented with scenarios to take into account non-normality. These are described in the section on scenarios.

3.2   Life insurance model

The standard model for life insurance risks is also defined by a number of risk factors. The risk factor changes are assumed to be normally distributed, analogously to the market risk model. The company calculates the sensitivity of the risk-bearing capital with respect to the separate risk factors. These sensitivities are then aggregated, taking into account the volatilities of the risk factors and the correlation between the risk factors (figure 7).

	Volatilities	Correlations						
mortality	20%	1.00	0.00	0.00	0.00	0.00	0.00	0.00
longevity	10%	0.00	1.00	0.00	0.00	0.00	0.00	0.00
disability (BVG)	10%	0.00	0.00	1.00	1.00	0.00	0.00	0.00
disability (non-BVG)	20%	0.00	0.00	1.00	1.00	0.00	0.00	0.00
recovery rate (BVG)	20%	0.00	0.00	0.00	0.00	1.00	0.00	0.00
lapse rate	25%	0.00	0.00	0.00	0.00	0.00	1.00	0.75
capital option	25%	0.00	0.00	0.00	0.00	0.00	0.75	1.00

Figure 7:   *Risk factors and correlations used in the standard model*

For the standard model the change of the risk factors within one year is relevant. Again, it is assumed that the change of risk-bearing capital is linear in the risk factors.

The risk factors can change due to two reasons:

■ due to random fluctuations (stochastic risk) or

■ due to the risk that the risk factors was incorrectly estimated or may change (parameter and trend risk).

Depending on the size of a portfolio, the underlying insurance cover and the risk factor, the influence of the stochastic risk and parameter risk can differ. For a small portfolio consisting of YRT (yearly renewable term) policies, the stochastic mortality risk will be relatively large compared to the parameter risk. For a large annuity portfolio, the parameter longevity risk will dominate the stochastic risk.

Since the risk factor changes are assumed to be normally distributed, they are defined by the standard deviation (volatility). In the standard model, the regulator has defined the volatilities as well as the correlations between the risk factors. For the life insurance risk factors, there is little adequate data available to estimate the correlations or volatilities properly. Hence, the parameters were set in discussion with experienced actuaries and constitute the best-estimate of a number of professionals.

3.3   Non-life model

The underlying methodology for the non-life model is similar to internal models as well as to some regulatory models, for instance the one used in Australia or the UK. However, in contrast to many regulatory non-life models, it is not a factor model. Instead, the insurer quantifies the risk by using explicit probability distributions. This approach is more complex to implement than a factor model, however, the benefits outweigh the overhead. A distribution-based model contains enough degrees of freedom to be adapted to small as well as large insurers. Furthermore, the most common reinsurance treaties can be modelled easily and consistently. This is particularly important for small and midsized companies which often tend to cede a large part of their risk to reinsurers. Capturing this risk transfer is crucial for companies to obtain the correct capital relieve.

Technically, the aim of the non-life model is to determine the distribution of the annual change of the risk-bearing capital due to the variability of the technical result. The technical result is determined by earned premium, cost, future claims, and the reserving result, i.e. changes in the existing liabilities. Future losses are modelled by separating large losses and attritional (normal small) losses. Additionally, some of the catastrophic losses are modelled using scenarios. The change in reserves is modelled with one distribution for all lines of business (LoB). Risks related to loss pools (such as elementary damage, nuclear, aviation, and water barrage liability) have to be modelled explicitly by the participating companies.

3.3.1   Future losses for the current accident year

Claims occurring during the current accident year are split into higher-frequency smaller claims (attritional losses) and rare large claims. These two types of claims are best modelled separately, both conceptually and numerically.

Modelling of the attritional losses consists of estimating the future earned premiums and the variability of the loss ratio (excluding large losses) for each line of business. With these values and given correlation coefficients between the LoB, the mean and the variance of the overall distribution for the attritional losses are derived, which can then be used to model these losses via a Gamma distribution. There is also the possibility of using an internal model for the attritional claims by fitting an appropriate distribution to company-specific data.

Large claims are modelled individually by LoB using a compound Poisson, i.e. the claims number being Poisson distributed. The claims severity is assumed to be Pareto distributed for each LoB with predefined parameters. The Pareto distribution can be cut off at company specific values. However, given that the cut-off point is significant for the result, guidelines are given by the regulator. After deriving the distribution of future losses, discounting of the future payments has to be included by estimating the future payment patter and discounting the cash flows using the given risk-free discount rate.

3.3.2   Losses of previous accident years

In order to obtain a probability distribution for the reserving gains and losses, historical volatilities of reserve results are used to estimate the variance for each line of business. By assuming independency between LoB, the aggregated variance is given by the sum of the variances. The model assumes that the reserve result is a shifted inverse lognormal variable defined by a zero mean and the aggregated variance.

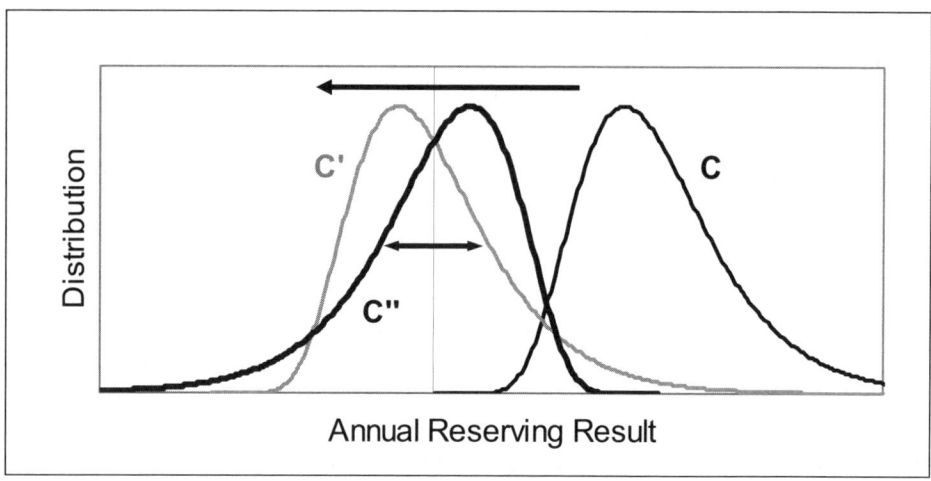

Figure 8:   *Distribution of non-life reserving. First, a lognormal variable C is shifted to*
            obtain a centralized variable C'. Secondly, a swap in sign leads to the left
            skewed distribution (C'') for the reserving result.

After deriving this distribution, a proper discounting of the future payments has to be included by estimating the future payment pattern and discounting the pattern with the given
risk-free discount-rates.

3.3.3   Aggregation

First attritional losses and the annual reserving result are aggregated. It is assumed that the
aggregate distribution is a shifted lognormal with given mean and variance. The mean and
variance are obtained by using the first two moments of the attritional loss distribution and
reserving result distribution and using a given correlation matrix.

Large claims are assumed to be independent of attritional losses and the reserving result so
that the Compound Poisson-Pareto distribution is aggregated using convolution.

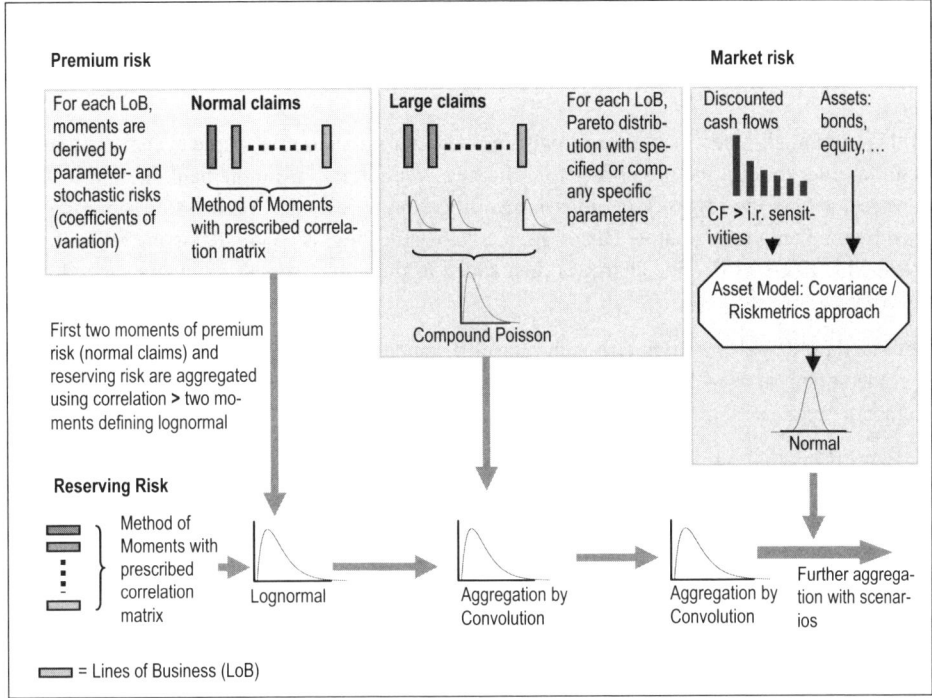

Figure 9:   *The SST non-life model*

3.4   Health insurance model

Within the standard model, insurance risk is assumed to be independent of financial risk. In addition the technical result is assumed to be normal distributed. This allows a very simple aggregation with the result of the market risk model.

The standard model considers three LoB:

▨ individual health care costs and daily allowance,

▨ daily allowance for groups,

▨ others (i.e. non-health business).

Based on the loss history of their own portfolio, companies determine the expected value and the standard deviation of the result of these lines. The results are then aggregated, taking into account a (specified) correlation between the lines.

3.5   Credit risk model (Basel II)

In this section all credit risk except reinsurers' default risk and credit spread risk are considered. In order to limit the possibility for arbitrage of credit risk from the banking to the insurance sector (and the reverse), credit risk quantification follows as closely as possible the one used by the banking regulator. Therefore, a credit risk charge is calculated using an approach compatible to Basel II. This charge is then added to the target capital for insurance and market risks.

The standard model for credit risk is the Basel II standardized approach, with operational risk excluded. This approach can be implemented quite easily and without much extra effort. Companies can use internal models for credit risk. Possibilities are for instance:

- Basel II internal ratings-based approach (foundation),
- Basel II internal ratings-based approach (advanced),
- credit risk portfolio model.

If a company intents to use a portfolio model, it is prerequisite that all the credit risks within the scope of Basel II are captured. This means in particular that all the requirements of Basel II to use the internal ratings-based approaches need to be satisfied.

3.6   Reinsurers

For reinsurers, no standard model will be developed. Rather, reinsurers have to develop internal models calculating target and risk-bearing capital. The internal models have to follow the principles of the SST and they have to be embedded in an appropriate risk management framework. The reason that no standard model will be supplied for reinsurers lies in the fact that given the divergent nature of business written by different reinsurers, a standard model would be unduly complicated if it were to capture the risk correctly.

4.   Scenarios

Scenarios are descriptions of possible states of the world. They are more general than simple stress tests, which consist often of stressing a single risk factor (e.g. share prices drop by 20%). Scenarios are described by stressing not one but a whole set of risk factors. This provides a much more consistent picture. Scenarios are an integral part of the SST. A number of adverse scenarios are prescribed. In addition, the insurer has to define scenarios that reflect the insurer's specific exposures. Qualitative and quantitative scenarios are distinguished. The former are evaluated but do not enter the target capital calculation whereas the latter are aggregated with the results of the standard models. In both cases the insurer has to evaluate the scenarios on the basis of a market-consistent valuation, anticipated new business in the first year. For a quantitative scenario, a probability has to be determined. This can be done either by the regulator or has to be done by the insurer.

Scenarios are used within the SST since the standard models do not necessarily reflect the tail behaviour of the distribution of the change of risk-bearing capital after one year adequately due to assumptions and simplifications made. For instance the standard market risk model assumes that the risk factor changes are normally distributed. This is often not true especially during times when markets are depressed. Standard models better describing the tail behaviour would become unduly complicated for regulatory purposes. Therefore the impact of a number of scenarios has to be determined and aggregated with the results from the standard models.

There a number of additional reasons why scenarios are part of the SST:

- They can be easily communicated to the management.

- They provide more information than a single number (the target capital).

- The heterogeneity of risks is taken into account.

- They facilitate the dialog within the company and company-regulator.

- They can be used to evaluate systematic risks.

- They are easy to adapt and enhance.

- They complement the stochastic standard models.

A number of scenarios have been defined for the field test 2004:

- Industry scenario: An explosion in a chemical plant, which results in personal injuries (deaths, disablements, injuries), property damage, and business interruption.

- Pandemic event (Spanish influenza epidemic of 1918 transported to 2004): Pandemic which results in personal injuries (deaths, disablements, injuries).

- Accident scenario: (i) An accident at a company outing (bus accident), where all involved persons are insured with the insurance company. (ii) A mass panic in a football stadium, resulting in many deaths, injured and disabled.

- Hail scenario: Four hails storms, which lead to building and motor hull damage. The definition includes storm footprints in terms of damage degrees per post code.

- Liability for a collapsed water barrage/dam. A maximum loss and a probability for this loss are defined. Each insurance company has to estimate its own loss by taking into account the company's pool share.

- Disability scenario: Defined increase in disability rate.

- Daily allowance: increase in the rate of daily allowance.

- Default of reinsurer.

- Financial distress scenario: Equity values drop by 30%, downgrade to subinvestment grade (if company is rated), new business −75%, lapse = 25%.

- Reserve scenario: 10% increase in claims provisions.

- Health insurance scenario: Anti selection.

- Terrorism.

- Historical financial risk scenarios:

  - Stock Market Crash 1987,
  - Nikkei Crash 1989,
  - European Currency Crisis 1992,
  - US Interest Rates 1994,
  - Russia / LTCM 1998,
  - Stock Market Crash 2000.

- Longevity: The effect of lower mortality rates on the risk capital has to be modelled.

5. Aggregation of standard model and scenarios

The SST is a hybrid stochastic-scenario model. To arrive at the target capital, results of the standard models and evaluations of a number of scenarios are aggregated.

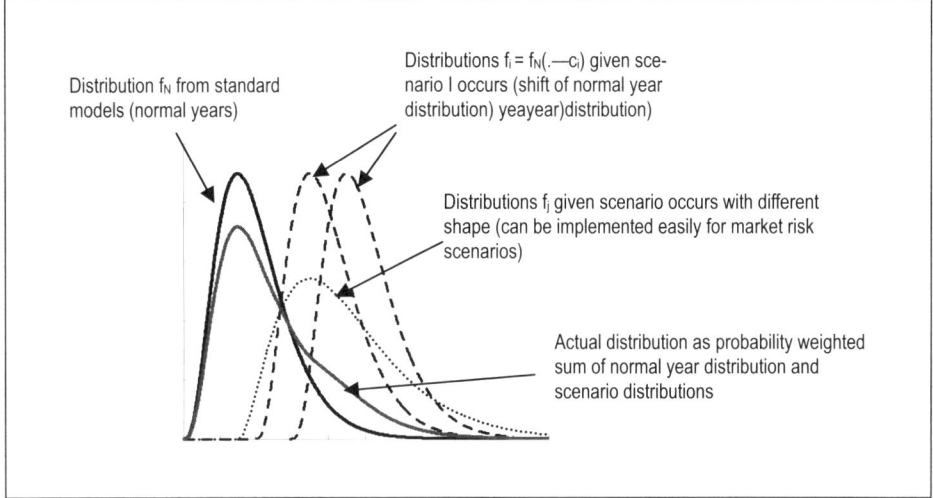

Figure 10:   *Aggregation of normal results with scenarios*

Calculating the 1-year risk capital (ES) using the standard models, a probability distribution is arrived at which describes the situation of the company given none of the scenario events occurred.

In most cases, scenarios will cause an extra loss for the company so that risk-bearing capital is correspondingly reduced. For some scenarios it is assumed that—given a scenario occurs—the other risks stay the same. Therefore the economic state of the company is again described by the probability distribution obtained using the standard models, however shifted with the extra loss under the scenario.

Some scenarios might result in a probability distribution with a different shape than the one obtained by the standard models. This could occur for instance if the behaviour of financial markets change and market risk factors become more correlated.

In all cases, a scenario results in a probability distribution. These probability distributions are then aggregated with the distribution from the standard models using a weighted average, where weights are given by the probabilities of the scenarios.

6.   Internal models

The supervisory authority encourages the use of internal models for target and risk-bearing capital calculation. Using a wide range of models reduces the danger of a systematic risk caused by the standard model imposed by the supervisory authority.

Internal models are approved provided they meet certain requirements prescribed by the supervisory authority. The internal models need to satisfy quantitative, qualitative and organizational requirements. In particular, they must be integrated into the insurer's internal processes and may not be used exclusively to calculate target and risk-bearing capital. The internal model may itself lead to a distribution function of the (discounted) risk-bearing capital in one year, or it may be embedded within the standard models and partly modify the standard SST.

6.1   Qualitative requirements

Data and parameters in internal models must be up-to-date and relevant for the insurance company. Certain requirements for estimating the parameters have to be satisfied. If the insurance company's internal data does not satisfy these requirements, they must be supplemented by external data. Such data has to be of relevance for the insurance company's specific exposure. The data sources must be cited. The company has to asses the model risk and stability of the results by means of a sensitivity analysis, back-testing, or similar methods.

The internal models must be reviewed regularly and adjusted if necessary, and there needs to be documentation of the methodology, the assumptions, the implementation, and the results as well as of the limits of the model.

6.2   Quantitative requirements

All relevant risk factors must be factored into the internal models. The dependency structure of the risk factors must be taken into account. The market-consistent value must be used for all items and the internal models must be calibrated to the same confidence level and risk measure as the SST.

6.3   Organizational requirements

Internal models need to be deeply embedded within an appropriate organizational framework. In particular, they need to be integrated into the company's daily risk management processes, regularly updated and tested.

While it is relatively straightforward to formulate guidelines regarding quantitative and qualitative requirements, defining regulatory preconditions on the organizational framework is more difficult. The regulator does not intend to specify rigidly what type of corporate governance, and risk management structure a company needs to possess in order to use internal models. However, minimal requirements depending on the complexity and scope of the business will have to be met before an internal model can be used for target and risk-bearing capital calculation.

6.4   Incentives for using internal models

One of the stated aims of the SST is to give incentives for further development in risk management. One element of risk management is the use of internal models to quantify the risks. The SST was built in a modular way in order to facilitate the use of partial models. In that way, the jump for some companies from no model to a full internal model encompassing all relevant risks can be done by several steps. For instance in a first step a company can adapt or replace the market risk standard model by one more tailored to its need.

To give an incentive for companies to switch from the standard model to an internal one, the standard model is more conservative than 'best-estimate'. Conservativeness in the standard models is achieved—when possible—by the use of a conservative methodology. For instance the treatment of reinsurance risk within the standard model assumes that all reinsurers default at the same time. An insurer can use an internal model describing more adequately the dependency structure of default between different reinsurers.

For the FOPI, an internal model is a framework to discuss economic capital.

The point of the model is not (solely) the calculation of economic capital but to have a common framework for discussion of risks, of dependencies, of links between different areas of the business etc. It consists of:

- Methodology: Assumptions, models, mathematics, mapping of the real world to a conceptual framework, etc.

- Parameters: Estimates, mortality tables, claim size estimates, etc.

- Data: Position data, data on financial instruments, insurance policies, etc.

▪ Implementation: Software code, IT platforms, data warehouses, etc.

▪ Processes: Testing, back-testing, falsification, plausibilisation, estimation, etc.

The supervisor has to ensure comparability of results given that the target capitals will be calculated by different internal models.

It is unlikely that this task can be achieved by putting each model through an extended review process where each and every detail is assessed. An internal model suitable for a large rein-surer is quite different from one for a small travel insurer which differs again from an internal model for a mid-sized group. Not all parameters can be verified statistically and back-testing is not always feasible. Often, there is not sufficient historical data and data from too far back in time might not be relevant anymore.

Therefore, it will be all the more important that the internal models are deeply embedded within the companies. Of course being 'deeply embedded' is not a concept which is amenable for quantification and for being defined by a small set of guidelines. Rather, being 'deeply embedded' can be different for different companies. In all cases, a deeply embedded model is a model which is understood by senior management, by risk management as well as by the board. The model needs to be alive in the sense that it is continually bench-marked against industry best-practice and that there is an open dialogue within the company about the model and its scope and limitations.

Among the necessary requirements for internal models, there are the following:

▪ Transparency within the company: There needs to be documentation on different levels and openness regarding the results of the model,

▪ Interdisciplinary development process: An internal model is at the intersection of several disciplines (mathematics, economy, physics, sociology, etc.). An interdisciplinary ap-proach reduces risk of sterile formalism, oversimplification, etc.,

▪ Know-how: There needs to be deep knowledge about risks and risk management on dif-ferent levels of the company, in particular at the level of senior management and the board,

▪ Testing of models, experiments, falsifications: There needs to be testing of the models using historical data where possible, assessment of the limits of models, an assessment of the boundary of applicability,

▪ Skepticism and continual challenging of models: Models should be continually chal-lenged. Regular internal and external audit of both model and implementation. External audit of processes and appropriate 'culture' of company. Ideally publication of methodol-ogy and presentation both internal and externally.

The FOPI will develop a set of model requirements any internal model needs to satisfy to be accepted by the regulator and supplement the model requirements by guidelines encouraging a process within a company so that models go through an appropriate internal review process (pillar 2 and 3).

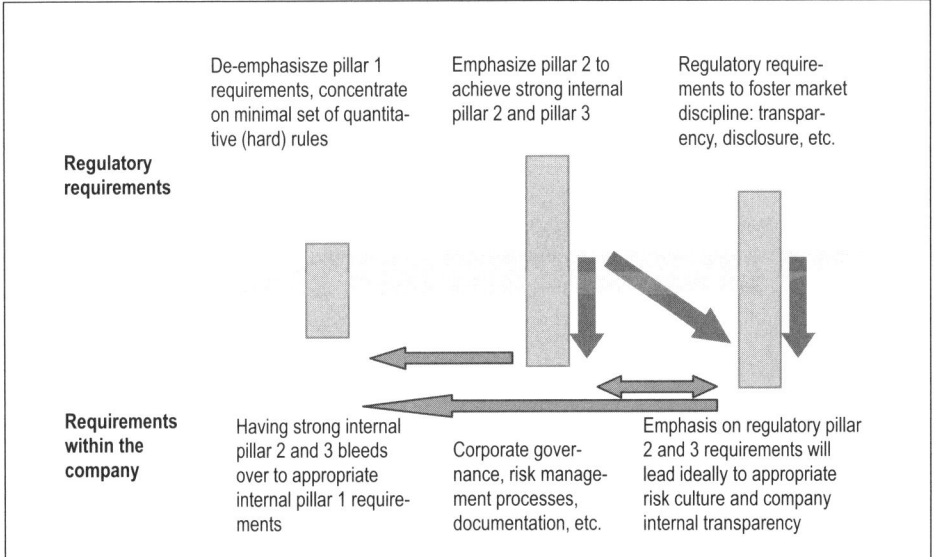

Figure 11:   Strengthening pillar 3

7   Scope of the SST

The scope of the SST is the legal entity which is regulated by the FOPI. This means that not only business written by the Swiss mother company but also by branches in Switzerland and abroad have to be included into the calculation and are relevant for target and risk-bearing capital.

Business written by branches can be substantial. Overall about 50% of written P&C (Property & Casualty) and 20% of written life gross premium of legal entities supervised by the FOPI are written outside Switzerland. For some legal entities premiums written by branches can be over 80% of the total.

Since it is the legal entity which will become insolvent as a whole, the SST is based on the risk of the legal entity. It is the responsibility of the FOPI to supervise the legal entity which includes all the branches.

The standard insurance models of the SST have been calibrated to Swiss business. The lines of business defined for the P&C SST model define business written in Switzerland and many of the scenarios have a focus on catastrophes which are specific to Switzerland.

Rather than trying to calibrate the different parameters of the standard models to the specific risk situation in the branches (i.e. modelling separately the business written in Australia, Taiwan, South Africa etc.), the legal entities are expected to develop their own internal models which are tailor-made to their own risk situation. The internal models have to satisfy the requirements of the SST methodology but within that framework, companies are free to define their models.

In particular it will be an advantage for groups if they can use their group-wide internal model also on a legal entity level. Furthermore, this would mean that likely the internal model would be more deeply embedded within the company than if the group had to develop a stand-alone model only for the legal entity purely for purpose of calculating target and risk-bearing capital.

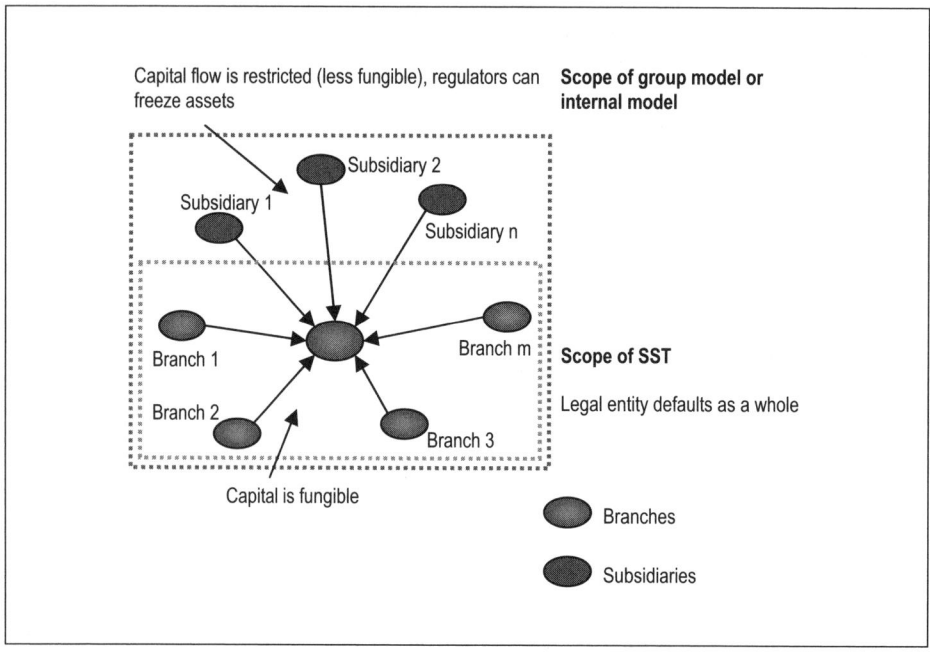

Figure 12:   Legal scope of SST

In modelling the financial position of a group, restricted fungibility of group's capital has to be taken into account. For instance, the supervisor of subsidiary 1 might decide to freeze the capital located. This means that this capital is only available for subsidiary 1 but cannot be used anymore for other purposes of the group. The legal scope of SST is the legal entity in Switzerland. If diversifications within the group shall be allowed for the determination of the risks of the legal entity, effects of restricted fungibility have to be considered.

For a group, there are diversification effects which can be used to reduce target capital requirement of its subsidiaries and branches. For the FOPI to accept these diversification effects, the restrictions on capital flows within the group need to be modelled as well as the specific risks which stem from the fact that subsidiaries of the group are supervised by different regulators.

In 2006 the new supervisory act is to become effective, which is also the starting point of SST being in force. From then on, performing the SST is mandatory for all insurers which have the form of a legal entity in Switzerland.

The Dutch Financial Assessment Framework: a step forward in solvency regulation of pension funds and insurance companies

Gaston C. M. Siegelaer

1.   Introduction

In October 2004, the prudential supervisor of pension funds and insurance companies in the Netherlands[1] published a consultation document on a new Financial Assessment Framework (hereinafter referred to as FTK, i.e. the acronym for the Dutch equivalent: *Financieel toetsingskader*). This article affords a comprehensive insight into the FTK.[2] First, I shall sketch the background of the FTK project that resulted in the consultation document. Also, I shall throw light on the relation between the Dutch FTK and Solvency II. Then I shall introduce the structure of the framework, as well as addressing the main components of the framework, i.e. the valuation principles for the FTK, the solvency test, and the continuity analysis. When describing the solvency test, I shall provide a numerical example to illustrate the standardised method of the solvency test in the FTK. I shall conclude with some remarks regarding the challenges for the pensions and insurance industry as well as for regulators and supervisors.[3]

1.1   Background and context of the FTK

The financial world is rapidly changing: sectors and products are increasingly overlapping each other, new investment methods are being developed, quantitative risk management is growing in importance and competition is becoming more international. Prudential supervision should keep up with these developments in order to fulfil its role properly. The FTK enables supervision to keep pace with these developments and the Netherlands to remain a leading country in regard to insurance and pensions.

As early as in 1999, the Dutch supervisor felt the need for a new framework for pension funds and insurance companies. It set up a project, which resulted in the publication of a draft principles paper in 2000. After two rounds of consultation with the pensions and insurance sector, a final memorandum of principles was published in September 2001. Following this publication, there were informal consultations in 2002 and 2003 on the initial implementation plans with all interested parties and those concerned, using so-termed white papers (discus-

---

1   On 30 October 2004, the Pensions and Insurance Supervisory Authority of the Netherlands (Pensioen- & Verzekeringskamer/PVK) merged with the Dutch Central Bank (De Nederlandsche Bank/DNB). DNB now is the central bank and prudential supervisor of financial institutions in the Netherlands.

2   See www.dnb.nl for a full description of the FTK.

3   I would like to thank my colleagues who participated in the FTK project, Dirk Broeders, Arjan van Dalen, Dick den Heijer, Jos Kleverlaan, Ronald Lukassen, Theo Lanser, Edward Samsom, Lucas Smid, Bert Stroop, Harrie Teeuwen, Henrico Wanders, and Willem-Jan Willemse, for their contribution to the FTK consultation document.

sion documents). This input was very valuable. These consultations generated a large number of responses and a wealth of information, which have been incorporated into the further development of the FTK. Also in 2003, a quantitative impact study of the FTK was carried out involving the five largest pension funds and three largest insurers of the Netherlands.

The Financial Assessment Framework is intended to offer a tool for assessing the financial position and financial policy of insurers and pension funds. The FTK forms part of the risk-oriented supervision approach. Just as its solvency, the quality of an institution's internal control and board can influence the intensity of the supervision exercised on it, in consideration of the policyholder's interests. The FTK is mainly aimed at assessing the present solvency and the outlook for the future solvency, compared to the desired solvency for the present and the future.

The FTK can make the financial positions of these institutions and, in particular, the relationships between available assets and liabilities more transparent and comparable than many of the methods currently in use. In addition to a better insight into the financial position of a pension fund or insurance company, the FTK is aimed at risk-sensitive capital requirements. Furthermore, the FTK promotes professional risk management by giving incentives for the use of internal risk models. Finally, the FTK enables structured early intervention by the supervisor.

Thanks in part to its suitability for internal models, the FTK can assist in reducing the administrative burden of supervision as internal models are generally aligned to an institution's internal reporting system. The FTK can also act as a catalyst for clearing and streamlining supervision reports, thus reducing the institution's administrative burden. Furthermore, the FTK's risk sensitivity helps in tailoring supervision more closely to the characteristics of individual institutions so that the effectiveness and efficiency of supervision can be improved with a limited amount of additional effort from the supervisory authority.

1.2   Relation with Solvency II

The development of Solvency II, the European project for establishing a more risk-based solvency regulation in the wake of Basel II for banks, is getting under way. Work is also under way on more risk-based supervision for insurance by the IAIS Solvency Working Group. The FTK is in line with this development. The relation between the FTK and Solvency II can be regarded as mutually reinforcing. Given the perspective on new EU solvency directives in the near future as a result of Solvency II, the Dutch supervisor seeks to maintain a level playing field for Dutch insurers vis-à-vis their EU competitors. This means that the Netherlands will not introduce a new statutory solvency requirement for insurers in the FTK. For insurers, the FTK will have a supplementary role in the early years, probably until Solvency II is embedded in legislation. In the period before the statutory establishment of Solvency II, both the solvency computation provided for by the FTK and the continuity analysis may play a useful role in tracing any weaknesses in an insurer's present or future solvency. This will enable the supervisor to discriminate between insurers requiring immediate attention from the supervisor and those insurers which do not. Given this information, the risk-based supervision approach will lead to a more efficient allocation of time and means by the supervisor. On the other hand, the FTK may be a useful element of pillar 1 and pillar 2 in the Solvency II framework (see Figure 1). As the FTK is in line with the principles underlying Solvency II, it may serve as input for the discussions within the scope of the EU's Solvency II project on the elaboration of pillar 1 and pillar 2. It is likely, therefore, that the FTK will become (partially) redundant after the implementation of Solvency II.

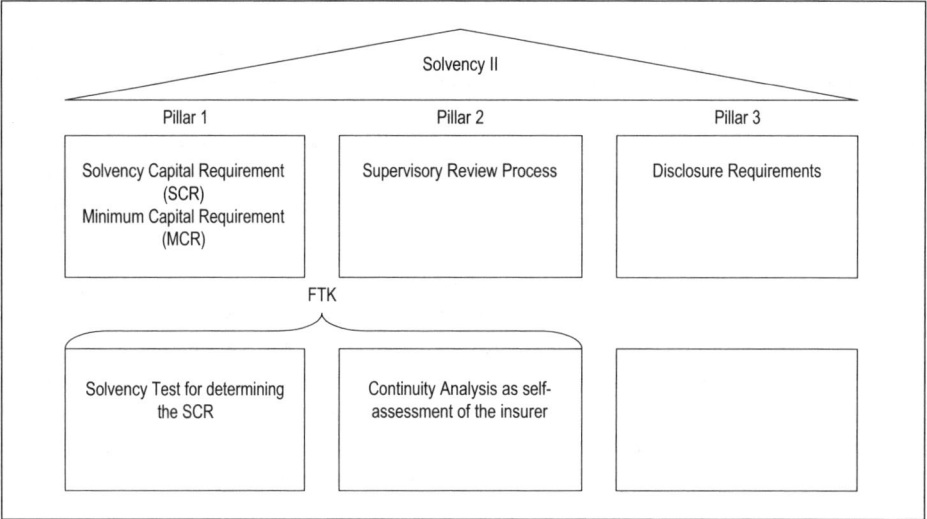

Figure 1:   *Comparison between FTK and Solvency II*

1.3   Structure of the financial assessment framework

Every institution is responsible for sound financial risk management and proper capital funding of its liabilities. It must know where its largest risks lie and how it can manage these. An institution's control framework should be suited to its current risks. The information provided to the supervisor in this context must offer a transparent and reliable view of the financial position and risks. The FTK basically consists of three questions to be addressed:

1. Are the insurer's liabilities on the reporting date adequately funded?

2. Does the insurer have sufficient capital in order to withstand 1-year scenarios with a probability of $(100 - \alpha)$%?

3. Is the insurer able and willing to survive certain long-term scenarios using all available „control instruments"? (investment policy, product policy, financing policy, etc.)

Questions 1 and 2, about the available solvency and the desired solvency, are contained in the solvency test. Question 3 is contained in the continuity analysis. In order to answer these questions, both liabilities and investments are stated at realistic value in the FTK. Compared to the current situation, this valuation basis provides better insight into an institution's actual financial position, without hidden reserves or hidden deficits.

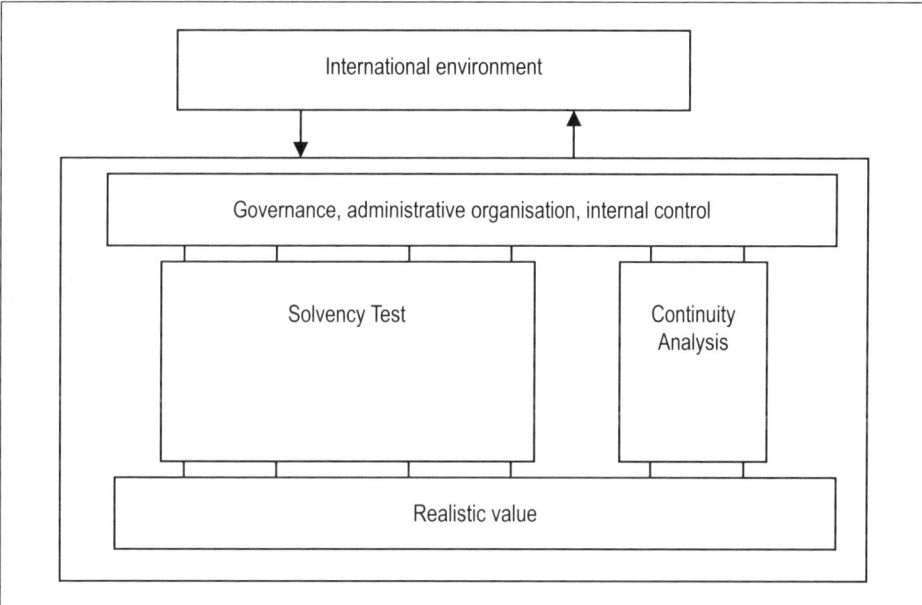

Figure 2: *Structure of the FTK*

An institution's board is responsible for performing the solvency test and continuity analysis. The certifying actuary and certifying auditor have to issue independent, substantiated opinions on the validity of the results.

2.   The valuation principles for the FTK

The realistic value of investments and liabilities is the starting point for the economic valuation basis for assessing the financial position. De Nederlandsche Bank (DNB) is aware that an institution's administrative burden is linked to the extent to which this institution is able to report on the basis of information already available for internal reporting or the annual report. DNB therefore wants to operate in consistence with standards already in the market and under development. Consequently, DNB has decided to adopt the annual reporting rules in the Netherlands Civil Code and International Accounting Standards/International Financial Reporting Standards (IAS/IFRS).[4] While the annual reporting rules allow the use of alternative valuation policies (based on cost or realistic value), the report to the supervisor is based on realistic value. For certain items in the financial statements, however, also principles other than realistic value may be used. Depending on the materiality of the item, DNB will consider whether an adjustment (outside the books), a 'prudential filter', is needed for the report to DNB. This corresponds with the way in which adjustments are currently made when calculating actual solvency.

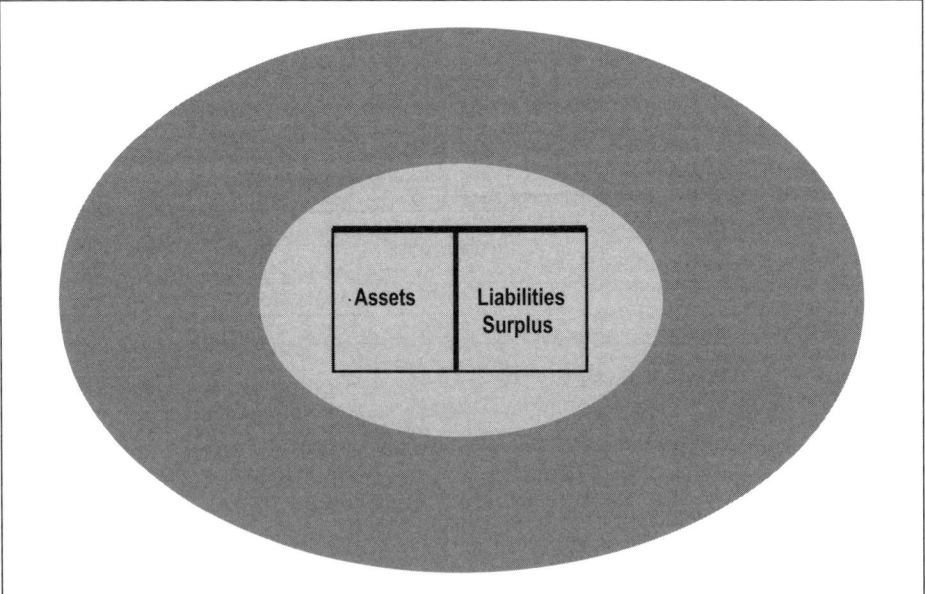

Figure 3:   *Total balance sheet at realistic value*

---

[4] From 2005, unlisted institutions may choose between the rules in the Netherlands Civil Code and IAS/IFRS. Listed institutions will be required to apply IAS/IFRS in their consolidated financial statements.

2.1   Realistic value

Given the current state of financial statement regulation, a one-for-one link is already feasible for investments. In relation to assets, DNB defines realistic value as: „The amount at which an asset can be traded between well-informed, independent parties who are willing to enter into the transaction". IAS/IFRS standards have not yet fully crystallised for pensions and insurance liabilities. Until an international standard has been adopted, DNB will observe principles which fit within the FTK for the valuation of pension and insurance liabilities in the reports to DNB. This implies that a provision will need to be established as the sum of an expected value and a risk surcharge. As soon as there is a definitive IAS/IFRS standard for the realistic value of pension and insurance liabilities, DNB will consider its applicability in the prudential annual returns. Where necessary, DNB will use prudential filters.

One important question in determining an institution's financial position is what should be included in its shareholder's equity and what in its loan capital (debt). DNB is of the opinion that an institution must determine whether financing instruments will result in foreseeable liabilities. These are part of loan capital. Shareholder's equity is no more than a residual item (surplus) arising from the balance sheet, including loan capital, based on realistic value. Thus, the surplus is the value of assets minus the value of liabilities, including foreseeable liabilities originated from financing contracts such as subordinated loans, stated at realistic value. The surplus is the amount that is available for fully and unconditionally absorbing possible future losses. This can be represented in a stylised way, see Figure 3.

2.2   Realistic value of liabilities

As the concept of realistic value of liabilities is rather new, this section aims to explain how this value is established. As a technical provision must be determined prospectively, an in-surer needs to determine what factors, with regard to both their nature and scope, have an effect on possible cash flows during the intended maturity of the insurance or pension con-tract with regard to these liabilities.

In determining the liabilities, it will be necessary to subdivide underwriting risk groups into categories with similar characteristics (homogeneous risk groups), based on a suitable bal-ance between homogeneity and statistical confidence. This subdivision must be based partly on information which can be derived from historic data relating to the insurance portfolio in question and from relevant data from the pensions and insurance industry.

The realistic value of liabilities consists of the sum of the expected value and a risk surcharge.[5] The expected value is the present value of the amount of benefits and claims under the most realistic parameter estimates. Foreseeable demographic, social, legal, medical, technological and economic trends, which will affect the cash flows in relation to the liabilities, must be taken into account when determining the expected value of the liabilities. In practice, the actual amounts will often differ from these expected values. This presents a risk, which, consequently, must be compensated for by a risk surcharge. This is the same surcharge that market parties would require as compensation for acquiring the liabilities portfolio. Since setting this surcharge is complex, however, DNB provisionally prescribes a book of tables with the risk surcharges to be used for the standardised method. Consequently, institutions need not be bothered with computations underlying the risk surcharges. If an internal model is used, DNB assumes that institutions compute the risk surcharge from stochastic models. In order to illustrate what this approach entails, we shall consider the following example for life insurance.

Example

Let us assume that we have a portfolio of current pensions or annuities. The population of policyholders numbers 100 65-year old males. The annual pension amounts to € 1,000, paid out at the end of each year. If all policyholders survived the first coming year, a total cash flow equal to € 100,000 would have to be paid out. Using mortality tables, we can estimate the expected cash flow for all future years. In Figure 4, the expected cash flows are given, based on mortality tables (GBM95/2000) from the Actuarial Society of the Netherlands, representing observed mortality in the years 1995–2000. However, the insured portfolio may have a bias in mortality behaviour. It is often observed that life expectancy for insured lives exceeds the life expectancy based on national mortality tables. The expected cash flows should be adjusted for this portfolio bias (see Figure 4).

As the mortality statistics used above are based on past mortality behaviour, there should be an adjustment for the foreseeable trend in life expectancy. Figure 5 shows forecasts for life expectancy, based on calculations from the National Bureau of Statistics of the Netherlands (CBS). A forecast (central estimate) for the trend in national life expectancy is shown, as well as a lower bound and upper bound based on a 95% confidence interval. Such a forecast is to be made by a life insurance company and should be taken into account in calculating the expected liability cash flows (see Figure 4). This method provides us with a prospective calculation of the expected liability cash flows, account being taken of the portfolio characteristics and foreseeable future mortality trends.

As can be seen from Figure 5, the trend in increasing life expectancy may be stronger or weaker. This is called parameter uncertainty. If the future mortality trend deviates from the

---

5   Embedded options in the insurance contract, e.g. certain guarantees to the policyholder, will have to be
     valued and included in the provisions as well.

currently expected trend, it will have an impact on the insurance portfolio's cash flows. This impact cannot be diversified away by adding more policyholders to the portfolio. It is a systematic risk. Figure 6 shows the cash flows for the expected mortality trend, as well as for stronger and weaker trends.

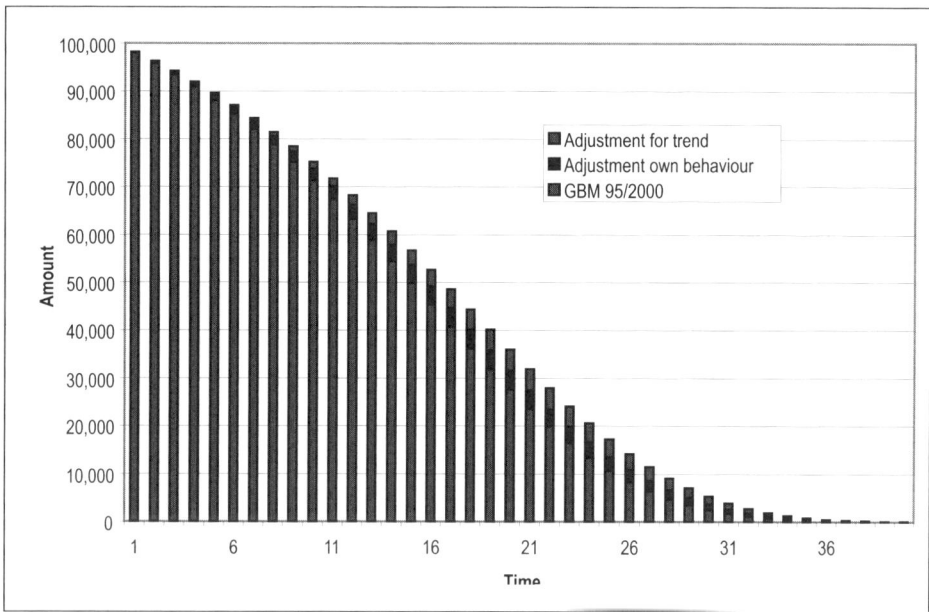

Figure 4:   *Expected liability cash flows*

The realistic value of the liabilities needs to take this mortality trend uncertainty into account. Therefore, the realistic value of the liabilities consists of the expected value plus a risk surcharge, the latter more or less representing the market value margin for parameter uncertainty. In the FTK consultation paper, the required risk surcharge on the expected value is the difference between the expected value and the value with a 75% probability for the underwriting risks during the term of the contracts.[6] This should ensure that the realistic value of the liabilities is established, allowing for an essential proportion of the unavoidable risks and uncertainties. In this example with the portfolio of current pensions and annuities, the risk surcharge is approximately equal to 2% of the expected value. If the portfolio consisted of deferred retirement pensions and annuities of 25-year-old males, the impact of the trend uncertainty would be larger, because of the longer term of the policy. See Figure 7 for the risk surcharges for a portfolio of deferred retirement pensions and annuities.

---

6   For some classes of insurance, however, the probability distribution can be very skewed. Therefore, the
     risk surcharge on the expected value may not be less than half of the standard deviation of the underlying
     probability distribution of the present value of the insurance liabilities.

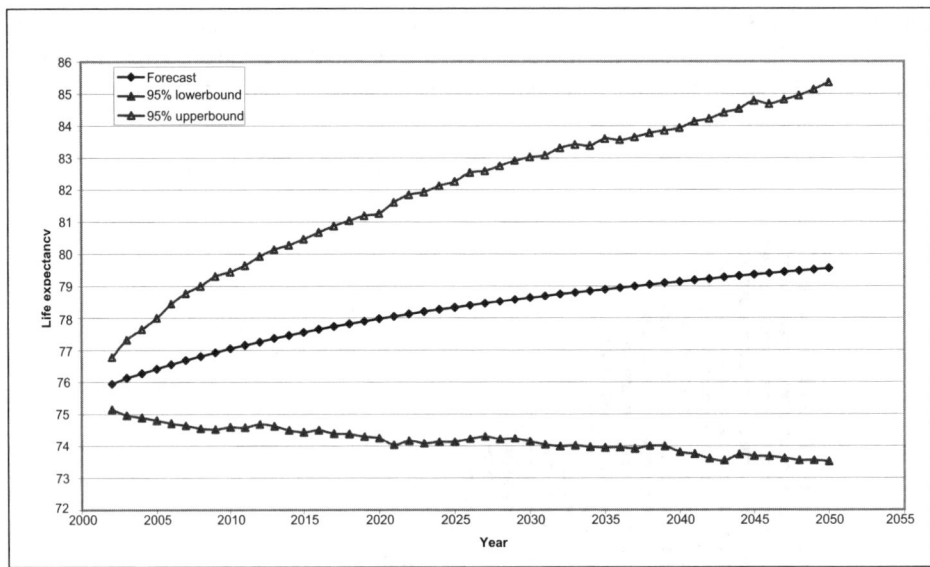

Figure 5:   *Future of life expectancy (CBS life expectancy males)*

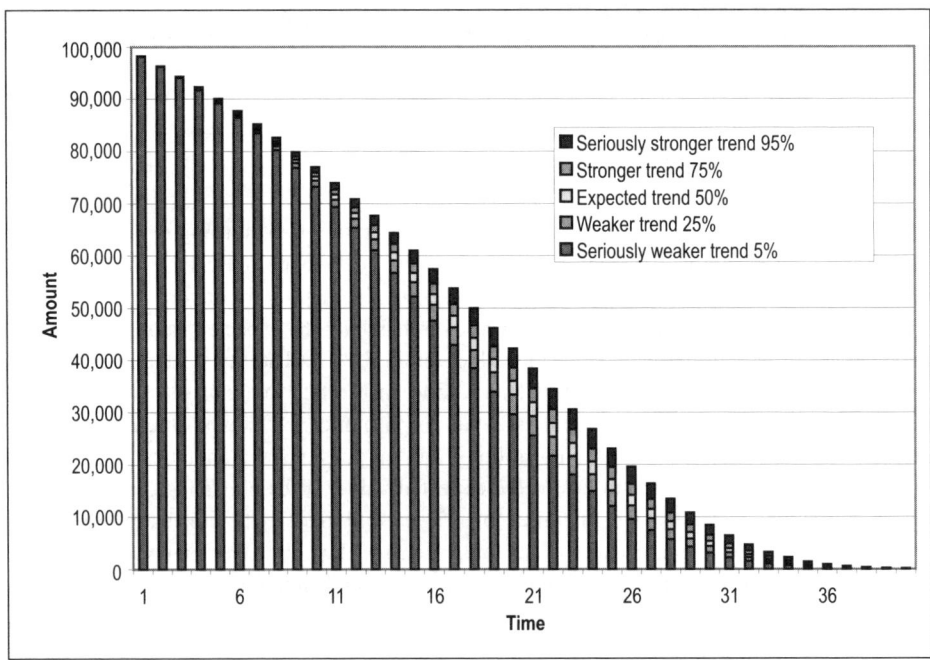

Figure 6:   *Expected liability cash flows, given mortality trend uncertainty*

Average age $\bar{x}$	Risk surcharge for mortality trend uncertainty
25	10%
30	10%
35	9%
40	8%
45	6%
50	5%
55	4%
60	3%
65	2%
≥ 70	2 %

Figure 7: *Risk surcharges for mortality trend uncertainty for deferred retirement pensions and annuities*

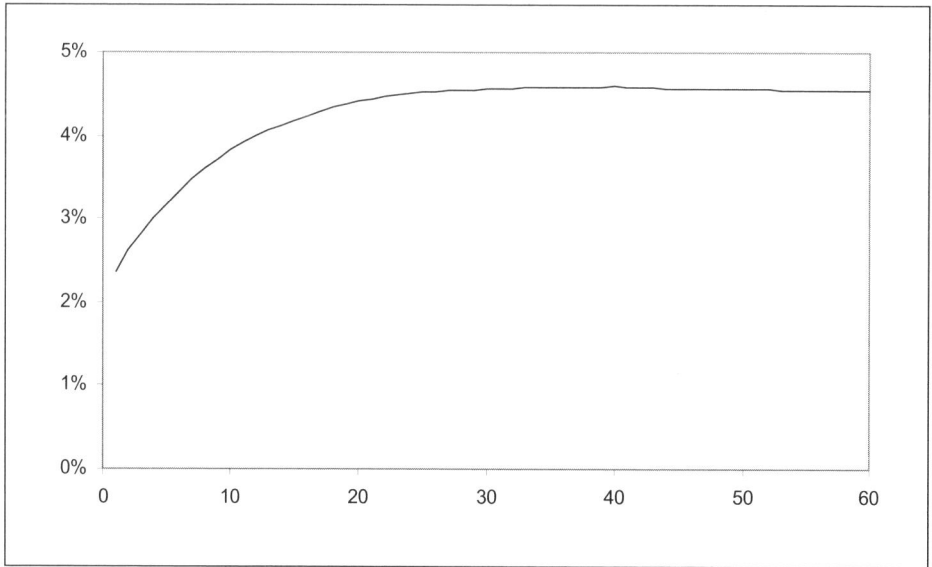

Figure 8: *Term structure of interest rates, as at the end of 2004 (spot [zero coupon] rate)*

An institution's pension and insurance liabilities are valued by discounting the associated cash flows using a term structure of interest rates which has to be based on the effective yields on default-free capital market instruments. The expected value of pension and insurance liabilities may be estimated in this way if their realistic values cannot be observed directly in the market. Figure 8 shows the term structure of interest rates as at the end of 2004.

Given the time required to implement a term structure of interest rates in administrative systems, DNB proposes a transitional period of three years during which an institution may use a realistic discount rate aligned as closely as possible with the maturity characteristics of the institution's liabilities rather than a term structure of interest rates.

3.   The solvency test

In the solvency test, two capital concepts are introduced:

1. Available capital: this is the surplus at realistic valuation of assets and liabilities,

2. Target capital or desired solvency.

The solvency test is carried out in two steps. The first step in the solvency test consists of determining the surplus at realistic value. This will provide an answer to the question: Are the insurer's liabilities on the reporting date adequately funded? If the surplus is below zero, there is no adequate funding. This could even be the case if book values in the annual account show a different picture, e.g. in the event of hidden deficits. Although necessary, a positive surplus is not sufficient as a precondition for adequate funding. An insurer should also identify which balance sheet items could acquire a different value in the event of discontinuing business. Examples are derivative contracts which the counterparty can unwind at an early stage without penalty if a secret administrator is appointed to the pension fund or insurer, as such a clause may imply that the contract may change in value. An institution must state and comment on such matters, if they are material.

In the second step, the institution assesses its current risks and the associated financial buffers, covering a period of one year. This will answer the question: Does the insurer have sufficient capital in order to withstand 1-year risks with a high probability? In the FTK, this 1-year probability for quantifying the desired solvency is set at 99.5%. This probability has been chosen as it corresponds with the default probability associated with investment grade bonds. It is also in line with the probability requirements underlying the capital requirements used in banking supervision. What it means is that the desired solvency is based upon an investment grade benchmark. For an insurer with less surplus than this desired solvency, it is questionable whether it has a financial status equal to investment grade. In that case, the insurer needs to set up a recovery plan and take measures to strengthen its solvency.

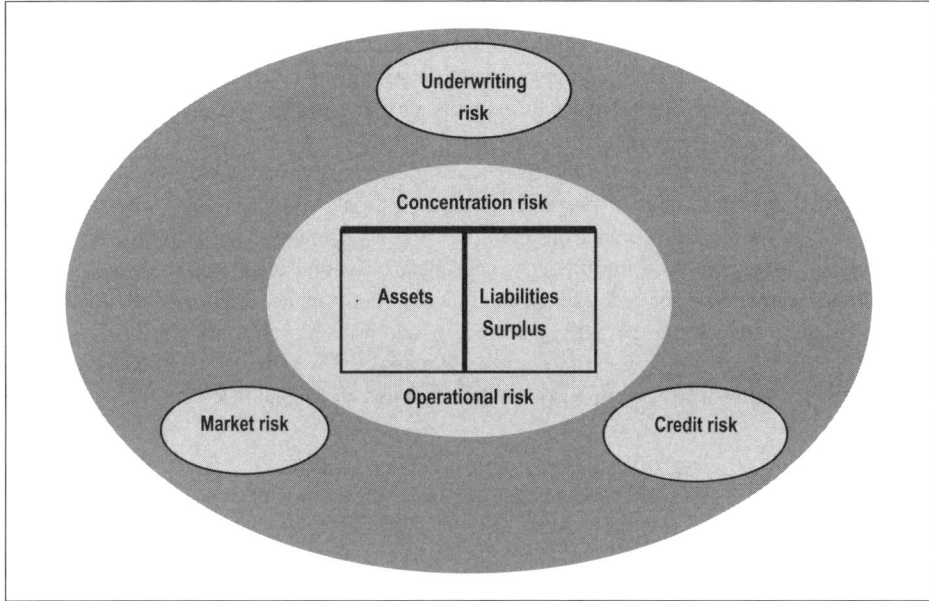

Figure 9:   *Overview of the solvency test*

The FTK differentiates between five main categories of risk (see Figure 9): market, credit, underwriting, operational and concentration risks. The latter category only exists if the risks on the balance sheet are inadequately spread. Concentrations may occur if risks are linked to, e.g., regions, products or economic sectors. DNB will apply a familiarisation phase for measuring operational risk, as there are currently no broadly accepted standards in insurance supervision for calculating target solvency levels for operational risk.

There are three variants for the implementation of the solvency test:

■ the internal model method, based on the institution's own internal model,

■ the standardised method,

■ the simplified method.

3.1   Internal model method

The most accurate way of measuring the desired solvency would be on the basis of an institution's own internal model. DNB employs general requirements regarding the quality of internal models (see Figure 10). These requirements promote proper risk management, while leaving the institution's responsibility in this context intact. The models must permit for a demonstrably accurate estimate of the risks and be thoroughly incorporated into day-to-day operations as an integral part of risk management. A proper internal model relies on a stochastic process for the cash flows from liabilities and investments. The institution must provide detailed information on the model's theoretical basis and empirical evidence. It must also state the circumstances under which the model is not reliable. Risks must be identified, quantified and managed transparently, consistently and prudently. Essential to this process is that the institution perform regular stress tests to assess the risk limits and makes empirical validations: the retrospective comparison of the estimated and actual risks.

Organization	Administration
	Risk control
	Internal control
Model Input	Portfolio data
	Market data
Model	Instruments
	Adequate risk factors
	Adequate stochastic processes
Risk control	Risk limits
	Management information
	Stress tests

Figure 10:   *Criteria for internal model approach*

DNB expects that not all institutions are willing or able to comply with its criteria for using their internal model for performing the solvency test. Therefore, a standardised method that is suitable for all institutions is available.

3.2   Standardised method

The desired solvency for market and credit risk is established on the basis of the consequences of a number of scenarios set by DNB. Market risk is determined by the following
factors: interest rates, inflation, equities, real estate, commodities and foreign currencies (all
including derivatives).

This scenario approach is based on the technical assumption of a shock occurring in one risk
factor immediately after a reporting date and the resulting revaluation of balance sheet items
remaining unchanged until the end of the year. It is a „what-if" approach: What happens to
the surplus if this single event takes place? All volume effects, such as a sharp fall in capital
market interest rates bringing about early repayment of mortgages, are assumed to take place
immediately. This approach, therefore, ignores the passage of time. The scenarios are defined
as shock-based changes in risk factors, reflected in differences from the actual balance at
each reporting date: for example, a fall in the interest rate by a certain factor compared with
the reporting date. The size of the shock, such as the size of interest rate changes, is a given:
see Figures 11 and 12. The shock for each risk driver is calibrated on the 99.5% probability
level and then rounded off, thus avoiding any suggestion that the standardised method would
equal the internal model method in accuracy.

Figure 12 shows both a fall and a rise of interest rates; one should use the worst case of both
scenarios. As most insurers have shorter durations for their fixed-income securities than for
their liabilities, the fall in interest rates will most likely be the worst case scenario.

Example

> Given a zero coupon rate of 3.725% for a maturity of 9 years, the interest rate change sce-
> nario implies a fall from 3.725% to 2.682% (namely 0.72 × 3.725%).
>
> Given a zero coupon rate of 3.171% for a maturity of 5 years, the interest rate change sce-
> nario implies a fall from 3.171% to 2.188% (namely 0.69 × 3.171%).

The different factors for different maturities reflect the empirical fact that short-term rates
fluctuate more strongly than long-term rates. The changes are expressed relative to the current interest rates, therefore reflecting the empirical fact that the higher the interest rates are,
the larger the fluctuation will be. This approach also prevents the interest rates becoming
negative.

Market Risk	
Interest Rates	term dependent change (see figure 12)
Equity	
mature markets	decrease in value by 40%
Emerging markets	decrease in value by 45%
private equity	decrease in value by 45%
Real Estate	decrease in value by 20%
Commodities	decrease in value by 40%
Currencies	decrease in foreign currencies vis-à-vis the euro by 25%
Volatility	change in implied volatility by 25%
Credit Risk	increase in credit spread by 60% of the credit spread

Figure 11:   *Scenarios for risk drivers in the standardised method*

Maturity (years)	Interest rate fall	Interest rate rise	Maturity (years)	Interest rate fall	Interest rate rise
1	0.57	1.74	14	0.74	1.36
2	0.62	1.61	15	0.74	1.35
3	0.65	1.54	16	0.74	1.35
4	0.67	1.49	17	0.74	1.35
5	0.69	1.45	18	0.74	1.35
6	0.70	1.42	19	0.75	1.34
7	0.71	1.40	20	0.75	1.34
8	0.72	1.39	21	0.75	1.34
9	0.72	1.38	22	0.75	1.34
10	0.73	1.37	23	0.75	1.34
11	0.73	1.37	24	0.75	1.34
12	0.74	1.36	25	0.75	1.33
13	0.74	1.36	> 25	0.75	1.33

Figure 12:   *Factors for interest rate changes*

For each scenario, the extent to which the surplus (the balance of assets and liabilities at realistic value) changes as a result is established. This simulated change in the surplus is equal to the desired solvency for that risk. For example, for an insurer having invested € 100 mln. in equities, an assumed fall in the stock market by 40% will cause the surplus to decline by € 40 mln., i.e. the desired solvency for equity risk. However, if the insurer has bought put options to hedge downside risk, the impact of the 40% price fall will be less than € 40 mln., because the put options will increase in value if the stock markets fall in price, thus partially offsetting the decrease in value of the equities.

Section 3.4 gives a numerical example of how interest rate decreases will impact the surplus. For the assessment of credit risk, the credit spread of a credit portfolio is taken as a risk proxy. This implies that the higher the credit spread is, the larger the shock in basis points will be. Also, the longer the maturity of the credit portfolio, the larger the impact of the shock. The assessments for market risk and credit risk are based on well-diversified portfolios. Institutions must also take account of any concentration risks. As such risks can only be established by individual assessments, no standard formula is available for this purpose.

For underwriting risks, the standardised approach employs prescribed underwriting surcharges set on the basis of homogeneous risk groups. For example, for current pensions and annuities, the desired solvency is $(45/\sqrt{n})$ per cent of the realistic value of liabilities, where n is the total number of policyholders. Other risk groups have other base percentages in the formula, or use risk capital instead of the realistic value of the liabilities as denominator. As can be seen, the desired solvency for underwriting risk takes account of the diversification effects. If the number of policyholders increases fourfold, the desired solvency only doubles *ceteris paribus*. The desired solvency for underwriting risk is established for each risk group; they are combined on the assumption that the different risk groups are not correlated.

The solvency computations are then classified as follows:

S_1 for the desired solvency for interest rate risk.

S_2 for the desired solvency for variable-yield securities, being the sum of the desired solvency for equity risk and real estate risk.

S_3 for the desired solvency for foreign exchange risk.

S_4 for the desired solvency for commodities.

S_5 for the desired solvency for credit risk.

S_6 for the desired solvency for underwriting risk.

The effects of the scenarios are quite possibly statistically correlated. The standardised method takes account of that possible correlation in a robust manner in aggregating the desired solvency for market risk, credit risk and underwriting risk to the total margin of solvency. It is assumed that there is a perfect correlation of risks within variable-yield securities.

The correlation between interest rates and shares (and variable-yield securities) is unstable over time; consequently, the standardised method uses a robust estimate, allowing for the parameter uncertainty in that correlation. A degree of diversification is assumed between variable-yield securities and interest rates, being a correlation of 0.8 between the effects of the interest rate scenario and the scenarios for variable-yield securities. Total independence (a correlation of zero) is assumed for all other risk factors.

The solvency components S_1 to S_6 are then combined using the formula:

$$\text{Total} = \sqrt{(S_1^2 + S_2^2 + 2 \cdot \rho \cdot S_1 \cdot S_2 + S_3^2 + S_4^2 + S_5^2 + S_6^2)}$$

Under the standardised method there is adequate shareholder's equity compared with the desired shareholder's equity, if the shareholder's equity is higher than the outcome of the formula.

3.3   Simplified method

For a small number of institutions whose liabilities and assets can be established and valued in a relatively simple manner, the standardised method may be overdone. Institutions that qualify as a result of their simple risk profile and straightforward operations may perform the solvency test using a simplified method. If an institution is given permission to use the simplified method, the solvency test will be confined to assessing the realistic value of freely disposable assets against the total foreseeable liabilities at realistic value. The desired solvency is then established in a simplified way: as a multiple, e.g. 2.5 or 3 times, of the required solvency margin based on existing regulations.

3.4   A numerical example of the standardised method of the solvency test

This section discusses an example of the standardised method, using a stylised life insurance company with an insurance portfolio of current pensions and annuities for 1,000 insured persons. The liabilities at realistic value amount to € 100 mln. The investments amount to € 137 mln. As the insurer has issued debt (loan capital) at market value of € 9 mln., the surplus is € 28 mln.

The equities are a well-diversified portfolio of shares of listed companies in mature markets. The real estate portfolio, too, is well-diversified. Having a negligible credit risk in this example, mortgage loans are classified in the same risk category as government bonds. The foreign currency exposure amounts to 20% of the value of the equities portfolio, i.e. € 5 mln. All other exposures are denominated in euros. The balance sheet figures at realistic value are given in Figure 13; other characteristics are given in Figure 14. The term structure of interest rates is given in Figure 8 (the 5-year rate is 3.171%, while the 9-year rate is 3.725%).

		Assets		Liabilities
Equities		25	Insurance liabilities	100
Real estate		12	Loan capital	9
Government bonds and mortgages	67		Shareholders' equity	28
Credit bonds	33			
Fixed-income securities	Σ	100		
Total		137	Total	137

Figure 13:   *Balance sheet at realistic value of stylised life insurer (amounts in € mln.)*

Duration of insurance liabilities	9	Years
Duration of fixed-income securities and loan capital	5	Years
Credit spread on credit bonds	0,7%	= 70 basis points
FX exposure (in € mln.)	5	

Figure 14:   *Characteristics of liabilities and investment portfolio*

The calculation of the desired solvency, based upon the standardised method of the solvency test, is carried out as follows.

1. The first scenario is the change in the term structure of interest rates, as given in Figure 12. We shall assess the impact on the surplus of the life insurer. The interest rate change will impact the realistic value of the liabilities, the loan capital and the fixed-income securities. The interest rate for a 9-year duration decreases to 2.682% (namely 0.72 × 3.725%). The realistic value increases by approximately $(1.03725 / 1.02682)^9 - 1 = 9.52\%$. Thus, due to the interest rate fall, the realistic value of the insurance liabilities increases with 9.52% × 100 = 9.52. The 5-year interest rate decreases to 2.188% (namely 0.69 × 3.171%) in the scenario. The increase in value is approximately equal to $(1.03171 / 1.02188)^5 - 1 = 4.90\%$. The impact on the value of the loan capital is an increase by 4.90% × 9 = 0.44. The value of the fixed-income portfolio will increase by 4.90% × 100 =

4.90. The net impact will be a surplus decrease by 5.06 (namely 9.52 + 0.44 − 4.90). Therefore, the desired solvency for interest rate risk is 5.06.

2. The desired solvency for variable-yield securities is the sum of the desired solvency for shares and real estate. The scenario for equity prices in mature markets is a fall by 40%. The impact on the value is a decline by 40% × 25 = 10. For real estate prices the scenario calculates a fall by 20%. The impact on the value of the real estate portfolio is 20% × 12 = 2.4. Thus the desired solvency for equities and real estate is 12.4.

3. The scenario for foreign exchange risk is a decrease of foreign currencies vis-à-vis the euro by 25%. As the exposure is 5, the impact of this scenario is 1.25. So, the desired solvency for foreign exchange risk is 1.25.

4. There being no investments in commodities, the desired solvency for this category is nil.

5. The scenario for credit risk is an increase of the credit spread by 60% × 70 basis points = 42 basis points. The impact is a decrease in value by approximately 0,42% × 5 (duration) × 33 (value of credit portfolio) = 0.69. So, the desired solvency for credit risk is 0.69.

6. The desired solvency for underwriting risk is factor-based. The formula for current pensions and annuities is $45\%/\sqrt{n}$ × realistic value of liabilities, where n is the total number of insured persons at the end of the financial year (in this example: 1,000 insured persons). So the desired solvency for underwriting risk is $45\%/\sqrt{1000}$ × 100=1.42.

Using the formula for combining the risk factors in the standardised approach, we obtain:

$$\sqrt{5.06^2 + 12.4^2 + 2*0.8*5.06*12.4 + 1.25^2 + 0^2 + 0.69^2 + 1.42^2} = 16.8.$$

The desired solvency for the insurer is 16.8. As the insurer has a surplus of 28, it passes the solvency test.

4.   The continuity analysis

The continuity analysis assesses the financial position against the background of realistic long-term scenarios and the associated risks, the insurer's strategic policy and the management and adjustment mechanisms such as revising the investment, indexation and contribution policies. Each institution is free to structure the analysis as it wishes, provided it is realistic.

	Part	Nature	Purpose
A	objective, policy and policy instruments	prospective, qualitative	substantiation of the future projections (see C)
B	economic assumptions and expectations	prospective, quantitative	substantiation of the future projections (see C)
C	future projections based on the institution's own expectations (base scenario)	prospective, quantitative	insight into future developments on the basis of the institution's expectations
D	sensitivity analysis	prospective, quantitative	insight into the sensitivity of the results under different assumptions
E	stress testing	prospective, quantitative	reflects policy and results in unfavourable circumstances
F	variance analysis between projection and actuals	retrospective	insight into the realism of the proposed policy and assumptions

Figure 15:   *Contents of the continuity analysis*

The continuity analysis furnishes an institution with a method of supporting risk management, promoting risk awareness and anticipating possible future problems. The analysis should show to what extent the institution has identified, and is able to manage, risks. Following on from this, the institution must have a financial contingency plan.

The analysis allows the board of an institution itself and also DNB to identify at an early stage whether the institution will be in a position to continue meeting its solvency requirements in the future. If necessary, the board of the institution can then take early action or, if it fails to react to such signals, DNB can intervene (so-termed early intervention).

Compared to the solvency test, the continuity analysis has a more distant horizon. The horizon for the projection is three years for non-life insurers to five years for life insurers. In the continuity analysis, new sales and, thus, new liabilities are included, whereas in the solvency test only the current portfolio of assets and liabilities is taken into account.

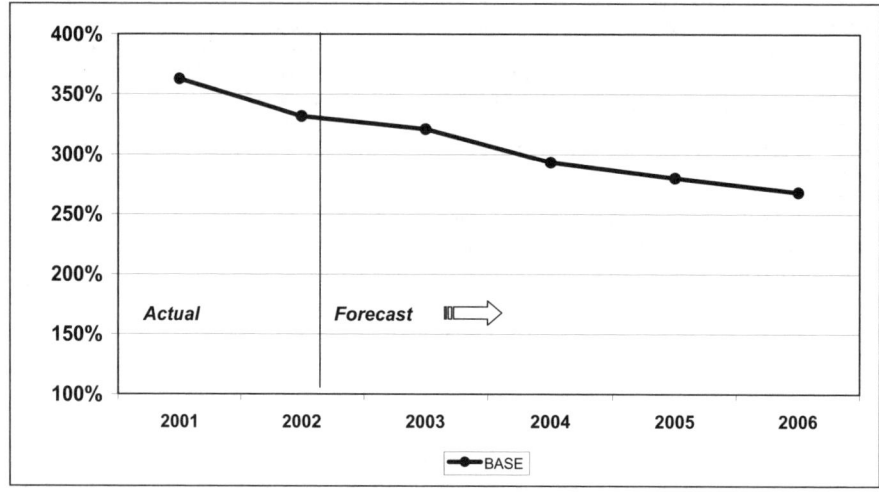

Figure 16:   *Solvency Ratio: Base scenario in the continuity analysis*

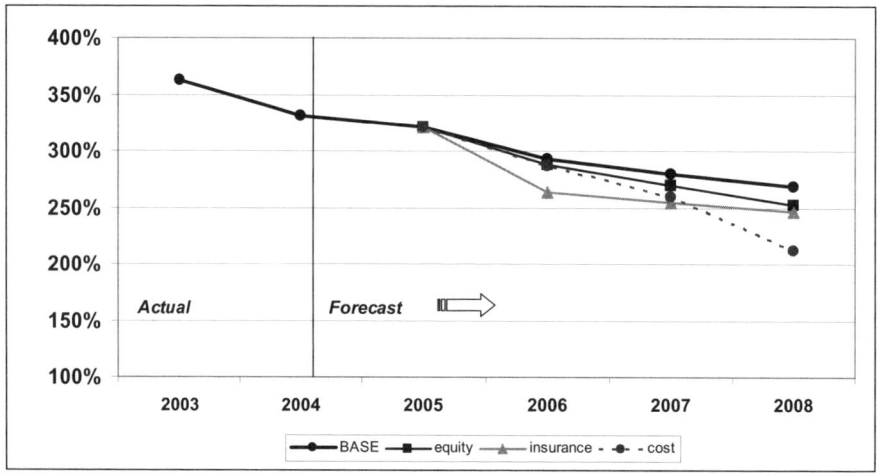

Figure 17:   *Solvency Ratio: Stress testing in the continuity analysis*

Figure 15 shows the components of the continuity analysis. After establishing the base scenario on the basis of the institution's own expectations and assumptions, the management of
the insurance company should identify the most relevant risk factors. This is called the sensitivity analysis. The three main risks identified must in any event be investigated in detail. The
next step in the analysis is stress testing. For at least the three main risk factors, the institution
has to show how policy instruments will help them out of a difficult situation.

Figure 16 illustrates the base scenario for a hypothetical insurer. Figure 17 illustrates the stress testing for the three main risk factors. In this example, equity risk, underwriting risk and cost inflation risk are identified as the most important risk factors.

Every supervised institution should have an up-to-date continuity analysis. This analysis should be repeated regularly, although not necessarily every year. The institution must explain and justify the frequency adopted. A worsened financial position, new policy or different external circumstances, in terms of, e.g., demography or economics, are reasons for performing an analysis. For example, depending on the risk profile or other factors, DNB may ask for a continuity analysis and set the assumptions to be considered.

5.   Challenges for the pensions and insurance industry as well as for regulators and supervisors

The financial assessment framework is a step forward in solvency regulation of pension funds and insurers. It will not contain the ultimate answer to all questions in solvency regulation. Neither will it be carved out in stone. FTK should be regarded as a roadmap, showing the direction in which future systems of solvency regulation may evolve. The way ahead will not be without challenges, such as are presented by valuation at realistic value; identifying, measuring and managing risk; and establishing financial contingency planning.

These challenges will have to be addressed by the industry as well as by regulators and supervisors. This will require a tremendous effort and possibly involve many discussions within institutions and between institutions and supervisors.

Doing nothing would save us from these uncertainties on the way ahead. But it would also prevent us from reaching a more effective and efficient system of solvency regulation.

The New Supervisory System in the UK

Peter Vipond

1.   Introduction

The creation of the Financial Services Authority (FSA) in 1999 and the establishment of the Financial Services and Markets Act (FSMA) in 2000 has laid the basis for an integrated approach to the regulation and supervision of insurance companies which is risk focused and broadly analogous to the approach adopted in other parts of the financial sector.

On the basis of new rules for financial regulation, supervision has changed to become more interventionist, and to be continuing rather than occasional. Although much of the focus of discussion is on financial regulation, including new capital rules, stochastic modelling and the like, the really important change is in the supervision of insurance companies. The new approach to supervision requires management to make and keep updated a comprehensive risk assessment (known as an Individual Capital Assessment, or ICA). Senior management, and the board, have to explain in their ICA the risks their business is taking, when measured against FSA statutory objectives, and how they are managing those risks through the allocation of capital and risk management—the ICA is confidential between the company and the FSA. Much of this debate and assessment takes place under pillar two of the supervisory regime—the fact that regulatory returns have been completed properly by the due time under pillar one is relevant, but secondary to this process

Driven by a need to up-grade insurance regulation, as well as by the specific problems of the Equitable Life company, and a deep bear market in equities in the early part of the twenty first century, the FSA have sought to develop specific pillar one rules and a supervisory regime for both life and general insurance. Much of this work has been fast tracked in what has come to be called the "Tiner Project" (The Future Regulation of Insurance, FSA October 2002), and this paper discusses the achievements to date. Undoubtedly a great deal has been done, particularly for with-profits products and, on the general side, for the development of the ICA. As with most regulatory initiatives the design is a heterogeneous mix of planning, and reaction to circumstances (such as the Financial Times Stock Exchange index dropping to 3300!). Therefore there are further developments which could yet be made, and some of these are considered as part of a conclusion which links the FSA work to the Solvency II agenda.

2.   Prudential Regulation of Life Business in the United Kingdom

The structure of life prudential regulation in the UK reflects the business pattern. At end 2003 figures the industry had assets of:

- Approximately £300 millions representing non-profit business often written in with profits funds covering protection and annuity, including pensions annuity, business,

- Approximately £300 million representing with-profits business, both life and pensions, of which about half was in funds closed to new business but not to renewal premiums and

- Approximately £400 million representing linked business.

Currently, new premiums are overwhelmingly in non-profit and linked business and this trend is expected to continue not least because of the relative capital requirements.

2.1   Life Insurance: The importance of the Individual Capital Assessment and Twin Peaks

This section outlines the Pillar 1 and 2 requirements for life business.[1] For Pillar 2, life business, like all other insurance business, is required to produce an Individual Capital Assessment (ICA). This is a requirement for the insurer to assess its capital position in the light of all its risks and to provide additional capital for risks not covered at Pillar 1, e.g. new business development and pensions liabilities. It is for the life insurer to chose the methodology and only general guidance is given by the FSA. However, where the FSA believes that a company has not measured up to the task it can impose additional capital requirements— Individual Capital Guidance (ICG)—on the firm and other restrictions on its authorisation. Challenging this would be a difficult and up hill task!

The use of ICAs is designed to take the primary responsibility in regulation and compliance away from the kind of people who have those words in their job titles and put it into the hands of the most senior executives and the board. It requires that the board address risk management issues in much the same way as they look at strategic development.

In broad terms, while the ICA approach has been applied across the whole life (and general) business, the emphasis on specific technical reform has focused on the "with-profits" sector

---

1   Reference should also be made to the FSA Prudential Sourcebook for details and amplification which is to be found under "Handbook" on the FSA website (www.fsa.gov.uk), and also Policy Statement 04/16.

which basically combines a savings and life insurance product, and offers customers the chance to benefit from real growth in equity and property. UK life insurers have, traditionally sold a great deal of "with-profits" insurance with a high equity content (figures of circa 70% for the equity backing ratio (EBR) were not uncommon in the 1990s). This, although still significant, has fallen because of market changes and in particular a greater emphasis on the valuation of guarantees and options and corresponding capital requirements. Traditionally, high EBRs in with-profits business have reflected a tendency for the UK with profits product to have a relatively high terminal bonus (which is not guaranteed) level when compared to the level of annual bonuses.

A realistic valuation approach has been introduced (the so called "twin peaks approach") to improve on the "statutory" or "regulatory" approach which is directly based on the EU Life Directives. In particular the need was felt by both the regulator and the industry for a system with the following characteristics:

- It is more transparent, without undisclosed margins, but with a relatively risk sensitive capital setting mechanism that seeks to give value to all assets.

- It provides for constructive liabilities in respect of policyholder expectations as reflected by the level of premiums paid and contractual terms (these are now written down in a document specific to each fund, "The Principles and Practices of Financial Management").

- It discloses a figure of free (or net) assets which are assessed to be surplus to current requirements (regulatory free assets may be expected to finance future bonuses especially when they represent an element of asset share).

- It is less likely than the regulatory basis to require asset disposals in stressed market conditions, but is also a better warning device as to the likelihood of strain in the fund especially in times of market volatility.

Under this "Twin Peaks" approach the regulatory basis figures are subject to a test by reference to the realistic figures, and an additional capital requirement applies if realistic liabilities and capital exceed the regulatory equivalent. This is done by comparing the "surplus" under the two peaks and requiring a capital adjustment to lower the regulatory surplus to the level of the realistic surplus if that is lower. For years ending on 31 December 2004 onwards, the realistic figures will be subject to audit and publication for all significant funds. As well as informing policyholders and their advisors as to the capital strength of the funds they are invested in, this has the benefit making that strength known to the market and institutional investors. Drawing on the thinking behind pillar 3 of the Basel II and Solvency II initiatives, this in principle allows the market a core role in regulating the allocation of capital to the with-profits area, and in making sure management have a grip on their business.

2.2   Pillar 1: Realistic Peak With-Profits Business

2.2.1   Realistic Basis Valuation of Assets

Regulatory basis assets for the fund are the starting point, i.e. assets as determined by the regulatory rules based on the EU Life Directive. These are adjusted as follows:

- Assets representing the amount of the regulatory value of the mathematical reserves and regulatory capital requirements of the non-profit business in the with-profits fund are excluded.

- Implicit items are excluded.

- Assets excluded from the regulatory valuation because of the EU concentration and admissibility rules are added back. This includes derivatives which do not satisfy the EU criteria.

- The present value of non-profit business written in the fund is brought into account (or deducted if negative): the reasoning is that the profits (or losses) of this accrue to the with-profit policyholders.

- Interests in subsidiaries writing insurance business are valued on a similar basis and brought into account.

The above bullet points are a slightly long winded way of saying the assets are the equity, debt, and commercial property holdings of the insurer held at market prices minus the dodgy bits that some in the industry used to include, partly as EU requirements.

In addition, with the agreement of the FSA, amounts supporting the fund held outside the fund may be included. It should be noted that on demutualisations arrangements have often been set up whereby sums outside the fund are required to be held to support the fund in certain circumstance. Such assets must not be available to the company for other purposes. The amount of assets so ascertained is available to back realistic liabilities. If realistic liabilities exceed this amount additional assets must be brought in to support the fund.

In addition to the above assets, the following may be brought in by way of deductions from the realistic capital requirement but only to the extent that realistic capital requirements exceed the balance of realistic assets less realistic liabilities:

- Assets outside the fund to the extent that they are not required for other purposes, e.g. to support other non-profit business, and have not already been brought in as above.

- Where a balance of the realistic capital requirement remains after the above deduction, up to 50% of the present value of non-profit business outside the fund provided that this is not required for other purposes.

2.2.2   Realistic Basis Valuation of Liabilities

The valuation of liabilities on a realistic basis presents somewhat more challenging issues than the valuation of assets. The basic approach is as follows:

- Best estimate and not a prudent basis—strip out margins used to pad the liabilities.

- Guaranteed sums, including options, are to be valued using market consistent stochastic or market replicating approaches.

- Discretionary payments, typically final bonuses, are usually valued on an asset share methodology: this is a technique whereby a value can be attributed to policies by reference to premiums paid, expense and guarantee costs deducted, and net investment return subject to a smoothing process.

- Modelling is required of asset shares and guarantees etc. This is based on economic scenario generators and assumptions as to management action, in particular through adjustment of bonuses and variation in asset mix in different scenarios. The speed of management action assumed can be a critical element here. The purpose of the modelling is to ascertain whether the asset shares will be adequate for the bonus policy pursued and set out in the Principles and Practices of Financial Management (PPFM) and to ensure that both guarantees and potential guarantees are fully valued. This modelling is complex and still undergoing development and improvement in the industry.

- In modelling asset shares account is taken of expected future shareholder transfers on the basis of the PPFM and assumed management action.

- Value of non-insurance liabilities may vary on a realistic basis from the regulatory basis, e.g. tax liabilities in respect of assets excluded on a realistic basis are brought in. No credit can, however, be taken on a realistic basis where the market value of loans is lower than the face value.

- All liabilities are required to be valued according to the terms of the PPFM which are prepared and published by each company to reflect the policy terms and the fund's approach to the exercise of discretion, e.g. policy adopted on smoothing, asset share methodology etc.

There is no point in pretending that the valuation of with profits liabilities is anything but complex, certainly relative to the straight forward market numbers that can be used in unit linked product and indeed mutual funds. However, a key to make the realistic valuation of liabilities somewhat more straightforward is the fact that they rely heavily on asset shares. Essentially this allows the senior management of the firm and the regulator to define the main liabilities to individual customers in terms of an amount of market valued assets (and of course to reserve any specific additional amounts for guaranteed sums and options). This should reduce pressures to adjust investment portfolios because of rigidities in the valuation of liabilities. It does not remove the need for adjustments arising from changes in the relative values of unmatched assets and liabilities—indeed it is more sensitive to showing these than the

the regulatory basis. This means that if the markets fall, or take a shock, then the liabilities will fall in a way much more correlated with asset movements.

2.2.3   Realistic Basis Capital Setting

Once you have realistic numbers for liabilities and assets, with capital covering any difference or providing a surplus then it is possible to run the with profits part of the life business on a rational basis although it is still necessary to comply with the EU rules which in some circumstances could reduce this flexibility. However, and this is a point of real relevance for Solvency II, even these calculations are not enough. There is a need to stress test your numbers against scenarios for the realistic basis (the scenarios are somewhat different for the regulatory basis). The scenarios are:

- Equity rise or fall of a minimum of 10% and up to 20% depending on the market movements in the previous 90 days.

- A rise or fall of 12.5% of real estate values.

- A 17.5% fall or rise in interest rates by reference to long-term government stock rate.

- Changes in bond and debt values calibrated according to the factors determined by reference to credit ratings and bond spreads: here it is assumed that the value of liabilities does not change.

- An adjustment in projected persistency rates of 32.5% either up or down.

All the scenarios are assumed to be simultaneous. A similar approach is adopted to that applying under the regulatory peak of calculating the increase in assets needed to meet the new scenario and this represents the realistic capital requirement. The inclusion of a persistency test which is not required under the regulatory peak reflects the absence of persistency margins under realistic valuations.

Stress testing for the capital calculation is the final element of dynamic modelling that is needed as a basis of calculating the capital requirement in with profits. One of the points that regulators, and commentators, tend to ignore in all this, is the costs involved in doing it and delivering as part of a continuous process. In economic terms this drives up the minimum efficient scale of production, and should reinforce the trend toward concentration and continued competition amongst a smaller group of firms. Unless the market is allowed to work in this way, there is a danger that these regulatory innovations will produce more costs and lower the incentive to maintain investment in this area.

2.3   Pillar 1: Linked Business

Nothing is ever simple in life insurance. Even for unit-linked products which are only one stage up the evolutionary ladder from mutual funds, there are qualifications and restrictions on how they are can be valued. These have been retained, so far, and some are embedded in Solvency I, so they will remain as restrictions at least until Solvency II. Examples include:

- Special rules that apply to assets that are held to back linked liabilities. These are viewed as restrictive in modern financial markets particularly by excluding some derivatives and other modern financial instruments and restrictions on the ability to pursue some strategies open to competing funds, e.g. hedge funds.

- All liabilities except those relating directly to asset values of the linked assets are treated as non-profits mathematical liabilities. These are known as "Sterling Reserves" and are regarded in many cases by the industry as excessive, e.g. the requirement to reserve for future expenses at a policy by policy level.

However, once these requirements are satisfied the capital requirements are essentially straightforward, reflecting the fact that the risks of these products, in terms of their market performance rest largely with the customer:

- The EU 1% of liabilities or 0.25% of expenses is applied to the "unit liabilities" or the amount representing linked liabilities represented by linked assets.

- The EU 4% applies to "Sterling Reserves" or liabilities over and above the unit liabilities. These cover guarantees, including expense guarantees, mortality, morbidity etc.

As firms evolve their ICAs, linked business will clearly be a consideration, not least in trying to capture operational or business risks that these essentially simple calculations fail to grasp. Much of this work, probably along with the reform of protection and annuity rules forms part of an agenda for developing realistic regulation, and taking it beyond the initial Tiner Reform. If Solvency II gathers momentum at the European level such work may be rolled into that project, but if it stagnates or lasts too long (as it did with Basel II), then it is likely the UK will make independent progress in this area. This would mean that UK insurers would arrive roughly where Solvency II should come out before, and not after, the new directive.

3.   Prudential Regulation of General Insurance in the UK

General insurance, which given socialised health care in the UK is more property than casu-alty, often lags the life sector in the regulatory resources and profile it receives. However it has arguably undergone a more comprehensive if less technical reform than the life sector, and now makes use of a new set of risk factors to calculate its standard capital requirement (know as the "enhanced capital requirement" or ECR). As with the life insurance sector this is supplemented by an ICA.

FSA Accounting Class (Direct and Facultative)	Premium	TP
Accident and Health	5%	7.5%
Motor	10%	9%
Aviation	32%	14%
Marine	22%	17%
Transport	12%	14%
Property	10%	10%
Third Party Liability	14%	14%
Miscellaneous & Pecuniary Loss	25%	14%

Source: Table 7.2.79R: FSA Integrated Prudential Sourcebook
Figure 1:   *Premium and Technical Provision Charge Factors*

3.1   ECR Formula

The ECR formula is a simple calculation, using charge factors, which applies to Premiums, Technical Provisions (TP) and Assets. The application to premiums is based on the previous years written premium, net of reinsurance, gross of commission. Technical provisions are based on outstandings, IBNR, unearned premium reserve and unexpired risk reserves. Assets are based on market value of the asset after the application of the admissibility rules. Some of the charge factors to apply are listed in figures 1 to 4.

Non-Proportioned Reinsurance	Premium	TP
Accident and Health	35%	16%
Motor	10%	14%
Aviation	61%	16%
Marine	38%	17%
Transport	16%	15%
Property	53%	12%
Third Party Liability	14%	14%
Miscellaneous & Pecuniary Loss	39%	14%

Source: Table 7.2.79R: FSA Integrated Prudential Sourcebook
Figure 2: *Premium and Technical Provision Charge Factors*

Proportional Reinsurance	Premium	TP
Accident and Health	12%	16%
Motor	10%	12%
Aviation	33%	16%
Marine	22%	17%
Transport	12%	15%
Property	23%	12%
Third Party Liability	14%	14%
Pecuniary Loss	25%	14%

Source: Table 7.2.79R: FSA Integrated Prudential Sourcebook
Figure 3: *Premium and Technical Provision Charge Factors*

The ECR formula has been designed to be simple to use and reasonable assumptions have been made in its construction. It does however have its limitations which have been recognised to an extent by the FSA. For example, it has been introduced as an internal benchmark, instead of as a hard prudential requirement, though this may change in due course. Any formula of this nature, covering a whole industry will not necessarily accurately reflect the risk profiles of individual firms so the ICAs are an important additional aspect of the regime.

Overall, the capital requirements relating to Premium risk, Technical Provision risk and Asset risk are split equally at a third each (although individual company assessments differ). Exact mapping is difficult to perform, but analysis of UK insurance company failure indicates that asset and market risk is likely to cause 18% of all failures compared with 28% due to underwriting risk.

It should also be noted that the amount of capital held for different types of business will vary significantly depending on the short tail/long tail nature. Typical ratios of premiums to technical reserves might be as shown in figure 5.

Asset Charge Factors	
Land and buildings	7.5%
Group undertakings	
equities	7.5%
debt securities	3.5%
Equities	16.0%
Debt securities	3.5%
Loans	2.5%
Bankdeposits	0%
Other financial investments	7.5%
Deposit with ceding undertakings	3.5%
Debtors	
policyholder	4.5%
intermediaries	3.5%
reinsurance	2.5%
other	1.5%
Tangible Assets	7.5%

Source: Table 3.3.16R: FSA Integrated Prudential Sourcebook
Figure 4:   *Premium and Technical Provision Charge Factors*

Accident & Health	0.6
Property	0.9
Motor	1.7
Miscellaneous and pecuniary loss	2.3
Liability	4.5

Source: Tillinghast (2003)
Figure 5:   *Reserves as a proportion of premiums*

A further issue relates to the appropriateness of applying charge factors to premium income and reserves. Intuitively, in a hard market cycle, the same exposure should require less capital, not more. Similarly weak reserves should require more capital, not less. However, very much with a view to anticipating Solvency II the aim has been to keep the ECR relatively simple, on the high side, and then let firms argue through their ICAs for a lower charge based on proven diversification or better risk management.

The above would lead to overall capital requirements for each class of business of:

Accident & Health	5% + (0.6 x 7.5%) = 9.5%
Property	10% + (0.9 x 10%) = 19%
Motor	10% + (1.7 x 9%) = 25.3%
Miscellaneous and pecuniary loss	25% + (2.3 x 14%) = 57.3%
Liability	14% + (4.5 x 14%) = 77%

Source: Tillinghast (2003)
Figure 6:   *Premium and reserve capital requirements as a proportion of premiums*

3.2   Calibrating the ECR—is BBB the right answer?

The formula is calibrated to a 0.5% probability of failure within a 12-month timeframe (a 1:200 year event). This level has been arrived at to be broadly consistent with "investment grade" or rating agency BBB. This could be considered potentially misleading for several reasons.

Firstly, a firm's rating is not solely based on its level of capital. Other factors lead to the overall rating such as credit risk, counter-party risk, loss reserve adequacy and allowance for the capital relationship within insurance groups.

Secondly, if the ECR formula is calibrated to a BBB level of capital, firms will normally hold a buffer above this level, (and indeed may then be obliged to hold further capital above that for ICG). There is a concern that this could drive minimum capital requirements up, even for businesses that do not need them and that in the event of problems which do happen in a risk environment, a firm could quickly find itself constrained by supervisory intervention, even when its shareholders and customers are content.

Thirdly, there are some timing and cycle differences which also question some of the calibration assumptions. As at the end of 2001 (the date for the FSA calibration), firms with BBB ratings had approximately the same level of capital as the overall ECR and firms with AA/AAA ratings had double this level. As at the end of 2002 however, this had changed with the overall BBB position being 18% higher than ECR and the AA/AAA rated firms being only 38% higher.

The formula did however have to be parameterised and 1:200 in a 12-month timescale is arguably as good as any other method, and the data that was used to derive the charge factors was broadly reasonable. Seventeen years worth of data was used and various adjustments were made such as stripping out major catastrophes, mortgage indemnity and London Market Excess (LMX) losses from specific years of account. Above all it must be right to seek a supervisory capital requirement that at least starts from that which firms would be looking to hold for economic purposes.

3.3   Assessment of the General Insurance Capital Requirements in the UK

1. Diversification effects and the ICA. An issue that could emerge out of this is a relatively higher emphasis of the role of the ICA, at least for those firms with sophisticated risk management, or those seeking to have diversification effects (beyond those assumed for the ECR calculations) built into their capital assessment. Such firms will need to make a strong bi-lateral case to the FSA, even if supported by industry studies; and in the process they will be propelled into significant modelling work to get real capital benefit. Diversification between lines of business, and between geographical markets offers potentially significant benefits, though these are constrained by the not inconsiderable restrictions on the fungibility of capital between business units. Modelling all of this in a convincing way is a real challenge for non life companies, and certainly takes them beyond the simplicity of an ECR calculation.

2. Small and large firms. A second issue concerns small firms and large groups. The ECR formula is calibrated across the UK industry so the parameters have naturally been skewed obtained from the results towards larger firms. Smaller firms may therefore benefit when applying the ECR formula and as their portfolios may present greater inherent risk. Unless they can demonstrate very much better risk management than the norm they will face higher ICA or ICG charges. This issue has a broader context—for most retail business in the UK, 3 of the top 5 sellers of general insurance are banks, though they do not necessarily underwrite all they sell. These firms should get some diversification benefits to complement economies of scale and scope, amassing a powerful business case along the way. Over time other firms may be driven into higher risk and more specialist businesses where diversification of some kinds at least is harder to achieve.

3. Multi-year business. For multi-year business the complexities are such that it is hard to envisage a single mechanistic approach to the ECR calculation which will produce consistently meaningful results for short and long-term liabilities, even within the same class of business. Accordingly it would be better to emphasise a company specific ICA, as the alternative annual capital charge under the ECR may fail to reflect the risk characteristics of the business.

4. Capital for Assets. Holding capital in relation to assets held is a new concept for UK insurance regulatory requirements. This could however be improved and there are concerns that the behavioural effects may be to drive firms to hold greater levels of cash and deposits which may discourage firms from applying sound asset/liability matching principles and reduce overall investment returns over the longer period. The initial FSA rules could, perhaps be improved in several areas:

   - Quality of assets in both reinsurance and corporate bonds could be taken into account—this could be achieved by referencing the firms credit rating where charge factors have been developed for credit/counter-party risk for reinsurance and default and volatility risk for bonds.
   - A distinction could be made between external and intra-group reinsurance—a smaller charge should apply to intra-group reinsurance at solo level to reflect the reduced credit risk and it should be stripped out altogether at Group Solvency level.
   - Diversification credit should be given for holding a spread of assets as the risk is less concentrated and spreading asset risk should be encouraged. Again, reference could be made to a rating agency approach.
   - Maximum event retentions or low realistic disaster scenario figures should be explicitly reflected as reducing this area of risk significantly reduces exposure and likely call on capital. This is probably more appropriately addressed in the ICA/ICG.

In terms of sophistication, the general approach is consistent with Basel in that straight percentage asset charges are used within the ECR and some improvements have been suggested in the previous section relating to reinsurance and asset quality. Again one can see the tension between trying to keep the standard approach simple, and also trying to get it to handle the risks properly.

3.4   Developing the firm's ICA

The new regime focuses on firms deriving their own capital requirements from a full risk profile assessment. In many firms this will involve a cultural change and the linking together of areas of operation which had previously acted in "silos". An important aspect is also to document and obtain independent verification at each step in the process. Common risk areas would clearly include, Insurance Risk (Product Selection, Pricing, Claims administration/ leakage, Delegated authority, Reserving Aggregation—verification and controls.); Credit Risk; Market Risk—including Asset Liability Matching; Concentration Risk—concentration of assets, reinsurance and aggregate counterparty exposure; and Miscellaneous—asset valuation, admin, fund manager performance. Although the methodologies will vary from firm to firm there are 3 common approaches:

1. Aggregate the individual business line capital—this method assumes no correlation between classes of business and is similar in approach to the ECR.

2. Holistic (top-down) approach using scenarios and forward looking stress tests. The individual risk elements are then broken down—insurance, liquidity, credit, market— operational risk often the balancing item.

3. Stochastic modelling with correlation matrices. This is based on historical data. Dynamic Financial Analysis models are used (normal distributions) to provide a range of outcomes with varying probabilities.

The point of listing the risk areas and the methodologies is to flag that ICA assessments may start relatively simple, reviewing the business lines and the above risks. Over time however supervisors are likely to expect those that are serious about getting capital advantage out of an ICA to do some sophisticated analysis and feed that into the management systems running the business. Buying a black box off the shelf, or using consortium data alone will not, and should not get a general insurance company that far down the road.

4.   Conclusion: FSA Supervision and the Solvency II Agenda

For a variety of reasons the UK authorities have pushed ahead with radical and far reaching proposals for the capital regulation and supervision of both life and general insurance firms. In their use of a three pillar model, in the distinction between a standard and advanced methodology, and in the use of a determinedly risk based approach, the FSA has anticipated much of what Solvency II promises. This has meant considerable cost, and in some cases additional capital, as well as the use of that ever scarce resource senior management time. However the up-side has been that regulation has responded to the extraordinarily difficult market conditions the industry (especially the life industry) faced in the early years of this century; and much in the way of partnership with the FSA has been forged in order to drive through proportionate change. In practice the UK is the leading European country where these issues have not just been talked about, but where the regulator has initiated, and carried through serious reforms. Elsewhere the emphasis has been on planning and discussion, but on relatively little roll out ahead of Solvency II.

There are, of course risks in the UK approach, not least if Solvency II does not pick up on the approach that the UK (and some others outside Europe) have adopted, or if the UK requirements are an impediment to capital raising or competitive capability in any way. So far these concerns have not materialised in a widespread way though the new regime is certainly a factor in promoting concentration within the UK market place. Indeed there is some evidence that the realistic approach has facilitated new rights share issues by UK life insurers.

It is likely that much of the thinking and some of the calibration in the UK approach will find its way on to the Solvency II negotiating table, and into the resultant directive and its various level two and three extensions. It may well be that the UK emphasis on pillar 2 is watered down in a European context where supervisors are less comfortable with its requirements, and many small firms would have little to gain from it. It will be interesting to observe in the coming years how far the Solvency II project does indeed pick up the methods and parameters the British have adopted. And indeed, if Solvency II is as slow moving as Basel II, it will also be interesting to see how far the British push on further with realistic numbers and methodologies for other parts of the industry—such as protection and annuities—without waiting for Solvency II.

Anhang

Die Herausgeber

Prof. Dr. Helmut Gründl, Humboldt-Universität zu Berlin, Institut für Bank-, Börsen- und Versicherungswesen, Dr. Wolfgang Schieren-Lehrstuhl für Versicherungs- und Risikomanagement, Institutsdirektor, Berlin

Prof. Dr. Helmut Gründl schloss das Studium der Betriebswirtschaftslehre als Diplom-Kaufmann 1989 ab, promovierte 1993 und habilitierte sich 1998 an der Universität Passau. Prof. Dr. Gründl ist seit 1999 Professor für Betriebswirtschaftslehre und Inhaber des Dr. Wolfgang Schieren-Lehrstuhls für Versicherungs- und Risikomanagement an der Humboldt-Universität zu Berlin. Dem Berliner Institut blieb er auch treu, als er 2003 Rufe an die Georg-Universität Göttingen und an die Universität Passau erhielt, die er beide ablehnte. Seine Forschungsschwerpunkte liegen auf dem Gebiet

der Altersvorsorgeentscheidungen, der Bewertung von Altersvorsorgeprodukten sowie im Bereich der wertorientierten Steuerung und des Risikomanagements von Versicherungsunternehmen.

Dr. Helmut Perlet, Mitglied des Vorstands der Allianz AG, CFO

Nach dem Studium der Betriebswirtschaftslehre an der Ludwig-Maximilians-Universität in München promovierte Dr. Helmut Perlet an der Universität Hamburg. Seine berufliche Laufbahn begann er beim Finanzamt in München bevor er 1973 in die Allianz Versicherungs-AG eintrat. Zu seinen weiteren Stationen zählten unter anderem der Aufbau und die Leitung der Auslandsteuerabteilung, die Leitung der Abteilung Corporate Finance und später der Abteilung Rechnungswesen, Planung und Controlling. Seit 1997 ist Dr. Perlet Mitglied des Vorstands der Allianz AG und Chief Financial Officer (CFO) der Allianz Gruppe.

Darüber hinaus nimmt Dr. Perlet weitere konzerninterne und -externe Mandate wahr und engagiert sich in Gremien und Ausschüssen des GDV, der BaFin, des DRSC sowie als Chairman des CFO Forums der europäischen Versicherungswirtschaft.

Die Autoren

Dr. Jens Bartenwerfer, GDV e.V., Leiter Abteilung Statistik und Kfz-Technik, Berlin

Guido Best, Zürich Gruppe Deutschland, Leiter Controlling Leben, Bonn

Dr. Hans Peter Boller, Converium Holding AG, Mitglied der Geschäftsleitung, Zürich

Lucía Caudet, Comité Européen des Assurances (CEA), Leiterin der Kommunikation, Brüssel

Prof. Dr. Gerd Geib, KPMG Deutsche Treuhand-Gesellschaft Aktiengesellschaft Wirtschaftsprüfungsgesellschaft, Mitglied des Vorstands, Köln

Dr. Werner Görg, Gothaer Versicherungen, Vorsitzender des Vorstandes, Köln

Gundula Grießmann, GDV e.V., Referentin im Betriebswirtschaftlichen Institut, Berlin

Prof. Dr. Helmut Gründl, Humboldt-Universität zu Berlin, Institut für Bank-, Börsen- und Versicherungswesen, Dr. Wolfgang Schieren-Lehrstuhl für Versicherungs- und Risikomanagement, Institutsdirektor, Berlin

Dr. Jürgen Guhe, Allianz AG, Referatsleiter Risk Aggregation and Controlling, München

Dr. Thomas Hartung, Ludwig-Maximilians-Universität München, Institut für Betriebswirtschaftliche Risikoforschung und Versicherungswirtschaft, wissenschaftlicher Assistent, München

Katharina Hartwig, Allianz AG, Referentin Group Legal Services, München

Doris Helbig, Provinzial Rheinland, Direktorin, Düsseldorf

Dr. Peter Hemeling, Allianz AG, Chefsyndikus, München

Dr. Christoph Hummel, Converium Ltd., Manager Pricing Specialty Lines, Zürich

Dr. Christoph Jurecka, DBV-Winterthur Versicherungen, Leiter Risiko- und Kapitalmanagement, Wiesbaden

Dr. Ph.D. Yoshihiro Kawai, International Association of Insurance Supervisors, Secretary General, Basel

Dr. Philipp Leonard Keller, Bundesamt für Privatversicherungen, Wissenschaftlicher Berater, Bern

Dr. Klaus-Wilhelm Knauth, GDV e.V., Geschäftsführer Querschnittsbereiche, Berlin

Dr. Ulrich Krüger, GDV e.V., Leiter der Abteilung Kapitalanlagen, Berlin

Dr. Rolf Kupitz, Provinzial Rheinland, Direktor Bereichsleiter Vermögensmanagement, Düsseldorf

Ulrich Leitermann, Signal Iduna Gruppe, Mitglied der Vorstände, Dortmund

Dr. Thomas Luder, Bundesamt für Privatversicherungen, Scientific Advisor, Bern

Uwe Ludka, Itzehoer Versicherungen, Mitglied der Vorstände, Itzehoe

Volker Machalett, HUK-COBURG, Abteilung Controlling, Coburg

Thorsten Manns, Finance RiskLab e.V, Vorstand, Dortmund

Dietmar Meister, AMB Generali Holding AG, Mitglied des Vorstandes, Aachen

Dr. Lothar Meyer, Ergo Versicherungsgruppe, Vorsitzender des Vorstandes, Düsseldorf

Lutz Oehlenberg, Bundesanstalt für Finanzdienstleistungsaufsicht, Regierungsdirektor, Bonn

Anna Osetrova, Doktorandin an der Humboldt-Universität zu Berlin, Berlin

Peter Ott, KPMG Deutsche Treuhand-Gesellschaft Aktiengesellschaft Wirtschaftsprüfungsgesellschaft, München

Dr. Helmut Perlet, Allianz AG, Mitglied des Vorstands, CFO, München

Dr. Michael Renz, Zürich Gruppe Deutschland, Mitglied des Vorstands, Bonn

Wolfgang Rief, Standard & Poor's, Director Insurance Financial Services Group, Frankfurt

Sybille Sahmer, Verband der privaten Krankenversicherung e.V., stellvertretende Verbandsdirektorin, Köln

Daniel Schanté, Comité Européen des Assurances (CEA), Generaldirektor, Brüssel

Prof. Dr. Hato Schmeiser, Inhaber des Lehrstuhls für Risikomanagement und Versicherung und Direktor des Institut für Versicherungswirtschaft (I·VW-HSG), Universität St. Gallen, St. Gallen

Dr. Jörg Schneider, Münchener Rückversicherungs-Gesellschaft, Mitglied des Vorstandes, München

Prof. Dr. Heinrich R. Schradin, Institut für Versicherungswissenschaft an der Universität zu Köln, Seminar für Allgemeine Betriebswirtschaftslehre und Versicherungslehre, geschäftsführender Direktor, Köln

Dr. Thomas Schubert, GDV e.V., Leiter des Betriebswirtschaftlichen Instituts, Berlin

Prof. Dr. Hermann Schulte-Mattler, Fachhochschule Dortmund, Leiter des Finance RiskLab e.V., Vorstandsmitglied der IBIES e.V. an der FH Dortmund, Dortmund

Dr. Edmund Schwake, Wüstenrot & Württembergische AG, stellvertrender Vorsitzender des Vorstandes, Stuttgart

Dr. Gaston C. M. Siegelaer, De Nederlandsche Bank, Project Manager Financial Assessment Framework, Apeldoorn

Mark Stober, Bundesamt für Privatversicherungen, Scientific Advisor, Bern

Peter Vipond, Association of British Insurers, Director of Financial Regulation and Taxation, London

Peter Weiler, R + V Versicherung AG, Mitglied des Vorstandes, Wiesbaden

Dr. Wolfgang Weiler, HUK-COBURG, Mitglied des Vorstandes, Coburg

Jörg Welter, R + V Versicherung AG, Konzern-Controlling, Wiesbaden

Dr. Jan Wicke, DBV Winterthur Holding Aktiengesellschaft, Mitglied des Vorstandes, Wiesbaden

Margarita Winter, Humboldt-Universität zu Berlin, Institut für Bank-, Börsen- und Versicherungswesen, Dr. Wolfgang Schieren-Lehrstuhl für Versicherungs- und Risikomanagement, Berlin

Dipl.-Kfm. Michael Zons, Universität zu Köln, wissenschaftlicher Mitarbeiter am Seminar für Allgemeine Betriebswirtschaftslehre, Risikomanagement und Versicherungslehre, Köln

Abkürzungsverzeichnis

ABl. EG	Amtsblatt der Europäischen Gemeinschaft
ABl. EU	Amtsblatt der Europäischen Union
Abs.	Absatz
AGB	Allgemeine Geschäftsbedingungen
AGBG	Gesetz zur Regelung der Allgemeinen Geschäftsbedingungen
AGRI	Generaldirektion der Europäischen Kommission für Landwirtschaft und ländliche Entwicklung
ALM	Asset Liability Management
AltEinkG	Alterseinkünftegesetz
AnlV / AnlVO	Verordnung über die Anlage des gebundenen Vermögens von Versicherungsunternehmen (Anlageverordnung)
ARC	Accounting Regulatory Committee
ASM	Available Solvency Margin
BaFin	Bundesanstalt für Finanzdienstleistungsaufsicht
BAKred	Bundesaufsichtsamt für das Kreditwesen
BCBS	Basel Committee on Banking Supervision
Bd.	Band
BGBl.	Bundesgesetzblatt
BIS	Bank for International Settlements
BPV	Schweizerische Bundesamt für Privatversicherungen
bzw.	beziehungsweise
CAD	Capital Adequacy Directive

CAPM	Capital Asset Pricing Model
CBS	National Bureau of Statistics of the Netherlands
CCF	Credit Conversion Factor
CEA	Comité Européen des Asssurances, der europäische Dachverband der Versicherungswirtschaft
CEIOPS	Committee of European Insurance and Occupational Pensions Supervisors
COMP	Generaldirektion der Europäischen Kommission für Wettbewerb
CRO	Chief Risk Officer
CTE	Conditional Tail Expectation
CVA	Cash Value Added
DCF	Discounted Cash Flow
DFA	Dynamic Financial Analysis
d. h.	das heißt
DNB	De Nederlandsche Bank Dutch Central Bank
EAD	Exposure at Default
EAG	European Actuarial Group (ehemals Groupe Consultatif)
EBR	equity backing ratio
EBW	Erwartungsbarwert
ECON	Ausschuss des EU-Parlamentes für Wirtschaft und Währung
ECR	Enhanced Capital Requirement
ED	Exposure Draft
EFC	Economic and Financial Committee
EFRAG	European Financial Reporting Advisory Group
e.g.	for example
EG	Europäische Gemeinschaft
EIOPC	European Insurance and Occupational Pensions Committee
EIOPC	European Insurance Occupational Pension Committee
EMPL	Ausschuss des EU-Parlamentes für Beschäftigung und soziale Angelegenheiten

EMPL	Generaldirektion der Europäischen Kommission für Beschäftigung und soziale Angelegenheiten
ENTR	Generaldirektion der Europäischen Kommission für Unternehmen und Informationsgesellschaft
ENV	Generaldirektion der Europäischen Kommission für Umwelt
ENVI	Ausschuss des EU-Parlamentes für Umweltfragen
EPD	Expected Policyholder Deficit
ERC	Economic Risk Capital
etc.	et cetera
EU	Europäische Union
EVA	Economic Value Added
EWR	Europäischer Wirtschaftsraum
EZB	Europäische Zentralbank
f./ff.	folgende (Sg./Pl.)
Fn.	Fußnote
FOPI	Federal Office of Private Insurance
FSA	Financial Services Authority
FSC	Financial Services Committee
FSMA	Financial Services and Markets Act
FSSA	Financial System Stability Assessment
FTK	Financieel toetsingskader (Financial Assessment Framework)
FTSE	Financial Times Stock Exchange
GD	Generaldirektionen
GDV	Gesamtverband der Deutschen Versicherungswirtschaft eV
HGB	Handelsgesetzbuch
Hrsg.	Herausgeber
i.e.	that is (id est)
i. V. m.	in Verbindung mit
IAA	International Actuarial Association
IAIS	International Association of Insurance Supervisors

IAS	International Accounting Standards
IASB	International Accounting Standards Board
IASC	International Accounting Standard Committee
ICA	Individual Capital Assessment
ICG	Individual Capital Guidance
ICP	Insurance Core Principles
IFAC	International Federation of Accountants
IFRIC	International Financial Reporting Interpretations Committee
IFRS	International Financial Reporting Standards
IIF	Institute of International Finance
IMCO	Ausschuss des EU-Parlamentes für Binnenmarkt und Verbraucher-schutz
IMF	International Monetary Funds (Internationaler Währungsfonds)
InsO	Insolvenzverordnung
INTA	Ausschuss des EU-Parlamentes für internationalen Handelsverkehr
IOPS	International Occupational Pensions Supervisors
IOSCO	International Organisation of Securities Commissions
ITRE	Ausschuss des EU-Parlamentes für Industrie, Außenhandel, Forschung und Energie
IWF	Internationaler Währungsfonds
JURI	Ausschuss des EU-Parlamentes für Recht
KapAusstV	Kapitalausstattungsverordnung
KfW	Kreditanstalt für Wiederaufbau
KfZ	Kraftfahrzeug
KfzPflVersG	Gesetz über die Pflichtversicherung für Kraftfahrzeughalter
KonTraG	Gesetz zur Kontrolle und Transparenz im Unternehmensbereich
KoR	Zeitschrift für kapitalmarktorientierte Rechnungslegung
KStG	Körperschaftssteuergesetz
LGD	Loss given Default
LMX	London Market Excess

LoB	Lines of Business (Geschäftsfelder)
LPM	Lower Partial Moments
MaH	Mindestanforderungen an das Betreiben von Handelsgeschäften
MaIR	Mindestanforderungen an die Ausgestaltung der internen Revision der Kreditinstitute
MaK	Mindestanforderungen an das Kreditgeschäft der Kreditinstitute
MaRisk	Mindestanforderungen an das Risikomanagement
MB/KK	Musterbedingungen für die Krankheitskostenversicherung
MCR	Minimum Capital Requirements
MdEP	Mitglieder des Europäischen Parlaments
mln.	million
MVA	Market Value Added
m. w. N.	mit weiteren Nachweisen
NAIC	National Association of Insurance Commissioners (USA)
NAV	Net Asset Value
NCOIL	National Conference of Insurance Legislators (USA)
NFCC	New Financial Conglomerates Committee
OECD	Organisation for Economic Cooperation and Development (Organisation für wirtschaftliche Zusammenarbeit und Entwicklung)
PD	Probability of Default
PML	Probable Maximum Loss (wahrscheinlicher Maximalverlust eines Unternehmens)
PPFM	Principles and Practices of Financial Management
PVFP	Present Value of Future Profits
PVK	Pensioen- & Verzekeringskamer (Pensions and Insurance Supervisory Authority of the Netherlands)
QIS	Quantitative Impact Studies
RAROC	Risk-adjusted Return on Capital
RBC	Risk-based Capital
RBF	Risk-bearing Funds

RechVersV	Verordnung über die Rechnungslegung von Versicherungsunternehmen
Rn.	Randnummer
ROCE	Return on Capital Employed
RORAC	Return on Risk Adjusted Capital
SANCO	Generaldirektion der Europäischen Kommission für Verbraucherpolitik und Gesundheitsschutz
SCR	Solvency Capital Requirements
SEC	Securities and Exchange Commission (US-amerikanische Börsenaufsicht)
S.	Seite/Seiten
SolBerV	Solvabilitätsbereinigungs-Verordnung
SOX	Sarbanes-Oxley-Act
SRP	Supervisory Review Process
SST	Swiss Solvency Test (Schweizer Solvenztest)
TAXUD	Generaldirektion der Europäischen Kommission für Zölle und Steuern
TCV	Total Change in Value (Gesamtwertveränderung)
TRADE	Generaldirektion der Europäischen Kommission für Handelspolitik
TREN	Generaldirektion der Europäischen Kommission für Verkehr und Energie
TVaR	Tail-Value-at-Risk
UBR	Unfallversicherung mit Beitragsrückgewähr
UK	United Kingdom
UNEP	United Nations Environmental Programme
UPM	Upper Partial Moment
US-GAAP	Generally Accepted Accounting Principles (USA)
usw.	und so weiter
VAG	Gesetz über die Beaufsichtigung der Versicherungsunternehmen (Versicherungsaufsichtsgesetz)
VaR	Value-at-Risk
VGV	Verbundene Wohngebäude Versicherung

VVaG	Versicherungsverein auf Gegenseitigkeit
VVG	Gesetz über den Versicherungsvertrag (Versicherungsvertragsgesetz)
WB	World Bank (Weltbank)
WM	Wertpapier-Mitteilungen
WSA	Wirtschafts- und Sozialausschuss (EU)
WTO	World Trade Organisation (Welthandelsorganisation)
YRT	Yearly Renewable Term
z. B.	zum Beispiel
ZBB	Zeitschrift für Bankrecht und Bankwirtschaft
ZfV	Zeitschrift für Versicherungswesen
ZRQuotenV	Verordnung über die Mindestbeitragsrückerstattung in der Lebensversicherung
ZÜRS	Zonierungsmodell für Überschwemmung, Rückstau und Starkregen
ZVersWiss	Zeitschrift für die gesamte Versicherungswissenschaft

Stichwortverzeichnis